2024

유통관리사 2급

최신기출 + 예상문제

이정후

2024
유통관리사 2급 최신기출+예상문제

인쇄일 2024년 4월 5일 초판 1쇄 인쇄	**발행처** 시스컴 출판사	
발행일 2024년 4월 10일 초판 1쇄 발행	**발행인** 송인식	
등 록 제17-269호	**지은이** 이정후	
판 권 시스컴2024		

ISBN 979-11-6941-374-9 13320
정 가 24,000원

주소 서울시 금천구 가산디지털1로 225, 514호(가산포휴) ┃ **홈페이지** www.nadoogong.com
E-mail siscombooks@naver.com ┃ **전화** 02)866-9311 ┃ **Fax** 02)866-9312

발간 이후 발견된 정오사항은 홈페이지 도서정오표에서 알려드립니다.(홈페이지 → 자격증 → 도서정오표)

국내 유통시장 개방과 해외 유통업체의 진출로 유통의 글로벌화가 진행되고 있으며, 인터넷의 급성장과 국민생활수준의 향상으로 유통 및 물류와 관련된 소비자의 요구가 심화되고 있습니다. 또한 유통업체들이 점차 전문화, 대형화되어감에 따라 물류관리를 합리화하고 물류비용을 절감하는 한편, 판매업무 등을 효율적으로 관리하려는 움직임이 일면서 각 유통업체와 물류업체들은 종합적인 판매기획과 전략을 수립하고, 유통경영과 관리를 수행할 수 있는 전문 인력에 대한 필요를 절감하게 되었습니다.

국가에서도 업계의 이러한 움직임에 부응하여 유통관련 종사자의 일정비율을 유통관리사로 고용하도록 의무화하고 있으며, 또한 이를 고용하는 업체에는 자금을 지원하는 등 아낌없는 투자와 노력을 다하고 있는 실정입니다.

이런 유통 전문 인력에 대한 수요 폭증의 추세로 볼 때, 취업대란을 겪고 있는 지금의 현실에서 유통관리사 자격증 취득은 백화점이나 대형할인점, 마트, 기타 유통·물류회사의 유통책임자로 쉽게 취업할 수 있는 마스터키를 쥐는 것과 다름이 없습니다.

유통관리사 2급 최신기출+예상문제는 최근 2년간의 유통관리사2급 기출문제와 적중예상 500제를 수록하고, 이에 대한 풍부한 해설을 담아 기본서를 따로 참고하지 않고도 명쾌하게 이해할 수 있도록 구성한 문제집입니다. 또한, 중요한 문제의 상당수가 변형되어 반복 출제되고 있다는 점을 고려해 '정답해설'뿐만 아니라 '오답해설'도 상세하게 수록하여 다양한 유형의 문제에도 보다 쉽게 대처할 수 있게 하였습니다.

본서로 유통관리사 자격시험을 준비하시는 모든 수험생들에게 합격의 영광이 함께하길 바랍니다.

유통관리사 가이드

▌유통관리사란?

유통관리사 검정은 대한상공회의소에서 시행하는 국가공인 자격시험으로, 소비자와 생산자 간의 커뮤니케이션, 소비자 동향 파악 등 판매 현장에서 활약할 전문 인력을 양성하기 위해 마련되었다.

▌유통관리사의 주요 업무

백화점, 쇼핑센터 등 대규모 유통업체에서 유통실무, 유통관리, 경영지도, 판매관리, 판매계획 수립 및 경영분석 등의 업무를 담당한다.

- 유통관리사 1급 : 유통업체의 경영자, 지점장급으로 경영 담당
- 유통관리사 2급 : 유통업체의 매장 주임이나 감독자, 실장, 과장급으로 일선관리업무 담당
- 유통관리사 3급 : 고객을 직접 상대하는 일반 판매원으로 고객응대업무 담당

「유통산업발전법」 제24조 유통관리사

유통관리사는 다음 각 호의 직무를 수행한다.
1. 유통경영 · 관리 기법의 향상
2. 유통경영 · 관리와 관련한 계획 · 조사 · 연구
3. 유통경영 · 관리와 관련한 진단 · 평가
4. 유통경영 · 관리와 관련한 상담 · 자문
5. 그 밖에 유통경영 · 관리에 필요한 사항

▌진출분야 및 전망

- 유통업체의 전문화 · 대형화, 국내 유통시장 개방, 해외 유통업체의 진출 등으로 말미암아 유통전문가에 대한 필요성 증대로 인력수요가 크게 늘어날 예정이다.
- 유통시장의 개방과 산업구조의 변화로 유통관리사의 업무비중이 점차 높아짐에 따라 대우와 수입 면에서 전망이 밝은 자격증으로 자리 잡고 있다.
- 정부 및 유통업체의 관심 증가로 유통업체나 물류업체 취업 시 필수 자격증으로 인정받고 있다.

유통관리사 자격시험 안내

▌주관 및 시행처

- 주관 : 산업통상자원부
- 시행처 : 대한상공회의소

▌응시자격 : 제한 없음

▌원서접수

- 인터넷 접수 : 대한상공회의소 자격평가사업단(license.korcham.net)
- 접수기간 중 해당 상공회의소 방문 접수 가능
- 검정수수료 : 29,700원(부가세 포함)

▌검정기준

자격명칭		검정기준
유통관리사	2급	유통에 관한 전문적인 지식을 터득하고 관리업무 및 중소유통업 경영지도의 보조 업무 능력을 갖춘 자

▌시험과목별 문제 수 및 제한시간

등 급	검정방법	시험과목	문제 수	시험시간	출제방법
2급	필기시험	– 유통물류일반 – 상권분석 – 유통마케팅 – 유통정보	객관식 90문항	09:15~10:55 (100분)	객관식 (5지선다)

※ 필기시험 입실시간 – 09 : 00

유통관리사 2급 자격시험 안내

┃ 출제기준 : 상위 급수는 하위 급수의 출제범위를 포함함

┃ 합격결정 기준

등 급	검정방법	합격결정 기준	
		만 점	합격점수
2급	필기시험	매 과목 100점	매 과목 40점 이상 전 과목 평균 60점 이상

※ 과락은 40점으로 평균 60점이 넘는다 하더라도 한 과목이라도 40점 아래가 있으면 과락 처리되어 불합격입니다.

┃ 가산점수 혜택기준

가산점수	혜택기준
10점	유통산업분야에서 3년 이상 근무한 자로서 산업통상자원부가 지정한 연수기관에서 40시간 이상 수료 후 2년 이내 2급 시험에 응시한 자

● **가산점 적용방법**

– 채점 결과 과락이 있으면 적용치 않고 불합격 처리됩니다.

– 평균 점수에 가산점을 부여하는 방식으로 총점이나 과목별 점수에 가산하는 방식이 아닙니다.

　예) 2급 평균 50점 + 가산점 10점 = 합격

● **유통연수 지정기관**

– 대한상공회의소

– 한국생산성본부

– 산업통상자원부 장관이 지정한 기관(산업통상자원부 유통물류과)

※ 각 기관별 연수 시행 유무는 별도로 확인하시기 바랍니다.

※ 통신강좌는 가점혜택을 받을 수 없습니다.

과목별 세부 출제기준

제1과목	대분류	중분류	세분류
유통 물류 일반 관리 (25문항)	유통의 이해	유통의 이해	유통의 개념과 분류 / 유통(중간상)의 필요성 / 유통기능(function)과 유통흐름(flow)
		유통경로 및 구조	유통경로의 개념 / 유통경로의 유용성 / 유통경로의 유형과 조직 / 유통경로의 믹스
		유통경제	유통산업의 경제적 역할 / 상품생산 · 소비 및 교환 / 유통비용과 이윤
		유통산업의 이해 및 환경	유통의 발전과정 / 유통환경의 변화와 특징 / 유통산업관련 정책 / 글로벌 유통산업의 동향과 추세
	유통 경영전략	유통경영환경 분석	유통경영전략의 필요성과 이해 / 유통경영의 비전과 목표 / 유통경영의 외부적 요소분석 / 유통경영의 내부적 요소 분석
		유통경영전략의 수립과 실행	유통기업의 사업방향 결정 / 기업수준의 경영전략, 사업부 수준의 경영전략, 기능별 경영전략 / 경쟁우위와 경쟁전략 / 경영혁신 / 다각화 · 통합전략과 아웃소싱전략 / 전략적 제휴, 합작투자, 인수합병전략 / 유통기업의 글로벌화 전략 / 기타 유통경영전략 / 경영전략의 대안 평가 및 선택
		유통경영전략의 평가 및 통제	전략의 평가 / 전략의 통제 / 성과의 환류(feedback)
	유통 경영관리	조직 관리	조직 이론 / 조직구조의 유형 및 설계 / 조직의 목표관리와 동기부여 / 조직의 의사전달과 갈등관리 / 조직문화와 리더십
		인적자원관리	인사관리의 기초와 개념 / 직무분석과 직무평가 / 인적자원의 확보와 개발 / 인적자원의 활용과 배치 / 인적자원의 보상과 유지
		재무관리	재무관리의 개요 / 화폐의 시간적 가치와 현재가치 및 균형가격 / 자본예산과 자본조달 / 자본비용
		구매 및 조달관리	구매 및 조달관리의 개념 및 절차 / 공급자 선택 및 관리 / 구매실무(원가계산, 구매가격, 구매계약, 구매협상, 재고관리) / 품질관리 / 글로벌 구매 및 조달관리

물류 경영관리	도소매물류의 이해	도소매물류의 기초 / 도소매물류의 고객서비스	
	도소매물류관리	물류계획 / 운송, 보관, 하역, 창고관리 / 포장관리 / 물류관리를 위한 정보기술 / 물류비 / 물류아웃소싱과 3자물류, 4자물류 / 국제물류	
유통기업의 윤리와 법규	기업윤리의 기본개념	기업윤리의 기본개념 / 기업윤리의 기본원칙 / 유통기업의 사회적 책임 / 유통기업윤리 프로그램의 도입과 관리 / 기업환경의 변화와 기업윤리 / 시장구조와 윤리/ 양성평등에 대한 이해	
	유통관련 법규	유통산업발전법 / 전자문서 및 전자거래기본법 / 소비자기본법	

제2과목	대분류	중분류	세분류
상권 분석 (20문항)	유통 상권조사	상권의 개요	상권의 정의와 유형 / 상권의 계층성
		상권분석에서의 정보 기술 활용	상권분석과 상권정보 / 상권정보시스템, 지리정보 활용
		상권설정 및 분석	상권분석의 개념 및 평가 방법 / 상권설정 / 업태 및 업종별 상권의 분석 / 상권 · 입지분석의 제이론 / 상권조사의 방법과 분석
	입지분석	입지의 개요	도매입지와 소매입지의 개요 / 업태 및 업종과 입지 / 물류와 입지
		입지별 유형	지역 공간 구조 / 도심입지 / 쇼핑센터입지 / 기타입지
		입지선정 및 분석	입지선정의 의의 / 입지영향인자 / 업태별 입지 개발방법 / 경쟁점(채널) 분석 / 입지의 선정
	개점 전략	개점 계획	점포개점 의의 및 원칙 / 투자의 기본계획 / 개점입지에 대한 법률규제검토
		개점과 폐점	출점 및 개점 / 점포개점을 위한 준비 / 업종전환과 폐점

제3과목	대분류	중분류	세분류
유통 마케팅 (25문항)	유통마케팅 전략기획	유통마케팅전략	시장 세분화 / 목표시장 선정 / 포지셔닝 전략
		유통경쟁 전략	유통경쟁의 개요 / 유통경쟁의 형태 / 소매업태의 성장과 경쟁 / 글로벌 경쟁전략 / 서비스 마케팅
		상품관리 및 머천다이징 전략	머천다이징 및 상품관리의 개요 / 머천다이징과 브랜드 / 업태별 머천다이징 및 상품기획 / 상품 카테고리 계획과 관리 / 상품매입과 구매계획 / 상품수명주기별 상품관리전략 / 단품관리전략
		가격관리전략	가격관리의 개요 / 가격설정의 방법 / 가격설정 정책 / 업태별 가격관리
		촉진관리전략	촉진관리전략의 개요 / 프로모션믹스 / 업태별 촉진전략(옴니채널, O2O, O4O 등) / e-Retailing촉진 / 소매정보와 촉진
	디지털 마케팅 전략	소매점의 디지털 마케팅 전략	디지털 마케팅에 대한 이해 / 온라인 구매결정과정에 대한 이해 / 소매점의 디지털 마케팅을 위한 목표결정 / 타겟 고객층 파악 / 경쟁분석과 마케팅 포지셔닝
		웹사이트 및 온라인 쇼핑몰 구축	사용자 경험(UX)에 대한 이해 / 온라인 쇼핑몰의 중요성과 이점 / 온라인 쇼핑몰 기능과 결제 시스템 / 검색엔진 마케팅과 검색엔진 최적화(SEO) / 보안과 개인정보 보호
		소셜미디어 마케팅	소셜미디어 플랫폼에 대한 이해 / 소셜미디어 마케팅 전략과 콘텐츠 제작 / 소셜미디어 광고
		데이터분석과 성과측정	디지털 마케팅 데이터 분석의 개요 / 효과적인 분석도구와 측정지표 / 사용자 데이터 수집과 분석
	점포관리	점포구성	점포구성의 개요 / 점포의 구성과 설계 / 점포 디자인 / 온라인 쇼핑몰 구성과 설계 / 온라인 쇼핑몰 UI, UX 등
		매장 레이아웃 및 디스플레이	매장 레이아웃의 개요 / 매장의 구성과 분류 / 매장 배치와 통로 설정 / 상품진열의 조건 및 형식 / 상품진열 및 배열기법 / 비주얼 프리젠테이션 개요 및 기술 / 컬러 머천다이징의 기초지식 / 디스플레이 웨어와 POP 광고 취급 방법
		매장 환경관리	매장환경의 개요 / 매장 내외부 환경관리 / 매장 구성요소와 관리 및 통제 / 매장 안전관리

상품판매와 고객관리	상품판매	상품판매의 개요 / 판매서비스 / 상품 로스(Loss)관리
	고객관리	고객의 이해 / 고객관리의 개요 / 고객정보의 수집과 활용 / 고객응대기법
	CRM전략 및 구현방안	CRM의 배경 및 장점 / CRM의 도입방법 및 고려사항 / CRM의 정의 및 필요성 / CRM의 유형 / CRM 구현 단계 / 유통기업의 CRM 구축방안
유통마케팅 조사와 평가	유통마케팅 조사	유통마케팅 조사의 개요 / 유통마케팅 조사의 방법과 절차 / 유통마케팅 자료분석기법
	유통마케팅 성과평가	유통마케팅 성과평가의 개요 / 유통마케팅 목표의 평가 / 유통업의 성과평가 / 경로구성원의 평가 / 영향력 및 갈등 평가 / 온라인유통마케팅의 성과지표(전환율, 노출수, CPC, CPM 등)

제4과목	대분류	중분류	세분류
유통 정보 (20문항)	유통정보의 이해	정보의 개념과 정보화 사회	정보와 자료의 개념 / 정보 · 자료 · 지식 간의 관계 / 정보혁명의 의의와 특성 / 정보화 사회의 개요 / 정보화 사회의 특징과 문제점 / 정보의 유형
		정보와 유통혁명	유통정보혁명의 시대 / 유통업에 있어서의 정보혁명 / 정보화 진전에 따른 유통업태의 변화
		정보와 의사결정	의사결정의 이해 / 의사결정의 종류와 정보 / 의사결정의 단계와 정보 / 의사결정지원 정보시스템(DSS, GDSS, EIS 등) / 지식경영과 지식관리시스템 활용
		유통정보시스템	유통정보시스템의 개념 / 유통정보시스템의 유형 / 유통정보시스템의 운영 환경적 특성 / 유통정보시스템의 구성요소 / 유통정보시스템의 기획 / 유통정보시스템의 분석 · 설계 · 구축 / 정보 네트워크
	주요 유통정보화 기술 및 시스템	바코드, POS EDI, QR 시스템 구축 및 효과	바코드의 개념 및 활용 / POS의 개념 및 활용 / EDI의 개념 및 활용 / QR의 개념 및 활용

유통정보의 관리와 활용	데이터관리	데이터베이스, 데이터웨어하우징, 데이터마트 / 빅데이터, R, 데이터마이닝 등 데이터 수집·분석·관리기술 및 관련 장비 / 데이터 거버넌스
	개인정보보호와 프라이버시	개인정보보호 개념 / 개인정보보호 정책 / 개인정보보호 기술 / 보안시스템 / 프라이버시 개념 / 프라이버시 보호 정책 / 프라이버시 보호 기술
	고객충성도 프로그램	고객충성도 프로그램의 개념과 필요성 / 고객충성도 프로그램을 위한 정보기술
전자상거래	전자상거래 운영	전자상거래 프로세스 / 물류 및 배송 관리 시스템 / 전자결제 시스템
유통혁신을 위한 정보자원관리	ERP 시스템	ERP 개념 / ERP 요소기술 / ERP 구축 / 유통분야에서의 ERP 활용
	CRM 시스템	CRM 개념 / CRM 요소기술 / CRM 구축 / 유통분야에서의 CRM 활용
	SCM 시스템	SCM 개념 / SCM 요소기술 / SCM 구축 / 유통분야에서의 SCM 활용
신융합기술의 유통분야에서의 응용	신융합기술	신융합기술 개요 / 디지털 신기술 현황 / 신융합 핵심 기술 / 신융합기술에 따른 유통업체 비즈니스 모델 변화
	신융합기술의 개념 및 활용	빅데이터와 애널리틱스의 개념 및 활용 / 인공지능의 개념 및 활용 / RFID와 사물인터넷의 개념 및 활용 / 로보틱스와 자동화의 개념 및 활용 / 블록체인과 핀테크의 개념 및 활용 / 클라우드컴퓨팅의 개념 및 활용 / 가상현실과 메타버스의 개념 및 활용 / 스마트물류와 자율주행의 개념 및 활용

이 책의 구성과 특징

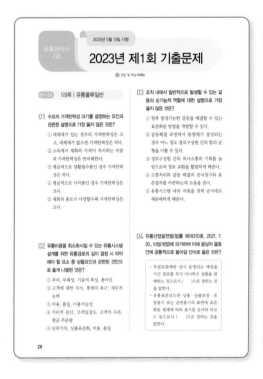

2개년 기출문제

2022~2023년까지의 최근 2개년 기출문제를 동형 그대로 빠짐없이 수록하였습니다. 이를 통해 올해 시험의 출제유형이 어떨지 예상하고 알맞은 공부 계획을 수립할 수 있습니다.

핵심 500제

최신 출제 경향을 반영하여 500문제로 구성하였습니다. 이를 통해 올해 시험의 출제유형이 어떨지 예상하고 알맞은 공부 계획을 수립할 수 있습니다.

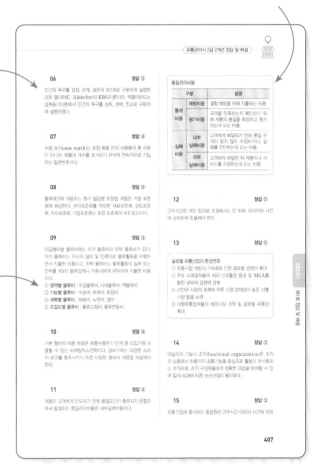

유통관리사 2급 최신기출+예상문제

핵심정리

기출문제로 출제된 범위의 중요 이론을 보다 상세히 학습할 수 있도록, 해당 문제의 주제를 면밀히 분석하고 그의 가장 밀접한 이론의 핵심만을 요약하여 정리하였습니다.

정답해설

해당 보기가 문제의 정답이 되는 이유를 논리적이고 명확하게 설명하였습니다. 또한 유사한 문제뿐만 아니라 응용문제까지도 폭넓게 대처할 수 있도록, 경우에 따라 정답과 관련된 배경 이론이나 참고 사항 등을 수록하였습니다.

오답해설

다른 보기들이 오답이 되는 이유를 각 보기별로 세세하게 설명하고 유사문제에서 오답을 확실히 피할 수 있도록 문제의 요지에 초점을 맞추어 필요한 보충 설명을 제시하였습니다.

이 책의 목차

2023년 기출문제

회차	문제	해설
제1회	20	406
제2회	47	417
제3회	73	429

2022년 기출문제

회차	문제	해설
제1회	100	442
제2회	125	453
제3회	148	464

핵심 500제

과목	과목명	쪽수
제1과목	유통물류일반	176
제2과목	상권분석	242
제3과목	유통마케팅	290
제4과목	유통정보	358

Study Plan

2급 ▼

연도	회차	과목	학습예상일	학습일	학습시간
2023년 기출문제	제1회	유통물류일반(01~25)			
		상권분석(26~45)			
		유통마케팅(46~70)			
		유통정보(71~90)			
	제2회	유통물류일반(01~25)			
		상권분석(26~45)			
		유통마케팅(46~70)			
		유통정보(71~90)			
	제3회	유통물류일반(01~25)			
		상권분석(26~45)			
		유통마케팅(46~70)			
		유통정보(71~90)			
2022년 기출문제	제1회	유통물류일반(01~25)			
		상권분석(26~45)			
		유통마케팅(46~70)			
		유통정보(71~90)			
	제2회	유통물류일반(01~25)			
		상권분석(26~45)			
		유통마케팅(46~70)			
		유통정보(71~90)			
	제3회	유통물류일반(01~25)			
		상권분석(26~45)			
		유통마케팅(46~70)			
		유통정보(71~90)			
핵심 500제	제1과목	유통물류일반			
	제2과목	상권분석			
	제3과목	유통마케팅			
	제4과목	유통정보			

Special Information Service Company
SISCOM

2023년

유통관리사 2급 2개년 기출문제

제1회 기출문제 (2023년 5월 13일 시행)

제2회 기출문제 (2023년 8월 26일 시행)

제3회 기출문제 (2023년 11월 25일 시행)

2023년 제1회 기출문제

◎ 정답 및 해설 406p

정답 및 해설 406p

01~25 1과목 | 유통물류일반

01 수요의 가격탄력성 크기를 결정하는 요인과 관련된 설명으로 가장 옳지 않은 것은?

① 대체재가 있는 경우의 가격탄력성은 크고, 대체재가 없으면 가격탄력성은 작다.
② 소득에서 재화의 가격이 차지하는 비중과 가격탄력성은 반비례한다.
③ 평균적으로 생활필수품인 경우 가격탄력성은 작다.
④ 평균적으로 사치품인 경우 가격탄력성은 크다.
⑤ 재화의 용도가 다양할수록 가격탄력성은 크다.

02 유통비용을 최소화시킬 수 있는 유통시스템 설계를 위한 유통경로의 길이 결정 시 파악해야 할 요소 중 상품요인과 관련된 것만으로 옳게 나열된 것은?

① 부피, 부패성, 기술적 특성, 총마진
② 고객에 대한 지식, 통제의 욕구, 재무적 능력
③ 비용, 품질, 이용가능성
④ 지리적 분산, 고객밀집도, 고객의 수준, 평균 주문량
⑤ 단위가치, 상품표준화, 비용, 품질

03 조직 내에서 일반적으로 발생할 수 있는 갈등의 순기능적 역할에 대한 설명으로 가장 옳지 않은 것은?

① 향후 발생가능한 갈등을 해결할 수 있는 표준화된 방법을 개발할 수 있다.
② 갈등해결 과정에서 동맹체가 결성되는 경우 어느 정도 경로구성원 간의 힘의 균형을 이룰 수 있다.
③ 경로구성원 간의 의사소통의 기회를 늘림으로써 정보 교환을 활발하게 해준다.
④ 고충처리와 갈등 해결의 공식창구와 표준절차를 마련하는데 도움을 준다.
⑤ 유통시스템 내의 자원을 권력 순서대로 재분배하게 해준다.

04 유통산업발전법(법률 제18310호, 2021. 7. 20., 타법개정)에 의거하여 아래 글상자 괄호 안에 공통적으로 들어갈 단어로 옳은 것은?

> - 무점포판매란 상시 운영되는 매장을 가진 점포를 두지 아니하고 상품을 판매하는 것으로서 (   )으로 정하는 것을 말한다.
> - 유통표준코드란 상품 · 상품포장 · 포장용기 또는 운반용기의 표면에 표준화된 체계에 따라 표기된 숫자와 바코드 등으로서 (   )으로 정하는 것을 말한다.

① 대통령령

② 중소벤처기업부령

③ 과학기술정보통신부장관령

④ 산업통상자원부령

⑤ 국무총리령

05 아래 글상자의 6시그마 실행 단계를 순서대로 바르게 나열한 것은?

> ㉠ 개선된 상태가 유지될 수 있도록 관리한다.
> ㉡ 핵심품질특성(CTQ)과 그에 영향을 주는 요인의 인과관계를 파악한다.
> ㉢ 현재 CTQ 충족정도를 측정한다.
> ㉣ CTQ를 파악하고 개선 프로젝트를 선정한다.
> ㉤ CTQ의 충족 정도를 높이기 위한 방법과 조건을 찾는다.

① ㉣ – ㉡ – ㉢ – ㉤ – ㉠

② ㉤ – ㉣ – ㉢ – ㉡ – ㉠

③ ㉢ – ㉠ – ㉡ – ㉣ – ㉤

④ ㉣ – ㉢ – ㉡ – ㉤ – ㉠

⑤ ㉢ – ㉡ – ㉠ – ㉣ – ㉤

06 동기부여와 관련된 여러 가지 학설에 대한 설명으로 옳지 않은 것은?

① 매슬로우는 인간의 욕구를 생리적 욕구부터 자아실현의 욕구까지 총 5단계로 구분하여 설명하였다.

② 맥클리란드는 성장, 관계, 생존의 3단계로 구분하여 설명하였다.

③ 알더퍼의 경우 한 차원 이상의 욕구가 동시에 동기부여 요인으로 사용될 수 있다고 주장하였다.

④ 허쯔버그의 동기요인에는 승진가능성과 성장가능성이 포함된다.

⑤ 허쯔버그의 위생요인에는 급여와 작업조건이 포함된다.

07 화인 표시의 종류와 설명의 연결이 옳지 않은 것은?

① 품질 표시(quality mark)는 내용품의 품질이나 등급을 표시한다.

② 주의 표시(care mark)는 내용물의 취급상 주의 사항을 표시한다.

③ 목적항 표시(destination mark)는 선적·양륙 작업을 용이하게 하고 화물이 잘못 배송되는 일이 없도록 목적항을 표시한다.

④ 수량 표시(case mark)는 포장 화물 안의 내용물의 총 수량을 표시한다.

⑤ 원산지 표시(origin mark)는 관세법규에 따라 표시하는 수출물품의 원산지를 표시한다.

08 물류합리화 방안의 하나인 포장 표준화에 관한 내용으로 옳지 않은 것은?

① 재료표준화 – 환경대응형 포장 재료의 개발

② 강도표준화 – 품목별 적정 강도 설정

③ 치수표준화 – 표준 팰릿(pallet)의 선정

④ 관리표준화 – 포장재 구매 기준 및 사후 관리 기준 제정

⑤ 가격표준화 – 물류여건에 대응하는 원가 절감형 포장법 개발

09 물류비를 분류하는 다양한 기준 중에서 지급형태별 물류비로만 옳게 나열된 것은?

① 조달물류비, 사내물류비, 역물류비

② 수송비, 보관비, 포장비

③ 자가 물류비, 위탁 물류비

④ 재료비, 노무비, 경비

⑤ 조업도별 물류비, 기타 물류비

10 제품수명주기 단계 중 성숙기에 사용할 수 있는 마케팅 믹스 전략으로 옳지 않은 것은?

① 브랜드와 모델의 다양화

② 경쟁사에 대응할 수 있는 가격

③ 브랜드 차별화와 편익을 강조한 광고

④ 기본 형태의 제품 제공

⑤ 집중적 유통의 강화

11 제품이 고객에게 인도되기 전에 품질요건이 충족되지 못함으로써 발생하는 품질관리 비용으로 옳은 것은?

① 생산준비비용　　② 평가비용

③ 예방비용　　　　④ 내부실패비용

⑤ 외부실패비용

12 소매점에서 발생할 수 있는 각종 비윤리적 행동에 대한 대처방안으로 옳지 않은 것은?

① 소매점의 경우 공적비용과 사적비용의 구분이 모호할 수 있기에 공금의 사적 이용을 방지하기 위해 엄격한 규정이 필요하다.

② 과다 재고, 재고로스 발생을 허위로 보고하지 않도록 철저하게 확인해야 한다.

③ 협력업체와의 관계에서 우월적 지위 남용을 하지 않아야 한다.

④ 회사명의의 카드를 개인적으로 사용하는 행위를 사전에 방지해야 한다.

⑤ 큰 피해가 없다면 근무 시간은 개인적으로 조정하여 활용한다.

13 아래 글상자 내용 중 글로벌 유통산업 환경변화의 설명으로 옳은 것을 모두 고르면?

> ㉠ 유통시장 개방의 가속화
> ㉡ 주요 소매업체들의 해외 신규출점 증대 및 M&A를 통한 초대형화 추진
> ㉢ 선진국 시장이 포화되어감에 따라 시장 잠재성이 높은 신규시장 발굴에 노력
> ㉣ 대형유통업체들은 해외시장 진출확대를 통해 성장을 도모

① ㉠, ㉡
② ㉠, ㉢
③ ㉠, ㉣
④ ㉡, ㉢, ㉣
⑤ ㉠, ㉡, ㉢, ㉣

14 테일러의 기능식 조직(functional organization)에 대한 단점으로 옳지 않은 것은?

① 명령이 통일되지 않아 전체의 질서적 관리가 문란해지는 경우가 있다.
② 각 관리자가 담당하는 전문적 기능에 대한 합리적 분할이 실제상 용이하지 않다.
③ 일의 성과에 따른 보수를 산정하기 어렵다.
④ 상위자들의 마찰이 일어나기 쉽다.
⑤ 각 직원이 차지하는 직능이 지나치게 전문화되어 그 수가 많아지면 간접적 관리자가 증가된다.

15 유통기업에 종사하는 종업원의 권리로 옳지 않은 것은?

① 일할 권리
② 근무 시간 중에도 사생활을 보호받을 권리
③ 근무시간 이외의 시간은 자유의사에 따라 정치활동을 제외한 외부활동을 자유롭게 할 수 있는 권리
④ 안전한 작업장에서 근무할 수 있도록 요구할 권리
⑤ 노동조합을 결성하고 파업과 같은 단체행동을 할 수 있는 권리

16 도매상의 혁신전략과 내용 설명이 옳지 않은 것은?

구분	혁신전략	내용
㉠	도매상의 합병과 매수	기존시장에서의 지위확보, 다각화를 위한 전후방 통합
㉡	자산의 재배치	회사의 핵심사업 강화 목적, 조직의 재설계
㉢	회사의 다각화	유동다각화를 통한 유통라인 개선
㉣	전방과 후방통합	이윤과 시장에서의 지위 강화를 위한 통합
㉤	자산가치가 높은 브랜드의 보유	창고 자동화, 향상된 재고관리

23

① ㉠

② ㉡

③ ㉢

④ ㉣

⑤ ㉤

17 유통경로 기능에 관한 설명으로 옳지 않은 것은?

① 교환과정의 촉진

② 소비자와 제조업체의 연결

③ 제품구색 불일치의 완화

④ 고객서비스 제공

⑤ 경로를 통한 유통기능의 제거

18 아래 글상자에서 설명하는 유통경영조직의 원칙으로 옳은 것은?

> 조직의 공통목적을 달성하기 위하여 각 부문이나 각 구성원의 충돌을 해소하고 조직 제 활동의 내적 균형을 꾀하고, 조직의 느슨한 부분을 조절하려는 원칙

① 기능화의 원칙　　② 권한위양의 원칙

③ 명령통일의 원칙　④ 관리한계의 원칙

⑤ 조정의 원칙

19 최상위 경영전략인 기업 수준의 경영전략으로 옳지 않은 것은?

① 새로운 시장에 기존의 제품으로 진입하여 시장을 확장하는 시장개발전략

② 기존 시장에 새로운 제품으로 진입하기 위한 제품개발전략

③ 경쟁사에 비해 우수한 품질의 제품을 제공하려는 차별화전략

④ 기존 제품의 품질 향상을 통해 시장점유율을 높이려는 시장침투전략

⑤ 기존 사업과 연관된 다른 사업을 인수하여 고객을 확보하려는 다각화전략

20 마이클 포터의 5가지 세력 모델과 관련한 설명으로 옳지 않은 것은?

① 과업 환경을 분석하는 것으로 이해관계자 분석이라 할 수 있다.

② 산업 내 기업의 경쟁강도를 파악해야 한다.

③ 신규 진입자의 위험은 잠재적 경쟁업자의 진입 가능성으로 진입장벽의 높이와 관련이 있다.

④ 구매자의 교섭력과 판매자의 교섭력이 주요 요소로 작용한다.

⑤ 상호보완재의 유무가 중요한 경쟁요소로 작용한다.

21 아래 글상자 괄호 안에 들어갈 보관 원칙 정의가 순서대로 바르게 나열된 것은?

> - 출입구가 동일한 경우 입출하 빈도가 높은 상품을 출입구에서 가까운 장소에 보관하는 것은 (㉠)의 원칙이다.
> - 표준품은 랙에 보관하고 비표준품은 특수한 보관기기 및 설비를 사용하여 보관하는 것은 (㉡)의 원칙이다.

① ㉠ 유사성, ㉡ 명료성
② ㉠ 위치표시, ㉡ 네트워크 보관
③ ㉠ 회전대응 보관, ㉡ 형상 특성
④ ㉠ 명료성, ㉡ 중량 특성
⑤ ㉠ 동일성, ㉡ 유사성

22 도소매 물류서비스에서 고객서비스에 영향을 주는 요인에 대한 설명으로 옳지 않은 것은?

① 일반적으로 품목의 가용성은 발주량, 생산량, 재고비용 등을 측정하여 파악할 수 있다.
② 예상치 못한 특별주문에 대한 대처 능력은 비상조치능력으로 파악할 수 있다.
③ 사전 주문 수량과 일치하는 재고 보유를 통해 결품을 방지하고 서비스 수준을 높일 수 있다.
④ 신뢰성은 리드타임과 안전한 인도, 정확한 주문이행 등에 의해 결정된다.
⑤ 고객과의 커뮤니케이션을 통해 고객 서비스 수준을 파악할 수 있다.

23 유통경영환경 분석을 위한 SWOT 분석 방법의 활용에 관한 설명으로 옳지 않은 것은?

① 기회를 최대화하고 위협을 최소화한 기업 자원의 효율적 사용이 목표이다.
② SO 상황에서는 강점을 적극적으로 활용한 시장기회선점 전략을 구사한다.
③ WT 상황에서는 약점을 보완하기 위해 투자를 대폭 강화한 공격적 전략을 구사한다.
④ WO 상황에서는 약점을 보완하여 시장의 기회를 활용할 수 있는 전략적 제휴를 실시한다.
⑤ ST 상황에서는 시장의 위협을 회피하기 위해 제품 확장 전략을 사용한다.

24 증권이나 상품과 같은 기업의 자산을 미리 정해 놓은 기간에 정해 놓은 가격으로 사거나 파는 권리인 옵션과 관련된 설명으로 옳지 않은 것은?

① 행사 가격은 미래에 옵션을 행사할 때 주식을 구입하는 대가로 지불하는 금액이다.
② 매도자는 권리만 가지고 매입자는 의무만을 가지는 전형적인 비대칭적인 계약이다.
③ 일반적으로 무위험이자율이 커질수록 행사가격의 현재 가치는 작아진다.
④ 옵션의 종류로는 콜옵션과 풋옵션이 있다.
⑤ 배당금이 클수록 콜옵션의 가격은 낮아진다.

25 모바일 쇼핑의 주요한 특성으로 옳지 않은 것은?

① 스마트폰이 상용화되면서 모바일 쇼핑이 증가하게 되었다.

② 기존의 유통업체들도 진출하는 추세로 경쟁이 치열해졌다.

③ 가격과 함께 쉽고 편리한 구매환경에 대한 중요성도 높아졌다.

④ 스마트폰을 통해 가격을 검색하고 오프라인 매장에서 실물을 보고 구매하는 쇼루밍(showrooming)이 증가하고 있다.

⑤ 정기적인 구매가 이루어지는 생필품은 모바일 쇼핑의 대표적인 판매 품목 중 하나이다.

26~45 2과목 | 상권분석

26 경쟁점포가 상권에 미치는 일반적 영향에 관한 설명으로 가장 옳은 것은?

① 인접한 경쟁점포는 편의품점의 상권을 확장시킨다.

② 인접한 경쟁점포는 편의품점의 매출을 증가시킨다.

③ 인접한 경쟁점포는 선매품점의 상권을 확장시킨다.

④ 산재성입지에 적합한 업종일 때 인접한 경쟁점포는 매출증가에 유리하다.

⑤ 집재성입지에 적합한 업종은 인접한 동일업종 점포가 없어야 유리하다.

27 상권을 규정하는 요인에 대한 설명으로 옳지 않은 것은?

① 상권이란 시장지역이라고도 할 수 있으며, 상권을 규정하는 요인에는 시간요인과 비용요인이 있다.

② 시간요인 측면에서 봤을 때, 상품가치를 좌우하는 보존성이 강한 재화일수록 오랜 운송에 견딜 수 있으므로 상권이 확대된다.

③ 재화의 이동에서 사람을 매개로 하는 소매상권은 재화의 종류에 따라 비용이나 시간사용이 달라지므로 상권의 크기가 달라진다.

④ 비용요인에는 생산비, 운송비, 판매비용 등이 포함되며 비용이 상대적으로 저렴할수록 상권은 축소된다.

⑤ 고가의 제품일수록 소비자는 많은 시간과 비용을 투입하므로 상권의 범위가 넓어진다.

28 상권에 대한 일반적인 설명으로 가장 옳지 않은 것은?

① 업종이나 취급하는 상품의 종류는 상권의 범위에 영향을 준다.

② 사회적, 행정적 요인 등의 기준에 의한 확정적 개념이기에 초기 설정이 중요하다.

③ 가격이 비교적 낮고 구매 빈도가 높은 편의품의 경우 상권이 좁은 편이다.

④ 가격이 비교적 높고 수요 빈도가 낮은 전문품의 경우 상권이 넓은 편이다.

⑤ 소자본 상권의 경우 유동인구가 많고 접근성이 높은 곳이 유리하다.

29 크기나 정도가 증가할수록 소매점포 상권을 확장시키는 요인으로서 가장 옳은 것은?

① 자연적 장애물

② 인근점포의 보완성

③ 배후지의 소득수준

④ 배후지의 인구밀도

⑤ 취급상품의 구매빈도

30 신규로 소매점포를 개점하기 위한 준비과정의 논리적 순서로서 가장 옳은 것은?

① 소매믹스설계 – 점포계획 – 상권분석 – 입지선정

② 소매믹스설계 – 상권분석 – 입지선정 – 점포계획

③ 점포계획 – 소매믹스설계 – 상권분석 – 입지선정

④ 상권분석 – 입지선정 – 소매믹스설계 – 점포계획

⑤ 상권분석 – 입지선정 – 점포계획 – 소매믹스설계

31 소매점포의 입지는 도로조건 즉, 해당 부지가 접하는 도로의 성격과 구조에 따라 영향을 받는다. 도로조건에 대한 일반적 평가로서 가장 옳지 않은 것은?

① 도로와의 접면 – 가로의 접면이 넓을수록 유리함

② 곡선형 도로 – 곡선형 도로의 커브 안쪽보다는 바깥쪽이 유리함

③ 도로의 경사 – 경사진 도로에서는 상부보다 하부가 유리함

④ 일방통행 도로 – 가시성과 접근성 면에서 유리함

⑤ 중앙분리대 – 중앙분리대가 있는 도로는 건너편 고객의 접근성이 떨어지기 때문에 불리함

32 점포를 이용하는 소비자나 점포 주변 거주자들로부터 자료를 수집하여 현재 영업 중인 점포의 상권범위를 파악하려는 조사기법으로 보기에 가장 적합하지 않은 것은?

① 점두조사

② 내점객조사

③ 체크리스트(checklist)법

④ 지역표본추출조사

⑤ CST(customer spotting techniques)

33 점포입지의 매력성에 영향을 미치는 요인들을 상권요인과 입지요인으로 구분할 수 있다. 입지요인으로 가장 옳은 것은?

① 가구 특성
② 경쟁 강도
③ 소득 수준
④ 인구 특성
⑤ 점포 면적

34 소매입지 유형과 아래 글상자 속의 입지특성의 올바르고 빠짐없는 연결로서 가장 옳은 것은?

> ㉠ 고객흡인력이 강함
> ㉡ 점포인근에 거주인구 및 사무실 근무자가 많음
> ㉢ 점포주변 유동인구가 많음
> ㉣ 대형 개발업체의 개발계획으로 조성됨

① 백화점 – ㉠, ㉢, ㉣
② 독립입지 – ㉠, ㉡, ㉣
③ 도심입지 – ㉠, ㉢, ㉣
④ 교외 대형쇼핑몰 – ㉡, ㉢, ㉣
⑤ 근린쇼핑센터 – ㉠, ㉡, ㉣

35 "유통산업발전법"(법률 제18310호, 2021. 7. 20., 타법개정)이 정한 "전통상업보존구역"에 "준대규모점포"를 개설하려고 할 때 개설등록 기한으로서 옳은 것은?

① 영업 개시 전까지
② 영업 개시 30일 전까지
③ 영업 개시 60일 전까지
④ 대지나 건축물의 소유권 또는 사용권 확보 전까지
⑤ 대지나 건축물의 소유권 또는 사용권 확보 후 30일 전까지

36 소비자가 상권 내의 세 점포 중에서 하나를 골라 어떤 상품을 구매하려고 한다. 세 점포의 크기와 점포까지의 거리는 아래의 표와 같다. Huff모형을 이용할 때, 세점포에 대해 이 소비자가 느끼는 매력도의 크기가 큰 것부터 제대로 나열된 것은? (단, 소비자의 점포크기에 대한 민감도 = 1, 거리에 대한 민감도 모수 = 2로 계산)

점포	거리(Km)	점포크기(제곱미터)
A	4	50,000
B	6	70,000
C	3	40,000

① A>C>B
② B>A>C
③ B>C>A
④ C>A>B
⑤ C>B>A

37 대형마트, 대형병원, 대형공연장 등 대규모 서비스업종의 입지 특성에 대한 아래의 내용 중에서 옳지 않은 것은?

① 대규모 서비스업은 나홀로 독자적인 입지선택이 가능하다.

② 상권 및 입지적 특성을 반영한 매력도와 함께 서비스나 마케팅력이 매우 중요하다.

③ 주로 차량을 이용하는 고객이 많고, 상권범위는 반경 2~3km 이상이라고 볼 수 있다.

④ 경쟁점이 몰려있으면 상호보완효과가 높아지므로 경쟁력은 입지에 의해 주로 정해진다.

⑤ 대규모 서비스업은 유동인구에 의존하는 적응형 입지보다는 목적형 입지유형에 해당한다.

38 지리학자인 크리스탈러(W. Christaller)의 중심지이론의 기본적 가정과 개념에 대한 설명으로 옳지 않은 것은?

① 중심지 활동이란 중심지에서 재화와 서비스가 제공되는 활동을 의미한다.

② 중심지에서 먼 곳은 재화와 서비스를 제공받지 못하게 된다고 가정한다.

③ 조사대상 지역은 구매력이 균등하게 분포하고 끝이 없는 등방성의 평지라고 가정한다.

④ 최소요구범위는 생산자가 정상이윤을 얻을 만큼 충분한 소비자들을 포함하는 경계까지의 거리이다.

⑤ 중심지이론은 인간의 각종 활동공간이 어떤 핵을 중심으로 배열되어 있다는 인식에서 비롯되었다.

39 대형 쇼핑센터의 주요 공간구성요소에 대한 설명으로서 가장 옳은 것은?

① 지표(landmark) – 경계선이며 건물에서 꺾이는 부분에 해당

② 선큰(sunken) – 길찾기를 위한 방향성 제공

③ 결절점(node) – 교차하는 통로의 접합점

④ 구역(district) – 지하공간의 쾌적성과 접근성을 높임

⑤ 에지(edge) – 공간과 공간을 분리하여 영역성을 부여

40 소매점의 상권분석은 점포를 신규로 개점하는 경우에도 필요하지만 기존 점포의 경영을 효율화 하려는 목적으로도 다양하게 활용될 수 있다. 상권분석의 주요 목적으로 보기에 가장 연관성이 떨어지는 것은?

① 소매점의 경영성과를 반영한 점포의 위치이동, 면적확대, 면적축소 등으로 인한 매출변화를 예측할 수 있다.

② 다점포를 운영하는 체인업체가 특정 상권 내에서 운영할 수 있는 적정 점포수를 파악할 수 있다.

③ 소매점을 이용하는 소비자들의 인구통계적 특성들을 파악하여 보다 성공적인 소매전략을 수립하는데 도움을 준다.

④ 소매점을 둘러싸고 있는 상권내외부의 소비자를 상대로 하는 촉진활동의 초점이 명확해질 수 있다.

⑤ 상품제조업체와의 공급체인관리(SCM)를 개선하여 물류비용을 절감할 수 있는 정보를 얻을 수 있다.

41 점포의 매매나 임대차시 필요한 점포 권리 분석을 위해서 공부서류를 이용할 수 있다. 이들 공부서류와 확인 가능한 내용의 연결이 옳지 않은 것은?

① 지적도 - 토지의 모양과 경계, 도로 등을 확인할 수 있음

② 등기사항전부증명서 - 소유권 및 권리관계 등을 알 수 있음

③ 건축물대장 - 건물의 면적, 층수, 용도, 구조 등을 확인할 수 있음

④ 토지초본 - 토지의 소재, 지번, 지목, 면적 등을 확인할 수 있음

⑤ 토지이용계획확인서 - 토지를 규제하는 도시계획 상황을 확인할 수 있음

42 상권분석 과정에 활용도가 큰 지리정보시스템(GIS)에 관한 설명으로서 가장 옳지 않은 것은?

① 지도작성체계와 데이터베이스관리체계의 결합으로 상권분석의 유용한 도구가 되고 있다.

② 데이터베이스와 함께 활용하기 위해 수치지도보다는 디지털지도가 필요하다.

③ 지도상에 지리적인 형상을 표현하고 데이터의 값과 범위를 지리적인 형상에 할당하고 지도를 확대·축소하는 기능을 위상이라 한다.

④ 빅데이터를 활용하는 지리정보시스템(GIS)과 고객관계관리(CRM)의 합성어인 "gCRM"을 활용하기도 한다.

⑤ 속성정보를 요약하여 표현한 지도를 작성하며, 점, 선, 면의 형상으로 주제도를 작성하기도 한다.

43 상권분석 과정에서 점포의 위치와 해당 점포를 이용하는 소비자의 분포를 공간적으로 표현할 때 보편적으로 관찰되는 거리감소효과(distance decay effect)에 대한 설명으로 옳지 않은 것은?

① 고객점표(CST) 지도를 이용하면 쉽게 관찰할 수 있다.

② 거리조락현상 또는 거리체증효과라고도 한다.

③ 거리 마찰에 따른 비용과 시간의 증가 때문에 나타난다.

④ 유사점포법, 회귀분석법을 이용하여 확인할 수 있다.

⑤ 점포로부터 멀어질수록 고객의 밀도가 낮아지는 경향을 말한다.

44 아래 글상자의 내용에서 말하는 장단점은 어떤 형태의 소매점포 출점에 대한 내용인가?

장점	단점
- 직접 소유로 인한 장기간 영업 - 영업상의 신축성 확보 - 새로운 시설 확보 - 구조 및 설계 유연성	- 초기 고정투자부담이 큼 - 건설 및 인허가기간 소요 - 적당한 부지 확보 어려움 - 점포 이동 등의 입지변경 어려움

① 기존건물에 속한 점포임대

② 기존건물 매입

③ 부지매입 건물신축

④ 기존건물의 점포매입

⑤ 신축건물 임대

45 확률적으로 매출액이나 상권의 범위를 예측하는 상권분석 기법들에서 이론적 근거로 이용하고 있는 Luce의 선택공리와 관련이 없는 것은?

① 공간상호작용모델(SIM)은 소매점의 상권분석과 입지의사결정에 이용하는 근거가 된다.

② 특정 선택대안의 효용이 다른 대안보다 높을수록 선택될 확률이 높다고 가정한다.

③ 어떤 대안이 선택될 확률은 그 대안이 갖는 효용을 전체 선택대안들이 가지는 효용의 총합으로 나눈 값과 같다고 본다.

④ 소비자가 어느 점포에 대해 느끼는 효용이 가장 크더라도 항상 그 점포를 선택하지 않을 수 있다고 인식한다.

⑤ Reilly의 소매중력모형, Huff모형, MNL모형은 Luce의 선택공리를 근거로 하는 대표적 상권분석 기법들이다.

46~70 3과목 | 유통마케팅

46 광고 매체를 선정할 때 고려해야 할 여러 가지 요인에 대한 설명으로 옳지 않은 것은?

① 도달범위(reach)란 일정기간 동안 특정 광고에 적어도 한 번 이상 노출된 청중의 수 또는 비율을 말한다.

② GRP(gross rating points)란 광고효과를 계량화하여 측정하기 위한 기준으로 보통 시청자들의 광고인지도를 중심으로 측정한다.

③ 광고스케줄링이란 일정기간 동안 광고예산을 어떻게 배분하여 집행할 것인가에 대한 결정이다.

④ 도달빈도(frequency)란 일정기간 동안 특정광고가 한 사람에게 노출된 평균 횟수를 말한다.

⑤ CPRP(cost per rating points)란 매체비용을 시청률로 나눈 비용이라 할 수 있다.

47 매장 레이아웃(layout)에 대한 설명으로 가장 옳지 않은 것은?

① 격자형 배치는 고객이 매장 전체를 둘러보고 자신이 원하는 상품을 쉽게 찾을 수 있게 한다.

② 격자형 배치는 다른 진열방식에 비해 공간효율성이 높고 비용면에서 효과적이다.

③ 경주로형 배치는 고객들이 다양한 매장의 상품을 볼 수 있게 하여 충동구매를 유발할 수 있다.

④ 자유형 배치는 규모가 작은 전문매장이나 여러 개의 소규모 전문매장이 있는 대형점포의 배치 방식이다.

⑤ 자유형 배치는 고객들이 주 통로를 지나다니면서 다양한 각도의 시선으로 상품을 살펴볼 수 있다.

48 전략적 CRM(customer relationship management)의 적용과정으로서 가장 옳지 않은 것은?

① 정보관리과정
② 전략 개발과정
③ 투자 타당성 평가 과정
④ 가치창출 과정
⑤ 다채널 통합과정

49 도매상의 마케팅믹스전략에 관한 설명으로 가장 옳지 않은 것은?

① 소매상이나 제조업자와 마찬가지로 거래 규모나 시기에 따른 가격할인 또는 매출 증대를 위한 가격인하 등의 가격변화를 시도하기도 한다.

② 제조업자가 제공하는 촉진물과 촉진프로그램을 적극 활용할 뿐만 아니라 자체적인 촉진프로그램의 개발을 통해 고객인 소매상을 유인하여야 한다.

③ 도매상은 소매상에게 제공해야 할 제품 구색과 서비스 수준을 결정해야 한다.

④ 도매상은 최종소비자를 대상으로 영업활동을 하는 것이기 때문에 점포와 같은 물리적인 시설에 비용투자를 해야 한다.

⑤ 일반적으로 도매상은 소요비용을 충당하기 위해 원가에 일정비율을 마진으로 가산하는 원가중심가격결정법을 사용한다.

50 소매업체들의 서비스 마케팅 관리를 위한 서비스마케팅믹스(7P)로 옳지 않은 것은?

① 장소(place)

② 가능 시간(possible time)

③ 사람(people)

④ 물리적 환경(physical evidence)

⑤ 과정(process)

51 머천다이징의 개념에 관한 설명 중 가장 옳지 않은 것은?

① 소매점포가 소비자들의 특성에 적합한 제품들을 잘 선정해서 매입하고 진열하는 것이다.

② 소매업체가 좋은 제품을 찾아서 좋은 조건에 매입해서 진열하는 것과 관련된 모든 것을 말한다.

③ 고객의 니즈를 만족시킬 뿐만 아니라 수요를 적극적으로 창출하기 위한 상품화계획을 의미한다.

④ 제품계획 혹은 상품화활동은 상품의 시장성을 향상시킬 수 있는 계획활동이다.

⑤ 제품 및 제품성과에 대한 소비자들의 지각과 느낌을 상징한다.

52 구매자들을 라이프 스타일 또는 개성과 관련된 특징들을 근거로 서로 다른 시장으로 세분화하는 것을 지칭하는 개념으로 옳은 것은?

① 지리적 세분화

② 인구통계적 세분화

③ 행동적 세분화

④ 심리묘사적 세분화

⑤ 시장형태의 세분화

53 제품믹스(product mix) 또는 제품포트폴리오(product portfolio)의 특성 중에서 "제품라인 내 제품품목(product item)의 수"를 일컫는 말로 옳은 것은?

① 제품믹스의 깊이(product mix depth)

② 제품믹스의 폭(product mix width)

③ 제품믹스의 일관성
   (product mix consistency)

④ 제품믹스의 길이(product mix length)

⑤ 제품믹스의 구성
   (product mix composition)

54 아래 글상자의 (㉠)과 (㉡)에 들어갈 용어로 가장 옳은 것은?

> 유통경로에서의 수직적 통합에는 두 가지 유형이 있다. (㉠)은(는) 제조회사가 도·소매업체를 소유하거나, 도매상이 소매업체를 소유하는 것과 같이 공급망의 상류 기업이 하류의 기능을 통합하는 것이다. 반면 (㉡)은 도·소매업체가 제조기능을 수행하거나 소매업체가 도매기능을 수행하는 것과 같이 공급망의 하류에 위치한 기업이 상류의 기능까지 통합하는 것이다.

① ㉠ 후방통합, ㉡ 전방통합

② ㉠ 전방통합, ㉡ 후방통합

③ ㉠ 경로통합, ㉡ 전방통합

④ ㉠ 전략적 제휴, ㉡ 후방통합

⑤ ㉠ 전략적 제휴, ㉡ 경로통합

55 아래 글상자의 내용과 관련하여 가장 옳지 않은 것은?

> ㉠ 기존 자사 제품을 통해 기존 시장에서 매출액이나 시장점유율을 높이기 위한 전략이다.
> ㉡ 두 개 이상의 소매업체 간의 자원을 공동으로 이용하여 소유권, 통제권, 이익이 공유되는 새로운 회사를 설립할 때 활용하는 전략이다.
> ㉢ 기존의 제품으로 새로운 유통경로를 개척하여 시장을 확장하는 전략이다.

① ㉠은 소매업체의 성장전략 중 시장침투 전략에 대한 설명이다.

② ㉠은 자사 점포에서 쇼핑하지 않은 고객을 유인하거나 기존 고객들이 더 많은 상품을 구매하도록 유인하는 전략이다.

③ ㉡은 위험이 낮고 투자가 적게 요구되는 전략이지만, 가맹계약 해지를 통해 경쟁자가 되는 위험을 가지고 있다.

④ ㉡은 소매업체가 해외시장에 진출할 때 활용되는 진입전략 중 하나이다.

⑤ ㉢은 새로운 시장에서 기존 소매업태를 이용하는 성장전략이다.

56 로열티 프로그램으로 가장 옳지 않은 것은?

① 구매액에 따라 보너스 점수를 부여하거나 방문수에 따라 스탬프를 모으게 하는 스탬프 제도

② 상품구매자를 대상으로 여러 혜택을 얻을 수 있는 프로그램에 가입하게 하는 회원제도

③ 20%의 우량고객에 집중해 핵심고객에게 많은 혜택이 부여되는 마케팅 프로그램 기획 및 운영

④ 동일 기업 내 다수의 브랜드의 통합 또는 이종기업간의 제휴를 통한 통합 포인트 적립 프로그램

⑤ 기업의 자선활동 및 공익프로그램과의 연계를 통한 사회문제해결 및 공유가치 창출 프로그램

57 시각적 머천다이징에 대한 아래의 설명 중에서 가장 옳지 않은 것은?

① 점포 내외부 디자인도 포함하는 개념이지만 핵심개념은 매장 내 전시(display)를 중심으로 한다.

② 상품과 판매환경을 시각적으로 연출하고 관리하는 일련의 활동을 말한다.

③ 상품과 점포 이미지가 일관성을 유지할 수 있게 진열하는 것이 중요하다.

④ 시각적 머천다이징의 요소로는 색채, 재질, 선, 형태, 공간 등을 들 수 있다.

⑤ 상품의 잠재적 이윤보다는 인테리어 컨셉 및 전체적 조화 등을 고려하여 이루어진다.

58 아래 글상자의 괄호 안에 들어갈 소매업 발전이론으로 옳은 것은?

> (　　)은 소매시스템에서 우세한 소매업태가 취급하는 상품계열수의 측면에서 현대 상업시스템의 진화를 설명하는 이론으로 소매상은 제품구색이 넓은 소매업태에서 전문화된 좁은 제품구색의 소매업태로 변화되었다가 다시 넓은 제품 구색의 소매업태로 변화되는 과정을 설명하고 있다.

① 소매아코디언이론(retail accordion theory)

② 소매수명주기이론(retail life cycle theory)

③ 소매차륜이론(the wheel of retailing theory)

④ 변증법적이론(dialectic theory)

⑤ 진공지대이론(vacuum zone theory)

59 제품에 맞는 판매기법으로 가장 옳지 않은 것은?

① 편의품은 입지 조건에 따라 판매가 크게 좌우되므로 접근이 더 용이하도록 배달 서비스 제공을 고려할 필요가 있다.

② 편의품은 보다 풍요로운 생활과 즐거움을 제공하는 제품으로 스타일과 디자인을 강조한다.

③ 선매품의 경우 고객의 질문에 충분히 답할 수 있는 판매원의 교육 훈련이 필요하다.

④ 선매품은 패션성이 강하기 때문에 재고가 누적되지 않도록 시의적절한 판촉을 수행한다.

⑤ 전문품은 전문적이고 충분한 설명을 통해 소비자의 구매의욕을 충분히 자극시켜야 한다.

60 옴니채널(omni-channel)의 특징으로 옳지 않은 것은?

① 독립적으로 운영되던 채널들이 유기적으로 통합되어 서로의 부족한 부분을 메워주는 보완적 관계를 갖는다.

② 채널 간의 불필요한 경쟁은 온·오프라인의 판매실적을 통합함으로써 해결한다.

③ 동일한 제품을 온라인이나 오프라인에 상관없이 동일한 가격과 프로모션으로 구매할 수 있다.

④ 온·오프라인의 재고관리 시스템을 일원화할 수 있다.

⑤ 동일한 기업으로부터 공급받은 제품을 매장별로 독특한 마케팅 프로그램을 활용하여 판매한다.

61 고객의 개인정보보호에 관한 내용으로 가장 옳지 않은 것은?

① 고객정보를 제3자에게 제공하거나 제공받은 목적 외의 용도로 이용해서는 안 된다.

② 고객은 개인정보수집, 이용, 제공 등에 대해 동의 철회 및 정정을 요구할 수 있다.

③ SMS 광고 전송 시 전송자의 명칭을 표시하고, 수신거부 의사를 표현할 수 있게 해야 한다.

④ 경품응모권을 통해 수집한 개인정보는 보유 및 이용기간의 제한이 없기 때문에 영구적인 이용이 가능하다.

⑤ 오후 9시부터 아침 8시까지는 별도의 동의 없이 광고를 전송해서는 안 된다.

62 CRM과 eCRM을 비교하여 설명한 내용으로 가장 옳은 것은?

① CRM과 달리 eCRM은 원투원마케팅(one-to-one marketing)과 데이터베이스마케팅 활용을 중시한다.

② CRM과 달리 eCRM은 고객 개개인에 대한 차별적 서비스를 실시간으로 제공한다.

③ eCRM과 달리 CRM은 고객접점과 커뮤니케이션 경로의 활용을 중시한다.

④ eCRM과 달리 CRM은 고객서비스 개선 및 거래활성화를 위한 고정고객 관리에 중점을 둔다.

⑤ CRM과 eCRM 모두 데이터마이닝 등 고객행동분석의 전사적 활용을 추구한다.

63 아래 글상자의 조사 내용 중에서 비율척도로 측정해야 하는 요소만을 나열한 것으로 옳은 것은?

> ㉠ 구매자의 성별 및 직업
> ㉡ 상품 인기 순위
> ㉢ 타겟고객의 소득구간
> ㉣ 소비자의 구매확률
> ㉤ 충성고객의 구매액
> ㉥ 매장의 시장점유율

① ㉠, ㉡, ㉢
② ㉢, ㉣, ㉤
③ ㉣, ㉤, ㉥
④ ㉡, ㉣, ㉥
⑤ ㉢, ㉤, ㉥

64 다단계 판매에 대한 설명으로 옳지 않은 것은?

① 고객과 대면접촉을 통해 상품을 판매하는 인적판매의 일종이다.
② 유통마진을 절감시킬 수 있다.
③ 고정 인건비가 발생하지 않는다.
④ 매출 증가에 따라 조직이 비대해지는 단점이 있다.
⑤ 점포 판매에 비해 훨씬 더 적극적으로 시장을 개척해 나갈 수 있다.

65 소매업체 입장에서 특정 공급자의 개별품목 또는 재고관리 단위를 평가하는 방법으로 가장 옳은 것은?

① 직접제품이익
② 경로 구성원 성과평가
③ 평당 총이익
④ 상시 종업원 당 총이익
⑤ 경로 구성원 총자산 수익률

66 아래 글상자에서 설명하는 경로 구성원들 간의 갈등이 발생하는 원인으로 가장 옳은 것은?

> 소비자 가격을 책정할 때 대규모 제조업체는 신속한 시장침투를 위해 저가격을 원하지만, 소규모 소매업자들은 수익성 증대를 위해 고가격을 원함으로써 갈등이 발생할 수 있다.

① 경로 구성원의 목표들 간의 양립불가능성
② 마케팅 과업과 과업수행 방법에 대한 경로 구성원들간의 의견 불일치
③ 경로 구성원들 간의 현실을 지각하는 차이
④ 경로 구성원들 간의 파워 불일치
⑤ 경로 구성원들 간의 품질 요구 불일치

67 원가가산법(cost plus pricing)에 의한 가격 책정에 관한 설명으로 가장 옳지 않은 것은?

① 제품의 원가에 일정률의 판매수익률(또는 마진)을 가산하여 판매가격을 결정하는 방법을 말한다.

② 단위당 변동비, 고정비, 예상판매량, 판매수익률을 바탕으로 산출할 수 있다.

③ 예상판매량이 예측 가능한 경우 주로 사용하는 방법이다.

④ 생산자 입장에서 결정되는 가격이므로 소비자에게 최종적으로 전달되는 가격과는 차이가 있다.

⑤ 가격변화가 판매량에 큰 영향을 미치지 않거나 기업이 가격을 통제할 수 있는 경우에 효과적이다.

68 아래 글상자의 내용에 해당되는 마케팅조사 기법으로 가장 옳은 것은?

> 제품, 서비스 등의 대안들에 대한 소비자의 선호 정도로부터 소비자가 각 속성에 부여하는 상대적 중요도와 속성 수준의 효용을 추정하는 분석 방법

① t-검증　　　② 분산 분석
③ 회귀 분석　　④ 컨조인트 분석
⑤ 군집 분석

69 매장의 내부 환경요소로 가장 옳지 않은 것은?

① 매장의 입출구와 주차시설
② 매장의 색채와 조명
③ 매장의 평면배치
④ 매장의 상품진열
⑤ 매장의 배경음악 및 분위기

70 종적인 공간효율을 개선시키고 진열선반의 높이가 낮을 때는 위에서 아래로 시선을 유도하는 페이싱 방법으로 가장 옳은 것은?

① 페이스 아웃(face out)
② 슬리브 아웃(sleeve out)
③ 쉘빙(shelving)
④ 행깅(hanging)
⑤ 폴디드 아웃(folded out)

71~90 | 4과목 | 유통정보

71 QR 코드에 대한 설명으로 가장 옳지 않은 것은?

① 1994년에 일본 덴소웨이브사가 개발했다.

② 숫자와 알파벳 등의 데이터를 담을 수 있다.

③ 오염이나 손상된 데이터를 복원하는 기능이 있다.

④ 국제표준이 정립되지 않아 다양한 국가에서 자체적으로 활용될 수 있다.

⑤ 모바일 쿠폰, 광고, 마케팅 등 다양한 분야에 활용되고 있다.

72 최근 유통분야에서 인공지능 기술의 활용이 증대되면서 유통업무 혁신을 위한 다양한 가능성을 보여주고 있다. 이에 대한 설명으로 가장 옳지 않은 것은?

① 인공지능 기술을 활용하여 유통업체에서 고객의 일상적인 문의사항에 대해 다양한 정보를 다양한 경로로 제공할 수 있다.

② 인공지능 기술은 주문이행 관련 배송경로, 재고파악 등 고객의 주문에 대한 업무와 관련된 최적의 대안을 신속하게 제공해주어 의사결정에 도움을 줄 수 있다.

③ 인공지능 기술을 활용하면 주문 데이터 패턴을 분석해서 정상적이지 않은 거래를 파악하는 등 이상 현상 및 이상 패턴을 추출하는 데 활용될 수 있다.

④ 인공지능 기술은 알고리즘을 이용해 학습 수준이 강화되기 때문에 이용자의 질의에 대한 응답 수준은 갈수록 정교해질 것이다.

⑤ 챗지피티는 사전에 구축된 방대한 양의 학습데이터에서 질의에 적절한 해답을 찾아 질의자에게 빠르게 제시해 주는 인공지능 기술 기반 서비스로 마이크로소프트사가 개발하였다.

73 데이터 유형 분류와 그 특성에 대한 설명으로 가장 옳지 않은 것은?

① 정형 데이터 – 관계형 데이터베이스 관리 시스템(RDBMS)의 고정된 필드에 저장되는 데이터들이 포함됨

② 정형 데이터 – 데이터의 길이와 형식이 정해져 있어 그에 맞추어 데이터를 저장하게 됨

③ 반정형 데이터 – 문서, 웹문서, HTML 등이 대표적이며, 데이터 속성인 메타데이터를 가지고 있음

④ 반정형 데이터 – JSON, 웹로그 등 데이터가 해당되며, XML 형태의 데이터로 값과 형식이 다소 일관성이 없음

⑤ 비정형 데이터 – 형태와 구조가 복잡한 이미지, 동영상 같은 멀티미디어 데이터가 이에 해당됨

74 CRM을 통해 성공적으로 고객을 관리하고 있음을 추적하기 위해 사용할 수 있는 지표로 가장 옳지 않은 것은?

① 신규 고객 유치율
② 마케팅 캠페인 당 구매 건수
③ 마케팅 캠페인 당 반응 건수
④ 제품 당 신규 판매 기회 건수
⑤ 시스템 다운타임

75 최근 개인정보보호 문제가 중요한 이슈로 대두되고 있다. 아래 글상자는 하버드 대학교 버크만 센터에서 제시한 개인정보보호 AI윤리원칙이다. ㉠과 ㉡에 해당하는 각각의 권리로 가장 옳은 것은?

> ㉠ 데이터 컨트롤러(data controller)가 보유한 정보가 부정확하거나 불완전한 경우, 사람들이 이를 수정할 권리가 있어야 함
> ㉡ 자신의 개인정보를 삭제할 수 있는 법적 강제력이 있는 권리가 있어야 함

① ㉠ 자기 결정권, ㉡ 정보 열람권
② ㉠ 자기 결정권, ㉡ 정보 정정권
③ ㉠ 정보 삭제권, ㉡ 자기 결정권
④ ㉠ 정보 정정권, ㉡ 정보 삭제권
⑤ ㉠ 정보 열람권, ㉡ 자기 결정권

76 산업혁명에 따른 기업의 비즈니스 환경 변화에 대한 설명으로 가장 옳은 것은?

① 1차 산업혁명 시기에는 컴퓨터와 같은 전자기기 활용을 통해 업무 프로세스 개선을 달성하였다.
② 2차 산업혁명 시기에는 업무 프로세스에 대한 부분자동화가 이루어졌고, 네트워킹 기능이 프로세스 혁신을 위해 활성화되기 시작하였다.
③ 3차 산업혁명 시기에는 노동에서 분업이 이루어지기 시작하였고, 전문성이 강조되기 시작하였다.
④ 4차 산업혁명 시기에는 전화, TV, 인터넷 등과 같은 의사소통 방식이 기업에서 활성화되었다.
⑤ 4차 산업혁명 시기에는 인공지능과 사물인터넷 등 신기술 이용을 통해 비즈니스 프로세스에 혁신이 이루어졌다.

77 아래 글상자의 괄호 안에 공통적으로 들어갈 용어로 가장 옳은 것은?

> – ( )은(는) 디지털 기술을 사회전반에 적용하여 전통적인 사회구조를 혁신시키는 것이다. 일반적으로 기업에서 사물 인터넷, 클라우드 컴퓨팅, 인공지능, 빅데이터 솔루션 등 정보통신 기술을 플랫폼으로 구축·활용하여 기존의 전통적인 운영방식과 서비스 등을 혁신하는 것이다.
> – ( )은(는) 산업과 사회의 각 부문이 디지털화되는 현상으로 인터넷, 정보화 등을 뛰어넘는 초연결(hyperconnectivity) 지능화가 경제·사회 전반에 이를 촉발시키고 있다.

① 디지타이제이션(digitization)
② 초지능화(hyper-intellectualization)
③ 디지털 컨버전스(digital convergence)
④ 디지털 전환(digital transformation)
⑤ 하이퍼인텐션(hyper-intention)

78 조직에서 의사결정을 할 때 활용되는 정보와 조직 수준과의 관계에 대한 설명 중 가장 옳지 않은 것은?

① 전략적 수준 – 주로 비구조화된 의사결정이 이루어지며, 내부 정보 외에도 외부 환경과 관련된 정보 등 외부에서 수집된 정보도 다수 활용
② 관리적 수준 – 구조화된 의사결정이 이루어지며, 새로운 공장입지 선정 및 신기술 도입 등과 같은 사항과 관련된 내외부 정보를 주로 다룸
③ 전략적 수준 – 의사결정 시 활용되는 정보의 특성은 미래지향적이며 상대적으로 추상적이고 포괄적인 정보를 주로 다룸
④ 운영적 수준 – 구조화된 의사결정이 이루어지며, 일일거래 처리와 같이 구체적이고 상세하며 시간에 민감한 정보를 주로 다룸
⑤ 운영적 수준 – 반복적이고 재발성의 특성이 높은 의사결정들이 주로 이루어지며, 효율성에 초점을 두고 활동이 이루어짐

79 아래 글상자의 괄호 안에 공통적으로 들어갈 용어로 가장 옳은 것은?

> – ( )은(는) 조직의 성과목표 달성을 위해 재무, 고객, 내부프로세스, 학습 및 성장 관점에서 균형 잡힌 성과지표를 설정하고 그 성과를 측정하는 성과관리 기법을 말한다. 매우 논리적이며, 지표와 재무적 성과와의 분명한 상관관계를 보이고 있다. 다만, 외부 다른 기관의 평가와 비교하는 것은 곤란하다.
> – ( )기반 성과관리시스템은 기관의 미션과 비전을 달성할 수 있도록 전략목표, 성과목표, 관리과제 등을 연계하고, 성과지표를 근거로 목표달성의 수준을 측정해서 관리할 수 있는 IT기반의 성과관리 및 평가시스템을 말한다.

① 경제적 부가가치(economic value added)
② 인적자원회계(human resource accounting)
③ 총자산이익률(return on assets)
④ 균형성과표(balanced score card)
⑤ 투자수익률(return on investment)

80 아래 글상자의 괄호 안에 들어갈 용어로 가장 옳은 것은?

> 거래처리시스템으로부터 운영데이터를 모아 주제 영역으로 구축한 데이터웨어하우스는 조직 전체의 정보를 저장하고 있어 방대하다. ( )은(는) 특정한 조직이 사용하기 위해 몇몇 정보를 도출하여 사용할 수 있도록 한 사용자 맞춤데이터 서비스를 지칭한다.

① 데이터윈도우   ② 데이터마트
③ 데이터스키마   ④ 데이터모델
⑤ 그룹데이터모델

81 아래 글상자의 기사 내용과 관련성이 높은 정보기술용어로 가장 옳은 것은?

> B**리테일이 'C*제*토한강점'을 선보였다.
> C*제*토한강점은 제*토월드에서 한강공원을 검색한 뒤 C*편의점에 입장하면 자체 브랜드(PB)상품뿐만 아니라 C*제** 당과 협업을 통한 일반 제조사 브랜드(NB)상품을 둘러볼 수 있다.
> 또한 제품 위에 떠 있는 화살표를 선택하면 해당 제품을 손에 쥐는 것도 가능하다. 아바타들은 원두커피 기기에서 커피를 내리거나 한강공원의 편의점 인기 메뉴인 즉석조리라면도 먹을 수 있다.

① 가상 에이전트   ② O2O
③ BICON   ④ 아바타 에이전트
⑤ 메타버스

82 산업별 표준화가 반영된 바코드에 대한 설명으로 가장 옳지 않은 것은?

① 보건복지부는 의약품 포장 단위마다 고유번호를 부여하는 '의약품 일련번호 제도'를 시행하고 있다.

② 의약품의 바코드 내에 있는 상품코드(품목코드, 포장단위)는 건강보험심사평가원의 의약품관리종합정보센터에서 부여하는 상품식별번호이다.

③ UDI란 의료기기를 고유하게 식별할 수 있는 체계로 우리나라는 2019년 7월부터 적용되어 현재는 모든 등급의 의료기기에 UDI가 적용되고 있다.

④ 의료기기에 부여되는 UDI 코드는 기본 포장(base package)을 대상으로 모두 개별적으로 부여하므로 혼선을 방지하기 위해 상위 포장(higher levels of packages)인 묶음 포장단위에는 별도로 부여하지 않는다.

⑤ GS1 DataBar(데이터바)란 상품식별 기능만 갖는 기존 바코드와 달리 상품식별코드(GTIN) 외 유통기한, 이력코드, 중량 등 다양한 부가정보를 넣을 수 있는 바코드를 지칭한다.

83 아래 글상자의 괄호 안에 공통적으로 들어갈 용어로 가장 옳은 것은?

> – (   )은 중앙 서버없이 노드(node)들이 자율적으로 연결되는 P2P(peer-to-peer)방식을 기반으로 각 노드에 데이터를 분산 저장하는 데이터분산처리기술이다.
> – 중앙시스템이 존재하지 않는 완전한 탈중앙 시스템이며, 장부에 해당되는 (   )은 누구에게나 공유·공개되어 투명성을 보장하고, 독특한 구조적 특징에 기인하며 데이터의 무결성을 보장하며, 분산된 장부는 네트워크에 참여한 각 노드들의 검증과 합의 과정을 거쳐 데이터 일치에 도달하게 된다.

① 비트코인　　　　② 비콘
③ 분산블록　　　　④ 블록체인
⑤ 딥러닝

84 웹 3.0과 관련된 설명으로 가장 옳지 않은 것은?

① 시맨틱 웹(Semantic Web) – 의미론적인 웹을 뜻하며 기계가 인간들이 사용하는 자연어를 이해하고 상황과 맥락에 맞는 개인 맞춤형 정보를 제공하는 웹

② 온톨로지(Ontology) – 메타데이터들의 집합, 예를 들어 사과를 떠올리면 사과의 색상, 종류 등 관련된 여러가지 정보를 컴퓨터가 이해하고 처리할 수 있는 정형화된 수단으로 표현한 것

③ 중앙집중화(centralization) – 웹 3.0에서 사용자 간 연결은 플랫폼을 중심으로 연결하여 자유롭게 소통할 수 있도록 지원, 결과적으로 플랫폼이 강력한 권한을 가지게 됨

④ 웹 3.0을 실현하기 위해서는 블록체인, 인공지능, AR · VR, 분산 스토리지, 네트워크 등의 기반 기술이 필요, 사용성을 높여야 실효성이 있을 것으로 봄

⑤ 온라인 검색과 요청들을 각 사용자들의 선호와 필요에 따라 맞춰 재단하는 것이 웹 3.0의 목표

85 아래 글상자의 괄호 안에 들어갈 용어로 가장 옳은 것은?

( )은(는) 전자상거래 이용 고객이 기업에서 발송하는 광고성 메일에 대해 수신거부 의사를 전달하여 더 이상 광고성 메일을 받지 않을 수 있는 것을 말한다.

① 옵트 온(opt on)
② 옵트 오프(opt off)
③ 옵트 오버(opt over)
④ 옵트 인(opt in)
⑤ 옵트 아웃(opt out)

86 빅데이터의 핵심 특성 3가지를 바르게 나열한 것은?

① 가치, 생성 속도, 유연성
② 가치, 생성 속도, 가변성
③ 데이터 규모, 가치, 복잡성
④ 데이터 규모, 속도, 다양성
⑤ 데이터 규모, 가치, 가변성

87 아래 글상자에서 설명하는 서비스와 관련된 용어로 가장 옳은 것은?

> – 유통데이터를 활용한 다양한 비즈니스 모델을 수행할 수 있도록 지원하기 위해 온라인에서 생산과 소비, 유통이 한 곳에서 이루어지는 '양면시장(two-sided market)' 개념의 장(場)을 지칭하는 용어이다.
> – 비즈니스에서 여러 사용자 또는 조직 간의 관계를 형성하고 비즈니스적인 거래를 형성할 수 있는 정보 시스템 환경으로 자신의 시스템을 개방하여 개인은 물론 기업 모두가 참여하여 원하는 일을 자유롭게 할 수 있도록 환경을 구축하여 참여자들 모두에게 새로운 가치와 혜택을 제공해줄 수 있는 시스템을 의미한다.

① 데이터베이스 　② 옴니채널
③ 플랫폼 　④ 클라우드 컴퓨팅
⑤ m-커머스

88 아래 글상자는 인증방식 분류에 대한 설명이다. ㉠, ㉡에 해당하는 용어로 가장 옳은 것은?

> ㉠ 전자적 형태의 문서로 어떤 사람을 특정할 수 있는 정보와 공개 키(public key), 전자서명으로 구성된다. 이 인증방식은 일단 증명서를 발급받기만 하면 주기적으로 그것을 갱신하는 것 외에는 특별히 조치할 사항이 없으므로 사용하기 편리하다는 장점이 있다.
> ㉡ 분산원장을 바탕으로 인증 대상이 스스로 신원을 확인하고 본인과 관련된 정보의 제출 범위와 대상 등을 정할 수 있도록 하는 인증방식이다. 인증대상이 자신의 신원정보(credentials)에 대한 권리를 보다 적극적으로 행사할 수 있는 것이 특징이다.

① ㉠ 비밀번호, ㉡ 분산ID
② ㉠ 디지털문서, ㉡ 분산ID
③ ㉠ 비밀번호, ㉡ 디지털문서
④ ㉠ 생체정보, ㉡ 디지털문서
⑤ ㉠ 생체정보, ㉡ 분산ID

89 아래 글상자의 괄호 안에 공통적으로 들어갈 용어로 가장 옳은 것은?

> – (　　)은(는) 마이론 크루거(Myron Krueger) 박사에 의해 제시된 개념으로 인조 두뇌 공간이라고도 한다.
> – (　　)에서는 3차원의 가상공간에서 사용자가 원하는 방향대로 조작하거나 실행할 수 있다.
> – (　　)의 특성은 영상물의 실시간 렌더링이 가능하므로 원하는 위치에 원하는 모습을 즉시 생산해낼 수 있다.

① 가상 현실
② 증강 현실
③ UI/UX
④ 사이버 물리 시스템
⑤ 브레인 컴퓨터 인터페이스

90 아래 글상자의 ㉠과 ㉡에 해당되는 용어로 가장 옳은 것은?

> – (㉠)은(는) 종종 잘못된 제품 수요정보가 공급사슬을 통해 한 파트너에서 다른 참여자들에게로 퍼져나가면서 왜곡되고 증폭되는 것을 말한다. 예를 들면, 고객과의 최접점에서 어떤 제품의 수요가 약간 증가할 것이라는 정보가 공급사슬의 다음 단계마다 부풀려 전달되어 과도한 잉여재고가 발생하게 되는 현상이다.
> – e-SCM을 구축함으로서 공급사슬의 (㉡)을 확보하여 이러한 현상으 감소시키거나 제거할 수 있게 된다.

① ㉠ 풀현상, ㉡ 가시성
② ㉠ 푸시현상, ㉡ 가시성
③ ㉠ 채찍효과, ㉡ 완전성
④ ㉠ 채찍효과, ㉡ 가시성
⑤ ㉠ 채찍효과, ㉡ 확장성

2023년 제2회 기출문제

⑥ 정답 및 해설 **417p**

01~25 1과목 | 유통물류일반

01 기업윤리의 중요성을 강조하기 위해 취할 수 있는 방법으로 가장 옳지 않은 것은?

① 기업윤리와 관련된 헌장이나 강령을 만들어 발표한다.

② 기업윤리가 기업의 모든 의사결정 프로세스에 반영될 수 있게 모니터링한다.

③ 윤리경영의 지표로는 정성적인 지표가 아닌 계량적인 지표를 활용한다.

④ 조직 내의 문제점을 제기할 수 있는 제도를 활성화한다.

⑤ 윤리기준을 적용한 감사 결과를 조직원과 공유한다.

02 유통경로와 중간상이 필요한 이유에 대한 설명으로 가장 옳지 않은 것은?

① 거래의 일상화를 통해 제반 비용의 감소와 비효율을 개선할 수 있기 때문이다.

② 중간상의 개입으로 공간적, 시간적 불일치를 해소할 수 있기 때문이다.

③ 생산자의 다품종 소량생산과 소비자의 소품종 대량구매니즈로 인한 구색 및 수량 불일치를 해소할 수 있기 때문이다.

④ 생산자와 소비자 상호간의 정보의 불일치에 따른 불편을 해소해 줄 수 있기 때문이다.

⑤ 중간상을 통해 탐색과정의 효율성을 높일 수 있기 때문이다.

03 아래 글상자에서 설명하는 기업이 글로벌 시장에서 경쟁하기 위한 전략을 괄호 안에 들어갈 순서대로 옳게 나열한 것은?

> - (㉠)는 둘 또는 그 이상의 기업들이 맺은 파트너십으로 기술과 위험을 공유한다. 자국에서 생산된 상품만을 허용하는 국가로 진출하기 위한 전략으로 활용할 수 있다.
> - (㉡)은(는) 자사의 독자적인 브랜드 이름이나 상표를 부착하여 판매하는 방식으로 제품의 생산은 다른 기업에게 의뢰한다.

① ㉠ 전략적 제휴, ㉡ 위탁제조

② ㉠ 합작투자, ㉡ 위탁제조

③ ㉠ 전략적 제휴, ㉡ 라이선싱(licensing)

④ ㉠ 합작투자, ㉡ 라이선싱(licensing)

⑤ ㉠ 해외직접투자, ㉡ 프랜차이징(franchising)

04 경제활동의 윤리적 환경과 조건을 세계 각국 공통으로 표준화하려는 것으로 비윤리적인 기업의 제품이나 서비스를 국제거래에서 제한하는 움직임을 뜻하는 것은?

① 우루과이라운드 ② 부패라운드
③ 블루라운드 ④ 그린라운드
⑤ 윤리라운드

05 조직에서 경영자가 목표를 설정할 때 고려해야 할 요소들에 대한 설명으로 가장 옳지 않은 것은?

① 조직의 미션과 종업원의 핵심 직무를 검토한다.
② 목표를 개별적으로 결정하거나 외부의 투입을 고려해서 정한다.
③ 목표 진척사항을 평가하기 위한 피드백 메커니즘을 구축한다.
④ 목표 달성과 보상은 철저하게 분리하여 독립적으로 실행한다.
⑤ 가용한 자원을 평가한다.

06 리더의 행동을 생산에 대한 관심과 사람에 대한 관심을 기준으로 구분하여 연구한 블레이크(Blake)와 무톤(Mouton)의 관리격자 연구에 따른 리더십 유형에 대한 설명으로 가장 옳지 않은 것은?

① 중도형(5-5) - 절충에 신경을 쓰기 때문에 때로는 우유부단하게 비칠 수 있다.
② 팀형(9-9) - 팀의 업적에만 관심을 갖는 리더로 부하를 하나의 수단으로 취급할 수 있다.
③ 컨츄리클럽형(1-9) - 부하의 욕구나 동기를 충족시키면 그들이 알아서 수행할 것이라는 전제하에 나타나는 리더십이다.
④ 무관심형(1-1) - 리더는 업무에 대한 지시만 하고 어려운 문제가 생기면 회피한다.
⑤ 과업형(9-1) - 리더 혼자서 의사결정을 하고 관리의 초점도 생산성 제고에 맞춰진다.

07 기업이 자금을 조달하는 각종 원천에 대한 설명으로 옳지 않은 것은?

① 단기자금 조달을 위해 신용대출을 활용하기도 한다.
② 채권발행의 경우 기업 경영진의 지배력은 유지되는 장점이 있다.
③ 주식 매각의 장점은 주주들에게 주식배당을 할 법적의무가 없어진다는 것이다.
④ 팩토링은 대표적인 담보대출의 한 형태이다.
⑤ 채권발행은 부채의 증가로 인해 기업에 대한 인식에 악영향을 끼칠 수 있다.

08 에머슨(Emerson, H.)의 직계 · 참모식 조직 (line and staff organization)의 단점에 대한 설명으로 옳지 않은 것은?

① 명령체계와 조언, 권고적 참여가 혼동되기 쉽다.

② 집행부문이 스태프(staff) 부문에 자료를 신속 · 충분하게 제공하지 않으면 참모 부문의 기능은 잘 발휘되지 못한다.

③ 집행부문의 종업원과 스태프(staff) 부문의 직원 간에 불화를 가져올 우려가 있다.

④ 라인(line)의 창의성을 결여하기 쉽다.

⑤ 명령이 통일되지 않아 전체의 질서적 관리가 혼란스러워지는 경우가 발생할 수 있다.

09 유통경로의 유형 중 가맹본부로 불리는 경로 구성원이 계약을 통해 생산–유통과정의 여러 단계를 연결시키는 형태의 수직적 마케팅 시스템(vertical marketing system)으로 가장 옳은 것은?

① 기업형 VMS

② 위탁판매 마케팅 시스템

③ 복수유통 VMS

④ 프랜차이즈 시스템

⑤ 관리형 VMS

10 유통경로 구조를 결정하는데 있어서 유통경로 커버리지(channel coverage)에 대한 설명으로 옳은 것은?

① 유통경로에서 제조업자로부터 몇 단계를 거쳐 최종소비자에게 제품이 전달되는가와 관련이 있다.

② 제품의 부피가 크고 무거울수록, 부패 속도가 빠를수록 짧은 경로를 선택하는 것이 바람직하다.

③ 특정한 지역에서 하나의 중간상을 전속해 활용하는 전략을 집약적 유통(intensive distribution)이라고 한다.

④ 유통경로 커버리지란 특정지역에서 자사 제품을 취급하는 점포를 얼마나 많이 활용할 것인가를 결정하는 것이다.

⑤ 유통경로를 통제하고자 하는 통제욕구가 강할수록 유통경로는 짧아진다.

11 유통산업의 경제적 의의에 대한 설명으로 가장 옳지 않은 것은?

① 유통산업은 국민 경제적 측면에서 생산과 소비를 연결해주는 기능을 수행한다.

② 유통산업은 국민들로 하여금 상품이나 서비스 소비를 가능하게 함으로써 생활수준을 유지·향상시켜 준다.

③ 유통산업은 국가경제를 순환시키는데 중요한 역할을 담당하고 있다.

④ 우리나라 유통산업은 2010년대 후반 유통시장 개방과 자유화 정책 이후 급속히 발전하여 제조업에 이은 국가 기간산업으로 성장하였다.

⑤ 유통산업은 생산과 소비의 중개를 통해 제조업의 경쟁력을 높이고 소비자 후생의 증진에 큰 기여를 하고 있다.

12 물류의 기본적 기능과 관련한 활동에 대한 설명으로 가장 옳지 않은 것은?

① 서로 다른 두 지점 간의 물자를 이동시키는 활동은 수송활동이다.

② 보관활동은 시간적 수급조절기능, 가격조정기능을 수행한다.

③ 상품의 가치 및 상태를 보호하기 위해 적절한 재료와 용기를 사용하는 것은 유통가공활동이다.

④ 수송과 보관 사이에서 이루어지는 물품의 취급활동은 하역활동이다.

⑤ 유통을 촉진시키기 위한 무형의 물자인 정보를 유통시키는 활동은 정보유통활동이다.

13 조직의 구성원들에게 학습되고 공유되는 가치, 아이디어, 태도 및 행동규칙을 의미하는 용어로 옳은 것은?

① 조직문화(organizational culture)

② 핵심가치(core value)

③ 사명(mission)

④ 비젼(vision)

⑤ 조직목표(organizational goals)

14 아래 글상자에서 전통적인 유통채널 구조가 점진적으로 변화하는 과정이 순서대로 옳게 나열된 것은?

> ㉠ 전통시장단계
> ㉡ 제조업체 우위단계
> ㉢ 소매업체 성장단계와 제조업체 국제화단계
> ㉣ 소매업체 대형화단계
> ㉤ 소매업체 국제화단계

① ㉢ - ㉣ - ㉤ - ㉠ - ㉡

② ㉡ - ㉢ - ㉣ - ㉤ - ㉠

③ ㉠ - ㉡ - ㉢ - ㉣ - ㉤

④ ㉤ - ㉠ - ㉡ - ㉢ - ㉣

⑤ ㉣ - ㉤ - ㉠ - ㉡ - ㉢

15 유통경로 상 여러 경로 기관들의 유통 흐름 유형에 대한 설명으로 옳은 것은?

구분	유형	내용
㉠	물적 흐름	유통 기관으로부터 다른 기관으로서 소유권의 이전
㉡	소유권 흐름	생산자로부터 최종 소비자에게 이르기까지의 제품의 이동
㉢	지급 흐름	고객이 대금을 지급하거나, 판매점이 생산자에게 송금
㉣	정보 흐름	광고, 판촉원 등 판매 촉진 활동의 흐름
㉤	촉진 흐름	유통 기관 사이의 정보의 흐름

① ㉠
② ㉡
③ ㉢
④ ㉣
⑤ ㉤

16 유통기업들이 물류에 대한 높은 관심을 가지고 이에 대한 합리화를 적극적으로 검토·실행하고 있는 원인으로 옳지 않은 것은?

① 물류비가 증가하는 경향이 있기 때문이다.

② 생산 부문의 합리화 즉 생산비의 절감에는 한계가 있기 때문이다.

③ 기업 간 경쟁에서 승리하기 위해 물류면에서 우위를 확보하여야 하기 때문이다.

④ 고객의 요구는 다양화, 전문화, 고도화되어 고객서비스 향상이 특히 중요시되기 때문이다.

⑤ 기술혁신에 의하여 운송, 보관, 하역, 포장기술이 발전되었고 정보면에서는 그 발전 속도가 현저하게 낮아졌기 때문이다.

17 아래 글상자에서 설명하는 소매상 유형으로 옳은 것은?

> 일반의약품은 물론 건강기능식품과 화장품, 생활용품, 음료, 다과류까지 함께 판매하는 복합형 전문점

① 상설할인매장
② 재래시장
③ 드럭스토어
④ 대중양판점
⑤ 구멍가게

18 소매수명주기이론(retail life cycle theory)에서 소매기관의 상대적 취약성이 명백해지면서 시장점유율이 떨어지고 수익이 감소하여 경쟁에서 뒤처지게 되는 단계는?

① 도입기
② 성장기
③ 성숙기
④ 쇠퇴기
⑤ 진입기

19 유통산업발전법(법률 제19117호, 2022. 12. 27., 타법개정)의 제2조 정의에서 기술하는 용어 설명이 옳지 않은 것은?

① 매장이란 상품의 판매와 이를 지원하는 용역의 제공에 직접 사용되는 장소를 말한다. 이 경우 매장에 포함되는 용역의 제공 장소의 범위는 대통령령으로 정한다.

② 임시시장이란 다수(多數)의 수요자와 공급자가 일정한 기간 동안 상품을 매매하거나 용역을 제공하는 일정한 장소를 말한다.

③ 상점가란 일정 범위의 가로(街路) 또는 지하도에 대통령령으로 정하는 수 이상의 도매점포 · 소매점포 또는 용역점포가 밀집하여 있는 지구를 말한다.

④ 전문상가단지란 같은 업종을 경영하는 여러 도매업자 또는 소매업자가 일정 지역에 점포 및 부대시설 등을 집단으로 설치하여 만든 상가단지를 말한다.

⑤ 공동집배송센터란 여러 유통사업자 또는 물류업자가 공동으로 사용할 수 있도록 집배송시설 및 부대업무시설이 설치되어 있는 지역 및 시설물을 말한다.

20 조직의 품질경영시스템과 관련한 ISO9000 시리즈에 대한 설명으로 가장 옳지 않은 것은?

① 제품 자체에 대한 품질을 보증하는 것이 아니라 제품생산과정의 품질시스템에 대한 신뢰성 여부를 판단하는 기준이다.

② 품질경영시스템의 국제화 추세에 능동적으로 대처할 수 있다.

③ 고객만족을 위한 품질경영시스템을 구축할 수 있다.

④ 품질관련부서의 직원을 중심으로 챔피언, 마스터블랙벨트, 블랙벨트, 그린벨트의 자격이 주어진다.

⑤ 의사결정은 자료 및 정보의 분석에 근거한다.

21 단순 이동평균법을 이용하여 아래 표의 ( ) 안에 들어갈 판매예측치를 계산한 것으로 옳은 것은? (단, 이동평균기간은 2개월로 함)

구분	1월	2월	3월	4월
판매량	17	19	21	( )

① 17
② 18
③ 19
④ 20
⑤ 23

22 아래 글상자의 괄호 안에 들어갈 경로구성원 간 갈등 관련용어를 순서대로 나열한 것으로 옳은 것은?

> - (㉠)은(는) 상대방에 대해 적대감이나 긴장을 감정적으로 느끼는 것이다.
> - (㉡)은(는) 상대방의 목표달성을 방해할 정도의 갈등으로, 이 단계에서는 상대를 견제하고 해를 끼치기 위해 법적인 수단을 이용하며 경로를 떠나거나 상대를 쫓아내기 위해 힘을 행사하는 것이다.

① ㉠ 잠재적 갈등, ㉡ 지각된 갈등
② ㉠ 지각된 갈등, ㉡ 갈등의 결과
③ ㉠ 감정적 갈등, ㉡ 표출된 갈등
④ ㉠ 표출된 갈등, ㉡ 감정적 갈등
⑤ ㉠ 갈등의 결과, ㉡ 지각된 갈등

23 유통 경로상에 가능하면 많은 수의 도매상을 개입시킴으로써 각 경로 구성원에 의해 보관되는 제품의 수량이 감소될 수 있다는 원칙으로 가장 옳은 것은?

① 분업의 원칙
② 변동비 우위의 원칙
③ 총거래수 최소의 원칙
④ 집중준비의 원칙
⑤ 규모의 경제 원칙

24 가맹점이 프랜차이즈에 가입할 때 고려해야 할 점으로 가장 옳지 않은 것은?

① 프랜차이즈가 갖는 투자리스크를 사전에 검토한다.
② 기존의 점포와 겹치지 않는 입지인지 검토한다.
③ 자신의 가맹점만이 개선할 수 있는 부분을 활용한 차별점을 검토한다.
④ 본사에 지불해야 할 수수료를 고려해야 한다.
⑤ 본부의 사업역량이 충분한지 검토해야 한다.

25 물류관리의 3S 1L원칙에 해당되는 용어로 옳지 않은 것은?

① Speedy
② Surely
③ Low
④ Safely
⑤ Smart

2023년 제2회 기출문제

26 아래 글상자에서 설명하는 입지대안의 평가 원칙으로 가장 옳은 것은?

> 점포를 방문하는 고객의 심리적, 물리적 특성과 관련된 원칙이다. 지리적으로 인접해 있거나, 교통이 편리하거나, 점포이용이 시간적으로 편리하면 입지의 매력도를 높게 평가한다고 주장한다.

① 고객차단의 원칙
② 동반유인의 원칙
③ 점포밀집의 원칙
④ 접근가능성의 원칙
⑤ 보충가능성의 원칙

27 중심상업지역(CBD: central business district)의 입지특성에 대한 설명 중 가장 옳지 않은 것은?

① 상업활동으로도 많은 사람을 유인하지만 출퇴근을 위해서도 이곳을 통과하는 사람이 많다.
② 백화점, 전문점, 은행 등이 밀집되어 있다.
③ 주차문제, 교통혼잡 등이 교외 쇼핑객들의 진입을 방해하기도 한다.
④ 소도시나 대도시의 전통적인 도심지역을 말한다.
⑤ 대중교통의 중심이며, 도보통행량이 매우 적다.

28 소비자 C가 이사를 하였다. 글상자의 조건을 수정허프(Huff)모델에 적용하였을 때, 이사 이전과 이후의 소비자 C의 소매지출에 대한 소매단지 A의 점유율 변화로 가장 옳은 것은?

> ㉠ 소비자 C는 오직 2개의 소매단지(A와 B)만을 이용하며, 1회 소매지출은 일정하다.
> ㉡ A와 B의 규모는 동일하다.
> ㉢ 이사 이전에는 C의 거주지와 B 사이 거리가 C의 거주지와 A 사이 거리의 2배였다.
> ㉣ 이사 이후에는 C의 거주지와 A 사이 거리가 C의 거주지와 B 사이 거리의 2배가 되었다.

① 4배로 증가   ② 5배로 증가
③ 4분의 1로 감소   ④ 5분의 1로 감소
⑤ 변화 없음

29 둥지내몰림 또는 젠트리피케이션(gentrification)에 관한 내용으로 가장 옳지 않은 것은?

① 낙후된 도심 지역의 재건축 · 재개발 · 도시재생 등 대규모 도시개발에 연관된 현상
② 도시개발로 인해 지역의 부동산 가격이 급격하게 상승할 때 주로 발생하는 현상
③ 도시개발 후 지역사회의 원주민들의 재정착비율이 매우 낮은 현상을 포함
④ 상업지역의 활성화나 관광명소화로 인한 기존 유통업체의 폐점 증가 현상을 포함

⑤ 임대료 상승으로 인해 대형점포 대신 다양한 소규모 근린상점들이 입점하는 현상

30 아래 글상자에서 설명하고 있는 상권분석 기법으로서 가장 옳은 것은?

> 분석과정이 비교적 쉽고 비용이나 시간을 아낄 수 있다. 특정 점포의 상대적 매력도는 파악할 수 있지만, 상권의 공간적 경계를 추정하는 데는 도움을 주지 못한다.

① CST map
② 컨버스(P.D.Converse)의 분기점 분석
③ 티센다각형(thiessen polygon)
④ 체크리스트법
⑤ 허프(Huff)모델

31 신규점포에 대한 상권분석 기법이나 이론들은 기술적, 확률적, 규범적 분석방법으로 구분하기도 한다. 다음 중 규범적 분석에 해당되는 것만을 나열한 것은?

① 체크리스트법, 유추법
② 중심지 이론, 소매인력법칙
③ 허프(Huff)모델, MNL모형
④ 유추법, 중심지 이론
⑤ 소매인력법칙, 허프(Huff)모델

32 상권범위의 결정 요인에 대한 설명으로 가장 옳지 않은 것은?

① 상권을 결정하는 요인에는 시간요인과 비용요인이 포함된다.
② 공급측면에서 비용요인 중 교통비가 저렴할수록 상권은 축소된다.
③ 수요측면에서 고가품, 고급품일수록 상권범위가 확대된다.
④ 재화의 이동에서 사람을 매개로 하는 소매상권은 재화의 종류에 따라 비용 지출이나 시간 사용이 달라지므로 상권의 크기도 달라진다.
⑤ 시간요인은 상품가치를 좌우하는 보존성이 강한 재화일수록 상권범위가 확대된다.

33 소매점포의 다른 입지유형과 비교할 때 상대적으로 노면독립입지가 갖는 일반적인 특징으로 가장 옳지 않은 것은?

① 가시성이 좋다.
② 다른 점포와의 시너지 효과를 기대하기 어렵다.
③ 임대료가 낮다.
④ 주차공간이 넓다.
⑤ 마케팅 비용이 적게 든다.

34 점포의 상권을 설정하기 위한 단계에서의 지역특성 및 입지조건 관련 조사의 내용으로 가장 옳지 않은 것은?

① 유사점포의 경쟁상황
② 지역의 경제상황
③ 자연적 장애물
④ 점포의 접근성
⑤ 점포의 예상수요

35 아래 글상자에 제시된 신규점포의 개점 절차의 논리적 진행순서로 가장 옳은 것은?

> ㉠ 상권분석 및 입지선정
> ㉡ 홍보계획 작성
> ㉢ 가용 자금, 적성 등 창업자 특성 분석
> ㉣ 실내 인테리어, 점포꾸미기
> ㉤ 창업 아이템 선정

① ㉠ - ㉤ - ㉢ - ㉡ - ㉣
② ㉤ - ㉠ - ㉢ - ㉡ - ㉣
③ ㉤ - ㉢ - ㉠ - ㉡ - ㉣
④ ㉢ - ㉠ - ㉤ - ㉡ - ㉣
⑤ ㉢ - ㉤ - ㉠ - ㉣ - ㉡

36 공간균배의 원리나 소비자의 이용목적에 따라 소매점의 입지유형을 분류하기도 한다. 이들 입지유형과 특성의 연결로서 가장 옳은 것은?

① 적응형입지 – 지역 주민들이 주로 이용함
② 산재성입지 – 거리에서 통행하는 유동인구에 의해 영업이 좌우됨
③ 집재성입지 – 동일 업종끼리 모여 있으면 불리함
④ 생활형입지 – 동일 업종끼리 한곳에 집단적으로 입지하는 것이 유리함
⑤ 집심성입지 – 배후지나 도시의 중심지에 모여 입지하는 것이 유리함

37 대지면적에 대한 건축물의 연면적의 비율인 용적률을 계산할 때 연면적 산정에 포함되는 항목으로 가장 옳은 것은?

① 지하층의 면적
② 주민공동시설면적
③ 건축물의 부속용도가 아닌 지상층의 주차용 면적
④ 건축물의 경사지붕 아래에 설치하는 대피공간의 면적
⑤ 초고층 건축물과 준초고층 건축물에 설치하는 피난안전구역의 면적

38 소매업의 공간적 분포를 설명하는 중심성지수와 관련된 설명으로서 가장 옳지 않은 것은?

① 상업인구는 어떤 지역의 소매판매액을 1인당 평균구매액으로 나눈 값이다.

② 중심성지수는 상업인구를 그 지역의 거주인구로 나눈 값이다.

③ 중심성지수가 1이라는 것은 소매판매액과 그 지역 내 거주자의 소매구매액이 동일하다는 뜻이다.

④ 중심성지수가 1이라는 것은 해당 지역의 구매력 유출과 유입이 동일하다는 뜻이다.

⑤ 소매 판매액의 변화가 없어도 해당 지역의 인구가 감소하면 중심성지수는 낮아지게 된다.

39 허프(Huff)모델보다 분석과정이 단순해서 상권분석에서 실무적으로 많이 활용되는 수정허프(Huff)모델의 특성에 관한 설명으로 가장 옳지 않은 것은?

① 분석을 위해 상권 내에 거주하는 소비자의 개인별 구매행동 데이터를 수집할 필요가 없다.

② 허프(Huff)모델과 같이 점포면적과 점포까지의 거리를 통해 소비자의 점포 선택확률을 계산할 수 있다.

③ 상권분석 상황에서 실무적 편의를 위해 점포면적과 거리에 대한 민감도를 따로 추정하지 않는다.

④ 허프(Huff)모델과 달리 수정허프(Huff)모델은 상권을 세부지역(zone)으로 구분하는 절차를 거치지 않는다.

⑤ 허프(Huff)모델에서 추정해야하는 점포면적과 이동거리변수에 대한 소비자의 민감도계수를 '1'과 '-2'로 고정하여 인식한다.

40 복수의 입지후보지가 있을 때는 상세하고 정밀하게 입지조건을 평가하는 과정을 거치게 된다. 가장 유리한 점포입지를 선택하기 위해 참고할 만한 일반적 기준으로 가장 옳은 것은?

① 건축선 후퇴(setback)는 상가건물의 가시성을 높이는 긍정적인 효과를 가진다.

② 점포 출입구 부근에 단차가 있으면 사람과 물품의 출입이 용이하여 좋다.

③ 점포 부지와 점포의 형태는 정사각형에 가까울수록 소비자 흡인에 좋다.

④ 점포규모가 커지면 매출도 증가하는 경향이 있으므로 점포면적이 클수록 좋다.

⑤ 평면도로 볼 때 점포가 도로에 접한 정면 너비가 깊이 보다 큰 장방형 형태가 유리하다.

41 상가건물 임대차보호법(법률 제18675호, 2022.1.4., 일부개정)은 임대인은 임차인이 임대차기간이 만료되기 6개월 전부터 1개월 전까지 사이에 계약갱신을 요구할 경우 정당한 사유 없이 거절하지 못한다고 규정하면서, 예외적으로 그러하지 아니한 경우를 명시하고 있다. 이 예외적으로 그러하지 아니한 경우로서 가장 옳지 않은 것은?

① 임차인이 2기의 차임액에 해당하는 금액에 이르도록 차임을 연체한 사실이 있는 경우
② 서로 합의하여 임대인이 임차인에게 상당한 보상을 제공한 경우
③ 임차인이 임대인의 동의 없이 목적 건물의 전부 또는 일부를 전대(轉貸)한 경우
④ 임차인이 임차한 건물의 전부 또는 일부를 고의나 중대한 과실로 파손한 경우
⑤ 임차인이 거짓이나 그 밖의 부정한 방법으로 임차한 경우

42 상대적으로 광역상권인 시, 구, 동 등 특정 지역의 총량적 수요를 추정할 때 사용되는 구매력지수(BPI: buying power index)를 계산하는 수식에서 가장 가중치가 큰 변수로서 옳은 것은?

① 전체 지역 대비 특정 지역의 인구비율
② 전체 지역 대비 특정 지역의 가처분소득 비율
③ 전체 지역 대비 특정 지역의 소매업 종사자 비율
④ 전체 지역 대비 특정 지역의 소매매출액 비율
⑤ 전체 지역 대비 특정 지역의 소매점면적 비율

43 소매점포의 예상매출을 추정하는 분석방법이나 이론으로 볼 수 있는 것들이다. 가장 연관성이 떨어지는 것은?

① 유추법
② 회귀분석법
③ 허프(Huff)모델
④ 컨버스(P.D. Converse)의 분기점분석
⑤ MNL모형

44 소매포화지수(IRS)는 지역시장의 공급대비 수요수준을 총체적으로 측정하기 위해 많이 사용되는 지표의 하나이다. 소매포화지수를 구하는 공식의 분모(分母)에 포함되는 요소로 가장 적합한 것은?

① 관련 점포의 총매출액
② 관련 점포의 총매장면적
③ 관련 점포의 고객수
④ 관련 점포의 총영업이익
⑤ 관련 점포의 종업원수

45 지리정보시스템(GIS)을 이용한 상권정보시스템 구축과 관련된 내용으로 가장 옳지 않은 것은?

① 개별 상점의 위치정보는 점 데이터로, 토지이용 등의 정보는 면(面) 데이터로 지도에 수록한다.

② 지하철노선, 도로 등은 선(線) 데이터로 지도에 수록하고 데이터베이스(DB)를 구축한다.

③ 고객의 인구통계정보 등은 DB로 구축하여, 표적고객집단을 파악하고 상권경계선을 추정할 수 있게 한다.

④ 주제도 작성, 공간 조회, 버퍼링을 통해 효과적인 상권분석이 가능하다.

⑤ 지리정보시스템에 기반한 상권분석정보는 현실적으로 주로 대규모점포에 한정하여 상권분석, 입지선정, 잠재수요 예측, 매출액 추정에 활용되고 있다.

46~70 | **3과목 | 유통마케팅**

46 다음 중 효과적인 시장세분화를 위한 조건으로 옳은 것을 모두 고른 것은?

> ㉠ 측정가능성 　　㉡ 접근가능성
> ㉢ 실행가능성 　　㉣ 규모의 적정성
> ㉤ 차별화 가능성

① ㉠, ㉡, ㉢, ㉣, ㉤
② ㉠, ㉢, ㉣
③ ㉡, ㉢, ㉤
④ ㉡, ㉣, ㉤
⑤ ㉢, ㉤

47 소매경영에서 공급업체에 대한 평가 시 사용하는 ABC분석에 대한 다음 내용 중에서 옳지 않은 것은?

① 개별 단품에 대해 안전재고 수준과 상품가용성 정도를 결정하는데 사용한다.

② 매출비중이 높더라도 수익성이 떨어지는 상품은 중요시 하지 않는 것이 바람직하다.

③ 소매업체들이 기여도가 높은 상품 관리에 집중해야 한다는 관점하에 활용된다.

④ 소매업체 매출의 80%는 대략 상위 20%의 상품에 의해 창출된다고 본다.

⑤ 상품성과의 척도로는 공헌이익, GMROI(마진수익률), 판매량 등이 많이 활용된다.

48 아래 글상자가 공통적으로 설명하는 소매상의 변천과정가설 및 이론으로 가장 옳은 것은?

> - 소매업채가 환경변화에 따라 일정한 주기를 두고 순환적으로 변화한다는 가설
> - 저가격, 저비용, 저서비스의 점포 운영 방식으로 시장에 진입
> - 성공적인 시장진입 이후 동일 유형의 소매점 간에 경쟁이 격화됨에 따라 경쟁우위 확보를 위해 점점 고비용, 고가격, 고서비스의 소매점으로 전환
> - 모든 유형의 소매업태 등장과 발전과정을 설명할 수 없다는 한계를 지님

① 자연도태설
② 소매수명주기 이론
③ 소매아코디언 이론
④ 변증법적 이론
⑤ 소매업 수레바퀴가설

49 다음 중 소매업체가 점포를 디자인할 때 고려해야 하는 요소로 가장 옳지 않은 것은?

① 표적시장의 니즈를 만족시키기 위한 소매업체의 전략 실행
② 효율적으로 제품을 찾고 구입할 수 있도록 쾌락적 편익제공
③ 잠재고객 방문 유도 및 방문 고객의 구매율 증가
④ 용이한 점포의 관리 및 유지 비용을 절감할 수 있도록 설계

⑤ 점포설계에 있어서 법적·사회적 요건 충족

50 다음 중 매장의 생산성을 증대시키기 위한 유통계량조사의 내용으로 가장 옳지 않은 것은?

① 매장 1평당 어느 정도의 매출액이 일어나고 있는가를 파악하기 위한 매장생산성 조사
② 투입된 종업원당 어느 정도의 매출액이 창출되는지를 업계 평균과 상호 비교
③ 현재의 재고가 어느 정도의 상품이익을 실현하는지 알기 위한 교차비율 산출
④ 고객수 및 객단가 산출 및 이전 분기 대비 객단가 증가율 비교
⑤ 채산성을 위한 목표 매출 및 달성 가능성을 분석하기 위한 손익분기 매출액 산출

51 상시저가전략(EDLP: everyday low price)과 비교한 고저 가격전략(high-low pricing)의 장점으로 가장 옳지 않은 것은?

① 고객의 가격민감도 차이에 기반한 가격차별화를 통해 수익증대가 가능하다.
② 할인행사에 대한 고객 기대를 높이는 효과가 있다.

③ 광고 및 운영비를 절감하는 효과가 있다.

④ 동일 상품을 다양한 고객층에게 판매할 수 있다.

⑤ 제품수명주기의 변화에 따른 가격설정이 용이하다.

52 다음 중 경로구성원 평가 및 관리와 관련하여 옳지 않은 것은?

① 기업은 좋은 성과를 내고 고객에게 훌륭한 가치를 제공하는 중간상을 파악하여 보상해야 한다.

② 판매 할당액의 달성 정도, 제품 배달시간, 파손품과 손실품 처리 등과 같은 기준에 관해 정기적으로 경로 구성원의 성과를 평가해야 한다.

③ 경로 구성원과의 장기적인 협력관계를 맺기 위해 성과가 좋지 못한 중간상이라도 바꾸지 말아야 한다.

④ 파트너를 소홀히 다루는 제조업자는 딜러의 지원을 잃을 뿐만 아니라 법적인 문제를 초래할 위험이 있다.

⑤ 기업은 경로 구성원이 최선을 다할 수 있도록 지속적으로 관리하고 동기를 부여해야 한다.

53 아래 글상자가 설명하는 서비스품질을 평가하는 요소로 가장 옳은 것은?

> N사는 고객의 개별적 욕구를 충족시키고자 노력하는 기업으로 포지셔닝하며 고객의 개별 선호에 맞춘 고객 응대를 실천하고 있다. 예를 들어, 양쪽 발 사이즈가 다른 고객에게 사이즈가 각각 다른 두 컬레를 나누어 팔았다. 비록 나머지 짝이 맞지 않은 두 신발을 팔 수 없더라도 고객에게 잊지 못할 감동을 주고 있다.

① 신뢰성(reliability)

② 확신성(assurance)

③ 유형성(tangibility)

④ 공감성(empathy)

⑤ 응답성(responsiveness)

54 서비스기업의 고객관계관리 과정은 "관계구축 – 관계강화 – 관계활용 – 이탈방지 또는 관계해지"의 단계로 나누어 볼 수 있다. 관계구축 단계의 활동으로서 가장 옳지 않은 것은?

① 교차판매, 묶음판매를 통한 관계의 확대

② 고객의 요구를 파악할 수 있는 시장의 세분화

③ 시장의 요구 수준을 충족시키는 양질의 서비스 개발

④ 기업의 핵심가치제안에 부합하는 표적고객 선정

⑤ 고객 니즈를 충족시키는 차별화된 마케팅 전략 수립

55 아래 글상자의 괄호 안에 들어갈 용어로 가장 옳은 것은?

> 제조업체가 최종소비자들을 상대로 촉진활동을 하여 이 소지자들로 하여금 중간상(특히 소매상)에게 자사제품을 요구하도록 하는 전략을 (㉠)이라고 한다. 반면에 어떤 제조업체들은 중간상들을 대상으로 판매촉진활동을 하고 그들이 최종소비자에게 적극적인 판매를 하도록 유도하는 유통전략을 사용하는데, 이를 (㉡) 전략이라고 한다.

① ㉠ 풀전략, ㉡ 푸시전략
② ㉠ 푸시전략, ㉡ 풀전략
③ ㉠ 집중적 마케팅전략, ㉡ 차별적 마케팅전략
④ ㉠ 풀전략, ㉡ 차별적 마케팅전략
⑤ ㉠ 푸시전략, ㉡ 집중적 마케팅전략

56 다음은 산업 구조분석 방법인 마이클 포터의 5 force model과 시장매력도 간의 관계에 해당하는 내용이다. 가장 옳지 않은 것은?

① 기업들은 새로운 경쟁자들이 시장에 쉽게 들어오지 못하도록 높은 수준의 진입장벽을 구축하기 위해 노력한다.
② 구매자의 교섭력이 높아질수록 그 시장의 매력도는 낮아진다.
③ 산업 구조분석에서 다루어지는 시장매력도는 산업전체의 평균 수익성을 의미한다.

④ 5 force model은 누가 경쟁자이고 누가 공급자이며 누가 구매자인지 분명하게 구분된다는 것을 가정하고 있다.
⑤ 대체제가 많을수록 시장의 매력도는 높아진다.

57 마케팅투자수익률(MROI)에 대한 설명으로서 가장 옳지 않은 것은?

① 마케팅투자수익을 마케팅투자비용으로 나눈 값이다.
② 마케팅투자비용의 측정보다 마케팅투자수익의 측정이 더 어렵다.
③ 측정과 비교가 용이한 단일 마케팅성과 척도를 사용하는 것이 바람직하다.
④ 고객생애가치, 고객자산 등의 평가를 통해 마케팅투자수익을 측정할 수 있다.
⑤ 브랜드인지도, 매출, 시장점유율 등을 근거로 마케팅투자수익을 측정할 수 있다.

58 다음 중 판매촉진에 대한 설명으로 가장 옳지 않은 것은?

① 판매촉진은 고객들로 하여금 즉각적인 반응을 일으킬 수 있고 반응을 쉽게 알아낼 수 있다.

② 판매촉진은 단기적으로 고객에게 대량 또는 즉시 구매를 유도하기 때문에 다른 촉진활동보다 매출증대를 기대할 수 있다.

③ 판매촉진 예산을 결정할 때 활용하는 가용예산법(affordable method)은 과거의 매출액이나 예측된 미래의 매출액을 근거로 예산을 결정하는 방법을 말한다.

④ 소비자를 대상으로 하는 판매촉진의 유형 중 쿠폰(coupon)은 가격할인을 보장하는 일종의 증서로 지면에 표시된 가격만큼 제품가격에서 할인해 주는 방법이다.

⑤ 중간상의 판매촉진의 유형으로 협동광고는 제조업자가 협동하여 지역의 소매상들이 공동으로 시행하는 광고를 말한다.

60 다음 중 소매업이 상품 판매를 효과적으로 전개하기 위해 제공하는 물적 · 기능적 서비스에 해당하지 않는 것은?

① 포장지, 선물상자의 제공 등과 같은 상품 부대물품의 제공 서비스

② 할부판매, 외상 판매 등과 같은 금융적 서비스

③ 전달 카탈로그, 광고 선전 등과 같은 정보 제공 서비스

④ 고객의 선택 편의 및 구매 효율을 높이는 셀프서비스와 같은 시스템적 서비스

⑤ 상품 설명, 쇼핑 상담, 배달 등과 같은 노역 기술 제공 서비스

59 고객관계관리(CRM)와 관련한 채널관리 이슈에 대한 설명으로 가장 옳지 않은 것은?

① 채널은 고객접점으로서 관리되어야 한다.

② 채널의 정보교환 기능을 활성화시켜야 한다.

③ 채널 파트너와의 협업을 관리해야 한다.

④ 채널을 차별화함으로써 발생할 수 있는 채널 간 갈등을 최소화해야한다.

⑤ CRM을 성공적으로 수행하기 위해서 다양한 채널을 독립적으로 운영해야 한다.

61 다음 중 제품별 영업조직(product sales force structure)의 장점으로 가장 옳지 않은 것은?

① 제품에 대한 지식과 전문성이 강화된다.

② 특히 다양한 제품계열을 가지고 있는 기업의 경우에 적합하다.

③ 제한된 지역을 순방하므로 상대적으로 영업비용을 줄일 수 있다.

④ 제품별 직접판매이익공헌을 평가하기가 용이하다.

⑤ 소비재 기업보다는 산업재를 취급하는 기업일수록 이런 형태의 조직이 유리하다.

62 아래 글상자의 내용이 공통적으로 설명하고 있는 CRM 분석 도구로 가장 옳은 것은?

> - 사용자가 고객DB에 담겨 있는 다차원 정보에 직접 접근하여 대화식으로 정보를 분석할 수 있도록 지원하는 분석 도구
> - 분석을 위해 활용되는 정보는 다차원적으로 최종사용자가 기업의 전반적인 상황을 이해할 수 있게 하여 의사결정을 지원
> - 예를 들어 사용자가 자사의 매출액을 지역별/상품별/연도별로 알고 싶을 경우 활용할 수 있는 분석 도구

① 데이터 마이닝(data mining)
② 데이터웨어하우징(data warehousing)
③ OLTP(online transaction processing)
④ OLAP(online analytical processing)
⑤ EDI(electronic data interchange)

63 아래 글상자의 내용 중 격자형 레이아웃의 장점만을 나열한 것으로 옳은 것은?

> ㉠ 원하는 상품을 쉽게 찾을 수 있다.
> ㉡ 느긋하게 자신이 원하는 상품을 둘러보기에 용이하다.
> ㉢ 충동구매를 촉진시킬 수 있다.
> ㉣ 고객이 쇼핑에 걸리는 시간을 최소화할 수 있다.
> ㉤ 쇼핑의 쾌락적 요소를 배가시킬 수 있다.
> ㉥ 통로 등의 공간이 비교적 동일한 넓이로 설계되어 공간적 효율성을 높일 수 있다.

① ㉠, ㉣, ㉤
② ㉠, ㉣, ㉥
③ ㉡, ㉣, ㉤
④ ㉢, ㉤, ㉥
⑤ ㉣, ㉤, ㉥

64 고객생애가치 이론에 관한 설명으로 가장 옳은 것은?

① 고객생애가치는 특정 고객으로부터 얻게 되는 이익흐름의 미래가치를 의미한다.
② 고객 애호도가 높다는 것은 곧 고객생애가치가 높다는 것을 가리킨다.
③ 기업은 고객생애가치를 높이기 위하여 경쟁자보다 더 높은 가치를 제공해 주어야 한다.
④ 올바른 고객생애가치를 산출하기 위해서는 기업의 수입흐름만 고려하면 된다.
⑤ 고객생애가치는 고객과의 한번의 거래에서 나오는 이익을 의미한다.

65 비주얼 머천다이징(VMD, visual merchandising)에 대한 설명으로 가장 옳지 않은 것은?

① 비주얼머천다이징은 상업공간에 적합한 특정의 상품이나 서비스를 조합하고 판매증진을 위한 시각적 연출계획으로 기획하고 상품·선전·판촉 기능을 수행한다.

② 비주얼머천다이징은 기업의 독자성을 표현하고 타 경쟁점과의 차별화를 위해 상품 진열에 관해 시각적 요소를 반영하여 연출하고 관리하는 전략적인 활동이다.

③ 비주얼머천다이징의 구성요소인 PP(point of sale presentation)는 고객의 시선이 머무르는 곳에 볼거리를 제공하여 상품에 관심을 갖도록 유도하기 위해 활용된다.

④ 비주얼머천다이징의 구성요소인 IP(interior presentation)는 실제 판매가 이루어지는 장소에서 상품구역별로 진열대에 진열하는 방식으로 주로 충동구매 상품을 배치하여 매출을 극대화하기 위해 활용된다.

⑤ 비주얼머천다이징의 구성요소인 VP(visual presentation)는 상점의 컨셉을 부각시키기 위해 쇼윈도 또는 테마 공간연출을 통해 브랜드 이미지를 표현하기 위해 활용된다.

66 아래 글상자에서 말하는 여러 효과를 모두 보유하고 있는 마케팅 활동은?

> ㉠ 가격인하 효과   ㉡ 구매유발 효과
> ㉢ 미래수요 조기화 효과
> ㉣ 판매촉진 효과

① 쿠폰
② 프리미엄
③ 컨테스트
④ 인적 판매
⑤ 리베이트

67 아래 글상자의 설명으로 가장 옳은 것은?

> 동일한 고객층을 대상으로 하되 경쟁업체와 다르게 그들 고객이 가장 원하는 제품과 서비스에 중점을 두거나 고객에게 제시되는 가격대에 대응하는 상품이나 품질을 차별화하는 방향을 전개하는 머천다이징 유형의 하나이다.

① 혼합식 머천다이징
  (scrambled merchandising)
② 선별적 머천다이징
  (selective merchandising)
③ 세그먼트 머천다이징
  (segment merchandising)
④ 계획적 머천다이징
  (programed merchandising)
⑤ 상징적 머천다이징
  (symbol merchandising)

68 아래 글상자의 괄호 안에 들어갈 용어로 가장 옳은 것은?

(㉠)은 상품흐름이나 판매를 증진시키기 위해 정상가 보다 낮은 가격으로 결정하는 것을 말하며, (㉡)은 특정제품의 가격에 대해 천단위, 백단위로 끝나는 것보다 특정의 홀수로 끝나는 가격을 책정함으로서 소비자로 하여금 더 저렴하다는 느낌을 주기 위한 가격전략이다.

① ㉠ 선도가격(leader pricing),
   ㉡ 수량가격(quantity based pricing)
② ㉠ 단수가격(odd pricing),
   ㉡ 변동가격(dynamic pricing)
③ ㉠ 선도가격(leader pricing),
   ㉡ 단수가격(odd pricing)
④ ㉠ 변동가격(dynamic pricing),
   ㉡ 묶음가격(price bundling)
⑤ ㉠ 묶음가격(price bundling),
   ㉡ 단수가격(odd pricing)

69 소매점의 POS(point of sales)시스템에 대한 설명으로 가장 옳지 않은 것은?

① POS시스템을 통해 소매점별로 수집된 판매 제품의 품목명, 수량, 가격, 판촉 등에 관한 정보를 수집할 수 있다.
② POS시스템은 POS 단말기, 바코드 스캐너, 스토어 콘트롤러(store controller)로 구성되어 있다.
③ POS시스템을 통해 확보한 정보는 고객관계관리(CRM)를 위한 기반 데이터로 활용된다.
④ 전년도 목표 대비 판매량 분석 또는 전월 대비 매출액 변화분석과 같은 시계열 정보를 수집하고 분석하는데 한계가 있다.
⑤ POS시스템을 통해 신제품에 대한 마케팅효과, 판촉효과 등을 분석할 수 있다.

70 제품수명주기(PLC) 단계 중 성숙기에 이루어지는 판매촉진 전략으로 옳은 것은?

① 상표 전환을 유도하기 위한 판촉을 증대한다.
② 수요확대에 따라 점차적으로 판촉을 감소한다.
③ 매출증대를 위한 판매촉진 활동은 최저수준으로 감소시킨다.
④ 제품의 인지도 향상을 위한 강력한 판촉을 전개한다.
⑤ 제품 가격을 높이는 대신 짧은 기간에 모든 판촉수단을 활용하는 전략을 실행한다.

71~90 4과목 | 유통정보

71 쇼핑몰의 시스템 구성에서 프론트 오피스(front office) 요소로 가장 옳지 않은 것은?

① 상품검색   ② 상품등록
③ 상품리뷰   ④ 상품진열
⑤ 회원로그인

72 라이브 커머스(live commerce)에 대한 설명으로 가장 옳지 않은 것은?

① 라이브 스트리밍(live streaming)과 커머스(commerce)의 합성어이다.
② 온라인 상에서 실시간으로 쇼호스트가 상품을 설명하고 판매하는 비즈니스 프로세스이다.
③ 온라인 상에서 소비자와 쇼호스트는 실시간으로 소통이 가능하지만 소비자간의 대화는 불가능하다.
④ 기존 이커머스(e-commerce)보다 소통과 재미를 더한 진화된 커머스 형태이다.
⑤ 최근 소비자들에게 인기를 얻으면서 급성장하고 있다.

73 오늘날을 제4차 산업혁명 시기로 구분한다. 제4차 산업혁명에 대한 설명으로 가장 옳지 않은 것은?

① 2016 세계경제포럼에서 4차 산업혁명을 3차 산업혁명을 기반으로 디지털, 바이오와 물리학 사이의 모든 경계를 허무는 융합 기술 혁명으로 정의함
② ICT를 기반으로 하는 사물인터넷 및 만물인터넷의 진화를 통해 인간-인간, 인간-사물, 사물-사물을 대상으로 한 초연결성이 기하급수적으로 확대되는 초연결적 특성이 있음
③ 인공지능과 빅데이터의 결합과 연계를 통해 기술과 산업구조의 초지능화가 강화됨
④ 초연결성, 초지능화에 기반하여 기술간, 산업간, 사물-인간 간의 경계가 사라지는 대융합의 시대라고 볼 수 있음
⑤ 4차 산업혁명 시대의 생산요소 토지, 노동, 자본 중 노동의 가치가 토지와 자본에 비해 중요도가 커지는 특징이 있음

74 물류의 효율적 회전을 가능하게 하는 QR 물류시스템의 긍정적 효과로 가장 옳지 않은 것은?

① 신속한 대응
② 리드타임 증가
③ 안전재고 감소
④ 예측오류 감소
⑤ 파이프라인재고 감소

75 디지털 공급망을 구현하는데 활용되는 블록체인 스마트 계약(blockchain smart contract) 기술에 대한 설명으로 가장 옳지 않은 것은?

① 특정 요구사항이 충족되면 네트워크를 통해 실시간으로 계약이 실행된다.

② 거래 내역이 블록체인 상에 기록되기 때문에 높은 신뢰도를 형성한다.

③ 블록체인 스마트 계약은 중개자 없이 실행될 수 있기 때문에 상대적으로 거래 비용이 낮다.

④ 블록체인 기록을 뒷받침하는 높은 수준의 암호화와 분산원장 특성으로 네트워크에서 높은 보안성을 확보하고 있다.

⑤ 블록체인을 활용하기 때문에 거래 기록에 대하여 가시성을 확보할 수 없다.

76 경쟁력있는 수익창출 방안을 개발하는데 활용되는 비즈니스 모델 캔버스를 구성하는 9가지 요인 중에 ㉠ 가장 먼저 작성해야 하는 요인과 ㉡ 마지막으로 작성해야 하는 요인이 있다. 여기서 ㉠과 ㉡에 해당하는 내용으로 가장 옳은 것은?

① ㉠ 가치제안, ㉡ 수익원
② ㉠ 고객관계, ㉡ 고객 세분화
③ ㉠ 수익원, ㉡ 고객 세분화
④ ㉠ 고객 세분화, ㉡ 가치제안
⑤ ㉠ 고객 세분화, ㉡ 비용구조

77 데이터마이닝 기법과 CRM에서의 활용용도를 연결한 것으로 가장 옳지 않은 것은?

① 분류 규칙 – 고객이탈 수준 등급
② 군집화 규칙 – 제품 카테고리
③ 순차 패턴 – 로열티 강화 프로그램
④ 연관 규칙 – 상품 패키지 구성 정보
⑤ 일반화 규칙 – 연속 판매 프로그램

78 최근 정부에서 추진하고 있는 다양한 친환경 제품 관련 인증 제도 관련 설명으로 가장 옳지 않은 것은?

① 환경부·한국환경산업기술원에서는 같은 용도의 다른 제품에 비해 제품의 환경성을 개선한 경우 환경표지인증을 해주고 있다.

② 농림축산식품부·국립농산물품질관리원에서는 유기농산물과 유기가공식품에 대한 친환경농축산물인증제도를 운영하고 있다.

③ 국토교통부와 환경부에서는 한국건설기술연구원을 통해 건축이 환경에 영향을 미치는 요소에 대한 평가를 통해 건축물의 환경성능을 인증하는 녹색건축인증제도를 운영하고 있다.

④ 한국산업기술진흥원에서는 저탄소 녹색성장 기본법에 의거하여 유망한 녹색기술 또는 사업에 대한 녹색인증제도를 운영하고 있다.

⑤ 환경부 · 소비자보호원에서는 소비자들의 알 권리를 위해 친환경 제품에 대한 정보를 제공하는 그린워싱(green washing) 제도를 운영하고 있다.

79 스튜어트(Stewart)의 지식 자산 특성에 대한 설명으로 가장 옳지 않은 것은?

① 지식 자산의 유형으로 고객 자산, 구조적 자산, 인적 자산 등이 있다.

② 대표적인 고객 자산에는 고객브랜드 가치, 기업이미지 등이 있다.

③ 대표적인 인적 자산에는 구성원의 지식, 경험 등이 있다.

④ 대표적인 구조적 자산에는 조직의 경영 시스템, 프로세스 등이 있다.

⑤ 구조적 자산으로 외재적 존재 형태를 갖고 있는 암묵적 지식이 있다.

80 유통업체에서 고객의 데이터를 활용하여 마케팅에 활용하는 사례로 아래 글상자의 괄호 안에 공통적으로 들어갈 용어로 가장 옳은 것은?

- ( )은(는) 국민이 자신의 데이터에 대한 통제권을 갖고 원하는 곳으로 데이터를 전송할 수 있는 서비스이다.
- ( )이(가) 구현되면, 국민은 데이터를 적극적으로 관리 · 통제할 수 있게 되고, 스타트업 등 기업은 혁신적인 서비스를 창출해 새로운 데이터 산업 생태계가 조성된다.

① 데이터베이스　　② 빅데이터 분석
③ 데이터 댐　　　　④ 데이터마이닝
⑤ 마이데이터

81 아래 글상자에서 설명하는 개념으로 가장 옳은 것은?

- 걷기에는 멀고 택시나 자가용을 이용하기에는 마땅치 않은 애매한 거리를 지칭한다.
- 이 개념은 유통업체의 상품이 고객의 목적지에 도착하는 마지막 단계를 의미한다.
- 유통업체는 고객 만족을 위한 배송품질 향상이나 배송서비스 차별화 측면에서 이 개념을 전략적으로 활용하고 있다.

① 엔드 투 엔드 공급사슬
② 고객만족경영
③ 배송 리드타임
④ 스마트 로지스틱
⑤ 라스트 마일

82 아래 글상자에서 설명하는 플랫폼 비즈니스의 두 가지 핵심 특성과 관련한 현상을 순서대로 바르게 나열한 것은?

> ⊙ 플랫폼에 참여하는 이용자들이 증가할수록 그 가치가 더욱 커지는 현상이 나타나고, ⓒ 일정 수준 이상의 플랫폼에 참여하는 이용자를 확보하게 될 경우, 막강한 경쟁력을 확보해서 승자독식의 비즈니스가 가능하게 되는 현상이 나타난다.

① ⊙ 메트칼프의 법칙, ⓒ 티핑 포인트
② ⊙ 팔레토의 법칙, ⓒ 롱테일의 법칙
③ ⊙ 네트워크 효과, ⓒ 무어의 법칙
④ ⊙ 규모의 경제, ⓒ 범위의 경제
⑤ ⊙ 학습효과, ⓒ 공정가치선

83 고객 수요에 기반한 데이터의 수집과 분석을 통해 고객에게 상황에 따른 다양한 가격을 제시하는 전략을 지칭하는 용어로 가장 옳은 것은?

① 시장침투가격 전략(penetration pricing strategy)
② 초기고가 전략(skimming pricing strategy)
③ 낚시가격 전략(bait and hook pricing strategy)
④ 다이나믹 프라이싱 전략(dynamic pricing strategy)
⑤ 명성가격 전략(prestige pricing strategy)

84 아래 글상자의 OECD 개인정보 보호 8원칙 중 옳은 것 만을 바르게 나열한 것은?

> ⊙ 정보 정확성의 원칙 – 개인정보는 적법하고 공정한 방법을 통해 수집되어야 한다.
> ⓒ 수집 제한의 법칙 – 이용 목적상 필요한 범위 내에서 개인정보의 정확성, 완전성, 최신성이 확보되어야 한다.
> ⓒ 목적 명시의 원칙 – 개인정보는 수집 과정에서 수집 목적을 명시하고, 명시된 목적에 적합하게 이용되어야 한다.
> ⓔ 안전성 확보의 원칙 – 정보 주체의 동의가 있거나, 법규정이 있는 경우를 제외하고 목적 외 잉용되거나 공개될 수 없다.
> ⓜ 이용 제한의 원칙 – 개인정보의 침해, 누설, 도용 등을 방지하기 위한 물리적, 조직적, 기술적 안전 조치를 확보해야 한다.
> ⓗ 공개의 원칙 – 개인정보의 처리 및 보호를 위한 정책 및 관리자에 대한 정보는 공개되어야 한다.
> ⓼ 책임의 원칙 – 정보 주체의 개인정보 열람/정정/삭제 청구권은 보장되어야 한다.
> ⓞ 개인 참가의 원칙 – 개인정보 관리자에게 원칙 준수 의무 및 책임을 부과해야 한다.

① ⊙, ⓒ
② ⊙, ⓞ
③ ⓒ, ⓔ
④ ⓒ, ⓗ
⑤ ⓜ, ⓼

85 아래 글상자의 비즈니스 애널리틱스에 대한 분석과 설명 중 옳은 것만을 고른 것은?

> ㉠ 기술분석(descriptive analytics): 과거에 발생한 일에 대한 소급 분석함
> ㉡ 예측분석(predictive analytics): 특정한 일이 발생한 이유를 이해하는 데 도움을 제공
> ㉢ 진단분석(diagnostic analytics): 애널리틱스를 이용해 미래에 발생할 가능성이 있는 일을 예측함
> ㉣ 처방분석(prescriptive analytics): 성능개선 조치에 대한 대응 방안을 제시함

① ㉠, ㉡   ② ㉠, ㉢
③ ㉠, ㉣   ④ ㉡, ㉢
⑤ ㉡, ㉣

86 유통업체에서 활용하는 블록체인 기술 중 하나인 대체불가능토큰(NFT)의 장점으로 가장 옳지 않은 것은?

① 블록체인 고유의 특성을 기반으로 하기 때문에 희소성을 보장할 수 있고, 위조가 어렵다.
② 블록체인 고유의 특성으로 투명성이 보장되며, 추적 가능하다.
③ 부분에 대한 소유권이 인정되어 각각 나누어 거래가 가능하다.
④ 정부에서 가치를 보증해서 안전하게 거래할 수 있다.
⑤ NFT 시장에서 자유롭게 거래할 수 있다.

87 각국 GS1 코드관리기관의 회원업체정보 데이터베이스를 인터넷을 통해 연결하여 자국 및 타 회원국의 업체 정보를 실시간으로 검색할 수 있게 해주는 서비스로 가장 옳은 것은?

① 덴소 웨이브(DENSO WAVE)
② 코리안넷
③ 글로벌 바코드 조회서비스
(Global Bar-code Party Information Registry)
④ 글로벌 기업정보 조회서비스
(Global Electronic Party Information Registry)
⑤ GS1(Global Standard No.1)

88 아래 글상자의 괄호 안에 들어갈 용어를 순서대로 바르게 나열한 것은?

> - (㉠)은(는) 데이터의 정확성과 일관성을 유지하고 전달과정에서 위변조가 없는 것이다.
> - (㉡)은 정보를 암호화하며 인가된 사용자만이 접근할 수 있게 하는 것이다.

① ㉠ 부인방지, ㉡ 인증
② ㉠ 무결성, ㉡ 기밀성
③ ㉠ 프라이버시, ㉡ 인증
④ ㉠ 무결성, ㉡ 가용성
⑤ ㉠ 기밀성, ㉡ 무결성

89 아래 글상자의 구매-지불 프로세스를 바르게 나열한 것은?

> ㉠ 재화 및 용역에 대한 구매요청서 발송
> ㉡ 조달 확정
> ㉢ 구매주문서 발송
> ㉣ 공급업체 송장 확인
> ㉤ 대금 지불
> ㉥ 재화 및 용역 수령증 수취

① ㉥ - ㉤ - ㉣ - ㉢ - ㉡ - ㉠
② ㉠ - ㉤ - ㉣ - ㉢ - ㉥ - ㉡
③ ㉠ - ㉡ - ㉢ - ㉣ - ㉤ - ㉥
④ ㉠ - ㉡ - ㉢ - ㉥ - ㉣ - ㉤
⑤ ㉥ - ㉤ - ㉠ - ㉢ - ㉣ - ㉡

90 기업활동과 관련된 내·외부자료를 영역별로 각기 수집·저장관리하는 경우 자료의 활용을 위해, 목적에 맞게 적당한 형태로 변환하거나 통합하는 과정을 거쳐야 한다. 수집된 자료를 표준화시키거나 변환하여 목표 저장소에 저장할 수 있도록 도와주는 기술로 가장 옳은 것은?

① OLTP(online transaction processing)
② OLAP(online analytical processing)
③ ETL(extract, transform, load)
④ 정규화(normalization)
⑤ 플레이크(flake)

2023년 제3회 기출문제

◎ 정답 및 해설 **429p**

01~25 1과목 | 유통물류일반

01 특정 업무를 수행하는 데 소요되는 비용이 가장 낮은 유통경로기관이 해당 업무를 수행하는 방향으로 유통경로의 구조가 결정된다고 설명하는 유통경로구조이론으로 가장 옳은 것은?

① 대리인(agency)이론
② 게임(game)이론
③ 거래비용(transaction cost)이론
④ 기능위양(functional spinoff)이론
⑤ 연기-투기(postponement-speculation)이론

02 아래 글상자의 자료를 토대로 계산한 경제적주문량(EOQ)이 200이라면 연간 단위당 재고유지 비용으로 옳은 것은?

– 연간제품수요량 : 10,000개
– 1회당 주문비용 : 200원

① 100
② 200
③ 300
④ 400
⑤ 500

03 운송과 관련한 설명 중 가장 옳지 않은 것은?

① 해상운송의 경우 최종목적지까지의 운송에는 한계가 있기에 피시백(fishy back) 복합운송서비스를 제공한다.
② 트럭운송은 혼적화물운송(LTL: less than truckload) 상태의 화물도 긴급 수송이 가능하고 단거리 운송에도 경제적이다.
③ 다른 수송형태에 비해 철도운송은 상대적으로 도착시간을 보증할 수 있다.
④ 항공운송은 고객이 원하는 지점까지의 운송을 위해 피기백(piggy back) 복합운송서비스를 활용한다.
⑤ COFC는 철도의 무개화차 위에 컨테이너를 싣고 수송하는 방식이다.

04 자본잉여금의 종류로 옳지 않은 것은?

① 국고보조금
② 공사부담금
③ 보험차익
④ 예수금
⑤ 자기주식처분이익

05 기업이 e-공급망 관리(e-SCM)를 통해 얻을 수 있는 효과로 가장 옳지 않은 것은?

① 고객의 욕구변화에 더욱 신속하게 대응하게 되고 고객만족도가 증가한다.

② 공급자와 구매자 간의 정보 공유로 필요한 물량을 자동으로 보충해서 재고 감축이 가능하다.

③ 거래 및 투자비용을 절감할 수 있다.

④ 공급망 자동화를 통해 전체 주문 이행 사이클 타임의 단축이 가능하다.

⑤ 구매자의 데이터를 분석하여 그들의 개별니즈를 충족시킬 수 있는 표준화된 서비스 제공이 가능해졌다.

06 서비스 유통의 형태인 플랫폼 비즈니스 (platform business)에 대한 설명으로 가장 옳지 않은 것은?

① 플랫폼을 통해 사람과 사람, 사람과 사물을 연결함으로써 새로운 유형의 서비스가 창출된다.

② 정보통신기술의 발달은 사람 간의 교류를 더 빠르고 효율적으로 실현시키면서 플랫폼 비즈니스 성장에 긍정적인 영향을 미치고 있다.

③ 플랫폼 비즈니스의 구성원은 크게 플랫폼 구축자와 플랫폼 사용자로 나뉜다.

④ 플랫폼은 정보, 제품, 서비스 등 다양한 유형의 거래를 가능하게 해주는 일종의 장터이다.

⑤ 플랫폼 비즈니스 사업자는 플랫폼을 제공해주는 대가를 직접적으로 취할 수 없으므로, 광고 등을 통해 간접적으로 수익을 올리는 비즈니스 모델이다.

07 아래 글상자에서 설명하는 개념으로 옳은 것은?

> 제품에 대한 최종소비자의 수요 변동 폭은 크지 않지만, 소매상, 도매상, 제조업자, 원재료 공급업자 등 공급사슬을 거슬러 올라갈수록 변동 폭이 크게 확대되어 수요예측치와 실제 판매량 사이의 차이가 커지게 된다.

① 블랙 스완 효과(black swan effect)

② 밴드 왜건 효과(band wagon effect)

③ 채찍 효과(bullwhip effect)

④ 베블렌 효과(Veblen effect)

⑤ 디드로 효과(Diderot effect)

08 제품/시장 확장그리드(product/market expansion grid)에서 기존제품을 가지고 새로운 세분시장을 파악해서 진출하는 방식의 기업성장전략으로 가장 옳은 것은?

① 시장침투전략(market penetration strategy)

② 시장개발전략(market development strategy)

③ 제품개발전략(product development strategy)

④ 다각화전략(diversification strategy)

⑤ 수평적 다각화전략(horizontal diversification strategy)

09 유통경로에서 발생하는 각종 힘(power)에 관한 설명으로 가장 옳지 않은 것은?

① 합법력은 법률이나 계약과 같이 정당한 권리에 의해 발생하거나 조직 내의 공식적인 지위에서 발생한다.

② 강제력의 강도는 처벌이 지닌 부정적 효과의 크기에 반비례한다.

③ 정보력은 공급업자가 중요한 정보를 가지고 있다는 인식을 할 경우 발생한다.

④ 준거력은 공급업자에 대해 일체감을 갖는 경우에 발생한다.

⑤ 보상력은 재판매업자가 자신의 보상을 조정할 수 있는 능력을 가지고 있다고 인식할수록 증가한다.

10 윤리경영에서 이해관계자가 추구하는 가치이념과 취급해야 할 문제들이 옳게 나열되지 않은 것은?

구분	이해관계자	추구하는 가치이념	윤리경영에서 취급해야 할 문제들
㉠	지역사회	기업시민	산업재해, 산업공해, 산업폐기물 불법치리 등
㉡	종업원	인간의 존엄성	고용차별, 성차별, 프라이버시 침해, 작업장의 안전성 등
㉢	투자자	공평, 형평	내부자 거래, 인위적 시장조작, 시세조작, 분식결산 등
㉣	고객	성실, 신의	유해상품, 결합상품, 허위 과대 광고, 정보은폐, 가짜 상표 등
㉤	경쟁자	기업가치	환경오염, 자연파괴, 산업폐기물 수출입, 지구환경관련 규정 위반 등

① ㉠

② ㉡

③ ㉢

④ ㉣

⑤ ㉤

11 아래 글상자에서 설명하는 유통의 형태로 가장 옳은 것은?

> – 각 판매지역별로 하나 또는 극소수의 중간상에게 자사제품의 유통에 대한 독점권을 부여하는 것이다.
> – 소비자가 제품 구매를 위해 적극적인 탐색을 하고 쇼핑을 위해 기꺼이 시간과 노력을 아끼지 않는 경우에 적합하다.

① 집중적 유통
② 개방적 유통
③ 선택적 유통
④ 전속적 유통
⑤ 중간적 유통

12 유통산업이 합리화되는 경우에 나타나는 현상으로 가장 옳지 않은 것은?

① 업무 효율화를 통해 유통업체의 규모가 작아진다.
② 유통 경로상 제조업의 협상력이 축소된다.
③ 법률이나 정부의 규제가 늘어난다.
④ 생산지의 가격과 소비자의 구매가격의 차이가 줄어든다.
⑤ 유통경로가 단축되어 유통비용이 절감된다.

13 직무기술서와 직무명세서를 비교할 때 직무기술서에 해당되는 내용으로 가장 옳은 것은?

① 작업자의 특성을 평가하여 조직 전략을 효율적으로 달성하기 위한 것이다.
② 속직적 기준으로 직무의 내용을 요약하고 수행에 필요한 정보를 포함한다.
③ 직무명칭, 직무개요, 직무내용 등의 인적 요건을 포함한다.
④ 직무내용보다는 인적요건을 중심으로 정리한다.
⑤ 작업자의 지식, 기능, 능력 등의 요소를 포함한다.

14 유통경영전략의 수립단계를 순서대로 나열한 것으로 가장 옳은 것은?

① 사업포트폴리오분석 – 기업의 사명 정의 – 기업의 목표설정 – 성장전략의 수립
② 기업의 목표 설정 – 사업포트폴리오분석 – 성장전략의 수립 – 기업의 사명 정의
③ 사업포트폴리오분석 – 기업의 목표 설정 – 기업의 사명 정의 – 성장전략의 수립
④ 기업의 사명 정의 – 기업의 목표 설정 – 사업포트폴리오분석 – 성장전략의 수립
⑤ 성장전략의 수립 – 기업의 목표 설정 – 사업포트폴리오분석 – 기업의 사명 정의

2023년 제3회 기출문제

15 보관을 위한 각종 창고의 유형에 대한 설명으로 가장 옳지 않은 것은?

① 자가 창고의 경우 기업이 자신의 목적에 맞게 맞춤형 창고 설계가 가능하다.

② 영업 창고 요금은 창고 이용에 따른 보관료를 기본으로 하며 하역료를 제외한다.

③ 임대 창고는 영업창고업자가 아닌 개인이나 법인 등이 소유하고 있는 창고를 임대료를 받고 제공하는 것이다.

④ 공공 창고는 공익을 목적으로 건설한 창고로 공립창고가 한 예이다.

⑤ 관설상옥은 정부나 지방자치단체가 해상과 육상 연결용 화물 판매용도로 제공하는 창고이다.

16 아웃소싱을 실시하는 기업이 얻을 수 있는 장점으로 가장 옳지 않은 것은?

① 다른 채널의 파트너로부터 규모의 경제효과를 얻을 수 있다.

② 분업의 원리를 통해 이익을 얻을 수 있다.

③ 고정비용은 늘어나지만 변동비용을 줄여서 비용 절감효과를 얻을 수 있다.

④ 아웃소싱 파트너의 혁신적인 혜택을 누릴 수 있다.

⑤ 자사의 기술보다 우월한 기술을 누릴 수 있다.

17 아래 글상자가 설명하는 합작투자 유형으로 옳은 것은?

> 공여기업이 자사의 제조공정, 등록상표, 특허권 등을 수여기업에게 제공하고 로열티 혹은 수수료를 받는 형태이다. 이를 통해, 수여기업은 생산의 전문성 혹은 브랜드를 자체 개발 없이 사용할 수 있다는 이점이 있고, 공여기업은 낮은 위험부담으로 해외시장에 진출할 수 있다는 장점이 있다.

① 계약생산(contract manufacturing)

② 관리계약(management contracting)

③ 라이센싱(licensing)

④ 공동소유(joint ownership)

⑤ 간접수출(indirect exporting)

18 아래 글상자가 설명하는 리더십의 유형으로 가장 옳은 것은?

> 대인관계와 활동을 통하여 규범적으로 적합한 리더의 행동이 구성원들에게 모범으로 작용하며, 상호 간 명확한 도덕적 기준과 의사소통, 공정한 평가 등을 통해 부하들로 하여금 규범에 적합한 행동을 지속하도록 촉진하는 것이다.

① 변혁적 리더십
(transformational leadership)

② 참여적 리더십
(participative leadership)

③ 지원적 리더십(supportive leadership)

④ 지시적 리더십(directive leadership)

⑤ 윤리적 리더십(ethical leadership)

19 제품에 대한 소유권을 갖고 제조업자로부터 제품을 취득하여 소매상에게 바로 운송하는 한정기능도매상으로 옳은 것은?

① 우편주문도매상(mail-order wholesaler)

② 진열도매상(rack jobber)

③ 트럭도매상(truck wholesaler)

④ 직송도매상(drop shipper)

⑤ 현금무배달도매상(cash-and-carry wholesaler)

20 대리도매상 중 판매대리인(selling agent)과 제조업자의 대리인(manufacture's agent)의 차이로 옳지 않은 것은?

① 판매대리인은 모든 제품을 취급하지만 제조업자의 대리인은 일부 제품만을 취급한다.

② 판매대리인은 제조업자의 대리인보다 활동범위가 넓고 비교적 자율적인 의사결정이 가능하다.

③ 판매대리인은 제조업자의 시장지배력이 약한 지역에서만 활동하지만 제조업자의 대리인은 모든 지역에서 판매를 한다.

④ 판매대리인은 신용을 제공하지만 제조업자의 대리인은 신용을 제공하지 못한다.

⑤ 판매대리인은 기업의 마케팅 부서와 같은 기능을 수행하는 도매상인 반면 제조업자의 대리인은 장기적인 계약을 통해 제조업자의 제품을 특정 지역에서 판매대행을 하는 도매상을 말한다.

21 불공정 거래행위에 해당되지 않는 것은?

① 기존재고상품을 다른 상품으로 교환하면서 기존의 재고상품을 특정매입상품으로 취급하여 반품하는 행위

② 직매입을 특정매입계약으로 전환하면서 기존 재고상품을 특정매입상품으로 취급하여 반품하는 행위

③ 대규모 유통업자가 부당하게 납품업자 등에게 배타적 거래를 하도록 강요하는 경우

④ 정상가격으로 매입한 주문제조상품을 할인행사를 이유로 서류상의 매입가를 낮춰 재매입하고 낮춘 매입원가로 납품대금을 주는 경우

⑤ 직매입 납품업체의 납품과정에서 상품에 훼손이나 하자가 발생한 경우 상품대금을 감액하는 경우

22 샤인(Schein)이 제시한 조직 문화의 세 가지 수준에서 인식적 수준에 해당되는 것으로 가장 옳은 것은?

① 인지가치와 행위가치로 구분할 수 있는 가치관

② 개개인의 행동이나 관습

③ 인간성

④ 인간관계

⑤ 창작물

23 공급업자 평가방법 중 각 평가 기준의 중요성을 정확하게 판단할 수 없는 경우에 유용한 평가방법은?

① 가중치 평가방법
② 단일기준 평가방법
③ 최소기준 평가방법
④ 주요기준 평가방법
⑤ 평균지수 평가방법

24 소비자기본법(법률 제17799호, 2020. 12. 29., 타법개정)에 따라 국가가 광고의 내용이나 방법에 대한 기준을 제한할 수 있는 항목으로 옳지 않은 것은?

① 용도, 성분, 성능
② 소비자가 오해할 우려가 있는 특정용어나 특정 표현
③ 광고의 매체
④ 광고 시간대
⑤ 광고 비용

25 상품을 품질수준에 따라 분류하거나 규격화함으로써 거래 및 물류를 원활하게 하는 유통의 기능으로 가장 옳은 것은?

① 보관기능
② 운송기능
③ 정보제공기능
④ 표준화기능
⑤ 위험부담기능

26~45 | 2과목 | 상권분석

26 지리정보시스템(GIS)을 이용한 상권분석과 관련한 내용으로 옳지 않은 것은?

① 각 동(洞)별 인구, 토지 용도, 평균지가 등을 겹쳐서 상권의 중첩을 표현할 수 있다.
② 주제도란 GIS소프트웨어를 사용하여 데이터베이스 조회 후 속성정보를 요약해 표현한 지도이다.
③ 버퍼는 점이나 선 또는 면으로부터 특정 거리 이내에 포함되는 영역을 의미한다.
④ 교차는 동일한 경계선을 가진 두 지도레이어를 겹쳐서 형상과 속성을 비교하는 기능이다.
⑤ 위상이란 지리적인 형상을 표현한 지도상의 상대적 위치를 알 수 있는 기능을 부여하는 역할을 한다.

27 구조적 특성에 의해 상권을 분류할 때 포켓상권에 해당하는 것으로 옳은 것은?

① 상가의 입구를 중심으로 형성된 상권
② 고속도로나 간선도로에 인접한 상권
③ 대형소매점과 인접한 상권
④ 소형소매점들로 구성된 상권
⑤ 도로나 산, 강 등에 둘러싸인 상권

28 중심지체계나 주변환경 등에 의해 분류할 수 있는 상권의 유형에 대한 설명으로 가장 옳지 않은 것은?

① 도심상권은 중심업무지구(CBD)를 포함하며 상권의 범위가 넓고 소비자들의 평균 체류시간이 길다.

② 근린상권은 점포인근 거주자들이 주요 소비자로 생활밀착형 업종의 점포들이 입지하는 경향이 있다.

③ 부도심상권은 간선도로의 결절점이나 역세권을 중심으로 형성되는 경우가 많으며 도시 전체의 소비자를 유인한다.

④ 역세권상권은 지하철이나 철도역을 중심으로 형성되며 지상과 지하의 입체적 상권으로 고밀도 개발이 이루어지는 경우가 많다.

⑤ 아파트상권은 고정고객의 비중이 높아 안정적인 수요확보가 가능하지만 외부와 단절되는 경우가 많아 외부고객을 유치하는 상권확대가능성이 낮은 편이다.

29 소매점포의 상권범위나 상권형태는 소매점포를 이용하는 소비자의 공간적 분포를 나타낸다. 이에 대한 설명으로 가장 옳지 않은 것은?

① 소매점포의 면적이 비슷하더라도 업종이나 업태에 따라 개별점포의 상권범위는 차이가 날 수 있다.

② 동일 점포라도 소매전략에 따른 판촉활동 등의 차이에 따라 시기별로 점포의 상권범위는 변화한다.

③ 상권의 형태는 점포를 중심으로 일정한 거리 간격의 동심원 형태로 나타난다.

④ 동일한 지역에 인접하여 입지한 경우에도 점포 규모에 따라 개별점포의 상권범위는 차이가 날 수 있다.

⑤ 동일한 위치에서 입지조건의 변화가 없고 점포의 전략적 변화가 없어도 상권의 범위는 유동적으로 변화하기 마련이다.

30 상권 내의 경쟁점포 분석에 대한 설명으로 가장 옳지 않은 것은?

① 초점이 되는 조사문제를 중심으로 실시한다.

② 조사목적에 맞는 세부조사항목을 구체적으로 정해서 실시한다.

③ 상품구성분석은 상품구성기본정책, 상품계열구성, 품목구성을 포함한다.

④ 가격은 조사당시 주력상품 특매상황이라도 실제 판매가격을 분석한다.

⑤ 자사점포의 현황과 비교하여 조사결과를 분석한다.

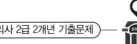

31 크리스탈러(Christaller, W.)의 중심지이론에서 말하는 중심지 기능의 최대 도달거리(the range of goods and services)가 의미하는 것으로 가장 옳은 것은?

① 중심지의 유통서비스 기능이 지역거주자에게 제공될 수 있는 한계거리
② 소비자가 도보로 접근할 수 있는 중심지까지의 최대도달거리
③ 전문품 상권과 편의품 상권의 지리적 최대 차이
④ 상위 중심지와 하위 중심지 사이의 거리
⑤ 상업중심지의 정상이윤 확보에 필요한 수요를 충족시키는 상권범위

32 상권 내 소비자의 소비패턴이나 공간이용실태 등을 조사하기 위해 표본조사를 실시할 때 사용할 수 있는 비확률표본추출 방법에 해당하는 것으로 가장 옳은 것은?

① 층화표본추출법(stratified random sampling)
② 체계적표본추출법(systematic sampling)
③ 단순무작위표본추출법(simple random sampling)
④ 할당표본추출법(quota sampling)
⑤ 군집표본추출법(cluster sampling)

33 상권의 질(質)에 대한 설명으로 가장 옳지 않은 것은?

① 소매포화지수(IRS: index of retail saturation)와 시장확장잠재력(MEP: market expansion potentials)이 모두 높은 상권은 좋은 상권이다.
② 상권의 질을 평가하는 정량적 요소로는 통행량, 야간 인구, 연령별 인구, 남녀 비율 등이 있다.
③ 상권의 질을 평가하는 정성적 요소로는 통행객의 복장, 소지 물건, 보행 속도, 거리 분위기 등이 있다.
④ 일반적으로 특정 지역에 유사한 단일 목적으로 방문하는 통행객보다는 서로 다른 목적으로 방문하는 통행객이 많을수록 상권의 질은 낮아진다.
⑤ 오피스형 상권은 목적성이 너무 강하므로 통행량이 많더라도 상권의 매력도가 높지 않을 수 있다.

34 도심으로부터 새로운 교통로가 발달하면 교통로를 축으로 도매, 경공업 지구가 부채꼴 모양으로 확대된다는 공간구조이론으로 가장 옳은 것은?

① 버제스(E.W. Burgess)의 동심원지대이론(concentric zone theory)
② 해리스(C.D. Harris)의 다핵심이론(multiple nuclei theory)
③ 호이트(H. Hoyt)의 선형이론(sector theory)
④ 리카도(D. Ricardo)의 차액지대설(differential rent theory)
⑤ 마르크스(K.H. Marx)의 절대지대설(absolute rent theory)

35 인구 9만명인 도시 A와 인구 1만명인 도시 B 사이의 거리는 20Km이다. 컨버스의 공식을 적용할 때 도시 B로부터 두 도시(A, B) 간 상권분기점까지의 거리로 옳은 것은?

① 5Km ② 10Km
③ 15Km ④ 20Km
⑤ 25km

36 신규점포의 입지를 결정하는 과정에서 후보입지의 매력도 평가에 활용할 수 있는 회귀분석모형에 관한 설명으로 가장 옳지 않은 것은?

① 종속변수는 독립변수의 영향을 받는 관계이므로 종속변수와 상관관계가 있는 독립변수를 포함시켜야 한다.
② 회귀분석모형에 포함되는 독립변수들은 서로 상관관계가 높지 않고 독립적이어야 한다.
③ 성과에 영향을 미치는 독립변수로는 점포 자체의 입지적 특성과 상권 내 경쟁수준 등을 포함시킬 수 있다.
④ 인구수, 소득수준, 성별, 연령 등 상권 내 소비자들의 특성을 독립변수로 포함시킬 수 있다.
⑤ 2~3개의 표본점포를 사용하면 실무적으로 설명력 있는 회귀모형을 도출하는데 충분하다.

37 상품 키오스크(merchandise kiosks)에 대한 설명으로서 가장 옳지 않은 것은?

① 쇼핑몰의 공용구역에 설치되는 판매공간이다.
② 쇼핑몰 내 일반점포보다 단위면적당 임대료가 낮다.
③ 쇼핑몰 내 일반점포에 비해 임대차 계약기간이 길다.
④ 디스플레이 공간이 넓어 점포 면적에 비해 충분한 창의성을 발휘할 수 있다.
⑤ 쇼핑몰 내 다른 키오스크들과 경쟁이 심화될 가능성이 높다.

38 유통산업발전법(법률 제19117호, 2022.12.27., 타법개정)에서는 필요하다고 인정하는 경우 대형마트에 대한 영업시간 제한이나 의무휴업일 지정을 규정하고 있다. 그 내용으로 가장 옳은 것은?

① 의무휴업일은 공휴일이 아닌 날 중에서 지정하되, 이해당사자와 합의를 거쳐 공휴일을 의무휴업일로 지정할 수 있다.

② 특별자치시장 · 시장 · 군수 · 구청장 등은 매월 하루 이상을 의무휴업일로 지정하여야 한다.

③ 영업시간 제한 및 의무휴업일 지정에 필요한 사항은 해당 지방자치단체장의 명령으로 정한다.

④ 특별자치시장 · 시장 · 군수 · 구청장 등은 오후 11시부터 오전 10시까지의 범위에서 영업시간을 제한할 수 있다.

⑤ 영업시간 제한이나 의무휴업일 지정은 건전한 유통질서확립, 근로자의 건강권 및 대형점포 등과 중소유통업의 상생발전을 위한 것이다.

39 입지분석은 지역분석, 상권분석, 부지분석 등의 세 가지 수준에서 실시한다. 경쟁분석을 실시하는 분석수준으로서 가장 옳은 것은?

① 지역분석(regional analysis)

② 부지분석(site analysis)

③ 상권분석(trade area analysis)

④ 지역 및 상권분석(regional and trade area analysis)

⑤ 상권 및 부지분석(trade area and site analysis)

40 업태에 따른 소매점포의 적절한 입지유형을 설명한 페터(R. M. Fetter)의 공간균배원리를 적용한 것으로 가장 옳지 않은 것은?

① 편의품점 – 산재성 입지

② 선매품점 – 집재성 입지

③ 부피가 큰 선매품의 소매점 – 국부적집중성 입지

④ 전문품점 – 집재성 입지

⑤ 고급고가품점 – 집심성 입지

41 소비자가 원하는 시간과 장소에서 상품을 구입할 수 있게 해야 한다는 의미에서의 상품에 대한 소비자들의 물류요구와 취급하는 소매점 숫자의 관계에 대한 기술로 가장 옳은 것은?

① 물류요구가 높을수록 선택적 유통이 이루어진다.
② 물류요구가 낮을수록 집중적 유통이 이루어진다.
③ 물류요구에 상관없이 전속적 유통이 효율적이다.
④ 물류요구의 크기만으로는 취급하는 소매점 숫자를 알 수 없다.
⑤ 물류요구의 크기는 취급하는 소매점 숫자에 영향을 미치지 않는다.

42 점포개점을 위한 투자계획의 내용으로서 가장 옳지 않은 것은?

① 자금조달계획 ② 자금운용계획
③ 수익계획 ④ 비용계획
⑤ 상품계획

43 도시상권의 매력도에 직접적으로 영향을 미치는 특성으로서 가장 옳지 않은 것은?

① 인구 ② 교통망
③ 소득수준 ④ 소매단지 분포
⑤ 행정구역 구분

44 상권분석의 주요한 목적으로 가장 옳지 않은 것은?

① 상권범위 설정 ② 경쟁점포 파악
③ 빅데이터 축적 ④ 예상매출 추정
⑤ 적정임차료 추정

45 상가건물 임대차보호법(법률 제18675호, 2022. 1. 4., 일부 개정) 등의 관련 법규에서는 아래 글상자와 같이 상가임대료의 인상률 상한을 규정하고 있다. 괄호 안에 들어갈 내용으로 옳은 것은?

> 차임 또는 보증금의 증액청구는 청구 당시의 차임 또는 보증금의 100분의 ( )의 금액을 초과하지 못한다.

① 3 ② 4
③ 5 ④ 8
⑤ 10

46~70 3과목 | 유통마케팅

46 통합적 마케팅커뮤니케이션(IMC: integrated marketing communication)에 대한 설명으로 가장 옳지 않은 것은?

① 광고, 판매촉진, PR, 인적판매, 다이렉트 마케팅 등 다양한 촉진믹스들을 활용한다.
② 명확하고 설득력 있는 메시지를 일관되게 전달하는 것이 목적이다.
③ 동일한 표적고객에 대한 커뮤니케이션은 서로 동일한 메시지를 전달한다.
④ 서로 다른 촉진믹스들이 수행하는 차별적 커뮤니케이션 역할들을 신중하게 조정한다.
⑤ 모든 마케팅 커뮤니케이션 캠페인들이 동일한 촉진 목표를 달성하도록 관리한다.

47 점포공간을 구성할 경우, 점포에서의 역할을 고려한 각각의 공간에 대한 설명으로 가장 옳지 않은 것은?

① 서비스 공간은 휴게실, 탈의실 등과 같이 소비자의 편의와 편익을 위해 설치하는 곳이다.
② 진열 판매 공간은 상품을 진열하여 주로 셀프 판매를 유도하는 곳이다.
③ 판매 예비 공간은 소비자에게 상품에 대한 정보를 전달하거나 결제를 도와주는 곳이다.
④ 판촉 공간은 판촉상품을 전시하는 곳이다.
⑤ 인적 판매 공간은 판매원이 소비자에게 상품을 보여주고 상담을 하는 곳이다.

48 마케팅믹스 요소인 4P 중 유통(place)을 구매자 관점인 4C로 표현한 것으로 가장 옳은 것은?

① 고객맞춤화(customization)
② 커뮤니케이션(communication)
③ 고객문제해결(customer solution)
④ 편의성(convenience)
⑤ 고객비용(customer cost)

49 온라인광고의 유형에 대한 설명으로 가장 옳지 않은 것은?

① 배너광고(banner advertising)는 웹페이지의 상하좌우 또는 중간에서도 볼 수 있다.
② 삽입광고(insertional advertising)는 웹사이트 화면이 바뀌고 있는 동안에 출현하는 온라인 전시광고이다.
③ 검색관련광고(search-based advertising)는 포털사이트에 검색엔진 결과와 함께 나타나는 링크와 텍스트를 기반으로 하는 광고이다.

④ 리치미디어광고(rich media advertising)는 현재 보고 있는 창 앞에 나타나는 새로운 창에 구현되는 온라인 광고이다.

⑤ 바이럴광고(viral advertising)는 인터넷 상에서 소비자가 직접 입소문을 퍼트리도록 유도하는 광고이다.

50 브랜드 관리와 관련된 설명으로 가장 옳지 않은 것은?

① 브랜드 자산(brand equity)이란 해당 브랜드를 가졌기 때문에 발생하는 차별적 브랜드 가치를 말한다.

② 브랜드 재인(brand recognition)은 브랜드가 과거에 본인에게 노출된 적이 있음을 알아차리는 것이다.

③ 브랜드 회상(brand recall)이란 브랜드 정보를 기억으로부터 인출하는 것을 말한다.

④ 브랜드 인지도(brand awareness)는 브랜드 이미지의 풍부함을 의미한다.

⑤ 브랜드 로열티(brand loyalty)가 높을수록 브랜드 자산(brand equity)이 증가한다고 볼 수 있다.

51 상품판매에 대한 설명으로 옳지 않은 것은?

① 인적판매는 개별적이고 심도 있는 쌍방향 커뮤니케이션이 가능한 것이 장점이다.

② 판매는 회사의 궁극적 목적인 수익창출을 실제로 구현하는 기능이다.

③ 전략적 관점에서 고객과의 관계를 형성하는 영업을 중요시하던 과거 방식에 비해 판매기술이 고도화되는 요즘은 판매를 빠르게 달성하는 전술적, 기술적 관점이 더욱 부각되고 있다.

④ 판매는 고객과의 커뮤니케이션을 통해 상품을 판매하고, 고객과의 관계를 구축하고자 하는 활동이다.

⑤ 판매활동은 크게 신규고객을 확보하기 위한 활동과 기존고객을 관리하는 활동으로 나눌 수 있다.

52 아래 글상자가 설명하는 머천다이징의 종류로 가장 옳은 것은?

소매업, 2차상품 제조업자, 가공업자 및 소재메이커가 수직적으로 연합하여 상품계획을 수립하는 머천다이징 방식이다. 이는 시장을 세분화하여 파악한 한정된 세분시장을 타겟고객으로 하며 이들에 알맞은 상품화 전략을 전개하는 것이다.

① 혼합식 머천다이징

② 세그먼트 머천다이징

③ 선별적 머천다이징

④ 계획적 머천다이징

⑤ 상징적 머천다이징

53 판매서비스는 거래계약의 체결 또는 완결을 지원하는 거래지원서비스 및 구매 과정에서 고객이 지각하는 가치를 향상시키는 가치증진서비스로 구분할 수 있다. 가치증진서비스에 해당되는 것으로 가장 옳은 것은?

① 상품의 구매와 사용 방법에 관한 정보제공

② 충분한 재고 보유와 안전한 배달을 보장하는 주문처리

③ 명료하고 정확하며 이해하기 쉬운 청구서를 발행하는 대금청구

④ 친절한 접객서비스와 쾌적한 점포분위기 제공

⑤ 고객이 단순하고 편리한 방식으로 대금을 납부하게 하는 대금지불

54 전략과 연계하여 성과를 평가하기 위해 유통기업은 균형점수표(BSC: balanced score card)를 활용하기도 한다. 균형점수표의 균형(balanced)의 의미에 대한 설명으로서 가장 옳지 않은 것은?

① 단기적 성과지표와 장기적 성과지표의 균형

② 과거 성과지표와 현재 성과지표 사이의 균형

③ 선행 성과지표와 후행 성과지표 사이의 균형

④ 내부적 성과지표와 외부적 성과지표 사이의 균형

⑤ 재무적 성과지표와 비재무적 성과지표 사이의 균형

55 사람들은 신제품이나 혁신을 수용하고 구매하는 성향에서 큰 차이를 갖는다. 자신의 커뮤니티에서 여론주도자이며 신제품이나 혁신을 조기에 수용하지만 매우 신중하게 구매하는 집단으로 가장 옳은 것은?

① 혁신자(innovator)

② 조기 수용자(early adopter)

③ 조기 다수자(early majority)

④ 후기 다수자(late majority)

⑤ 최후 수용자(laggard)

56 표적시장을 수정하거나 제품을 수정하거나 마케팅믹스를 수정하는 마케팅전략을 수행해야 하는 제품수명주기 상의 단계로서 가장 옳은 것은?

① 신제품 출시 이전(以前)

② 도입기

③ 성장기

④ 성숙기

⑤ 쇠퇴기

57 중고품을 반납하고 신제품을 구매한 고객에게 가격을 할인해 주거나 판매촉진행사에 참여한 거래처에게 구매대금의 일부를 깎아 주는 형식의 할인으로 가장 옳은 것은?

① 기능 할인(functional discount)
② 중간상 할인(trade discount)
③ 공제(allowances)
④ 수량 할인(quantity discount)
⑤ 계절 할인(seasonal discount)

58 카테고리 매니지먼트에 대한 설명으로 가장 옳지 않은 것은?

① 특정 제품 카테고리의 매출과 이익을 최대화하기 위한 원료공급부터 유통까지의 공급망에 대한 통합적 관리
② 제조업체와 협력을 통해 특정 제품 카테고리를 공동경영하는 과정
③ 제품 카테고리의 효율 극대화를 위한 전반적인 머천다이징 전략과 계획
④ 소매업체와 벤더, 제조업체를 포함하는 유통경로 구성원들 간에 제품 카테고리에 대한 사전 합의 필요
⑤ 고객니즈 변화에 대한 신속한 대응뿐만 아니라 재고와 점포운영비용의 절감 효과 가능

59 아래 글상자의 성과측정 지표들 중 머천다이징에서 상품관리 성과를 측정하기 위한 지표들만을 나열한 것으로 옳은 것은?

> ㉠ 총자산수익률(return on asset)
> ㉡ 총재고투자마진수익률(gross margin return on investment)
> ㉢ 재고회전율(inventory turnover)
> ㉣ ABC분석(ABC analysis)
> ㉤ 판매추세분석(sell-through analysis)

① ㉠, ㉡
② ㉠, ㉡, ㉢
③ ㉡, ㉢, ㉣
④ ㉢, ㉣, ㉤
⑤ ㉣, ㉤

60 유통경로에 대한 촉진 전략 중 푸시 전략에 해당하는 것으로 가장 옳지 않은 것은?

① 소매상과의 협력 광고
② 신제품의 입점 및 진열비 지원
③ 진열과 판매 보조물 제공
④ 매장 내 콘테스트와 경품추첨
⑤ 판매경연대회와 인센티브 제공

61 아래 글상자에서 제품수명주기에 따른 광고 목표 중 도입기의 광고 목표와 관련된 광고만을 나열한 것으로 가장 옳은 것은?

> ㉠ 제품 성능 및 이점에 대한 인지도를 높이는 정보제공형 광고
>
> ㉡ 우선적으로 자사 브랜드를 시장에 알리기 위한 인지도 형성 광고
>
> ㉢ 제품 선호도를 증가시키고 선택적 수요를 증가시키는 설득형 광고
>
> ㉣ 여러 제품 또는 브랜드 중 자사 제품을 선택해야 하는 이유를 제공하는 비교 광고
>
> ㉤ 브랜드를 차별화하고 충성도를 높이는 강화 광고
>
> ㉥ 자사의 브랜드와 특정 모델, 또는 특정 색이나 사물들과의 독특한 연상을 만드는 이미지 광고
>
> ㉦ 소비자의 기억 속에 제품에 대한 기억이 남아있을 수 있도록 하는 회상 광고

① ㉠, ㉡
② ㉠, ㉡, ㉤
③ ㉡, ㉢
④ ㉡, ㉢, ㉣
⑤ ㉤, ㉥, ㉦

62 기업과의 관계 진화과정에 따라 분류한 고객의 유형으로 가장 옳지 않은 것은?

① 잠재고객
② 신규고객
③ 기존고객
④ 이탈고객
⑤ 불량고객

63 '주스 한 잔에 00원' 등과 같이 오랫동안 소비자에게 정착되어 있는 가격을 지칭하는 용어로 가장 옳은 것은?

① 균일가격
② 단수가격
③ 명성가격
④ 관습가격
⑤ 단계가격

64 CRM 전략을 위한 데이터웨어하우스에 대한 설명으로 가장 옳은 것은?

① 조직 내의 모든 사람이 다양하게 이용할 수 있도록 데이터들을 통합적으로 보관·저장하는 시스템이다.

② 의사결정에 필요한 정보를 생산할 수 있도록 다양한 소스로부터 모아서 임시로 정리한 데이터이다.

③ 의사결정에 필요한 데이터를 분석 가능한 형태로 변환하고 가공하여 저장한 요약형 기록 데이터이다.

④ 데이터의 신속한 입력, 지속적인 갱신, 추적 데이터의 무결성이 중시되는 실시간 상세 데이터이다.

⑤ 일정한 포맷과 형식이 없어 사용자가 원하는 작업을 수행할 수 있는 데이터들의 집합이다.

65 매장의 상품배치에 관한 제안으로 가장 옳지 않은 것은?

① 가격 저항이 낮은 상품은 고객의 출입이 잦은 곳에 배치한다.

② 충동구매 성격이 높은 상품은 고객을 유인하기 위해 매장의 안쪽에 배치한다.

③ 고객이 꼭 구매하려고 계획한 상품의 경우 위치와 상관없이 움직이는 경향이 있다.

④ 일반적으로 선매품의 경우 매장 안쪽에 배치한다.

⑤ 매장 입구에서 안쪽으로 들어갈수록 가격이 높은 상품을 배치하면 가격저항감을 줄일 수 있다.

66 고객 편리성을 높이기 위한 점포구성 방안으로서 가장 옳지 않은 것은?

① 고객 이동의 정체와 밀집을 막아 이동을 원활하게 하는 레이아웃 구성

② 자유로운 고객 흐름을 방해하지 않게 양방통행 원칙을 준수하여 통로 설계

③ 원스톱 쇼핑을 위해 다종다양의 상품을 제공하기 위한 스크램블드(scrambled) 머천다이징

④ 상품을 빨리 찾을 수 있게 연관성이 높은 상품군별로 모아 놓는 크로스(cross) 진열

⑤ 면적이 넓은 점포의 경우 휴식을 취할 수 있는 휴식시설 설치

67 CRM(customer relationship management) 실행 순서를 나열한 것으로 가장 옳은 것은?

① 고객니즈분석 – 대상고객선정 – 가치창조 – 가치제안 – 성과평가

② 가치제안 – 가치창조 – 고객니즈분석 – 대상고객선정 – 성과평가

③ 고객니즈분석 – 가치제안 – 대상고객선정 – 가치창조 – 성과평가

④ 가치창조 – 고객니즈분석 – 대상고객선정 – 가치제안 – 성과평가

⑤ 대상고객선정 – 고객니즈분석 – 가치창조 – 가치제안 – 성과평가

68 마케팅 조사에 대한 설명으로 가장 옳지 않은 것은?

① 기술조사는 표적모집단이나 시장의 특성에 관한 자료를 수집·분석하고 결과를 기술하는 조사이다.

② 2차 자료는 당면한 조사목적이 아닌 다른 목적을 위해 과거에 수집되어 이미 존재하는 자료이다.

③ 1차 자료는 당면한 조사목적을 달성하기 위하여 조사자가 직접 수집한 자료이다.

④ 마케팅조사에는 정성조사와 정량조사 모두 필수적으로 제시되어야 한다.

⑤ 탐색조사는 조사문제가 불명확할 때 기본적인 통찰과 아이디어를 얻기 위해 실시하는 조사이다.

69 점포의 비주얼 머천다이징 요소로서 가장 옳지 않은 것은?

① 점두, 출입구, 건물 외벽 등의 점포 외장
② 매장 및 후방, 고객 동선, 상품배치 등의 레이아웃
③ 매장 인테리어, 조명, 현수막 등의 점포 내부
④ 진열 집기, 트레이, 카운터 등 각종 집기
⑤ 종업원의 복장, 머리카락, 청결 상태 등의 위생

70 상품진열에 대한 설명으로 가장 옳지 않은 것은?

① 고객의 오감을 즐겁게 하면서도 찾기 쉽고 선택을 용이하게 하는 진열을 한다.
② 매장 입구에는 구매빈도가 높은 상품위주로 진열한다.
③ 오픈진열을 할 경우 경품 및 행사상품, 고회전상품, 저회전상품 순으로 진열한다.
④ 셀프서비스 판매방식 소매점에서는 소비자가 직접 상품을 선택할 수 있도록 곤돌라 또는 쇼케이스를 이용한 진열방식의 활용이 일반적이다.
⑤ 엔드진열은 신상품, 행사상품의 효율적 소구를 위해 매장의 빈 공간에 독립적으로 진열하는 방식이다.

71~90 **4과목 | 유통정보**

71 아래 글상자의 괄호 안에 들어갈 용어를 순서대로 바르게 나열한 것으로 가장 옳은 것은?

> 알파고 리(기존 버전 알파고)는 프로 바둑 기사들의 기보데이터를 대량으로 입력받아 학습하는 (㉠)이 필요했다. 반면 알파고 제로는 바둑 규칙 이외에 아무런 사전 지식이 없는 상태에서 인공신경망 기술을 활용하여 스스로 대국하며 바둑 이치를 터득해서 이기기 위한 수를 스스로 생성해낸다. 이렇듯 수많은 시행착오를 통해 최적의 행동을 찾아내는 방식을 (㉡)이라 한다.

① ㉠ 지도학습, ㉡ 비지도학습
② ㉠ 지도학습, ㉡ 준지도학습
③ ㉠ 지도학습, ㉡ 강화학습
④ ㉠ 강화학습, ㉡ 지도학습
⑤ ㉠ 강화학습, ㉡ 준지도학습

72 드론의 구성요인에 대한 설명으로 가장 옳지 않은 것은?

① 드론의 항법센서로는 전자광학센서, 초분광센서, 적외선센서 등이 있다.
② 드론 탑재 컴퓨터는 드론을 운영하는 브레인 역할을 하며 드론의 위치, 모터, 배터리 상태 등을 확인할 수 있게 한다.

③ 드론 모터는 드론의 움직임이 가능하도록 지원하고, 배터리는 모터에 에너지를 제공한다.

④ 드론 임무장비는 드론이 비행을 하면서 특정한 임무를 하도록 장착된 관련 장비를 의미한다.

⑤ 드론 프로펠러 및 프레임은 드론이 비행하도록 프레임워크를 제공한다.

73 아래 글상자에서 설명하는 용어로 가장 옳은 것은?

> 모든 디바이스가 정보의 뜻을 이해하고 논리적인 추론까지 할 수 있는 지능형 기술로 사람의 머릿속에 있는 언어에 대한 이해를 컴퓨터 언어로 표현하고 이것을 컴퓨터가 사용할 수 있게 만드는 것이다. 이 기술은 웹페이지에 담긴 내용을 이해하고 개인 맞춤형 서비스를 제공받아 지능화된 서비스를 제공하는 웹 3.0의 기반이 된다.

① 고퍼(gopher)
② 냅스터(napster)
③ 시맨틱웹(semantic-web)
④ 오페라(opera)
⑤ 웹클리퍼(web-clipper)

74 공급사슬의 성과지표들 중 고객서비스의 신뢰성 지표로 가장 옳은 것은?

① 평균 재고 회전율
② 약속 기일 충족률
③ 신제품 및 신서비스 출시 숫자
④ 특별 및 긴급 주문을 처리하는데 걸리는 시간
⑤ 납기를 맞추기 위해 요구되는 긴급주문의 횟수

75 지식경영에 대한 설명으로 가장 옳지 않은 것은?

① 피터 드러커(Peter Drucker, 1954)는 재무 지식 뿐만 아니라 비재무 지식을 활용해 경영성과를 측정하는 균형성과표를 제시하였다.

② 위그(Wigg, 1986)는 지식경영을 지식 및 지식관련수익을 극대화시키는 경영활동이라고 정의하였다.

③ 노나카(Nonaka, 1991)는 지식경영을 형식지와 암묵지의 순환과정을 통해 경쟁력을 확보하는 경영활동이라고 정의하였다.

④ 베크만(Bechman, 1997)은 지식경영을 조직의 역량, 업무성과 및 고객가치를 제고하는 경영활동이라고 정의하였다.

⑤ 스베이비(Sveiby, 1998)는 지식경영을 무형자산을 통해 가치를 창출하는 경영활동이라고 정의하였다.

76 웹 2.0을 가능하게 하고 지원하는 기술에 대한 설명으로 가장 옳지 않은 것은?

① 폭소노미(folksonomy)란 자유롭게 선택된 일종의 태그인키워드를 사용해 구성원들이 함께 정보를 체계화하는 방식이다.

② UCC(user created contents)는 사용자들이 웹 콘텐츠의 생산자인 동시에 소비자로서의 역할을 가능하게 하여 참여와 공유를 지원한다.

③ 매시업(mashup)은 웹 콘텐츠를 소프트웨어가 자동적으로 이해하고 처리할 수 있도록 지원하여 정보와 지식의 공유 및 협력을 촉진한다.

④ API(application programming interface)는 응용 프로그램에서 사용할 수 있도록 컴퓨터 운영체제나 프로그래밍 언어가 제공하는 기능을 제어할 수 있도록 만든 인터페이스이다.

⑤ RSS(rich site summary)란 웹 공간에서 콘텐츠 공유를 촉진하며, 특정 사이트에서 새로운 정보가 있을 때 자동적으로 받아볼 수 있는 콘텐츠 배급방식이다.

77 스튜워트(W. M. Stewart)가 주장하는 물류의 중요성이 강조되는 이유로 가장 옳지 않은 것은?

① 재고비용절감을 위해서는 증가된 주문 횟수를 처리할 새로운 시스템의 도입이 필요하다.

② 소비자의 제품가격 인하 요구는 능률적이며 간접적인 제품 분배경로를 필요로 하게 되었다.

③ 기업은 물류 서비스 개선 및 물류비 절감을 통해 고객에 대한 서비스 수준을 높일 수 있으며, 이는 기업에게 새로운 수요 창출의 기회가 된다.

④ 소비자의 제품에 대한 다양한 요구는 재고 저장단위수의 증대를 필요로 하며, 이는 다목적 창고 재고유지, 재고 불균형 등의 문제를 발생시킨다.

⑤ 가격결정에 있어 신축성을 부여하기 위해서는 개별시장으로의 운송에 소요되는 실제 분배비용에 의존하기 보다는 전국적인 평균비용의 산출이 필요하게 되었다.

78 POS(point of sale)시스템 도입에 따른 장점으로 가장 옳지 않은 것은?

① 매상등록시간이 단축되어 고객 대기시간이 줄며 계산대의 수를 줄일 수 있다.

② 단품관리에 의해 잘 팔리는 상품과 잘 팔리지 않는 상품을 즉각 찾아낼 수 있다.

③ 적정 재고수준의 유지, 물류관리의 합리화, 판촉전략의 과학화 등의 효과를 가져올 수 있다.

④ POS터미널의 도입에 의해 판매원 교육 및 훈련시간이 짧아지고 입력오류를 방지할 수 있다.

⑤ CPFR(collaborative planning, forecasting and replenishment)과 연계하여 신속하고 적절한 구매를 할 수 있다.

79 빅데이터 분석 기술들 중 아래 글상자에서 설명하는 용어로 가장 옳은 것은?

> 관찰된 연속형 변수들에 대해 두 변수 사이의 모형을 구한 뒤 적합도를 측정해내는 방법으로, 시간에 따라 변화하는 데이터나 변수들의 어떤 영향 및 가설적 실험, 인과관계 모델링 등의 통계적 예측에 이용될 수 있다.

① 감성분석

② 기계학습

③ 회귀분석

④ 텍스트 마이닝(text mining)

⑤ 오피니언 마이닝(opinion mining)

80 EDI(electronic data interchange)에 대한 설명으로 가장 옳지 않은 것은?

① EDI는 기업 간에 교환되는 거래서식을 컴퓨터로 작성하고 통신망을 이용하여 직접 전송하는 정보교환방식을 의미한다.

② EDI가 이루어지기 위해서는 거래업체들 간에 서로 교환할 데이터의 형태와 그 데이터를 어떻게 표현할 것인가에 대한 상호합의가 필요하다.

③ EDI를 이용하면 지금까지 종이형태의 문서에 기록하고 서명한 다음, 우편을 통해 전달되던 각종 주문서, 송장, 지불명세서 등이 데이터통신망을 통해 전자적으로 전송되고 처리된다.

④ EDI는 교환되는 거래문서에 대해 통용될 수 있는 표준양식이 정해져야 하며, 이를 통해 전달되는 데이터의 형식이 통일된 후, 이러한 데이터가 일정한 통신표준에 입각해서 상호 간에 교환될 수 있어야 한다.

⑤ 전자문서의 사설표준은 특정 산업분야에서 채택되어 사용되는 표준을 말하며, 사설표준의 대표적인 것에는 국제상품 코드관리기관인 EAN(국내의 경우: KAN)이 개발·보급하고 있는 유통부문의 전자문서 국제표준인 EANCOM이 있다.

81 유통정보혁명의 시대에서 유통업체의 경쟁 우위 확보 방안으로 가장 옳지 않은 것은?

① 마케팅 개념측면에서 유통업체는 제품 및 판매자 중심에서 고객 중심으로 변화해야 한다.

② 마케팅 개념측면에서 유통업체는 매스 (mass) 마케팅에서 일대일 마케팅으로 변화해야 한다.

③ 마케팅 개념측면에서 유통업체는 기존의 다이렉트(direct) 마케팅에서 푸시(push) 마케팅으로 변화해야 한다.

④ 비즈니스 환경측면에서 유통업체는 전략적 제휴와 글로벌화(globalization)를 추진해야 한다.

⑤ 비즈니스 환경측면에서 유통업체는 제품 및 공정 기술의 보편화로 인해 도래하는 물류 경쟁 시대의 급격한 변화에 대비해야 한다.

82 유통정보시스템의 개념에 대한 설명으로 가장 옳지 않은 것은?

① 물류비용과 재고비용을 감축하여 채널단계에 참여하는 모두가 이익을 얻을 수 있게 한다.

② 유통정보와 프로세스의 흐름을 확보해 시간차로 발생하는 가시성 문제를 최소화하여 시장수요와 공급을 조절해 주고 각 개인이 원하는 제품과 서비스 공급이 원활하도록 지원한다.

③ 유통정보시스템은 경영자가 유통과 관련된 기업의 목표를 달성하기 위한 효율적이고 효과적인 의사결정을 하는데 필요한 정보제공을 위해 설계되어야 한다.

④ 유통거래를 지원하는 정보시스템으로 관련된 기존 시스템의 정보를 추출, 변환, 저장하는 과정을 거쳐 업무담당자 목적에 맞는 정보만을 모아 관리할 수 있도록 지원해 준다.

⑤ 유통정보시스템은 기업의 유통활동 수행에 필요한 정보의 흐름을 통합하여 전사적 유통을 가능하게 하고 유통계획, 관리, 거래처리 등에 필요한 데이터를 처리하여 유통관련 의사결정에 필요한 정보를 적시에 제공하기 위한 절차, 설비, 인력을 뜻한다.

83 지식관리시스템에 대한 설명으로 가장 옳지 않은 것은?

① 기업은 고객에게 지속적이고 일관성 있는 정보를 제공하기 위해서 지식관리시스템을 활용한다.

② 기업은 지식네트워킹을 통해서 새로운 제품을 출시할 수 있고 고객에게 양질의 서비스를 제공할 수 있다.

③ 지식을 보유·활용함으로써 제품 및 서비스 가치를 향상시키고 기업의 지속적인 성장에 기여할 수 있다.

④ 기업들은 동종 산업에 있는 조직들의 우수사례(best practice)를 그들 조직에 활용하여 많은 시간을 절약할 수 있다.

⑤ 지식관리시스템은 지식관리 플랫폼으로 고객지원센터 등 기업 내부 지원을 위해 활용되고 있으며, 챗봇, 디지털 어시스트 등 고객서비스와는 거리가 멀다.

84 아래 글상자의 괄호 안에 들어갈 용어가 순서대로 바르게 나열된 것은?

> 오픈AI는 대화형 인공지능 챗봇 서비스인 ChatGPT를 개발하였다. ChatGPT의 등장은 (㉠) 서비스의 대중화를 알리는 첫 시작이라는데 가장 큰 의의가 있다. 기존에는 (㉡) 서비스가 주를 이뤘으나 ChatGPT의 등장으로 이같은 방식의 서비스가 각광받을 것으로 예상된다.

① ㉠ 식별 AI(discriminative AI), ㉡ 생성 AI(generative AI)

② ㉠ 강한 AI(strong AI), ㉡ 약한 AI(weak AI)

③ ㉠ 생성 AI(generative AI), ㉡ 식별 AI(discriminative AI)

④ ㉠ 약한 AI(weak AI), ㉡ 강한 AI(strong AI)

⑤ ㉠ 논리적 AI(logical AI), ㉡ 물리적 AI(physical AI)

85 바코드와 관련된 용어에 대한 설명으로 가장 옳지 않은 것은?

① ITF-14 바코드는 GS1이 개발한 국제표준바코드로, 물류 단위에 부여된 식별코드를 기계가 읽을 수 있도록 막대 모양으로 표현한 것이다.

② GS1 DataMatrix는 우리나라 의약품 및 의료기기에 사용되는 유일한 의약품표준바코드로, 다양한 추가정보를 입력하면서도 작은 크기로 인쇄가 가능하다.

③ GS1 응용식별자는 바코드에 입력되는 특수 식별자로 바로 다음에 나오는 데이터의 종류, 예를 들어 GTIN, 일련번호, 유통기한 등을 나타내는 지시자를 의미한다.

④ 내부관리자코드는 GS1 식별코드 중 하나로 특정 목적을 위해 내부(국가, 기업, 산업)용으로 사용되는 코드로 주로 가변규격상품이나 쿠폰의 식별을 위해 사용

된다.

⑤ 국제거래단품식별코드는 국제적으로 거래되는 단품을 식별하기 위해 GS1이 만든 코드로 여기서 거래단품(trade item)이란 공급망 상에서 가격이 매겨지거나 주문 단위가 되는 상품을 지칭한다.

86 IoT(Internet of Things)에 대한 설명으로 가장 옳지 않은 것은?

① 오늘날 5G 및 기타 유형의 네트워크 플랫폼이 거의 모든 곳에서 빠르고 안정적으로 대량의 데이터 세트를 처리해 주어 IoT 연결성을 높여 주고 있다.

② 연결상태는 24시간 always-on 방식이다.

③ IoT는 보안 및 개인정보보호 위험, 기술 간 상호운영성, 데이터 과부하, 비용 및 복잡성 등의 이슈가 관리되어야 한다.

④ 서비스 방식은 빠르고 쉽게 찾는 Pull 방식이다.

⑤ ICT 기반으로 주위의 모든 사물에 유무선 네트워크로 연결하여 사람과 사물, 사물과 사물 간에 정보를 교류하고 상호 소통하는 지능적 환경으로 진화하고 있다.

87 아래 글상자에서 설명하는 용어로 가장 옳은 것은?

이 개념은 의류산업에서 도입되기 시작하였으며, 소비자 위주의 시장환경에 재고부담을 줄이고 신제품 개발에 도움을 준다. 이것의 기본 개념은 시간 기반 경쟁의 장점을 성취하기 위해 빠르게 대응하는 시스템을 개발하는 것이다. 즉, 이것은 생산에서 유통까지 표준화된 전자거래 체제를 구축하고, 기업 간의 정보공유를 통한 신속 정확한 납품, 생산/유통기간의 단축, 재고감축, 반품손실 감소 등을 실현하는 정보시스템이다.

① 풀필먼트(fulfillment)
② 신속대응(quick response)
③ 풀서비스(full service)
④ 푸시서비스(push service)
⑤ 최적화(optimization)

88 스미스, 밀버그, 버크(Smith, Milberg, Burke)는 '개인정보 활용에 따른 프라이버시 침해 우려에 대한 연구'를 통해 개인의 프라이버시 침해 우려 프레임워크를 제시하였다. 이 경우 유통업체의 개인정보 활용 증대에 따라 소비자들에게 발생할 수 있는 프라이버시 침해 우려에 대한 설명으로 가장 옳지 않은 것은?

① 유통업체가 지나치게 많은 개인정보를 수집하는 것에 대한 우려가 나타날 수 있다.

② 유통업체의 정보시스템에 저장된 개인정보에 권한이 없는 부적절한 접근에 대한 우려가 나타날 수 있다.

③ 유통업체에서의 인가받지 못한 개인정보에 대한 이차적 이용에 따른 우려가 나타날 수 있다.

④ 유통업체가 보유하고 있는 개인정보의 의도적 또는 사고적인 오류에 대해 적절하게 보호되고 있는지에 대한 우려가 나타날 수 있다.

⑤ 유통업체가 데이터 3법을 적용하여 개인정보를 활용함에 따라 개인이 자신의 정보에 대한 접근 권한을 차단당하는 상황이 발생할 수 있다는 우려가 나타날 수 있다.

89 빅데이터는 다양한 유형으로 존재하는 모든 데이터가 대상이 된다. 데이터 유형과 데이터 종류, 그에 따른 수집 기술의 연결이 가장 옳지 않은 것은?

① 정형데이터 – RDB – ETL
② 정형데이터 – RDB – Open API
③ 반정형데이터 – 비디오 – Open API
④ 비정형데이터 – 이미지 – Crawling
⑤ 비정형데이터 – 소셜데이터 – Crawling

90 정부는 수산물의 건강한 유통을 위해 수산물 이력제를 시행하고 있다. 이에 대한 설명으로 가장 옳지 않은 것은?

① 수산물을 수확하는 어장에서 시작하여 소비자의 식탁에 이르기까지 수산물의 유통 과정에 대한 정보를 관리하고 공개해서 소비자들이 안전하게 수산물을 선택할 수 있도록 도와주는 제도이다.

② 수산물 이력제의 등록표시는 표준화와 일관성을 위해 바코드로 된 이력추적관리번호만 사용한다.

③ 식품안전사고를 대비하기위해 소비자가 구매한 수산물의 유통과정이 투명하게 공개되도록 관리하여 신속한 사고발생 단계 파악 및 조속한 조치가 가능하다.

④ 생산자는 수산물에 대한 품질 및 위생정보를 효과적으로 관리할 수 있고 축적된 정보로 소비패턴 및 니즈파악이 가능하다.

⑤ 수산물 이력제의 활용은 위생 부분의 국제기준을 준수하여 수산물 관리의 국제경쟁력을 높여 주는 효과가 있다.

2022년

유통관리사 2급 2개년 기출문제

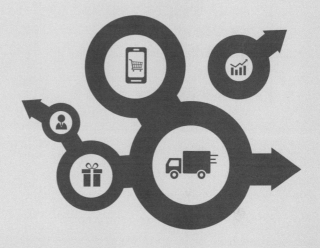

제1회 기출문제 (2022년 5월 14일 시행)

제2회 기출문제 (2022년 8월 20일 시행)

제3회 기출문제 (2022년 11월 19일 시행)

`01~25` **1과목 | 유통물류일반**

01 아래 글상자에서 설명하는 조직구성원에 대한 성과평가방법으로 옳은 것은?

> - 종업원의 성과를 특정범주로 할당해서 평가하는 방법(예: S등급 10%, A등급 30%, B등급 30%, C등급 30%)
> - 구성원의 성과가 다양한 분포를 보일 때 효과적임
> - 갈등을 피하려고 모두를 관대하게 평가하고자 하는 유혹을 극복할 수 있음

① 행동관찰척도법(BOS: behavioral observation scales)
② 단순서열법(simple ranking method)
③ 쌍대비교법(paired-comparison method)
④ 행위기준고과법(BARS: behaviorally anchored rating scales)
⑤ 강제배분법(forced distribution method)

02 아래 글상자의 괄호안에 들어갈 중간상이 수행하는 분류기준으로 가장 옳은 것은?

> (㉠) 이질적인 제품들을 색이나 크기, 용량 등에 따라 상대적으로 동질적인 집단으로 구분하는 활동
> (㉡) 다양한 생산자들로부터 제공되는 제품들을 대규모 공급이 가능하도록 다량으로 구매하여 집적하는 활동
> (㉢) 구매자가 원하는 소규모 판매단위로 나누는 활동

① ㉠ 분류(sorting out), ㉡ 수합 (accumulation), ㉢ 분배(allocation)
② ㉠ 구색갖춤(assorting), ㉡ 분류 (sorting out), ㉢ 분배(allocation)
③ ㉠ 분배(allocation), ㉡ 구색갖춤 (assorting), ㉢ 분류(sorting out)
④ ㉠ 분배(allocation), ㉡ 수합 (accumulation), ㉢ 분류(sorting out)
⑤ ㉠ 분류(sorting out), ㉡ 구색갖춤 (assorting), ㉢ 수합(accumulation)

03 아래 글상자 내용은 조직의 일반원칙 중 무엇에 관한 설명인가?

> 조직의 공통목적을 달성하기 위하여 각 부문이나 각 구성원의 충돌을 해소하고 조직의 제 활동의 내적 균형을 꾀하며, 조직의 느슨(slack)함을 조절하려는 원칙을 말한다.

① 기능화의 원칙(principle of functionalization)

② 위양의 원칙(principle of delegation)

③ 명령통일의 원칙(principle of unity of command)

④ 관리한계의 원칙(principle of span of control)

⑤ 조정의 원칙(principle of cordination)

04 MRO(Maintenance, Repair, Operation)의 구매 특성에 대한 설명으로 가장 옳지 않은 것은?

① 인력과 비용의 효율성을 위해 구매대행 업체를 이용하기도 한다.

② 작업현장에서 임의적인 구매가 많아 이에 대한 통제가 원활하게 이루어지지 않고 있다.

③ 대형장비, 기계 등 기업에서 제품을 생산하는 데 핵심적인 설비를 포함한다.

④ 부정기적인 구매로 인해 수요예측에 따른 전략적 구매계획의 수립이 어렵고, 이에 따라 재고유지비용이 많이 발생한다.

⑤ 적게는 수천가지에서 많게는 수만가지 품목을 대상으로 하기 때문에 이를 관리하기 위해 많은 비용이 발생한다.

05 고객 서비스 특성에 따른 품질평가요소에 대한 설명으로 옳은 것은?

① 유형성(tangibles) - 서비스 장비 및 도구, 시설 등 물리적인 구성

② 신뢰성(reliability) - 고객의 요구에 신속하게 서비스를 제공하려는 의지

③ 반응성(responsiveness) - 지식과 예절 및 신의 등 직원의 능력에 따라 가늠되는 특성

④ 확신성(assurance) - 고객에 대한 서비스 제공자의 배려와 관심의 정도

⑤ 공감성(empathy) - 계산의 정확성, 약속의 이행 등과 같이 정확하고 일관성 있는 서비스 제공

06 아래 글상자에서 회계 내용과 물류원가분석의 특징으로 가장 옳지 않은 것은?

구분	회계 내용	물류원가분석
㉠	계산목적	물류원가분석
㉡	계산대상	물류업무의 전반
㉢	계산기간	예산기간(월별, 분기별 등)
㉣	계산방식	항상 일정
㉤	할인의 여부	할인계산 함

① ㉠   ② ㉡

③ ㉢   ④ ㉣

⑤ ㉤

07 재고, 운송, 고객서비스 등의 상충관계 (trade-off)에 대한 설명으로 옳지 않은 것은?

① 재고수준을 낮추게 되면 보관비용이 감소되고 고객서비스 수준도 낮아진다.

② 재고 감소는 주문에 적시 대응하는 조직의 능력을 저하시킨다.

③ 배달을 신속하게 해서 고객서비스 수준을 증가시키는 것은 수송비용 증가를 초래한다.

④ 높은 고객서비스 수준을 지향하는 경우 재고비용과 재고운반비가 증가한다.

⑤ 낮은 배송비용을 지향하는 것은 시간측면에서 고객서비스 수준의 증가를 가져온다.

08 "유통산업발전법"(시행 2021. 1. 1., 법률 제17761호, 2020. 12. 29., 타법개정) 상 유통정보화시책의 내용으로 옳지 않은 것은?

① 유통표준코드의 보급

② 유통표준전자문서의 보급

③ 판매시점 정보관리시스템의 보급

④ 유통산업에 종사하는 사람의 자질 향상을 위한 교육 · 연수

⑤ 점포관리의 효율화를 위한 재고관리시스템 · 매장관리시스템 등의 보급

09 소매유통회사를 중심으로 PB상품을 강화하고 있는데, 그 이유로 옳지 않은 것은?

① 수익성을 증가시키기 위해서

② 재고를 감소시키기 위해서

③ 소매유통회사의 차별화 수단으로 활용하기 위해서

④ 점포 이미지를 개선하는데 활용하기 위해서

⑤ 소비자의 구매성향 변화에 적극적으로 대응하기 위해서

10 기업 윤리와 관련된 설명으로 옳지 않은 것은?

① 기업은 종업원에게 단순히 돈의 대가로 노동력을 요구하는 것이 아니라, 떳떳한 구성원으로서 헌신과 열정을 이끌어 낼 수 있도록 그들에게 자긍심과 비전을 심어 주어야 한다.

② 협력사는 물품을 사오는 대상 이상의 의미를 지니는 장기적으로 협조해야 할 상생의 대상이다.

③ 거래비용의 발생 원인은 기회주의, 제한된 합리성, 불확실성 등이며 교환당사자 간에 신뢰가 부족할 때 거래비용은 작아진다.

④ 도덕적 해이는 도덕적 긴장감이 흐려져서 다른 사람의 이익을 희생한 대가로 자신의 이익을 추구하는 행위이다.

⑤ 대리인비용은 주인이 대리인에게 자신을 대신하도록 할 때 발생하는 비용으로, 주인과 대리인의 이해불일치와 정보 비대칭상황 등의 요인 때문에 발생한다.

11 다음 사례에서 적용된 기법이 다른 하나는?

① 유통업체의 판매, 재고데이터가 제조업체로 전달되면 제조업체가 유통업체의 물류센터로 제품을 배송

② 전자기기의 모듈을 공장에서 생산한 뒤 선박으로 미국이나 유럽으로 보내고 현지에서 각국의 니즈에 맞게 조립

③ 기본적인 형태의 프린터를 생산한 후 해외주문이 오면 그 나라 언어가 기재된 외관을 조립하여 완성

④ 페인트 공장에서 페인트를 만드는 대신에 페인트 가게에서 고객의 요청에 맞게 페인트와 안료비율을 결정하여 최종 페인트로 완성

⑤ 고객들이 청바지 매장에서 신체치수를 맞춰놓고 가면, 일반 형태의 청바지를 고객치수에 맞게 바느질만 완성하여 제품을 완성시킴

12 대한이는 작은 가게를 인수할 것을 고려 중이다. 아래 글상자의 내용을 이용해서 3년치 현금유입에 대한 현재가치를 계산한 것으로 옳은 것은?

- 시장조사 결과 1년 후에 3,000,000원, 2년 후에 4,000,000원, 3년 후에 5,000,000원의 현금유입이 발생할 것으로 나타났다.
- 시장이자율은 연간 10%로 가정한다.
- 최종답은 10,000원의 자리에서 버림하여 구한다.

① 약 9,700,000원

② 약 10,600,000원

③ 약 12,000,000원

④ 약 13,200,000원

⑤ 약 15,000,000원

13 유통경로 성과를 평가하는 차원을 설명하는 아래 글상자에서 괄호 안에 들어갈 단어를 순서대로 나열한 것으로 가장 옳은 것은?

(㉠) - 하나의 경로시스템이 표적시장에서 요구하는 서비스 산출을 얼마나 제공하였는가를 측정하는 것에 중점을 두는 목표지향적 성과기준

(㉡) - 유통시스템에 의해 제공되는 혜택이 여러 세분시장에 어느 정도 골고루 배분되는지를 측정하는 성과기준

(㉢) - 일정한 비용에 의해 얼마나 많은 산출이 발생하였는가르를 측정하는 기준

① ㉠ 형평성, ㉡ 효율성, ㉢ 효과성

② ㉠ 효과성, ㉡ 형평성, ㉢ 효율성

③ ㉠ 형평성, ㉡ 효과성, ㉢ 효율성

④ ㉠ 효과성, ㉡ 효율성, ㉢ 형평성

⑤ ㉠ 효율성, ㉡ 형평성, ㉢ 효과성

14 유통경로를 설계할 때 유통경로 흐름과 소요되는 각종비용의 예를 짝지은 것으로 가장 옳지 않은 것은?

① 물적유통 – 보관 및 배달 관련 비용
② 촉진 – 광고, 홍보, 인적판매 비용
③ 협상 – 시간 및 법적 비용
④ 재무 – 보험 및 사후관리 비용
⑤ 위험 – 가격보증, 품질보증 관련 비용

15 범위의 경제와 관련된 설명으로 가장 옳지 않은 것은?

① 한 기업이 다양한 제품을 동시에 생산함으로써 비용상 우위를 누리는 것을 말한다.
② 하나의 생산과정에서 두 개 이상의 생산물이 생산되는 경우에 발생한다.
③ 기업은 생산량을 증대하여 단위당 비용의 하락을 통해 이익을 얻을 수 있다.
④ 한 제품을 생산하는 과정에서 부산물이 생기는 경우에 나타날 수 있다.
⑤ 제조업체에게 비용절감 효과를 가져올 수 있다.

16 유통경영의 외부환경을 분석하기 위해 포터의 산업분석을 활용할 경우에 대한 설명으로 가장 옳지 않은 것은?

① 기존 경쟁자들 간의 경쟁 정도를 확인해야 한다.
② 공급자의 협상능력이 클수록 산업전반의 수익률이 증가하여 시장 매력도가 높아진다.
③ 생산자입장에서 소매상의 힘이 커질수록 가격결정에서 불리하다.
④ 외부환경이 미치는 영향은 기업에 따라 기회 또는 위협으로 작용한다.
⑤ 대체재의 유무에 따라 산업의 수익률이 달라진다.

17 치열해지는 기업간 경쟁에 따른 전통적 비즈니스에서 글로벌 비즈니스로의 변화로 가장 옳지 않은 것은?

① 고객만족에서 고객을 즐겁게 하는 것으로 변화
② 이익지향에서 이익 및 사회 지향으로 변화
③ 선행적 윤리에서 사후 비판에 대응하는 반응적 윤리로 변화
④ 제품 지향에서 품질 및 서비스 지향으로 변화
⑤ 경영자에 대한 초점에서 고객에 대한 초점으로 변화

18 재무, 생산소요계획, 인적자원, 주문충족 등 기업의 전반적인 업무 프로세스를 통합·관리하여 정보를 공유함으로써 효율적인 업무 처리가 가능하게 하는 경영기법으로 가장 옳은 것은?

① 리엔지니어링 ② 식스시그마
③ 아웃소싱 ④ 벤치마킹
⑤ 전사적자원관리

19 6시그마(6 Sigma)를 추진할 경우 각 단계별 설명으로 가장 옳지 않은 것은?

① 정의 – 고객의 요구사항과 CTQ(Critical To Quality)를 결정한다.
② 측정 – 프로세스 측정 방법을 결정한다.
③ 분석 – 결함의 발생 원인을 규명한다.
④ 개선 – 제품이나 서비스의 공정능력을 규명한다.
⑤ 관리 – 지속적인 관리를 실시한다.

20 수요예측을 위해 사용하는 각종 기법 중 그 성격이 다른 하나는?

① 판매원 추정법 – 판매원들이 수요추정치를 작성하게 하고 이를 근거로 예측하는 기법
② 시장조사법 – 인터뷰, 설문지, 면접법 등으로 수집한 시장 자료를 이용하여 예측하는 기법
③ 경영자판단법 – 경영자 집단의 의견, 경험을 요약하여 예측하는 기법
④ 시계열 분석 – 종속변수의 과거 패턴을 이용해서 예측하는 기법
⑤ 델파이법 – 익명의 전문가 집단으로부터 합의를 도출하여 예측하는 기법

21 다양한 재고와 관련된 설명으로 가장 옳지 않은 것은?

① 성수기와 비수기의 수요공급차이에 대응하기 위한 재고는 예상재고이다.
② 총재고 중에서 로트의 크기에 따라 직접적으로 변하는 부분은 리드타임재고이다.
③ 안전재고는 각종 불확실성에 대처하기 위해 보유하는 여분의 재고이다.
④ 주기재고의 경우 주문 사이의 시간이 길수록 재고량이 증가한다.
⑤ 수송재고는 자재흐름체계 내의 한 지점에서 다른 지점으로 이동중인 재고를 말한다.

22 식품매장을 중심으로 주목받고 있는 그로서 란트(grocerant)에 대한 설명으로 가장 옳지 않은 것은?

① 매장에서 판매하는 식재료를 이용해 고객에게 메뉴를 제안하고 즉시 제공하는 장점이 있다.

② 식재료 쇼핑에 외식 기능을 더해 소매와 외식의 경계를 없앤 서비스이다.

③ 제철 식재료와 추천상품을 제안하는 등 다양한 방식으로 운영할 수 있다.

④ 그로서리(grocery)와 레스토랑 (restaurant)의 합성어이다.

⑤ 오프라인과 경쟁하기 위한 온라인 쇼핑몰의 차별화 요소로 각광받고 있다.

23 아래 글상자의 사례에 해당하는 유통경영전략으로 가장 옳은 것은?

> 식품회사인 미국의 A사와 유럽의 B사는 140여 개 해외시장에서 상대방의 제품을 각자의 유통망에서 유통시키고 있다. 에를 들어, 미국 외의 지역에서는 A사의 대표적인 시리얼 브랜드가 B사의 유통망을 통해 공급되는 유통경영전략을 사용하고 있다.

① 복합경로마케팅전략

② 제품개발전략

③ 인수합병전략

④ 전략적경로제휴전략

⑤ 다각화전략

24 아래 글상자에서 설명하고 있는 리더십 유형으로 가장 옳은 것은?

> – 구성원들의 기본적 가치, 믿음, 태도 등을 변화시켜서 조직이 기대하는 것보다 더 높은 수준의 성과를 스스로 추구하도록 만드는 리더십을 의미한다.
> – 리더와 구성원 간의 원활한 상호작용을 통해 구성원을 긍정적으로 변화시켜 성과를 내는데 집중한다.

① 거래적 리더십 ② 변혁적 리더십

③ 상황적 리더십 ④ 지시형 리더십

⑤ 위임형 리더십

25 장소의 편의성이 높게 요구되는 담배, 음료, 과자류 등과 같은 품목에 일반적으로 이용되는 유통채널의 유형으로 가장 옳은 것은?

① 전속적 유통채널(exclusive distribution channel)

② 독립적 유통채널(independent distribution channel)

③ 선택적 유통채널(selective distribution channel)

④ 집중적 유통채널(intensive distribution channel)

⑤ 대리점 유통채널(agent distribution channel)

26~45 **2과목 | 상권분석**

26 권리금에 대한 설명으로 가장 옳지 않은 것은?

① 때로는 권리금이 보증금보다 많은 경우도 있다.

② 시설 및 상가의 위치, 영업상의 노하우 등과 같은 다양한 유무형의 재산적 가치에 대한 양도 또는 사용료로 지급하는 것이다.

③ 권리금을 일정 기간안에 회복할 수 있는 수익성이 확보될 수 있는지를 검토해야 한다.

④ 신축건물인 경우 주변 상권의 강점을 반영하는 바닥권리금의 형태로 나타나기도 한다.

⑤ 임차인이 점포의 소유주에게 제공하는 추가적인 비용으로 보증금의 일부이다.

27 상권 유형별 개념과 일반적 특징을 설명한 내용으로서 가장 옳은 것은?

① 역세권상권은 지하철이나 철도역을 중심으로 형성되는 지상과 지하의 입체적 상권으로서, 저밀도 개발이 이루어지는 경우가 많다.

② 부도심상권의 주요 소비자는 점포 인근의 거주자들이어서, 생활밀착형 업종의 점포들이 입지하는 경향이 있다.

③ 부도심상권은 보통 간선도로의 결절점이나 역세권을 중심으로 형성되는바, 도시 전체의 소비자를 유인한다.

④ 도심상권은 중심업무지구(CBD)를 포함하며, 상권의 범위가 넓고 소비자들의 체류시간이 길다.

⑤ 아파트상권은 고정고객의 비중이 높아 안정적인 수요확보가 가능하고, 외부고객을 유치하기 쉬워서 상권확대가능성이 높다.

28 소매점의 입지 선정을 위한 공간분석의 논리적 순서로서 가장 옳은 것은?

① 개별점포(site)분석 – 지구상권(district area)분석 – 광역지역(general area)분석

② 광역지역(general area)분석 – 개별점포(site)분석 – 지구상권(district area)분석

③ 지구상권(district area)분석 – 광역지역(general area) 분석 – 개별점포(site)분석

④ 광역지역(general area)분석 – 지구상권(district area) 분석 – 개별점포(site)분석

⑤ 개별점포(site)분석 – 광역지역(general area)분석 – 지구상권(district area)분석

29 아래 글상자의 왼쪽에는 다양한 상권분석 기법들의 특성이 정리되어 있다. 이들 특성과 관련된 상권분석 기법들을 순서대로 정리한 것으로 가장 옳은 것은?

분석내용 및 특성		상권분석 기법
두 도시간의 상권경계지점	( )	
점포이미지 등 다양한 점포특성 반영	( )	㉠ 다항로짓(MNL) 모형
Newton의 중력모형을 수용한 초기 모형	( )	㉡ Huff 모형 ㉢ Converse 모형 ㉣ Christaller 중심지이론
소비자의 점포선택은 결정론적이 아님	( )	㉤ Reilly의 소매중력모형
육각형 형태의 배후지 모양	( )	

① ㉠, ㉤, ㉡, ㉢, ㉣
② ㉢, ㉣, ㉤, ㉡, ㉠
③ ㉤, ㉡, ㉠, ㉣, ㉢
④ ㉣, ㉤, ㉢, ㉠, ㉡
⑤ ㉢, ㉠, ㉤, ㉡, ㉣

30 비교적 넓은 공간인 도시, 구, 동 등의 상권분석 상황에서 특정지역의 개략적인 수요를 측정하기 위해 사용되고 있는 구매력지수(BPI: Buying Power Index)를 계산하는 과정에서 필요한 자료로 가장 옳지 않은 것은?

① 부분 지역들의 인구수(population)
② 전체 지역의 인구수(population)
③ 부분 지역들의 소매점면적(sales space)
④ 부분 지역들의 소매매출액(retail sales)
⑤ 부분 지역들의 가처분소득(effective buying income)

31 아동용 장난감 소매업체가 출점할 입지를 선정하기 위해 새로운 지역의 수요를 분석할 때 고려해야 할 요인으로 가장 옳지 않은 것은?

① 인구 증감   ② 인구 구성
③ 가구 규모   ④ 가구 소득
⑤ 가족 생애주기

32 입지를 선정할 때 취급상품의 물류비용을 고려할 필요성이 가장 낮은 도매상 유형으로 옳은 것은?

① 직송도매상(drop shipper)
② 판매대리점(selling agents)
③ 제조업체 판매사무소(manufacturer's branches)
④ 일반잡화도매상(general merchandise wholesaler)
⑤ 전문도매상(specialty wholesaler)

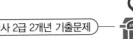

33 가장 다양한 업태의 소매점포를 입주시키는 쇼핑센터 유형으로 옳은 것은?

① 파워 쇼핑센터

② 아웃렛 쇼핑센터

③ 쇼핑몰 지역센터

④ 네이버후드 쇼핑센터

⑤ 패션/전문품 쇼핑센터

34 일정 요건을 갖춘 판매시설에 대한 교통영향평가의 실시를 정한 법률로서 옳은 것은?

① 도로법(법률 제17893호, 2021. 1. 12., 타법개정)

② 유통산업발전법(법률 제17761호, 2020. 12. 29., 타법개정)

③ 도시교통정비 촉진법(법률 제17871호, 2021. 1. 5., 일부개정)

④ 지속가능 교통물류 발전법(법률 제18563호, 2021. 12. 7., 일부개정)

⑤ 국토의 계획 및 이용에 관한 법률(법률 제17893호, 2021. 1. 12., 타법개정)

35 입지 분석에 사용되는 각종 이론들에 대한 설명 중 가장 옳지 않은 것은?

① 공간상호작용모델은 소비자 구매행동의 결정요인에 대한 이해를 통해 입지를 결정한다.

② 다중회귀분석은 점포성과에 영향을 주는 요소의 절대적 중요성을 회귀계수로 나타낸다.

③ 유추법은 유사점포에 대한 분석을 통해 입지후보지의 예상매출을 추정한다.

④ 체크리스트법은 특정입지의 매출규모와 입지비용에 영향을 줄 요인들을 파악하고 유효성을 평가한다.

⑤ 입지분석이론들은 소매점에 대한 소비자 점포선택 행동과 소매상권의 크기를 설명한다.

36 점포 개점을 위한 경쟁점포의 분석에 관한 설명으로 가장 옳지 않은 것은?

① 1차 상권 및 2차 상권 내의 주요 경쟁업체를 분석하고 필요할 경우 3차 상권의 경쟁업체도 분석한다.

② 점포 개설을 준비하고 있는 잠재적인 경쟁업체가 있다면 조사에 포함시킨다.

③ 목적에 맞는 효과적인 분석을 위해 동일 업태의 점포에 한정해서 분석한다.

④ 경쟁점포의 상품 구색 및 배치에 대해서도 분석한다.

⑤ 상권의 계층 구조를 고려하여 분석한다.

37 주거지역과 상업지역에서 업종을 변경하거나 점포를 확장하려 할 경우 용도변경 신청을 해야 하는 경우가 있다. 이때 하수도법, 주차장법 등 매우 많은 법률의 적용을 다르게 받게 되어 업종변경이나 확장이 어려울 수도 있다. 이와 관련된 행정 처리 절차로서 가장 옳은 것은?

① 용도 변경 신청 – 신고필증 교부 – 공사 착수 – 건축물대장 변경 – 사용 승인
② 용도 변경 신청 – 신고필증 교부 – 건축물대장 변경 – 공사 착수 – 사용 승인
③ 용도 변경 신청 – 사용 승인 – 신고필증 교부 – 공사 착수 – 건축물대장 변경
④ 용도 변경 신청 – 신고필증 교부 – 건축물대장 변경 – 사용 승인 – 공사 착수
⑤ 용도 변경 신청 – 신고필증 교부 – 공사 착수 – 사용 승인 – 건축물대장 변경

38 상권에 대한 일반적인 설명으로 가장 옳지 않은 것은?

① 상권의 범위는 점포의 업종이나 업태와 관련이 있다.
② 소매상권의 크기는 판매하는 상품의 종류에 따라 달라진다.
③ 상권은 행정구역과 일치하지 않는 경우가 많다.
④ 상권의 범위는 고정적이지 않고 변화하므로 유동적이다.
⑤ 점포가 소재하는 위치적, 물리적인 조건을 의미한다.

39 아래 글상자에 기술된 절차에 따르는 상권분석기법을 널리 알린 사람으로 가장 옳은 것은?

> ㉠ 자기가 개점하려는 점포와 유사한 기존 점포를 선정한다.
> ㉡ 기존의 유사점포의 상권범위를 결정한다.
> ㉢ 전체 상권을 몇 개의 단위 지역으로 나누고, 각 지역에서의 유사점포의 매출액을 인구수로 나누어 각 지역 내의 1인당 매출을 구한다.
> ㉣ 자기가 입지하려는 지역의 인구수에다 앞에서 구한 1인당 매출을 곱하여 각 지역에서의 예상 매출액을 구한다.

① 레일리(W. Reilly)
② 컨버스(P. Converse)
③ 허프(D. Huff)
④ 넬슨(R. L. Nelson)
⑤ 애플바움(W. Applebaum)

40 입지의 시계성(視界性)은 점포의 매출과 밀접한 관련이 있다. 시계성에 관한 설명으로 가장 옳지 않은 것은?

① 입지의 시계성은 기점, 대상, 거리, 주체의 4가지 관점에서 평가한다.
② 시계성이 양호한 정도는 어디에서 보이는가에 따라 달라진다.
③ 점포의 위치와 함께 간판의 위치와 형태도 시계성확보에 중요하다.

④ 차량으로부터의 시계성은 외측(아웃커브)보다 내측(인커브)의 경우가 더 좋다.

⑤ 차량의 속도가 빨라질수록 내측(인커브) 점포의 시계성은 더 나빠진다.

41 사람들은 점포가 눈 앞에 보여도 간선도로를 횡단해야 하는 경우 그 점포에 접근하지 않으려는 경향을 보인다. 이런 현상에 대한 설명으로 가장 옳은 것은?

① 최단거리로 목적지까지 가고자 하는 최단거리 추구의 원칙

② 득실을 따져 득이 되는 쪽을 선택하려는 보증실현의 원칙

③ 위험하거나 잘 모르는 길을 지나지 않으려는 안전추구의 원칙

④ 사람이 운집한 곳을 선호하는 인간집합의 원칙

⑤ 동선을 미리 예상하고 진행하지만 상황에 맞추어 적응하는 목적추구의 원칙

42 입지선정을 위해서는 도시공간구조 상에서의 동선(動線)에 대한 이해가 필요하다. 동선에 대한 아래 글상자의 설명 중에서 옳지 않은 설명들만을 바르게 짝지은 것은?

㉠ 화물차 통행이 많은 도로는 자석(anchor)과 자석을 연결하는 동선상에 있다고 할 수 있다.

㉡ 동선이란 사람들이 집중하는 자석(anchor) 과 자석을 연결하는 흐름을 말한다.

㉢ 주동선이라 자석(anchor)과 자석을 잇는 가장 기본이 되는 선을 말한다.

㉣ 경제적 사정으로 많은 자금이 필요한 주동선에 입지하기 어려운 점포는 부동선(副動線)을 중시한다.

㉤ 복수의 자석(anchor)이 있는 경우의 동선을 부동선(副動線)이라 한다.

① ㉠ – ㉡
② ㉠ – ㉤
③ ㉡ – ㉣
④ ㉢ – ㉣
⑤ ㉢ – ㉤

43 아래 글상자의 업종들에 적합한 점포의 입지조건을 공간균배의 원리에 의해 구분할 때 일반적으로 가장 적합한 것은?

백화점, 고급음식점, 고급보석상, 미술품점, 영화관

① 집심(集心)성 점포

② 집재(集在)성 점포

③ 산재(散在)성 점포

④ 국부(局部)성 집중성 점포

⑤ 국부(局部)성 집재성 점포

44 소매점의 입지와 상권에 대한 설명으로 가장 옳은 것은?

① 입지 평가에는 점포의 층수, 주차장, 교통망, 주변 거주인구 등을 이용하고, 상권 평가에는 점포의 면적, 주변유동인구, 경쟁점포의 수 등의 항목을 활용한다.

② 상권을 강화한다는 것은 점포가 더 유리한 조건을 갖출 수 있도록 점포의 속성들을 개선하는 것을 의미한다.

③ 상권은 점포를 경영하기 위해 선택한 장소 또는 그 장소의 부지와 점포 주변의 위치적 조건을 의미한다.

④ 입지는 점포를 이용하는 소비자들이 분포하는 공간적 범위 또는 점포의 매출이 발생하는 지역 범위를 의미한다.

⑤ 상권은 일정한 공간적 범위(boundary)로 표현되고 입지는 일정한 위치를 나타내는 주소나 좌표를 가지는 점(point)으로 표시된다.

45 아래 글상자에서처럼 월매출액을 추정하려 할 때 괄호 안에 들어갈 용어로 가장 옳은 것은?

> 월매출액 = (㉠) × 1일 평균 내점객수
> × 월간 영업일수

① 상권내 점포점유율 ② 회전율
③ 내점율 ④ 실구매율
⑤ 객단가

46~70 **3과목 | 유통마케팅**

46 고객별 수익과 비용을 고려한 고객관계관리에서 개별고객의 수익성을 평가하는 기준 중 하나인 고객평생가치(CLV: customer lifetime value)를 추정하는데 필요한 정보로서 가장 옳지 않은 것은?

① 충성도 ② 고객확보비용
③ 평균총마진 ④ 평균구매금액
⑤ 관계 유지 기간

47 서비스 실패의 회복 과정에서 고객이 지각하는 다양한 유형의 공정성은 고객 만족에 영향을 미친다. 종업원 행동의 영향을 받는 공정성 유형으로서 가장 옳은 것은?

① 법적 공정성 ② 절차적 공정성
③ 산출적 공정성 ④ 결과적 공정성
⑤ 상호작용적 공정성

48 CRM의 적용을 통해 수행성과를 개선할 수 있는 분야로서 가장 옳지 않은 것은?

① 고객이탈에 대한 조기경보시스템 운영
② 다양한 접점의 고객정보의 수집 및 분석
③ 유통기업 재무 활동의 자동화 및 효율화
④ 영업 인력의 영업활동 및 관리의 자동화
⑤ 서비스 차별화를 위한 표적고객의 계층화

49 소비자 판매 촉진(consumer sales promotion)에 대한 설명으로 옳지 않은 것은?

① 소비자의 직접구매를 유도하는데 효과적이다.
② 판매촉진은 가격판촉과 비가격판촉으로 나눌 수 있다.
③ 판매촉진은 광고에 비해 단기적인 성과를 얻을 때 유용하다.
④ 판매촉진의 예로는 할인, 쿠폰, 선물, 시제품 배포 등이 있다.
⑤ 소비자뿐만 아니라 기업과 관련된 이해관계자들을 대상으로 한다.

50 매장외관(exterior) 관리에 대한 설명으로 가장 옳지 않은 것은?

① 매장의 외관은 기업의 이미지에 매우 중요한 영향을 미치므로 사전에 면밀히 계획되어야 한다.
② 매장의 외관은 매장의 이미지를 상징적으로 표현할 수 있도록 디자인되어야 한다.
③ 매장 입구는 입구의 수, 형태, 그리고 통로를 고려해서 설계해야 한다.
④ 매장의 외관은 플래노그램(planogram)을 통해 효과성을 평가해야 한다.
⑤ 매장의 외관을 꾸미는 데 있어서 중요한 목적은 고객의 관심을 유발하는 것이다.

51 아래 글상자에서 설명하는 용어로 옳은 것은?

> 판매사원이 제품을 판매할 때 고객과 장기 지향적인 관계를 유지하기 위해 고객의 필요와 욕구에 초점을 두고 고객이 만족스러운 구매결정을 할 수 있도록 마케팅 컨셉을 수행하는 판매행동을 말한다.

① 고객지향적 판매행동
② 제품지향적 판매행동
③ 판매지향적 판매행동
④ 관리지향적 판매행동
⑤ 시스템지향적 판매행동

52 EAN(유럽상품)코드에 대한 설명으로 가장 옳지 않은 것은?

① 소매점 POS시스템과 연동되어 판매시점 관리가 가능하다.
② 첫째 자리는 국가코드로 대한민국의 경우 880이다.
③ 두번째 자리는 제조업체 코드로 생산자가 고유번호를 부여한다.
④ 체크숫자는 마지막 한자리로 판독오류 방지를 위해 만들어진 코드이다.
⑤ 국가, 제조업체, 품목, 체크숫자로 구성되어 있다.

53 아래 글상자는 유통경로상 갈등을 초래하는 원인을 설명한 것이다. 이러한 갈등의 원인으로 가장 옳은 것은?

> 프랜차이즈 가맹본부가 가맹점 매출의 일정비율을 로열티로 받고 있는 경우에 가맹본부의 목표는 가맹점 매출의 극대화가 되지만, 가맹점의 목표는 매출이 아닌 수익이기 때문에 갈등이 발생할 가능성이 커진다.

① 추구하는 목표의 불일치
② 역할에 대한 인식 불일치
③ 현실에 대한 인식 불일치
④ 품질요구의 불일치
⑤ 경로파워 불일치

54 아래 글상자는 표적시장 범위에 따른 표적시장 선정 전략에 대한 내용이다. 설명이 옳은 것만을 모두 나열한 것은?

> ㉠ 비차별적 마케팅 전략은 세분시장 간 차이를 무시하고 전체 시장 혹은 가장 규모가 큰 대중시장을 표적으로 하나의 제공물을 제공하는 것이다.
> ㉡ 집중적 마케팅 전략은 여러 세분시장을 표적시장으로 선정하고, 각 세분시장별로 서로 다른 시장제공물을 개발하는 전략이다.
> ㉢ 차별적 마케팅 전략은 큰 시장에서 작은 점유율을 추구하는 대신 하나 혹은 소수의 작은 세분시장 또는 틈새시장에서 높은 점유율을 추구하는 전략이다.

① ㉠
② ㉠, ㉡
③ ㉡, ㉢
④ ㉠, ㉢
⑤ ㉠, ㉡, ㉢

55 점포의 환경관리에 대한 설명으로 가장 옳지 않은 것은?

① 매장 내 농축산품 작업장 바닥높이는 매장보다 높게 하여 물이 바닥에 고이지 않게 한다.
② 화장실은 물을 사용하는 공간으로 확실한 방수공사가 필요하며 주기적으로 관리한다.
③ 주차장은 도보나 자전거로 내점하는 보행자와 가능한 한 겹치지 않도록 동선을 설계한다.
④ 매장진열의 효율성을 위해 매장 집기 번호대로 창고 보관 상품을 보관한다.
⑤ 간판, 포스터, 게시판, POP 등의 진열이 고객의 동선을 방해하지 않도록 관리한다.

56 아래 글상자의 괄호 안에 들어갈 용어로 가장 옳은 것은?

> 문제를 강하게 인식하여 구매동기가 형성된 소비자는 문제를 해결해 줄 수 있는 대안들에 대한 정보를 찾게 된다. 필요한 정보가 소비자의 기억속에 이미 저장되어 있는 경우에는 (㉠)만으로 충분하지만, 그렇지 않은 경우에는 (㉡)을 하게 된다.

① ㉠ 외적 탐색, ㉡ 내적 탐색
② ㉠ 단기 기억, ㉡ 장기 기억
③ ㉠ 내적 탐색, ㉡ 외적 탐색
④ ㉠ 장기 기억, ㉡ 내적 탐색
⑤ ㉠ 단기 기억, ㉡ 외적 탐색

57 제조업자가 중간상들과의 거래에서 흔히 사용하는 가격할인의 형태에 대한 설명으로 가장 옳은 것은?

① 현금할인 – 중간상이 일시에 대량구매를 하는 경우 구매량에 따라 주어지는 현금할인
② 거래할인 – 중간상이 제조업자를 위한 지역광고 및 판촉을 실시할 경우 이를 지원하기 위한 보조금 지급
③ 판매촉진지원금 – 제조업자의 업무를 대신 수행한 것에 대한 보상으로 경비의 일부를 제조업자가 부담
④ 수량할인 – 제품을 현금으로 구매하거나 대금을 만기일 전에 지불하는 경우 판매대금의 일부를 할인
⑤ 계절할인 – 제품판매에 계절성이 있는 경우 비수기에 제품을 구매하는 중간상에게 제공되는 할인

58 상품연출이라고도 불리는 상품진열이 가지는 고객 서비스 관점의 의미로 가장 옳지 않은 것은?

① 진열은 빠른 시간에 상품을 찾을 수 있게 해주는 시간절약 서비스이다.
② 진열은 상품선택 시 다른 상품과의 비교를 쉽게 해주는 비교서비스이다.
③ 진열은 상품종류를 쉽게 식별하게 해주는 식별서비스이다.
④ 진열은 상품이 파손 없이 안전하게 보관되도록 하는 보관서비스이다.
⑤ 진열은 무언의 커뮤니케이션으로 상품정보를 제공해주는 정보서비스이다.

59 면도기의 가격은 낮게 책정하고 면도날의 가격은 비싸게 책정한다든지, 프린터의 가격은 낮은 마진을 적용하고 프린터 카트리지나 다른 소모품의 가격은 매우 높은 마진을 적용하는 등의 가격결정 방식으로 가장 옳은 것은?

① 사양제품 가격책정(optional product pricing)
② 제품라인 가격책정(product line pricing)

③ 종속제품 가격책정(captive product pricing)

④ 부산물 가격책정(by-product pricing)

⑤ 이중부분 가격결정(two-part pricing)

ㄹ 고객세그먼트에 따라 차별적 마케팅을 하거나 고객평가를 통해 등급을 부여하여 관리할 수 있다.

ㅁ 사용하기에는 편리하지만 개별고객별 수익기여도를 직접적으로 측정하지 못한다는 한계점을 갖는다.

① ㉠, ㉡, ㉢   ② ㉠, ㉢, ㉣

③ ㉠, ㉡, ㉢, ㉣   ④ ㉠, ㉡, ㉣, ㉤

⑤ ㉠, ㉡, ㉢, ㉣, ㉤

60 레이아웃의 영역에 해당하지 않는 것은?

① 상품 및 집기의 배치와 공간의 결정

② 집기 내 상품 배치와 진열 양의 결정

③ 출입구와 연계된 주통로의 배치와 공간 결정

④ 상품품목을 구분한 보조통로의 배치와 공간 결정

⑤ 상품 계산대의 배치와 공간결정

61 아래 글상자에서 RFM기법에 대한 설명으로 옳은 것을 모두 나열한 것은?

㉠ 재무적인 가치측정 뿐만 아니라 관계 활동에 대한 질적 측면도 함께 고려한 고객가치 평가모형이다.

㉡ 최근 구매시점, 구매빈도, 구매금액의 3가지 지표를 바탕으로 계량적으로 측정한다.

㉢ R.F.M.의 개별 요소에 대한 중요도가 산업에 따라 다를 수 있으므로 중요도에 따라 다른 가중치를 적용하여 측정한다.

62 마케팅통제(marketing control)에 대한 설명으로 가장 옳지 않은 것은?

① 마케팅목표를 달성하기 위해 마케팅전략과 계획을 마케 활동으로 전환시키는 과정이다.

② 마케팅전략 및 계획의 실행결과를 평가하고, 마케팅목표가 성취될 수 있도록 시정조치하는 것이다.

③ 마케팅계획의 실행과정에서 예상치 않은 일들이 발생하기 때문에 지속적인 마케팅통제가 필요하다.

④ 운영통제(operating control)는 연간 마케팅계획에 대비한 실제성과를 지속적으로 확인하고 필요할 때마다 시정조치하는 것이다.

⑤ 전략통제(strategic control)는 기업의 기본전략들이 시장기회에 잘 부응하는지를 검토하는 것이다.

63 쇼루밍(showrooming) 소비자의 특징에 대한 설명으로 가장 옳은 것은?

① 주된 구매동기는 제품을 즉시 수령하고, 반품을 더 쉽게 하기 위함이다.
② 온라인에서만 구매하는 온라인 집중형 소비자이다.
③ 오프라인 점포에서 제품을 살펴본 후 온라인에서 저렴한 가격으로 구입하려 한다.
④ 오프라인 상점에서만 직접 경험하고 구매하려는 오프라인 집중형 소비자이다.
⑤ 온라인에서 쇼핑을 즐기지만 정작 구매는 오프라인에서 한다.

64 설문조사를 위한 표본 추출 방법 중 확률적 표본추출에 해당하는 것은?

① 편의 표본 추출
② 단순 무작위 표본 추출
③ 판단 표본 추출
④ 할당 표본 추출
⑤ 자발적 표본 추출

65 유통마케팅 목표달성을 위해 자금을 효율적으로 지출하는지를 확인할 수 있는 유통마케팅 성과평가 분석으로 가장 옳은 것은?

① 시장점유율 분석   ② 자금유지율 분석
③ 고객만족도 분석   ④ ROI 분석
⑤ 경로기여도 분석

66 소매 마케팅전략 수립을 위해 필요한 소매믹스(retailing mix)로 옳지 않은 것은?

① 소매가격 책정
② 점포입지 선정
③ 유통정보 관리
④ 소매 커뮤니케이션
⑤ 취급상품 결정

67 아래 글상자의 사례를 통해 계산한 A상품의 연간 상품 회전율(rate of stock turnover)로 옳은 것은?

- 가격: 1천원
- 평균 재고량: 약 200개
- 연간매출액: 1백만원

① 5회   ② 10회
③ 13회   ④ 15회
⑤ 20회

68 유통목표설정에 대한 설명으로 가장 옳지 않은 것은?

① 유통경로 상에서 소비자들이 기대하는 서비스 수준에 근거하여 유통목표를 설정한다.

② 유통목표는 포괄적인 유통관리를 위해 개념적으로 서술되어야 한다.

③ 기업 전체의 장기목표를 반영하여 유통목표를 설정해야 한다.

④ 유통목표는 언제까지 달성하겠다는 시한을 구체적으로 명시해야 한다.

⑤ 유통목표는 목표달성도를 확인하기 위해 측정 가능해야 한다.

69 선발주자의 이점 또는 선점우위효과(first mover advantage)로 가장 옳지 않은 것은?

① 경험곡선효과

② 규모의 경제효과

③ 기술적 불확실성 제거효과

④ 시장선점에 따른 진입장벽 구축효과

⑤ 전환비용에 의한 진입장벽 구축효과

70 아래 글상자에서 설명하는 벤더를 일컫는 말로 가장 옳은 것은?

> 소매업자들이 특정 카테고리 내에서 특별히 선호하는 벤더를 일컫는다. 카테고리 내의 다른 브랜드나 벤더를 대신하여 소매업체를 위한 카테고리 전문가의 역할을 하며 소매업체와 일종의 파트너 관계를 확보, 유지하는 브랜드 또는 벤더이다.

① 1차 벤더(primary vendor)

② 리딩 벤더(leading vendor)

③ 스마트 벤더(smart vendor)

④ 카테고리 캡틴(category captain)

⑤ 카테고리 플래너(category planner)

71~90 **4과목 | 유통정보**

71 효과적인 공급사슬관리를 위해 활용할 수 있는 정보기술로 가장 옳지 않은 것은?

① EDI

② POS

③ PBES(Private Branch Exchange Systems)

④ CDS(Cross Docking Systems)

⑤ RFID(Radio-Frequency IDentification)

72 산업혁명 발전과정을 설명한 것으로 가장 옳은 것은?

① 1차 산업혁명 시기에는 전자기기의 활용을 통한 업무생산성 개선이 이루어졌다.

② 2차 산업혁명 시기에는 전력을 활용해 대량생산 체계를 구축하기 시작하였다.

③ 3차 산업혁명 시기에는 사물인터넷과 인공지능 기술이 업무처리에 활용되기 시작하였다.

④ 4차 산업혁명 시기에는 업무처리에 인터넷 활용이 이루어지기 시작하였다.

⑤ 2차 산업혁명 초기에는 정보통신기술을 통한 데이터수집과 이를 분석한 업무처리가 이루어지기 시작하였다.

73 공급사슬관리의 변화 방향에 대한 설명으로 가장 옳지 않은 것은?

① 재고 중시에서 정보 중시 방향으로 변화하고 있다.

② 공급자 중심에서 고객 중심으로 변화하고 있다.

③ 거래 중시에서 관계 중시 방향으로 변화하고 있다.

④ 기능 중시에서 프로세스 중시 방향으로 변화하고 있다.

⑤ 풀(pull) 관행에서 푸시(push) 관행으로 변화하고 있다.

74 아래 글상자에서 제시하는 지식관리 시스템 구현 절차를 순서대로 바르게 나열한 것으로 가장 옳은 것은?

> ㉠ 지식관리시스템 구현에 대한 목표를 설정한다. 예를 들면, 지식관리 시스템을 통해 해결해야 하는 문제를 명확하게 정의한다.
>
> ㉡ 지식기반을 창출한다. 예를 들면, 고객의 니즈를 만족시킬 수 있도록 베스트 프랙티스(best practice) 등을 끊임없이 개발해서 지식관리 시스템에 저장한다.
>
> ㉢ 프로세스 관리팀을 구성한다. 예를 들면, 최상의 지식관리시스템에서 지식 활용이 이루어질 수 있도록 프로세스를 구축한다.
>
> ㉣ 지식 활용 증대를 위한 업무처리 프로세스를 구축한다. 예를 들면, 지식관리시스템에서 고객과 상호작용을 활성화 하기 위해 전자메일, 라이브채팅 등 다양한 커뮤니케이션 도구 활용이 가능하도록 구현한다.

① ㉠ - ㉡ - ㉢ - ㉣

② ㉣ - ㉢ - ㉡ - ㉠

③ ㉢ - ㉣ - ㉡ - ㉠

④ ㉠ - ㉡ - ㉣ - ㉢

⑤ ㉠ - ㉢ - ㉡ - ㉣

75 RFID 태그에 대한 설명으로 가장 옳지 않은 것은?

① RFID 태그는 QR 코드에 비해 근거리 접촉으로 정보를 확보할 수 있다.

② RFID 태그는 동시 복수 인증이 가능하다.

③ 배터리를 내재한 RFID 태그는 그렇지 않은 태그에 비해 성능이 우월하다.

④ RFID 태그 가격이 지속적으로 하락하고 있어 기업의 유통 및 물류 부분에서의 활용 가능성이 높아지고 있다.

⑤ RFID 태그는 바코드와 비교할 때, 오염에 대한 내구성이 강하다.

76 사물인터넷 통신기술을 활용해 마케팅을 하고자 할 때, 아래 글상자의 설명에 해당하는 기술로 가장 옳은 것은?

> – 선박, 기차 등에서 위치를 확인하는데 신호를 보내는 기술이다.
> – RFID, NFC 방식으로 작동하며 원거리 통신을 지원한다.
> – 모바일 결제 서비스와 연동하여 간편 결제 및 포인트 적립에 활용된다.

① 비콘(Beacon)

② 와이파이(Wi-Fi)

③ 지웨이브(Z-Wave)

④ 지그비(ZigBee)

⑤ 울트라와이드밴드(Ultra Wide Band)

77 데이터 마이그레이션(migration) 절차에 대한 설명으로 가장 옳지 않은 것은?

① 데이터 운반은 외부로부터 유입된 데이터를 기업 표준으로 변환하는 작업이다.

② 데이터 정제는 데이터를 ERP시스템에서 사용할 수 있도록 수정하는 작업이다.

③ 데이터 수집은 새로운 데이터를 디지털 포맷으로 변환하기 위해 모으는 작업이다.

④ 데이터 추출은 기존의 레거시 시스템과 데이터베이스에서 데이터를 꺼내는 작업이다.

⑤ 데이터 정제는 린 코드번호, 의미없는 데이터, 데이터 중복 및 데이터 오기(misspellings) 등 부정확한 데이터를 올바르게 고치는 작업이다.

78 공급자재고관리(VMI)의 목적으로 가장 옳지 않은 것은?

① 비즈니스 가치 증가

② 고객서비스 향상

③ 재고 정확성의 제고

④ 재고회전율 저하

⑤ 공급자와 구매자의 공급사슬 운영의 원활화

79 아래 글상자의 ㉠에 들어갈 기술로 가장 옳은 것은?

> - 유통업체에서는 판매 시점 상품관리를 위한 데이터의 입력 및 작업 보고서에 대한 자동 입력을 위해서 (㉠) 기술을 활용하고 있다.
> - 유통업체에서 일단위 및 월단위 업무 마감 처리를 자동화 하기 위해서 (㉠) 기술을 활용하고 있다.
> - (㉠) 기술은 유통업체의 단순하고 반복적인 업무를 체계화해서 소프트웨어로 구현하여 일정한 규칙에 의해 자동화된 프로세스를 따라 업무를 수행하도록 되어 있다.

① IPA(Intelligent Process Automation)
② ETL(Extraction Transformation Loading)
③ RPA(Robotic Process Automation)
④ ETT(Extraction Transformation Tracking)
⑤ VRC(Virtual Reality Construction)

80 거래 단품을 중복없이 식별하는 역할을 하는 GTIN(국제거래단품식별코드) 및 GTIN 관련 데이터는 대개 고정데이터이지만, 때로는 기본 식별 데이터 외에 더 세부적이고 상세한 상품 정보를 제공해야 할 때도 있다. 이 경우 사용되는 가변 데이터로 가장 옳지 않은 것은?

① 유통기한　② 일련번호
③ 로트(lot) 번호　④ 배치(batch) 번호
⑤ 성분 및 영양정보

81 아래 글상자의 ㉠에 들어갈 용어로 가장 옳은 것은?

> - 데이터 기반으로 상품의 입고부터 고객주문 및 배송까지 제공하는 일괄처리 서비스인 (㉠)(이)가 유통산업의 최대 화두로 등장하였다.
> - (㉠)(이)란 물류를 필요로 하는 판매자를 대상으로 상품 보관 및 재고관리, 고객이 상품 주문시 선별, 포장, 배송, 반품 및 고객대응까지 일괄적으로 처리하는 서비스를 지칭한다.
> - 최근 국내 물류·유통 시장은 (㉠)의 각축전이 되고 있다. 국내시장에서도 쿠팡, CJ대한통운, 네이버, 신세계 등 탑플레이어들이 (㉠) 서비스 확대에 총력을 기울이고 있다. SSG 닷컴의 경우 주문부터 상품분류, 포장, 출고 등 유통 숲주기를 빅데이터 등 신기술 기반으로 통합 관리하는 (㉠) 시스템으로 온라인 주문에 신속한 대응을 하고 있다고 한다.

① 풀필먼트　② 로지틱스
③ 데이터마이닝　④ 풀서포트
⑤ 풀브라우징

82 기업의 강점, 약점과 같은 내부 역량과 기회, 위협과 같은 외부 가능성 사이의 적합성을 평가하기 위해 사용되는 도구로 분석범위를 내부 뿐만 아니라 외부까지 확장시켜 보다 넓은 상황 분석을 할 경우 활용되는 전략적 분석 도구로 가장 옳은 것은?

① PEST ② ETRIP
③ STEEP ④ 4FACTOR
⑤ SWOT

83 A유통은 입고부터 판매까지 제품의 정보를 관리하고자 정보시스템을 구축하려고 결정하였다. A유통은 전문업체인 B사를 선정하여 사업기간 6개월로 계약을 체결하였다. B사는 A유통의 정보시스템 구축을 위해 일련의 활동계획을 수립하였다. 사업 착수 후 분석단계에 포함되는 활동으로 가장 옳은 것은?

① 데이터베이스 설계
② 단위테스트 수행
③ 사용자매뉴얼 작성
④ 요구사항 정의
⑤ 인수테스트 수행

84 지역별 점포를 운영하고 있는 유통기업이 사용하는 판매시점관리를 지원하는 POS시스템에서 획득한 데이터의 관리 및 활용에 대한 설명으로 가장 옳지 않은 것은?

① 고객이 제품을 구매한 정보를 관리한다.
② 상품 판매동향을 분석하여 인기제품, 비인기제품을 파악할 수 있다.
③ 타 점포와의 상품 판매동향 비교·분석에 활용할 수 있다.
④ 개인의 구매실적, 구매성향 등에 관한 정보를 관리한다.
⑤ 기회손실(자점취급, 비취급)에 대한 분석은 어렵다.

85 아래 글상자의 내용이 설명하고 있는 ㉠에 들어갈 용어로 가장 옳은 것은?

> – 기업 간의 거래에 관한 데이터(각종 서류양식)를 표준화하여 컴퓨터통신망을 통해 거래 당사자의 컴퓨터 사이에서 직접 전송신호로 주고받도록 지원하는 기술로 최근 클라우드 컴퓨팅 (㉠) 서비스가 등장하였다.
> – 클라우드 기반의 (㉠) 서비스 업체인 A사는 코로나19로 인해 온라인 쇼핑몰을 통한 주문량이 폭주하면서 그동안 수작업으로 진행하던 주문 수발주 업무의 실수가 많이 발생하고, 업무 담당자들은 재택 근무를 하면서 업무가 지연되거나 공백이 발생하는 경우가 많아 이런 문제를 보완하기 위해서 본 사의 서비스 도입 무의가 늘어나고 있다고 밝혔다.

① Beacon   ② XML

③ O2O   ④ EDI

⑤ SaaS

86 A사는 전자상거래 서비스를 위해 기존의 시스템을 고도화하였다. 웹서비스 뿐만아니라 모바일 서비스도 구축하였다. 모바일 채널은 웹으로 개발하였다. 모바일 웹에 대한 설명으로 가장 옳지 않은 것은?

① 모바일 기기에 관계없이 모바일 웹사이트에 접속이 가능하다.

② 모바일웹은 컨텐츠나 디자인을 변경할 때 웹 표준에 맞춰 개발하기 때문에 OS별로 수정할 필요가 없다.

③ 단말기의 카메라, GPS 또는 각종 프로세싱 능력을 활용한 서비스 이용시 앱보다 훨씬 효과적이다.

④ 모바일웹은 데스크톱용 웹 브라우저와 기능적으로 동일한 수준의 브라우저 설치와 실행이 가능하다.

⑤ URL을 통해 접속한다.

87 인터넷 기반의 전자상거래를 위협하는 요소와 그 설명이 가장 옳지 않은 것은?

① 바이러스 – 자체 복제되며, 특정 이벤트로 트리거 되어 컴퓨터를 감염시키도록 설계된 컴퓨터 프로그램

② 트로이 목마 – 해킹 기능을 가지고 있어 인터넷을 통해 감염된 컴퓨터의 정보를 외부로 유출하는 것이 특징

③ 에드웨어 – 사용자의 동의 없이 시스템에 설치되어서 무단으로 사용자의 파일을 모두 암호화하여 인질로 잡고 금전을 요구하는 악성 프로그램

④ 웜 – 자체적으로 실행되면서 다른 컴퓨터에 전파가 가능한 프로그램

⑤ 스파이웨어 – 이용자의 동의 없이 또는 이용자를 속여 설치되어 이용자 몰래 정보를 빼내거나 시스템 및 정상프로그램의 설정을 변경 또는 운영을 방해하는 등의 악성행위를 하는 프로그램

88 QR코드를 활용하는 간편결제 방식에 대한 설명으로 가장 옳지 않은 것은?

① QR코드는 다양한 방향에서 스캔·인식이 가능하고 일부 훼손되더라도 오류를 정정하여 정상적으로 인식할 수 있는 장점이 있다.

② 소비자가 모바일 앱으로 가맹점에 부착된 QR코드를 스캔하여 결제처리하는 방식을 고정형이라 한다.

③ 결제 앱을 통해 소비자가 QR코드를 생성하고, 가맹점에서 QR리더기(결제 앱 또는 POS단말기)로 읽어서 결제처리하는 것을 변동형이라 한다.

④ 고정형 QR은 가맹점 탈퇴·폐업 즉시 QR코드를 파기한 후 가맹점 관리자에게 신고해야 한다.

⑤ 변동형 QR은 개인이 별도의 위·변조 방지 특수필름 부착이나 잠금장치 설치 등의 조치를 취해야 한다.

89 데이터 내에 포함된 개인 정보를 식별하기 어렵게 하는 조치를 비식별화라 한다. 이에 대한 설명으로 가장 옳지 않은 것은?

① 정형데이터는 개인정보 비식별 조치 가 이드라인의 대상데이터이다.

② 비식별화를 위해 개인이 식별가능한 데 이터를 삭제처리하는 방법이 있다.

③ 성별, 생년월일, 국적, 고향, 거주지 등 개인특성에 대한 정보는 비식별화 대상 이다.

④ 혈액형, 신장, 몸무게, 허리둘레, 진료내 역 등 신체 특성에 대한 정보는 비식별화 대상이다.

⑤ JSON, XML 포맷의 반정형데이터는 개 인정보 비식별화 대상이 아니다.

90 데이터, 지식, 정보에 대한 설명으로 가장 옳지 않은 것은?

① 일반적으로 데이터에서 정보를 추출하 고, 정보에서 지식을 추출한다.

② 1차 데이터는 이미 생성된 데이터를 의 미하고, 2차 데이터는 특정한 목적을 달 성하기 위해 직접적으로 고객으로부터 수집한 데이터를 의미한다.

③ 일반적으로 정보는 이전에 수집한 데이 터를 재가공한 특성을 갖고 있다.

④ 암묵적 지식은 명확하게 체계화하기 어 려운 지식을 의미한다.

⑤ 지식창출 프로세스에는 공동화, 표출화, 연결화, 내면화가 포함된다.

2022년 제2회 기출문제

◎ 정답 및 해설 **453p**

01~25 | 1과목 | 유통물류일반

01 채찍효과(bullwhip effect)를 줄일 수 있는 대안으로 가장 옳지 않은 것은?

① 지나치게 잦은 할인행사를 지양한다.
② S&OP(Sales and Operations Planning)를 활용한다.
③ 공급체인에 소속된 각 주체들이 수요 정보를 공유한다.
④ 항시저가정책을 활용해서 수요변동의 폭을 줄인다.
⑤ 공급체인의 각 단계에서 독립적인 수요 예측을 통해 정확성과 효율성을 높인다.

02 아래 글상자의 동기부여이론을 설명하는 내용으로 가장 옳은 것은?

> – 맥그리거(D. McGregor)가 제시함
> – 종업원은 조직에 의해 조종되고 동기부여되며 통제받는 수동적인 존재임

① 위생요인에 대해 설명하는 이론이다.
② 인간의 행동을 지나치게 일반화 및 단순화하고 있다는 문제가 있다.
③ 고차원의 욕구가 충족되면 저차원의 욕구를 충족시키기 위해 노력한다.

④ Y형 인간에 대해 기술하고 있다.
⑤ 감독, 급료, 작업조건의 개선은 동기부여 자체와는 관련이 없다.

03 기업이 물류부문의 아웃소싱을 통해 얻을 수 있는 편익에 대한 설명으로 가장 옳지 않은 것은?

① 비용 절감
② 물류서비스 수준 향상
③ 외주 물류기능에 대한 통제력 강화
④ 핵심부분에 대한 집중력 강화
⑤ 물류 전문 인력 활용

04 풀필먼트(fulfillment)에 대한 설명으로 가장 옳지 않은 것은?

① 판매자 입장에서 번거로운 물류에 신경 쓰지 않고 기획, 마케팅 등 본업에 집중할 수 있도록 도와준다.
② 생산지에서 출발해 물류보관창고에 도착하는 구간인 last mile의 성장과 함께 부각되고 있다.
③ e-commerce 시장의 성장으로 소비자들의 소비패턴이 오프라인에서 온라인으로 이동하며 급격히 발달하고 있다.

④ 다품종 소량 상품, 주문 빈도가 잦은 온라인 쇼핑몰에 적합하다.

⑤ 판매상품의 입고, 분류, 재고관리, 배송 등 고객에게까지 도착하는 전 과정을 일괄처리하는 시스템이다.

05 기능식 조직(functional organization)의 단점에 대한 설명으로 가장 옳지 않은 것은?

① 명령이 통일되지 않아 전체적으로 관리가 어려워지는 경우가 있다.

② 각 관리자가 담당하는 전문적 기능에 대한 합리적인 업무분장이 실제로는 쉽지 않다.

③ 책임의 소재가 불명확하고 조직의 모순은 사기를 떨어 뜨린다.

④ 일의 성과에 따른 정확한 보수를 가감할 수 없다.

⑤ 각 직원이 차지하는 직능이 지나치게 전문화되어 그 수가 많아지면 간접적 관리자가 증가되어 고정적 관리비가 증가한다.

06 아래 글상자에서 JIT와 JIT II의 차이점에 대한 설명으로 옳지 않은 것을 모두 고르면?

> ㉠ JIT는 부품과 원자재를 원활히 공급하는 데 초점을 두고, JIT II는 부품, 원부자재, 설비공구, 일반자재 등 모든 분야를 대상으로 한다.
>
> ㉡ JIT가 공급체인 상의 파트너의 연결과 그 프로세스를 변화시키는 시스템이라면, JIT II는 개별적인 생산현장을 연결한 것이다.
>
> ㉢ JIT는 자사 공장 내의 무가치한 활동을 감소·제거하는 데 주력하고, JIT II는 기업 간의 중복업무와 무가치한 활동을 감소·제거하는 것이다.
>
> ㉣ JIT가 JIT와 MRP를 동시에 수용할 수 있는 기업 간의 운영체제를 의미한다면, JIT II는 푸시(push)형식인 MRP와 대비되는 풀(pull)형식의 생산방식을 말한다.

① ㉠, ㉡   ② ㉠, ㉢

③ ㉡, ㉣   ④ ㉡, ㉢

⑤ ㉠, ㉣

07 기업이 자재나 부품, 서비스를 외부에서 구매하지 않고 자체 생산하는 이유로 가장 옳지 않은 것은?

① 자신들의 특허기술 보호

② 경쟁력 있는 외부 공급자의 부재

③ 적은 수량의 제품은 자체 생산을 통해 자본투자를 정당화할 수 있음

④ 자사의 기존 유휴 생산능력 활용

⑤ 리드타임, 수송 등에 대한 통제 가능성 확대

08 물류영역과 관련해 고려할 사항으로 가장 옳지 않은 것은?

① 조달물류: JIT 납품

② 조달물류: 수송루트 최적화

③ 판매물류: 수배송시스템화를 위한 수배송센터의 설치

④ 판매물류: 공정재고의 최소화

⑤ 반품물류: 주문예측 정밀도 향상으로 반품을 감소시키는 노력

09 기업의 사회적 책임의 중요성에 대한 내용으로 가장 옳지 않은 것은?

① 기업의 사회적 책임의 중요성은 자주성의 요구에 있다.

② 기업의 사회적 책임의 중요성은 자유주의 발전에 근거를 두고 있다.

③ 기업의 사회적 책임의 중요성은 기업 자체의 노력에 있다.

④ 사회적 책임의 중요성 내지 필요성은 권력−책임−균형의 법칙에 있다.

⑤ 기업의 사회적 책임은 기업이 당연히 지켜야 할 의무는 포함하지만 이익을 사회에 공유, 환원하는 것은 포함하지 않는다.

10 마이클 포터(Michael E. Porter)가 제시한 5가지 세력(force)모형을 이용하여 기업을 분석할 때, 이 5가지 세력에 해당되지 않는 것은?

① 신규 진입자의 위협

② 공급자의 교섭력

③ 구매자의 교섭력

④ 대체재의 위협

⑤ 보완재의 위협

11 유통산업발전법(시행 2021. 1. 1., 법률 제17761호, 2020. 12. 29., 타법개정)에서 규정하고 있는 체인사업 중 아래 글상자에서 설명하고 있는 형태로 가장 옳은 것은?

> 체인본부가 주로 소매점포를 직영하되, 가맹계약을 체결한 일부 소매점포에 대하여 상품의 공급 및 경영지도를 계속하는 형태의 체인사업

① 프랜차이즈형 체인사업

② 중소기업형 체인사업

③ 임의가맹점형 체인사업

④ 직영점형 체인사업

⑤ 조합형 체인사업

12 유통기업의 경로구조에 대한 설명으로 옳지 않은 것은?

① 도매상이 제조업체를 통합하는 것은 후방통합이다.

② 유통경로의 수직적 통합을 이루는 방법에는 합작투자, 컨소시엄, M&A 등이 있다.

③ 기업형 수직적 경로구조를 통해 유통경로 상 통제가 가능하고 제품 생산, 유통에 있어 규모의 경제를 실현할 수 있다.

④ 기업형 수직적 경로구조는 소유의 규모가 커질수록 환경변화에 신속하고 유연하게 대응할 수 있다.

⑤ 관리형 수직적 경로구조는 독립적인 경로구성원 간의 상호 이해와 협력에 의존하고 있지만 협력을 해야만 하는 분명한 계약상의 의무는 없다.

13 기업이 오프라인, 온라인, 모바일 등의 모든 채널을 연결해 고객이 마치 하나의 매장을 이용하는 것처럼 느끼도록 하는 쇼핑 시스템을 지칭하는 것으로 옳은 것은?

① Cross border trade

② Omni channel

③ Multi channel

④ Mass customization

⑤ IoT

14 임금을 산정하는 방법에 대한 설명으로 가장 옳은 것은?

① 근로자의 성과와 무관하게 근로시간을 기준으로 보상을 지급하는 형태는 성과급제이다.

② 근로자의 성과에 따라 보상을 지급하는 형태는 시간급제이다.

③ 근로자의 입장에서는 시간당 보상액이 일정하고, 사용자 측에서는 임금산정방식이 쉬운 것은 시간급제이다.

④ 작업능률을 자극할 수 있고 근로자에게 소득증대 효과가 있는 것은 시간급제이다.

⑤ 근로자의 노력과 생산량과의 관계가 없을 때 효과적인 것은 성과급제이다.

15 유통환경분석 시 고려하는 거시환경, 미시환경과 관련된 내용으로 옳지 않은 것은?

① 자본주의, 사회주의 같은 경제체제는 거시환경에 포함된다.

② 어떤 사회가 가지고 있는 문화, 가치관, 전통 등은 사회적 환경으로서 거시환경에 포함된다.

③ 기업과 거래하는 협력업자는 미시환경에 포함된다.

④ 기업이 따라야 할 규범, 규제, 법 등은 미시환경에 포함된다.

⑤ 기업과 비슷한 제품을 제조하는 경쟁회사는 미시환경에 포함된다.

16 기업이 사용하는 재무제표 중 손익계산서의 계정만으로 옳게 나열된 것은?

① 자산 – 부채 – 소유주 지분
② 자산 – 매출원가 – 소유주 지분
③ 수익 – 매출원가 – 비용
④ 수익 – 부채 – 비용
⑤ 자산 – 부채 – 비용

17 구매관리를 위해 기능의 집중화와 분권화를 비교할 때, 집중화의 장점으로 가장 옳지 않은 것은?

① 구매절차가 간단하고 신속하다.
② 주문 비용을 절감할 수 있다.
③ 자금의 흐름을 통제하기 쉽다.
④ 품목의 표준화가 용이하다.
⑤ 구매의 전문화가 용이하다.

18 유통의 경제적 의미에 대한 설명으로 가장 옳지 않은 것은?

① 유통을 통해 생산자는 부가가치를 더 높일 수 있고, 소비자에게는 폭넓은 선택의 기회가 주어질 수 있다.
② 유통을 통해 생산과 소비 사이에서 발생할 수 있는 괴리를 줄여서 생산과 소비를 원활하게 연결할 수 있다.
③ 후기산업사회 이후 소비자들의 욕구가 다양해지면서 유통의 경제적 역할이 축소되고 있다.
④ 유통산업은 신업태의 등장, 유통단계의 축소 등과 같은 유통구조 개선을 통해 국가경제에 이바지하고 있다.
⑤ 유통은 일자리 창출에 기여하는 동시에 서비스산업 발전에 중요한 역할을 한다.

19 균형성과표(BSC)에 대한 설명으로 가장 옳지 않은 것은?

① 고객 관점은 고객유지율, 반복구매율 등의 지표를 활용한다.
② 각 지표들은 전략과 긴밀하게 연계되어 상호작용을 한다.
③ 조직의 지속적 생존을 위해 핵심 성공요인이 중요하다.
④ 학습과 성장의 경우 미래지향적인 관점을 가진다.
⑤ 비용이 저렴하지만 재무적 지표만을 성과관리에 적용한다는 한계를 가진다.

20 종업원들이 자신과 비슷한 위치에 있는 타인과 비교하여 자기가 투입한 노력과 결과물 간의 균형을 유지하려고 하는 이론으로 가장 옳은 것은?

① 강화이론
② 공정성이론
③ 기대이론
④ 목표관리론
⑤ 목표설정이론

21 연간 재고유지비용과 주문비용의 합을 최소화하는 로트 크기인 경제적 주문량을 계산하는 과정에서 사용하는 가정으로 가장 옳지 않은 것은?

① 수량할인은 없다.

② 각 로트의 크기에 제약조건은 없다.

③ 해당 품목의 수요가 일정하고 정확히 알려져 있다.

④ 입고량은 주문량에 안전재고를 포함한 양이며 시기별로 분할입고된다.

⑤ 리드타임과 공급에 불확실성이 없다.

22 유통기업의 윤리경영에 대한 설명으로 가장 옳지 않은 것은?

① 건전하고 투명한 경영을 위해 노력한다.

② 협력사와 합리적인 상호발전을 추구한다.

③ 유연하고 수직적인 임원우선의 기업문화를 조성한다.

④ 고객의 만족을 위해 노력한다.

⑤ 사회적 책임을 완수하기 위해 노력한다.

23 소비자기본법(시행 2021. 12. 30., 법률 제17799호, 2020. 12. 29., 타법개정) 상 제8조에서 사업자가 소비자에게 제공하는 물품등으로 인한 소비자의 생명ㆍ신체 또는 재산에 대한 위해를 방지하기 위해 지켜야 할 기준을 정해야 할 주체로 옳은 것은?

① 지방자치단체　　② 사업자

③ 공정거래위원회　　④ 대통령

⑤ 국가

24 아래 글상자에서 설명하는 유통이 창출하는 소비자 효용으로 가장 옳은 것은?

> 탄산음료의 제조사들이 탄산음료의 원액을 제조하여 중간 상인 보틀러(bottler)에게 제공하면, 보틀러(bottler)는 탄산음료 원액에 설탕과 감미료를 첨가하여 탄산과 혼합해 병이나 캔에 넣어 소매상에게 판매하고 소비자는 탄산음료를 마시는 혜택을 누릴 수 있다.

① 시간효용　　② 장소효용

③ 소유효용　　④ 형태효용

⑤ 거래효용

25 유통경로의 설계전략에 영향을 주는 시장의 특성과 관련된 설명으로 가장 옳지 않은 것은?

① 시장밀도는 지리적 영역단위 당 구매자의 수를 말한다.

② 시장지리는 생산자와 소비자 사이의 물리적인 거리 차이를 말한다.

③ 제조업체가 직접 채널에 의해 커버할 시장의 크기가 큰 경우에는 많은 소비자와 직접 접촉을 해야 하기 때문에 비용이 증

가한다.

④ 시장밀도가 낮으면 한정된 유통시설을 이용해 많은 고객을 상대할 수 있다.

⑤ 시장크기는 시장을 구성하는 소비자의 수에 의해 결정된다.

① 입지할당모델법

② Huff모델법

③ 근접구역법

④ 유사점포법

⑤ 점포공간매출액비율법

26~45 2과목 | 상권분석

26 분석대상이 되는 점포와의 거리를 기준으로 상권유형을 구분할 때 상대적으로 소비수요 흡인비율이 가장 낮은 지역을 한계상권 (fringe trading area)이라고 한다. 일반적으로 한계상권은 다음 중 어느 것에 해당하는가?

① 최소수요충족거리

② 분기점상권

③ 1차상권

④ 2차상권

⑤ 3차상권

27 소비자들이 점포를 선택할 때 가장 가까운 점포를 선택한다는 가정을 하며, 상권경계를 결정할 때 티센다각형(thiessen polygon)을 활용하는 방법으로 가장 옳은 것은?

28 소비자의 점포방문동기를 개인적동기, 사회적동기, 제품구매동기로 분류할 수 있다. 이때 다른 항목들과 다른 유형의 동기로서 가장 옳은 것은?

① 사교적 경험

② 기분 전환

③ 자기만족

④ 역할 수행

⑤ 새로운 추세 학습

29 점포를 이용하는 고객 인터뷰를 통해 소비자의 지리적 분포를 확인할 수 있는 방법은?

① 컨버스(Converse)의 소매인력이론

② 아날로그(analog) 방법

③ 허프(Huff)의 소매인력법

④ 고객점표법(customer spotting technique)

⑤ 라일리(Reilly)의 소매인력모형법

30 입지 분석에 사용되는 각종 기준에 대한 내용으로 가장 옳지 않은 것은?

① 호환성: 해당점포를 다른 업종으로 쉽게 전환할 수 있는가?

② 접근성: 고객이 쉽게 점포에 접근할 수 있는가?

③ 인지성: 점포의 위치를 쉽게 설명할 수 있는가?

④ 확신성: 입지분석의 결과를 확실하게 믿을 수 있는가?

⑤ 가시성: 점포를 쉽게 발견할 수 있는가?

31 아래 글상자의 내용은 Huff모델을 적용하여 신규점포 입지를 분석하는 단계들이다. 일반적인 분석과정을 순서대로 나열할 때 가장 옳은 것은?

> ㉠ 점포크기 및 거리에 대한 민감도계수를 추정한다.
> ㉡ 소규모 고객집단 지역(zone)으로 나눈다.
> ㉢ 신규점포의 각 지역(zone)별 예상매출액을 추정한다.
> ㉣ 전체시장 즉, 조사할 잠재상권의 범위를 결정한다.
> ㉤ 각 지역(zone)에서 점포까지의 거리를 측정한다.

① ㉡, ㉤, ㉣, ㉠, ㉢
② ㉣, ㉢, ㉤, ㉠, ㉡
③ ㉠, ㉣, ㉡, ㉤, ㉢
④ ㉣, ㉡, ㉤, ㉠, ㉢
⑤ ㉠, ㉤, ㉡, ㉢, ㉣

32 점포를 개점할 경우 전략적으로 고려해야 할 사항들에 대한 설명으로 가장 옳지 않은 것은?

① 경쟁관계에 있는 다른 점포의 규모나 위치도 충분히 검토한다.

② 상품의 종류에 따라 소비자의 이동거리에 대한 저항감이 다르기 때문에 상권의 범위도 달라진다.

③ 개점으로 인해 인접 주민의 민원제기나 저항이 일어날 부분이 있는지 검토한다.

④ 점포의 규모를 키울수록 규모의 경제 효과는 커지기에 최대규모를 지향한다.

⑤ 점포는 단순히 하나의 물리적 시설이 아니고 소비자들의 생활과 직결되며, 라이프스타일에도 영향을 미친다.

33 A시의 인구는 20만명이고 B시의 인구는 5만명이다. 두 도시 사이의 거리는 15km이다. Converse의 상권분기점 분석법을 이용할 경우 두 도시간의 상권경계는 A시로부터 얼마나 떨어진 곳에 형성되겠는가?

① 3km
② 5km
③ 9km
④ 10km
⑤ 12km

34 상가임대차 관계에서 권리금을 산정할 때 근거가 되는 유무형의 재산적 가치로 가장 옳지 않은 것은?

① 거래처
② 상가건물의 위치
③ 영업상의 노하우
④ 영업시설 · 비품
⑤ 임대료 지불수단

35 소매점 입지유형 가운데 아파트 단지내 상가의 일반적 특성으로 가장 옳지 않은 것은?

① 공급면적 변화가 어려워 일정한 고정고객의 확보를 통한 꾸준한 매출이 가능하다.
② 수요 공급 측면에서 아파트 단지 가구수와 가구당 상가 면적을 고려해야 한다.
③ 주변지역 거주자의 상가 이용과 같은 활발한 외부 고객유입이 장점이다.
④ 편의품 소매점의 경우 대형평형보다는 중형평형의 단지가 일반적으로 더 유리하다.
⑤ 관련법규에서는 단지내 상가를 근린생활시설로 분류하여 관련내용을 규정하고 있다.

36 면적 300m²인 대지에 지하2층 지상5층으로 소매점포 건물을 신축하려 한다. 층별 바닥면적은 각각 250m²로 동일하며 주차장은 지하1,2층에 각각 200m²와 지상1층 부속용도에 한하는 주차장 면적 50m²로 구성되어 있다. 이 건물의 용적률을 계산하면 얼마인가?

① 300%
② 333%
③ 400%
④ 416%
⑤ 533%

37 지리정보시스템(GIS)과 관련한 내용으로 가장 옳지 않은 것은?

① 주제도작성, 공간조회, 버퍼링(buffering)을 통해 효과적인 상권분석이 가능하다.
② 점포의 고객을 대상으로 gCRM을 실현하기 위한 기본적 틀을 제공할 수 있다.
③ 지도레이어는 점, 선, 면을 포함하는 개별 지도형상으로 구성되며, 여러 겹의 지도레이어를 활용하여 상권의 중첩(overlay)을 표현할 수 있다.
④ 지도상에서 데이터를 표현하고 특정 공간기준을 만족시키는 지도를 얻는 데이터 및 공간조회 기능이 있다.
⑤ 위상은 어떤 지도형상, 즉 점이나 선 혹은 면으로부터 특정한 거리 이내에 포함되는 영역을 의미하며 면의 형태로 나타나 상권 혹은 영향권을 표현하는데 사용될 수 있다.

38 동선과 관련한 소비자의 심리를 나타내는 대표적 원리로 가장 옳지 않은 것은?

① 최단거리실현의 법칙: 최단거리로 목적지에 가려는 심리

② 보증실현의 법칙: 먼저 득을 얻는 쪽을 선택하려는 심리

③ 고차선호의 법칙: 넓고 깨끗한 곳으로 가려는 심리

④ 집합의 법칙: 군중심리에 의해 사람이 모여 있는 곳에 가려는 심리

⑤ 안전중시의 법칙: 위험하거나 모르는 길은 가려고 하지 않는 심리

39 대표적인 입지조건의 하나인 고객유도시설 (customer generator)은 도시형 점포, 교외형 점포, 인스토어형 점포 등 점포 유형별로 구분해서 평가한다. 일반적인 인스토어형 점포의 고객유도시설로서 가장 옳지 않은 것은?

① 주차장 출입구　② 푸드코트
③ 주 출입구　④ 에스컬레이터
⑤ 간선도로

40 입지적 특성에 따라 소매점포 유형을 집심성, 집재성, 산재성, 국부적집중성 점포로 구분하기도 한다. 업태와 이들 입지유형의 연결로서 가장 옳지 않은 것은?

① 백화점-집심성점포

② 화훼점-집심성점포

③ 편의점-산재성점포

④ 가구점-집재성점포

⑤ 공구도매점-국부적집중성점포

41 신규점포의 예상매출액을 추정할 때 활용하는 애플바움(W. Applebaum)의 유추법 (analog method)에 대한 설명으로 옳지 않은 것은?

① 일관성 있는 예측이 중요하므로 소비자 특성의 지역별 차이를 고려하기보다는 동일한 방법을 적용해야 한다.

② 현재 운영 중인 상업시설 중에서 유사점포(analog store)를 선택한다.

③ 과거의 경험을 계량화한 자료를 이용해 미래를 예측하지만 시장요인과 점포특성들이 끊임없이 변화하기 때문에 주관적 판단이 요구된다.

④ 비교대상 점포들의 특성이 정확히 일치하는 경우를 찾기 어려울 뿐만 아니라 특정 환경변수의 영향이 동일하게 작용하지도 않기 때문에 주관적 판단이 요구된다.

⑤ 점포의 물리적 특성, 소비자의 쇼핑패턴, 소비자의 인구통계적 특성, 경쟁상황이 분석대상과 비슷한 점포를 유사점포(analog store)로 선택하는 것이 바람직하다.

42 "국토의 계획 및 이용에 관한 법률" (법률 제17893호, 2021. 1. 12., 타법개정)에서 규정하고 있는 용도지역 중 상업지역을 구분하는 유형으로 볼 수 없는 것은?

① 중심상업지역　　② 일반상업지역
③ 근린상업지역　　④ 전용상업지역
⑤ 유통상업지역

43 중심지체계에 의한 상권유형 구분에서 전통적인 도심(CBD) 상권의 일반적 특징으로 가장 옳지 않은 것은?

① 고객흡인력이 강해 상권범위가 상대적으로 넓다.
② 교통의 결절점으로 대중교통이 편리하다.
③ 전통적 도시의 경우에는 주차문제가 심각하다.
④ 상대적으로 거주인구는 적고 유동인구는 많다.
⑤ 소비자들의 평균 체류시간이 상대적으로 짧다.

44 아래 글상자의 현상과 이들을 설명하는 넬슨(R. N. Nelson)의 입지원칙의 연결로서 옳은 것은?

> ㉠ 식당이 많이 몰려있는 곳에 술집이나 커피숍들이 있다든지, 극장가 주위에 식당들이 많이 밀집하는 현상

> ㉡ 귀금속 상점들이나 떡볶이 가게들이 한 곳에 몰려서 입지함으로써 더 큰 집객력을 갖는 현상

① ㉠ 동반유인 원칙, ㉡ 보충가능성 원칙
② ㉠ 고객차단 원칙, ㉡ 보충가능성 원칙
③ ㉠ 보충가능성 원칙, ㉡ 점포밀집 원칙
④ ㉠ 보충가능성 원칙, ㉡ 동반유인 원칙
⑤ ㉠ 점포밀집 원칙, ㉡ 보충가능성 원칙

45 제4차 산업혁명의 핵심기술 중의 하나인 빅데이터 기술이 소매 경영과 소매상권분석에 미치는 영향에 관한 설명으로서 가장 옳지 않은 것은?

① 개별적으로 상권분석 능력이 부족한 소규모 소매점포, 창업자들에게 정부 또는 각종 단체에서 빅데이터 기술에 기반한 상권분석 및 입지분석 정보를 제공함으로써 소매경영 개선을 돕는다.
② 신상품 개발이나 고객만족도 향상을 위한 소매믹스 개선에 기여할 수 있다.
③ 소매상권 내에서 표적시장을 구체적으로 파악하는 데 도움을 줄 수 있다.
④ 하나의 상권을 지향하는 개별점포 소유자들의 상권분석에 필수 도구이지만 복수의 상권에 접근하는 체인사업에게는 효과적이지 않다.
⑤ 히트상품 및 데드셀러(dead seller)분석을 통해 재고관리의 효율성을 높일 수 있게 한다.

46~70 3과목 | 유통마케팅

46 시장세분화 유형과 사용하는 변수들의 연결로서 가장 옳지 않은 것은?

① 행동분석적 세분화: 라이프스타일, 연령
② 지리적 세분화: 인구밀도, 기후
③ 인구통계적 세분화: 성별, 가족규모
④ 심리적 세분화: 개성, 성격
⑤ 인구통계적 세분화: 소득, 직업

47 소매점포의 공간 분류와 그 용도에 대한 연결이 가장 옳지 않은 것은?

항목	용도
㉠ 고객존	고객용 출입구, 통로 계단
㉡ 상품존	상품매입, 보관 장소
㉢ 직원존	사무실, 종업원을 위한 식당과 휴게실
㉣ 매장존	매장, 고객 휴게실과 화장실, 비상구
㉤ 후방존	물류 공간, 작업 공간

① ㉠
② ㉡
③ ㉢
④ ㉣
⑤ ㉤

48 지속성 상품의 경우 다음 주문이 도착하기 전에 판매 가능한 수량이 없거나 재고가 바닥이 나게 되는 최저 재고물량을 기준으로 주문점을 결정한다. 일일 예상판매량이 5개이고, 리드타임이 7일이며, 예비재고 20개를 유지하고자 할 때 주문점은 얼마인가?

① 15개
② 35개
③ 55개
④ 75개
⑤ 145개

49 아래 글상자에서 설명하는 용어로 옳은 것은?

> 주어진 상황에서 특정 대상에 대한 개인의 중요성 및 관련성 지각정도를 의미하는 것으로 고객이 제품 구매결정에 투입하는 시간 및 정보수집 노력과 관련이 높다.

① 판매정보
② 구매동기
③ 구매특성
④ 지각도
⑤ 관여도

50 매장에서 비주얼 머천다이징(VMD)을 구성할 때 다양한 방법을 사용할 수 있다. 아래 글상자에서 설명하는 내용의 기법으로 가장 옳은 것은?

- 고객에게 상품의 특성과 장점에 대한 정보를 제공하고 인기상품이나 계절상품 등을 제안하는 역할을 한다.
- 고객의 시선이 닿기 쉬운 곳에 구성하여 고객의 무의식적인 구매충동을 자극하도록 구성한다.
- 고객에게 상품의 콘셉트나 가치를 시각적으로 호소한다.

① 쇼윈도 프레젠테이션
② 파사드 프레젠테이션
③ 비주얼 프레젠테이션
④ 포인트 프레젠테이션
⑤ 아이템 프레젠테이션

51 촉진예산을 결정하는 방법에 대한 설명으로 가장 옳지 않은 것은?

① 가용예산법: 기업의 여유 자금에 따라 예산을 결정하는 방법
② 매출액 비율법: 과거의 매출액이나 예측된 미래의 매출액을 근거로 예산을 결정하는 방법
③ 단위당 고정비용법: 고가격 제품의 촉진에 특정 비용이 수반될 때 이를 고려하여 예산을 결정하는 방법
④ 경쟁 대항법: 경쟁사의 촉진 예산 규모를 기반으로 결정하는 방법
⑤ 목표 과업법: 촉진목표를 설정하고 이를 달성하기 위한 과업을 분석하여 예산을 결정하는 방법

52 아래 글상자에 설명하는 마케팅조사 기법으로 가장 옳은 것은?

다수의 대상(소비자, 제품 등)들을 그들이 소유하는 특성을 토대로 유사한 대상들끼리 집단으로 분류하는 통계 기법

① 분산분석
② 회귀분석
③ 군집분석
④ t-검증
⑤ 컨조인트분석

53 세분화된 시장들 중에서 매력적인 표적시장을 선정하기 위한 고려사항으로 가장 옳지 않은 것은?

① 경쟁의 측면에서 개별 세분시장 내의 경쟁강도를 살펴보아야 한다.
② 해당 세분시장이 자사의 역량과 자원에 적합한지를 살펴보아야 한다.
③ 선택할 시장들의 절대적 규모를 고려하여 살펴보아야 한다.
④ 자사가 기존에 가지고 있는 마케팅 믹스 체계와 일치하는지를 살펴보아야 한다.
⑤ 선택할 시장이 자사가 가지고 있는 목표 및 이미지와 일치하는지 살펴보아야 한다.

54 셀프서비스를 활용한 상품판매의 특징으로 가장 옳지 않은 것은?

① 영업시간의 유연성 증가

② 소매점의 판매비용 절감

③ 고객에게 전달되는 상품정보의 정확성 향상

④ 구매과정에 대한 고객의 자기통제력 향상

⑤ 직원의 숙련도와 상관없는 비교적 균일한 서비스제공

55 고객생애가치(CLV: customer lifetime value)에 대한 설명으로 가장 옳지 않은 것은?

① CLV는 어떤 고객으로부터 얻게 되는 전체 이익흐름의 현재가치를 의미한다.

② 충성도가 높은 고객은 반드시 CLV가 높다.

③ CLV를 증대시키려면 고객에게 경쟁자보다 더 큰 가치를 제공해야 한다.

④ CLV 관리는 단속적 거래보다는 장기적 거래관계를 통한 이익에 집중한다.

⑤ 올바른 CLV를 정확하게 산출하려면 수입흐름 뿐만 아니라 고객획득비용이나 고객유지비용 같은 비용 흐름도 고려해야 한다.

56 판매촉진 방법 가운데 프리미엄(premium)의 장점으로 가장 옳지 않은 것은?

① 지속적으로 사용해도 제품 자체 이미지에 손상을 가져 오지 않는다.

② 많은 비용을 투입하지 않으면서 신규고객을 확보하는 효과적인 방법이다.

③ 제품에 별도의 매력을 부가함으로써 부족할 수 있는 상품력을 보완할 수 있다.

④ 제품수준이 평준화되어 차별화가 어려운 상황에서 특히 효과적이다.

⑤ 치열한 경쟁상황에서 제품에 대한 주목률을 높여주고 특히 구매시점에 경쟁제품보다 돋보이게 한다.

57 소매점에서 제공하는 상품 관련 핵심서비스의 내용으로서 가장 옳은 것은?

① 정확한 대금 청구 ② 편리한 환불 방식

③ 친절한 고객 응대 ④ 다양한 상품 구색

⑤ 신속한 상품 배달

58 생산업체가 경로구성원들의 성과를 평가하는 기준으로서 가장 옳지 않은 것은?

① 경로구성원에 대한 투자수익률

② 유통업체의 영업에서 차지하는 자사제품 판매 비중의 변화

③ 유통업체의 영업에 대한 자사 통제의 허용 정도

④ 환경 변화에 대한 경로구성원의 적응력

⑤ 경로구성원의 재고투자이익률

59 단수가격설정정책(odd pricing)에 대한 설명으로 옳은 것은?

① 최대한 인하된 상품 가격이라는 인상을 주어 판매량을 증가시키기 위해 가격을 990원, 1,990원처럼 설정하는 것을 말한다.

② 가격이 높을수록 우수한 품질이나 높은 지위를 상징하는 경우에 주로 사용된다.

③ 캔음료나 껌처럼 오랫동안 같은 가격을 지속적으로 유지함으로써 소비자가 그 가격을 당연하게 받아들이는 것을 말한다.

④ 같은 계열에 속하는 몇 개의 제품 가격을 품질에 따라 1만원, 3만원, 5만원 등으로 설정하는 것을 말한다.

⑤ 고객을 모으기 위해서 특정 제품을 아주 저렴한 가격으로 판매하는 방법이다.

60 고객 서비스는 사전적 고객 서비스, 현장에서의 고객서비스, 사후적 고객 서비스로 구분해볼 수 있다. 다음 중 사전적 고객 서비스 요소로 가장 옳은 것은?

① 자사의 경영철학에 따라 서비스에 관한 표준을 정하고 조직을 편성하여 교육 및 훈련한다.

② 구매계획이나 공급 여력 등에 따라 발생할지 모르는 재고품절을 방지하기 위해 적정 재고수준을 유지한다.

③ 고객의 주문 상황이나 기호에 맞는 상품의 주문을 위한 정보시스템을 효율적으로 관리·운영한다.

④ 고객의 상품 주문에서부터 상품 인도에 이르기까지 적절한 물류서비스를 공급한다.

⑤ 폭넓은 소비자 선택을 보장하기 위해 가능한 범위 내에서 다양한 상품을 진열하고 판매한다.

61 아래 글상자의 사례들에 해당하는 유통경쟁 전략으로 가장 옳은 것은?

- A사는 30대 전후의 여성들에게 스포츠 웨어를 주로 판매한다.
- B사는 대형 사이즈의 의류를 주력상품으로 판매한다.
- C사는 20대 여성을 대상으로 대중적인 가격대의 상품을 판매한다.
- D사는 가격대와 스타일이 서로 다른 7개의 전문의류점 사업부를 가지고 있다.

① 편의성 증대

② 정보기술의 도입 및 확대

③ 점포 포지셔닝 강화 ④ 유통업체 브랜드의 확대

⑤ e-커머스 확대

62 과자나 라면 같은 상품들을 정돈하지 않고 뒤죽박죽으로 진열하여 소비자들에게 저렴한 특가품이라는 인상을 주려는 진열방식의 명칭으로 가장 옳은 것은?

① 돌출진열(extended display)

② 섬진열(island display)

③ 점블진열(jumble display)

④ 후크진열(hook display)

⑤ 골든라인진열(golden line display)

63 다음의 여러 가격결정 방법 중에서 원가중심 가격결정(cost-oriented pricing)방법에 해당하지 않는 것은?

① 원가가산법(cost plus pricing)

② 손익분기점 가격결정법(breakeven pricing)

③ 목표이익 가격결정법(target-profit pricing)

④ 지각가치 중심 가격결정법(perceived value pricing)

⑤ 이폭가산법(markup pricing)

64 고객관계관리(CRM)에 대한 접근방법으로 가장 옳지 않은 것은?

① 마케팅부서만이 아닌 전사적 관점에서 고객지향적인 전략적 마케팅활동을 수행한다.

② 전사적 자원관리(ERP) 시스템을 통해 고객정보를 파악하고 분석한다.

③ 데이터마이닝 기법을 활용해 고객행동에 내재돼 있는 욕구(needs)를 파악한다.

④ 고객과의 관계 강화를 지속적으로 모색하는 고객중심 비즈니스모델을 수립한다.

⑤ 표적고객에 대한 고객관계 강화에 집중하며 고객점유율 향상에 중점을 둔다.

65 마케팅 전략수립을 위한 다양한 조사활동 중 1차 자료를 수집하기 위한 조사방식으로 옳지 않은 것은?

① 현장조사   ② 관찰조사

③ 설문조사   ④ 문헌조사

⑤ 실험조사

66 점포의 구성 및 설계에 대한 설명으로 옳지 않은 것은?

① 포스 죠닝(POS zoning)은 판매가 이루어지는 마지막 접점이므로 최대한 고객의 체류시간을 늘려야 한다.

② 매장의 주통로는 고객의 편안한 이동을 제공하는 동시에 보조통로들과 잘 연계되게 구성해야 한다.

③ 공간면적당 판매생산성 향상을 고려하여 매장 내의 유휴 공간이 없도록 레이아웃

을 구성해야 한다.

④ 동선 폭은 고객의 편의를 고려해 유동성과 체류시간 등의 동선 혼잡도를 예상하여 결정해야 한다.

⑤ 표적고객을 최대한 명확하게 설정하고 상품 관련성을 고려하여 상품을 군집화한다.

67 마케팅변수를 흔히 제품변수, 가격변수, 유통변수, 촉진 변수로 나누어 4P라고 한다. 다음 중 나머지와는 다른 P에 속하는 변수로서 가장 옳은 것은?

① 시장 커버리지
② 재고와 보관
③ 점포 위치
④ 1차 포장과 2차 포장
⑤ 수송

68 기업의 성장전략 대안들 가운데 기존시장에서 기존제품으로 점유율을 높여서 성장하려는 전략의 명칭으로 가장 옳은 것은?

① 제품개발전략　② 시장개척전략
③ 시장침투전략　④ 전방통합전략
⑤ 다각화전략

69 아래 글상자의 괄호 안에 들어갈 용어를 순서대로 나열한 것으로 가장 옳은 것은?

> 상품의 다양성(variety)은 (㉠)의 수가 어느 정도 되는 지를 의미하며, 상품의 구색(assortment)은 (㉡)의 수를 말한다.

① ㉠ 상품계열, ㉡ 상품품목
② ㉠ 상품형태, ㉡ 상품지원
③ ㉠ 상품품목, ㉡ 상품계열
④ ㉠ 상품지원, ㉡ 상품형태
⑤ ㉠ 상품형태, ㉡ 상품계열

70 고객관계 강화 및 유지를 위한 CRM활동으로 가장 옳지 않은 것은?

① 교차판매(cross-selling)
② 상향판매(up-selling)
③ 고객참여(customer involvement)
④ 2차구매 유도(inducing repurchase)
⑤ 영업자원 최적화(sales resource optimization)

71~90 4과목 | 유통정보

71 RFID의 특징에 대한 설명으로 가장 옳지 않은 것은?

① 태그는 데이터를 저장하거나 읽어 낼 수 있어야 한다.

② 태그는 인식 방향에 관계없이 ID 및 정보 인식이 가능해야 한다.

③ 태그는 직접 접촉을 하지 않아도 자료를 인식할 수 있어야 한다.

④ 태그는 많은 양의 데이터를 보내고, 받을 수 있어야 한다.

⑤ 수동형 태그는 능동형 태그에 비해 일반적으로 데이터를 보다 멀리까지 전송할 수 있다.

72 의사결정시스템에 대한 설명으로 가장 옳지 않은 것은?

① 최고경영층은 주로 비구조적 의사결정에 대한 문제에 직면해 있고, 운영층은 주로 구조적 의사결정에 대한 문제에 직면해 있다.

② 의사결정지원시스템을 이용해 의사결정의 품질을 높이기 위해서는 의사결정지원시스템에서 활용하는 데이터의 품질을 개선해야 한다.

③ 의사결정지원시스템은 수요 예측 문제, 민감도 분석 등에 활용된다.

④ 운영층은 주로 의사결정지원시스템을 이용해 마케팅 계획 설계, 예산 수립 계획 등과 같은 업무를 수행한다.

⑤ 의사결정지원시스템의 의사결정 품질 개선을 위해 딥러닝(deep learning)과 같은 고차원적 알고리즘(algorithm)이 활용된다.

73 소스마킹과 인스토어마킹에 관련된 설명으로 가장 옳지 않은 것은?

① 인스토어마킹은 소분포장, 진열 단계에서 마킹이 이루어진다.

② 소스마킹은 생산 및 제품 포장 단계에서 마킹이 이루어진다.

③ 소스마킹은 전 세계적으로 공통 사용이 가능하다.

④ 소스마킹은 과일이나 농산물에 주로 사용된다.

⑤ 인스토어마킹은 원칙적으로 소매업체가 자유롭게 표시한다.

74 바코드에 대한 설명으로 가장 옳지 않은 것은?

① 유통업체의 재고관리와 판매관리에 도움을 제공한다.

② 국가표준기관에 의해 관리되고 있다.

③ 컬러 색상은 인식하지 못하고, 흑백 색상만 인식한다.

④ 스캐너 또는 리더기를 이용하여 상품 관련 정보를 간편하게 읽어들일 수 있다.

⑤ 바코드에는 국가코드, 제조업체코드, 상품품목코드 등에 대한 정보가 저장되어 있다.

75 아래 글상자의 내용을 지칭하는 용어로 가장 옳은 것은?

> - 기업이 필요에 따라 단기 계약직이나 임시직으로 인력을 충원하고 그 대가를 지불하는 형태의 경제를 의미
> - 맥킨지는 '디지털 장터에서 거래되는 기간제 근로자'라고 정의

① 오프쇼어링(off-shoring)

② 커스터마이징(customizing)

③ 매스커스터마이제이션(masscustomi-zation)

④ 긱 이코노미(gig economy)

⑤ 리쇼어링(reshoring)

76 아래 글상자에서 설명하는 내용을 지칭하는 용어로 가장 옳은 것은?

> - 기존 데이터베이스 관리도구의 능력을 넘어서 데이터에서 가치있는 정보를 추출하는 기술로, 디지털 환경에서 다양한 형식으로 빠르게 발생하는 대량의 데이터를 다루는 기술임.
> - 유통업체에서 보다 탁월한 의사결정을 위해 활용하는 비즈니스 애널리틱스(Business Analytics: BA) 중 하나로 고차원적 의사결정을 지원하는 기술임.

① 리포팅　　　　② 쿼리

③ 스코어카드　　④ 대시보드

⑤ 빅데이터

77 유통정보시스템 이용에 있어서 정보보안의 주요 목표에 대한 내용으로 가장 옳은 것은?

① 허락받지 않은 사용자가 정보를 변경해서는 안되는 것은 기밀성이다.

② 정보의 소유자가 원치 않으면 정보를 공개할 수 없는 것은 무결성이다.

③ 보낸 이메일을 상대가 읽었는지 알 수 있는 수신 확인 기능은 부인방지 원칙을 잘 반영한 것이다.

④ 웹사이트에 접속하려고 할 때 에러 등 서비스 장애가 일어나는 것은 무결성이 떨어진다고 볼 수 있다.

⑤ 인터넷 거래에 필요한 공인인증서에 기록된 내용은 타인이 조작할 수 없도록 만들어 가용성을 유지해야 한다.

78 유통업체에서 새로운 비즈니스 모델을 개발하고자 할 때 사용하는 비즈니스 모델 캔버스를 구성하는 요인에 대한 설명으로 가장 옳지 않은 것은?

① 유통채널이란 기업이 고객에게 가치를 전달하는 경로이다.

② 고객 세분화란 고객이 무언가를 수행하는 것을 도움으로써 가치를 창출할 수 있다는 것이다.

③ 핵심자원은 기업이 비즈니스를 수행하는 데 핵심이 되는 중요한 자산이다.

④ 고객관계 구축이란 우량 고객과 비우량 고객을 구분하고, 차별화된 관리방안을 마련하는 것을 의미한다.

⑤ 핵심 파트너십은 비즈니스 생태계에서 원만한 기업관계를 구축하기 위한 핵심 역량을 말한다.

79 스마트폰과 같은 모바일 기기를 이용하는 모바일 쇼핑의 특성으로 가장 옳지 않은 것은?

① 소비자가 직접 능동적으로 필요한 제품을 검색하여 보다 상세하게 정보를 얻을 수 있다는 장점이 있다.

② 모바일 쇼핑은 소비자가 인지−정보탐색−대안평가−구매 등의 구매의사결정을 하나의 매체에서 통합적으로 수행할 수 있는 쇼핑형태이다.

③ 기업은 구매과정을 단순하고 편리하게 구성함으로써 구매단계에 대한 통합적 관리가 가능해진다.

④ 쿠폰, 티켓, 상품권 등을 중심으로 형성되었던 모바일쇼핑은 의류, 패션잡화, 가전제품, 화장품, 식품, 가구 등 거의 전 부문으로 확산되고 있다.

⑤ 모바일 쇼핑의 활성화에 따라 백화점, 대형마트, 인터넷 쇼핑 등과의 채널별 시장 경계가 명확해지면서 기존에 비해 가격 경쟁은 약화되고 있다.

80 EDI 시스템의 사용 이점에 대한 설명으로 가장 옳지 않은 것은?

① 데이터의 입력에 소요되는 시간과 오류를 줄일 수 있다.

② 주문기입 오류로 인해 발생되는 문제점 및 지연을 없앰으로써 데이터 품질을 향상시킨다.

③ 문서 관련 업무를 자동화처리함으로써 직원들은 부가가치업무에 집중할 수 있고 중요한 비즈니스 데이터를 실시간으로 추적할 수 있다.

④ EDI는 세계 도처에 있는 거래 당사자와 연계를 촉진시키는 공통의 비즈니스 언어를 제공하기 때문에 새로운 영역 및 시장에 진입을 원활하게 한다.

⑤ EDI는 전자기반 프로세스를 문서기반 프로세스로 대체함으로써 많은 비용을 절약하고 이산화탄소 배출량을 감소시켜 궁극적으로 기업의 사회적 책임을 이행하게 한다.

81 고객관리를 최적화하기 위해 활용되는 비즈니스 인텔리전스(Business Intelligence: BI)에 대한 설명으로 가장 옳지 않은 것은?

① BI는 의사결정자에게 적절한 시간, 적절한 장소, 적절한 형식의 실행가능한 방식으로 정보를 제공한다.
② BI는 사물인터넷 기술을 이용해서 새로운 데이터를 수집하는 기능을 제공한다.
③ BI는 데이터 마이닝이나 OLAP 등의 다양한 분석도구를 사용하여 의사결정에 필요한 정보를 제공한다.
④ BI는 발생된 사건의 내부 데이터, 구조화된 데이터, 히스토리컬 데이터(historical data) 등에 대한 분석기능을 제공한다.
⑤ BI는 분석적 도구를 활용해 경영 의사결정에 필요한 경쟁력 있는 정보와 지식을 제공한다.

82 일반 상거래와 비교할 때, 전자상거래의 차별화된 특성을 설명한 것으로 가장 옳지 않은 것은?

① 고객과 대화형 비즈니스 모델로의 변이가 가능하다.
② 인터넷 비즈니스는 시간적, 공간적 제약 없이 실시간으로 운영 가능하다.
③ 재고부담을 최소화하면서 기술개발과 마케팅에 더 많은 투자를 한다.
④ 변화에 대한 융통성은 프로세스에 의존하기보다는 유형자산에 의존한다.
⑤ 동시다발적 비즈니스 요소가 성립하며 포괄적 비즈니스 모델에 의한 운영이 가능하다.

83 아래 글상자의 괄호 안에 들어갈 용어를 순서대로 나열한 것으로 가장 옳은 것은?

> – 디지털 뉴딜의 일환으로 (㉠)을 이용한 '유통/물류 이력관리시스템'은 위변조가 불가하고 정보 공유가 용이하여 입고부터 가공, 포장, 판매에 이르는 과정을 소비자와 공유하는 것이 가능해짐.
> – (㉡)는 개인이 자신의 정보에 대한 완전한 통제권을 가지는 비대면 시대에 가장 적합한 기술로 분산원장의 암호학적 특성을 기반으로 한 신뢰된 ID 저장소를 이용하여 제3기관의 통제 없이 분산원장에 참여한 누구나 신원정보의 위조 및 변조 여부를 검증할 수 있도록 지원함.

① ㉠ 블록체인, ㉡ DID(Decentralized Identity)
② ㉠ 금융권 공동인증, ㉡ OID(Open Identity)
③ ㉠ 블록체인, ㉡ PID(Personality Identity)
④ ㉠ 블록체인, ㉡ OID(Open Identity)
⑤ ㉠ 공인인증, ㉡ DID(Decentralized Identity)

84 QR(Quick Response)에 대한 설명으로 가장 옳지 않은 것은?

① QR은 1980년대 중반 미국의 의류업계와 유통업체가 상호 협력하면서 시작되었다.

② QR의 도입으로 기업은 리드타임의 증가, 재고비용의 감소, 판매의 증진 등의 획기적인 성과를 거둘 수 있다.

③ QR이 업계 전반에 걸쳐 확산되기 위해서는 유통업체마다 각각 다르게 운영되고 있는 의류상품에 대한 상품분류체계를 표준화하여야 한다.

④ 미국의 식품업계는 QR에 대한 벤치마킹을 통해 식품업계에 적용할 수 있는 SCM 시스템인 ECR을 개발하였다.

⑤ QR의 핵심은 유통업체가 제조업체에게 판매된 의류에 대한 정보를 매일 정기적으로 제공함으로써 제조업체로 하여금 판매가 부진한 상품에 대해서는 생산을 감축하고 잘 팔리는 상품의 생산에 주력할 수 있도록 하는데 있다.

85 빅데이터는 다양한 유형으로 존재하는 모든 데이터가 대상이 된다. 데이터 유형과 데이터 종류, 그에 따른 수집 기술의 연결이 가장 옳지 않은 것은?

① 정형데이터 – RDB – ETL

② 정형데이터 – RDB – Open API

③ 반정형데이터 – JSON – Open API

④ 반정형데이터 – 이미지 – Crawling

⑤ 비정형데이터 – 소셜데이터 – Crawling

86 노나카 이쿠지로 교수가 제시한 지식변환 프로세스에서 암묵적 형태로 존재하는 지식을 형식화하여 수집 가능한 데이터로 생성시켜 공유가 가능하도록 만드는 과정을 일컫는 용어로 옳은 것은?

① 공동화(socialization)

② 지식화(intellectualization)

③ 외부화(externalization)

④ 내면화(internalization)

⑤ 연결화(combination)

87 고객발굴을 위해 CRM시스템의 고객정보를 활용하여 분석을 수행하고자 한다. 고객으로부터 전화문의, 인터넷 조회, 영업소 방문 등의 내용을 바탕으로 하는 분석을 지칭하는 용어로 가장 옳은 것은?

① 외부 데이터 분석

② 고객 프로필 분석

③ 현재 고객 구성원 분석

④ 하우스–홀딩 분석

⑤ 인바운드 고객 분석

88 공급업체와 구매업체의 재고관리 영역에서 구매업체가 가진 재고 보충에 대한 책임을 공급업체에게 이전하는 전략을 일컫는 용어로 가장 옳은 것은?

① CPP(cost per rating point)

② ASP(application service provider)

③ CMI(co-managed inventory)

④ ABC(activity based costing)

⑤ VMI(vender managed inventory)

89 CRM시스템을 구축하는 이유에 대한 설명으로 가장 옳지 않은 것은?

① 고객과의 장기적인 관계 형성

② 거래 업무 효율화와 수익 증대

③ 의사결정 향상을 위한 고객에 대한 이해 활성화

④ 우수한 고객서비스 제공 및 확고한 경쟁우위 점유

⑤ 기존 고객유지보다 신규 고객유치 활성화를 통한 비용 절감

90 아래 글상자의 내용과 관련있는 용어로 가장 옳은 것은?

> - 금융소비자 개인의 금융정보(신용정보)를 통합 및 관리하여 주는 서비스
> - 개인데이터를 생산하는 정보주체인 개인이 본인 데이터에 대한 권리를 가지고, 본인이 원하는 방식으로 관리하고 처리하는 패러다임
> - 개인데이터의 관리 및 활용 체계를 기관 중심에서 사람 중심으로 전환한 개념

① 마이데이터

② BYOD(Bring Your Own Device)

③ 개인 핀테크

④ 디지털 전환

⑤ 빅테크

01~25 1과목 | 유통물류일반

01 국제물류주선업에 관련된 설명으로 가장 옳지 않은 것은?

① 화주에게 운송에 관련된 최적의 정보를 제공하고 물류비, 인력 등을 절감하는 데 도움을 줄 수 있다.

② 일반적으로 선사는 소량화물을 직접 취급하지 않기 때문에 소량화물의 화주들에게는 무역화물운송업무의 간소화와 운송비용 절감의 혜택을 제공할 수 있다.

③ 국제물류주선인은 다수의 화주로부터 위탁받은 화물로 선사에 보다 효과적인 교섭권을 행사하여 유리한 운임률 유도를 통해 규모의 경제 효과를 창출할 수 있다.

④ 안정적 물량 확보를 위해 선사는 국제물류주선인과 계약하는 것보다 일반화주와 직접 계약하는 것이 유리하다.

⑤ NVOCC(Non-Vessel Operating Common Carrier)는 실제운송인형 복합운송인에 속하지 않는다.

02 소비자기본법(법률 제17799호, 2020. 12. 29., 타법개정)에 의한 소비자의 기본적 권리로만 바르게 짝지어진 것은?

> ㉠ 물품 또는 용역을 선택함에 있어서 필요한 지식 및 정보를 제공받을 권리
> ㉡ 합리적인 소비생활을 위하여 필요한 교육을 받을 권리
> ㉢ 사업자 등과 더불어 자유시장경제를 구성하는 주체일 권리
> ㉣ 안전하고 쾌적한 소비생활 환경에서 소비할 권리
> ㉤ 환경친화적인 자원재활용에 대해 지원받을 권리

① ㉠, ㉡, ㉢, ㉣, ㉤   ② ㉠, ㉡, ㉢
③ ㉠, ㉡, ㉣   ④ ㉡, ㉢, ㉤
⑤ ㉡, ㉣, ㉤

03 재고관리에 대한 설명으로 가장 옳지 않은 것은?

① 소비자가 원하는 상품을 적시에 제공하기 위하여 소매점은 항상 적절한 양의 재고를 보유해야 할 필요가 있다.

② 재고가 지나치게 많을 경우, 적절한 시기에 처분하기 위해 상품가격을 인하시켜 판매하기 때문에 투매손실이 발생할 수 있다.

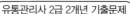

③ 재고가 너무 적은 경우 소비자의 수요에 대응할 수 없는 기회손실이 발생할 수 있다.

④ 투매손실이나 기회손실이 발생하지 않도록 하기 위해서 유지해야 하는 적정 재고량은 표준재고이다.

⑤ 재고가 적정 수준 이하가 되면 미리 결정해둔 일정주문량을 발주하는 방법은 상황 발주법이다.

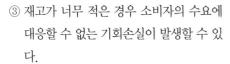

04 경로 지배를 위한 힘의 원천으로 가장 옳지 않은 것은?

① 보상적 힘
② 협력적 힘
③ 합법적 힘
④ 준거적 힘
⑤ 전문적 힘

05 산업재와 유통경로에 대한 설명으로 가장 옳지 않은 것은?

① 산업재는 원자재의 저가격협상과 수급연속성, 안정적인 공급경로의 구축이 중요하다.

② 설비품(고정장비)은 구매결정자의 지위가 낮으며 단위당 가격이 낮고 단기적 거래가 많다.

③ 윤활유, 잉크 등과 같은 운영소모품의 거래는 구매 노력이 적게 들기에 구매결정자의 지위나 가격이 낮다.

④ 산업재는 제조업자와 소비자 간의 직접판매가 많고 소비재보다는 경로가 짧고 단순하다.

⑤ 산업재 중 못, 청소용구, 페인트 같은 수선소모품은 소비재 중 편의품과 같은 성격을 갖고 있다.

06 JIT(Just-in-time)와 JIT(Just-in-time) Ⅱ와의 차이점에 대한 설명으로 가장 옳지 않은 것은?

① JIT는 부품과 원자재를 원활히 공급받는 데 초점을 두고, JITⅡ는 부품, 원부자재, 설비공구, 일반자재 등 모든 분야를 공급받는 데 초점을 둔다.

② JIT가 개별적인 생산현장(plant floor)을 연결한 것이라면, JITⅡ는 공급체인 상의 파트너의 연결과 그 프로세스를 변화시키는 시스템이다.

③ JIT는 자사 공장 내의 무가치한 활동을 감소·제거하는데 주력하고, JITⅡ는 기업 간의 중복업무와 무가치한 활동을 감소·제거하는데 주력한다.

④ JIT가 풀(pull)형인 MRP와 대비되는 푸시(push)형의 생산방식인데 비해, JITⅡ는 JIT와 MRP를 동시에 수용할 수 있는 기업 간의 운영체제를 의미한다.

⑤ JIT가 물동량의 흐름을 주된 개선대상으로 삼는 데 비해, JITⅡ는 기술, 영업, 개발을 동시화(synchronization)하여 물동량의 흐름을 강력히 통제한다.

07 공급사슬관리(SCM)를 위해 활용할 수 있는 지연전략(postponement strategy)에 대한 설명으로 가장 옳은 것은?

① 지연전략은 고객의 수요를 제품설계에 반영하기 위해 완제품의 재고보유 시간을 최대한 연장시키는 전략이다.

② 주문 이전에는 모든 스웨터를 하얀색으로 생산한 후 주문이 들어오면 염색을 통해 수요에 맞춰 공급하는 것은 지리적 지연전략이다.

③ 가장 중요한 창고에 재고를 유지하며, 지역 유통업자들에게 고객의 주문을 넘겨주거나 고객에게 직접 배송하는 것은 제조 지연전략이다.

④ 컴퓨터의 경우, 유통센터에서 프린터, 웹캠 등의 장치를 조립하거나 포장하는 것은 지리적 지연전략이다.

⑤ 자동차를 판매할 때 사운드 시스템, 선루프 등을 설치옵션으로 두는 것은 결합 지연전략이다.

08 경영성과 분석을 위해 글상자 안의 활동성 비율들을 계산할 때 공통적으로 사용되는 요소로 가장 옳은 것은?

재고자산회전율,	고정자산회전율,
총자산회전율,	매출채권회전율

① 재고자산   ② 자기자본

③ 영업이익   ④ 매출액

⑤ 고정자산

09 각 점포가 독립된 회사라는 점에서 프랜차이즈 체인방식과 같지만, 조직의 주체는 가맹점이며 전 가맹점이 경영의 의사결정에 참여한다는 차이점이 있는 연쇄점(chain)의 형태로 가장 옳은 것은?

① 정규연쇄점(regular chain)

② 직영점형 연쇄점(corporate chain)

③ 조합형 연쇄점(cooperative chain)

④ 마스터 프랜차이즈(master franchise)

⑤ 임의형 연쇄점(voluntary chain)

10 아래 글상자의 내용을 6시그마 도입절차대로 나열한 것으로 가장 옳은 것은?

> ㉠ 필요성(needs)의 구체화
> ㉡ 비전의 명확화
> ㉢ 계획수립
> ㉣ 계획실행
> ㉤ 이익평가
> ㉥ 이익유지

① ㉤ - ㉥ - ㉠ - ㉡ - ㉢ - ㉣

② ㉡ - ㉢ - ㉣ - ㉤ - ㉥ - ㉠

③ ㉢ - ㉣ - ㉤ - ㉥ - ㉠ - ㉡

④ ㉣ - ㉤ - ㉥ - ㉠ - ㉡ - ㉢

⑤ ㉠ - ㉡ - ㉢ - ㉣ - ㉤ - ㉥

11 정량주문법과 정기주문법을 적용하기 유리한 경우에 대한 상대적인 비교로 가장 옳은 것은?

구분	항목	정량주문법	정기주문법
㉠	표준화	전용부품	표준부품
㉡	품목수	적음	많음
㉢	주문량	변경가능	고정
㉣	리드타임	짧다	길다
㉤	주문시기	일정	일정하지 않음

① ㉠

② ㉡

③ ㉢

④ ㉣

⑤ ㉤

12 제품/시장 확장그리드(product/market expansion grid)에서 기존제품을 가지고 새로운 세분시장을 파악해서 진출하는 방식의 기업성장전략으로 가장 옳은 것은?

① 시장침투전략(market penetration strategy)

② 시장개발전략(market development strategy)

③ 제품개발전략(product development strategy)

④ 다각화전략(diversification strategy)

⑤ 수평적 다각화전략(horizontal diversification strategy)

13 공급사슬을 효율적 공급사슬과 반응적 공급사슬로 구분하여 설계할 때 반응적 공급사슬에 대한 특징으로 가장 옳지 않은 것은?

① 리드타임을 적극적으로 단축하려 노력한다.

② 여유생산능력이 높다.

③ 저가격, 일관된 품질이 납품업체 선정기준이다.

④ 제품 혹은 서비스의 다양성을 강조하는 생산전략이다.

⑤ 신속한 납기가 가능할 정도의 재고 투자를 한다.

14 아래 글상자의 물류채산분석 회계 내용에 대한 설명으로 가장 옳지 않은 것은?

구분	회계 내용	물류채산분석
㉠	계산목적	물류에 관한 의사결정
㉡	계산대상	특정의 개선안, 대체안
㉢	계산기간	개선안의 전체나 특정 기간
㉣	계산방식	상황에 따라 상이
㉤	계산의 계속성	반복적으로 계산

① ㉠

② ㉡

③ ㉢

④ ㉣

⑤ ㉤

15 프로젝트 조직에 대한 내용으로 가장 옳지 않은 것은?

① 과제 진행에 따라 인력 구성의 탄력성이 존재한다.

② 목적달성을 지향하는 조직이므로 구성원들의 과제해결을 위한 사기를 높일 수 있다.

③ 기업 전체의 목적보다는 사업부만의 목적달성에 더 관심을 기울이게 된다.

④ 해당 조직에 파견된 사람은 선택된 사람이라는 우월감이 조직 단결을 저해하기도 한다.

⑤ 전문가로 구성된 일시적인 조직이므로 그 조직 관리자의 지휘능력이 중요하다.

16 소비재의 유형별로 일반적인 경로목표를 설정할 경우에 대한 설명으로 가장 옳지 않은 것은?

① 편의품의 경우 최대의 노출을 필요로 하기에 개방적 유통을 사용한다.

② 일부 의약품은 고객 편의를 위해 편의점을 통한 개방적 유통을 사용하기도 한다.

③ 이질적 선매품의 경우 품질비교가 가능하도록 유통시킨다.

④ 동질적 선매품의 경우 가격비교가 용이하도록 유통시킨다.

⑤ 전문품은 구매횟수가 정기적인 것이 특징이기에 개방적 유통을 사용한다.

17 A사의 제품은 연간 19,200개 정도가 판매될 것으로 예상되고 있다. 제품의 1회 주문비용은 150원, 제품당 연간 재고유지비가 9원이라고 할 때 경제적주문량(EOQ)으로 가장 옳은 것은?

① 600개 　　② 650개

③ 700개 　　④ 750개

⑤ 800개

18 아래 글상자의 괄호 안에 들어갈 용어를 순서대로 바르게 나열한 것으로 가장 옳은 것은?

> (㉠)은/는 이질적인 생산물을 동질적인 단위로 나누는 과정을 말한다.
> (㉡)은/는 이질적인 것을 모으는 과정을 말한다.
> (㉢)은/는 동질적으로 모아진 것을 나누는 과정을 말한다.

① ㉠ 배분, ㉡ 집적, ㉢ 구색

② ㉠ 구색, ㉡ 집적, ㉢ 분류

③ ㉠ 분류, ㉡ 구색, ㉢ 배분

④ ㉠ 배분, ㉡ 집적, ㉢ 분류

⑤ ㉠ 집적, ㉡ 구색, ㉢ 분류

19 인플레이션 상황에서 급격한 가격인상 없이 매출과 수익의 손실을 막기 위해 유통기업들이 채택할 수 있는 방법으로 가장 옳지 않은 것은?

① 취급하는 상품의 종류를 재정비하여 재고비용이나 수송비용을 줄인다.

② 생산성이 낮은 인력이나 시설을 정리하고 정보화를 통해 이를 대체한다.

③ 무료설치, 운반, 장기보증 같은 부가적 상품서비스를 줄이거나 없앤다.

④ 포장비를 낮추기 위해 더 저렴한 포장재를 이용한다.

⑤ 절약형 상표, 보급형 상표의 비중을 줄인다.

20 서비스 유통의 형태인 플랫폼 비즈니스 (platform business)에 대한 설명으로 가장 옳지 않은 것은?

① 플랫폼을 통해 사람과 사람, 사람과 사물을 연결함으로써 새로운 유형의 서비스가 창출된다.

② 정보통신기술의 발달은 사람 간의 교류를 더 빠르고 효율적으로 실현시키면서 플랫폼 비즈니스 성장에 긍정적인 영향을 미치고 있다.

③ 플랫폼 비즈니스의 구성원은 플랫폼 구축자와 플랫폼 사용자로 크게 나뉜다.

④ 플랫폼은 소식, 물건, 서비스 등 다양한 유형의 콘텐츠 교류가 가능하게 해주는 일종의 장터이다.

⑤ 플랫폼 비즈니스 사업자는 플랫폼을 제공해주는 대가를 직접적으로 취할 수 없으므로, 광고 등을 통해 간접적으로 수익을 올리는 비즈니스 모델이다.

21 수직적 통합이 일어나는 경우 합병하는 회사측은 현실적으로 여러 문제점에 직면할 수 있는데 이에 대한 설명으로 가장 옳지 않은 것은?

① 분업에 따른 전문화의 이점을 누리기 힘들어진다.

② 유통경로 구성원 간의 관계를 경쟁관계로 바뀌게 한다.

③ 조직의 슬림화로 인해 구성원의 업무량이 증가한다.

④ 통합하려는 기업은 많은 자금을 합병에 투입하게 된다.

⑤ 조직관리에 많은 비용을 소모하게 되어 경기가 좋지 않을 때에는 자금부담이 생길 수 있다.

22 아래 글상자에서 설명하는 개념으로 옳은 것은?

> 제품에 대한 최종소비자의 수요 변동 폭은 크지 않지만, 소매상, 도매상, 제조업자, 원재료 공급업자 등 공급사슬을 거슬러 올라갈수록 변동 폭이 크게 확대되어 수요예측치와 실제 판매량 사이의 차이가 커지게 된다.

① 블랙 스완 효과(black swan effect)
② 밴드 왜건 효과(band wagon effect)
③ 채찍 효과(bullwhip effect)
④ 베블렌 효과(Veblen effect)
⑤ 디드로 효과(Diderot effect)

23 파욜(Fayol)의 조직원리에 대한 설명으로 가장 옳지 않은 것은?

① 각각의 종업원들은 오직 한명의 관리자에게 보고한다.
② 최고관리자에게 부여된 의사결정력의 크기는 상황에 따라 변화한다.
③ 마케팅, 재무, 생산 등의 전문적인 분야의 기능들은 통합된다.
④ 조직의 목표는 개인 각각의 목표보다 우선시 된다.
⑤ 종업원들은 누구에게 보고해야 하는지 알아야 한다.

24 기업윤리의 중요성을 강조하기 위해 취할 수 있는 방법으로 가장 옳지 않은 것은?

① 기업윤리와 관련된 헌장이나 강령을 만들어 발표한다.
② 기업의 모든 의사결정 프로세스에서 반영될 수 있게 모니터링한다.
③ 윤리경영의 지표로서 정성적인 지표는 적용하기 힘드므로 계량적인 윤리경영지표만을 활용한다.
④ 조직 내의 문제점을 제기할 수 있는 제도를 활성화한다.
⑤ 윤리기준을 적용한 감사 결과를 조직원과 공유한다.

25 아래 글상자의 내용을 이용하여 작업량 접근방식(workload approach)을 통해 확보해야 할 영업조직 규모(영업사원수)를 계산한 것으로 옳은 것은?

> – 거래처: 100개
> – 거래처별 연간 방문횟수: 1년에 12회 방문필수
> – 영업사원 1명이 한 해 평균 방문가능 횟수: 100번

① 10명　　　　② 12명
③ 14명　　　　④ 18명
⑤ 20명

26~45 2과목 | 상권분석

26 두 도시 A, B의 거리는 12km, A시의 인구는 20만 명, B시의 인구는 5만 명이다. Converse의 상권분기점 분석법에 따른 도시 간의 상권경계는 B시로부터 얼마나 떨어진 곳에 형성되겠는가?

① 3km   ② 4km

③ 6km   ④ 8km

⑤ 9km

27 국토의 계획 및 이용에 관한 법률(법률 제18310호, 2021. 7. 20., 타법개정)에 의거한 주거 및 교육 환경보호나 청소년 보호 등의 목적으로 오염물질 배출시설, 청소년 유해시설 등 특정시설의 입지를 제한할 필요가 있는 용도지구에 해당하는 것으로 가장 옳은 것은?

① 청소년보호지구   ② 보호지구

③ 복합용도지구   ④ 특정용도제한지구

⑤ 개발제한지구

28 입지의사결정 과정에서 점포의 매력도에 영향을 미치는 입지조건 평가에 대한 설명으로 가장 옳지 않은 것은?

① 상권단절요인에는 하천, 학교, 종합병원, 공원, 주차장, 주유소 등이 있다.

② 주변을 지나는 유동인구의 수보다는 인구특성과 이동방향 및 목적 등이 더 중요하다.

③ 점포가 보조동선 보다는 주동선상에 위치하거나 가까울수록 소비자 유입에 유리하다.

④ 점포나 부지형태는 정방형이 장방형보다 가시성이나 접근성 측면에서 유리하다.

⑤ 층고가 높으면 외부가시성이 좋고 내부에 쾌적한 환경을 조성하기 유리하다.

29 소비자 K가 거주하는 어느 지역에 아래 조건과 같이 3개의 슈퍼가 있는 경우, Huff모델을 사용하여 K의 이용확률이 가장 높은 점포와 해당 점포에 대한 이용확률을 추정한 것으로 가장 옳은 것은? (단, 거리와 점포면적에 대한 민감도계수가 −2와 3이라고 가정함)

구분	A 슈퍼	B 슈퍼	C 슈퍼
거 리	10	2	3
점포면적	5	4	6

① C 슈퍼, 57%   ② A 슈퍼, 50%

③ B 슈퍼, 50%   ④ A 슈퍼, 44%

⑤ B 슈퍼, 33%

30 소매입지를 선정하기 위해 활용되는 각종 지수(index)에 대한 설명으로 가장 옳지 않은 것은?

① 시장포화지수(IRS)는 특정 시장 내에서 주어진 제품계열에 대한 점포면적당 잠재매출액의 크기이다.

② 구매력지수(BPI)는 주로 통계자료의 수집단위가 되는 행정구역별로 계산할 수 있다.

③ 시장확장잠재력지수(MEP)는 지역 내 소비자들이 타지역에서 쇼핑하는 비율을 고려하여 계산한다.

④ 판매활동지수(SAI)는 특정지역의 총면적당 점포면적 총량의 비율을 말한다.

⑤ 구매력지수(BPI)는 주로 인구, 소매 매출액, 유효소득 등의 요인을 이용하여 측정한다.

31 유추법(analog method)을 통해 신규점포에 대한 수요를 추정하는 과정에 대한 설명으로 가장 옳지 않은 것은?

① 비교점포는 통계분석 대신 주관적 판단을 주로 사용해서 선정한다.

② 신규점포의 수요는 비교점포의 상권정보를 활용해서 산정한다.

③ 비교점포의 상권을 단위거리에 따라 구역(zone)으로 나눈다.

④ 비교점포의 구역별 고객 1인당 매출액을 추정한다.

⑤ 수요예측을 위해 반드시 2개 이상의 비교점포를 선정해야 한다.

32 주변에 인접한 점포가 없이 큰길가에 위치한 자유입지인 고립된 점포입지에 관한 설명 중 가장 옳지 않은 것은?

① 대형점포를 개설할 경우 관련상품의 일괄구매(onestopshopping)를 가능하게 한다.

② 토지 및 건물의 가격이 상대적으로 싸다.

③ 개점 초기에 소비자를 점포 내로 유인하기가 쉽다.

④ 고정자산에 투입된 비용이 적어서 상대적으로 상품가격의 할인에 융통성이 있다.

⑤ 비교구매를 원하는 소비자에게는 매력적이지 않다.

33 상가건물 임대차보호법(법률 제18675호, 2022. 1. 4.,일부개정)에서 규정하는 환산보증금의 계산식으로 가장 옳은 것은?

① 보증금+(월임차료×24)

② 보증금+(월임차료×36)

③ 보증금+(월임차료×60)

④ 보증금+(월임차료×100)

⑤ 보증금+(월임차료×120)

34 상권과 관련된 가맹본부와 가맹점 사이의 관계에 대한 설명으로 가장 옳지 않은 것은?

① 가맹계약 체결 시 가맹본부는 가맹점사업자의 영업지역을 설정하여 가맹계약서에 이를 기재하여야 한다.
② 정보공개서는 가맹본부의 재정상태, 임원 프로필, 직영점 및 가맹점 수 등과 같은 정보를 포함한다.
③ 상권의 급격한 변화가 발생하는 경우에는 가맹본부의 경영전략상의 의사결정과정을 통해 기존 영업지역을 합리적으로 변경할 수 있다.
④ 지역 환경에 따라 수익이 다를 수 있으므로 가맹희망자는 개점하려는 지역의 환경과 가맹본부에서 제시한 창업환경의 유사성을 면밀히 검토해야 한다.
⑤ 가맹본부는 가맹계약을 위반하여 가맹계약 기간 중 가맹사업자의 영업지역 안에서 가맹사업자와 같은 업종의 자기 또는 계열회사의 직영점이나 가맹점을 설치하면 안 된다.

35 상권 규정 요인에 대한 설명으로 가장 옳지 않은 것은?

① 상권을 규정하는 요인에는 시간요인과 비용요인이 있다.
② 공급측면에서 비용요인이 상대적으로 저렴할수록 상권은 축소된다.
③ 재화의 이동에서 사람을 매개로 하는 소매상권은 재화의 종류에 따라 비용 지출이나 시간 사용이 달라지므로 상권의 크기도 달라진다.
④ 수요측면에서 고가품, 고급품일수록 상권범위가 확대된다.
⑤ 시간요인은 상품가치를 좌우하는 보존성이 강한 재화일수록 상권이 확대된다.

36 상권의 유형에 대한 설명으로 가장 옳지 않은 것은?

① 도심상권은 중심업무지구(CBD)를 포함하며 상권의 범위가 넓고 소비자들의 평균 체류시간이 길다.
② 근린상권은 점포인근 거주자들이 주요 소비자로 생활밀착형 업종의 점포들이 입지하는 경향이 있다.
③ 부도심상권은 간선도로의 결절점이나 역세권을 중심으로 형성되는 경우가 많으며 도시전체의 소비자를 유인한다.
④ 역세권상권은 지하철이나 철도역을 중심으로 형성되며 지상과 지하의 입체적 상권으로 고밀도 개발이 이루어지는 경우가 많다.
⑤ 아파트상권은 고정고객의 비중이 높아 안정적인 수요확보가 가능하지만 외부와 단절되는 경우가 많아 외부고객을 유치하는 상권확대가능성이 낮은 편이다.

37 상권분석에서 활용하는 소비자 대상 조사기법 중 조사대상의 선정이 내점객조사법과 가장 유사한 것은?

① 고객점표법　　② 점두조사법
③ 가정방문조사법　④ 지역할당조사법
⑤ 편의추출조사법

38 소매점포의 상권범위나 상권형태는 소매점포를 이용하는 소비자의 공간적 분포를 나타낸다. 이에 대한 설명으로 가장 옳지 않은 것은?

① 소매점포의 면적이 비슷하더라도 업종이나 업태에 따라 개별점포의 상권범위는 차이가 날 수 있다.
② 동일 점포라도 소매전략에 따른 판촉활동 등의 차이에 따라 시기별로 점포의 상권범위는 변화한다.
③ 상권의 형태는 점포를 중심으로 일정한 거리 간격의 동심원 형태로 나타난다.
④ 동일한 지역에 인접하여 입지한 경우에도 점포 규모에 따라 개별 점포의 상권범위는 차이가 날 수 있다.
⑤ 동일한 위치에서 입지조건의 변화가 없고 점포의 전략적 변화가 없어도 상권의 범위는 유동적으로 변화하기 마련이다.

39 소매점의 상권을 공간적으로 구획하는 과정에서 상권의 지리적 경계를 분석할 때 활용할 수 있는 기법이나 도구에 해당하지 않는 것은?

① 내점객 및 거주자 대상 서베이법(survey technique)
② 티센다각형(thiessen polygon)
③ 소매매트릭스분석(retail matrix analysis)
④ 고객점표법(CST: customer spotting technique)
⑤ 컨버스의 분기점분석(Converse's breaking-point analysis)

40 다양한 소매점포 유형들 중에서 광범위한 상권범위를 갖는 대형상업시설인 쇼핑센터의 전략적 특성은 테넌트믹스(tenant mix)를 통해 결정된다고 한다. 상업시설의 주요 임차인으로서 시설 전체의 성격을 결정하는 앵커점포(anchor store)에 해당하는 것으로 가장 옳은 것은?

① 마그넷 스토어　② 특수테넌트
③ 핵점포　　　　④ 일반테넌트
⑤ 보조핵점포

41 넬슨(R.L. Nelson)의 소매입지 선정원리 중에서 아래 글상자의 괄호 안에 들어갈 내용을 순서대로 나열한 것으로 가장 옳은 것은?

> (㉠)은 동일한 점포 또는 유사업종의 점포가 집중적으로 몰려 있어 집객효과를 높일 수 있는 가능성을 말하며 집재성 점포의 경우에 유리하다.
> (㉡)은 상이한 업종의 점포들이 인접해 있으면서 보완관계를 통해 상호 매출을 상승시키는 효과를 발휘하는 것을 의미한다.

① ㉠ 양립성, ㉡ 누적적 흡인력
② ㉠ 양립성, ㉡ 경합의 최소성
③ ㉠ 누적적 흡인력, ㉡ 양립성
④ ㉠ 상권의 잠재력, ㉡ 경합의 최소성
⑤ ㉠ 누적적 흡인력, ㉡ 경합의 최소성

42 상권분석 기법과 관련한 특성을 설명하는 내용으로 그 연결이 가장 옳지 않은 것은?

① 회귀모형은 원인과 결과변수 사이의 관계를 분석하여 원인변수의 영향력을 파악한다.
② 다항로짓(MNL)모형은 점포이미지와 입지특성을 반영하여 상권을 분석할 수 있다.
③ Christaller의 중심지이론은 중심지와 배후지의 관계를 규명하고 중심지체계 및 중심지 공간배열의 원리를 설명한다.

④ 체크리스트법은 소비자의 점포선택 행동을 결정론적이 아닌 확률론적으로 인식한다.
⑤ 유사점포법에서는 상권의 범위와 특성을 파악하기 위하여 CST map을 활용한다.

43 소매점의 상품구색과 상권 및 입지 특성에 대한 설명 중에서 가장 옳지 않은 것은?

① 편의품 소매점의 상권은 도보로 이동이 가능한 범위 이내로 제한되는 경우가 많다.
② 편의품은 일반적으로 소비자가 점포선택에 구매노력을 상대적으로 덜 기울이기 때문에 주택이나 사무실 등에 가까운 입지가 유리하다.
③ 선매품 소매점은 편의품 보다 상권의 위계에서 높은 단계의 소매 중심지나 상점가에 입지하여 넓은 범위의 상권을 가져야 한다.
④ 전문품 소매점의 경우 고객이 지역적으로 밀집되어 있어서 상권의 밀도는 높고 범위는 좁은 것이 특징이다.
⑤ 동일 업종이라 하더라도 점포의 규모나 품목구성에 따라 상권의 범위가 달라진다.

44 입지조건에 대한 일반적인 평가 중에서 가장 옳은 것은?

① 방사(放射)형 도로구조에서 분기점에 위치하는 것은 불리하다.
② 일방통행로에 위치한 점포는 시계성(가시성)과 교통접근성에 있어서 유리하다.
③ 곡선형 도로의 안쪽입지는 바깥쪽입지보다 시계성(가시성) 확보 측면에서 불리하다.
④ 주도로와 연결된 내리막이나 오르막 보조도로에 위치한 점포는 양호한 입지이다.
⑤ 차량 출입구는 교차로 교통정체에 의한 방해를 피하기 위해 모퉁이에 근접할수록 좋다.

45 상권 범위내 소비자들이 특정점포를 선택할 확률을 근거로 예상매출액을 추정할 수 있는 상권분석 기법들로 가장 옳은 것은?

① 유사점포법, Huff모델
② 체크리스트법, 유사점포법
③ 회귀분석법, 체크리스트법
④ Huff모델, MNL모델
⑤ MNL모델, 회귀분석법

46~70 3과목 | 유통마케팅

46 유통업 고객관계관리 활동의 성과 평가기준으로서 가장 옳은 것은?

① 시장점유율의 크기
② 판매량의 안정성
③ 고객자산(customer equity)의 크기
④ 고객정보의 신뢰성
⑤ 시장의 다변화 정도

47 아래 글상자의 설명을 모두 만족하는 유통마케팅조사의 표본추출방법으로 가장 옳은 것은?

> – 모집단을 적절한 기준 변수에 따라 서로 상이한 소집단으로 나누고, 각 소집단별로 할당된 숫자의 표본을 단순무작위로 추출한다.
> – 기준 변수를 잘 선택할 경우 모집단을 대표하는 표본을 얻을 수 있는 장점이 있다.

① 할당표본추출　　② 군집표본추출
③ 판단표본추출　　④ 층화표본추출
⑤ 편의표본추출

48 아래 글상자에서 설명하는 경로구성원의 공헌도 평가기법이 평가하는 요소로 가장 옳은 것은?

> 구매자 입장에서 특정 공급자의 개별품목 혹은 재고관리단위(SKU: stock keeping unit) 각각에 대해 평가하는 기법

① 평당 총이익
② 직접제품이익
③ 경로구성원 종합성과
④ 경로구성원 총자산수익률
⑤ 상시종업원당 총이익

49 유통업체가 활용하는 자체 브랜드(PB: private brand)의 유형으로 가장 옳지 않은 것은?

① 제조업체 브랜드의 외형이나 명칭을 모방한 저가브랜드사용료를 지불한 제조업체 브랜드의 라이센스 브랜드
② 가격에 민감한 세분시장을 표적으로 하는 저가 브랜드
③ 제조업체 브랜드와 품질과 가격에서 경쟁하는 프리미엄 브랜드
④ 사용료를 지불한 제조업체 브랜드의 라이센스 브랜드
⑤ 제조업체 브랜드를 모방한 대체품이지만 유통업체 브랜드임을 밝힌 유사 브랜드

50 가격결정방식에 대한 설명으로 가장 옳지 않은 것은?

① 가격 탄력성이 1보다 클 경우 그 상품에 대한 수요는 가격비탄력적이라고 한다.
② 가격을 결정할 때 기업의 마케팅목표, 원가, 시장의 경쟁구조 등을 고려해야 한다.
③ 제품의 생산과 판매를 위해 소요되는 모든 비용을 충당하고 기업이 목표로 한 이익을 낼 수 있는 수준에서 가격을 결정하는 방식을 원가중심 가격결정이라고 한다.
④ 소비자가 제품에 대해 지각하는 가치에 따라 가격을 결정하는 것을 수요중심 가격결정이라고 한다.
⑤ 자사제품의 원가나 수요보다도 경쟁제품의 가격을 토대로 가격을 결정하는 방식을 경쟁중심 가격결정이라고 한다.

51 프랜차이즈 본부가 직영점을 설치하는 이유로 가장 옳지 않은 것은?

① 본부 직영점들은 프랜차이즈 시스템 내의 다른 점포들에 대한 모델점포로서의 기능을 할 수 있다.
② 직영점들은 프랜차이즈 시스템의 초기에 프랜차이즈 유통망의 성장을 촉진할 수 있다.
③ 본부 직영점을 통해 점포운영상의 문제점들을 직접 피부로 파악할 수 있다.

④ 본부가 전체 프랜차이즈 시스템의 운영에 대해 강력한 통제를 유지할 수 있는 가능성을 높일 수 있다.

⑤ 본부는 가맹점 증가보다 직영점을 통해 가입비, 교육비 등의 수입을 보다 적극적으로 확보할 수 있다.

52 고객충성도와 관련된 설명으로 가장 옳지 않은 것은?

① 충성도는 상호성과 다중성이라는 두 가지 속성을 가지고 있다.

② 충성도는 기업이 고객에게 물질적, 정신적 혜택을 제공하고, 고객이 긍정적인 반응을 해야 발생한다.

③ 고객 만족도가 높아지면 재구매 비율이 높아지고, 이에 따라 충성도도 높아진다.

④ 타성적 충성도(inertial loyalty)는 특정 상품에 대해 습관에 따라 반복적으로 나타나는 충성도이다.

⑤ 잠재적 충성도(latent loyalty)는 호감도는 낮지만 반복구매가 높은 경우에 발생하는 충성도이다.

53 효과적인 진열을 위해 활용하는 IP(item presentation), PP(point of presentation), VP(visual presentation)에 대한 설명으로 가장 옳지 않은 것은?

① IP의 목적은 판매포인트 전달과 판매유도이다.

② IP는 고객이 하나의 상품에 대한 구입의사를 결정할 수 있도록 돕기 위한 진열이다.

③ VP의 목적은 중점상품과 테마에 따른 매장 전체 이미지 표현이다.

④ VP는 점포나 매장 입구에서 유행, 인기, 계절상품 등을 제안하기 위한 진열이다.

⑤ PP는 어디에 어떤 상품이 있는가를 알려주는 진열이다.

54 매장 배치에 관한 아래의 내용 중에서 옳게 설명된 것은?

① 백화점 등 고급점포는 매장의 효율을 높이기 위해 그리드(grid) 방식의 고객동선 설계가 바람직하다.

② 복합점포매장의 경우, 고가의 전문매장, 가구매장 등은 고층이나 층 모서리에 배치하는 것이 바람직하다.

③ 충동구매를 일으키는 상품은 점포 후면에 진열, 배치하는 것이 바람직하다.

④ 층수가 높은 점포는 층수가 높을수록 그 공간가치가 높아진다.

⑤ 넓은 바닥면적이 필요한 상품은 통행량이 많은 곳에 배치하여야 한다.

55 산업재에 적합한 촉진수단으로 가장 옳은 것은?

① 광고   ② 홍보
③ 인적판매   ④ PR
⑤ 콘테스트

56 유통마케팅 조사 절차의 첫 번째 단계로서 가장 옳은 것은?

① 조사 설계   ② 자료 수집
③ 모집단 설정   ④ 조사문제 정의
⑤ 조사 타당성 평가

57 브랜드 관리와 관련된 설명으로 가장 옳지 않은 것은?

① 브랜드 자산(brand equity)이란 해당 브랜드를 가졌기 때문에 발생하는 차별적 브랜드 가치를 말한다.
② 브랜드 재인(brand recognition)은 브랜드가 과거에 본인에게 노출된 적이 있음을 알아차리는 것이다.
③ 브랜드 인지도(brand awareness)가 높을수록 브랜드 자산(brand equity)이 증가한다고 볼 수 있다.
④ 브랜드 인지도(brand awareness)는 브랜드 이미지의 풍부함을 의미한다.
⑤ 브랜드 회상(brand recall)이란 브랜드 정보를 기억으로 부터 인출하는 것을 말한다.

58 핵심고객관리(key account management)의 대상이 되는 핵심고객의 특징에 대한 설명으로 가장 옳지 않은 것은?

① 대량 구매를 하거나 구매점유율이 높다.
② 구매과정에서 기능적으로 상이한 여러 분야(생산, 배송, 재고 등)의 사람이 관여한다.
③ 지리적으로 분산된 조직단위(상점, 지점, 제조공장 등)를 위해 구매한다.
④ 전문화된 지원과 특화된 서비스(로지스틱스, 재고관리 등)가 필요하다.
⑤ 효과적이고 수익성 높은 거래의 수단으로 구매자와 판매자 간의 일회성 협력관계를 요구한다.

59 소매업체 대상 판촉프로그램에 대한 설명으로 옳지 않은 것은?

① 가격할인이란 일정 기간의 구매량에 대해 가격을 할인해주는 방법을 말한다.
② 리베이트란 진열위치, 판촉행사, 매출실적 등 소매상의 협력 정도에 따라 판매금액의 일정률에 해당하는 금액을 반환해주는 것을 말한다.
③ 인적지원이란 월 매출이 일정수준 이상인 점포에는 판촉사원을 고정적으로 배치하고 그 외 관리대상이 될 만한 점포에는 판촉사원을 순회시키는 것을 말한다.
④ 소매점 경영지도란 소매상에게 매장연출 방법, 상권분석 등의 경영지도를 통해 매출증대를 돕는 것을 말한다.
⑤ 할증판촉이란 소매점이 진행하고 있는

특정 제품 및 세일 관련 광고 비용 일부를 부담하는 것을 말한다.

60 아래 글상자에서 설명하는 경우에 적용할 수 있는 유통 마케팅전략으로 가장 옳은 것은?

> – 자사 제품을 효과적이고 효율적으로 전달할 수 있는 하나의 구매자 세분시장을 찾아낸 경우
> – 하나의 세분시장만으로도 기업의 이익목표를 충족시키기에 충분한 경우
> – 특정 시장, 특정 소비자 집단, 일부 제품종류, 특정 지역 등의 시장에 초점을 맞춰 공략하고자 하는 경우

① 시장확대전략 ② 비차별화전략
③ 집중화전략 ④ 차별화전략
⑤ 원가우위전략

61 점포의 매장면적에 관한 설명으로 가장 옳지 않은 것은?

① 점포면적은 매장면적과 비매장면적으로 구분한다.
② 각 상품부문의 면적당 생산성을 고려하여 매장면적을 배분한다.
③ 일반적으로 전체 면적에서 차지하는 매장면적의 비율은 점포의 규모가 클수록 높아진다.

④ 매장면적을 배분할 때는 소비자의 편의성에 대한 요구, 효과적인 진열과 배치 등도 고려해야 한다.
⑤ 전체 면적 중 매장면적의 비율은 고급점포일수록 낮아 진다.

62 제조업자가 중간상들과의 거래에서 사용하는 가격할인 유형 중 판매촉진지원금에 대한 설명으로 옳은 것은?

① 중간상이 제품을 현금으로 구매할 경우 제조업자가 판매대금의 일부를 할인해주는 것이다.
② 중간상이 제조업자가 일반적으로 수행해야 할 업무의 일부를 수행할 경우 경비의 일부를 제조업자가 부담하는 것이다.
③ 중간상이 제조업자를 대신하여 지역광고를 하거나 판촉을 실시할 경우 지급하는 보조금이다.
④ 중간상이 대량구매를 하는 경우 해주는 현금할인이다.
⑤ 중간상이 하자있는 제품, 질이 떨어지는 제품 등을 구매할 때 지급하는 지원금이다.

63 고객생애가치(CLV: customer lifetime value)에 대한 설명으로 가장 옳은 것은?

① 업태에 따라 고객생애가치는 다르게 추정될 수 있다.

② 고객생애가치는 고객과 기업 간의 정성적 관계 가치이므로 수치화하여 측정하기 어렵다.

③ 고객생애가치는 고객이 일생동안 구매를 통해 기업에게 기여하는 수익을 미래가치로 환산한 금액이다.

④ 고객생애가치는 고객점유율(customer share)에 기반하여 추정할 수 있다.

⑤ 고객의 생애가치는 고객의 이용실적, 고객당 비용, 고객이탈가능성 및 거래기간 등을 통해 추정할 수 있다.

64 아래 글상자에서 설명하는 가격전략으로 가장 옳은 것은?

> - 동일 상품군에 속하는 상품들에 다양한 가격대를 설정하는 가격전략
> - 소비자가 디자인, 색상, 사이즈 등을 다양하게 비교하는 선매품, 특히 의류품의 경우 자주 활용
> - 몇 개의 구체적인 가격만이 제시되므로 복잡한 가격비교를 하지 않아도 되어 소비자의 상품선택과정이 단순화된다는 장점을 제공

① 가격계열화전략(price lining strategy)

② 가격품목화전략(price itemizing strategy)

③ 가격단위화전략(price unitizing strategy)

④ 가격구색화전략(price assortment strategy)

⑤ 가격믹스전략(price mix strategy)

65 마이클 포터(Michael Porter)의 5요인모델 (5-Forces Model)에 근거한 설명으로 가장 옳지 않은 것은?

① 기존 기업들은 높은 진입장벽의 구축을 통해 시장매력도를 높일 수 있다.

② 구매자의 교섭력이 높아질수록 시장 매력도는 낮아진다.

③ 시장매력도는 산업 전체의 평균 수익성을 의미한다.

④ 경쟁자, 공급자, 구매자가 분명하게 구분되는 것을 가정한다.

⑤ 대체재가 많을수록 시장의 매력도는 높아진다.

66 상품구색의 다양성(variety)에 대한 설명으로 가장 옳지 않은 것은?

① 취급하는 상품계열의 수가 어느 정도 되는가를 의미한다.

② 취급하는 상품품목의 수가 얼마나 되느냐와 관련된다.

③ 동일한 성능이나 용도를 가진 상품들을 하나의 상품군으로 취급하기도 한다.

④ 동일한 고객층 또는 동일한 가격대 등을 하나의 상품군으로 취급하기도 한다.

⑤ 전문점은 백화점이나 양판점에 비해 상품구색의 다양성이 한정되어 있다.

67 업체별 머천다이징의 특징으로 가장 옳지 않은 것은?

① 전문점의 머천다이징은 전문성의 표현과 개성전개, 표적의 명확화를 바탕으로 구성한다.

② 할인점은 저비용, 저마진, 대량판매의 효율성을 바탕으로 구성한다.

③ 선매품점은 계절욕구, 패션지향에 대한 특성과 개성표현이 잘 되도록 구성한다.

④ 백화점은 계절성, 편리성, 친절성을 바탕으로 효율적 판매가 가능하도록 구성한다.

⑤ 슈퍼마켓은 합리적 상품회전율과 상품품목별 효율 중심을 바탕으로 구성한다.

68 고객관계를 강화하기 위한 고객관리전략으로 가장 옳지 않은 것은?

① 잠재가능고객 파악 및 차별적 프로모션 실행

② 구매 후 고객관리를 통한 관계 심화

③ 고객충성도의 주기적 측정 및 관리

④ 적극적이고 체계적인 불평관리

⑤ 고객이탈을 방지하는 인센티브 제공

69 판매원의 판매활동에 대한 설명으로 가장 옳지 않은 것은?

① 상품과 대금의 교환을 실현시키는 활동이다.

② 상품의 효용과 가치에 대한 정보를 제공하는 활동이다.

③ 제한된 공간에서 소매점의 이익을 극대화하기 위한 활동이다.

④ 고객이 상품과 서비스를 구매하도록 설득하는 활동이다.

⑤ 대화를 통해 고객의 욕구를 파악하고 그에 부합되는 제품을 추천하는 활동이다.

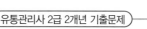

70 판매 결정을 촉구하는 판매원의 행동기법으로 가장 옳지 않은 것은?

① 두 가지 대안 중 어느 한쪽을 선택하도록 유도한다.

② 제품을 구매함으로써 얻게 되는 여러 이점을 설명한다.

③ 고객이 어느 정도 사고 싶은 마음이 있는지 파악할 수 있는 질문을 한다.

④ 고객에게 어필할 수 있는 주요 이익을 요약 설명한다.

⑤ 구매하지 않아도 된다는 태도를 취하여 소비자를 유혹하는게 아니라는 신뢰감을 갖게 한다.

71~90   **4과목 | 유통정보**

71 인터넷 상거래의 비즈니스 모델 유형별로 세부 비즈니스 모델을 짝지어 놓은 것으로 가장 옳지 않은 것은?

① 소매 모델 – 소비자에게 제품이나 서비스 판매 – 온 · 오프 병행소매

② 중개 모델 – 판매자와 구매자 연결 – 이 마켓플레이스

③ 콘텐츠서비스 모델 – 이용자에게 콘텐츠 제공 – 포털

④ 광고 모델 – 인터넷을 매체로 광고 – 배너광고

⑤ 커뮤니티 모델 – 공통관심의 이용자들에게 만남의 장제공 – 검색 에이전트

72 아래 글상자에서 암묵지에 해당하는 내용만을 모두 나열한 것으로 가장 옳은 것은?

㉠ 매뉴얼	㉡ 숙련된 기술
㉢ 조직 문화	㉣ 조직의 경험
㉤ 데이터베이스	㉥ 컴퓨터 프로그램

① ㉠, ㉢, ㉣   ② ㉠, ㉢, ㉤

③ ㉡, ㉢, ㉣   ④ ㉡, ㉢, ㉣, ㉥

⑤ ㉢, ㉣, ㉤, ㉥

73 베스트 오브 브리드(best of breed)전략을 통해 ERP 시스템을 구축할 경우에 대한 설명으로 가장 옳지 않은 것은?

① 상대적으로 낮은 비용으로 시스템을 구축할 수 있다.

② 특정 기능 구현에 있어서 고도의 탁월한 기능성을 발휘함으로써 보다 많은 경쟁우위를 창출하도록 해준다.

③ 별도의 미들웨어 개발없이 모듈간 통합을 할 수 있다.

④ 소프트웨어 선택, 프로젝트 관리 및 업그레이드에 더 많은 시간과 자원이 소요된다.

⑤ 고도의 전문성을 지닌 IT자원이 요구된다.

74 데이터의 깊이와 분석차원을 마음대로 조정해가며 분석하는 OLAP(online analytical processing)의 기능으로 가장 옳은 것은?

① 분해(slice &dice) ② 리포팅(reporting)
③ 드릴링(drilling) ④ 피보팅(pivoting)
⑤ 필터링(filtering)

75 절차별 모바일 결제 서비스에 대한 내용 중 괄호 안에 들어갈 용어를 순서대로 나열한 것으로 가장 옳은 것은?

절차	From	To
구매요청/ 지불 정보 전송	고객	쇼핑몰
지불 정보 전송	쇼핑몰	(㉠)
고객 확인 요청/ 거래 암호 생성, 전송	(㉠)	(㉡)
고객 확인 후 거래 암호 전송	(㉡)	고객
거래 암호 전송	고객	쇼핑몰
대금 정보 전송	쇼핑몰	모바일PG
상품 배송	쇼핑몰	고객
대금 정보 전송	모바일PG	이동통신사
대금 청구	이동통신사	고객
대금 수납	고객	(㉢)
수납 정보/ 수납 금액 인도	(㉢)	(㉣)
상점 정산	(㉣)	쇼핑몰

	㉠	㉡	㉢	㉣
①	이동 통신사	모바일 PG	이동 통신사	모바일 PG
②	이동 통신사	모바일 PG	모바일 PG	이동 통신사
③	모바일 PG	이동 통신사	이동 통신사	모바일 PG
④	모바일 PG	이동 통신사	모바일 PG	이동 통신사
⑤	이동 통신사	모바일 PG	신용 카드사	모바일 PG

① ① ② ②
③ ③ ④ ④
⑤ ⑤

76 4차 산업혁명에 따라 파괴적인 혁신을 이루는 기하급수기술(exponential technology)로 가장 옳지 않은 것은?

① 3D 프린팅(3D printing)
② 인공지능(artificial intelligence)
③ 로봇공학(robotics)
④ 사물인터넷(internet of things)
⑤ 레거시 시스템(legacy system)

77 NoSQL에 관련된 내용으로 가장 옳지 않은 것은?

① 화면과 개발로직을 고려한 데이터 셋을 구성하여 일반적인 데이터 모델링이라기 보다는 파일구조 설계에 가깝다고 볼 수 있다.

② 데이터 항목을 클러스터 환경에 자동적으로 분할하여 적재한다.

③ 스키마 없이 데이터를 상대적으로 자유롭게 저장한다.

④ 대규모의 데이터를 유연하게 처리할 수 있는 전통적인 관계형 데이터베이스 시스템이다.

⑤ 간단한 API Call 또는 HTTP를 통한 단순한 접근 인터페이스를 제공한다.

78 유통업체에서 활용하는 비즈니스 애널리틱스(analytics)의 유형에 대한 설명으로 가장 옳지 않은 것은?

① 대시보드(dashboards)는 데이터 분석결과에 대한 이용자 이해도를 높이기 위한 데이터 시각화 기술이다.

② 스코어카드(scorecards)는 데이터베이스로부터 정보를 추출하는 주요 매커니즘이다.

③ 데이터 마이닝(data mining)은 대규모 데이터를 분석하여 숨겨진 상관관계 및 트렌드를 발견하는 기법이다.

④ 리포트(reports)는 비즈니스에서 요구하는 정보를 포맷화하고 조직화하기 위해 변환시켜 표현하는 것이다.

⑤ 알림(alert)은 특정 사건이 발생했을 때 이를 관리자에게 인지시켜주는 자동화된 기능이다.

79 아래 글상자의 괄호 안에 들어갈 내용을 순서대로 나열한 것으로 가장 옳은 것은?

	자료	정보	지식
구조화	(㉠)	단위필요	(㉡)
부가가치	(㉢)	중간	(㉣)
객관성	(㉤)	가공필요	(㉥)

	㉠	㉡	㉢	㉣	㉤	㉥
①	어려움	쉬움	적음	많음	객관적	주관적
②	쉬움	어려움	많음	적음	주관적	객관적
③	어려움	쉬움	많음	적음	주관적	객관적
④	쉬움	어려움	적음	많음	객관적	주관적
⑤	어려움	쉬움	적음	많음	주관적	객관적

① ①

② ②

③ ③

④ ④

⑤ ⑤

80 고객이 기존에 구매한 상품보다 가치가 높고, 성능이 우수한 상품을 추천하는 시스템을 활용하는 것을 지칭하는 용어로 가장 옳은 것은?

① 클릭 앤드 모타르(click and mortar)

② 옴니채널(omnichannel)

③ 서비스 시점(point of service)

④ 크로스 셀링(cross selling)

⑤ 업 셀링(up selling)

81 아래 글상자가 설명하는 용어로 가장 옳은 것은?

> – Ian Foster, Carl Kesselman, Steve Tuecke에 의해 제안된 개념으로 분산 병렬 컴퓨팅의 한 분야로 원거리 통신망(WAN: wide area network)으로 연결된 서로 다른 기종의 (heterogeneous) 컴퓨터들을 하나로 묶어 가상의 대용량 고성능 컴퓨터를 구성하는 기술을 지칭한다.
> – 거대 데이터 집합 분석과 날씨 모델링 같은 대규모 작업을 수행하는 네트워크로 연결된 컴퓨터 그룹이다.

① 클라우드 컴퓨팅 ② 그리드 컴퓨팅

③ 그린 컴퓨팅 ④ 클러스터 컴퓨팅

⑤ 가상 컴퓨팅

82 유통업체의 지식관리 시스템 구축 및 활용과 관련된 설명으로 가장 옳은 것은?

① 기업은 지식에 대한 유지관리를 위해 불필요한 지식도 철저하게 잘 보존해야 한다.

② 지식관리 시스템을 도입하면 조직 내부의 지식관리에 대한 모든 문제를 해결할 수 있다.

③ 지식관리 시스템 활용에 있어, 직원이 보유한 업무처리 지식에 대한 공유 방지를 위해 철저하게 통제한다.

④ 지식관리 시스템 구축은 단기적 관점에서 경쟁력을 강화하기 위한 프로젝트로 단기 매출 증대에 기여 하도록 시스템을 구축해야 한다.

⑤ 성공적인 도입을 위해서 초기에는 소규모로 시스템을 도입하고, 성과가 나타나기 시작하면 전사적으로 지식관리 시스템을 확장하는 것이 유용하다.

83 빅데이터 분석과 관련된 설명으로 가장 옳지 않은 것은?

① 텍스트 마이닝(text mining)은 자연어를 분석하고, 자연어 속에 숨겨진 정보를 파악하는 데이터 분석기법이다.

② 오피니언 마이닝(opinion mining)은 특정한 상품 및서비스에 대한 시장 규모 예측, 고객 구전효과 분석에 활용되는 데이터 분석 기법이다.

③ 소셜 네트워크분석(social network analysis)은 그래프 이론을 활용해서 소셜 네트워크의 연구구조 및 강도를 분석하는 데이터 분석 기법이다.

④ 군집 분석(cluster analysis)은 비슷한 특성을 가지고 있는 데이터를 통합해서 유사한 특성으로 군집화하는 데이터 분석 기법이다.

⑤ 회귀 분석(regression analysis)은 종속변수와 독립변수의 상관관계를 분석하는 데이터 분석 기법이다.

84 아래 글상자의 내용을 의사결정에 활용되는 시뮬레이션 절차대로 바르게 나열한 것으로 가장 옳은 것은?

> ㉠ 모델 설정
> ㉡ 문제 규정
> ㉢ 모형의 타당성 검토
> ㉣ 시뮬레이션 시행
> ㉤ 결과 분석 및 추론

① ㉠ - ㉡ - ㉢ - ㉣ - ㉤
② ㉠ - ㉡ - ㉣ - ㉢ - ㉤
③ ㉠ - ㉢ - ㉡ - ㉣ - ㉤
④ ㉡ - ㉠ - ㉢ - ㉣ - ㉤
⑤ ㉡ - ㉠ - ㉣ - ㉢ - ㉤

85 아래 글상자에서 설명하는 내용에 부합하는 용어로 가장 옳은 것은?

> 모든 디바이스가 정보의 뜻을 이해하고 논리적인 추론까지 할 수 있는 지능형 기술로 사람의 머릿속에 있는 언어에 대한 이해를 컴퓨터 언어로 표현하고 이것을 컴퓨터가 사용할 수 있게 만드는 것이다.

① 고퍼(gopher)
② 냅스터(napster)
③ 시맨틱웹(semantic-Web)
④ 오페라(opera)
⑤ 웹클리퍼(Web-clipper)

86 식별코드와 바코드에 대한 설명으로 가장 옳지 않은 것은?

① GS1 표준 상품 식별코드는 전세계적으로 널리 사용되는 '사실상의(de facto)' 국제 표준이다.

② 상품 식별코드 자체에는 상품명, 가격, 내용물 등에 대한 정보가 포함되어 있다.

③ 바코드는 식별코드를 기계가 읽을 수 있도록 막대 모양으로 표현한 것이다.

④ GTIN은 기업에서 자사의 거래단품을 고유하게 식별하는데 사용하는 국제표준상품코드이다.

⑤ ITF-14는 GTIN-14코드체계(물류단위 박스)를 표시하는데 사용되는 바코드 심벌이다.

87 QR 코드에 대한 설명으로 가장 옳지 않은 것은?

① 1994년 일본의 덴소 웨이브(DENSO WAVE)에서 데이터를 빠르게 읽는 데 중점을 두고 개발 보급한 기술이다.

② 360° 어느 방향에서나 빠르게 데이터를 읽을 수 있다.

③ 기존 바코드 기술과 비교할 때, 대용량 데이터의 저장이 가능하고, 고밀도 정보 표현이 가능하다.

④ 일부 찢어지거나 젖었을 때 오류를 복원하는 기능이 포함되어 있다.

⑤ 바이너리(binary), 제어 코드를 제외한 모든 숫자와 문자를 처리할 수 있다.

88 아래 글상자에서 설명하고 있는 용어로 가장 옳은 것은?

> - Robert Kaplan과 David Norton이 재무적 성과, 고객성과, 프로세스 혁신 성과, 학습 및 성장 성과 등을 기업의 핵심 성공요소로 파악하고 이들 요소를 종합적으로 평가할 것을 제안하였다.
> - 기업의 지적재산에 대한 체계적인 관리와 전략적 활용에 중점을 두고 있다.

① IC Index
② 스칸디아네비게이터
③ 균형성과표
④ 기술요소평가법
⑤ 무형자산모니터

89 드론의 구성요인에 대한 설명으로 가장 옳지 않은 것은?

① 드론의 항법센서는 전자광학센서, 초분광센서, 적외선 센서 등이 있다.

② 탑재 컴퓨터는 드론을 운영하는 브레인 역할을 하는 컴퓨터로 드론의 위치, 모터, 배터리 상태 등을 확인할 수 있다.

③ 드론 모터는 드론의 움직임이 가능하도록 지원하고, 배터리는 모터에 에너지를 제공한다.

④ 드론 임무장비는 드론 비행을 하면서 특정한 임무를 하도록 관련 장비를 장착한다.

⑤ 드론 프로펠러 및 프레임은 드론이 비행하도록 프레임 워크를 제공한다.

90 POS시스템의 특징에 대한 설명으로 가장 옳지 않은 것은?

① SKU별로 상품 정보를 파악할 수 있는 관리시스템으로 상품 판매동향을 파악할 수 있다.

② 모든 거래정보 및 영업정보를 즉시 파악할 수 있으므로 정보의 변화에 즉각 대응할 수 있는 배치(batch)시스템이다.

③ 현장에서 발생하는 각종 거래 관련 데이터를 실시간으로 직접 컴퓨터에 전달하는 수작업이 필요 없는 온라인시스템이다.

④ 고객과의 거래와 관련된 정보를 POS시스템을 통해 수집할 수 있다.

⑤ POS를 통해 수집된 정보는 고객판촉 활동의 기초자료로 사용할 수 있다.

핵심 500제

유통관리사 2급 적중예상문제

제1과목

유통물류일반

유통물류일반

001 다음 중 유통이 제공하는 기능적 효용이 아닌 것은?

① 매매   ② 보관
③ 운송   ④ 금융
⑤ 수집

정답 ⑤

정답해설 유통의 기능으로는 매매, 보관, 운송, 금융, 보험, 정보통신이 있다.

002 다음은 유통의 분류 중 무엇을 의미하는가?

> 상류(商流)라고 하며, 유통부문 중 재화의 이동을 동반하지 않는 상거래 유통으로 서류 · 금전 · 정보의 이동을 의미한다.

① 상적유통   ② 물적유통
③ 금융적유통   ④ 정보유통
⑤ 인적유통

정답 ①

정답해설 상적유통은 상류(商流)라고 하며, 유통부문 중 재화의 이동을 동반하지 않는 상거래 유통으로 서류 · 금전 · 정보의 이동을 의미한다.

003 시장유통환경의 변화로 볼 수 없는 것은?

① 국내 경제성장률이 둔화되고 있고, 가처분 소득이 감소하는 추세이다.
② 원자재가격 상승과 이상기후로 인한 생산량 감소로 물가가 상승했다.
③ 소비자의 명품선호현상이 줄고 있으며, 외국인관광객이 증가했다.
④ 유통채널 시장포화로 인해 업체 간 경쟁을 넘어 업태 간 경쟁이 치열하다.
⑤ 복합형태의 점포나 신규업태 등이 새롭게 등장했다.

정답 ③

정답해설 소비자의 명품선호현상이 늘고 있으며, 외국인관광객이 증가했다.

004 다음은 유통경로의 효용 중 어떤 효용에 대한 설명인가?

> 재화나 서비스의 생산과 소비 간 시차를 극복하여 소비자가 재화나 서비스를 필요로 할 때 이를 소비자가 이용 가능하도록 해주는 효용이다.

① 시간효용
② 장소효용
③ 소유효용
④ 형태효용
⑤ 공간효용

정답 ①

정답해설 시간효용은 재화나 서비스의 생산과 소비 간 시차를 극복하여 소비자가 재화나 서비스를 필요로 할 때 이를 소비자가 이용 가능하도록 해주는 효용이다.

005 도매상이 유통경로에 개입하여 상품재고의 도매상 집중현상을 소매상에 분산함으로써 도매상의 대량보관기능을 분담시키고, 사회 전체의 상품재고 총량을 감소시킨다는 유통의 원칙은?

① 총 거래 수 최소화의 원칙
② 집중준비의 원칙
③ 분업의 원칙
④ 변동비 우위의 원칙
⑤ 협업의 원칙

정답 ②

정답해설 집중준비의 원칙은 도매상이 유통경로에 개입하여 상품재고의 도매상 집중현상을 소매상에 분산함으로써 도매상의 대량보관기능을 분담시키고, 사회 전체의 상품재고 총량을 감소시킨다는 원칙이다.

006 소매업 유통경로의 변천과정 중 직업적인 중간상이 생겨나면서 일정한 지역을 중심으로 소매상들이 집합하여 상업을 영위하는 시장은 어떤 시장인가?

① 비상설시장
② 상설시장
③ 분화시장
④ 통합시장
⑤ 독점시장

정답 ②

정답해설 직업적인 중간상이 생겨나면서 일정한 지역을 중심으로 소매상들이 집합하여 상업을 영위하는 시장은 상설시장이다.
비상설시장 → 상설시장 → 분화시장 → 통합시장

007 소매업의 마케팅 기능 중 소유권이전기능과 물적유통기능이 원활히 수행되도록 조성하는 기능을 의미하는 것은?

① 소유권이전기능　　　　　　　　② 물적유통기능
③ 조성기능　　　　　　　　　　　④ 위험부담
⑤ 시장정보

정답 ③

정답해설 소유권이전기능과 물적유통기능이 원활히 수행되도록 조성하는 기능을 의미하는 것은 조성기능이다.

008 다음에서 설명하고 있는 이론은?

> 시장이 효율적이지 못할 때, 기업이 시장을 통해 독립된 경로구성원과 거래관계를 맺는 것보다 모든 경로 관련활동을 직접 수행함으로써 시장에서의 거래비용을 줄일 수 있다는 이론이다.

① 거래비용이론　　　　　　　　　② 대리인이론
③ 기능위양이론　　　　　　　　　④ 소매업 수레바퀴이론
⑤ 소매업 아코디언이론

정답 ①

정답해설 거래비용이론에 따르면 기업은 거래에 따른 부가적 비용을 줄이기 위해 거래기능을 내부화하려는 시도가 일어나며, 이 과정 속에서 유통기능의 통합이나 분할이 일어난다. 거래비용이론은 시장이 효율적이지 못할 때, 기업이 시장을 통해 독립된 경로구성원과 거래관계를 맺는 것보다 모든 경로관련활동을 직접 수행함으로써 시장에서의 거래비용을 줄일 수 있다는 이론이다.

009 다음에서 설명하고 있는 이론은?

> 한 제품의 라이프사이클 과정을 소매점 수명주기로 보는 이론이며, 소매점은 도입기 → 성장기 → 성숙기
> → 쇠퇴기의 단계를 지나게 되는 것으로 본다.

① 소매업 수레바퀴이론
② 소매업 아코디언이론
③ 소매업 수명주기이론
④ 정·반·합 이론
⑤ 기능위양이론

정답 ③

정답해설 소매업 수명주기이론의 단계별 특징

구분	특징	수명주기의 단계			
		도입기	성장기	성숙기	쇠퇴기
시장 특성	경쟁자 수	거의 없음	중간	동종업태 내의 높은 직접경쟁	이종업 간의 높은 간접경쟁
	판매증가율	매우 빠름	빠름	중간	매우 느림
	이익 수준	낮음	높음	중간	매우 확정
소매 업자 전략	투자, 위험부담의 결정	높은 위험부담	성장 유지를 위한 높은 투자	성장세분시장에 대한 선별적 투자	자본지출의 최소화
	경영의 중심적 관심	소매개념의 정립 및 정착	시장위치 선점	소매개념의 수정	탈출 전략
	통제 정도	최소	중간	최대	중간

010 선택적 유통경로의 특징으로 옳지 않은 것은?

① 선적비용과 같은 유통비용을 낮출 수 있다.
② 경로구성원의 수가 많을 때보다 구성원들과의 관계를 더 잘 유지할 수 있다.
③ 제품개념에 독특함, 희소성, 선택성 같은 이미지를 부여하고자 할 때 적절하다.
④ 경로구성원에게 고객들의 서비스에 관한 교육이 필요로 한 제품의 경우에 적절하다.
⑤ 중간상의 수가 많아질수록 동일한 제품을 시장에서 구매할 수 있는 기회가 많아져 제품 판매에 대한 경쟁이 과열될 수 있다.

정답 ⑤

정답해설 중간상의 수가 많아질수록 동일한 제품을 시장에서 구매할 수 있는 기회가 많아져 제품 판매에 대한 경쟁이 과열될 수 있는 것은 개방적 유통경로의 문제점이다.

011 수직적 마케팅 시스템의 특징으로 옳지 않은 것은?

① 총유통비용의 절감이 가능하다.

② 자원 및 원재료 등을 안정적으로 확보할 수 있다.

③ 혁신적인 기술을 보유하기 어렵다.

④ 초기에 막대한 자금이 소요된다.

⑤ 시장이나 기술의 변화에 대하여 기민한 대응이 곤란하다.

정답 ③

정답해설 수직적 마케팅 시스템의 장·단점

장점	단점
• 총유통비용의 절감이 가능하다. • 자원 및 원재료 등을 안정적으로 확보할 수 있다. • 혁신적인 기술을 보유할 수 있다. • 새로 진입하려는 기업에게 높은 진입 장벽으로 작용한다.	• 초기에 막대한 자금이 소요된다. • 시장이나 기술의 변화에 대하여 기민한 대응이 곤란하다. • 각 유통단계에서의 전문화가 상실된다.

012 기업이 어느 정도 타인자본에 의존하고 있는지를 측정하기 위한 비율로, 부채성 비율이라고도 하는 것은?

① 유동비율

② 수익성 비율

③ 자산 비율

④ 레버리지 비율

⑤ 활동성 비율

정답 ④

정답해설 레버리지 비율은 기업이 어느 정도 타인자본에 의존하고 있는지를 측정하기 위한 비율로, 부채성 비율이라고도 한다.

013 조직의 각 부문은 목표가 있어야 하며, 이는 전체 조직의 목적에 부합되고 조화되어야 한다는 것은 조직화의 어떤 원칙에 해당하는가?

① 목적성의 원칙

② 명령의 일원화 원칙

③ 전문화의 원칙

④ 책임·권한의 원칙

⑤ 권한위임의 원칙

정답 ①

정답해설 목적성의 원칙이란 조직의 각 부문은 목표가 있어야 하며, 이는 전체 조직의 목적에 부합되고 조화되어야 한다는 원칙이다.

014 조직의 유형 중 다음은 무엇에 해당하는가?

기업조직 내의 명령 계통이 경영자로부터 각급 관리자를 거쳐 조직 말단에 이르기까지 직선적으로 연결되는 조직형태

① 직계 조직
② 기능별 조직
③ 직계참모 조직
④ 제품관리 조직
⑤ 지역별 조직

정답 ①

정답해설 직계 조직은 기업조직 내의 명령 계통이 경영자로부터 각급 관리자를 거쳐 조직 말단에 이르기까지 직선적으로 연결되는 조직형태이다.

오답해설 ② **기능별 조직** : 마케팅 활동을 관련 업무나 수행기능별로 분류한 조직형태
③ **직계참모 조직** : 명령일원화의 원리와 전문화의 원리를 조화시켜 경영의 대규모화, 복잡화에 대응할 수 있도록 만들어진 조직구조
④ **제품관리 조직** : 특정 제품이나 제품 라인을 전담하는 제품 관리자를 두고 각 관리자들이 담당제품에 관련된 모든 마케팅 활동을 수행하는 조직구조
⑤ **지역별 조직** : 제품시장이 광범위하거나 지역별 수요의 특성이 상이할 때 이용되는 조직

015 이윤을 추구하는 물류 전문회사 형태의 기업형 물류조직은 무엇인가?

① 분산형
② 집중형
③ 독립부문형
④ 독립채산형
⑤ 자회사형

정답 ⑤

정답해설 자회사형은 이윤을 추구하는 물류 전문회사 형태의 기업형 물류조직이다.

016 라인 & 스태프형 조직에 대한 설명으로 옳지 않은 것은?

① 영업과 물류활동의 일체화가 가능하다.
② 유통 전체 시스템의 정합성을 유지할 수 있다.
③ 경영자의 영업정책을 물류에 신속하게 반영하기 어렵다.
④ 물류의 일원적 관리가 어렵다.
⑤ 책임과 관련하여 권한이 없다.

정답 ③

정답해설 라인 & 스태프형 조직의 장·단점

장점	단점
• 영업과 물류활동의 일체화가 가능하다.	• 물류의 일원적 관리가 어렵다.
• 유통 전체 시스템의 정합성을 유지할 수 있다.	• 책임과 관련하여 권한이 없다.
• 경영자의 영업정책을 물류에 신속하게 반영할 수 있다.	• 실행력이 결핍되기 쉽다.
• 영업을 대표하여 생산이나 구입부문과의 조정이 쉽다.	• 물류에 관한 최종 책임이 없다.
• 물류부문의 생각, 의견, 제안 등이 영업부문에 반영되기 쉽다.	• 물류부문과 영업부문이 혼재되어 있을 경우 물류부문이 이것을 직접 관리하기가 어렵다.

017 사업부형 조직에 대한 설명으로 옳지 않은 것은?

① 라인 & 스태프에 의한 분권적 집권조직이라 할 수 있다.
② 기본적으로 각 사업부가 이익책임 부서이며, 마치 하나의 회사와 같이 운영이 이루어진다.
③ 사업부형 조직하에서는 서비스 스태프나 제너럴 스태프가 존재한다.
④ 물류부문의 스태프 조직이 존재하면 원칙으로는 본부와 사업부 쌍방에 물류부문의 스태프가 존재한다.
⑤ 계층적인 기능식 구조에 수평적 사업부제 조직을 결합한 부문화의 형태로 상호 연관된 구조이다.

정답 ⑤

정답해설 계층적인 기능식 구조에 수평적 사업부제 조직을 결합한 부문화의 형태로 상호 연관된 구조는 매트릭스 조직이다.

018 매슬로우(A. Maslow)의 욕구계층 5단계 이론 중 사회적 욕구에 대한 설명은 무엇인가?

① 인간생활에 가장 기본이 되는 의 · 식 · 주에 관한 욕구이다.

② 외부환경으로부터의 보호와 장래에 대한 보장과 관련된 욕구이다.

③ 집단에 귀속하고 싶은 욕구와 사람을 사귀고자 하는 욕구이다.

④ 남으로부터 존경을 받고 싶은 욕구와 자신에 대한 믿음, 즉 자신감을 포함하는 욕구이다.

⑤ 자신의 잠재적 능력을 최대한 개발하여 이를 구현해 보고자 하는 욕구이다.

정답 ③

정답해설 사회적 욕구는 집단에 귀속하고 싶은 욕구와 사람을 사귀고자 하는 욕구이다.

019 맥그리거(D. McGregor)의 X이론에 대한 설명으로 옳지 않은 것은?

① 본성적으로 일을 싫어하며 되도록 일을 회피한다.

② 일을 하게 하려면 강제 · 명령 · 벌칙 등을 가해야 한다.

③ 변화를 싫어한다.

④ 수동적이고 소극적이다.

⑤ 책임의식과 자아존중 욕구를 가지고 충실히 일하는 존재이다.

정답 ⑤

정답해설 책임의식과 자아존중 욕구를 가지고 충실히 일하는 존재는 Y이론에 대한 설명이다.

020 허즈버그(Herzberg)의 욕구충족요인 중 위생요인(불만요인)으로 옳지 않은 것은?

① 회사의 정책과 행정   ② 감독유형

③ 보수   ④ 대인관계

⑤ 직무상의 성취감

정답 ⑤

정답해설 허즈버그(Herzberg)의 욕구충족요인 중 위생요인(불만요인)으로는 회사의 정책과 행정, 감독유형, 보수, 대인관계, 작업조건이 있다.

021 직무평가 방법 중 다음은 무엇에 해당하는가?

> 객관적으로 가장 타당하다고 인정되는 기준직무를 설정하고, 이를 기준으로 평가직무를 그것에 비교함으로써 평가하는 방법

① 서열법   ② 분류법
③ 점수법   ④ 요소 비교법
⑤ 관찰법

정답 ④

정답해설 요소 비교법은 객관적으로 가장 타당하다고 인정되는 기준직무를 설정하고, 이를 기준으로 평가직무를 그것에 비교함으로써 평가하는 방법이다.

022 근대적인 직무설계 기법 중 종업원 자신이 근무시간을 스스로 선택할 수 있도록 허용하는 직무일정계획 시스템은 무엇인가?

① 직무순환   ② 유연시간 근무제
③ 직무 확대   ④ 직무 충실화
⑤ 직무특성 모형

정답 ②

정답해설 유연시간 근무제는 종업원 자신이 근무시간을 스스로 선택할 수 있도록 허용하는 직무일정계획 시스템을 말한다.

023 인사고과 평정상의 오류에 대한 설명으로 옳지 않은 것은?

① 현혹효과 : 고과자가 피고과자의 어떠한 면을 기준으로 다른 측면까지 함께 평가하는 경향
② 관대화 경향 : 피고과자를 실제의 능력이나 실적보다 더 높게 평가하는 경향
③ 중심화 경향 : 평가의 결과가 평가상의 중간으로 나타나기 쉬운 경향
④ 규칙적 오류 : 고과자가 피고과자를 평가함에 있어 쉽게 기억할 수 있는 최근의 실적이나 능력을 중심으로 평가하려는 데서 오는 오류
⑤ 대비오류 : 고과자가 자신이 지닌 특성과 비교하여 피고과자를 평가하는 경향

정답 ④

정답해설 규칙적 오류는 가치 판단상의 규칙적인 심리적 오류에 의한 것으로 이를 항상오류라고도 한다.

024 다음은 채용도구 중 무엇에 대한 설명인가?

> 피면접자인 응모자에게 최대한 의사표시의 자유를 주고, 그 가운데서 응모자에 관한 정보를 얻는 방법

① 정형적 면접
② 비지시적 면접
③ 스트레스 면접
④ 패널 면접
⑤ 집단 면접

정답 ②

정답해설 비지시적 면접은 피면접자인 응모자에게 최대한 의사표시의 자유를 주고, 그 가운데서 응모자에 관한 정보를 얻는 방법이다.

025 연공과 능력, 즉 직무주의와 인도주의를 절충시킨 제도는 무엇인가?

① 직계승진제도
② 연공승진제도
③ 자격승진제도
④ 대용승진제도
⑤ 조직변화 승진제도

정답 ③

정답해설 자격승진제도는 연공과 능력, 즉 직무주의와 인도주의를 절충시킨 제도이다.

오답해설 ① **직계승진제도** : 직무주의적 능력주의에 입각하여 직무의 분석 · 평가 · 등급 조절 등이 끝나 직위관리 체제가 확립되면, 그 직무의 자격요건에 비추어 적격자를 선정하고 승진시키는 방법
　　② **연공승진제도** : 근무연수, 학력, 경력, 연령 등 종업원의 개인적인 연공과 신분에 따라 자동적으로 승진시키는 연공주의에 의한 승진유형
　　④ **대용승진제도** : 자격승진제도와 같이 경영 내의 공식적인 자격을 인정하고 그에 따라 승진시키는 것이 아니라, 승진은 시켜야 하나 담당 직책이 없을 경우 인사체증과 사기 저하를 방지하기 위해 직무내용상 실질적인 승진은 없이 직위심볼상의 형식적인 승진을 시키는 방법
　　⑤ **조직변화 승진제도** : 승진 대상은 많으나 승진의 기회가 주어지지 않으면 사기 저하, 이직 등으로 유능한 인재를 놓칠 가능성이 있을 경우, 경영조직을 변화시켜 승진의 기회를 마련해주는 방법

026 성과급 제도 중 공장의 목표를 달성하는 데 있어 모든 노동자들의 중요성을 강조하고 최적의 결과를 얻기 위해 노동자들의 노력에 대해 자극을 부여하려는 제도는 무엇인가?

① 단순성과급제(single piece-rate plan)
② 복률성과급제(multiple piece-rate plan)
③ 스캔런플랜(Scanlon Plan)
④ 러커플랜(Rucker Plan)
⑤ 프렌치시스템(French System)

정답 ⑤

정답해설 프렌치시스템(French System)은 공장의 목표를 달성하는 데 있어 모든 노동자들의 중요성을 강조하고 최적의 결과를 얻기 위해 노동자들의 노력에 대해 자극을 부여하려는 제도이다.

027 다음 중 소비자의 기본적 권리로 올바르지 않은 것은?

① 물품 또는 용역으로 인한 생명 · 신체 또는 재산에 대한 위해로부터 보호받을 권리
② 물품 등을 선택함에 있어서 필요한 지식 및 정보를 제공받을 권리
③ 물품 등의 사용으로 입은 피해에 대하여 희망하는 보상을 받을 권리
④ 합리적인 소비생활을 위하여 필요한 교육을 받을 권리
⑤ 안전하고 쾌적한 소비생활 환경에서 소비할 권리

정답 ③

정답해설 소비자의 기본적 권리(소비자기본법 제4조)
- 물품 또는 용역(이하 '물품 등'이라 한다)으로 인한 생명 · 신체 또는 재산에 대한 위해로부터 보호받을 권리
- 물품 등을 선택함에 있어서 필요한 지식 및 정보를 제공받을 권리
- 물품 등을 사용함에 있어서 거래상대방 · 구입 장소 · 가격 및 거래조건 등을 자유로이 선택할 권리
- 소비생활에 영향을 주는 국가 및 지방자치단체의 정책과 사업자의 사업 활동 등에 대하여 의견을 반영시킬 권리
- 물품 등의 사용으로 입은 피해에 대하여 신속 · 공정한 절차에 따라 적절한 보상을 받을 권리
- 합리적인 소비생활을 위하여 필요한 교육을 받을 권리
- 소비자 스스로의 권익을 증진하기 위하여 단체를 조직하고 이를 통해 활동할 수 있는 권리
- 안전하고 쾌적한 소비생활 환경에서 소비할 권리

028 영업을 하고자 하는 자가 영업의 종류별 · 영업소별로 허가를 받고 변경 시 그 내용을 신고해야 하는 직책은?

① 식품의약품안전처장　　　　　　　② 공정거래위원장
③ 해당지역 상공회의소장　　　　　　④ 중소벤처기업부장
⑤ 한국소비자원장

정답 ①

정답해설 영업을 하고자 하는 자는 영업의 종류별 · 영업소별로 식품의약품안전처장 또는 특별자치도지사 · 시장 · 군수 또는 구청장의 허가를 받고 경미한 사항의 변경 시 그 내용을 신고하여야 한다.

029 「남녀고용평등과 일·가정 양립 지원에 관한 법률」에서 규정하는 남녀의 평등한 기회보장 및 대우로 틀린 것은?

① 사업주는 동일한 사업 내의 동일 가치 노동에 대하여는 동일한 임금을 지급해야 한다.

② 동일 가치 노동의 기준은 직무 수행에서 요구되는 기술·노력·책임 및 작업 조건 등으로 한다.

③ 사업주가 임금차별을 목적으로 설립한 별개의 사업은 마찬가지로 별개로 본다.

④ 사업주는 임금 외에 근로자의 생활을 보조하기 위한 금품의 지급 또는 자금의 융자 등 복리후생에서 남녀를 차별하여서는 아니 된다.

⑤ 사업주는 여성 근로자의 혼인·임신 또는 출산을 퇴직 사유로 예정하는 근로계약을 체결하여서는 아니 된다.

정답 ③

정답해설 「남녀고용평등과 일·가정 양립 지원에 관한 법률」에 의하면 사업주가 임금차별을 목적으로 설립한 별개의 사업은 동일한 사업으로 본다.

030 유통경로의 마케팅 기능 중 조성기능에 해당하지 않는 기능은?

① 표준화기능   ② 소유권이전기능

③ 시장금융기능   ④ 위험부담기능

⑤ 시장정보기능

정답 ②

정답해설 조성기능은 소유권이전기능과 물적유통기능이 원활히 수행될 수 있도록 지원하는 기능으로 표준화기능·시장금융기능·위험부담기능·시장정보기능이 이에 속한다.

031 소매업 수레바퀴이론(Wheel of Retailing)의 단계별 특징 중 성장기의 영업특성에 해당하는 것은?

① 저가격   ② 제한적 제품구색

③ 고품질·고서비스   ④ 세련된 점포시설

⑤ 보수주의

정답 ④

정답해설 소매업 수레바퀴이론(Wheel of Retailing)의 단계별 특징

구분	도입기	성장기	취약기
성격	혁신적 소매상	전통적 소매상	성숙 소매상
시장지위	유치	성장	쇠퇴
영업특성	• 저가격 • 최소한의 서비스 • 점포시설 미비 • 제한적 제품구색	• 고가격 • 차별적 서비스 • 세련된 점포시설 • 제품구색 욕구의 충족 • 번화가에 위치	• 고가격 • 고품질 · 고서비스 • 고비용 · 대자본 • 보수주의 • 투자수익률 감소

032 전속적 유통경로의 선택에 필요한 조건으로 옳지 않은 것은?

① 고객들이 제품 구매 시 고도의 관여를 필요로 한다.
② 제조기업의 유통경로 구성원에 대한 고도의 통제가 필요하다.
③ 타사 상표들과의 경쟁을 되도록 피해야 한다.
④ 제품과 연관된 배타성과 유일하다는 이미지를 더욱 효과적으로 전달할 수 있다.
⑤ 경로구성원과의 긴밀한 관계를 더욱 공고히 하여 판매의 원활화를 꾀할 수 있다.

정답 ③

정답해설 전속적 유통경로를 선택하는 데 있어서 타사 상표들과의 효과적인 경쟁이 필요하다.

033 개방적 유통경로의 문제점에 대한 설명으로 옳지 않은 것은?

① 중간상의 수가 많아질수록 동일한 제품 판매에 대한 경쟁이 과열된다.
② 중간상의 숫자가 많아지므로 제조업체는 가능한 빨리 재고를 소비해야 한다.
③ 품질보증이나 수리 같은 부수적 서비스의 수준이 낮아진다.
④ 중간상 간 치열한 가격경쟁으로 인해 동기부여가 감소할 수 있다.
⑤ 중간상의 경쟁이 심해져 별도의 촉진 프로그램을 통한 동기부여가 필요하다.

정답 ②

정답해설 개방적 유통경로를 사용하면 중간상의 숫자가 많아지므로 제조업체는 이들에게 적시에 상품을 공급하기 위해 충분한 재고를 항상 보유하여야 한다.

034 다음 중 대체재에 해당하는 재화는?

① 실과 바늘   ② 프린터와 잉크

③ 커피와 설탕   ④ 버터와 빵

⑤ 올리브 오일과 포도씨 오일

정답 ⑤

정답해설 대체재는 서로 대신하여 소비될 수 있는 재화를 의미하고 보완재는 동시에 소비할 때 효용이 증가하는 재화를 의미하므로 올리브 오일과 포도씨 오일은 서로 대신하여 소비될 수 있는 대체재이지만 나머지는 모두 보완재에 해당한다.

035 조직의 형성 시 먼저 각 직무의 존재 이유와 그 기능의 내용을 명확히 한 후 그 직무에 적합한 인력을 배치해야 한다는 조직화의 원칙은?

① 목적성의 원칙   ② 명령의 일원화 원칙

③ 전문화의 원칙   ④ 책임 · 권한의 원칙

⑤ 권한위임의 원칙

정답 ③

정답해설 전문화의 원칙은 조직의 형성 시 먼저 각 직무의 존재 이유와 그 기능의 내용을 명확히 한 후 그 직무에 적합한 인력을 배치해야 한다는 원칙이다.

036 명령일원화의 원리와 전문화의 원리를 조화시켜 경영의 대규모화, 복잡화에 대응할 수 있도록 만들어진 조직구조는?

① 기능별 조직   ② 직계참모 조직

③ 제품관리 조직   ④ 지역별 조직

⑤ 프로젝트별 조직

정답 ②

정답해설 직계참모 조직은 명령일원화의 원리와 전문화의 원리를 조화시켜 경영의 대규모화, 복잡화에 대응할 수 있도록 만들어진 조직구조이다.

037 라인 & 스태프형 조직의 단점이 아닌 것은?

① 물류의 일원적 관리가 어렵다.
② 책임과 관련하여 권한이 없다.
③ 실행력이 결핍되기 쉽다.
④ 물류에 관한 최종 책임이 없다.
⑤ 영업과 물류활동의 일체화가 불가능하다.

정답 ⑤

정답해설 라인 & 스태프형 조직은 직능형 조직의 결점을 보완하고 라인과 스태프의 기능을 분화하여 작업 부문과 지원 부문을 분리한 조직으로 라인과 스태프를 분리함으로써 실시기능과 지원기능을 명확히 하고 영업과 물류활동의 일체화가 가능하다는 장점이 있다.

038 다음 중 그리드형 조직에 대한 설명으로 알맞은 것은?

① 라인 & 스태프에 의한 분권적 집권조직이라 할 수 있다.
② 전사적인 물류행정 · 전략 · 계획 등을 도모할 수 없다.
③ 영업을 대표하여 생산이나 구입부문과의 조정이 쉽다.
④ 모회사의 스태프 부문이 복수 자회사의 해당 부문을 횡적으로 관리한다.
⑤ 계층적인 기능식 구조에 수평적 사업부제 조직을 결합한 부문화의 형태로 상호 연관된 구조이다.

정답 ④

정답해설 그리드형 조직은 모회사와 자회사 간의 권한이양 형태로 이루어진 조직으로 모회사의 스태프 부문이 복수 자회사의 해당 부문을 횡적으로 관리하며 ① · ② · ③ · ⑤는 각각 직능형 조직 · 라인 & 스태프형 조직 · 사업부형 조직 · 매트릭스 조직에 관한 설명이다.

039 맥그리거(D. McGregor)는 인간에 대한 가정을 전통적 인간관인 X이론과 현대적 인간관인 Y이론으로 제시하였는데 이 중 Y이론에 해당하는 경우는?

① 본성적으로 일을 싫어하며 되도록 일을 회피
② 변화를 싫어하며 수동적이고 소극적인 성향
③ 일을 하게 하려면 강제 · 명령 · 벌칙 등을 가함

④ 금전적 보상이나 제재 등 외재적 유인에 반응

⑤ 조직문제 해결에 창의력과 상상력을 발휘할 수 있음

정답 ⑤

정답해설 맥그리거(D. McGregor)의 XY이론

X이론	• 본성적으로 일을 싫어하며 되도록 일을 회피 • 변화를 싫어하며 수동적이고 소극적인 성향 • 일을 하게 하려면 강제 · 명령 · 벌칙 등을 가함 • 금전적 보상이나 제재 등 외재적 유인에 반응
Y이론	• 반드시 일을 싫어하지는 않으며 상황이나 조건에 따라 일을 즐김 • 조직의 목표달성을 위해 수동적인 명령도 따르지만 능동적인 활동도 중시 • 책임의식과 자아존중 욕구를 가지고 충실히 일하는 존재 • 조직문제 해결에 창의력과 상상력을 발휘할 수 있음

040 고과자가 피고과자를 평가함에 있어 쉽게 기억할 수 있는 최근의 실적이나 능력을 중심으로 평가하려는 데서 오는 인사고과 평정상의 오류는?

① 관대화 경향
② 중심화 경향
③ 규칙적 오류
④ 시간적 오류
⑤ 논리적 오류

정답 ④

정답해설 시간적 오류는 고과자가 피고과자를 평가함에 있어 쉽게 기억할 수 있는 최근의 실적이나 능력을 중심으로 평가하려는 데서 오는 오류이다.

041 물류비를 기능별로 분류하였을 때 물자유통비에 해당하지 않는 물류비는?

① 포장비
② 수송비
③ 보관비
④ 유통가공비
⑤ 재고관리비

정답 ⑤

정답해설 물자유통비는 유형의 제품을 물리적으로 유통시키기 위하여 소비되는 비용으로 포장비, 수송비, 보관비, 하역비, 유통가공비가 이에 포함되며 재고관리비는 물류정보비에 해당된다.

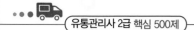

042 물류비를 영역별로 분류하였을 때 왕로물류비에 해당하지 않는 물류비는?

① 조달물류비   ② 폐기물류비
③ 생산물류비   ④ 사내물류비
⑤ 판매물류비

정답 ②

정답해설
- **왕로물류비** : 조달물류비, 생산물류비, 사내물류비, 판매물류비
- **귀로물류비** : 반품물류비, 회수물류비, 폐기물류비

043 물류비의 원가를 계산하는 절차로 올바른 것은?

① 물류비 자료의 식별과 입수 → 물류원가계산 목표의 명시 → 물류비 배부기준의 설정 → 물류비의 배부와 집계 → 물류원가계산의 보고
② 물류비 자료의 식별과 입수 → 물류비 배부기준의 설정 → 물류원가계산 목표의 명시 → 물류비의 배부와 집계 → 물류원가계산의 보고
③ 물류원가계산 목표의 명시 → 물류비 자료의 식별과 입수 → 물류비 배부기준의 설정 → 물류비의 배부와 집계 → 물류원가계산의 보고
④ 물류원가계산 목표의 명시 → 물류비 배부기준의 설정 → 물류비 자료의 식별과 입수 → 물류비의 배부와 집계 → 물류원가계산의 보고
⑤ 물류비 배부기준의 설정 → 물류비 자료의 식별과 입수 → 물류원가계산 목표의 명시 → 물류비의 배부와 집계 → 물류원가계산의 보고

정답 ③

정답해설 물류비의 원가계산 절차는 물류원가계산 목표의 명시 → 물류비 자료의 식별과 입수 → 물류비 배부기준의 설정 → 물류비의 배부와 집계 → 물류원가계산의 보고 순으로 이루어진다.

044 물류공동화에 대한 장점으로 적절하지 않은 것은?

① 물류비용의 절감
② 수·배송의 효율성 향상
③ 정보망 구축에 대한 효율성 향상
④ 물류 서비스의 안정적 공급 및 서비스 수준의 향상
⑤ 중복 투자의 감소에 따른 물류의 생산성 향상

정답 ⑤

정답해설 ⑤는 물류공동화의 단점에 해당한다.

045 다음에서 설명하고 있는 물류센터의 배치형태는?

> 각 생산회사에서 생산한 물품을 인근 영업창고에 보관한 후 고객이 주문할 경우 상물분리 형태에 따라 상호 간 데이터 전송 등의 방법으로 정보시스템을 결합하여 이를 배송 운영하는 형태이다.

① 집중배치형
② 분산배치형
③ 규모별 연결형
④ 기능별 구분형
⑤ 전략창고형

정답 ②

정답해설 분산배치형은 각 생산회사에서 생산한 물품을 인근 영업창고에 보관한 후 고객이 주문할 경우 상물분리 형태에 따라 상호 간 데이터 전송 등의 방법으로 정보시스템을 결합하여 이를 배송 운영하는 형태이다.

046 물류조직의 활동에서 라인(Line)활동에 해당하는 업무활동은?

① 재고관리
② 재고분석
③ 하역기술
④ 창고설계
⑤ 지역계획

정답 ①

정답해설 라인(Line)활동은 제품 또는 서비스의 생산과 판매에 직결되며 주문처리, 커뮤니케이션, 재고관리, 창고보관, 선적, 운송, 차량관리 등의 업무활동을 한다.

047 물류업무 수행능력 및 정보기술, 컨설팅 능력을 보유한 업체가 공급망상의 모든 활동에 대한 계획과 관리를 전담하는 물류활동은?

① 회수물류
② 통합적 로지스틱스
③ 상적물류
④ 제4자 물류
⑤ 조달물류

정답 ④

정답해설 제4자 물류(4 Party Logistics, 4PL)는 다수의 물류업체 운영 및 관리를 최적화함으로써 생산자와 유통업체 간의 물류 효율화를 도모하는 물류활동으로 모든 영역의 물류 서비스를 제공할 수 없었던 기존 전문 물류업체(제3자 물류)의 한계를 극복하고 공급체인에 대하여 탁월하고 지속적인 개선효과를 발휘한다.

048 목표에 의한 관리(MBO)에서 목표를 수립할 때 주의할 점으로 옳은 것은?

① 능력범위 이내라면 목표의 난이도는 약간 어려운 것이 좋다.
② 피드백은 업무가 완성된 후에 한꺼번에 하는 것이 효과적이다.
③ 목표설정 과정에서 당사자가 참여하는 것은 바람직하지 않다.
④ 목표는 기간, 범위 등이 간략해야 효과적이다.
⑤ 업무담당자가 일방적으로 지시한 목표가 좋다.

정답 ①

정답해설 목표에 의한 관리(MBO)는 목표설정 이후 지속적인 커뮤니케이션의 과정으로 업무추진과 지도 등 지속적인 중간관리 과정을 강조하고 있으며 지속적인 중간관리를 통해 목표의 난이도 및 비중 등을 점검하고 달성상황여부를 체크하여 달성정도와 향후 일정 피드백이 가능하고 그것으로 인해 목표달성 및 신뢰를 구축할 수 있기 때문이다. 따라서 목표의 난이도가 능력범위 이내라면 약간 어려운 것이 효과적이다.

049 다음 글 상자에서 설명하고 있는 경로파워 원천은?

• 한 경로구성원이 다른 경로구성원에게 여러 가지 물질적 또는 심리적인 도움을 줄 수 있을 때 형성되는 영향력이다.
• 주로 높은 품질의 서비스를 제공한다고 강조하는 광고가 여기에 속한다.

---

① 보상적 파워   ② 준거적 파워
③ 강압적 파워   ④ 전문적 파워
⑤ 합법적 파워

정답 ①

정답해설 보상적 파워는 한 경로구성원이 다른 경로구성원에게 여러 가지 물질적 또는 심리적인 도움을 줄 수 있을 때 형성되는 영향력으로 높은 품질의 서비스를 제공한다고 강조하는 광고가 여기에 속한다.

050 「유통산업발전법」 제5조 유통산업발전기본계획에 포함되어야 할 사항으로 옳지 않은 것은?

① 유통산업의 국내외 여건 변화 전망
② 유통산업의 지역별 · 종류별 발전 방안
③ 대규모점포의 구조개선 및 경쟁력 강화 방안
④ 산업별 · 지역별 유통기능의 효율화 · 고도화 방안
⑤ 유통전문인력 · 부지 및 시설의 수급 변화에 대한 전망

정답 ③

정답해설 「유통산업발전법」 제5조에 의하면 산업통상자원부장관은 유통산업의 발전을 위하여 5년마다 유통산업발전기본계획을 관계 중앙행정기관의 장과 협의를 거쳐 세우고 시행해야 하며 다음의 사항이 포함되어야 한다.
- 유통산업 발전의 기본방향
- 유통산업의 국내외 여건 변화 전망
- 유통산업의 현황 및 평가
- 유통산업의 지역별 · 종류별 발전 방안
- 산업별 · 지역별 유통기능의 효율화 · 고도화 방안
- 유통전문인력 · 부지 및 시설 등의 수급 변화에 대한 전망
- 중소유통기업의 구조개선 및 경쟁력 강화 방안
- 대규모점포와 중소유통기업 및 중소제조업체 사이의 건전한 상거래질서 유지 방안
- 그 밖에 유통산업의 규제완화 및 제도개선 등 유통산업의 발전을 촉진하기 위하여 필요한 사항

051 「전통시장 및 상점가 육성을 위한 특별법」 제66조 상인연합회가 하는 사업으로 옳지 않은 것은?

① 시장과 상점가 상인의 상권활성화
② 시장과 상점가 상인의 공동 상품개발과 판로 확보
③ 시장과 상점가 상인의 구매 · 판매 및 물류에 관한 공동사업
④ 상인의 자조조직 육성 및 지원
⑤ 중소벤처기업부장관이 위탁하는 사업

정답 ⑤

정답해설 연합회의 사업 내용은 다음과 같다.
- 시장과 상점가 상인의 상권활성화
- 시장과 상점가 상인의 공동 상품개발과 판로 확보
- 시장과 상점가 상인의 구매 · 판매 및 물류에 관한 공동사업
- 상인의 자조조직 육성 및 지원
- 정부와 지방자치단체의 장이 위탁하는 사업
- 그 밖에 중소벤처기업부장관이 필요하다고 인정하는 사업

052 「전자상거래 등에서의 소비자보호에 관한 법률」 제34조 과징금을 부과할 때 고려해야 할 사항으로 옳지 않은 것은?

① 위반행위로 인한 소비자피해의 정도
② 소비자피해에 대한 사업자의 보상가능 범위
③ 소비자피해에 대한 사업자의 보상노력 정도
④ 위반행위로 취득한 이익의 규모
⑤ 위반행위의 내용 · 기간 및 횟수 등

 정답 ②

정답해설 소비자피해에 대한 사업자의 보상가능 범위는 과징금을 부과할 때 고려해야 할 사항에 포함되지 않는다.

053 「방문판매 등에 관한 법률」 제15조 다단계판매원으로 등록할 수 없는 사람은?

① 「공립학교법」에 따른 교원
② 제4호 또는 제5호에 해당하지 아니하는 법정대리인의 동의를 받은 미성년자
③ 법인
④ 제49조에 따른 시정조치를 3회 이상 받은 자
⑤ 이 법을 위반하여 징역의 실형을 선고받고 집행 중에 있는 자

정답 ③

정답해설 「방문판매 등에 관한 법률」 제15조 제2항에 따르면 다음의 어느 하나에 해당하는 자는 다단계판매원으로 등록할 수 없다.
- 국가공무원, 지방공무원, 교육공무원 및 「사립학교법」에 따른 교원
- 미성년자. 다만, 제4호 또는 제5호에 해당하지 아니하는 법정대리인의 동의를 받은 경우는 제외한다.
- 법인
- 다단계판매업자의 지배주주 또는 임직원
- 제49조에 따른 시정조치를 2회 이상 받은 자. 다만, 마지막 시정조치에 대한 이행을 완료한 날부터 3년이 지난 자는 제외한다.
- 이 법을 위반하여 징역의 실형을 선고받고 그 집행이 종료되거나(집행이 종료된 것으로 보는 경우를 포함한다) 집행이 면제된 날부터 5년이 지나지 아니한 자
- 이 법을 위반하여 형의 집행유예를 선고받고 그 유예기간 중에 있는 자

054 「유통산업발전법」 제3조 유통산업시책의 기본방향으로 옳지 않은 것은?

① 유통산업의 지역별 균형발전의 도모
② 유통산업의 국제경쟁력 제고
③ 유통산업에서의 건전한 상거래질서의 확립 및 공정한 경쟁여건의 조성
④ 유통산업에서의 구성원 편익의 증진
⑤ 유통산업의 종류별 균형발전의 도모

정답 ④

정답해설 「유통산업발전법」 제3조 유통산업시책의 기본방향은 다음과 같다.
- 유통구조의 선진화 및 유통기능의 효율화 촉진
- 유통산업에서의 소비자 편익의 증진
- 유통산업의 지역별 균형발전의 도모
- 유통산업의 종류별 균형발전의 도모
- 중소유통기업(유통산업을 경영하는 자로서 「중소기업기본법」 제2조에 따른 중소기업자에 해당하는 자를 말함)의 구조개선 및 경쟁력 강화
- 유통산업의 국제경쟁력 제고
- 유통산업에서의 건전한 상거래질서의 확립 및 공정한 경쟁여건의 조성
- 그 밖에 유통산업의 발전을 촉진하기 위하여 필요한 상황

055 RFID(Radio Frequency Identification)가 유통물류에 제공하는 직접적인 효용으로 옳은 것은?

① 제품생산과정 자동화
② 생산품질 향상
③ 분실 및 멸실의 방지
④ 생산량 증가
⑤ 물품파손 방지

정답 ③

정답해설 RFID(Radio Frequency Identification)는 자동인식 기술의 하나로서 데이터 입력 장치로 개발된 무선인식기술이다. RFID는 궁극적으로 여러 개의 정보를 동시에 판독하거나 수정, 갱신할 수 있는 장점을 가지고 있으므로 제품에 붙이는 태그에 생산, 유통, 보관, 소비의 전 과정에 대한 정보를 담고 있어 분실 및 멸실을 방지할 수 있다.

056 소매업체가 공급업체로부터 야기된 상품 수량의 차이에 대해 대금을 공제하는 것을 일컫는 말은?

① 독점거래협정
② 역청구
③ 회색시장
④ 역매입
⑤ 구속적 계약

정답 ②

정답해설 역청구는 공급업체가 만든 제품이 소비자들에게 호응이 좋지 않아 판매가 저조할 경우 소매업체가 공급업체로부터 야기된 상품 수량의 차이에 대해 대금을 공제하는 것을 일컫는 말이다.

057 소매상의 기능으로 가장 옳지 않은 것은?

① 소비자가 원하는 상품구색을 제공한다.
② 소매상의 소비자에게 필요한 정보를 제공한다.
③ 소비자에게 시장확대기능을 제공한다.
④ 자체의 신용정책을 통해 소비자의 금융 부담을 덜어준다.
⑤ 소비자에게 에프터서비스를 제공한다.

정답 ③

정답해설 소매상은 제조업자 또는 도매상에게 시장확대기능을 제공한다.

058 유통경로에서 대형 유통업체들이 경로파워를 얻게 된 일반적인 배경으로 옳지 않은 것은?

① 유통업체들이 대형화, 다점포화 경쟁을 벌이면서 구매력을 확보하여 영향력이 증가하였다.
② 가격이 전략적 무기가 됨에 따라 유통업체들이 범위의 경제를 추구하게 되었다.
③ 많은 소비용품 시장이 성숙기에 들어섬에 따라 제조업자들이 유통업체에게 이전보다 많고 다양한 판매촉진을 경쟁적으로 제공하였다.
④ 유통정보기술의 발달로 인해 재고관리, 배송, 주문 등에서 기술혁신을 이뤄 효율적 경영이 가능해지고 가격경쟁력이 생겼다.
⑤ 유통업체가 소비자와의 풍부한 거래 데이터를 축적·활용하여 제조업체와 적극적으로 정보를 공유하기 시작함으로써 유통경로에서 대형 유통업체들이 경로파워를 얻는 배경이 되었다.

정답 ②

정답해설 가격이 전략적 무기가 됨에 따라 유통업체들이 규모의 경제를 추구하게 되었다.

059 기업이 얼마나 효율적으로 관리되고 있는가를 나타내는 종합적 지표가 되는 것은?

① 유통비율   ② 순운전자본

③ 수익성비율   ④ 당좌비율

⑤ 부채비율

정답 ③

정답해설 수익성비율은 기업이 얼마나 효율적으로 관리되고 있는가를 나타내는 종합적 지표로 매출액순이익률, 자기자본경상이익률, 자기자본순이익률, 주당순이익 등이 있다.

060 도매상의 형태로 볼 수 있는 산업재 유통업자(Industrial Distributor)에 대한 설명으로 옳지 않은 것은?

① 산업재 제조업체들과의 긴밀한 관계가 형성되어 있다.

② 제조업체나 기관보다는 소매상을 상대로 주로 영업한다.

③ 연구개발부문에도 자원을 할당한다.

④ 마케팅지향적 성향보다는 기술지향적 성향이 강하다.

⑤ 고객과의 관계마케팅을 중요시한다.

정답 ②

정답해설 산업재 유통업자(Industrial Distributor)는 소매상보다는 제조업체나 기관을 상대로 주로 영업한다.

061 JIT(Just In Time) 생산 및 유통의 장점으로 옳지 않은 것은?

① 재고비용을 최대한 감소시킬 수 있다.

② 재고 보관공간을 줄일 수 있다.

③ 제조공정의 시간을 단축할 수 있다.

④ 재료가 제조라인에 공급될 때와 상관없이 납품업자로부터 재료가 반입된다.

⑤ 낮은 수준의 재고를 유지하면서도 생산 및 유통활동을 할 수 있다.

정답 ④

정답해설 JIT(Just In Time)는 출하된 재료를 남김없이 모두 그대로 사용하는 형태의 관리 방식으로 재고를 남기지 않고 재고비용을 최대로 감소시킴으로써 재료가 제조라인에 공급될 때에 맞춰 납품업자로부터 재료를 반입하는 상태에 접근하려 하는 것이다.

062 마이클 포터(Michael Poter)의 산업구조분석모형(5-force model)에 대한 설명으로 옳지 않은 것은?

① 교섭력이 큰 구매자의 압력으로 자사의 수익성이 낮아질 수 있다.
② 대체재의 유용성은 기존 제품의 가치를 얼마나 상쇄할 수 있는지에 대한 변수이다.
③ 공급자의 교섭력이 높아질수록 시장 매력도는 떨어진다.
④ 진입장벽의 높이는 신규 진입자 위협의 강도를 판단하는 기준이 된다.
⑤ 경쟁기업간의 동질성이 높을수록 암묵적인 담합 가능성은 떨어진다.

 정답 ⑤

 정답해설 마이클 포터(Michael Poter)의 산업구조분석모형(5-force model)에서 경쟁기업간의 동질성이 높을수록 암묵적인 담합 가능성은 높아지며 경쟁을 하면서도 서로 협력하는 관계로 발전하여 산업 내 경쟁강도는 낮아진다.

063 「전통시장 및 상점가 육성을 위한 특별법」 제19조의5에서 시장·군수·구청장이 사업계획의 승인을 신청한 경우 시·도지사가 이를 결정하기 위해 협의를 거쳐야 하는 직책은?

① 중소벤처기업부장관 　　　　② 산업통상자원부장관
③ 공정거래위원장 　　　　　　④ 식품의약품안전처장
⑤ 한국소비자원장

정답 ①

정답해설 「전통시장 및 상점가 육성을 위한 특별법」 제19조의5 1항에 의하면 시·도지사는 시장·군수·구청장이 사업계획의 승인을 신청한 경우에는 중소벤처기업부장관과의 협의를 거쳐 승인 여부를 결정하여야 한다.

064 체인스토어 경영에 대한 설명으로 옳지 않은 것을 모두 고르면?

> ㉠ 공동 구입, 공동 광고, 공동 설비로 중앙의 통제에 따라 경영된다.
> ㉡ 각 점포는 판매, 접객 업무만을 전문으로 한다.
> ㉢ 다점포경영을 하더라도 각 점포가 개별적으로 상품구성과 조달을 하고 있으면 체인스토어 경영이라 할 수 없다.
> ㉣ 소량구매를 해서 특정한 양을 판매한다.

① ㉠, ㉡　　　　　　　　　　　　② ㉠, ㉢

③ ㉡, ㉢　　　　　　　　　　　　④ ㉡, ㉣

⑤ ㉠, ㉡, ㉢

정답 ④

정답해설 ㉡ 체인스토어는 판매를 담당하고, 판매원을 관리하며, 접객 업무를 하는 것 외에 판매동향 등을 본부에 보고함으로써 기업 전체의 영업활동에 참가한다.
　　㉣ 체인스토어는 대량구매를 해서 많은 양을 판매하고 스스로 서비스를 하도록 되어 있기 때문에 자기 소유의 상점보다 가격을 더 낮출 수 있다.

065 컨테이너 수송을 위한 시설 중 하나로 수출화물을 용기에 적화시키기 위하여 화물을 수집하거나 분배하는 장소는?

① CY(Container Yard)

② 내륙컨테이너기지(ICD)

③ CFS(Container Freight Station)

④ 창고

⑤ 유통단지

정답 ③

정답해설 CFS(Container Freight Station)는 컨테이너 화물 집하소로 화물의 반출 및 반입 업무를 관리하고, 집하소의 설비와 인력을 총괄 관리한다.

066 「전자상거래 등에서의 소비자보호에 관한 법률」 제12조 통신판매업자의 신고 등에서 통신판매업자가 공정거래위원회 또는 특별자치시장·특별자치도지사·시장·군수·구청장에게 신고해야 하는 사항이 아닌 것은?

① IP 주소

② 전화번호

③ 전자우편주소

④ 인터넷도메인 이름

⑤ 호스트서버의 소재지

정답 ①

정답해설 통신판매업자는 대통령령으로 정하는 바에 따라 다음 각 호의 사항을 공정거래위원회 또는 특별자치시장·특별자치도지사·시장·군수·구청장에게 신고하여야 한다. 다만, 통신판매의 거래횟수, 거래규모 등이 공정거래위원회가 고시로 정하는 기준 이하인 경우에는 그러하지 아니하다.
　　• 상호(법인인 경우에는 대표자의 성명 및 주민등록번호를 포함한다), 주소, 전화번호

• 전자우편주소, 인터넷도메인 이름, 호스트서버의 소재지
• 그 밖에 사업자의 신원 확인을 위하여 필요한 사항으로서 대통령령으로 정하는 사항

067 소비자기본법에서 규정하는 사업자의 책무 사항으로 옳지 않은 것은?

① 사업자는 스스로의 권익을 증진하기 위하여 필요한 지식과 정보를 습득하도록 노력하여야 한다.
② 사업자는 물품 등을 공급함에 있어서 소비자의 합리적인 선택이나 이익을 침해할 우려가 있는 거래조건이나 거래방법을 사용하여서는 아니 된다.
③ 사업자는 소비자에게 물품 등에 대한 정보를 성실하고 정확하게 제공하여야 한다.
④ 사업자는 물품 등으로 인하여 소비자에게 생명 · 신체 또는 재산에 대한 위해가 발생하지 아니하도록 필요한 조치를 강구하여야 한다.
⑤ 사업자는 물품 등의 하자로 인한 소비자의 불만이나 피해를 해결하거나 보상하여야 하며, 채무불이행 등으로 인한 소비자의 손해를 배상하여야 한다.

정답 ①

정답해설 스스로의 권익을 증진하기 위하여 필요한 지식과 정보를 습득하도록 노력하여야 하는 것은 사업자의 책무사항이 아니라 소비자의 책무이다.

068 괄호 안에 들어갈 용어로 올바르게 짝지은 것은?

> 유통분야는 단위당 생산비가 크고 초기비용은 적다는 것이 (㉠) 원리이고 도매상이 재고를 대량으로 보관함으로써 소매상은 적정량만 재고를 보관하여 사회적, 전체적으로 보관되는 제품의 총량을 감소시킬 수 있다는 것이 (㉡) 원리이다.

① ㉠ 분업   ㉡ 집중준비
② ㉠ 변동비 우위   ㉡ 분업
③ ㉠ 총거래수 최대   ㉡ 분업
④ ㉠ 변동비 우위   ㉡ 집중준비
⑤ ㉠ 총거래수 최대   ㉡ 집중준비

정답 ④

정답해설 ㉠ 변동비 우위의 원리는 유통분야는 변동비의 비용이 상대적으로 커서 제조와 유통의 통합이 제조와 유통 간의 역

할분담보다 이점이 없으므로 제조업체는 유통업체와의 역할분담을 통해 변동비를 최소화시킨다는 것이고 © 집중준비의 원칙은 도매상이 상당량의 브랜드 상품을 대량으로 보관하기 때문에 사회 전체적으로 보관할 수 있는 양을 감소시킬 수 있으며, 소매상은 소량의 적정량만을 보관함으로써 원활한 유통기능을 수행할 수 있다는 원칙이다.

069 종업원 동기부여 이론에 관한 내용으로 옳지 않은 것은?

① 욕구단계이론은 사람에게 동기를 부여하려면 단계별로 상승하는 인간의 욕구를 제대로 이해해야 한다는 주장이다.

② 욕구단계이론에서 생리적, 안전욕구는 저차원적 욕구이며 사회적, 존경, 자아실현 욕구는 고차원적 욕구에 해당한다.

③ XY이론에서는 부정적인 관점을 X, 긍정적인 관점을 Y로 구분했다.

④ 2요인이론은 동기부여-위생이론을 말하는 것이다.

⑤ 2요인이론에서는 동기부여를 하려면 위생요인 즉 승진, 개인성장의 기회, 인정, 책임, 성취감과 관련된 요인을 강화하도록 주장하였다.

정답 ⑤

정답해설 2요인이론에서 동기부여에 사용되는 것은 위생요인이 아닌 동기요인이다.

070 기업에서 원재료의 생산·유통 등 모든 공급망 단계를 최적화해 수요자가 원하는 제품을 원하는 시간과 장소에 공급하는 것은?

① MIS(Management Information System)

② SCM(Supply Chain Management)

③ ERP(Enterprise Resource Planning)

④ MRP(Material Resource Planning)

⑤ BPR(Business Process Reengineering)

정답 ②

정답해설 SCM(Supply Chain Management)은 고객 및 이해관계자들에게 부가가치를 창출할 수 있도록 최초의 공급업체로부터 최종 소비자에 이르기까지의 상품, 서비스 및 정보의 흐름이 이루어지는 비즈니스 프로세스들을 통합적으로 운영하는 전략이다.

071 수요예측에 관한 내용으로 옳은 것은?

① 산업 전체의 수요가 어떤 경향을 나타내고 어떤 상태인지를 현재의 자료만을 기초로 예측한다.
② 예측기간에 따라 장기예측, 연차예측, 단기예측으로 나뉜다.
③ 품목집단에 대한 총괄수요예측보다 개별품목에 대한 수요예측이 더 정확하다.
④ 완벽한 수요예측이 가능하다.
⑤ 예측대상기간이 길수록 예측의 정확도도 높아진다.

정답 ②

정답해설 수요예측은 예측기간에 따라 장기예측, 연차예측, 단기예측으로 나뉘어지며 이외에도 여러 가지 예측 방법이 있다.

072 다음 중 균형성과표(Balanced Score Card : BSC)에 대한 내용으로 옳은 것은?

① 재무성과뿐만 아니라 다양한 이해당사자들을 염두에 둔 종합지표들도 사용한다.
② 비재무적인 성과를 측정지표에 포함하지 않는다.
③ 조직성과를 5영역으로 측정한다.
④ 정성적 성과는 제외하고 정량적 성과만을 포함한다.
⑤ 미래의 기업 상황을 평가하기에는 부족하다.

정답 ①

정답해설 균형성과표(Balanced Score Card : BSC)는 재무성과만으로는 조직의 성과목표를 명확히 나타낼 수 없기 때문에 보다 균형 있는 성과시스템의 확립을 위하여 수익성, 주주가치, 이윤 등의 재무성과뿐 아니라 투자자, 고객, 구성원 등 많은 이해당사자들을 염두에 둔 종합지표들을 경영성과의 평가지표로 사용하는 것을 뜻한다.

073 화물이 정체되지 않도록 하역작업 공정 간의 연계를 원활히 해야 한다는 하역의 기본원칙은?

① 거리 최소화의 원칙　　　　　　② 운반 활성화의 원칙
③ 화물 단위화의 원칙　　　　　　④ 화물 유동화의 원칙
⑤ 시스템화의 원칙

정답 ④

정답해설 화물 유동화의 원칙은 화물이 정체되지 않도록 하역작업 공정 간의 연계를 원활히 하는 것을 의미한다.

074 보관 효율화를 위한 기본원칙으로 옳지 않은 것은?

① 유사성의 원칙 : 유사품을 인접시켜 보관하는 원칙이다.
② 중량특성의 원칙 : 물품의 중량에 따라 장소의 높고 낮음을 결정하는 원칙이다.
③ 명료성의 원칙 : 시각적으로 보관물품을 용이하게 식별할 수 있도록 보관하는 원칙이다.
④ 통로대면보관의 원칙 : 창고 내에서 제품의 입고와 출고를 용이하게 하기 위해 통로 면에 보관하여 창고 내의 흐름을 원활히 하는 원칙이다.
⑤ 위치표시의 원칙 : 보관할 물품을 입출고 빈도에 따라 장소를 달리하여 보관하는 원칙이다.

 ⑤

정답해설 위치표시의 원칙이란 보관물품의 장소와 랙 번호 등을 표시함으로써 보관업무 효율화를 기하는 원칙이다. ⑤는 보관의 원칙 중 회전대응보관의 원칙에 대한 설명이다.

075 각 유통 채널의 특성을 결합시킴으로써 고객이 다양한 경로를 넘나들며 상품을 검색하고 구매할 수 있도록 하는 쇼핑 환경은?

① 멀티채널(multi channel)
② 융합채널(convergence channel)
③ 옴니채널(omni channel)
④ 통합채널(integration channel)
⑤ 플랫폼채널(platform channel)

 ③

정답해설 옴니채널(omni channel)이란 온라인과 오프라인, 모바일 등 다양한 쇼핑채널을 유기적으로 연결해 고객이 어떠한 채널을 사용하든 동일한 매장을 이용하는 것처럼 느낄 수 있도록 한 매장 쇼핑환경을 말한다.

076 집약적 유통에 적합한 소비자 행동으로 올바르게 나열한 것은?

> ㉠ 소비자들은 가장 가까운 상점에서 가장 쉽게 제품을 구매하고자 한다.
> ㉡ 소비자들은 방문한 상점에 진열된 제품 중에서 구매를 결정하고 다른 상점으로 옮겨가서 구매하려 하지 않는다.
> ㉢ 소비자들은 미리 마음속에 정해둔 상점에서 필요한 제품을 주로 구입한다.
> ㉣ 소비자들은 특정 브랜드에 대해 강한 선호를 갖고 있으며 그 브랜드를 최상의 서비스와 가격으로 구매하기 위해 많은 상점을 탐색한다.
> ㉤ 소비자들은 주로 생활편의품을 이러한 상점에서 구매하는 경향을 보인다.

① ㉠, ㉡, ㉢

② ㉠, ㉢, ㉣

③ ㉠, ㉡, ㉤

④ ㉡, ㉢, ㉣

⑤ ㉡, ㉢, ㉤

정답 ③

정답해설 집약적 유통이란 소비자들이 매장에서 최대한 자사의 제품을 접촉할 수 있도록 가능한 많은 매장에 제품을 유통하는 방식이므로 소비자의 인지도를 확대하고 편의성이 증대되며 충동구매를 야기한다. 흔히 슈퍼마켓이나 편의점에서 판매되는 대부분의 소비제품이 이에 해당한다.

077 소매업태 발전에 관한 이론 중 다음 내용에 해당하는 것은?

소매시장에서 변화하는 고객들의 구매 욕구에 맞추기 위한 소매업자의 노력이 증가함에 따라 다른 소매업자에 의해 원래 형태의 소매업이 출현하는 순환 과정으로 새로운 형태의 소매상이 처음에는 낮은 수준의 서비스와 저마진으로 저가격을 실현함으로써 시장에 등장하지만, 높은 수준의 서비스를 제공하는 기존 형태의 소매상과 경쟁하고 고객에게 추가적인 만족을 제공하기 위해 어쩔 수 없이 설비를 개선하고 서비스를 확대해야 하므로 그에 따라 가격경쟁력을 잃게 된다.

① 아코디언이론

② 소매차륜이론

③ 변증법적이론

④ 진공지대이론

⑤ 소매수명주기이론

정답 ②

정답해설 소매차륜이론은 새로운 형태의 소매점은 시장 진입 초기에는 저가격, 저서비스 제한적 제품구색으로 시장에 진입하는데 점차 동일 유형의 새로운 소매점들이 진입하여 이들 사이에 경쟁이 격화되면 경쟁력 우위를 확보하기 위하여 보다 세련된 점포 시설과 차별적 서비스의 증가로 성장기에는 고비용, 고가격, 고서비스 소매점으로 위치가 확립되고 그 결과 새로운 유형의 혁신적인 소매점이 시장에 진입할 수 있는 여지를 제공하며 이 역시 위와 동일한 과정이 따른다는 이론이다.

078 다음 중 채찍효과(bullwhip effect)를 막기 위한 방안으로 올바르지 않은 것은?

① 정보를 공유한다.

② 배치식 주문을 도입한다.

③ 가격정책의 안정화와 철저한 판매예측을 거친 뒤 공급한다.

④ 시장 다변화나 사업의 다각화를 고려한다.

⑤ 거래선과 전략적 협조관계를 강화한다.

정답 ②

정답해설 채찍효과(bullwhip effect)는 하류의 고객주문 정보가 상류로 전달되면서 정보가 왜곡되고 확대되는 현상으로 정보의 왜곡으로 인해 공급 측에 재고가 쌓이며 고객에 대한 서비스 수준이 저하되고 배치식 주문으로 인해 필요 이상의 기간이 소요되는 문제가 발생하기 때문에 배치식 주문을 없앰으로써 이를 방지할 수 있다.

079 다음 글상자에서 설명하는 이것에 해당하는 것은?

> 이것은 자사의 제품을 누구나 취급할 수 있도록 개방하는 개방적 유통경로와 자사의 제품만을 취급하는 전속적 유통경로의 중간 형태로 일정 지역에서 일정 수준 이상의 자격 요건을 지닌 소매점에서만 자사제품을 취급하도록 하는 유통경로 전략을 말한다.

① 집중적 유통경로   ② 배타적 유통경로

③ 선택적 유통경로   ④ 세분적 유통경로

⑤ 네트워크 유통경로

정답 ③

정답해설 선택적 유통경로는 일정 시장을 몇 개의 선택된 유통업체에 제한하여 판매시키는 전략으로 특히 제품 개념에 독특함, 희소성, 선택성 같은 이미지를 부여하고자 할 때 적절하다.

080 멀티채널(multi-channel) 및 옴니채널(omni-channel)에 대한 내용으로 옳은 것은?

① 멀티채널은 소비자가 온라인, 오프라인, 모바일 등 다양한 경로를 넘나들며 상품을 검색하고 구매할 수 있는 서비스를 말한다.

② 멀티채널은 각 유통채널의 특성을 합쳐 어떤 채널이든 같은 매장을 이용하는 것처럼 느낄 수 있도록 한다.

③ 옴니채널은 각 채널을 독립적으로 운영하여 온오프라인이 경쟁관계라고 한다면, 멀티채널은 고객중심의 유기적 채널로 온오프라인이 상생관계라는 점에서 다르다.

④ 최근 유통산업은 옴니채널에서 멀티채널로 진보하고 있다.

⑤ 옴니채널은 스마트폰 근거리 통신기술을 이용하여 편의점을 지나는 고객에게 할인쿠폰을 지급하는 형태로도 활용된다.

정답 ⑤

정답해설 옴니채널(onmi-channel)은 소비자가 온라인, 오프라인, 모바일 등 다양한 경로를 넘나들며 상품을 검색하고 구매할 수 있도록 한 서비스로 각 유통 채널의 특성을 결합해 어떤 채널에서든 같은 매장을 이용하는 것처럼 느낄 수 있도록 한 쇼핑 환경을 말한다. 멀티채널이 오프라인 매장, 온라인 쇼핑몰, 모바일앱 등 여러 채널을 통해 각각의 매출 및 이익을 높이는 데 집중했다면 옴니채널은 독립적으로 운영되던 채널들을 연결해 상호보완관계를 구축한다.

081 기업에서 SCM(Supply Chain Management)의 고도화로 인해 기업애플리케이션통합(EAI) 및 기업포털(EP)작업에 연계하는 애플리케이션이 아닌 것은?

① 공급자관계관리(SRM)
② 제품주기관리(PLM)
③ 성과측정지표(BSC)
④ 자재소요량계획(MRP)
⑤ 능률원가측정(ABC)

정답 ④

정답해설 SCM(Supply Chain Management)은 기업에서 생산 · 유통 등 모든 공급망 단계를 최적화해 수요자가 원하는 제품을 원하는 시간과 장소에 제공하는 '공급망 관리'로 SCM의 고도화는 공급자관계관리(SRM), 제품주기관리(PLM), 성과측정지표(BSC), 능률원가측정(ABC) 등의 애플리케이션을 기업애플리케이션통합(EAI) 및 기업포털(EP)작업에 연계함으로써 협력사들과의 총체적인 협업체계를 구현하는 데 목적이 있다.

082 제3자 물류와 제4자 물류의 차이점을 설명한 것으로 옳은 것은?

① 제4자 물류는 제3자 물류보다 광범위하고 종합적이며 전문적인 물류서비스를 제공하여 비용 절감에 주안점을 두고 있다.
② 제4자 물류는 제3자 물류와 달리 물류대행업체가 컨소시엄을 구성한다.
③ 제4자 물류는 제3자 물류보다 물류활동 업무프로세스의 혁신을 우선적으로 기한다.
④ 제4자 물류는 제3자 물류와 달리 특정 기업의 물류업무를 종합적으로 지원한다.
⑤ 제4자 물류는 전체의 지속적인 비용절감과 효율화에는 한계가 있다.

정답 ③

정답해설 제4자 물류는 제3자 물류보다 한 단계 발전하여 물류활동의 단순수행이 아닌 물류활동 업무프로세스의 혁신을 우선적으로 기하고 그 다음 단계로서 물류활동을 수행할 수 있다.

083 수요예측 방법 중에서 정량적 분석법에 해당하는 것은?

① 델파이분석
② 시장조사법
③ 전문가의견법
④ 역사적유추법
⑤ 시계열분석

 ⑤

정답해설 시계열분석은 과거의 수요를 분석하여 시간에 따른 수요의 패턴을 파악하고 이의 연장선상에서 미래의 수요를 예측하는 방법으로 정량적 분석법에 해당한다.

084 다음 글상자의 ㉠~㉣ 중 중앙집권적 소매조직에 관련된 내용으로 옳지 않은 것을 모두 고르면?

㉠ 지역 시장의 취향에 맞게 상품을 조정하기에 유리하다.
㉡ 지리적으로 분산되어 있는 점포들 간의 노력을 일원화하여 공급업체로부터 물품을 저가에 공급받을 수 있다.
㉢ 기업 전체를 위해 영역별로 가장 우수한 인력이 의사결정을 할 수 있게 기회를 제공한다.
㉣ 지역 관리자들이 적합한 판매원을 고용하기 위해 결정하는 데 유리하다.

① ㉠, ㉡
② ㉠, ㉢
③ ㉠, ㉣
④ ㉡, ㉢
⑤ ㉢, ㉣

정답 ③

정답해설 중앙집권적 소매조직은 기업을 위해 가장 우수한 인력이 의사결정을 할 수 있는 기회를 제공하며 분산된 점포들 간 노력을 일원화함으로써 공급업체로부터 물품을 저가로 공급받을 수 있다.

085 종업원들에 대한 동기부여이론 중 다음의 내용과 같은 시사점을 주는 이론은?

• 개인 및 사회의 발전은 성취 욕구와 밀접한 상관관계를 갖는다.
• 높은 성취동기의 사람들로 구성된 조직이나 사회의 경제 발전이 빠르며 성취동기가 높은 사람들은 좀 더 훌륭한 경영자로서 성공한다고 주장한다.

① 욕구단계설
② 2요인이론
③ 기대이론
④ 공정성이론
⑤ 성취동기이론

정답 ⑤

정답해설 성취동기이론은 개인이나 사회가 발전하는 양상은 높은 성취동기를 지닌 사람들의 욕구와 관련이 깊다는 매크릴 랜드(McClelland, D.)의 이론으로 한 나라의 경제 성장은 그 사회구성원의 성취 욕구의 함수라고 주장하며 개인의 욕구 중에서 습득된 욕구들을 성취 욕구(need for achievement)·소속 욕구(need for affiliation)·권력 욕구(need for power)로 분류하고, 성취 욕구·기업적 활동량·특정 문화에서의 경제 성장은 높은 관련성이 있다고 주장한다.

086 공급사슬관리에서 반복적으로 발생하는 문제점 중의 하나인 채찍효과(bullwhip effect)의 원인 이라고 할 수 있는 것은?

① 부정확한 수요예측
② 생산업체의 정체된 제품 가격정책
③ 짧은 리드타임
④ 도·소매상의 단일주문
⑤ 도·소매상의 소량주문

정답 ①

정답해설 채찍효과(bullwhip effect)는 주문이 소비자로부터 시작되어 제조업체 쪽으로 흘러가듯이 공급사슬의 상류로 갈수록 주문량의 변동이 점차 증가하는 현상으로 그 원인으로는 수요예측의 문제, 긴 리드타임, 일괄주문, 가격변동, 과잉 주문 등이 있다.

087 유통경로 시스템의 힘의 원천과 예시로 옳은 것은?

① 보상력 : 계약, 상표등록, 특허권
② 강압력 : 상품공급 지원, 끼워 팔기, 밀어내기
③ 합법력 : 판매지원, 리베이트, 지역 독점권
④ 준거력 : 경영관리에 관한 상담과 조언
⑤ 전문력 : 유명상표를 취급한다는 긍지와 보람

정답 ②

정답해설 유통경로 시스템의 힘의 원천은 다른 경로구성원들의 의존성을 높일 수 있는 가치 있는 자산의 보유나 마케팅 기능의 수행능력으로 보상력은 판매지원과 리베이트 및 지역 독점권, 강압력은 상품공급 지원과 끼워 팔기 및 밀어내기, 합법력은 계약, 상표등록, 특허권이 있으며 준거력은 유명상표를 취급한다는 긍지와 보람, 전문력은 경영관리에 관한 상담과 조언에 해당한다.

088 경영전략 수립과정에서 가치사슬(value chain)에 의해 차별화우위를 분석할 때 기업의 다양한 활동을 주활동(primary activities)과 보조활동(support activities)으로 구분한다. 아래에 제시한 항목 중에서 주활동에 해당하는 것은?

① 구매
② 기술개발
③ 인사
④ 판매
⑤ 기획

정답 ④

정답해설 가치사슬(value chain)은 기업 활동에서 부가가치가 생성되는 과정을 의미하며 그 과정은 주활동과 보조활동으로 구분된다. 주활동은 제품의 생산, 운송, 마케팅, 판매, 물류, 서비스 등과 같은 현장업무 활동으로 부가가치를 직접 창출하는 부분을 말하며 보조활동은 제품의 구매, 기술개발, 인사, 재무, 기획 등 현장 활동을 지원하는 제반업무로 부가가치가 창출되도록 간접적인 역할을 하는 부분이다.

089 다음 글상자는 올더슨(W. Alderson)의 구색창출과정(sorting process)에 관한 내용이다. (㉠), (㉡) 안에 들어갈 용어로 올바르게 짝지어진 것은?

> (㉠)은/는 동질적 상품을 소규모 로트의 상품별로 모아서 나누는 과정을 말하고 (㉡)은/는 다수의 공급업자로부터 제공받는 상품을 모아서 동질적인 대규모 상품들로 선별하는 단계를 말한다.

① ㉠ 배분(allocation), ㉡ 직접(accumulation)
② ㉠ 분류(sorting out), ㉡ 구색(assortment)
③ ㉠ 배분(allocation), ㉡ 구색(assortment)
④ ㉠ 직접(accumulation), ㉡ 배분(allocation)
⑤ ㉠ 구색(assortment), ㉡ 직접(accumulation)

정답 ①

정답해설 중간상의 분류기능은 집적, 분류, 배분, 구색 등 네 가지로 나누어진다. 배분(allocation)은 동질적 상품을 분배한 후 소규모 로트의 상품별로 모아서 분류하는 과정이며 직접(accumulation)은 다수의 공급업자로부터 제공받는 상품을 모아서 동질적인 대규모 상품들로 선별하는 단계를 말한다.

090 깊이 있는 구색을 가진 한정된 품목을 저가격, 대량으로 판매하는 업태는?

① 슈퍼센터(super center)

② 창고형 도소매업(membership warehouse club)

③ 카테고리 킬러(category killer)

④ 파워센터(power center)

⑤ 할인점(discount store)

> **정답** ③
>
> **정답해설** 카테고리 킬러(category killer)는 기존의 종합소매점에서 취급하는 상품 가운데 한 계열의 품목군을 선택하여 그 상품만큼은 타업체와 비교할 수 없을 정도로 다양하고 풍부한 상품구색을 갖추고 저가격으로 판매하는 전문업태이다. 셀프서비스와 낮은 가격을 바탕으로 하여 대량판매 형식으로 운영되는 것이 특징이다.

091 "경쟁은 시장에서, 물류는 공동으로"라는 물류공동화의 내용으로 옳은 것은?

① 서로 협력하며 수송하던 기업들의 운송물량이 많아 수송 및 배송 효율성이 떨어짐에 따라 이를 개선하기 위해 대두된 개념이다.

② 현재의 교통혼잡, 주차문제, 인력난 등으로 인해 공동수송 및 공동 배송을 모색하게 되었다.

③ 성공적인 수배송 공동화를 위하여 업체마다 상품의 포장에 따른 포장 규격 다양화가 적극 도입되어야 한다.

④ 제조업자, 도매상, 소매상들이 주체가 되어 실시되는 경우와 공급업자가 주체가 되어 실시되는 유형으로 구분할 수 있다.

⑤ 물류비용을 절감하기 위해 3인 이상이 공동으로 수행한다.

> **정답** ②
>
> **정답해설** 물류공동화는 현재의 교통혼잡, 주차문제, 인력난 등에 대비하여 인력, 물자, 경비, 시간 등을 최대 활용하기 위해 각 기업들이 공동 수송 및 공동 배송을 모색하게 되었다.
>
> **오답해설** ① 독자적으로 수송하던 기업들의 운송물량이 적어 수송 및 배송 효율성이 떨어짐에 따라 이를 개선하기 위해 대두된 개념이다.
>
> ③ 성공적인 수배송 공동화를 위하여 업체마다 상품의 포장에 따른 포장 규격 다양화가 적극 도입되어야 한다.
>
> ④ 제조업자, 도매상, 소매상들이 주체가 되어 실시되는 경우와 수송업자가 주체가 되어 실시되는 유형으로 구분할 수 있다.
>
> ⑤ 물류비용의 절감하기 위해 2인 이상이 공동으로 수행한다.

092 다음 사례의 A의류업체가 실행한 SCM기법은?

> A의류업체는 상품이 원재료에서 소비자에 이르기까지 너무 긴 시간이 소요되고 그 중 대부분 시간은 창고에서 재고형태로 있는 시간이라는 것을 알게 되었다. 이에 A의류업체는 원부자재업체, 소매업체, 물류서비스 기관과의 전략적 제휴를 바탕으로 소비자에게 적절한 상품을, 적절한 장소와 시기, 양, 가격에 제공할 목적으로 바코드, EDI, 상품정보DB 등의 정보기술을 활용하여 공급사슬 전체의 리드타임을 단축하고 소비자 수요반영, 재주문에 대한 신속한 대응 및 재고감소를 실현하였다.

① ERP(Enterprise Resourse Planning)
② QR(Quick Response)
③ Lean logistics
④ ECR(Efficient Consumer Response)
⑤ JIT(Just In Time)

정답 ②

정답해설 QR(Quick Response)은 생산 및 유통관련 주체간의 상호협력 하에 소비자의 수요에 적합하게 대응할 것을 목적으로 하는 것으로 정보처리 기술을 활용하여 생산 및 유통기간의 단축, 재고의 감소, 반품으로 인한 손실의 회피 등 생산과 유통 각 단계의 합리화를 통해 유통과정 전반의 효율성을 증진시키는 물류기법이다. 주로 패션 및 섬유관련 제조, 유통업체가 유통과정에서 상호 밀접하게 협력하는 시스템을 말한다.

오답해설 ① ERP(Enterprise Resourse Planning) : 기업 전체를 경영자원의 효과적 이용이라는 관점에서 통합적으로 관리하고 경영의 효율화를 기하기 위한 수단이다. 쉽게 말해 정보의 통합을 위해 기업의 모든 자원을 최적으로 관리하자는 개념으로 기업자원관리 혹은 업무 통합관리라고 볼 수 있다.
④ ECR(Efficient Consumer Response) : 소비자에게 보다 나은 가치를 제공하기 위해 식품산업의 공급업체와 유통업체들이 밀접하게 협력하는 전략을 말한다.
⑤ JIT(Just In Time) : 출하된 재료를 남김없이 모두 그대로 사용하는 형태의 관리 방식으로 적기공급생산이라고도 한다. 즉, 재고를 남기지 않고 재고비용을 최대로 감소시키는 것으로, 재료가 제조라인에 공급될 때에 맞춰 납품업자로부터 재료를 반입하는 상태에 접근하려 하는 것이다.

093 「소비자기본법」 제61조에서 밝히는 소비자분쟁조정위원회의 구성 시 조정위원회가 구성해야 할 위원의 정원은?

① 120명 이내
② 130명 이내
③ 140명 이내
④ 150명 이내
⑤ 160명 이내

정답 ④

정답해설 「소비자기본법」 제61조 제1항에 의하면 조정위원회는 위원장 1명을 포함한 150명 이내의 위원으로 구성하며, 위원장을 포함한 5명은 상임으로 하고, 나머지는 비상임으로 한다.

094 「유통산업발전법」 제25조 유통산업의 국제화 추진에서 산업통상자원부장관이 유통사업자 또는 유통사업자단체에게 경비를 지원하는 경우로 옳지 않은 것은?

① 유통 관련 정보 · 기술 · 인력의 국제교류
② 유통 관련 국제 표준화 · 공동조사 · 연구 · 기술 협력
③ 유통 관련 국제학술대회 · 국제박람회 등의 개최
④ 해외유통시장의 조사 · 분석 및 수집정보의 체계적인 유통
⑤ 해외유통시장에 진출하기 위한 국내 판매망 구축사업

> **정답** ⑤
>
> **정답해설** 「유통산업발전법」 제25조(유통산업의 국제화 추진)
>
> 산업통상자원부장관은 유통사업자 또는 유통사업자단체가 다음 각 호의 사업을 추진하는 경우에는 예산의 범위에서 필요한 경비의 전부 또는 일부를 지원할 수 있다.
> - 유통 관련 정보 · 기술 · 인력의 국제교류
> - 유통 관련 국제 표준화 · 공동조사 · 연구 · 기술 협력
> - 유통 관련 국제학술대회 · 국제박람회 등의 개최
> - 해외유통시장의 조사 · 분석 및 수집정보의 체계적인 유통
> - 해외유통시장에 공동으로 진출하기 위한 공동구매 · 공동판매망의 구축 등 공동협력사업
> - 그 밖에 유통산업의 국제화를 위하여 필요하다고 인정되는 사업

095 「전자문서 및 전자거래 기본법」 제33조의 전자문서 · 전자거래분쟁조정위원회의 분쟁 조정과정으로 옳지 않은 것은?

① 전자문서 및 전자거래와 관련한 피해의 구제와 분쟁의 조정을 받으려는 자는 위원회에 분쟁의 조정을 신청할 수 있다.
② 조정은 3명 이내의 위원으로 구성된 조정부에서 행한다.
③ 위원회 또는 조정부는 제1항에 따른 분쟁조정 신청을 받은 날부터 30일 이내에 조정안을 작성하여 위원장에게 권고하여야 한다.
④ 제4항에 따른 조정안에는 신청취지에 반하지 아니하는 범위에서 원상회복, 손해배상 및 그 밖에 피해의 구제를 위하여 필요한 조치사항을 포함할 수 있다.
⑤ 제4항 본문에 따른 권고를 받은 당사자는 권고를 받은 날부터 15일 이내에 조정안에 대한 동의 여부를 위원회 또는 조정부에 알려야 한다.

> **정답** ③
>
> **정답해설** 위원회 또는 조정부는 제1항에 따른 분쟁조정 신청을 받은 날부터 45일 이내에 조정안을 작성하여 분쟁당사자에게 권고하여야 한다. 다만, 부득이한 사정으로 그 기한을 연장하려는 경우에는 그 사유와 기한을 명시하여 당사자에게 통지하여야 한다.

096 「전통시장 및 상점가 육성을 위한 특별법」 제32조에서 밝히는 시장정비사업 추진위원회가 수행하는 업무의 내용으로 옳지 않은 것은?

① 시장정비사업추진계획의 수립 및 제출
② 「도시 및 주거환경정비법」 제102조에 따른 정비사업전문관리업의 등록
③ 시장정비사업조합의 설립을 위한 준비업무
④ 토지 등 소유자의 동의에 관한 업무
⑤ 그 밖에 추진위원회가 수행하는 것이 필요하다고 총리령으로 정한 업무

정답 ⑤

정답해설 시장정비사업 추진위원회가 수행하는 업무는 추진위원회가 수행하는 것이 필요하다고 대통령령으로 정한 업무이다.

097 「할부거래에 관한 법률」 제28조 공제조합의 설립에서 공제조합의 기본재산을 조성할 때 출자하는 출자금의 최대 규모는?

① 50억 이상   ② 100억 이상
③ 150억 이상   ④ 200억 이상
⑤ 250억 이상

정답 ④

정답해설 공제조합의 기본재산은 조합원의 출자금 등으로 조성하되 출자금은 200억 원 이상으로서 대통령령으로 정하는 규모 이상이어야 한다. 다만, 정부는 예산의 범위에서 출연하거나 보조할 수 있다.

098 「청소년보호법」에서 정하는 청소년 유해약물을 규정하고 있는 법률이 아닌 것은?

① 「식품위생법」   ② 「주세법」
③ 「담배사업법」   ④ 「마약류 관리에 의한 법률」
⑤ 「화학물질관리법」

정답 ①

정답해설 「청소년보호법」에서 규정하는 청소년 유해약물은 다음과 같다.
- 「주세법」의 규정에 의한 주류
- 「담배사업법」의 규정에 의한 담배
- 「마약류 관리에 의한 법률」의 규정에 의한 마약류
- 「화학물질관리법」의 규정에 의한 환각물질

099 「청소년보호법」에서 정하는 16세 미만 청소년을 대상으로 한 인터넷게임 금지시간은?

① 오후 8시~오전 2시   ② 오후 9시~오전 3시

③ 오후 10시~오전 4시   ④ 오후 11시~오전 5시

⑤ 오후 0시~오전 6시

정답 ⑤

정답해설 인터넷게임의 제공자는 16세 미만의 청소년에게 오전 0시부터 오전 6시까지 인터넷게임을 제공해서는 안 된다.

100 「식품위생법」의 식품이력추적관리 등록기준 및 기록 · 보관 시 등록사항이 변경된 경우 변경사유가 발생한 날부터 식품의약품안전처장에게 신고해야 하는 기간은?

① 2주 이내   ② 3주 이내

③ 1개월 이내   ④ 2개월 이내

⑤ 3개월 이내

정답 ③

정답해설 식품이력추적관리 등록기준 및 기록 · 보관은 등록사항이 변경된 경우 변경사유가 발생한 날부터 1개월 이내에 식품의약품안전처장에게 신고하여야 한다.

101 「식품위생법」의 식품이력추적관리 등록기준 및 기록 · 보관 시 등록자가 해당 제품의 유통기한 등이 경과한 날부터 식품이력추적관리정보의 기록을 보관해야 하는 기간은?

① 1년 이상   ② 2년 이상

③ 3년 이상   ④ 4년 이상

⑤ 5년 이상

정답 ②

정답해설 등록자는 식품이력추적관리정보의 기록을 해당 제품의 유통기한 등이 경과한 날부터 2년 이상 보관하여야 한다.

102 「식품위생법」에서 식품의약품안전처장이 식품을 제조·수입·가공 또는 판매하는 자에 대하여 식품이력추적관리기준의 준수 여부 등을 조사·평가해야 하는 기간은?

① 6개월   ② 1년
③ 2년   ④ 3년
⑤ 4년

정답 ④

정답해설 식품의약품안전처장은 등록한 식품을 제조·수입·가공 또는 판매하는 자에 대하여 식품이력추적관리기준의 준수 여부 등을 3년마다 조사·평가하여야 한다.

103 「식품위생법」 제47조의2 식품접객업소의 위생등급 지정 시 지정한 날부터의 유효기간은?

① 6개월   ② 10개월
③ 1년   ④ 2년
⑤ 3년

정답 ④

정답해설 「식품위생법」 제47조의2 제5항에 의하면 위생등급의 유효기간은 위생등급을 지정한 날부터 2년으로 하지만 총리령으로 정하는 바에 따라 그 기간을 연장할 수 있다.

104 인간의 동기에 대한 체계적 연구를 통해 높은 수준의 욕구와 낮은 수준의 욕구 모두가 어느 시점에서는 동기 부여의 역할을 한다는 ERG이론을 주장한 학자는?

① 포터(M. Porter)   ② 맥클리랜드(D. McClland)
③ 앨더퍼(C. Alderfer)   ④ 브룸(V. H. Vroom)
⑤ 피들러(F. E. Fiedler)

정답 ③

정답해설 앨더퍼는 인간의 핵심 욕구를 존재욕구(existence needs), 관계욕구(relatedness needs), 성장욕구(growth needs)의 세 가지로 보았다. 먼저 존재욕구는 생존을 위한 필수적인 생리·물리적 욕구이고, 관계욕구는 사회에서 타인과 관계를 유지하고자 하는 욕구이며, 성장욕구는 개인적 자아를 완성하고자 하는 내적 성장욕구를 말하는 것이다. 앨더퍼는 욕구의 단계가 미리 정해져 있는 것은 아니라고 보았다. 욕구는 다른 욕구가 얼마나 충족되느냐에 따라 달라질 수 있고, 높은 단계의 욕구가 채워지지 않으면 그보다 낮은 단계의 욕구가 더 커질 뿐이라고 했다. 또한 한 시점에서 두 개 이상의 욕구가 동시에 발생하는 것도 가능하다고 주장하였다.

오답해설 ① 포터(M. Porter) : 산업구조분석모형(5-force model)과 가치사슬(value chain) 이론을 주장했다.
② 맥클리랜드(D. McClland) : 성취동기이론을 주장했다.
④ 브룸(V. H. Vroom) : 기대이론(expectancy theory)을 주장했다.
⑤ 피들러(F. E. Fiedler) : 리더십 상황이론을 주장했다.

105 운송수단에 대한 설명으로 가장 옳은 것은?

① 파이프라인은 비용이 높고 보편적인 형태의 상품만을 수송하는 데 유리하다.

② 항공수송은 부피가 크고 부패성이 낮은 저가의 상품인 경우 유용하다.

③ 해상운송과 트럭을 함께 사용하는 수송방식을 피기백(piggy back) 방식이라 한다.

④ 버디백(birdy back) 방식은 트럭과 항공운송을 결합한 방식이다.

⑤ 트럭은 일반적으로 대량의 상품을 장거리 수송하는 데 효과적이다.

정답 ④

정답해설 컨테이너 화물의 운송방법 중에서 항공기에 적재하여 운송하는 것을 버디백(birdy back) 방식이라 한다.

오답해설 ① 파이프라인의 경우 비교적 비용이 저렴하고 특정 형태의 상품만을 수송하는 데 유리하다.
② 항공수송은 부피가 작고 부패성이 높은 고가의 상품인 경우 유용하다.
③ 피기백(piggy back) 방식은 철도와 트럭을 함께 사용하는 수송방식이다.
⑤ 트럭은 일반적으로 소량의 상품을 단거리 수송하는 데 효과적이다.

106 다른 할인점에 비해 회원제 창고형 할인점(membership wholesale club : MMC)이 갖는 특징으로 옳지 않은 것은?

① 소비자가 꼭 필요로 하는 핵심상품으로 구성되어 있다.

② 쇼핑에 드는 시간을 절약할 수 있다.

③ 쇼핑주기를 늘려 경제적인 쇼핑을 유도한다.

④ 다양한 브랜드 제품을 저렴하게 구매할 수 있다.

⑤ 고객서비스 수준을 최대로 제공한다.

정답 ⑤

정답해설 회원제 창고형 할인점(membership wholesale club : MMC)은 일정한 회비를 정기적으로 내는 회원에게만 판매하는 것이 원칙이며 저가로 판매하기 때문에 고객서비스 수준을 최소로 제공하고 파격적인 가격으로 상품을 판매한다.

107 기업의 자금조달에 대한 설명으로 옳은 것은?

① 엔젤 : 신설 벤처기업의 기업화 초기단계에서 필요한 자금을 지원하고 경영을 지도하는 개인 투자자를 말한다.

② 팩토링 : 기업과 소비자 사이에서 발생한 매출채권을 판매하는 것이다.

③ 할부금융 : 비내구재를 할부 구매한 소비자들에 대한 채권을 매입하는 것이다.

④ 신주발행 : 주식회사의 성립 후 발행할 주식의 총수 중 발행된 부분에 관하여 새로 주식을 발행하는 것이다.

⑤ 차입 : 은행에서의 단기차입은 대체로 시설투자를 목적으로 차입하며 장기차입은 운영자금용으로 차입한다.

정답 ①

정답해설 엔젤은 일정 수준의 자금력이 있거나 경험을 갖고 사업자금 조달이 곤란한 창업 초기단계의 벤처기업에게 투자자금을 공급하고 경영을 지도하는 개인투자자를 말한다.

오답해설 ② **팩토링** : 기업과 기업 사이에서 발생된 매출채권을 매입하는 것이다.
③ **할부금융** : 내구재를 할부 구매한 소비자들에 대한 채권을 매입하는 것이다.
④ **신주발행** : 주식회사의 성립 후 발행할 주식의 총수 중 미발행 부분에 관하여 새로 주식을 발행하는 것이다.
⑤ **차입** : 은행에서의 장기차입은 대체로 시설투자를 목적으로 차입하여 단기차입은 운영자금용으로 차입한다.

108 물류에 대한 내용으로 옳지 않은 것은?

① 수송비는 제품의 밀도, 가치, 부패가능성, 충격에 대한 민감도 등에 영향을 받는다.

② 선적되는 제품양이 많을수록 주어진 거리내의 단위당 운송비는 낮아진다.

③ 수송거리는 운송비에 영향을 미치는 요인으로 수송거리가 길수록 단위거리당 수송비는 낮아진다.

④ 재고의 지리적 분산정도가 낮기를 원하는 기업은 소수의 대형배송센터를 건설하고 각 배송센터에서 취급되는 품목들의 수와 양을 확대할 것이다.

⑤ 수송비와 재고비는 비례관계이기 때문에 이들 비용의 합을 고려한 비용을 최소화하며 고객서비스 향상을 충족하는 것은 중요하다.

정답 ⑤

정답해설 수송비와 재고비는 상충관계에 있으므로 기업은 고객서비스를 달성하면서 총 물류비용을 최소화하는 물류시스템을 구축해야 한다.

109 해당 종업원이 직속상사와 협의하여 작업목표량을 결정하고 이에 대한 성과를 부하와 상사가 같이 측정 · 고과하는 방법은?

① 중요사실기록법　　　　　　　　　② 자기신고법
③ 목표관리법　　　　　　　　　　　④ 평가센터법
⑤ 행동기준고과법

정답 ③

정답해설 목표관리법은 해당 종업원이 직속상사과 협의하여 작업목표량을 결정하고 이에 대한 성과를 부하와 상사가 같이 측정 및 고과하는 근대적 고과 방법이다.

오답해설 ① **중요사실기록법** : 기업목표 달성의 성패에 영향을 미치는 요소가 큰 중요사실을 중점적으로 기록 · 검토하여 피고과자의 직무태도와 업무수행능력을 개선하도록 유도하는 고과방법
② **자기신고법** : 피고과자가 자기 능력과 희망을 기술하여 정기적으로 보고하고 그것을 고과하여 그 결과를 인력자원조사의 자료로 활용하는 방법
④ **평가센터법** : 평가를 전문으로 하는 평가센터를 만들고 여기에서 다양한 자료를 활용하여 고과하는 방법
⑤ **행동기준고과법** : 경영성과가 어떻게 달성되었으며 어떤 직무수행이 더 나은 경영성과를 초래하는가를 동기유발의 행동과학적 입장에서 평가하는 방법

110 다음에서 설명하고 있는 수직적 유통시스템(VMS)은?

> 기업이 생산과 유통을 모두 소유함으로써 결합되는 형태로 제조업체가 도소매상을 소유하는 전방통합과 도소매상이 제조업체를 소유하는 후방통합 두 가지가 있다.

① 기업형 VMS　　　　　　　　　　② 자유형 VMS
③ 동맹형 VMS　　　　　　　　　　④ 계약형 VMS
⑤ 관리형 VMS

정답 ①

정답해설 기업형 VMS는 한 경로구성원이 다른 경로구성원들을 법적으로 소유하고 관리하는 경로유형으로 제조회사가 도소매업체를 소유하거나 도매상이 소매업체를 소유하는 전방통합과 소매상이나 도매상이 제조업자를 소유하거나 제조업체가 부품공급업자를 소유하는 후방통합으로 나뉜다.

오답해설 ③ **동맹형 VMS** : 2명 이상의 구성원들이 동등한 관계에서 제휴하는 경로조직이다.
④ **계약형 VMS** : 경로구성원들이 각자 수행해야 할 마케팅 기능들을 계약에 의해 합의함으로써 공식적 경로관계를 형성하는 경로조직으로 이는 다시 도매상후원 자발적 연쇄점, 소매상 협동조합, 프랜차이즈 시스템의 세 가지 유형으로 나뉜다.
⑤ **관리형 VMS** : 경로구성원들 중에서 가장 규모가 크거나 시장영향력이 큰 구성원이 다른 구성원들에게 비공식적으로 영향을 미쳐 생산이나 유통활동을 조정하는 형태로 비공식적으로 작용하는 것이 특징이다.

111 「유통산업발전법」 제2조 제6항에 따른 체인사업의 정의로 아래의 내용과 일치하는 체인사업은?

> 체인본부의 계속적인 경영지도 및 체인본부가 가맹점 간의 협업에 의하여 가맹점의 취급품목 · 영업방식 등의 표준화사업과 공동구매 · 공동판매 · 공동시설활용 등 공동사업을 수행하는 형태의 체인사업이다.

① 직영점형 체인사업 　　　　　　② 프랜차이즈형 체인사업
③ 임의가맹점형 체인사업 　　　　　④ 조합형 체인사업
⑤ 카르텔형 체인사업

정답 ③

정답해설 임의가맹점형 체인사업은 체인본부의 계속적인 경영지도 및 체인본부가 가맹점 간의 협업에 의하여 가맹점의 취급품목 · 영업방식 등의 표준화사업과 공동구매 · 공동판매 · 공동시설활용 등 공동사업을 수행하는 형태의 체인사업이다.

오답해설 ① **직영점형 체인사업** : 체인본부가 주로 소매점포를 직영하되, 가맹계약을 체결한 일부 소매점포에 대하여 상품의 공급 및 경영지도를 계속하는 형태의 체인사업이다.
② **프랜차이즈형 체인사업** : 독자적인 상품 또는 판매 · 경영 기법을 개발한 체인본부가 상호 · 판매방법 · 매장운영 및 광고방법 등을 결정하고, 가맹점으로 하여금 그 결정과 지도에 따라 운영하도록 하는 형태의 체인사업이다.
④ **조합형 체인사업** : 같은 업종의 소매점들이 「중소기업협동조합법」 제3조에 따른 중소기업협동조합, 「협동조합 기본법」 제15조에 따른 협동조합, 같은 법 제71조에 따른 협동조합연합회, 같은 법 제85조에 따른 사회적협동조합 또는 같은 법 제114조에 따른 사회적협동조합연합회를 설립하여 공동구매 · 공동판매 · 공동시설활용 등 사업을 수행하는 형태의 체인사업이다.

112 수직적 통합의 장점으로 옳지 않은 것은?

① 원료의 독점으로 경쟁자를 배제한다.
② 원료부문에서 수익을 얻는다.
③ 원료부터 제품까지의 기술적 일관성이 이뤄진다.
④ 말단 제품 분야의 기업이 원료 기업에까지 참여할 수 있다.
⑤ 핵심사업을 강화하거나 보호할 수 있다.

정답 ④

정답해설 수직적 통합은 원료 기업이 말단 제품 분야까지 생산영역을 넓히는 것으로 말단 제품 분야의 기업이 원료 기업에까지 참여하는 것은 역수직적 통합이라고 한다.

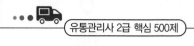

113 전략 유형을 시장대응전략과 경쟁우위전략으로 구분할 때 경쟁우위전략만으로 옳게 묶인 것은?

① 제품수명주기전략, 포트폴리오전략   ② 원가우위전략, 포트폴리오전략

③ 차별화전략, 집중화전략   ④ 제품/시장믹스전략, 차별화전략

⑤ 제품수명주기전략, 집중화전략

정답 ③

정답해설 전략의 유형 중 시장대응전략으로는 제품수명주기전략, 포트폴리오전략, 제품/시장믹스전략이 있으며 경쟁우위전략으로는 원가우위전략, 차별화전략, 집중화전략이 있다.

114 물류아웃소싱을 실행했을 때 얻을 수 있는 효과로 옳지 않은 것은?

① 물류공동화와 물류 표준화가 가능하다.

② 기업 경쟁우위와 물류 표준화가 가능하다.

③ 사회적 비용이 절감된다.

④ 주력 사업을 벗어나 다양한 사업에 집중할 수 있다.

⑤ 물류시설 장비를 이중으로 투자하는 데 따르는 투자 위험을 회피할 수 있다.

정답 ④

정답해설 아웃소싱은 자사의 핵심역량에 집중하면서 비핵심부문을 분산 또는 외주 등의 방법으로 기업 가치를 제고하는 전략으로 전문화의 이점을 살려 주력 사업에 집중할 수 있다는 장점이 있다.

115 유통 개방정도에 따른 내용으로 옳지 않은 것은?

① 정해진 지역에서 특정 경로구성원만이 활동하는 유통방식은 집중적 유통이다.

② 시장을 더 넓게 개척하기 위해서 많은 경로구성원들을 이용함으로써 시장의 노출을 극대화하는 유통방식은 집중적 유통이다.

③ 슈퍼마켓에서 팔리는 대부분의 소비재는 전속적 유통이다.

④ 유통비용을 낮춤과 동시에 경로구성원의 수가 많을 때보다 구성원들과의 관계를 더 유지할 수 있는 유통방식은 전속적 유통이다.

⑤ 제품과 연관된 배타성과 유일성의 이미지를 더욱 효과적으로 소비자들에게 전달할 수 있는 유통방식은 전속적 유통이다.

정답 ③

정답해설 슈퍼마켓에서 팔리는 대부분의 소비재는 집중적 유통이다.

116 최근이나 미래의 유통환경 변화에 대한 내용으로 가장 거리가 먼 것은?

① 인구성장 증가로 인해 상품시장의 양적 완화와 공급 부족을 초래하게 될 것이다.
② 노인인구 증가와 구매력을 동반한 노인인구 증가는 건강과 편의성을 추구하는 새로운 수요를 만들 것이다.
③ 나홀로가구 증가로 인해 소용량제품, 미니가전제품 등 1인가구를 위한 서비스가 등장하고 있다.
④ 소비자가 제품개발과 유통과정에도 참여하는 등 능동적인 소비자가 나타났다.
⑤ 온라인 마케터의 영향력이 커져 프로슈머의 필요성이 점차 확대되고 있다.

정답 ①

정답해설 현재 우리나라는 심각한 인구절벽 문제를 겪고 있으며 이러한 인구성장의 정체가 지속된다면 상품시장의 양적 포화와 공급 과잉을 초래하게 될 것이다.

117 다음 중 경영성과를 분석하는 여러 활동성 비율들을 계산할 때 매출액을 공통적으로 반영하는 활동성 비율이 아닌 것은?

① 재고자산회전률
② 고정자산회전률
③ 총자산회전률
④ 상품회전률
⑤ 매출채권회전률

정답 ④

정답해설 상품회전률 = 연간상품매상고/평균상품재고

오답해설 활동성 비율
- 재고자산회전률 = 매출액/재고자산
- 고정자산회전률 = 매출액/고정자산
- 총자산회전률 = 매출액/총자산
- 매출채권회전률 = 매출액/매출채권

118 종업원 인센티브제도에 관한 내용으로 옳은 것은?

① 성과배분제는 종업원에게 배분된 이익의 크기는 기업이익의 달성 정도와 사전에 정해진 배분 비율에 의해 결정된다는 가정에 근거를 둔다.

② 변동급여제도 중 수수료를 통한 급여는 연공서열위주보상을 통해 영업활동을 관리하는 유용한 수단이 된다.

③ 주식소유권(stock ownership)은 직원들로 하여금 회사주식을 소유하게 함으로써 회사 소유주의 일부가 되기를 장려하는 방법이다.

④ 기업에서 신제품이 출시되면 업적을 치하하기 위해 감사패, 상품권, 선물 등을 나눠주는 것은 물적포상의 한 형태이다.

⑤ 팀 구성원의 존재가 개인별로 업무를 할 때보다 더욱 강력하고 지속적인 행동을 유발시키는 것은 개인인센티브 제도에 속한다.

> **정답** ③
>
> **정답해설** 주식소유권(stock ownership)은 직원들로 하여금 회사주식을 소유하게 함으로써 회사 소유주의 일부가 되기를 장려하는 방법이다.
>
> **오답해설** ① 이익배분제에 대한 설명이다.
> ② 변동급여제도 중 수수료를 통한 급여는 실적위주보상을 통해 영업활동을 관리하는 유용한 수단이 된다.
> ④ 기업에서 신제품이 출시되면 업적을 치하하기 위해 감사패, 상품권, 선물 등을 나눠주는 것은 인정포상의 한 형태이다.
> ⑤ 팀 구성원의 존재보다 개인별로 업무를 할 때 더욱 강력하고 지속적인 행동을 유발시키는 것이 개인인센티브 제도에 속한다.

119 경제 상태가 과점을 이루고 있을 때 자신의 이익을 최대로 할 수 있는 경제행위가 상대방의 경제행위와 상호의존관계에 있다는 이론은?

① 대리이론　　　　　　　　　　② 정치–경제관점 이론

③ 게임이론　　　　　　　　　　④ 연기–투기 이론

⑤ 거래비용이론

> **정답** ③
>
> **정답해설** 게임이론은 수직적으로 경쟁관계에 있는 제조업체와 중간상이 각자 자신의 이익을 극대화하기 위해 자신과 상대방의 행위를 조정하는 과정에서 유통경로구조가 결정되는 것으로 본다.
>
> **오답해설** ① 대리이론 : 조직을 계약관계의 연속으로 정의하고 계약의 당사자를 주인과 조직 내 주어진 직무에서 수행하는 대리인으로 구분한다.
> ② 정치–경제관점 이론 : 내부구성원 간의 권한 및 의존, 갈등 및 협력 관계구조, 소유구조, 의사결정 과정, 외부 이

해관계자와의 관계, 외부 환경요소 등을 고려하여 경로구조가 결정된다고 본다.

④ **연가-투기 이론** : 경로구성원들 중 재고보유에 따른 위험을 누가 감수하는지에 따라 경로구조가 결정된다는 이론이다.

⑤ **거래비용이론** : 시장과 내부조직과의 관계를 분석하는 이론으로 거래비용이 증가하는 원인과 그 해결방안을 수직적 통합으로 나타낸 것이다.

---

120 공급사슬관리(SCM)의 성과측정 방법에 대한 설명으로 옳은 것은?

① SCM수행에 대한 실질적인 성과를 보여줄 수 있어야 한다.

② 성과측정은 개별 기업의 성과에 초점을 맞춰야 한다.

③ 매트릭스가 없이도 상세한 데이터를 볼 수 있다.

④ 주문주기 감소, 비용절감, 학습효과 향상은 정밀 측정에 해당한다.

⑤ 판매 및 수익 증가, 고객만족 증가는 원인 측정에 해당한다.

정답 ①

정답해설 공급사슬관리(SCM)의 성과측정은 공급사슬관리의 평가를 위해 전반적인 성과 평가를 가장하는 것으로 SCM수행에 대한 실질적인 성과를 보여줄 수 있어야 한다.

오답해설 ② 성과측정은 전체 기업의 성과에 초점을 맞춰야 한다.
③ 공급사슬관리의 성과측정은 SCM수행과 관련한 상세한 데이터를 보여줄 수 있는 매트릭스가 필요하다.
④ 주문주기 감소, 비용절감, 학습효과 향상은 프로세스 측정에 해당된다.
⑤ 판매 및 수익 증가, 고객만족 증가는 결과 측정에 해당된다.

---

121 기업이 선택할 수 있는 주요 수송 수단인 철도, 육로(트럭), 해상운송, 항공, 파이프라인을 상대적으로 비교했을 때 가장 옳은 것은?

① 해상수송은 광물이나 곡물을 수송하는 데 경제적이다.

② 철도수송은 전체 수송에서 차지하는 비중이 증가하는 추세이다.

③ 파이프라인수송은 단위당 비용, 속도, 이용 편리성 측면에서 상대적으로 우수하다.

④ 항공수송은 신속하고 단위 거리 당 비용도 가장 낮다.

⑤ 육상수송은 자체적인 운송으로만 활용이 가능하다.

정답 ①

정답해설 해상수송은 가까운 바다나 거리가 먼 대양에서 다양한 크기의 선박을 이용하여 화물을 싣고 옮기는 것으로 주로 광물이나 곡물을 수송하는 데 경제적이다.

② 철도수송은 전체 수송에서 차지하는 비중이 감소하는 추세이나 육로의 정체현상으로 재활성화 될 가능성이 있다.

③ 파이프라인 수송은 석유 및 가스제품 운송에 이용되는 운송수단으로 이용제품이 한정적이고 운송경로에 대한 제약이 크기 때문에 다른 운송수단과 연계하여 활용하는 데는 한계가 있다.

④ 항공수송은 신속하지만 단위 거리 당 비용이 가장 높다는 단점이 있다.

⑤ 육상수송은 자체적인 운송뿐만 아니라 선박이나 항공과 결합해서 널리 활용된다.

122 다음 중 진열도매상에 관련된 내용으로 옳지 않은 것은?

① 소매점의 진열선반 위에 상품을 공급한다.

② 소매상들에게 매출 비용이 낮지만 회전율이 높은 상품을 판매한다.

③ 소매점포까지 직접 트럭배달을 해주며 소매상을 대신하여 진열대를 진열하고 재고를 관리해 준다.

④ 선반에 전시되는 상품에 대한 소유권은 소매상들이 가지고 있다.

⑤ 소매상이 상품을 판매한 뒤 도매상에게 대금을 지불하는 위탁방식이다.

 ④

진열도매상은 소매상들의 주요 취급 제품이나 매출 비중이 높지 않은 제품을 공급하는 도매상으로 선반에 전시되는 상품에 대한 소유권은 소매상들이 아닌 도매상들에게 있으며 팔리지 않은 상품은 다시 환수한다.

123 제조업의 수직계열화와 관련된 내용으로 옳지 않은 것은?

① 생산 · 제조 · 판매 등을 모두 한 기업이 도맡아 한다.

② 제품을 생산하는 데 있어서 큰 관련성이 없는 기업을 계열사로 둔다.

③ 유통기능의 중복을 최소화하는 효과를 가져 온다.

④ 생산자가 자사제품을 소비자에게 직접 판매하고자 할 때도 활용된다.

⑤ 통신판매, 방문판매, 소매점 직영 등이 포함된다.

 ②

②는 수평계열화에 대한 설명으로 수직계열화는 제품을 생산하는 공급자로부터 제품을 판매하는 판매사까지 전체 사슬에 관련된 기업을 하나의 큰 틀의 계열사로 둔다.

124 아래의 괄호 안에 들어갈 조직의 유형을 순서대로 옳게 나타낸 것은?

(㉠)은 책임과 권한이 병행되고 모든 사람들이 한 명의 감독자에게 보고하며 조직의 상부에서 하부로 전달되는 의사소통의 흐름을 가진 조직을 말하고 (㉡)은 특정 제품이나 서비스의 창출과 관련된 업무 프로세스를 책임지고 자율적으로 움직이는 작업집단이다.

① ㉠ 라인 & 스태프 조직 ㉡ 교차기능 자율경영팀
② ㉠ 라인 조직 ㉡ 교차기능 자율경영팀
③ ㉠ 라인 조직 ㉡ 매트릭스 조직
④ ㉠ 라인 & 스태프 조직 ㉡ 매트릭스 조직
⑤ ㉠ 교차기능 자율경영팀 ㉡ 라인 & 스태프 조직

정답 ②

정답해설 • **라인 조직** : 조직의 산출에 직접적으로 공급하는 활동들의 조직구조로 각 조직 구성원은 바로 위 상급자의 지휘 명령만 따르고 그 상급자에 대해서만 책임을 지며 지휘 명령과 단일관리로 인해 질서를 유지하기 쉽다.
• **교차기능 자율경영팀** : 특정 제품이나 서비스의 창출과 관련된 업무 프로세스를 책임지고 자율적으로 움직이는 작업집단으로 권한이양원리 아래 일선 실무자들의 자율성과 창의성을 중시하는 현장 중심형 조직이다.

125 다음 중 경제적 주문량(EOQ)에 대한 기본 가정으로 옳지 않은 것은?

① 해당 품목의 단위 시간당 수요율은 불균등하다.
② 단위 구입가격이 구입량에 상관없이 일정하다.
③ 연간 단위 재고유지비용이 주문량에 관계없이 일정하다.
④ 1회 주문비용이 일정하다.
⑤ 재고부족이 허용되지 않는다.

정답 ①

정답해설 경제적 주문량(EOQ)은 자재나 제품의 구입에 따르는 제비용과 재고유지비 등을 고려해 가장 경제적이라고 판단되는 자재 또는 제품의 주문량으로 계획기간 중 해당 품목의 단위 시간당 수요율이 항상 균등하며 연간 수요가 확정적으로 알려져 있는 것이 특징이다.

126 공급자주도형재고관리(VMI)에 대한 내용으로 옳지 않은 것은?

① 소매업의 재고관리를 공급자인 제조업체와 도매업체가 한다.

② 유통업체는 재고관리에 소모되는 인력과 시간 등을 비용절감할 수 있고 제조업체는 적정생산 및 납품으로 경쟁력을 유지할 수 있다.

③ 유통업체가 판매업체에 재고정보를 전자문서교환(EDI)으로 제공한다.

④ VMI를 구축하더라도 판매정보에 대한 적절한 분석이 이뤄지지 않으면 이상적인 재고량 유지가 어렵다.

⑤ 소매업체의 실시간 판매정보를 기반으로 공급자측은 정확한 판매예측과 재고조절, 상품기획이 가능하다.

정답 ③

정답해설 공급자주도형재고관리(VMI)는 유통업체가 제조업체에 판매·재고정보를 전자문서교환으로 제공하면 제조업체는 이를 토대로 과거 데이터를 분석하고 수요를 예측하여 상품의 적정 납품수량을 결정하는 시스템 환경으로 유통업체는 재고관리에 소모되는 인력, 시간 등의 비용절감 효과를 기대할 수 있고, 제조업체는 적정생산 및 납품을 통해 경쟁력을 유지할 수 있다.

127 기존의 소매점이 제공하는 서비스와 고객의 선호 분포 간의 관계에서 새로운 소매업의 출현을 예측할 수 있다는 이론은?

① 변증법적이론   ② 소매차륜이론

③ 아코디언이론   ④ 소매수명주기이론

⑤ 진공지대이론

정답 ⑤

정답해설 진공지대이론은 기존의 소매업태가 다른 유형의 모새로 변화할 때 그 빈자리인 진공지대를 새로운 형태의 소매업태가 자리를 메운다는 이론이다.

오답해설 ① **변증법적이론** : 소매점의 진화과정을 변증법적 정·반·합 과정으로 설명한 이론

② **소매차륜이론** : 사회·경제적 환경이 변화됨에 따른 소매상의 진화와 발전을 설명하는 대표적인 이론으로 시장 진입 초기에는 저가격·저서비스·제한적 제품 구색으로 시장에 진입하여 성장기에는 고비용·고가격·고서비스 소매점으로 위치가 확립되고 새로운 유형의 혁신적인 소매점이 저가격·저마진·저서비스로 시장에 진입할 수 있는 여지를 제공하여 역시 동일한 과정을 따른다는 것

③ **아코디언이론** : 소매점은 다양한 상품 구색을 갖춘 점포로 시작하여 시간이 경과함에 따라 점차 전문화된 한정 상품 계열을 취급하는 소매점 형태로 진화하고 이는 다시 다양하고 전문적인 상품 계열을 취급하는 소매점으로 진화해 간다는 이론

④ **소매수명주기이론** : 제품 수명주기이론과 동일하게 소매점 유형이 도입기 → 성장기 → 성숙기 → 쇠퇴기의 단계를 거치게 된다는 이론

128 유통경로상의 갈등에 대한 내용으로 옳은 것은?

① 상호의존적 관계가 높을수록 구성원들 간의 갈등이 발생할 가능성은 낮아진다.

② 유통업체의 규모에 따른 힘이 감소하면서 유통경로 내 갈등은 거의 사라진 상태이다.

③ 역할불일치로 인한 갈등은 상권범위 혹은 각 경로구성원이 수행할 역할에 대한 구성원 간의 견해 차이에 의해 발생할 수 있다.

④ 경로구성원들이 상대방의 목표를 존중하지 않고 간섭할 때는 영역불일치로 인한 갈등이 나타날 수 있다.

⑤ 프랜차이즈에서 가맹점이 본부에 상권보장을 요구할 때 나타나는 갈등은 목표불일치로 인한 경로갈등이다.

정답 ③

정답해설 역할불일치로 인한 갈등은 상권범위 혹은 각 경로구성원이 수행할 역할에 대한 구성원 간의 견해 차이에 의해 발생할 수 있다.

오답해설 ① 상호의존적 관계가 높을수록 구성원들 간의 갈등이 발생할 가능성이 높아진다.
② 유통업체의 규모에 따른 힘이 증가하면서 제조업체와 유통업체간 힘의 불균형이 발생하여 유통경로 내 갈등은 증가하고 있다.
④ 경로구성원들이 상대방의 목표를 존중하지 않고 간섭할 때는 목표불일치로 인한 갈등이 나타날 수 있다.
⑤ 프랜차이즈에서 가맹점이 본부에 상권보장을 요구할 때 나타나는 갈등은 영역불일치로 인한 경로갈등이다.

129 보관 효율화를 위한 기본원칙으로 옳지 않은 것은?

① 유사성의 원칙 : 유사품을 인접하여 보관하는 원칙이다.

② 중량특성의 원칙 : 물품의 중량에 따라 장소의 높고 낮음을 결정하는 원칙이다.

③ 명료성의 원칙 : 시각적으로 보관물품을 용이하게 식별할 수 있도록 보관하는 원칙이다.

④ 통로대면보관의 원칙 : 보관할 물품을 입출고 빈도에 따라 장소를 달리하여 보관하는 원칙이다.

⑤ 위치표시의 원칙 : 보관물품의 장소와 랙 번호 등을 표시함으로써 보관업무 효율화를 기하는 원칙이다.

정답 ④

정답해설 통로대면보관의 원칙은 물품의 효율적 보관을 위해서 통로면에 보관하는 것을 말한다.

130 제품의 단위당 가격이 8,000원이고 제품의 단위당 변동비가 3,000원일 때 이 회사의 손익분기점은 몇 개일 때인가?(단, 총 고정비는 500만 원이다.)

① 100개   ② 500개
③ 1,000개   ④ 5,000개
⑤ 10,000개

정답 ④

정답해설 손익분기점 = 고정비 ÷ (1 − 변동비/매출액)

$$손익분기점\ 판매량 = \frac{고정비}{단위당판매가격 - 단위당변동비} = \frac{5,000,000}{8,000 - 3,000} = 5,000개$$

131 소매상의 구매 관리에서 적정한 공급처를 확보하기 위한 평가 기준으로 가장 옳지 않은 것은?

① 소매상의 목표 달성에 부합되는 적정 품질   ② 최적의 가격
③ 적정서비스 수준   ④ 역청구 활성화 정도
⑤ 납기의 신뢰성

정답 ④

정답해설 역청구는 공급업체와 소매업체의 거래에서 발생되는 비윤리적 문제로 소매업체가 공급업체로부터 야기된 상품수량의 차이에 대해 대금을 공제하는 것이다.

132 재무제표와 관련된 각종 회계정보에 대한 설명 중 가장 옳은 것은?

① 재무상태표를 통해 총자산이 얼마인지 확인할 수 있다.
② 포괄손익계산서를 통해 세금을 낸 이후의 경상이익도 확인할 수 있다.
③ 총 영업실적이 얼마인지 포괄손익계산서를 통해 알 수 있다.
④ 자본변동표는 일정 시점에서 기업의 자본 크기와 일정 기간 동안 자본 변동에 관한 정보를 나타낸다.
⑤ 재무제표는 현금주의에 근거하여 작성하기 때문에 기업의 현금가용능력을 정확하게 파악할 수 있다.

정답 ④

정답해설 자본변동표는 자본에 대한 청구권을 가진 주주들에게 일정 시점에서 기업의 자본 크기와 일정 기간 동안 자본 변동에 관한 정보를 나타내는 보고서로 자본의 기초 잔액과 기말잔액을 모두 기록하기 때문에 재무상태표와 연결이 가능하고 자본의 변동에 대해서는 손익계산서와 현금흐름표상의 정보와 연계하여 볼 수 있어 각 재무제표 간의 관계를 명확하게 파악할 수 있다.

오답해설 ① 재무상태표를 통해 자산 중 자기자본이 얼마인지 확인할 수 있다.
② 포괄손익계산서를 통해 세금을 낸 이후의 순이익도 확인할 수 있다.
③ 일정 기간 영업실적이 얼마인지 포괄손익계산서를 통해 알 수 있다.
⑤ 재무제표는 발생주의에 근거하여 작성한다.

133 「전자상거래 등에서의 소비자보호에 관한 법률」에서 정의한 용어로 옳지 않은 것은?

① '전자상거래'란 전자거래의 방법으로 상행위(商行爲)를 하는 것을 말한다.
② '통신판매'란 우편·전기통신, 그 밖에 대통령령으로 정하는 방법으로 재화 또는 용역의 판매에 관한 정보를 제공하고 소비자의 청약을 받아 재화 또는 용역을 판매하는 것을 말한다.
③ '통신판매업자'란 통신판매를 업(業)으로 하는 자 또는 그와의 약정에 따라 통신판매업무를 수행하는 자를 말한다.
④ '통신판매중개'란 사이버몰의 이용을 허락하거나 그 밖에 총리령으로 정하는 방법으로 거래 당사자 간의 통신판매를 알선하는 행위를 말한다.
⑤ '사업자'란 물품을 제조·수입·판매하거나 용역을 제공하는 자를 말한다.

정답 ②

정답해설 「전자상거래 등에서의 소비자보호에 관한 법률」 제2조 제2항에 의하면 '통신판매'란 우편·전기통신, 그 밖에 총리령으로 정하는 방법으로 재화 또는 용역(일정한 시설을 이용하거나 용역을 제공받을 수 있는 권리를 포함한다. 이하 같다)의 판매에 관한 정보를 제공하고 소비자의 청약을 받아 재화 또는 용역(이하 '재화 등'이라 한다)을 판매하는 것을 말한다. 다만, 「방문판매 등에 관한 법률」 제2조 제3호에 따른 전화권유판매는 통신판매의 범위에서 제외한다.

134 재고관리에 대해서 옳지 않게 기술한 것을 모두 고르면?

> ⊙ 재고에 관한 비용은 재고유지비용, 주문비용, 재고부족비용 등 3가지가 있다.
> ⓒ 재고품절로 인하여 발생하는 손실을 비용화한 것이 재고유지비용이다.
> ⓒ 주문비용은 구매나 생산주문을 하는 데 직접 소요되는 비용으로 수송비, 하역비, 검사료 등을 포함한다.
> ⓔ 파이프라인 재고는 운반 중인 제품이나 공장에서 가공하기 위하여 이동 중에 있는 재공품 성격의 재고를 의미한다.
> ⓜ 이자비용, 창고사용료, 창고유지관리비는 주문비용에 속하지만 재고감손비용은 재고유지비용에 포함된다.

① ⓒ, ⓜ

② ⓒ, ⓔ

③ ⊙, ⓒ, ⓜ

④ ⊙, ⓒ, ⓔ

⑤ ⊙, ⓒ, ⓜ

정답 ①

정답해설 ⓒ 재고품절로 인하여 발생하는 손실을 비용화한 것은 재고부족비용이다.
ⓜ 이자비용, 창고사용료, 창고유지관리비, 재고감손비용 모두 재고유지비용에 속한다.

135 지속적 상품보충(CRP)에 대한 내용 설명으로 옳은 것은?

① 소비자수요에 기초하여 도매점에 상품을 공급하는 방식이다.

② 적기에 필요로 하는 유통도매점의 재고를 보충하기 위해 운영비용과 재고수준을 늘린다.

③ 기존에 소매점에 재고가 있음에도 불구하고 상품을 공급하는 풀(pull) 방식과는 차이가 있다.

④ 포스 데이터(POS data)를 사용하면 지속적 상품보충 프로세스를 더 개선할 수 있다.

⑤ 전자자료교환(EDI)이 불가능하다.

정답 ④

정답해설 지속적 상품보충(CRP)은 유통 공급망에 있는 업체들 간 상호협력적인 관행으로 유통업체에서 공급업체로 주문하는 방식과 달리 실제 판매된 데이터와 예측된 수요를 근거로 상품 보충하는 방법이며 포스 데이터(POS data)와 이를 근거로 한 판매예측데이터를 기초로 하여 창고의 재고보충주문을 향상시킨다.

오답해설 ① 소비자수요에 기초하여 소매점에 상품을 공급하는 방식이다.
② 적기에 필요로 하는 유통소매점의 재고를 보충하기 위해 운영비용과 재고수준을 줄인다.
③ 지속적 상품보충은 실제 판매된 판매데이터와 예측된 수요를 근거로 상품을 보충시키는 풀(pull) 방식이다.
⑤ 전자자료교환(EDI)을 통해 정보를 교환할 수 있다.

136 최고 경영자가 사원에 대해 지켜야 하는 기업윤리에 해당하지 않는 것을 모두 고르면?

> ㉠ 차별대우 금지 ㉡ 회사기밀 유출 금지 ㉢ 부당한 반품 금지
> ㉣ 위험한 노동 강요 금지 ㉤ 허위광고 금지 ㉥ 자금 횡령 금지

① ㉠, ㉡, ㉥
② ㉡, ㉥
③ ㉠, ㉣
④ ㉠, ㉡, ㉣, ㉥
⑤ ㉡, ㉢, ㉤, ㉥

정답 ⑤

정답해설 ㉡ 사원이 기업에 대해 지켜야 하는 기업윤리
㉢ 기업이 납품업체에 대해 지켜야 하는 기업윤리
㉤ 기업이 고객에 대해 지켜야 하는 기업윤리
㉥ 최고 경영자가 투자자에 대해 지켜야 하는 기업윤리

137 전통적 경로와 계약형 경로의 특징을 비교한 것으로 옳지 않은 것은?

	구분	전통적 경로	계약형 경로
㉠	계약 성격	개별주문에 의한 교섭	개발된 장기적 계약
㉡	경로의사 결정 위치	개별구성원	경로조직 내 승인된 업체 및 본부
㉢	권한 위치	개별구성원에 주로 존재	개별구성원에 배타적으로 존재
㉣	구조화된 분업	존재하지 않음	경로기능의 분업 동의
㉤	규모의 경제 실현가능성	낮다	높다

① ㉠
② ㉡
③ ㉢
④ ㉣
⑤ ㉤

정답 ③

정답해설 권한 위치는 전통적 유통경로에서 개별구성원에 배타적으로 존재하지만 계약형 유통경로에서는 개별구성원에 주로 존재한다.

138 목표에 의한 관리(MBO)에 대한 설명으로 옳지 않은 것은?

① 구성원이 목표 설정에 참여하고 목표달성을 통한 실적평가를 바탕으로 보상이 이루어지는 관리제도이다.

② 관리자의 명령에 따라 종업원이 결정하고 이에 알맞은 정보를 제공한다.

③ 조직의 거대화에 따른 종업원의 무기력화를 방지하고 근로의욕을 향상시키는 관리방법이다.

④ 목표관리는 결과에 의하여 평가되고 목표에 의하여 동기가 부여된다.

⑤ 장기계획이 만들어질 수 있는 상대적으로 안정적인 상황에서 효율적이다.

 정답 ②

정답해설 목표에 의한 관리(MBO)는 관리자가 명령하지 않으며 종업원은 자율적 결정에 필요한 정보를 제공하고 종업원 상호간의 조정만을 관리한다.

139 유통의 기능 중 시간적 기능과 관련이 있는 설명은?

① 현대와 같이 기술적 분업이 발달한 사회에서 일반적으로 재화의 생산과 소비가 인격적으로 상이하므로 재화를 생산자로부터 소비자에게 사회적으로 유통시켜 이전시키는 기능이다.

② 현대의 경제사회에서 매매는 상품을 인격적으로 이전시키기 위한 기본적 유통기능이고 상품과 화폐의 교환에 의해 이전된다.

③ 대부분의 상품들은 대량생산되고 있지만 소비단위는 소량으로 이루어지고 있기 때문에 생산과 소비의 수량이 일치하지 않는 것을 수집과 분산을 통하여 통일하는 기능이다.

④ 현대 사회의 경제가 발달하면 할수록 상품 및 재화의 생산과 소비 사이의 공간적 · 장소적 불일치는 점점 확대되는데 이것을 극복하고 사회적 유통을 조정하는 기능을 말한다.

⑤ 상품의 생산시점에서 소비시점까지 저장함으로써 상품의 효용가치를 창조하는 기능이다.

정답 ⑤

정답해설 유통의 시간적 기능은 상품의 생산시점에서 소비시점까지 저장함으로써 상품의 효용가치를 창조하는 기능이다.

오답해설 ① · ② 인격적 통일기능에 대한 설명이다.
③ 양적 통일기능에 대한 설명이다.
④ 장소적 기능에 대한 설명이다.

140 QR(Quick Response)시스템에 대한 내용으로 옳지 않은 것은?

① 주로 CRM과 연계되어 있다.
② EAN, POS, EDI 등의 정보기술을 활용한다.
③ 섬유 및 의류산업에 활용되고 있다.
④ 생산업체와 유통업체의 유기적인 상호협력이 필요하다.
⑤ 제품 공급사슬 상의 효율성 극대화 및 소비자 만족 극대화를 위한 것이다.

정답 ①

정답해설 QR은 고객과 생산자 사이에 걸쳐 있는 경로상의 많은 재고를 줄임으로써 제품 공급사슬의 효율성을 극대화하는 시스템으로 SCM의 응용기법이다.

141 최근 유통업계에서는 업종의 개념보다는 '업태개념'에 입각한 유통업의 분류가 점차 중시되고 있다. 업태개념에 따라 유통업의 분류가 중요하게 인식되는 이유나 배경으로 가장 거리가 먼 것은?

① 점포가 취급하는 상품의 물리적 특성을 강조하여 판매하는 방식에서 탈피하여 소비자의 편익이나 가치를 중시하는 경영방식이 기업의 성과에 있어 중요한 영향을 미친다는 인식이 확산되고 있기 때문이다.
② 소비자 욕구의 다양화로 이에 대응하고자 하는 유통기업이 상품의 판매방법, 가격 그리고 제공하는 서비스 등을 다른 기업과 차별화하고자 하는 경향이 증가하고 있기 때문이다.
③ 유통기업은 다양한 상품을 취급하기보다 자신의 지위나 영향력을 높이고 상품의 차별화 및 구매에서 규모의 경제를 통한 이익을 추구하기 위해 특정 상품에 집중하는 경향이 강하기 때문이다.
④ 최근 소매기업은 제조업자의 판매 대리기관으로서의 역할을 수행하기보다는 독자적이고 모험적으로 사업을 전개하고자 하는 성향이 강해지고 있기 때문이다.
⑤ 디파트먼트 스토어란 업태는 '커다란 건물에서 중간 계층이상 고객에게 패션성 있는 상품이나 그레이드가 높은 내셔널 브랜드 상품을 중심으로 다양하게 부문별로 구분한 매장에서 집중 판매하는 소매점', 컨비니언스 스토어는 '젊은 층이 주 고객이며 근린지역에서 필수품을 중심으로 한정적이긴 하나 상품구성을 폭넓게 하여 장소와 시간의 편의성이라는 고객 니즈를 충족하는 소규모 소매점'이라고 정의할 수 있다.

정답 ③

정답해설 최근 백화점, 슈퍼마켓, 할인점, 편의점 등은 특정 상품에 집중하는 것보다 대형화, 다점포전략, 다양한 상품의 취급을 통해 규모의 경제를 통한 이익을 추구하는 경향이 강하다.

142 우리 회사는 신제품을 개발하여 시장에 출시하였다. 시장 조사 결과 올해에 개당 1,000원에 55,000개가 판매될 것으로 예상되었다. 이 경우 변동비율이 60%이고 고정비가 30,000,000원이라면 손익분기점에서의 판매수량은?

① 55,000개   ② 65,000개

③ 37,000개   ④ 50,000개

⑤ 75,000개

정답 ⑤

정답해설 손익분기점에서의 판매수량 = 고정비용/공헌이익
공헌이익 = 판매가격 − 단위당 변동원가 = 1,000원 − 600원 = 400원
따라서 손익분기점에서의 판매수량은
30,000,000원/400원 = 75,000개

143 다음 설명에 일치하는 수직적 유통시스템(VMS)은?

> 독립적인 경로구성원들이 각자 수행해야 할 마케팅 기능을 계약에 의해 합의함으로 형성된 경로유형으로 프렌차이즈, 소매상 주도 협동조합, 도매상주도 자발적 체인 등이 여기에 속한다.

① 기업형 VMS   ② 리더형 VMS

③ 자유형 VMS   ④ 계약형 VMS

⑤ 관리형 VMS

정답 ④

정답해설 계약형 VMS는 경로구성원들이 각자 수행해야 할 마케팅 기능들을 계약에 의해 합의함으로써 공식적 경로관계를 형성하는 경로조직으로 이는 다시 도매상후원 자발적 연쇄점, 소매상 협동조합, 프랜차이즈 시스템의 세 가지 유형으로 나뉜다.

144 다음의 자재소요량계획(MRP)에 대한 설명으로 옳지 않은 것은?

① 일정생산계획을 근거로 필요자재의 양과 필요시점을 산정한다.

② 소요량으로 발주량이 정해진다.

③ 종속수요품목에 대한 재고관리 기법이다.

④ 재고레코드파일 및 자재명세서(BOM)가 기준정보가 된다.

⑤ 자동차와 같이 부하가 일정하며 반복적인 대량생산에 적합하다.

정답 ⑤

정답해설 자재소요량계획(MRP)은 경제적 주문량과 주문점 산정을 기초로 하는 전통적인 재고통제 기법의 여러 약점을 보완하기 위하여 미국 IBM사의 올릭키에 의해 개발된 자재관리 및 재고통제기법으로 비반복적인 생산에 적합하다.

145 제조 기업이 선택할 수 있는 유통집중도의 유형에는 집중적 유통, 선택적 유통, 전속적 유통이 있다. 다음 중 제조 기업이 자사의 제품을 유통시키기 위해 집중적 유통을 채택하는 이유와 밀접한 것은?

① 고객들이 자주 구매하여 구매 시 최소의 노력을 필요로 하는 경우

② 고객들이 제품 구매 시 고도의 관여를 필요로 하는 경우

③ 제조기업이 유통경로 구성원에 대한 고도의 통제가 필요한 경우

④ 타사 상표들과 효과적인 경쟁이 필요한 경우

⑤ 고가품과 같이 고객이 추구하는 정보가 많은 제품인 경우

정답 ①

정답해설 집중적 유통은 자사의 제품을 누구나 취급할 수 있도록 개방하는 전략으로 최대한도로 많은 유통업자를 활용하는데 이는 자사의 제품을 사람들에게 널리 알리는 데 많은 도움이 되며 소비자들의 구매를 편리하게 하는 데 의미를 두고 있다.

146 다음 중 유통기업의 본원적 경쟁전략에 대한 설명으로 옳은 것은?

① 본원적 경쟁전략은 경쟁우위와 경쟁영역이라는 두 가지 축으로서 세 가지 본원적 경쟁전략을 구분한다.

② 원가우위전략은 경쟁기업보다 차별화된 재화나 서비스를 소비자에게 제공하는 것이 중요한 목표이다.

③ 맥클리랜드(D. McClland)는 원가우위와 차별화 우위를 동시에 추구하는 전략은 '중간에 걸치는 전략(Struck in the Middle)'이므로 잘못된 전략이라고 보았다.

④ 차별화전략은 경쟁기업보다 더 낮은 원가로 재화나 서비스를 소비자에게 제공하는 것이 중요한 목표이다.

⑤ 집중화전략은 시장의 크기나 사업의 영역에 관계없이 원가우위 전략이나 차별화 전략 중에서 시장점유율을 높일 수 있는 전략을 선택하여 집중해야 한다는 것이다.

정답 ①

정답해설 본원적 경쟁전략은 마이클 포터(M. Porter)가 주장한 기업들이 경쟁우위를 점하기 위한 전략으로 경쟁우위와 경쟁영역이라는 두 가지 축으로 원가우위 전략, 차별화 전략, 집중화 전략 세 가지로 구분할 수 있다.

오답해설 ② 차별화 전략에 관한 내용이다.

③ 마이클 포터(M. Porter)가 주장하였다.

④ 원가우위의 전략에 관한 내용이다.

⑤ 집중화 전략을 택하는 기업은 규모가 작으므로 광범위한 원가우위 및 차별화 전략을 취하기 어려워 특화된 영역 안에서 원가우위 또는 차별화 중 하나를 선택해야 한다.

147 다음 중 유통점의 성과에 관한 설명으로 적합하지 않은 것은?

① 소매상의 재무적 능력은 상품의 수익률(Margin)과 상품의 회전률(Turn Over)을 기반으로 결정된다.

② 일반적으로 상품의 회전률과 상품의 수익률은 상충관계를 갖는다.

③ 상품의 저수익률 – 고회전율 전략은 비교적 분리된 상권에 위치하고 비교적 단순한 구조적 특징을 지닌다.

④ 상품의 고수익률 – 저회전율 전략은 비교적 밀집된 상권에 위치하고 비교적 복잡한 구조적 특징을 지닌다.

⑤ 상품의 수익률은 제품에 대한 판매가격과 구입원가에 의해 결정되고 회전률은 제품의 판매가능성에 의해 결정된다.

정답 ②

정답해설 상품의 회전률과 상품의 수익률이 상충관계를 갖거나 비례관계를 갖는 것은 아니다.

148 다음 중 계약에 의한 전략적 제휴 유형에 해당하지 않는 것은?

① 협력관계를 맺은 기업과의 공동연구개발

② 기술 라이센싱

③ 자회사 형태의 합작투자법인 설립

④ 장기조달계약

⑤ 산업표준의 확립

정답 ③

정답해설 ③은 지분협정에 의한 전략적 제휴 유형에 해당한다.

149 소매환경의 변화에 따라 다양한 소매업태들이 생성·소멸되었는데 이러한 소매업태별 변천과정을 설명하는 이론으로 옳은 것은?

① 변증법적 과정이론은 최초 저가격, 저마진 형태의 점포운영방법으로 시장에 진입한 이후 경쟁을 위해 점차 고가격, 고마진 형태의 점포운영방법으로 변화하면서 다른 업체의 저가격, 저마진 형태의 시장진출을 용이하게 하는 현상을 말한다.

② 소매수명주기 이론은 새로운 소매형태가 시장에 도입된 이후에 시간이 흘러감에 따라 제품수명주기와 같은 도입기, 성장기, 성숙기, 쇠퇴기를 거치는 현상을 말한다.

③ 적응행동이론은 소비자가 원하는 행동에 적응하는 도매상만 살아남는다는 이론이다.

④ 소매업 수레바퀴설은 두 개의 서로 다른 경쟁적인 소매업태가 하나의 새로운 소매업태로 합쳐지는 소매업태혁신의 합성이론은 의미한다.

⑤ 소매 아코디언 이론은 소매상이 시간이 흘러감에 따라 도매상과 해형물류업종 등의 형태로 변화했다가 다시 소매상의 형태로 변화하는 현상을 말한다.

정답 ②

정답해설 소매수명주기 이론은 특정 유형의 새로운 소매업태가 시장에 도입된 이후에 시간이 흘러감에 따라 제품수명주기와 같은 도입기 → 성장기 → 성숙기 → 쇠퇴기를 거친다는 이론으로 새로운 소매업태가 도입기에 높은 성장률을 보이고 성숙기에 들어 새로운 업태와 치열한 경쟁을 벌이다 시장점유율과 이익의 감소로 쇠퇴기에 접어든다고 주장한다.

오답해설 ① 소매업 수레바퀴설에 대한 설명이다.
③ 적응행동이론은 소비자가 원하는 행동에 적응하는 소매상만 살아남는다는 이론이다.
④ 변증법적 과정이론에 대한 설명이다.
⑤ 소매 아코디언 이론은 소매업체들이 다양한 제품을 취급하는 종합점포 유형에서 몇몇 종류의 전문제품에 집중하는 전문업체 유형으로 변했다가 다시 다양한 제품을 취급하는 종합점포로 전환하는 형식으로 발달하는 상품구색의 측면을 강조한 소매업 발달이론이다.

150 기업이 물류 등을 아웃소싱을 할 때 생기는 단점이 아닌 것은?

① 아웃소싱 파트너가 자사의 경쟁자가 될 가능성
② 파트너 통제의 어려움
③ 제품의 이미지 유발 효과
④ 기업 내 기밀 및 운영관련 노하우의 유출
⑤ 부서 간 업무의 이해상충 발생

정답 ③

정답해설 기업이 물류 등을 아웃소싱을 할 때 생기는 단점으로는 아웃소싱 파트너가 자사의 경쟁자가 될 가능성, 파트너 통제의 어려움, 제품의 원산지 효과, 기업 내 기밀 및 운영관련 노하우의 유출, 부서 간 업무의 이해상충 발생 등이 있다.

제2과목

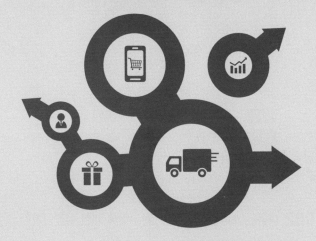

상권분석

제
2과목

상권분석

001 입지구성의 기본요소로 옳지 않은 것은?

① 유도시설　　　　　　　　　　　② 인지성

③ 통행량 및 교통량　　　　　　　④ 조화성

⑤ 상권의 질

정답 ④

정답해설 입지구성의 기본요소로는 유도시설, 인지성, 통행량 및 교통량, 상권의 질, 동선, 시계성, 건물과 토지, 영업력, 경합성(대체성)이 있다.

002 다음은 소매점 입지유형 중 무엇에 대한 설명인가?

> 전통적인 상업 집적지로 고급전문점이나 백화점 등이 입지하고 있어 다양한 분야에 걸친 고객흡인력을 지닌다.

① 도심번화가　　　　　　　　　　② 도심터미널

③ 도심주택지　　　　　　　　　　④ 교외터미널

⑤ 간선도로변

정답 ①

정답해설 도심번화가는 전통적인 상업 집적지로 고급전문점이나 백화점 등이 입지하고 있어 다양한 분야에 걸친 고객흡인력을 지닌다.

003 집심성 점포에 해당하는 예로 옳지 않은 것은?

① 백화점　　　　　　　　　　　　② 고급음식점

③ 보석가게　　　　　　　　　　　④ 대형서점

⑤ 이발소

정답 ⑤

정답해설 도시의 중심지에 입지해야 유리한 집심성 점포는 백화점, 고급음식점, 보석가게, 고급의류점, 대형서점, 영화관 등이 있다. 이발소는 산재성 점포로 서로 분산입지를 해야 유리하다.

004 아파트, 주택 등 지역 주민들이 이용하는 입지로, 주로 식당 등이 해당되므로 도보나 차량을 모두 흡수할 수 있어야 하는 입지 유형은 무엇인가?

① 적응형 입지

② 목적형 입지

③ 생활형 입지

④ 근린형 입지

⑤ 광역중심형 입지

정답 ③

정답해설 생활형 입지는 아파트, 주택 등 지역 주민들이 이용하는 입지로, 주로 식당 등이 해당되므로 도보나 차량을 모두 흡수할 수 있어야 한다.

005 넬슨의 제시한 입지평가 원칙 중 다음은 무엇에 해당하는가?

> 고객들을 자신의 점포로 유인하는 데 어떤 장애요소가 있는지 검토해야 한다.

① 접근 가능성

② 성장 가능성

③ 중간 저지성

④ 상권의 잠재력

⑤ 누적적 흡인력

정답 ①

정답해설 넬슨(R. L. Nelson)의 소매입지론 – 8가지 입지평가

- **접근 가능성** : 고객들을 자신의 점포로 유인하는 데 어떤 장애요소가 있는지 검토해야 한다.
- **성장 가능성** : 시장규모나 선택한 상권이 주변의 인구 증가와 고객들의 소득 증가로 어느 정도 성장할 수 있는지 검토가 이루어져야 한다.
- **중간 저지성** : 상업지역으로 가는 고객을 중간에 유인하기 위해 그들의 주거지와 전에 다니던 장소의 중간에 점포를 개점하는 것이 유리하다.
- **상권의 잠재력** : 상권에서 취급하는 상품이 수익성 확보가 가능한 것인지 검토가 이루어져야 한다.
- **누적적 흡인력** : 동종의 점포가 서로 집중된 것이 업종에 따라 유익한 경우가 많다.
- **양립성** : 상권에 서로 보완되는 상품을 취급하는 점포가 양립하면 유리하다.
- **경쟁회피성** : 상업용지는 경합이 가장 작은 장소를 선택해야 한다.
- **입지의 경제성** : 입지의 비용을 수익성 및 생산성과 관련하여 선택해야 한다.

006 접근성의 구성요소 중 거시요인으로 옳지 않은 것은?

① 도로패턴
② 도로상태
③ 자연장애
④ 인공장애
⑤ 점포외관

정답 ⑤

정답해설 거시요인으로는 도로패턴, 도로상태, 자연장애, 인공장애가 있다. 점포외관은 미시요인에 해당한다.

007 다음은 어떤 이론에 해당하는가?

> 시몬스(J. W. Simmons)가 1965년 「도시 토지이용의 기술적 모델」이란 논문에서 도시의 내부구조는 사회적 패턴에 따라 다수의 독립된 3차원이 구성된다고 주장한 이론이다.

① 동심원 이론
② 선형 이론
③ 다핵심 이론
④ 다차원 이론
⑤ 중심지 이론

정답 ④

정답해설 다차원 이론은 시몬스(J. W. Simmons)가 1965년 「도시 토지이용의 기술적 모델」이란 논문에서 도시의 내부구조는 사회적 패턴에 따라 다수의 독립된 3차원이 구성된다고 주장한 이론이다.

008 도심입지의 특징으로 옳지 않은 것은?

① 상업활동으로 말미암아 많은 사람들을 유인하여 지가(地價)가 최대에 이른다.
② 대중교통의 중심지이며, 도시에서 접근이 쉬운 지점이다.
③ 집약적 토지이용에 따른 건물의 고층화, 과밀화로 주거의 기능은 강화된다.
④ 도시의 중추관리 기능과 고급 서비스 기능 등이 집중되어 있다.
⑤ 주·야간의 인구대비가 가장 뚜렷하다.

정답 ③

정답해설 도심입지는 대도시나 소도시의 전통적인 도시상업지역으로, 상업활동으로 많은 사람들을 유인하며, 대중교통의 중심지역이라고도 할 수 있다. 도심입지는 집약적 토지이용에 따른 건물의 고층화, 과밀화로 주거의 기능은 약화된다.

009 쇼핑센터의 구성요소 중 쇼핑센터 내의 주요 보행동선으로 고객을 핵상점과 각 상점으로 고르게 유도하는 쇼핑거리인 동시에 고객 휴식처의 기능을 갖는 것은?

① 중심상점
② 몰(Mall)
③ 코트(Court)
④ 전문상가
⑤ 사회·문화시설

정답 ②

정답해설 몰은 쇼핑센터 내의 주요 보행동선으로 고객을 핵상점과 각 상점으로 고르게 유도하는 쇼핑거리인 동시에 고객 휴식처의 기능을 갖는다.

오답해설 ① **중심상점** : 쇼핑센터의 중심으로 고객을 끌어들이는 기능을 가지고 있으며, 백화점이나 종합슈퍼마켓, 대형 전문점 등이 있다.
③ **코트(Court)** : 몰의 군데군데에 고객이 머물 수 있는 공간을 마련한 곳으로 분수, 전화박스, 식수, 벤치 등을 설치하여 고객의 휴식처를 조성함과 동시에 정보 안내를 제공하며 쇼핑센터를 상징하는 연출장의 기능을 한다.
④ **전문상가** : 전문점의 구성과 배치는 그 쇼핑센터의 특색에 따라 차이가 있지만, 쇼핑센터 내의 보행거리를 최대한 길게 하여, 고객이 쇼핑센터에 머무는 시간을 길게 유도해야 한다.
⑤ **사회·문화시설** : 커뮤니티에 대한 기여와 고객유치의 2차적 요소인 레저시설, 은행, 우체국 등의 사회시설, 각종 강좌 등의 문화시설은 쇼핑센터가 가져야 할 또 하나의 기능이다.

010 노면 독립입지의 특징으로 옳지 않은 것은?

① 임대료가 저렴하다.
② 가시성이 크다.
③ 고객 유치가 수월하다.
④ 주차 공간이 넓다.
⑤ 다량의 마케팅 비용이 필요하다.

정답 ③

정답해설 노면 독립입지의 특징

장점	단점
• 저렴한 임대료 • 가시성이 큼 • 넓은 주차공간 • 확장의 용이성 • 고객 위주의 편의성 • 영업시간, 간판에 대한 규제가 완화	• 다른 점포와의 시너지효과를 누리지 못함 • 고객 유치가 어려움 • 다량의 마케팅 비용이 필요함

011 복합용도개발지역의 기능으로 옳지 않은 것은?

① 주거기능　　　　　　　　　　② 업무기능

③ 정화기능　　　　　　　　　　④ 상업기능

⑤ 호텔기능

정답 ③

정답해설 복합용도개발지역의 기능으로는 주거기능, 업무기능, 상업기능, 호텔기능이 있다.

012 다음은 패션수명주기 중 무엇에 해당하는가?

> 거의 대부분의 소비자들이 거부하는 형태로 극히 일부 패션 혁신층이나 선도층을 위해서만 한번쯤 사용되다 버려지는 패션

① 프롭스(Flops)　　　　　　　② 패즈(Fads)

③ 포즈(Fords)　　　　　　　　④ 클래식(Classic)

⑤ 패스트패션(fast fashion)

정답 ①

정답해설 프롭스(Flops)는 거의 대부분의 소비자들이 거부하는 형태로 극히 일부 패션 혁신층이나 선도층을 위해서만 한번쯤 사용되다 버려지는 패션을 의미한다.

013 다점포 경영의 특징으로 옳지 않은 것은?

① 지점포의 자의적인 양도 및 매매가 자유롭다.

② 본점은 원자재를 대량 매입한 후 지점포에 공급하는 방식을 취하므로 저렴한 가격에 원자재를 공급한다.

③ 본점의 경험과 노하우를 이어받아 시행착오가 적으며, 실패의 위험성이 적다.

④ 본점의 꾸준한 상품개발과 시장조사로 시장변화에 빠르게 적응한다.

⑤ 이미 인지도를 확보한 상품과 상호를 이용하기 때문에 광고 및 홍보 효과가 크다.

정답 ①

정답해설 다점포 경영의 장·단점

장점	단점
• 본점은 원자재를 대량 매입한 후 지점포에 공급하는 방식을 취하므로 저렴한 가격에 원자재를 공급한다. • 본점의 경험과 노하우를 이어받아 시행착오가 적으며, 실패의 위험성이 적다. • 본점의 꾸준한 상품개발과 시장조사로 시장변화에 빠르게 적응한다. • 이미 인지도를 확보한 상품과 상호를 이용하기 때문에 광고 및 홍보 효과가 크다. • 지점포를 신설할 때 자금보조를 받을 수 있다.	• 상품 및 유니폼과 관련해 본점의 방침에 따른 운영이 이루어지므로 비독립적이다. • 같은 상호와 상품을 취급하므로 한 지점포의 잘못으로 다른 지점포까지 그 영향이 미친다. • 지점포는 본점에 지속적인 로열티를 지급해야 한다. • 지점포에 대한 본점의 지원이 원활히 이루어지지 않을 수 있다. • 본점의 일관된 운영방식으로 지역적 특성이 고려되지 않을 수 있다. • 지점포의 자의적인 양도 및 매매가 제한된다.

014 다음은 상권에 정의 중 무엇에 해당하는가?

상권이란 제공되는 제품이나 서비스 자체의 성질, 구매과정에 대한 소비자태도의 인지라는 두 가지 요인으로 설명될 수 있는 것이며, 구매자, 판매자, 판매량이라는 세 가지 측면으로 분리하여 상권력이 파악된다.

① 미국마케팅협회(AMA) ② 스턴(L. Stern)
③ 애플바움(W. Applebaum) ④ 허프(Huff)
⑤ 중소기업청

정답 ②

정답해설 스턴(L. Stern)은 상권이란 제공되는 제품이나 서비스 자체의 성질, 구매과정에 대한 소비자태도의 인지라는 두 가지 요인으로 설명될 수 있는 것이며, 구매자, 판매자, 판매량이라는 세 가지 측면으로 분리하여 상권력이 파악된다고 하였다.

015 상권에 대한 설명으로 알맞지 않은 것은?

① 상권이란 상업상의 거래를 행하는 공간적 범위로, 점포가 고객을 흡인하거나 흡인할 수 있는 범위 또는 다수의 상업시설이 고객을 흡인하는 공간적 범위를 말한다.

② 상권은 시장지역 또는 배후지라고도 부르며 점포와 고객을 상행위와 관련, 흡수할 수 있는 지리적 영역이며, 경쟁자의 출현은 상권을 차단하는 중요한 장애물이다.

③ 상권은 지역상권(General Trading Area), 지구상권(District Trading Area), 개별점포상권(Individual Trading Area)등 계층적으로 분류될 수 있다.

④ 상권의 크기는 주택가에 입지할수록 넓어지고, 주변에 점포가 많으면 넓어지며 상권 간에도 계층성이 존재한다.

⑤ 상권이란 하나의 점포 또는 점포들의 집단이 고객을 유인할 수 있는 지역적 범위를 나타내며, 판매수량의 크기에 따라 1차, 2차, 3차 상권 및 영향권으로 구분할 수 있다.

정답 ④

정답해설 상권의 크기는 주택가에 입지할수록 좁아지고, 주변에 점포가 많으면 넓어지며 상권 간에도 계층성이 존재한다.

016 다음은 어떤 상권에 해당하는가?

> 주택가형이나 소형 상권으로 반경 500~1,500m이며, 인구 10,000~30,000명 이하를 상권으로 한다. 주로 생필품을 중심으로 한 식품류와 편의품 위주의 상품을 취급 · 판매하는 상가가 형성되어 있는 권역이다.

① 근린(지점)형 상권
② 지구중심형 상권
③ 지역중심형 상권
④ 도심형 광역상권
⑤ 역세권

정답 ①

정답해설 근린(지점)형 상권은 주택가형이나 소형 상권으로 반경 500~1,500m이며, 인구 10,000~30,000명 이하를 상권으로 한다. 주로 생필품을 중심으로 한 식품류와 편의품 위주의 상품을 취급 · 판매하는 상가가 형성되어 있는 권역이다.

017 상권에 영향을 미치는 요소로 옳지 않은 것은?

① 하천이나 산, 강 등의 자연조건은 상권에 영향을 미치지 않는다.
② 도로나 대중교통 수단은 상권의 접근성 확대에 영향을 미친다.
③ 일반적으로 점포의 규모가 클수록 상권은 넓어진다.
④ 점포의 규모가 작을수록 상권은 좁아진다.
⑤ 취급하는 상품의 종류에 따라서도 상권의 범위는 달라진다.

정답 ①

정답해설 하천이나 산, 강 등의 자연조건은 상권에 영향을 미친다.

018 기술적 상권분석으로 옳지 않은 것은?

① 체크리스트　　　　　　　　② 유추법
③ 비율법　　　　　　　　　　④ 전문가 판단법
⑤ 크리스탈러

정답 ⑤

정답해설 기술적 상권분석에는 체크리스트, 유추법, 비율법, 전문가 판단법이 있다. 크리스탈러는 규범적 상권분석에 해당한다.

019 크리스탈러(W. Christaller)의 중심지 이론에 대한 설명으로 옳지 않은 것은?

① 정육각형의 형상을 가진 배후상권은 중심지 기능의 최대도달거리(Range)와 최소수요충족거리(Threshold Size)가 일치하는 공간구조이다.
② 상업중심지의 이상적 입지와 이들 간의 분포관계는 중심지 기능의 최대도달거리, 최소수요충족거리, 육각형 형태의 배후지 모양, 중심지 계층 등과 관련이 있다.
③ 상업중심지의 계속적인 존립을 위해 최소한의 정상이윤이 확보되어야 하며, 이를 위해 일정 지역범위 내의 소비자들로부터 최소한의 수요가 발생되어야 한다.
④ 최소수요충족거리는 상업중심지의 존립에 필요한 최소한의 고객이 확보된 배후지의 범위를 말한다.
⑤ 중심지의 최대도달거리(Range)가 최소수요충족거리(Threshold)보다 작아야 상업시설이 입지할 수 있다.

정답 ⑤

정답해설 중심지의 최대도달거리(Range)가 최소수요충족거리(Threshold)보다 커야 상업시설이 입지할 수 있다.

020 다음에서 설명하는 이론은 무엇인가?

> 중심지계층의 공간구조를 K=3, K=4, K=7의 3개의 경우에 대한 중심지 간의 포함원리에 국한하지 않고 K 값을 확대함으로써 보다 융통성 있는 상권구조 이론을 전개하였다.

① 크리스탈러(W. Christaller)의 중심지 이론
② 로쉬(A. Lösch)의 수정중심지 이론
③ 레일리(W. J. Reilly)의 소매인력법칙
④ 컨버스(Converse)의 수정 소매인력법칙
⑤ 허프(D. L. Huff)의 확률모델

정답 ②

정답해설 로쉬는 중심지계층의 공간구조를 K=3, K=4, K=7의 3개의 경우에 대한 중심지 간의 포함원리에 국한하지 않고 K값을 확대함으로써 보다 융통성 있는 상권구조 이론을 전개하였다.

021 허프(D. L. Huff)의 확률모델에 대한 설명으로 옳지 않은 것은?

① 소비자의 점포에 대한 효용은 점포의 매장면적이 클수록 증가하고, 점포까지의 거리가 멀수록 감소한다.
② 특정점포에 대한 선택확률은 상권 내에서 소비자가 방문을 고려하는 각 점포대안의 효용의 총합에 대한 해당 점포 효용 비율로 표시된다.
③ 적당한 거리에 고차원 중심지가 있으면 인근의 저차원 중심지를 지나칠 가능성이 커진다.
④ 고차원 계층일수록 수송 가능성은 더욱 축소된다.
⑤ 소비자의 구매행동은 주로 소비자의 기호나 소득에 의해 좌우되므로 소비자에게 맞는 상품을 선택, 판매해야 한다.

정답 ④

정답해설 고차원 계층일수록 수송 가능성은 더욱 확대된다.

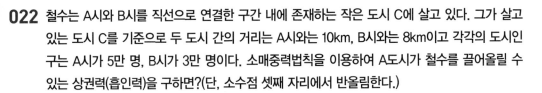

022 철수는 A시와 B시를 직선으로 연결한 구간 내에 존재하는 작은 도시 C에 살고 있다. 그가 살고 있는 도시 C를 기준으로 두 도시 간의 거리는 A시와는 10km, B시와는 8km이고 각각의 도시인구는 A시가 5만 명, B시가 3만 명이다. 소매중력법칙을 이용하여 A도시가 철수를 끌어올릴 수 있는 상권력(흡인력)을 구하면?(단, 소수점 셋째 자리에서 반올림한다.)

① 약 180%

② 약 107%

③ 약 95.2%

④ 약 87.3%

⑤ 약 52%

정답 ⑤

정답해설 상대적 흡인력 = $\dfrac{\text{A시의 흡인력}}{\text{A시의 흡인력} + \text{B시의 흡인력}} \times 100$ (단, B시의 흡인력 = 1)

소매중력법칙을 이용하면

A시의 흡인력 = $\left(\dfrac{5}{3}\right)\left(\dfrac{8}{10}\right)^2 \fallingdotseq 1.07$ 그리고 $\dfrac{1.07}{1.07+1}$에서

즉 B시의 흡인력이 1일 때 A시의 흡인력은 1.070이 된다. 이는 다시 말해 A시의 흡인력은 A시와 B시의 총 흡인력 2.07 중 1.07만큼 작용함을 알 수 있다.

∴ A시의 흡인력 = $\dfrac{1.07}{2.07} \times 100 = 51.69 \fallingdotseq 52\%$

023 철수가 사는 동네에는 동일한 효용을 제공하는 판매점이 3군데 존재한다. 철수의 집을 중심으로 각각의 점포까지의 거리와 매장면적이 다음과 같다고 가정할 때 철수가 C점포를 선택할 확률은?

점포	점포 도달거리	철수의 거리 반응성	점포 크기	철수의 크기 반응성
A	5km	3	400㎡	1
B	8km	3	300㎡	1
C	10km	3	800㎡	1

① 약 85%

② 약 47%

③ 약 24%

④ 약 17%

⑤ 약 5%

정답 ④

정답해설 개별 점포의 효용 = $\dfrac{(\text{매장면적})^{\text{크기반응성}}}{(\text{도달거리})^{\text{거리반응성}}}$

전체점포의 효용 = 개별 점포 효용성 값의 총 합

특정점포의 효용성 = $\dfrac{\text{특정점포의 효용}}{\text{전체점포의 효용}}$ × 100

A점포의 효용성 = $\dfrac{400^1}{5^3} = \dfrac{400}{125} = 3.2$

B점포의 효용성 = $\dfrac{300^1}{8^3} = \dfrac{300}{512} ≒ 0.59$

C점포의 효용성 = $\dfrac{800^1}{10^3} = \dfrac{800}{1,000} = 0.8$

전체 효용 = 3.2 + 0.59 + 0.8 = 4.59

∴C점포의 효용성 = $\dfrac{0.8}{4.59}$ × 100 = 17.429... ≒ 17%

024 소매업태별 입지전략 또는 입지에 따른 여타의 소매전략에 대한 설명으로 옳은 것은?

① 기생형 점포는 목적형 점포의 입지를 고려하지 않고 독립적으로 입지하여야 한다.

② 선매품 소매점은 경합관계에 있는 점포들이 모여 있는 곳에 입지해야 한다.

③ 보완관계보다 경합관계가 더 큰 편의품 소매점들은 서로 인접하여 입지해야 한다.

④ 목적형 점포는 수요가 입지의 영향을 크게 받아서 입지선정에 제약이 많다.

⑤ 쇼핑센터에 입지한 소규모 점포들은 앵커스토어와 표적고객이 상반된다.

정답 ②

정답해설 선매품이란 고객이 상품의 가격, 스타일, 품질 등을 여러 상점과 비교하여 구매하는 것을 말하고 선매품 소매점이란 그러한 상품을 주로 판매하는 상점을 의미하므로 경합관계에 있는 점포들이 모여 있는 곳에 입지해야 한다.

오답해설 ① 기생형 점포는 목적형 점포의 영향을 많이 받기 때문에 목적형 점포의 입지를 고려하여 가까운 주변에 입지하여야 한다.

③ 보완관계보다 경합관계가 더 큰 편의품 소매점들은 서로 떨어져 입지해야 한다.

④ 목적형 점포는 수요가 입지의 영향을 크게 받지 않아 입지선정이 비교적 자유롭다.

⑤ 쇼핑센터에 입지한 소규모 점포들은 앵커스토어와 표적고객이 겹치는 경우가 많다.

025 도시는 도심상권, 부도심상권, 지구상권, 주거지 근린상권 등으로 계층화된 상권구조를 가지며 이들 상권은 서로 다른 카테고리의 상품을 주로 판매한다는 도시상권구조의 계층화를 설명하는 것과 가장 관련이 있는 이론은?

① 레일리(Reilly)의 소매인력이론

② 컨버스(Converse)의 소매인력법칙

③ 허프(Huff)의 상권분석모델

④ 허프(Huff)의 수정된 상권분석모델

⑤ 크리스탈러(CHristaller)의 중심지이론

> **정답** ⑤

> **정답해설** 중심지이론은 독일의 지리학자 크리스탈러(CHristaller)가 제시한 이론으로 한 도시 및 지역의 중심지기능 수행 정도와 상권 규모는 인구 규모에 비례하여 커지고 중심 도시 및 지역의 규모에 비례하여 커진다는 것이 핵심이다. 또한 중심지 간에는 계층이 나타나는데 이는 중심지의 크기에 따라 중심지가 제공하는 재화 및 서비스의 수준과 상권이 달라지기 때문이다.

026 다음 중 중심성 지수에 대한 설명으로 옳은 것은?

① 도매업의 공간적 분포를 설명하는 데 도움을 주는 지표이다.

② 어느 지역에서 중심이 되는 공간이 어디인지를 지수로 파악할 수 있다.

③ 그 도시의 업태별 판매액을 그 도시를 제외한 광역지역의 업태별 판매액으로 나눈 값이 상업인구다.

④ 상업인구보다 거주인구가 많으면 1보다 큰 값을 갖게 된다.

⑤ 중심성 지수가 1이면 상업인구가 거주인구보다 적다는 것을 의미한다.

> **정답** ②

> **정답해설** 중심성 지수는 소매업이 불균등하게 분포하는 실태를 반영하여 소매업 중심지와 그 곳을 둘러싼 외곽지역으로 구성되는 것을 지수화한 것으로 어느 지역에서 중심이 되는 공간이 어디인지를 지수로 파악할 수 있다.

> **오답해설** ① 중심성 지수는 소매업의 공간적 분포를 설명하는 데 도움을 주는 지표이다.
> ③ 중심성 지수에서 그 도시의 소매판매액을 그 도시를 포함한 광역지역의 1인당 소매판매액으로 나눈 값이 상업인구이다.
> ④ 중심성 지수는 상업인구를 그 지역의 거주인구로 나눈 값으로 상업인구보다 거주인구가 많으면 1보다 작은 값을 갖는다.
> ⑤ 중심성 지수가 1이면 상업인구와 거주인구가 동일함을 의미한다.

027 다음 중 티센 다각형(Thiessen Polygon)에 대한 설명으로 옳지 않은 것은?

① 다각형의 크기는 경쟁수준과 비례한다.

② 공간독점 접근법에 기반한 상권 구획모형의 일종이다.

③ 소비자들이 가장 가까운 소매시설을 이용한다고 가정한다.

④ 소매 점포들이 규모나 매력이 있어서 유사하다고 가정한다.

⑤ 상권범위 예측에 사용될 수 있다.

정답 ①

정답해설 티센 다각형(Thiessen Polygon)은 소비자들이 거주지로부터 가장 근접한 쇼핑센터를 이용할 것이라는 가정 하에 상권을 설정하는 방법으로 그 다각형의 크기는 경쟁 수준과 반비례 관계를 가진다.

028 다음 회귀분석 모형에 관한 설명으로 가장 옳지 않은 것은?

① 소매점포의 성과에 영향을 미치는 요소들을 파악하는 데 도움이 된다.

② 모형에 포함되는 독립변수들은 서로 관련성이 높을수록 좋다.

③ 점포성과에 영향을 미치는 영향변수에는 상권 내 경쟁수준이 포함될 수 있다.

④ 점포성과에 영향을 미치는 영향변수에는 상권 내 소비자들의 특성이 포함될 수 있다.

⑤ 회귀분석에서의 표본의 수가 충분하게 확보되어야 한다.

정답 ②

정답해설 회귀분석에서는 독립변수와 종속변수 간의 상관관계를 분석해야 하므로 독립변수 상호간에는 상관관계인 관련성이 없어야 한다.

029 입지분석의 직접적 필요성에 대한 설명으로 옳은 것은?

① 구체적인 입지계획을 수립하기 위해

② 잠재수요를 파악하기 위해

③ 보다 표적화된 구색과 판매촉진전략을 수립하기 위해

④ 기존 점포들과의 차별화 포인트를 찾아내기 위해

⑤ 점포의 접근성과 가시성을 높이기 위해

정답 ⑤

정답해설 ⑤를 제외한 나머지는 모두 상권분석의 필요성에 해당한다.

030 다음 경쟁점포에 대한 조사, 분석과 관련된 설명으로 옳은 것은?

① 경쟁점포에 대한 방문조사가 경쟁분석의 유일한 방법으로 활용된다.

② 상품구색, 가격, 품질의 차이가 클수록 경쟁강도가 높은 경쟁점포이다.

③ 경쟁점포 및 경쟁구조를 분석할 때는 상권의 계층적 구조를 고려해야 한다.

④ 직접적인 경쟁점포만을 조사 · 분석해야 한다.

⑤ 경쟁분석의 궁극적 목적은 효과적인 입지 전략의 수립이다.

정답 ③

정답해설 경쟁분석은 입지선정과정을 위한 필수적 활동이며 이 과정에서 경쟁점포 및 경쟁구조를 분석할 때는 상권의 계층적 구조를 고려하여 분석해야 한다.

오답해설 ① 경쟁점포에 대한 조사방법에는 방문조사뿐만 아니라 점두조사법에 기초한 고객면접조사, 상품정책조사, 경합점의 고객을 대상으로 하여 조사하는 좌담회 등 여러 가지 방법이 있다.
② 상품구색, 가격, 품질이 유사할수록 경쟁강도가 높은 경쟁점포이다.
④ 직접적인 경쟁점포뿐만 아니라 잠재적인 경쟁점포를 포함하여 조사·분석해야 한다.
⑤ 경쟁분석의 궁극적 목적은 효과적인 경쟁 전략의 수립이다.

031 매장면적비율법은 상권 내 동일업종의 총 매장면적에서 점포의 매장면적이 차지하는 비율을 이용하여 해당 점포의 매출액을 추정한다. 매장면적비율법의 내용으로 가장 옳지 않은 것은?

① 상권의 총잠재수요는 해당 업종에 대한 1인당 총지출액과 상권인수를 곱해서 구한다.
② 상권의 총예상매출액은 총잠재수요와 상권인구의 상권 밖에서의 구매비율을 곱해서 구한다.
③ 해당 점포의 매출은 상권의 총예상매출액과 매장면적비율을 곱해서 구한다.
④ 경쟁점포에 대한 경쟁력이 약하면 매장면적비율보다 더 작게 매출액비율을 추정한다.
⑤ 유동인구의 효과를 가중하여 매장면적비율에 따른 추정매출액을 조정할 수 있다.

정답 ②

정답해설 상권의 총예상매출액은 총잠재수요와 상권인구의 상권 내에서의 구매비율을 곱해서 구한다.

032 다음 권리금에 대한 설명으로 옳지 않은 것은?

① 임차인이 누리게 될 장소 또는 영업상의 이익에 대한 대가로 임차보증금에 포함되어 지급된다.
② 상가매입 및 임차 시 관행적으로 인정된다.
③ 임대차 계약이 종료되더라도 임대인은 원칙적으로 권리금 반환에 대한 의무를 지지 않는다.
④ 임대차 계약기간 동안의 사업수익으로 충분히 충당될 수 있는 범위 내에서 설정해야 한다.
⑤ 바닥권리금, 영업권리금, 시설권리금으로 구분된다.

정답 ①

정답해설 권리금은 용역권이나 임차권 등의 권리를 양도하는 대가로 주고받는 금전을 의미하며 점포임대차와 관련해 임차인이 누리게 될 장소 또는 영업상의 이익에 대한 대가로 임차보증금과는 별도로 지급된다.

033 자가용차를 소유한 소비자의 증가추세가 상권에 미치는 영향을 설명한 내용으로 옳지 않은 것은?

① 소비자의 이동성을 높여 저밀도의 넓은 영역으로 주택분산이 가능해지고 인구의 교외화가 진행된다.

② 소비수요가 중심도시로부터 교외로 이동하고 다양한 상업기회가 교외에서 생겨난다.

③ 소비자의 지리적 이동거리가 확대되고 이동속도가 빨라지는 동시에 소비자가 감당하는 물류기능은 감소한다.

④ 자가용차 이용은 유류비와 차량 유지비용 발생으로 다목적 쇼핑외출과 같은 새로운 쇼핑패턴을 생성하여 유통시스템에 영향을 미친다.

⑤ 자가용차 이용으로 소비자가 여러 도시를 자유롭게 이동할 수 있어 소매상의 시장범위가 비약적으로 확대된다.

정답 ③

정답해설 자가용차를 소유한 소비자의 증가추세로 인해 소비자의 지리적 이동거리가 확대되고 이동속도가 빨라지기 때문에 물류기능 중 생산과 소비의 공간적 거리를 극복하는 운송기능을 소비자가 더 감당하게 되므로 소비자가 감당하는 물류기능이 증가한다.

034 점포의 입지와 관련된 주장으로 옳은 것은?

① 점포의 주된 매출원천은 점포에서 취급하는 상품의 다양성이다.

② 다른 조건이 모두 같다면 구매빈도가 높은 업종일수록 더 큰 상권이 필요하다.

③ 상권 범위는 도로 및 교통기관의 발달 상태에 따라 달라진다.

④ 업종구성이 상권 범위에 미치는 영향은 미약하다.

⑤ 인구밀도는 점포의 매출과 관계가 없다.

정답 ③

정답해설 도로 및 교통기관이 최신화되고 그 범위가 넓어질수록 상권의 범위 역시 확대되고 그 반대의 경우 상권의 범위는 유동인구의 감소로 인해 함께 축소된다.

오답해설 ① 점포의 주된 매출원천은 입지의 상권에 포함되는 고객들이다.
② 상품과 서비스의 구매빈도가 낮을수록 상권의 규모는 커지고 구매빈도가 높을수록 상권의 규모는 작아진다.
④ 업종구성이 상권 범위에 미치는 영향은 무시할 수 없다.
⑤ 상권의 크기와 함께 인구밀도도 점포의 매출에 영향을 미친다.

035 서비스업종의 매출액을 추정하기 위한 아래의 공식에서 괄호 안에 들어가기에 적합한 용어는?

> 매출액 = 좌석수 × 좌석점유율 × (　　　　) × 객단가 × 영업일수

① 실구매율　　　　　　　　　　② 내점률
③ 회전율　　　　　　　　　　　④ 내점객수
⑤ 매출실현율

정답 ③

정답해설 매출액을 구하는 공식
　　　　매출액 = 좌석수 × 좌석점유율 × 회전율 × 객단가 × 영업일수

036 구매력지수(BPI : Buying Power Index)를 구할 때 필요한 구성요소들 중 일반적으로 사용되는 표준공식에서 가장 낮은 가중치를 부여받는 변수는?

① 인구관련 변수　　　　　　　　② 소득관련 변수
③ 소매매출액관련 변수　　　　　④ 소매점면적관련 변수
⑤ 경쟁자관련 변수

정답 ①

정답해설 구매력지수(BPI : Buying Power Index)는 소매점포의 입지를 분석할 때 해당지역 시장의 구매력을 측정하는 기준으로 사용되며 그 시장에서 구매할 수 있는 구매력을 나타낸다. 구매력지수를 산출하기 위해서는 인구, 소매 매출액, 유효소득 등에 가중치를 곱하여 합산하는데 그 공식은 다음과 같다.
BPI = (인구비 × 0.2) + (소매 매출액비 × 0.3) + (유효구매 소득비 × 0.5)
여기서 인구비의 가중치가 0.20이므로 인구관련 변수의 가중치가 가장 낮다.

037 도매상의 입지 전략에 대한 설명으로 옳은 것은?

① 영업성과에 대한 입지의 영향은 소매상보다 도매상의 경우가 더 크다.
② 분산도매상은 영업성과에 대한 입지의 영향은 매우 제한적이다.
③ 수집도매상은 물류의 편리성을 고려하여 입지를 결정한다.
④ 도매상은 보통 소매상보다 임대료가 저렴한 지역에 입지한다.
⑤ 도매상은 보통 최종소비자의 접근성을 고려하여 입지를 결정한다.

정답 ④

정답해설 도매상은 최종소비자를 대상으로 하는 영업이 아니기 때문에 입지가 도심이나 역 등의 중심상가지역이 아니라도 무방하므로 대체로 소매상보다 임대료가 저렴하거나 도매단지가 조성된 교외 지역에 입지를 선정하는 경우가 많다.

오답해설 ① 영업성과에 대한 입지의 영향은 소매상보다 도매상의 경우가 더 작다.
② 수집도매상에 관한 내용이다.
③ 분산도매상에 관한 내용이다.
⑤ 최종소비자의 접근성을 고려하여 입지를 결정하는 것은 소매상이다.

---

038 21km의 거리를 두고 떨어져 있는 두 도시 A, B에서 A시의 인구는 3만 명이고 B시의 인구는 A 시의 4배라고 했을 때 도시간의 상권경계가 A시로부터 얼마나 떨어진 곳에 형성되는지 컨버스(Converse)의 상권분기점 분석법을 이용하여 계산하면?

① 5.25km
② 6km
③ 7km
④ 13km
⑤ 14km

정답 ③

정답해설 $D_b = \dfrac{D_{ab}}{1 + \sqrt{\dfrac{P_a}{P_b}}} = \dfrac{21}{1 + \sqrt{\dfrac{12만}{3만}}} = \dfrac{21}{1+2} = 7$

---

039 상권분석에서 활용하는 조사기법 중에서 조사대상과 조사장소가 내점객조사법과 가장 유사한 것은?

① 가정방문조사법
② 지역할당조사법
③ 고객점표법
④ 편의추출조사법
⑤ 점두조사법

정답 ⑤

정답해설 점두조사법은 점포에서 조사원이 대기하다가 구매결정을 한 소비자에게 질문을 하는 방식으로 매장을 방문하는 소비자의 주소를 파악하여 자기점포의 상권을 조사하기 때문에 해당 점포를 직접 방문한 고객들을 대상으로 하는 내점객조사법과 가장 유사하다.

오답해설 ③ **고객점표법** : 소비자들로부터 획득한 정보를 이용하여 1차 상권과 2차 상권을 확정하는 기법으로 점포에 출입하는 고객들을 무작위로 인터뷰하며 인터뷰 내용으로 고객들의 거주지나 출발지를 확인하여 이를 격자도면상에 표시한 후 점포도를 완성한다.
④ **편의추출조사법** : 연구 조사자가 편리한 시간 및 장소에 접촉하기 쉬운 대상을 표본으로 추출하는 방법이다.

040 건축물을 건축할 수 있는 건축선이 도로기준 폭에 미달하는 건축선 후퇴의 경우 그 후퇴한 선이 도로 중심선에서 후퇴한 길이는?

① 1m
② 1.5m
③ 2m
④ 2.5m
⑤ 3m

정답 ③

정답해설 건축선이란 도로와 접한 부분에 건축물을 건축할 수 있는 선을 뜻하는데 일반적으로 대지와 도로의 경계선이다. 다만 도로의 폭이 4m에 이르지 못하는 경우 도로 중심선에서 2m 후퇴한 선이 건축선에 해당되는데 이를 건축선 후퇴라고 한다.

041 점포의 입지유형을 집심성, 집재성, 산재성으로 구분했을 때 넬슨의 소매입지 선정원리 중에서 산재성 점포의 기본속성과 연관성이 가장 큰 것은?

① 누적적 흡입력의 원리
② 공간균배의 원리
③ 경쟁위험 최소화의 원리
④ 양립성의 원리
⑤ 고객 중간유인의 원리

정답 ②

정답해설 산재성 점포는 소매점포가 입지하는 상권의 크기가 한정되어있기 때문에 점포가 서로 떨어져서 입지해야 유리하고 한 곳에 모여 있으면 불리한 유형의 점포를 의미하며 공간균배의 원리에 따라 분류한 점포이다. 공간균배의 원리는 유사한 상품을 취급하는 점포들 사이에 경쟁이 일어날 경우 시장의 크기와 수요의 교통비 탄력성에 따라 자신에게 유리한 형태로 점포 사이의 공간을 균등하게 나누게 된다는 이론이다.

오답해설 ① **누적적 흡입력의 원리** : 영업의 형태가 비슷하거나 동일한 점포가 집중적으로 몰려 있어 고객의 흡인력을 극대화할 수 있는 가능성에 대해 검토해야 한다는 원리

③ **경쟁위험 최소화의 원리** : 경쟁점포의 입지, 성격, 규모, 형태 등을 감안하여 출점 입지를 고려하되 현재 상황뿐만 아니라 미래상황도 신축적으로 고려하여 평가해야 한다는 원리

④ **양립성의 원리** : 상호 보완관계에 있는 재화를 판매하는 두 개의 점포가 공존하여 입지하는 경우 양 점포를 함께 이용하는 고객의 수와 매출액이 상호 증가한다는 원리

⑤ **고객 중간유인의 원리** : 경쟁점포나 상점군의 중간에 위치하여 상권에 진입하는 고객을 중간에서 분리 흡수할 수 있는 입지인지 여부를 평가하는 원리

042 점포의 매력도를 평가하는 입지조건의 특성과 그에 대한 설명이 올바르게 연결된 것은?

① 호환성 – 얼마나 그 점포를 쉽게 찾아올 수 있는지 혹은 점포 진입이 수월한지를 의미
② 인지성 – 점포를 찾아오는 고객에게 점포의 위치를 쉽게 설명할 수 있는 설명의 용이도
③ 홍보성 – 점포 전면을 오고 가는 고객들이 그 점포를 쉽게 발견할 수 있는지의 척도
④ 접근성 – 사업 시작 후 고객에게 어떻게 유효하게 점포를 알릴 수 있는지를 의미
⑤ 가시성 – 점포에 입점 가능한 업종의 다양성 정도를 의미

정답 ②

정답해설 점포의 매력도를 평가하는 입지조건에서 인지성은 점포를 찾아오는 고객에게 점포의 위치를 쉽게 설명할 수 있는 설명의 용이도를 의미한다.

오답해설 ① 접근성에 대한 설명이다.
③ 가시성에 대한 설명이다.
④ 홍보성에 대한 설명이다.
⑤ 호환성에 대한 설명이다.

043 다음 중 출점 의사결정의 과정을 올바르게 나열한 것은?

① 출점지역의 결정 → 출점방침의 결정 → 점표의 물색 → 사업계획의 수립 → 점포매입 및 건설 → 개점
② 출점지역의 결정 → 출점방침의 결정 → 사업계획의 수립 → 점포의 물색 → 점포매입 및 건설 → 개점
③ 출점방침의 결정 → 출점지역의 결정 → 사업계획의 수립 → 점포의 물색 → 점포매입 및 건설 → 개점
④ 출점방침의 결정 → 출점지역의 결정 → 점포의 물색 → 사업계획의 수립 → 점포매입 및 건설 → 개점
⑤ 사업계획의 수립 → 출점방침의 결정 → 출점지역의 결정 → 점포의 물색 → 점포매입 및 건설 → 개점

정답 ④

정답해설 출점 의사결정은 출점방침의 결정 → 출점지역의 결정 → 점포의 물색 → 사업계획의 수립 → 점포매입 및 건설 → 개점의 순으로 이루어진다.

044 소매 입지별 유형에 대한 설명으로 옳은 것은?

① 주거입지의 경우 충분한 잠재고객과 동일업종의 분포, 접근성 등을 감안하여 입지를 선정하는 것이 좋다.

② 산업별 입지의 경우 상업입지, 농업입지, 공업입지 등으로 나누어 입지를 결정하게 된다.

③ 노면 독립입지의 경우 경쟁업체가 많고 가시성도 낮을 뿐만 아니라 영업시간 등의 제한이 있어 고객 편의성을 높이기 어렵다.

④ 복합용도건축물은 소수의 특정 용도만을 수용할 수 있다.

⑤ 쇼핑센터는 도심 내의 커뮤니티 시설로 계획되기도 한다.

정답 ②

정답해설 산업별 입지 유형은 상업입지, 산업입지, 공장입지, 농업입지, 주택입지로 구분된다.

오답해설 ① 도심입지에 대한 설명이다.
③ 노면 독립입지의 경우 경쟁업체가 없는 곳에 입지하므로 가시성도 높을 뿐만 아니라 영업시간 등의 제한이 없어 고객 편의성을 제공할 수 있다.
④ 복합용도건축물은 다수의 용도를 수용할 수 있고 물리적, 기능적 규합과 통일성 있는 개발이 필요하다.
⑤ 쇼핑센터는 도심 밖의 커뮤니티 시설로 계획되기도 하며 우리나라에서는 번화한 상점가를 의미하기도 한다.

045 다음 중 소매포화지수(IRS : Index of Retail Saturation)에 대한 설명으로 옳지 않은 것은?

① 지역시장의 수요 잠재력을 총체적으로 측정할 수 있는 지표이다.

② 소매업에 대한 해당 지역 내의 수요와 공급관계를 정의한다.

③ 값이 클수록 공급보다 수요가 상대적으로 많다.

④ 지역총가구수에 가구당 지출액을 곱하여 구한다.

⑤ 특정의 분석단위가 갖는 경제적인 소비능력을 비교할 수 있도록 계량했다.

정답 ⑤

정답해설 특정의 분석단위가 갖는 경제적인 소비능력을 비교할 수 있도록 계량한 것은 구매력 지수(BPI : Buying Power Index)에 대한 설명으로 동일지역의 구매력 변화추세나 지역 간의 구매력 비교 등을 가능하게 하며 일반적으로 구매력 지수가 높으면 높을수록 더 많은 구매력을 갖는 것으로 해석된다.

046 레일리(William J. Reilly)의 소매인력법칙(Law of Retail Gravitation)을 설명한 내용으로 가장 거리가 먼 것은?(단, A와 B는 두 경쟁도시 혹은 상업시설을 나타내며 이들의 중간에 위치한 소도시 혹은 상업시설 B가 있다고 가정한다.)

① 소비자의 특정 도시(상업시설)에 대한 효용(매력도)은 도시(상업시설규모)와 점포까지의 거리에 좌우되며 특정 상업시설을 선택할 확률은 개별 상업시설들이 가지고 있는 효용(매력도)의 비교에 의해 결정된다.

② A, B도시(상업도시)가 끌어들일 수 있는 상권범위는 해당 도시(상업시설)의 인구에 비례하고 도시(상업시설) 간의 거리의 제곱에 반비례한다.

③ 소매인력법칙은 개별점포의 상권파악보다는 이웃 도시(상업시설)들 간의 경계를 결정하는 데 주로 이용되는 이론이다.

④ 이론의 핵심내용은 두 경쟁도시 혹은 상업시설(A, B) 사이에 위치한 소도시 혹은 상업시설(C)로부터 A, B 도시(상업시설)가 끌어들일 수 있는 상권범위, 즉 A와 B가 중간의 소도시(상업시설) C로부터 각각 자신에게 끌어들이는 매출액을 규정하는 것이다.

⑤ 실제거리는 소비자가 생각하는 거리와 일치하지 않을 수도 있다.

정답 ①

정답해설 ①은 허프(Huff)의 확률 모델에 대한 설명이다.

047 쇼핑센터 내에서 점포의 위치를 결정하는 경우에 대한 설명으로 옳은 것은?

① 취급 상품이 고객의 합리적인 구매 성향을 유발하는지를 감안하여 점포 위치를 정한다.

② 고객은 상품구매에 대한 목적에 상관없이 점포위치가 유리한 점포를 찾는다.

③ 의류와 같은 선매품 판매 점포는 비교점포들이 많이 몰려있는 장소가 유리하다.

④ 목적점포는 임대료가 싼 매장 내 가장 좋은 위치에 입점하여야 한다.

⑤ 비슷한 표적시장을 가지고 있는 점포들은 서로 떨어뜨려 위치시키는 것이 좋다.

정답 ③

정답해설 의류와 같은 선매품은 제품에 대한 완전한 지식이 없으므로 구매를 계획하고 실행하는 데 많은 시간과 노력을 소비하며, 여러 제품을 비교하여 최종적으로 결정하는 구매행동을 보이는 제품이기 때문에 비교점포들이 많이 몰려있는 장소가 유리하다.

오답해설 ① 쇼핑센터 내에서는 취급 상품이 고객의 충동적인 구매 성향을 유발하는지를 감안하여 점포 위치를 정한다.

② 고객은 전문점과 같이 상품구매에 대한 목적이 뚜렷하면 점포위치에 상관없이 점포를 찾기도 한다.

④ 목적점포는 그 점포가 일반적인 상업중심지 밖에 있더라도 소비자가 그 점포만을 방문하기 위해 이동할 용의가 있는 점포이므로 임대료가 비싼 매장 내 가장 좋은 위치에 임점할 필요가 있다.

⑤ 비슷한 표적시장을 가지고 있는 점포들은 서로 가까이 위치시키는 것이 좋다.

048 신규 출점 시 검토사항 중에서 그룹 인터뷰 조사와 관련된 내용으로 가장 적절한 것은?

① 자료를 분석하거나 관계 관청 등을 통해 조사한다.

② 출점지의 시장 환경, 시장 잠재력 및 경합점의 현황을 파악하여 출점 가능성을 검토한다.

③ 소비자의 구매동향 및 의식, 요구를 각각의 상품 레벨에서 상세히 파악한다.

④ 경합점의 개요 파악을 위해 각 점의 특징을 조사한다.

⑤ 방문목적 및 빈도, 이용 교통기관, 자주 방문하는 지역 및 이미지 등이 주요 조사 내용에 포함된다.

> **정답** ③
>
> **정답해설** 그룹 인터뷰 조사는 조사 당일 진행자에 의해서 집단 면접으로 진행하는 조사 방법으로 소비자의 구매동향 및 의식, 요구를 각각의 상품 레벨에서 상세히 파악한다는 특징이 있다.
>
> **오답해설** ① 장래성 예측 조사에 대한 설명이다.
> ② 입지환경 조사에 대한 설명이다.
> ④ 경합점 기초 조사에 대한 설명이다.
> ⑤ 통행자 조사에 대한 설명이다.

049 다음 쇼핑센터의 유형별 핵점포와 주요 취급상품 종류를 연결했을 때 마케팅 관점에서 상호 조합이 가장 적절하지 않은 것은?

① 아웃렛 스토어 – 유통업자 상표제품 할인판매

② 지역형 쇼핑센터 – 하나 혹은 두 개의 (대형)백화점, 일부 선매품 및 일부 전문품에 중점

③ 커뮤니티 쇼핑센터 – 양판점 또는 종합할인점, 편의품 및 일부 선매품에 중점

④ 근린형 쇼핑센터 – 도보권을 중심으로 한 일용품에 중점

⑤ 초광역형 쇼핑센터 – 다수의 백화점, 선매품 및 전문품에 중점

> **정답** ①
>
> **정답해설** 아웃렛 스토어는 제조업체가 유통과정을 거치지 않고 재고품 등을 처리할 목적으로 시중가보다 훨씬 저렴한 가격으로 판매하는 소매점이다.

050 입지의 종류 중에서 다운타운형을 설명하는 내용으로 가장 적절한 것은?

① 낮에는 비즈니스맨의 이용이 상당히 많지만 일반 주민들은 비교적 고령자가 많아 손님의 내점 빈도는 높지 않은 편이다.

② 대부분의 가정에서는 자동차를 소유하고 있으므로 자동차객이 몰리고 비교적 넓은 지역을 대상으로 사업할 수 있다.

③ 인구 20~30만 명의 지방도시에서 흔히 볼 수 있는데 교외로 나가는 간선도로를 따라 뒤편 주택 또는 아파트가 늘어서 있는 패턴이다.

④ 주변 거주 인구가 적고 지나가는 자동차 수 및 해당 지역까지 관광하러 나오는 관광객 수에 따라 좋고 나쁜 입지가 정해진다고 할 수 있는 반면 계절성이 높고 식사 시간대별로 변수가 커서 위험도 많은 지역이다.

⑤ 해당 지방의 중핵도시를 중심으로 쇼핑을 비롯해서 상권의 흐름이 이 상권을 중심으로 모여 분산되어 간다.

정답 ⑤

정답해설 다운타운형은 그 지방의 중핵 도시를 중심으로 쇼핑을 비롯하여 상권의 흐름이 이 상권을 중심으로 모여 분산되기 때문에 서비스업이 활성화되어 있으며 비즈니스형의 오피스와 병원 및 학교, 관공서 등이 많이 분포하고 낮과 밤의 인구 이동이 많은 것이 특징이다.

오답해설 ① · ③ 시가지형에 해당하는 설명이다.
② 도시근교형에 해당하는 설명이다.
④ 드라이브인형에 해당하는 설명이다.

051 다음 백화점에 대한 특징으로 옳지 않은 것은?

① 다종다양한 상품과 서비스를 대량 판매하는 원스톱 쇼핑을 제공한다.
② 각 점포 앞에 차를 주차시킬 수 있으며, 단시간에 쇼핑을 끝낼 수 있다.
③ 다품종소량판매를 위한 매입방식이 다양하다.
④ 제조업자나 도매업자가 상품판매를 위탁하고 판매하지 못한 제품은 반품한다.
⑤ 개별점포의 매입방식에서 본부집중매입과 공동매입방식으로 시스템을 전환하고 있다.

정답 ②

정답해설 파워센터(Power Center)에 관한 설명이다.

052 입지유형별 접근성 분석을 세 가지로 분류하였을 때 적응형 입지에 해당하는 장소는?

① 극장
② 놀이시설
③ 근린상가
④ 역세권
⑤ 아파트 단지

정답 ④

정답해설 접근성 분석

- **적응형 입지** : 통행량이 많고 유동인구 또는 차량통행량이 많은 곳으로서 유동량에 의해 영업이 좌우되는 입지를 말하며 접근성 및 시인성 확보가 중요하기 때문에 지역으로서 유동인구 밀집지역인 역세권에서 많이 나타난다.
- **목적형 입지** : 고객이 쇼핑, 구매 등 특정한 목적의식을 가지고 접근하는 입지로서 쇼핑센터, 극장, 대형 외식업소, 놀이시설 등으로서 브랜드파워에 대한 고객인지성과 입지접근성 등이 중요하다.
- **생활형 입지** : 배후 주거지에서 쉽게 접근할 수 있는 지역상권으로서 근린상가, 아파트 단지 상가 등 차량보다는 도보로의 접근성이 중요시되고 비교적 소형점포로 형성된다.

053 다음 상권의 개념으로 옳지 않은 것은?

① 상업상의 거래를 행하는 공간적 범위이다.
② 한 점포가 고객을 흡인하거나 흡인할 수 있는 지역적 범위와 다수의 상업시설이 고객을 흡인한다.
③ 지역상권, 지구상권, 개별점포상권 등으로 구분할 수 있다.
④ 경쟁자의 출현은 상권을 차단하는 중요한 장애물이며 고객밀도는 상권 내의 인구밀도와 밀접한 관련이 있다.
⑤ 정형화된 원형의 형태로 되어있다.

정답 ⑤

정답해설 상권은 원형의 형태가 아니라 아메바와 같이 정형화되지 않은 형태로 되는 경우가 일반적이다.

054 적정한 상권인구에 대한 설명으로 옳은 것은?

① 기존점의 상권과 유사해야 적정한 상권인구이다.
② 상권인구에 따라 입지의 위치와 성격이 크게 달라진다.
③ 상대적으로 큰 상권이 작은 상권보다 유리하다.
④ 체인점 점포수는 상권인구의 영향을 받지 않는다.
⑤ 이미 영업 중인 기존점의 상권인구가 높을수록 적정하다.

정답 ②

정답해설 상권인구에 따라 입지의 위치와 성격이 크게 달라지므로 적정한 상권인구의 유지가 중요하다.

오답해설 ① 적정한 상권인구는 기존점의 상권과 유사하거나 구애받아서는 안 되며 어디까지나 이후 새롭게 전개하는 형태에 맞는 이상적인 상권인구여야 한다.

③ 적정한 상권인구를 정할 때에는 작은 상권이 점포수를 늘리기 쉽고 경합을 회피할 수 있기 때문에 상대적으로 작은 상권이 큰 상권보다 유리하다.

④ 적정한 상권인구는 체인점 점포수도 좌우할 수 있다.

⑤ 적정한 상권인구란 이미 영업 중인 기존점의 상권인구가 아니라 미래에 전개될 최신 표준형 및 신 유형점에 필요한 상권인구이다.

055 다음 중 누적유인의 원리에 대한 설명으로 옳지 않은 것은?

① 유사하고 상호보완적인 점포들이 함께 모여 있는 것이 독립적으로 있는 것보다 더 큰 유인력을 가진다는 원리다.

② 골동품점, 자동차 대리점, 신발 및 의류점 등이 서로 인접해 있을 때 경영성과가 독립적으로 있을 때보다 좋다면 누적유인의 원리로 설명할 수 있다.

③ 상호 보완상품을 판매하는 점포들 간에는 적용할 수 없다.

④ 서로 직접 경쟁하는 점포들에게 적용될 수 있다.

⑤ 편의품보다는 선매품이나 전문품일 때 더 많은 효과를 볼 수 있는 개념이다.

정답 ④

정답해설 누적유인의 원리는 특정 입지를 매력적으로 만들 수 있으며 상호보완상품을 판매하는 점포들 간에 적용할 수 있는 원리이므로 유사하고 상호보완적인 점포들이 함께 무리지어 있는 것이 독립적으로 있는 것보다 더 큰 유인력을 갖는다는 원리이다.

056 다음 중 도심입지(CBD : Central Business District)에 대한 설명으로 옳지 않은 것은?

① 고급 백화점 및 전문점 등이 입지하고 있는 전통적인 상업 집적지로 다양한 분야에 걸쳐 고객 흡입력을 지닌다.

② 다양한 계층의 사람들이 왕래하며 오피스타운이 인근지역에 발달해 있고 지가와 임대료가 상대적으로 비싸다.

③ 유동인구는 많지만 상주인구가 적어 도심공동화 현상을 야기한다.

④ 상업 활동이 많은 사람을 유인하고 대중교통의 중심지로서 도시 어느 곳에서든지 접근성이 높은 지역이다.

⑤ 지역의 핵심적인 상업시설을 가지고 있어 계획성 있는 입지를 조성할 수 있다.

정답 ⑤

정답해설 도심입지는 지역의 핵심적인 상업시설을 가지고 있으나 전통적인 상업 지역이기 때문에 신도시처럼 계획성 있는 입지 조성이 불가능하다.

057 소매포화지수(IRS)와 시장성장잠재력지수(MEP)에 대한 설명으로 옳은 것은?

① 소매포화지수는 한 시장지역 내에서 특정 소매업태의 소비자 1인의 잠재수요 크기이다.
② 시장성장잠재력지수는 지역시장이 미래에 신규 수요를 창출할 수 있는 잠재력을 반영하는 지표이다.
③ 소매포화지수가 크면 시장의 포화정도가 낮아 아직 경쟁이 치열하지 않음을 의미한다.
④ 소매포화지수가 클수록 신규점포에 대한 시장 잠재력이 높다고 볼 수 있다.
⑤ 상권 내 거주자들의 타 지역으로의 쇼핑(Outshopping) 정도가 높을수록 시장성장잠재력지수가 커진다.

정답 ①

정답해설 소매포화지수는 한 시장지역 내에서 특정 소매업태의 단위면적당 잠재수요 지표이다.

058 다음 중 로쉬(Losch)의 수정중심지 이론에 대한 설명으로 옳지 않은 것은?

① 크리스탈러(Christaller)의 중심지이론에 수정을 가한 것이다.
② 중심지 내 모든 재화는 독자적인 육각형의 시장 지역을 지니고 있다.
③ 인구의 분포가 연속적이고 균등하다.
④ 기업들이 특정 지점으로 밀집하여 하나의 대도시가 형성된다.
⑤ 중심지가 보유한 중심재화의 종류와 중심지 계층이 비례하지 않는다.

정답 ③

정답해설 로쉬(Losch)는 인구의 분포가 연속적 균등분포가 아니라 불연속 인구분포를 이루기 때문에 각 중심지의 상권규모(육각형의 크기)가 다르다고 가정하여 비고정 K-value 모형을 제시했다.

059 내점객 조사방법 중 타임페어법에 대한 설명으로 옳은 것은?

① 점포에 출입하는 고객들을 무작위로 인터뷰하여 고객들이 거주자나 출발지를 확인하고 이를
격자도면상에 표시하여 고객점표도를 작성한다.

② 고객점표도에는 대상점포에서 쇼핑을 하는 고객들의 지리적 분포가 나타난다.

③ 소비자들로부터 획득한 직접정보를 이용하여 1차 상권과 2차 상권을 확정하는 기법이다.

④ 격자별 인구가 계산된 후 격자별 매상고를 추계하고 몇 개의 격자를 그룹화하여 상권을 확정
한다.

⑤ 점포에서 역까지 전철과 버스노선별 소요시간과 요금을 조사해서 상권을 파악하기도 한다.

정답 ⑤

정답해설 타임페어법은 점포에서 역까지 전철과 버스노선별 소요시간과 요금을 조사해서 상권을 파악하는 방법으로 소비자
들의 이용도가 높은 교통수단일수록 좋다.

오답해설 ⑤를 제외한 나머지는 모두 고객점표법에 대한 설명이다.

060 점포개점 계획 시 투자의 기본계획과 관련된 내용으로 옳지 않은 것은?

① 투자의 기본계획이란 신규설비 및 시설 등의 투자에 관한 점포의 예산을 의미한다.

② 어떠한 특정기일에 계획된 투자액의 경우 같은 시기에 실현된 투자액과 차이가 날 때가 많은데
이러한 차이는 새로운 추가 또는 다른 계획의 연기 및 기타 계획의 중지 등의 이유 때문에 발생
한다.

③ 원가에 임대료, 인건비, 기타 지출 비용, 감가상각 등에 순이익률을 포함해서 정하는 것이 기본
이 된다.

④ 기업단위 단계의 경우에는 계획된 투자 및 실현된 투자와의 차이는 상당히 그 차이가 크지만
각 데이터는 집계되어 생산 전체의 것이 된다.

⑤ 점포의 계획은 예상되는 입지에서 점포의 장소 및 관련되는 여러 시설과 인원에 대한 계획 등
을 설계해서 점포 창업 시 점포에 투자되는 비용 등을 산출하는 과정이다.

정답 ③

정답해설 ③은 점포개점의 프로세스 중 4단계의 가격책정에 대한 내용이며 이 단계에서는 기본적으로 각 메뉴나 상품별 원
가 또는 매입가를 기준으로 책정한다.

061 다음 중 선매품점에 대한 설명으로 올바른 것은?

① 고객이 제품에 대하여 완전한 지식이 있어 최소한의 노력으로 적합한 제품을 구매하려는 행동의 특성을 보인다.

② 산재성과 집중성 점포에 속하는 경우가 많고 인근에서 고객이 찾아온다.

③ 편의품에 비해 가격수준이나 이윤율이 낮고 구매횟수가 높아 표준화가 되기 쉽다.

④ 넓은 상권을 필요로 하며 유동인구가 많은 지역이 유리하고 소득수준과 소비동향에 영향을 받는다.

⑤ 구매의 노력과 비용에 크게 구애받지 않고 수요자의 취미와 기호 등에 따라 구매하는 상품을 취급하는 점포이다.

정답 ④

정답해설 선매품은 고객이 상품의 가격과 스타일 등을 여러 상점을 통해서 비교한 후 구매하는 것을 말하며 선매품을 취급하는 상점들이 서로 인접해 하나의 상가를 형성하기 때문에 넓은 상권을 필요로 하고 유동인구가 많은 지역이 유리하며 소득수준과 소비동향에 영향을 받는다.

오답해설 ① 편의품에 대한 설명이다.

② 선매품은 집심성과 집재성 점포에 속하는 경우가 많고 비교적 원거리에서 고객이 찾아오므로 교통수단과 접근성이 좋아야 한다.

③ 선매품은 편의품에 비해 가격수준이나 이윤율은 높고 구매횟수가 적으며 고객의 취미 등이 잘 반영되어야 하므로 표준화되기 어렵다.

⑤ 전문품에 대한 설명이다.

062 복합용도개발(MXDs : Mixed-use Developments)의 특징을 설명한 다음 내용 중에서 가장 옳지 않은 것은?

① 상권을 조성하기 위한 단순한 개발방법이 아닌 상권과 함께 생활에 필요한 여러 편의시설을 복합적으로 개발하기 위한 방법이다.

② 주거, 업무, 여가 등 다수의 용도가 물리적, 기능적으로 복합된 건물을 말한다.

③ 쇼핑몰의 형태로 구성되기 때문에 쇼핑몰에 입점 가능한 다양한 업태를 모두 포함하는 점포 위주로 건물 내부가 구성된다.

④ 도심지 내 주거생활에 필요한 근린생활시설, 각종 생활편의시설의 설치가 가능해 도심지 활성화의 수단으로 활용되기도 한다.

⑤ 차량통행량 증가가 완화됨에 따라 대기오염요인 감소와 에너지 절감의 효과를 얻을 수 있다.

정답 ③

정답해설 복합용도개발은 혼합적 토지이용의 개념에 근거해서 주거, 업무, 상업, 문화 및 교육 등이 서로 밀접한 관계를 가지고 상호보완이 가능하도록 연계 및 개발하는 방식으로 하나의 단지에 인간의 일상생활과 관련된 여러 기능들이 압축된 것으로 쇼핑몰의 형태로 구성되지 않는다.

063 다음 중 개별점포의 상권특성이 아닌 것은?

① 지명도가 높고 개성이 강한 상품을 취급하는 점포일수록 상권이 크다.

② 점포규모가 클수록 그 상권이 크다.

③ 교통편이 좋은 곳이나 일류상가에 위치한 점포일수록 상권이 크다.

④ 선매품, 전문품 등을 취급하는 점포의 상권이 편의품을 취급하는 점포의 상권보다 크다.

⑤ 편의품을 취급하는 점포의 상권이 전문품을 취급하는 점포의 상권보다 크다.

정답 ⑤

정답해설 전문품을 취급하는 점포의 상권이 편의품을 취급하는 점포보다 크다.

064 다음 중 파워센터를 설명하는 내용으로 적절한 것은?

① 소비자들이 일상적인 욕구를 만족시키기 위한 편리한 쇼핑장소를 제공한다.

② 카테고리킬러 형태와 유사한 염가 판매 전문 점포들로 구성된 쇼핑센터이다.

③ 다양한 범위의 의류와 일반상품을 제공한다.

④ 일반 상품과 서비스를 매우 깊고 다양하게 제공한다.

⑤ 큰 규모로 더 많은 고객을 유인하고 보다 깊이 있는 제품구색을 갖추고 있다.

정답 ②

정답해설 파워센터는 카테고리킬러 형태와 유사한 염가 판매 전문 점포들로 구성된 쇼핑센터로 하나 또는 여러 개의 핵심 점포들이 전체 부지의 약 50% 이상을 차지하고 있으며 여러 종류의 전문 할인점들이 임대의 형식으로 들어오는 구조이다. 또한 일정한 구매 목적을 지닌 소비자들로 하여금 어떤 한 점포에서 짧은 시간 내에 제품을 구매할 수 있도록 배려하는 것이 특징이다.

오답해설 ① 네이버후드센터에 관한 설명이다.

③ 커뮤니티센터에 관한 설명이다.

④ 지역센터에 관한 설명이다.

⑤ 슈퍼지역센터에 관한 설명이다.

065 다음 중 점포개점의 프로세스 4단계에 해당되는 내용이 아닌 것은?

① 초도 물품 준비　　　　　　　　　② 가격 책정
③ 인력 계획　　　　　　　　　　　　④ 서비스 전략
⑤ 홍보 계획

정답 ①

정답해설 초도 물품 준비는 점포개점의 프로세스 3단계에 해당하는 내용이다.

066 공장을 설립하는 데 적당한 일정범위의 지역인 공장입지와 관련된 내용으로 적절하지 않은 것은?

① 제조방법의 차이 및 사업주체인 기업 측의 사정으로 선정기준이 달라진다.
② 타 소매업체들과 떨어진 지역으로서 통상적으로 다른 소매업체들과 고객을 공유하지 않는다.
③ 공장 소재지와 직접 관계가 있는 용지의 면적, 가격, 지배력 및 조달의 난이성, 공장의 경우 광역적 환경으로서의 기후, 풍토, 교통기관, 소비지 등 입지조건을 구성하는 요소는 매우 많다.
④ 원재료 및 동력원의 변천, 국가의 산업정책과 지역개발 정책의 동향 등도 입지에 커다란 영향을 미친다.
⑤ 일반적으로 공장에 있어서는 상품 생산에 필요한 여러 요소의 입수가 용이하고 저렴해야 한다는 점, 소비지는 제품 출하 시 수송과 판매의 편리성이 요구된다.

정답 ②

정답해설 ②는 독립입지에 대한 내용으로 도소매업의 창업자는 적합한 업종을 선정할 때 그 업종에 맞는 상권을 설정해야 하는데 여러 업종의 점포들이 한 곳에 모인 군집입지와 다른 전혀 점포가 없는 곳에 독립적으로 입지해서 점포를 운영하는 형태이다.

067 유동인구 조사를 통해 유리한 입지조건을 찾을 때 적합하지 않은 것은?

① 교통시설로부터의 쇼핑동선이나 생활동선을 파악한다.
② 유동인구는 날씨가 좋은 평일과 주말 중 각각 하루를 선정해 조사해야 한다.
③ 조사시간은 영업시간대를 고려하여 설정한다.
④ 유동인구의 수보다 인구특성과 이동방향 및 목적 등이 더 중요할 수 있다.
⑤ 같은 수의 유동인구라면 일반적으로 퇴근동선보다 출근동선에 위치하면 유리하다.

정답 ⑤

정답해설 유동인구가 같은 수일 경우 출근동선보다 퇴근동선에 위치해야 유리하다.

068 다음 설명의 원리에 의해 입지를 올바르게 분류한 것은?

> 상업입지에서 경쟁관계에 있는 점포들끼리 경쟁이 일어난 후 오랜 기간이 지나면 공간을 서로 균등하게 나누어 입지하게 된다는 주장이 있다. 이 주장에 따르면 배후지 시장이 좁고 교통비에 대한 수요의 탄력성이 작은 경우 점포가 중심부에 입지하며 배후지 시장이 넓고 교통비에 대한 수요의 탄력성이 크면 점포가 분산해서 입지하는 경향이 나타난다고 본다.

① 이용목적에 따른 분류 – 적응형 입지, 목적형 입지, 생활형 입지

② 점포유형별 분류 – 고객창출형 입지, 근린고객의존형, 통행량의존형

③ 상권범위에 따른 분류 – 1급지, 2급지, 3급지

④ 공간균배에 따른 분류 – 집심성 입지, 집재성 입지, 산재성 입지

⑤ 소비자구매습관에 따른 분류 – 편의품점 입지, 선매품점 입지, 전문품점 입지

정답 ④

정답해설 공간균배의 원리는 유사한 상품을 취급하는 점포들이 서로 도심에 인접해 있어 점포 간에 경쟁이 일어날 경우, 시장의 크기와 수요의 교통비 탄력성에 따라 자신에게 유리한 형태로 점포 사이의 공간을 균등하게 나누게 된다는 이론이다. 하나의 상권에 동질적인 소비자가 균등하게 분포하고 있다고 가정할 때, 시장이 좁고 수요의 교통비 탄력성이 적으면 집심 입지 현상이 나타나고, 시장이 넓고 수요의 교통비 탄력성이 크면 분산 입지 현상이 나타난다. 이에 따른 점포 유형에는 집심성, 집재성, 산재성, 국부적 집중성 점포가 있다.

069 복합용도개발(MXDs : Mixed use Developments)의 개념에 대한 설명이 아닌 것은?

① 복합용도로 개발된 건물은 인간의 기본요소인 주거, 작업, 여가의 각 활동을 동시에 수용한다.

② 구성요소들 간에 견고한 물리적 기능의 통합에 의한 고도의 토지이용을 창출한다.

③ 단위개발 프로젝트에 비해 관련 전문분야와의 협력이 필요하며 통일성 있는 계획에 의해 이루어진다.

④ 두 가지 이상의 용도가 한 건물에 물리적 · 기능적으로 복합된 건물을 말한다.

⑤ 수직적 · 수평적 동선체계의 집중적인 연결에 의해 긴밀하게 통합되어야 한다.

정답 ④

정답해설 복합용도개발(MXDs : Mixed use Developments)은 주거, 상업, 업무 등 세 가지 이상의 기능이 합쳐진 건축물 또는 건축단지의 개발을 말한다.

070 입지의 매력도에 영향을 미치는 요소 중 접근성에 대한 설명으로 옳지 않은 것은?

① 기본 상권을 분석하는 방법으로 도로패턴, 도로상태, 장애 등의 요소를 평가해야 한다.
② 핵심 소비자층이 도보로 이용하는지 차량이나 지하철을 이용하는지 이동경로를 파악하는 것이 중요하다.
③ 주차시설의 양과 질, 교통 편의시설 등은 점포의 전체적인 접근성에 중요한 요인이 된다.
④ 도로가 넓은 곳이라도 횡단보도가 없으면 접근성이 떨어지며 상권을 분할하게 된다.
⑤ 시장이 한정되거나 고객 충성도가 높을수록 점포 외관이 접근성에 미치는 영향은 증가한다.

정답 ⑤

정답해설 시장이 한정되거나 고객 충성도가 높을수록 점포 외관이 접근성에 미치는 영향은 감소한다.

071 애플바움(W. Applebaum)의 유추법에 대한 설명으로 옳지 않은 것은?

① 신규점포의 상권분석을 위해서만 활용된다.
② 당해 예정 점포와 상권의 규모와 특성이 유사한 점포를 선정하여 그 점포의 상권범위를 추정한다.
③ 상권에 포함된 사람들의 거주지역과 숫자를 파악하는 데 사용이 가능하다.
④ 동종업종 간의 경쟁관계를 파악하여 차별화 및 우위전략을 도모한다.
⑤ 유사한 점포 선정을 할 때 조사자의 주관성이 개입할 가능성이 있다.

정답 ①

정답해설 유추법은 애플바움(W. Applebaum)이 개발한 신규점포와 특성이 비슷한 기존의 유사점포를 선정하여 분석담당자의 객관적인 판단을 토대로 그 점포의 상권범위를 추정한 결과를 자사점포의 신규 입지에서의 매출액을 측정하는 데 이용하는 방법이며 신규점포의 상권분석에 가장 많이 활용되긴 하지만 기존 점포의 상권분석에도 적용이 가능하다.

072 다음 중 회귀분석법과 관련된 설명으로 옳지 않은 것은?

① 상권특성, 위치변수, 점포특성, 경쟁도 등을 체계적으로 고려할 수 있다.
② 점포성과에 대한 변수들의 상대적 영향을 계량적으로 측정한다.
③ 특정장소에서 소매점포의 성과에 영향을 미치는 요인을 결정한다.
④ CST 기법이 활용된다.
⑤ 변수들 간의 상호관계를 파악하여 추정과 예측을 하기 위해 활용된다.

정답 ④

정답해설 CST기법은 회귀분석법이 아닌 유추법을 적용할 때 대부분 활용된다.

073 다음 중 특정 상권에서의 수요량에 영향을 미치는 요소로 거리가 먼 것은?

① 특정 상권 내의 인구통계 및 라이프스타일 특성
② 특정 상권 내의 경쟁구조 및 경쟁상황
③ 특정 상권 내에서의 사업 환경 및 개별소매업체의 경영 성향
④ 특정 공급업체의 수·공급업체, 경영자의 나이 및 성향, 전략적 제휴 가능성
⑤ 특정 상권 내의 제반 입지 특성

정답 ④

정답해설 상권범위 결정에 영향을 미치는 요인으로는 제반입지 특성, 상권고객특성, 상권경쟁구조로 분류할 수 있으며 공급 및 협력 업체의 수나 전략적 제휴는 상관이 없다.

074 다음 중 상권의 의미로 옳은 것은?

① 상업상 거래를 행하는 시간적 범위로 '상가권'이라고도 한다.
② 여러 개의 점포가 모여서 고객을 흡인할 수 있는 범위를 말한다.
③ 다수의 상업시설이 고객을 흡인하는 공간적 범위만을 말한다.
④ 주로 판매하는 측에서 본 개념으로 소비자의의 경우 판매권이라고 한다.
⑤ 매출액을 설정하고 판촉활동 범위를 결정하는 데 기본적이고 필수적인 데이터를 제공한다.

정답 ⑤

정답해설 상권은 시장이나 도시의 상업 활동이 미치는 배후 지역의 범위로 점포에서 취급하는 상품에 대한 상권 내 인구의 구매력을 추정하며 매출액을 설정하고 판촉활동 범위를 결정하는 데 기본적이고 필수적인 데이터를 제공한다.

오답해설 ① 상권은 상업상 거래를 행하는 공간적 범위로 '상세권'이라고도 한다.

② 한 점포가 고객을 흡인하거나 흡인할 수 있는 범위를 말한다.

③ 상권은 사업을 영위함에 있어서 대상 고객이 존재하는 공간적 · 시간적 범위 및 고객의 내점빈도를 감안한 상태에서 기재할 수 있는 매출액의 규모 등을 포함한다.

④ 상권은 주로 판매하는 측에서 본 개념으로 소비자의의 경우 생활권이라고 한다.

075 다음 중 팩토리 아웃렛에 대한 설명으로 옳지 않은 것은?

① 교외 및 수도권 외곽지역에 입지하고 있다.

② 임대비용 및 부지매입이 저렴하다.

③ 유명 브랜드 상품을 기존 가격에서 대폭 할인하여 저렴하게 판매한다.

④ 제조업체가 유통단계를 거치지 않는다.

⑤ 타사와의 과잉경쟁 없이 운영비용을 절감할 수 있다.

정답 ③

정답해설 ③은 오프 프라이스 스토어(Off Price Store)에 관한 설명이다.

076 다음 중 편의점형 식료품점의 입지 전략으로 가장 부적절한 것은?

① 주로 통행하는 길목에 상점이 위치하는 것이 좋다.

② 고객접근이 쉬운 주거지역, 유동인구가 많은 지역에 위치한다.

③ 도보로는 10~20분 이내, 거리는 1,000m 이내의 위치가 좋다.

④ 주차가 편한 교외 지역이나 재래시장 내에 위치한다.

⑤ 주로 저차원 중심지에 입지한다.

정답 ④

정답해설 주차가 편한 교외 지역은 쇼핑센터의 입지에 대한 설명이다.

077 중심업무지구(CBD)이기 때문에 발생하는 상권특성에 대한 설명으로 옳지 않은 것은?

① 상권의 범위가 넓다.   ② 접근성이 좋다.

③ 대형 고층건물이 밀집된다.   ④ 주야간의 인구차이가 있다.

⑤ 핵심지구(Core)와 주변지구(Frame)가 서로 일치한다.

정답 ⑤

정답해설 중심업무지구(CBD)는 도시 내부에서 가장 접근성이 높으며 땅값이 가장 비싸 대형 고층건물이 밀집되어 있고 핵심지구(Core)와 주변지구(Frame)로 구별되어 있다.

078 다음 중 백화점의 입지에 대한 설명으로 적절하지 않은 것은?

① 백화점에 가장 유리한 입지로는 일반적으로 중심상업지역이나 지역쇼핑센터 또는 슈퍼지역쇼핑센터를 들 수 있다.
② 백화점은 중심상업지역과 쇼핑센터지역을 위해 그들만의 유동인구를 만들어낸다.
③ 백화점 입지의 선정은 주요산업, 유동인구, 대중교통 연계성 등 장기적인 발전을 고려하여 선정해야 한다.
④ 백화점은 전통적인 중심상업지역에서 고객흡인력을 가진 중요한 핵심선도업태로서의 역할을 수행하고 있다.
⑤ 백화점이 선호하는 입지로서 지역쇼핑센터 혹은 대형 쇼핑몰에 대한 입점은 해당 지역의 경쟁업체들에 대한 견제와 제품의 최신 경향을 파악하는 것을 편리하게 할 수 있기 때문이다.

정답 ⑤

정답해설 백화점이 선호하는 입지로서 지역쇼핑센터 혹은 대형 쇼핑몰에 대한 입점은 방문고객들에게 주로 안전성, 특히 날씨의 변화로부터 쇼핑객들을 보호할 수 있는 장점을 제공할 수 있기 때문이다.

079 다음의 내용이 설명하는 것으로 가장 적절한 것은?

> 기존의 점포나 상권 지역이 고객과의 중간에 위치함으로써 경쟁점포나 기존의 상권지역으로 접근하는 고객을 중간에서 차단할 수 있는 가능성을 검토하기 위한 것이다.

① 입지유형에 대한 설명 중 적응형 입지에 대한 내용이다.
② 좋은 입지선정을 위한 고려사항 중 안정성에 대한 내용이다.
③ 넬슨의 입지평가방법 중 중간저지성에 대한 내용이다.
④ 넬슨의 입지평가방법 중 양립성에 대한 내용이다.
⑤ 넬슨의 입지평가방법 중 경쟁회피성에 대한 내용이다.

정답 ③

정답해설 제시된 내용은 넬슨의 8가지 입지평가방법 중 중간저지성에 대한 내용으로 이에 따르면 예비창업자는 소비자가 경쟁업체로 향하는 것을 중간에서 차단하기 위해 향후 경쟁업체 입점을 고려하여 주거지와 기존 점포 사이에 위치하는 것이 좋다.

080 다음 중 입지에 영향을 끼치는 인자에 포함되지 않는 것은?

① 고객연령층
② 라이프스타일 특성
③ 접근성 분석
④ 경쟁상황 파악
⑤ 시너지 효과 고려

정답 ①

정답해설 입지에 영향을 끼치는 인자로는 인구통계, 라이프스타일 특성, 접근성 분석, 경쟁상황 파악, 시너지 효과 고려가 있다.

081 다음 중 객단가(Customer Transaction)에 관한 설명들 중 옳지 않은 것은?

① 객단가를 높이기 위해서는 방문고객수를 줄여야 한다.
② 고객 수를 총매출액으로 나누어 산출할 수 있다.
③ 방문고객 1인당 평균 구매액을 의미한다.
④ 상품평균단가에 고객 1인당 상품별 매입수량을 곱하여 산출한다.
⑤ 상품의 다양화, 매장면적의 확대, 상품진열방법의 연구 등에 따라 평균매출수량을 증가시키는 방법이 쓰이고 있다.

정답 ②

정답해설 객단가(Customer Transaction)는 상거래에서 통용되는 고객 1인당 평균매입액으로 일정기간의 총매출액을 그 기간의 고객 수로 나누어 산출하며 매출액을 분석하는 중요한 자료로 활용된다.

082 소매집적이란 다양한 크기의 동종 또는 이종 소매업종과 소매업태가 서로 관련성을 가지고 한 장소에 모인 집단소매시스템을 의미한다. 이렇게 집중화(집단화)됨으로써 얻을 수 있는 효과를 바르게 나열한 것은?

⊙ 매장 면적의 증대효과	ⓒ 고객흡입력 증가
ⓒ 공간적 인접성 확보	② 구매자의 집중력 확보
⑩ 점포 내 취급상품의 다양성 증가	⑭ 선매품 취급 증가

① ㉠, ㉡, ㉢, ㉣
② ㉠, ㉡, ㉤, ㉥
③ ㉠, ㉢, ㉤, ㉥
④ ㉡, ㉢, ㉣, ㉤
⑤ ㉡, ㉢, ㉤, ㉥

정답 ①

정답해설 소매집적으로 인한 것은 소매업태가 서로 관련성을 가지고 한 장소에 모인 것을 의미하는데 이러한 집적효과는 집적입지가 단독입지에 비해 더욱 유리한 소매성과를 올릴 수 있게 해 줄 수 있다. 해당 매장 면적의 증대효과, 소비자흡입력의 증가, 공간성 인접성의 확보, 소비자의 집중력 확보 등의 효과가 있다.

083 다음 중 소매입지로서 쇼핑몰에 대한 설명으로 옳지 않은 것은?

① 쇼핑센터의 한 유형이다.
② 각 입점업체들의 구성에 있어 독자성과 자율성이 강하게 유지된다.
③ 영업시간이나 개별점포의 외양 등에서 강한 동질성을 유지할 수 있다.
④ 중심상업지역에 위치해있다.
⑤ 다양한 유형의 점포, 다양한 구색의 상품, 쇼핑과 오락의 결합 등으로 고객흡인력이 매우 높다.

정답 ②

정답해설 쇼핑몰은 각 입점업체의 구성을 전체적 관점에서 계획하고 강력하게 통제할 수 있다.

084 넬슨(Nelson)의 입지선정 평가방법에 대한 내용으로 올바르게 짝지어지지 않은 것은?

① 누적적 흡인력 – 영업의 형태가 비슷하거나 동일한 점포가 집중적으로 몰려 있어 고객의 흡인력을 극대화할 수 있는 가능성 및 사무실, 학교, 문화시설 등과 인접함으로써 고객을 흡인하기에 유리한 조건에 속해 있는가에 대한 검토
② 성장 가능성 – 주변 인구 및 일반 고객들의 소득 증가로 인하여 시장 규모, 선택 사업장, 유통 상권 등이 어느 정도 성장할 수 있는지를 평가하는 방법
③ 상권의 잠재력 – 경쟁점의 입지, 규모, 형태 등을 감안하여 예비창업자의 사업장이 기존 점포와의 경쟁에서 우위를 확보할 수 있는 가능성 및 향후 신규경쟁점이 입점함으로써 창업할 사업장에 미칠 영향력의 정도를 파악하기 위한 방법
④ 양립성 – 경영자가 진입할 상권에 상호 보완관계에 있는 점포가 서로 인접해 있어서 고객의 흡인력을 얼마나 높아지게 할 수 있는지의 가능성을 검토하는 방법
⑤ 접근 가능성 – 관할 상권 내에 있는 고객을 자기 점포에 어느 정도 흡인할 수 있는가에 대한 가능성을 검토

정답 ③

정답해설 ③은 경쟁 회피성에 대한 설명으로 상권의 잠재력은 현재 관할 상권 내에서 취급하려는 상품에 대한 수익성 확보 가능성을 검토하는 것이다.

085 기존 점포 상권의 공간적 범위를 파악하기 위해 고객이나 거주자들로부터 자료를 수집하여 분석하는 조사기법으로 옳지 않은 것은?

① 점두조사
② 내점객조사
③ 지역표본추출조사
④ 체크리스트법
⑤ CST

정답 ④

정답해설 체크리스트(Chechlist)법은 상권의 규모에 영향을 미치는 요원들을 수집하여 이들에 대한 평가를 통해 시장잠재력을 측정하는 방법으로 신규점포에 대한 상권분석 방법이다.

086 상권분석을 위한 중심지 이론(Central Place Theory)의 기본가정이 아닌 것은?

① 지표공간은 균질적 표면으로 되어있다.
② 한 지역 내에는 여러 가지 교통수단이 존재한다.
③ 운송비는 거리에 반비례한다.
④ 인구는 공간상에 균일하게 분포한다.
⑤ 인간의 합리적인 사고에 따라 의사결정을 한다.

정답 ②

정답해설 중심지 이론(Central Place Theory)의 기본가정
• 지표공간은 균질적 표면으로 되어 있고 한 지역 내의 교통수단은 오직 하나이며 운송비는 거리에 비례한다.
• 인구는 공간상에 균일하게 분포되어 있고 주민의 구매력과 소비행태는 동일하다.
• 인간은 합리적인 사고에 따라 의사결정을 하며 최소의 비용과 최대의 이익을 추구하는 경제인이다.

087 상권의 질에 크게 좌우되는 인스토어(Instore)형 상권의 유형별 고객층에 대한 설명으로 적합한 것은?

① 백화점은 평일에는 주부층과 여성 중심, 휴일은 가족 중심이며 비교적 고소득층을 흡인할 수 있는 상권이다.

② 쇼핑센터는 평일과 휴일 모두 주부층 중심으로 고객이 정해져 있고 일반적인 소득층을 흡인할 수 있는 상권이다.

③ 양판점은 평일에는 주부층 중심, 휴일은 가족층 중심이며 일반적인 소득층을 흡인할 수 있는 상권이지만 원스톱쇼핑이 불가능하여 구매 활동 시간이 짧다.

④ 슈퍼마켓은 주말 중심의 구매 특징을 가지며 가족층 중심으로서 일반적인 소득층을 흡인할 수 있는 상권이다.

⑤ 파워센터는 생산품 중심의 목적성이 강한 동시에 주재 시간도 길다.

정답 ①

정답해설 백화점의 고객층은 평일에는 주부층과 여성 중심, 휴일은 가족 중심이며 준고가격 상품을 지향하기 때문에 비교적 고소득층을 흡인할 수 있는 상권이다.

오답해설 ② 슈퍼마켓에 대한 설명이다.
③ 양판점은 원스톱쇼핑이 가능하기 때문에 구매 활동 시간이 비교적 길다.
④ 파워센터에 대한 설명이다.
⑤ 파워센터는 전문점과 할인점 등이 밀집해 있기 때문에 주재 시간이 비교적 짧다.

088 점포개점의 프로세스에서 실내 인테리어 점포 꾸미기 단계에 해당하는 예시로 가장 적절한 것은?

① "3급 상권이어도 입지는 중요하니까 1급지로 찾아보자."

② "저렇게 꾸몄네? 이것도 벤치마킹 해야겠다!"

③ "냅킨과 물수건을 이 제품으로 사용하는구나."

④ "배달사업이니까 3급 상권이라도 상관없어."

⑤ "목표매출이 가능한 곳일까? 유동인구가 모두 흘러나가는 곳일지도 몰라."

정답 ②

정답해설 점포개점의 프로세스의 실내 인테리어 점포 꾸미기 단계는 점포의 아이템에 맞는 인테리어야만 시너지 효과를 얻을 수 있으며 프랜차이즈인 경우 이미 정해진 컨셉이 있기 때문에 문제가 없지만 독립창업일 경우 기존의 동일 업종으로 성업하고 있는 점포의 인테리어를 벤치마킹하는 것도 좋은 방법이다.

오답해설 ① 입지선정 단계에 해당한다.
③ 기자재 단계에 해당한다.
④ 사업타당성 분석 단계에 해당한다.
⑤ 상권분석 단계에 해당한다.

089 **통행량과 유동인구 현장조사 시 유의할 사항은?**

① 퇴근길보다는 출근길 방향의 동선 파악이 중요하다.

② 자신이 하고자 하는 업종의 고객층과 시간대를 조사해야 한다.

③ 유동인구 성향보다 유동인구수가 더 중요하다.

④ 오직 점포 앞 방향의 입체적 통행량을 조사해야 한다.

⑤ 4차선 이상의 도로변을 2차선 도로변보다 유리하게 평가해야 한다.

정답 ②

정답해설 통행량과 유동인구를 현장 조사할 땐 자신이 하고자 하는 업종의 고객층과 시간대를 확실히 조사해야 한다.

오답해설 ① 퇴근길 방향의 동선 파악이 출근길보다 중요하다.
③ 유동인구수보다 유동인구 성향이 더 중요하다.
④ 점포 앞뿐만 아니라 각 방향에서의 입체적 통행량을 조사해야 한다.
⑤ 일반적으로 2차선 도로변을 4차선 이상의 도로변보다 유리하게 평가해야 한다.

090 **다음의 설명으로 미루어 유추할 수 있는 내용으로 가장 적절한 것은?**

예비창업자가 선택을 고려하고 있는 사업장의 입지여건이 해당 상권 내에 위치하고 있는 유사점포와의 경쟁에서 우위를 점할 수 있는 기본적 여건을 갖추기 위한 조건이다.

① 주거지의 입지조건을 설명하고 있다.

② 좋은 입지를 선정하기 위해 고려해야 하는 사항 중 조화성에 대한 내용을 말하고 있다.

③ 좋은 입지를 선정하기 위해 고려해야 하는 사항 중 안정성에 대한 내용을 말하고 있다.

④ 상업지의 입지조건을 말하고 있다.

⑤ 좋은 입지를 선정하기 위해 고려해야 하는 사항 중 균형성에 대한 내용을 말하고 있다.

정답 ⑤

정답해설 좋은 입지선정을 위한 고려사항 중 균형성에 대한 설명으로 균형성은 주변 경쟁점과의 균형에 대한 문제를 다루는 데 이러한 경쟁점포와의 균형성을 측정하기 위한 요소에는 점포의 규모 및 인테리어 상태, 메뉴의 가격, 고객의 접근성 정도 등을 기본적인 비교사항으로 꼽고 있다.

091 다음 중 상권의 범위에 대한 설명으로 가장 적절한 것은?

① 판매자 집단 또는 특정의 판매자들이 제품 및 서비스를 판매 및 인도를 함에 있어 그에 따르는 비용 및 취급의 규모면에서 경제성을 취득하는 지역범위를 의미한다.

② 오피스 상권과 함께 한정된 고정고객을 대상으로 영업하는 대표적인 입지로 한정된 고객층을 대상으로 영업하고 이들을 고정고객화해야 하는 형태를 말한다.

③ 점포 창업자가 자신의 창업 환경을 분석한 후 자신이 가장 잘 할 수 있는 혹은 가장 하고 싶은 아이템을 선정 후 아이템과 가장 적합한 입지를 골라 영업을 하기 위한 일련의 과정을 말한다.

④ 점포에서 취급하는 상품에 대한 상권 내 인구의 구매력을 추정하고 매출액을 설정하는 데 기본적인 데이터를 제공하며 판촉활동 범위를 결정하는 데 필수적인 데이터로 활용된다.

⑤ 어떤 사업을 영위함에 있어서 대상으로 하는 고객이 존재해 있는 공간적 · 시간적 범위와 고객의 내점빈도를 감안한 상태에서 기대할 수 있는 매출액의 규모 등을 포함한다.

정답 ①

정답해설 상권의 범위는 판매자 집단 또는 특정의 판매자들이 제품 및 서비스를 판매 및 인도를 함에 있어 그에 따르는 비용 및 취급의 규모면에서 경제성을 취득하는 지역범위를 의미한다.

오답해설 ② 상권의 유형 중 근린형에 해당하는 설명이다.
③ 점포개점의 개념에 해당하는 설명이다.
④ · ⑤ 상권의 개념에 해당하는 설명이다.

092 다음 내용이 설명하는 것으로 옳은 것은?

- 제조 과정에서 원료의 중량과 부피가 감소한다.
- 원료가 부패하기 쉽다는 단점이 있다.
- 편재원료를 많이 사용하는 공장에 적합하며 총비용 중 원료의 수송비 비중이 상당한 제품을 생산하는 공장에 적합하다.

① 노동지향형 입지
② 원료지향형 입지
③ 운송비지향형 입지
④ 집적지향형 입지
⑤ 시장지향형 입지

정답 ②

정답해설 원료지향형 입지는 기업의 입지 방식의 한 형태로 기업이 운송비를 절감하고자 원료의 산지에 입지하는 형태를 가리킨다.

오답해설 ① **노동지향형 입지** : 풍부하고 저렴한 노동력이 필요한 입지 조건으로 변동비보다 고정비가 차지하는 비중이 최저점인 경우에 유리하며 의류 · 신발, 인쇄 · 출판 등이 적합하다.

③ **운송비지향형 입지** : 농작물을 밭떼기하여 농공단지 내에서 가공하는 공장에 적합하며 바다에 위치한 제철공장과 제련공장의 경우에도 필요한 입지이다.

④ **집적지향형 입지** : 한 가지 원료에서 여러 제품을 생산하고 기술 연관성이 높으며 계열화된 공업에 적합한 입지 조건으로 석유 화학이나 자동차 공업 등이 적합하다.

⑤ **시장지향형 입지** : 신선도 유지가 필요한 식품이나 부패의 위험성이 높은 제품에 적합하며 교통비용을 절감해야 하는 경우에 추구되고 중량이나 부피가 늘어나는 산업에 유리하다.

---

093 다음 점포별 효용과 루체(Luce)의 선택공리의 개념을 이용하여 철수가 점포를 선택한다고 할 때 가장 올바르지 않은 설명은?

구분	점포 1	점포 2	점포 3	점포 4	점포 5	점포 6	점포 7
점포면적	100	75	65	45	20	15	5
점포까지의 거리	5	8	3	5	0	12	10
효용의 크기	30	10	20	15	25	0	0

① 점포 선택을 위해서는 면적, 거리, 효용 정보가 모두 필요하다.

② 철수의 점포 선택은 점포의 효용에 의해서 결정된다.

③ 철수가 점포 5를 선택할 가능성은 25%이다.

④ 점포 3의 선택가능성이 점포 2의 선택가능성보다 높다.

⑤ 철수는 5개의 점포만을 대상으로 판단해도 된다.

정답 ①

정답해설 확률적 효용극대화이론(Stochastic Utility Maximization)에 따르면 소비자는 고려중인 점포 대안들 중에서 가장 효용이 높은 점포를 선택하므로 면적과 거리 정보는 필요로 하지 않는다.

094 다음의 설명과 가장 밀접한 소매점포의 전략은?

유통시장 전면 개방에 대한 대응책으로 기존 백화점들은 유통망의 경쟁력 강화와 경쟁우위를 확보하기 위해 지방도시의 기존 중소업체를 인수하거나 수도권 및 신도시지역으로 신규점포를 출점하고 있다. 이로 인해 동종 업종 간의 경쟁악화가 하나의 문제점으로 부각되고 있다.

① 다각화 전략
② 광역형 입지전략
③ 다점포화 경영전략
④ 사업 확장전략
⑤ 데이터베이스 마케팅 전략

정답 ③

정답해설 제시된 설명의 경우 경쟁점포보다 다점포망을 신속히 구축하는 다점포화 전략으로 공급업체로부터 타 점포에 비해 경쟁적인 가격으로 제품을 구매하여 최저가격의 판매를 달성할 수 있으며 유통업체가 대규모화될수록 유통업체의 협상력을 이용한 원가절감은 강력한 가격경쟁력의 원천이 될 수 있다.

095 상권분석 기법에 대한 설명 중 옳지 않은 것은?

① 체크리스트(Checklist)법은 상권의 규모에 영향을 미치는 요인들을 수집하여 이들에 대한 평가를 통해 시장잠재력을 측정하는 이론이다.
② 레일리(Reilly)의 소매인력법칙은 도시들 간의 경계를 결정하기보다는 개별점포의 상권경계를 결정하는 데 이용되는 이론이다.
③ 컨버스(Converse)의 제1법칙은 경쟁도시인 A와 B에 대해 어느 도시로 소비자가 상품을 구매하러 갈 것인가에 대한 상권분기점을 구하는 이론이다.
④ 컨버스(Converse)의 제2법칙은 A 지역과 B 지역보다 작은 C 지역의 소비자가 A와 B 지역 중 어느 도시에서 구매할 것인가를 측정하는 이론이다.
⑤ 중심지 이론(Central Place Theory)은 한 지역 내의 상권 거주자의 입지 및 수적인 분포, 도시 간의 거리관계와 같은 공간구조를 중심지 개념에 의해 설명하는 이론이다.

정답 ②

정답해설 레일리(Reilly)의 소매인력법칙은 소비자들의 구매 이후 행위가 점포까지의 거리보다 점포가 보유하는 흡인력에 의하여 결정된다는 이론으로 이웃 도시들 간의 상권 경계를 결정하는 데 주로 이용한다.

096 소매포화지수(IRS)의 설명으로 옳은 것은?

① 특정 소매업에 대한 해당 지역 내의 수요만을 정의하는 지수이다.
② 미래 신규수요까지 반영함으로써 미래 시장 잠재력을 측정할 때 유용하게 사용할 수 있다.
③ 특정 상권에서 소매포화지수값이 증가할수록 점포를 출점할 때 신중한 고려가 필요하다는 의미이다.
④ 소매포화지수를 계산하는 데 중요한 자료는 특정상권의 가구 수와 특정상권의 가구당 소매지출이다.
⑤ 경쟁의 양적 · 질적인 면을 모두 강조하고 있다.

정답 ④

정답해설 소매포화지수(IRS)는 지역시장의 매력도를 측정하는 값으로 특정상권의 가구 수에서 특정상권의 가구당 소매지출을 나누어서 계산하기 때문에 해당되는 두 자료가 매우 중요하다.

오답해설 ① 특정 소매업에 대한 해당 지역 내의 수요뿐만 아니라 공급관계도 정의한다.
② 소매포화지수는 경쟁의 양적인 부분만을 고려하고 질적인 부분에 대해서는 고려하고 있지 않기 때문에 미래의 신규수요를 반영하지 못할 뿐 아니라 거주자들의 지역시장 밖에서의 쇼핑 정도 및 수요를 측정 및 파악하기 어렵다.
③ 특정 상권에서 소매포화지수값이 적어질수록 점포를 출점할 때 신중한 고려가 필요하다.
⑤ 소매포화지수는 경쟁의 양적인 면만 강조되고 경쟁의 질적인 면은 반영하지 못하는 한계가 있다.

097 개점입지에 대한 법률규제 검토에 대한 설명으로 가장 적절하지 않은 것은?

① 법규분석의 경우에는 토지의 용도 · 가치 등의 구조분석 · 토지분석 · 권리분석과 부동산 개발사업 등과 관련한 인허가 관련 등의 법률적인 분석을 포함한다.
② 법률분석의 경우에는 권리관계를 표현하는 사법, 다시 말해 민법상 분석과 인허가 관계를 나타내는 공법상 분석 등으로 구분할 수 있다.
③ 권리관계 확인을 위해 부동산 및 관련 자료를 수집해서 법규와 더불어 부적합적인 원인을 연구하며 파악한다.
④ 권리분석의 경우 부동산 소유 및 기타 법률적 권리 관계를 이해하는 것이다.
⑤ 토지에 대한 기초자료조사는 면적, 지구, 관련법령 등에 대한 것이며 토지에 대한 권리관계 조사의 경우 가등기, 압류, 지상권, 근저당 등의 각종 조사 및 분석을 포함한다.

정답 ③

정답해설 부적합적인 원인을 연구하며 파악하는 것이 아니라 권리관계 확인을 위해 부동산 및 관련된 자료를 수집해서 법규와 더불어 적합성 여부를 파악한다.

098 다음 중 레일리(Reilly)의 소매인력법칙에 대한 설명으로 옳지 않은 것은?

① 점포들의 밀집도가 점포의 매력도를 증가시키는 경향이 있음을 나타낸다.

② 주로 개별점포의 상권을 파악하는 데 이용한다.

③ 두 경쟁도시가 그 중간에 위치한 소도시의 거주자들을 끌어들일 수 있는 상권의 규모는 인구에 비례하고 각 도시와 중간 도시 간의 거리의 제곱에 반비례한다.

④ 보다 많은 인구를 가진 도시가 더 많은 쇼핑 기회를 제공할 가능성이 많으므로 먼 거리에 있는 고객도 흡인할 수 있다.

⑤ 실제거리는 소비자가 생각하는 거리와 일치하지 않을 수도 있다는 한계가 있다.

정답 ②

정답해설 레일리(Reilly)의 소매인력법칙은 개별점포의 상권파악보다는 이웃 도시 간의 상권 경계를 결정하는 데 주로 이용된다.

099 다음 중 상권분석을 통해 얻을 수 있는 장점이라고 보기 어려운 것은?

① 소비자의 인구통계적 · 사회경제적 특성을 파악할 수 있다.

② 마케팅 및 촉진활동의 방향을 명확히 할 수 있다.

③ 시장의 구조와 각 브랜드별 점유율을 파악할 수 있다.

④ 고객 파악을 통한 목표고객을 결정할 수 있다.

⑤ 제안된 점포의 위치가 새로운 소비자나 기존 점포의 소비자를 유인할 수 있는지를 판단할 수 있다.

정답 ③

정답해설 상권분석을 통한 이점
- 소비자들에 대한 인구통계적 · 사회경제적 특성의 파악
- 마케팅 및 프로모션 활동의 방향 모색
- 점포의 위치가 새로운 소비자 또는 기존 점포의 소비자들의 유인 파악

100 각 업태나 업종의 입지에 대한 설명 중 옳지 않은 것은?

① 백화점은 규모면에서 대형화를 추구하기 때문에 상권 내 소비자의 경제력, 소비형태의 예측, 주요산업, 유동인구, 대중교통의 연계성 등을 근거로 적정한 입지를 선정해야 한다.

② 의류패션전문점의 입지는 고객에게 쇼핑의 즐거움을 제공하여 많은 사람을 유인하고 여러 점포에서 비교·구매할 수 있어야 하므로 노면독립지역보다 중심상업지역이나 그 인근 쇼핑센터가 더 유리하다.

③ 식료품점의 입지는 취급품의 종류와 품질에 대한 소비자의 구매만족도, 잠재 고객의 시간대별 통행량, 통행인들의 속성 및 분포 상황, 경쟁점포 등을 고려해야 하므로 아파트 또는 주거 밀집지역에 있는 상가나 쇼핑센터가 적당하다.

④ 생활용품 중 주방가구나 생활용품, 인테리어 소품 등은 대단위 아파트 및 주택가 밀집지역 등 주거지 인접지역으로 출점하여야 하며 도로변이나 재래시장 근처, 통행량이 많은 곳이나 슈퍼마켓 근처에 입지를 선택하는 것이 유리하다.

⑤ 패션잡화점의 입지는 전문점이기 때문에 굳이 임대료가 비싼 입지를 선정할 필요가 없으며 경쟁하는 점포들이 모여 있는 입지는 적합하지 않다.

정답 ⑤

정답해설 패션잡화점의 입지는 상호보완적인 상품을 제공하는 다양한 점포들이 모여 있는 곳으로 다양한 상품을 판매하고 유동인구가 많으며 주로 젊은 세대들이 자주 찾는 지역이 적합하다.

제3과목

유통마케팅

001 푸시마케팅 전략에 관한 설명으로 옳지 않은 것은?

① 일회적인 특성이 있으며 변동비적인 특성을 지닌다.

② 특화된 경영방식을 가진 소매업체에 효용이 높다.

③ 촉진단계에서 푸시는 유통업자가 소비자에게 적극적으로 제품을 판매하도록 유도한다.

④ 푸시전략에서는 인적판매와 중간상 판촉이 중요하다.

⑤ 유통경로가 길고 광고매체가 충분히 존재할 때 유효하다.

> **정답** ⑤
>
> **정답해설** 유통경로가 길고 광고매체가 충분히 존재할 때 유효한 것은 풀마케팅 전략이다.

002 마케팅 정보시스템에 해당하지 않는 것은?

① 마케팅 통계 시스템   ② 마케팅 정찰 시스템

③ 마케팅 리서치 시스템   ④ 마케팅 분석시스템

⑤ 마케팅 고객정보시스템

> **정답** ①
>
> **정답해설** 마케팅 정보시스템에는 마케팅 정찰 시스템, 마케팅 리서치 시스템, 마케팅 분석시스템, 마케팅 고객정보시스템 등이 있다.

003 다음 중 시장의 매력도가 낮은 상황이 아닌 것은?

① 신규기업의 진입이 용이하다.

② 경쟁기업 간 시장 내 경쟁이 치열하다.

③ 구매자의 교섭력과 공급자의 교섭력이 뛰어나다.

④ 시장이 불안정하고, 경쟁자의 능력이 뛰어나다.

⑤ 대체재가 존재한다.

정답 ④

정답해설 시장의 매력도가 낮은 상황
- 신규기업의 진입이 용이하다.
- 경쟁기업 간 시장 내 경쟁이 치열하다.
- 구매자의 교섭력과 공급자의 교섭력이 뛰어나다.
- 시장이 안정적이고, 경쟁자의 능력이 뛰어나다.
- 대체재가 존재한다.
- 고정비가 높고 퇴출장벽이 높다.

004 대체품의 경쟁강도가 높아지는 경우가 아닌 것은?

① 대체품과 기존제품의 효능이 유사할 경우
② 구매자의 성향이 대체품에 대해 호감을 가지고 있을 경우
③ 대체품의 가격이 기존 제품보다 높거나 효능이 좋을 경우
④ 대체품의 가격 및 효능이 미래에 계속 낮아질 것으로 예상되는 경우
⑤ 대체품으로의 교체비용이 적을 경우

정답 ③

정답해설 대체품의 가격이 기존 제품보다 낮거나 효능이 좋을 경우 대체품의 경쟁강도가 높아진다.

005 사업단위(SBU)의 전략의 방향에 관한 설명으로 옳지 않은 것은?

① 유지전략　　　　　　　　② 육성전략
③ 회수전략　　　　　　　　④ 철수전략
⑤ 모방전략

정답 ⑤

정답해설 사업단위(SBU)의 전략의 방향
- **유지전략** : 기존에 영위하던 사업단위를 현재수준으로 유지, 투자수준도 유지
- **육성전략** : 적극적으로 사업단위를 성장, 대규모 투자
- **회수전략** : 사업단위 투자 최소화, 점진적으로 시장에서 퇴거
- **철수전략** : 즉각적으로 사업단위를 폐지, 사업단위는 매각되거나 해체

006 다음은 시장세분화 전략의 유형중 무엇에 해당하는가?

> 대규모 시장에서 낮은 점유율을 추구하는 대신 한두 개의 세분시장에서 높은 점유율을 추구하는 전략이다. 소매점이 자원의 제약을 받을 때 유용하며, 목표시장을 잘 선정하면 고투자수익률을 실행할 수 있다.

① 무차별 마케팅　　　　　　　　　② 차별적 마케팅
③ 집중적 마케팅　　　　　　　　　④ 분산적 마케팅
⑤ 세분화 마케팅

정답 ③

정답해설 집중적 마케팅(Concentrated Marketing)은 대규모 시장에서 낮은 점유율을 추구하는 대신 한두 개의 세분시장에서 높은 점유율을 추구하는 전략이다. 소매점이 자원의 제약을 받을 때 유용하며, 목표시장을 잘 선정하면 고투자수익률을 실행할 수 있다.

007 시장세분화 전략의 선택 시 고려요인 중 다음은 무엇에 해당하는가?

> 경쟁사가 세분화 전략을 추진하는 경우 무차별 전략은 금물이며, 무차별 전략을 추진하는 경우에는 차별화 또는 집중화 전략이 효과적이다.

① 기업자원　　　　　　　　　　　② 제품의 다양성
③ 제품 수명주기상의 단계　　　　　④ 시장의 가변성
⑤ 경쟁사의 마케팅 전략

정답 ⑤

정답해설 경쟁사의 마케팅 전략은 경쟁사가 세분화 전략을 추진하는 경우 무차별 전략은 금물이며, 무차별 전략을 추진하는 경우에는 차별화 또는 집중화 전략이 효과적이다.

008 판매정보의 조건으로 옳지 않은 것은?

① 정확성　　　　　　　　　　　　② 주관성
③ 계속성　　　　　　　　　　　　④ 표준성
⑤ 상호보완성

정답 ②

정답해설 판매정보의 조건으로는 정확성, 객관성, 계속성, 표준성, 상호보완성, 활용성, 경제성 등이 있다.

---

009 판매정보수집의 기법 중 다음은 무엇에 해당하는가?

> 질문 내용에 대한 자세한 설명과 상품, 샘플 등을 보여줄 수 있지만 비용이 많이 들고, 조사를 완료하는데 시간이 오래 걸리는 단점을 가지고 있다.

① 대인 면접　　　　　　　　　② 전화 조사
③ 우편 · 팩스 조사　　　　　　④ 인터넷 조사
⑤ 관찰법

정답 ①

정답해설 대인 면접은 훈련을 받은 조사원이 응답자와 대면 접촉하여 데이터를 수집하는 방법이다. 질문 내용에 대한 자세한 설명과 상품, 샘플 등을 보여줄 수 있지만 비용이 많이 들고, 조사를 완료하는데 시간이 오래 걸리는 단점을 가지고 있다.

---

010 인터넷 신상품 전략 중 다음은 무엇에 해당하는가?

> 개발 당시 완전히 새롭게 등장한 혁신적인 상품, 위험은 크지만 성공하면 큰 수익을 얻을 수 있다.

① 불연속 혁신 상품　　　　　　② 신상품 라인의 확장 상품
③ 기존 상품 라인의 확장 상품　④ 기존 상품의 개량 상품
⑤ 재포지셔닝(Re-positioning) 상품

정답 ①

정답해설 불연속 혁신 상품은 개발 당시 완전히 새롭게 등장한 혁신적인 상품, 위험은 크지만 성공하면 큰 수익을 얻을 수 있다.

3과목
유통마케팅

011 초기에는 고품질, 고가의 제품을 출시했다가 제품계열의 길이를 확장하면서 저가의 신제품을 추가시키는 전략을 의미하는 것은 무엇인가?

① 하향 확장전략　　　　　　　　　　② 상향 확장전략
③ 제품 확충전략　　　　　　　　　　④ 쌍방향전략
⑤ 철수전략

정답 ①

정답해설 하향 확장전략은 초기에는 고품질, 고가의 제품을 출시했다가 제품계열의 길이를 확장하면서 저가의 신제품을 추가시키는 전략이다. 초기에 고급 이미지를 소비자들에게 심어준 다음 저가 제품으로 확장하면서 기존의 고품질 이미지를 저가 제품에도 확산시키는 효과를 볼 수 있다.

012 다음에서 설명하는 브랜드 전략은?

> 한 기업의 제품을 몇 개의 제품군으로 분류한 뒤 각 군별로 상표명을 붙이는 전략으로 공동상표명이 개별상표명의 후원역할을 하며, 개별상표명이 주력브랜드가 된다.

① 개별상표명전략　　　　　　　　　　② 공동상표명전략
③ 복수상표전략　　　　　　　　　　　④ 혼합상표명전략
⑤ 수평적 상표확장전략

정답 ④

정답해설 혼합상표명전략은 한 기업의 제품을 몇 개의 제품군으로 분류한 뒤 각 군별로 상표명을 붙이는 전략으로 공동상표명이 개별상표명의 후원역할을 하며, 개별상표명이 주력브랜드가 된다.

013 특정 제품의 범주 내에서 맛, 성분, 사이즈가 다른 추가품목을 도입할 때, 기존의 동일한 브랜드를 부착하는 전략은 무엇인가?

① 수평적 상표확장전략　　　　　　　② 수직적 상표확장전략
③ 제품계열별 공동상표명전략　　　　④ 개별상표명 – 공동상표명 혼용전략
⑤ 유사브랜드 전략

정답 ①

정답해설 수평적 상표확장전략은 특정 제품의 범주 내에서 맛, 성분, 사이즈가 다른 추가품목을 도입할 때, 기존의 동일한 브랜드를 부착하는 전략이다.

오답해설 ② 수직적 상표확장전략 : 기존 브랜드를 다른 시장에 적용하는 전략(상향확대, 하향확대)

③ 제품계열별 공동상표명전략 : 여러 제품계열들을 생산하는 기업이 각 제품계열에 대해서는 상이한 상표명을 부착하고, 각 제품계열 내의 모든 제품은 공동상표명을 이용하는 전략

④ 개별상표명 – 공동상표명 혼용전략 : 소비자에게 이미 친숙한 기업명을 개별상표명들과 결합시키는 상표명 전략(제품의 독특성을 반영한 상품명과 소비자 인지도가 높은 기업명을 연계

⑤ 유사브랜드 전략(Parallel Branding) : 상호나 상품특성을 매우 흡사하게 모방하고(선도 제조업체 브랜드의 상호 자체에 대한 모방이 아님에 유의) 제조업체 브랜드가 아니라는 것을 명확히 하는 유통업체의 브랜드 전략

014 포장의 기능 중 의사전달 관점으로 옳지 않은 것은?

① 식별

② 인상형성

③ 정보제시

④ 태도변화

⑤ 제품보호

정답 ⑤

정답해설 의사전달 관점은 식별, 인상형성, 정보제시, 태도변화가 있다. 제품보호는 제품 관점이다.

015 선물포장의 방법으로 옳지 않은 것은?

① 구겨지거나 때가 묻은 포장지는 사용하지 말아야 한다.

② 가격표는 반드시 제거해야 한다.

③ 글씨는 고객의 친필보단 직접 적어주는 것이 좋다.

④ 글씨가 완전히 건조된 후에 포장한다.

⑤ 선물 받을 사람의 연령, 고객과의 관계 등을 고려하여 포장한다.

정답 ③

정답해설 선물포장

• 구겨지거나 때가 묻은 포장지는 사용하지 말아야 한다.

• 가격표는 반드시 제거해야 한다.

• 글씨는 되도록 고객의 친필로 해야 한다.

• 글씨가 완전히 건조된 후에 포장한다.

• 선물 받을 사람의 연령, 고객과의 관계 등을 고려하여 포장한다.

• 상품에 오손이나 파손된 점이 없는지를 충분히 확인해야 한다.

016 다음은 포장방법의 종류 중 무엇에 관한 설명인가?

> 물류과정에서의 제품파손을 방지하기 위해 외부로부터의 힘을 완화하는 포장을 말한다.

① 방수포장기법　　　　　　　② 방습포장기법
③ 완충포장기법　　　　　　　④ 방청포장기법
⑤ 집합포장기법

정답 ③
정답해설 완충포장기법은 물류과정에서의 제품파손을 방지하기 위해 외부로부터의 힘을 완화하는 포장을 말한다.

017 다음은 상품을 무엇에 따라 분류한 것인가?

> 편의품, 선매품, 전문품, 규격품, 특별의장품, 일반품, 계절품, 상표품, 무상표품 등으로 분류한다.

① 매매에 따른 분류
② 물리 · 화학적 성질에 의한 분류
③ 생산양식 · 출처에 의한 분류
④ 소비양식 · 용도에 의한 분류
⑤ 유통양식에 의한 분류

정답 ⑤
정답해설 유통양식에 따라 편의품, 선매품, 전문품, 규격품, 특별의장품, 일반품, 계절품, 상표품, 무상표품 등으로 분류한다.

018 제품의 5가지 차원(P. Kotler)중 기업이 제공하는 것을 경쟁자가 제공하는 것과 구별되게 하는 추가적인 서비스와 이점을 포함하는 제품은 무엇을 의미하는가?

① 핵심제품　　　　　　　　　② 일반제품
③ 기대제품　　　　　　　　　④ 확장제품
⑤ 잠재적 제품

정답 ④

정답해설 확장제품은 기업이 제공하는 것을 경쟁자가 제공하는 것과 구별되게 하는 추가적인 서비스와 이점을 포함하는 제품이다.

오답해설 ① **핵심제품** : 고객이 실제로 구입하는 근본적인 이점이나 서비스
② **일반제품** : 핵심이점을 유형제품으로 형상화시킨 제품
③ **기대제품** : 제품을 구입할 때 구매자들이 정상적으로 기대하고 또 합의하는 일체의 속성과 조건
⑤ **잠재적 제품** : 미래에 겪을 수 있는 변환과 확장으로서 혁신적으로 진보화된 전환과 변모를 갖춘 제품

019 상품관리상 더 이상 세분류가 필요치 않은 상품의 분류단위를 의미하는 것은 무엇인가?

① 업종
② 업태
③ 카테고리
④ 상품라인
⑤ 품목

정답 ⑤

정답해설 품목은 상품관리상 더 이상 세분류가 필요치 않은 상품의 분류단위를 말한다.

020 상품의 구성요소로 옳지 않은 것은?

① 디자인
② 컬러
③ 상표
④ 포장
⑤ 등급

정답 ⑤

정답해설 상품의 구성요소로는 디자인, 컬러, 상표, 포장이 있다.

021 스키밍 가격전략이 필요한 상황이 아닌 것은?

① 수요의 가격탄력성이 작은 경우
② 소수의 소비자들이 열망하는 명백한 특성을 갖추고 있는 경우
③ 당분간 경쟁사의 시장진출 가능성이 적어서 시장점유율의 확보가 가능한 경우
④ 소량생산으로도 대량생산에 비해 생산단가가 높지 않은 경우
⑤ 규모의 경제에 의해 상당한 비용절감 효과를 얻을 수 있는 경우나 대량판매를 통해 높은 이익이 예상되는 경우

정답해설 규모의 경제에 의해 상당한 비용절감 효과를 얻을 수 있는 경우나 대량판매를 통해 높은 이익이 예상되는 경우는 침투가격전략이 필요한 상황이다.

022 TV광고의 특징으로 옳지 않은 것은?

① 전국 체인망 TV보다 제한적 지역망의 매체가 유리하다.
② 광고물 제작기간이 타 매체보다 길다.
③ 커버할 수 있는 범위가 좁다.
④ 반복소구에 따른 반복효과가 크다.
⑤ 시각, 청각을 동시에 소구하므로 자극이 강하다.

 정답 ③

정답해설 TV광고는 커버할 수 있는 범위가 넓다는 특징을 가지고 있다.

023 다음은 어떤 광고에 해당하는가?

> 지역별 선택소구가 가능하며, 매체의 신용을 이용할 수 있다는 장점이 있지만 유아시장에의 접근과 독자 세분화가 어렵다는 단점이 있다.

① 라디오광고   ② 신문광고
③ 잡지광고   ④ DM광고
⑤ 전단광고

정답 ②

정답해설 **신문광고**
- 지역별 선택소구가 가능하다.
- 관심 · 주목의 농도가 기사에 따라 크게 영향을 받는다.
- 매체의 신용을 이용할 수 있다.
- 유아시장에의 접근과 독자 세분화가 어렵다.
- 신문구독자를 그대로 이용할 수 있다.
- 장문의 설득력 있는 메시지가 가능하다.
- 차분하게 읽을 수 있다.
- 유료구독이므로 전파보다 안정도가 높다.
- 통용기간이 짧다.
- 색상표현에 한계가 있다.

024 다음은 어떤 광고에 해당하는가?

> 무엇을 광고하는지 밝히지 않는 방법을 통해 소비자들의 호기심을 유발하는 광고기법으로 중요한 내용을 감춰 소비자들의 궁금증을 유발한 뒤 점차 본 모습을 드러냄으로써 대중의 관심을 집중시키고 구매의욕을 불러일으키는 효과가 있다.

① 네거티브 광고   ② 서브리미널 광고
③ 인포머셜 광고   ④ 티저 광고
⑤ 배너 광고

정답 ④

정답해설 티저 광고는 무엇을 광고하는지 밝히지 않는 방법을 통해 소비자들의 호기심을 유발하는 광고기법으로 중요한 내용을 감춰 소비자들의 궁금증을 유발한 뒤 점차 본 모습을 드러냄으로써 대중의 관심을 집중시키고 구매의욕을 불러일으키는 효과가 있다.

025 경영자들에게 공공적 문제와 기업의 위치 및 이미지 등에 대해 조언하는 것을 의미하는 홍보의 유형은?

① 기자회견   ② 제품홍보
③ 기업홍보   ④ 로비활동
⑤ 카운셀링

정답 ⑤

정답해설 카운셀링은 경영자들에게 공공적 문제와 기업의 위치 및 이미지 등에 대해 조언하는 것을 말한다.

오답해설 ① **기자회견** : 뉴스가치가 있는 정보를 뉴스매체에 배포하여 사람이나 제품 또는 서비스에 대한 관심을 유발한다.
② **제품홍보** : 제품홍보에는 특정제품을 고지시키기 위한 제반노력이 포함된다.
③ **기업홍보** : 기업 자체에 대한 이해도를 촉진하는 내 · 외부적 의사소통을 말한다.
④ **로비활동** : 국회의원 및 정부관리들과 관계를 맺음으로써 자사에 유리한 법률제정과 규제조치를 촉진하고, 불리한 것을 회피하기 위한 활동을 말한다.

026 다음 중 서비스 품질 모형(5요인)의 측정 요소에 포함되지 않는 것은?

① 신뢰성 : 약속된 서비스를 정확하게 수행하는 능력

② 대응성 : 고객의 요구에 신속하게 대응하는 능력

③ 가용성 : 접촉 가능성과 접촉 용이성

④ 확신성 : 직원들의 서비스 지식과 예절 등이 고객에게 믿음과 확신을 주는 정도

⑤ 유형성 : 물리적 시설, 장비, 직원들의 외모 등 물적 요소

정답 ③

정답해설 SERVQUAL의 5개 차원
- **신뢰성** : 약속된 서비스를 정확하게 수행하는 능력
- **대응성** : 고객의 요구에 신속하게 대응하는 능력
- **확신성** : 직원들의 서비스 지식과 예절 등이 고객에게 믿음과 확신을 주는 정도
- **공감성** : 고객을 이해하는 자세와 고객과의 의사소통 정도
- **유형성** : 물리적 시설, 장비, 직원들의 외모 등 물적 요소

027 다음 가정 하에서 나타나는 손익분기점의 수량은?

- 제품의 매출액 : 2,500만 원
- 제품의 단위당 변동비 : 37,000원
- 제품생산에 소요되는 시설의 고정비 : 9,250만 원
- 제품의 가격설정방식 : 원가가산법(변동비의 150%)

① 1,000개   ② 3,000개

③ 5,000개   ④ 7,000개

⑤ 10,000개

정답 ③

정답해설 제품의 단위당 판매가격 = 37,000 × 1.5 = 55,500원

제품의 단위당 판매 공헌이익 = 55,500 − 37,000 = 18,500원

$$\therefore \ 손익분기점수량 = \frac{92,500,000}{18,500} = 5,000$$

028 다음 고객 컴플레인 관리에 관한 설명으로 옳지 않은 것은?

① 컴플레인은 고객이 상품을 구매하는 과정 및 구매한 상품에 관해 품질·서비스 불량 등을 이유로 불만을 제기하는 것으로 매장 내에서 발생하는 상황이다.

② 컴플레인 처리전략으로 시스템(System), 시간(Time), 장소(Place)를 바꾸는 방법을 활용한다.

③ 상품이나 서비스에 대한 고객의 컴플레인 표시는 매장관리에 있어서 귀중한 정보이다.

④ 기업은 컴플레인에 대응하기 위한 서비스 회복 가이드라인을 정립하여 공정성과 고객만족의 목표를 동시에 달성할 수 있도록 지속적으로 노력해야 한다.

⑤ 판매원에게는 기본적으로 고객응대를 위해 경청하는 능력, 자신의 생각과 감정을 체계적으로 잘 전달하는 능력, 적절한 화제 선택 능력, 효과적인 대화 전개 방법 개발 등이 필요하다.

정답 ②

정답해설 일반적인 컴플레인 응대전략
- 사람(Man)을 바꾼다.
- 시간(Time)을 바꾼다.
- 장소(Place)를 바꾼다.

029 다음 중 재고유지비용에 포함되지 않는 것은?

① 재고에 묶인 자본의 기회비용

② 품절 비용

③ 저장시설 비용

④ 취급 비용

⑤ 보험료

정답 ②

정답해설 재고유지비용에 속하는 비용
- 재고에 묶인 자본의 기회비용
- 저장시설 비용
- 취급 비용
- 보험료
- 진부화
- 세금

030 중간상의 협조를 얻기 위한 제조업자의 촉진수단에 해당하지 않는 것은?

① 거래할인
② 판촉지원금
③ 쿠폰
④ 기본계약할인
⑤ 상품지원금

정답 ③

정답해설 쿠폰은 소비자 대상 판매촉진 수단에 해당한다.

031 다음 중 푸시전략에 대한 설명으로 옳지 않은 것은?

① 고압적인 마케팅으로 소비자의 욕구는 무시된다.
② 대량생산된 제품을 대상으로 한다.
③ 제조업자는 도매상에게, 도매상은 소매상에게, 소매상은 최종소비자에게 적극적으로 물건을 판매한다.
④ 제조업자가 이를 실행하면 대중광고와 최종소비자 대상의 판매촉진 비중이 커진다.
⑤ 제조업자가 이를 실행하면 인적판매와 중간상 대상의 판매촉진 비중이 커진다.

정답 ④

정답해설 ④는 풀전략에 대한 설명으로 푸시전략와 상반된 개념이며 제조업체가 최종소비자를 상대로 적극적인 판촉활동을 함으로써 결국 소비자가 자사 제품을 찾게 하여 중간상들이 자발적으로 자사 제품을 취급하는 방식이다.

032 소매상의 강점과 약점을 파악하기 위한 분석 요인 중 소매상 외적 요인에 해당하는 것은?

① 취급하는 상품의 구색
② 제공하는 대고객 서비스
③ 경영기법과 판매원 능력
④ 소비자의 기대와 욕구
⑤ 조직에 대한 종업원의 태도

정답 ④

정답해설 ④를 제외한 나머지는 모두 소매상 내적 요인에 해당한다.

033 주어진 내용에서 공통으로 설명하는 용어는?

> • 매장의 개별 상품 및 상품구성을 가장 효과적이고 효율적인 방법으로 소비자에게 제시함으로써 자본과
>   노동의 생산성을 최대화하려는 활동
> • 적절한 상품준비와 연출을 통해 소비자의 상기구매, 연관구매, 충동구매를 유도하기 위한 활동
> • 소비자의 구매의욕을 불러일으키기 위한 활동

① 윈도우 디스플레이　　　　　　　　　② 인스토어 머천다이징
③ 상품화 활동　　　　　　　　　　　　④ 상품 구성 전략
⑤ 판매촉진 진열

정답 ②

정답해설 인스토어 머천다이징은 한정된 매장 안에서 가장 생산성이 높은 매장을 꾸미고자 하는 것을 의미하는 것으로 상품,
진열, 판촉 측면에서 가장 좋은 성과를 올리고자 하는 고안이다.

034 유통마케팅 조사에서 2차 자료를 사용하려면 먼저 품질을 평가해야 하는데 그 품질평가 기준으로서 가장 옳지 않은 것은?

① 회사 정보시스템에 포함된 내부성　　② 조사문제 해결 시점 기준의 최신성
③ 수집 및 보고 과정의 정확성　　　　　④ 수집 및 보고 과정의 객관성
⑤ 조사 프로젝트의 적합성

정답 ①

정답해설 2차 자료는 당면 목적을 위해 수집된 자료가 아니기 때문에 최신성, 정확성, 객관성, 적합성 등과 같은 속성을 갖추
었을 때 사용해야 한다.

035 한 기업이 생산 및 공급하는 모든 제품의 배합을 일컫는 말은?

① 상품 구색(Product Assortment)　　② 상품 품목(Product Item)
③ 상품 계열(Product Line)　　　　　　④ 상품 믹스(Product Mix)
⑤ 상품 카테고리(Product Category)

정답 ④

정답해설 상품 믹스(Product Mix)는 소비자의 욕구 또는 경쟁자의 활동 등 마케팅 환경요인의 변화에 대응하여 한 기업이 시장에 제공하는 모든 제품의 배합으로 제품계열(Product line)과 제품품목(Product item)의 집합을 말한다.

오답해설 ① 상품 구색(Product Assortment) : 고객들이 한 곳에서 구매하고자 하는 상품들의 조합내용
② 상품 품목(Product Item) : 규격 · 가격 · 외양 및 기타 속성이 다른 별개의 제품단위로 제품계열 내의 단위
③ 상품 계열(Product Line) : 동일한 성능 · 용도를 가지거나 동일한 고객층이나 가격대를 가진 상품군
⑤ 상품 카테고리(Product Category) : 상품 유형에 따라 상품을 조직화하는 방법

036 판매촉진(또는 판촉)에 관한 설명으로 옳은 것은?

① 판촉은 시용(trial)이나 구매와 같은 즉각적인 행동을 유발하는 것이 목적이다.
② 판촉과 광고는 상호 대체적이어서 함께 사용하지 않는 것이 원칙이다.
③ 경쟁점포와 차별화하기 쉬울수록 판촉의 활용빈도가 높아진다.
④ 푸시(Push)전략에는 영업판촉보다 소비자판촉이 적합하다.
⑤ 판촉실시 이후 판매량은 높아진다.

정답 ①

정답해설 판매촉진은 정보의 제공을 통하여 소비자와 판매업자를 동시에 자극, 설득함으로써 판매고와 이윤을 증대하려는 모든 기업 활동을 의미하며 시용(trial)이나 구매와 같은 즉각적인 행동을 유발하는 것이 목적이다.

오답해설 ② 판촉과 광고는 상호보완적이어서 함께 사용하는 것이 좋다.
③ 경쟁점포와 차별화하기 어려울수록 판촉의 활용 빈도가 높아진다.
④ 푸시(Push)전략에는 소비자판촉보다 영업판촉이 적합하다.
⑤ 새로운 고객을 유치하지 못한 판촉으로 인해 판촉실시 이후에 오히려 판매량이 낮아질 수 있다.

037 소매점포의 구성과 배치에 관한 원칙으로 가장 옳지 않은 것은?

① 점포분위기는 표적고객층과 걸맞아야 하고 그들의 욕구와 조화를 이룰 수 있도록 설계해야 한다.
② 점포의 구성과 배치는 고객의 충동구매를 자극하지 않도록 설계해야 한다.
③ 점포의 내부 디자인은 고객의 구매결정에 도움을 줄 수 있어야 한다.
④ 점포의 물리적 환경은 고급스러움보다 상품과 가격대와의 일관성이 더 중요하다.
⑤ 판매수익이 높고 점포의 분위기를 개선할 수 있는 품목을 점포의 좋은 위치에 배치한다.

정답 ②

정답해설 점포의 구성과 배치는 고객의 충동구매를 자극하도록 설계해야 한다.

038 POS의 도입효과에 대한 설명으로 옳지 않은 것은?

① 고객 데이터를 통해서 계산원의 부정을 방지하기 위한 것이다.

② 고객과의 지속적 관계를 발전시켜 고객생애가치를 극대화하려는 것이다.

③ 상품계획 시 철수상품과 신규취급 상품을 결정하는 데 도움을 주려는 것이다.

④ 매장의 판촉활동을 평가하는 정보를 제공하여 효율적인 판매촉진을 하려는 것이다.

⑤ 각종 판매정보를 체계적으로 관리하여 상품 회전율을 높이고자 하는 것이다.

정답 ②

정답해설 ②는 CRM의 도입 배경에 대한 설명이다.

039 오프프라이스(off price) 의류점에서 격자형(grid) 레이아웃이 활용되었을 때의 장점으로 옳지 않은 것은?

① 비용 효율성이 좋다.

② 공간이용의 효율성이 높다.

③ 고객들을 자연스럽게 매장으로 유인한다.

④ 일상적이면서 계획된 구매행동을 촉진한다.

⑤ 상품진열에 필요한 걸이의 소요량을 감소시킨다.

정답 ③

정답해설 격자형 레이아웃은 고객들을 자연스럽게 매장 안으로 유인하지 못한다.

040 다음 중 교차판매(Cross-Selling)에 대한 설명으로 옳지 않은 것은?

① 동일한 분야로 분류될 수 있는 제품 중 소비자가 희망하는 제품보다 단가가 높은 제품의 구입을 유도한다.

② 자체 개발한 상품에만 의존하지 않고 관련된 제품까지 판매하는 적극적인 판매방식이다.

③ 고객이 선호할 수 있는 추가제안을 통해 다른 제품을 추가 구입하도록 유도할 수 있다.

④ 대체재나 보완재가 있는 상품과 서비스에 효과적이다.

⑤ 시너지 효과뿐 아니라 자회사간의 수익구조 불균형을 해소할 수 있다.

정답 ①

정답해설 ①은 업셀링(Upselling)에 관한 설명이다.

041 인적판매에 대한 설명으로 옳지 않은 것은?

① 소비자와 대화를 나누며 상품 관련 정보를 제공하고 설득하여 판매활동을 종결한다.

② 소비자의 질문이나 요구에 대하여 즉각적인 피드백이 가능하다.

③ 소비자마다 다르게 요구하는 사항들을 충족시키기 위해 필요한 방법을 신속하게 제시할 수 있다.

④ 다른 촉진활동에 비해 더 효과적으로 소비자반응을 유도해 낼 수 있다.

⑤ 백화점의 판매원과 같은 주문창출자와 보험판매원과 같은 주문수주자의 두 가지 유형으로 구분된다.

정답 ⑤

정답해설 인적판매는 구입을 유도하기 위해 고객 및 예상고객과 직접 접촉하는 것으로 백화점의 판매원과 보험판매원은 모두 주문수주자에 해당한다.

042 고가격 전략을 수립할 수 있는 경우로서 옳지 않은 것은?

① 최신의 특정상품을 세심한 고객응대를 통해 판매하는 전문점

② 고객의 요구에 맞춘 1 : 1 고객서비스에 중점을 두는 소매점

③ 품위 있는 점포분위기와 명성을 중요시하는 고객을 타깃으로 하는 소매점

④ 고객 맞춤형 점포입지를 확보하고 맞춤형 영업시간을 운영하는 소매점

⑤ 물적 유통비용의 절감을 통해 규모의 경제를 실현하고자 하는 소매점

정답 ⑤

정답해설 규모의 경제는 대량생산을 통해 비용을 절감하여 저가격전략을 수립하기 위한 전략이다.

043 소매수명주기 중 판매증가율과 이익수준이 모두 낮은 단계에 수행해야 하는 소매업자의 전략은?

① 성장유지를 위한 높은 투자

② 특정 세분시장에 대한 선별적 투자

③ 투자를 최소화하는 전략

④ 소매개념을 수정하여 새로운 시장에 진출하는 전략

⑤ 자본지출을 최소화하는 탈출전략

정답 ③

정답해설 소매수명주기 중 판매증가율과 이익수준이 모두 낮은 단계는 도입기로 이 시기에는 제품에 대한 위험부담이 크므로 투자를 최소화하는 전략을 사용한다.

오답해설 ① 성장기에 수행하는 전략이다.
② · ④ 성숙기에 수행하는 전략이다.
⑤ 쇠퇴기에 수행하는 전략이다.

---

044 소셜미디어 마케팅의 장점으로 옳은 것은?

① 표적화 되어있고 인적인 속성이 강하다.

② 소셜미디어 캠페인의 성과는 측정이 용이하다.

③ 마케터의 메시지 통제 정도가 강하다.

④ 기업과 제품에 대한 정보를 푸시를 통해 적극적으로 제공한다.

⑤ 소셜미디어 캠페인은 실행이 단순하고 역효과가 없다.

정답 ①

정답해설 소셜미디어 마케팅은 다양한 소셜미디어의 고객 접점을 기반으로 하므로 표적화 되어있고 인적인 속성이 강하다. 즉 기존의 일반적인 마케팅과 달리 고객이 주체가 되어 자발적으로 블로그나 트위터 등을 활용해 기업의 제품이나 서비스에 관한 아이디어로 상품 개선에 적극적으로 개입한다.

오답해설 ② 소셜미디어는 수많은 소비자들이 참여하므로 소셜미디어 캠페인의 성과를 측정하기 어렵다.
③ 마케터의 메시지가 실시간으로 전달되지만 소비자의 반응은 통제할 수 없다.
④ 기업과 제품에 대한 정보를 쌍방향 소통인 풀 전략을 통해 적극적으로 제공한다.
⑤ 소셜미디어 캠페인은 소비자의 반응이 부정적일 경우 반대로 역효과가 발생한다.

---

045 상품의 판매동향을 탐지하거나 상품개발, 수요예측 등을 위하여 실험적으로 운영되는 점포들로 짝지어진 것은?

① 플래그숍, 안테나숍

② 테넌트숍, 파일럿숍

③ 마크넷숍, 플래그숍

④ 파일럿숍, 안테나숍

⑤ 센싱숍, 마그넷숍

정답 ④

정답해설 파일럿숍은 상품의 판매동향을 탐지하기 위해 메이커나 도매상이 직영하는 소매점포로 의류 등 유행에 따라 매출액이 좌우되기 쉬운 상품에 관해 재빨리 소비자의 반응을 파악하여 상품개발이나 판매촉진책의 연구를 돕는 전략점포로 안테나숍이라 부르기도 한다.

046 데이터 간의 유사성을 정의하고 그 유사성에 가까운 것부터 순서대로 합쳐 가는 분석기법을 뜻하는 말은?

① 컨조인트분석   ② 다차원적 척도법

③ 군집분석   ④ 비율분석

⑤ 회귀분석

정답 ③

정답해설 군집분석은 모집단 또는 범주에 대한 사전 정보가 없을 경우 주어진 관측 값들 사이의 유사성과 거리를 활용해서 전체를 몇몇의 집단으로 구분하고 각 집단의 성격을 파악함으로써 데이터 전체 구조에 대한 이해를 돕는 분석방법으로 서로 유사한 특성을 지닌 대상을 하나의 집단으로 분류한다.

오답해설 ① **컨조인트분석** : 각 제품대안들에 대한 선호순위의 분석을 통해 선호도예측, 시장점유율예측이 가능한 분석기법이다.

② **다차원적 척도법** : 각 대상 간의 객관적 또는 주관적인 관계에 대한 수치적인 자료를 처리해서 다차원의 공간상에 해당 대상들을 위치적으로 표시해 주는 일련의 통계기법이다.

④ **비율분석** : 재무제표 등과 같은 수치화된 자료를 이용하여 항목 사이의 비율을 산출하고 기준이 되는 비율이나 과거의 실적 및 다른 기업과의 비교 등을 통하여 그 의미나 특징, 추세 등을 분석 및 평가하는 방법이다.

⑤ **회귀분석** : 한 변수 혹은 여러 변수가 다른 변수에 미치는 영향력의 크기를 회귀방정식이라고 불리는 수학적 관계식으로 추정하고 분석하는 통계적 분석방법이다.

047 마케팅 믹스전략에 대한 설명으로 옳지 않은 것은?

① 소매상의 상품 전략은 표적시장의 욕구를 충족시키기 위해 상품믹스를 개발하고 관리하는 것이다.

② 대형 유통업체의 PB(Private Brand) 출시는 상품전략 중에서 상표전략에 속한다.

③ 가격전략에서 특정 소매상이 시장점유율을 증대시키고자 한다면 고가격전략을, 이익 증대가 목표라면 저가격 전략을 수립한다.

④ 촉진이란 소비자가 특정 소매상이나 상품을 인지하고 구매하도록 유도하는 활동을 말한다.

⑤ 광고와 인적판매, 판촉, 홍보는 대표적인 촉진 방법이다.

정답 ③

정답해설 가격전략에서 특정 소매상이 시장점유율을 증대시키고자 한다면 저가격전략을, 이익 증대가 목표라면 고가격전략을 수립한다.

048 셀프서비스 매장의 구성 및 설계에 대한 설명으로 옳지 않은 것은?

① 상품은 수직적 진열을 하는 것이 좋다.
② 상품은 앞면을 고객들이 볼 수 있도록 배열한다.
③ 브랜드, 제조자, 가격 등의 정조가 상품 포장에 표시되어야 한다.
④ 고객이 점포의 기능을 직접 수행할 수 있도록 구성해야 한다.
⑤ 고객이 편리하게 상품을 이동할 수 있는 쇼핑카트나 바구니가 비치되어야 한다.

정답 ①

정답해설 셀프서비스 매장에 어울리는 상품진열방식은 개방진열이다.

049 표본추출 유형에 대한 설명으로 옳은 것은?

① 단순무작위표본추출법에서는 모집단의 원소가 모두 알려지지 않고 선택될 확률이 모두 다르다.
② 층화표본추출방법은 모집단이 상호 배타적인 집단으로 나누어진다.
③ 편의표본추출방식은 조사자가 가장 얻기 어려운 모집단 원소를 선정한다.
④ 판단표본추출방식은 조사자가 모집단을 상호 배타적인 몇 개의 집단으로 나누고 그 중에서 무작위로 추출하는 방식이다.
⑤ 할당표본추출방식은 모든 범주에서 무작위의 표본을 추출하는 방식이다.

정답 ②

정답해설 층화표본추출방법은 조사대상을 몇 개의 그룹으로 구분하여 각 그룹에서 무작위로 표본을 추출하는 방법으로 모집단이 상호 배타적인 집단으로 나누어진다.

오답해설 ① 단순무작위표본추출법에서는 모집단의 모든 원소가 알려져 있고 선택될 확률이 높다.
③ 편의표본추출방식은 조사자가 가장 얻기 쉬운 모집단 원소를 선정하는 방식이다.
④ 판단표본추출방식은 조사하고자 하는 모집단을 전형적으로 대표하는 것으로 판단되는 사례를 표본으로 선정하는 방법이다.
⑤ 할당표본추출방식은 몇 개의 범주 각각에서 사전에 결정된 수만큼의 표본을 추출하는 방식이다.

050 다음 설명에 해당하는 것을 뜻하는 단어는?

> 대규모 공조 설비 시 건물 내를 몇 개로 구분하여 각각 다른 별계통의 공조기 및 덕트류를 설치하여 부하, 사용시간, 사용조건에 맞추어 구분하는 것을 뜻한다.

① 조닝(zoning)
② 페이싱(facing)
③ 브레이크업(break up)
④ 블랙룸(black room)
⑤ 랙(rack)

정답 ①

정답해설 조닝(zoning)은 도시 계획이나 건축 설계에서 공간을 사용 용도와 법적 규제와 기능에 따라 구역별로 구분하는 것으로 각 구역을 존이라고 하며 존은 법령에 의한 방화 구획, 피난 구획 등과 공조나 급수 시설 등의 계통 나누기 등이 있다.

051 아래의 (가)와 (나)에 들어갈 용어가 순서대로 바르게 나열된 것은?

> 상품수명주기이론의 (가) 단계에서는 시장수요가 증가함에 따라 시장 커버리지를 확대하고 이용가능성을 높이기 위해 개방 경로 정책을 수립해야 하며 (나) 단계에서는 판매가 안정되고 경쟁이 심화되기 때문에 새로운 시장을 찾거나 그 상품에 대한 새로운 용도를 개발하거나 사용빈도를 제고하기 위한 다양한 노력을 기울여야 한다.

① (가) 도입기, (나) 쇠퇴기
② (가) 도입기, (나) 성숙기
③ (가) 성장기, (나) 성숙기
④ (가) 성장기, (나) 쇠퇴기
⑤ (가) 성숙기, (나) 쇠퇴기

정답 ③

정답해설 성장기는 수요가 급격히 증가하여 기업의 매출액이 증가하는 단계로 다양한 소비자 욕구를 충족시키기 위한 제품 공급과 개방 경로 정책 수립이 필요하며 성숙기는 상품 단위별 이익은 최고조에 달하지만 수익이나 판매성장이 둔화되고 수요의 변화와 경쟁의 심화 등으로 인해 새로운 상품용도 개발과 마케팅 조정이 요구된다.

052 상품기획 또는 상품화계획 등으로 불리는 머천다이징(merchandising)과 관련된 설명으로 옳지 않은 것은?

① 머천다이징의 성과를 평가하는 대표적 지표인 재고총이익률(GMROI)는 평균재고자산 대비 총 마진을 의미한다.

② Merchandiser(MD)는 해당 카테고리에 소속되어 있는 소분류, 세분류, SKU(Stock Keep Unit) 등을 관장한다.

③ SKU는 가장 말단의 상품분류단위로 상품에 대한 추적과 관리가 용이하도록 사용하는 식별관 리 코드를 의미한다.

④ SKU는 문자와 숫자 등의 기호로 표시되며 구매자나 판매자는 이 코드를 이용하여 특정한 상 품을 지정할 수 있다.

⑤ 일반적으로 SKU는 상품의 바코드에 표기되는 상품단위와 동일한 개념으로 사용되며 보통 유 통업체에 의해 정해진다.

정답 ⑤

정답해설 SKU는 개별적인 상품에 대해 재고관리 목적으로 추적이 용이하도록 하기 위해 사용되는 식별관리 코드로 문자와 숫자 등 기호로 표시되며 점포 또는 카탈로그에서 구매 또는 판매할 수 있는 상품에 사용한다.

053 다음 중 상품 계열에 속한 상품들을 분류하여 진열하는 방식은?

① 조정형 진열   ② 라이프 스타일형 진열

③ 개방형 진열   ④ 주제별형 진열

⑤ 임의적 분류 진열

정답 ⑤

정답해설 임의적 분류 진열은 상품 계열에 속한 상품들을 분류하여 진열하는 방식으로 슈퍼마켓이나 대형마트에서 주로 사 용된다.

오답해설 ① **조정형 진열** : 연관되는 상품을 하나의 세트로 진열하는 방식

② **라이프 스타일형 진열** : 고객층의 상품에 대한 관심과 태도 등을 반영하여 진열하는 방식

③ **개방형 진열** : 고객이 상품을 자유롭게 선택할 수 있도록 진열하는 방식

④ **주제별형 진열** : 계절별, 행사별, 상품별로 적합한 콘셉트를 만들어 부문별로 진열하는 방식

054 유통경로에 참여하는 구성원 간의 관계에서 작용하는 경로파워의 원천을 구분할 때 보상적 파워에 포함되는 것이 아닌 것은?

① 판매지원   ② 시장정보

③ 특별할인   ④ 마진폭의 인하

⑤ 리베이트

정답 ④

정답해설 마진폭의 인하는 강압적 파워에 해당된다.

055 판매에 있어서 '접근(Approach)'이란 판매를 위한 본론에 진입하는 단계를 말한다. 다음 중 접근에 대한 설명으로 올바르지 않은 것은?

① 고객과의 첫 접촉에서 우호적인 첫인상을 심어주는 것이 판매성공에 매우 중요하다.

② 그저 단순히 고객에게 다가가는 것이 아닌 심리적 거리를 단축해 가는 것을 의미한다.

③ 가장 바람직한 접근은 고객이 판매담당자에게 다가가고 싶은 마음이 생길 수 있도록 하는 것이다.

④ 넓은 의미에서 볼 때 판매는 마무리(Closing)에 이르기까지 어프로치의 연속이라고 할 수 있다.

⑤ 필요한 사전공작이란 고객이 최초의 반응을 보일 때까지의 과정을 쉽게 하는 것이다.

정답 ③

정답해설 접근은 판매를 시도하기 위해 고객에게 다가가는 것으로 고객들이 편안함을 느낄 수 있도록 해야 하고 그들로부터 호감과 신뢰감을 획득하는 것이다.

056 경제학에서는 '소비에 있어서의 경합성(Rivalry in Consumption)'과 '배제성(Excludability)'의 유무에 따라 상품을 분류한다. 다음 중 하나의 예로서 특정 유통매장에서 판매를 위해 진열한 '특정 회사의 MP3 플레이어'는 어느 상품분류에 속하는가?

① 소비에 있어서 경합성은 없지만 배제성이 있는 상품이다.

② 소비에 있어서 경합성과 배제성이 모두 없는 상품이다.

③ 소비에 있어서 경합성과 배제성이 모두 있는 상품이다.

④ 소비에 있어서 경합성은 있지만 배제성이 없는 상품이다.

⑤ 소비에 있어서 경합성과 배제성은 상품과는 아무런 상관관계가 없다.

정답 ③

정답해설 경합성이란 어떤 소비주체가 하나의 재화(혹은 서비스)를 소비할 때 동시에 다른 소비주체가 소비할 수 없는 성질이고 배제성이란 어떤 재화의 공급주체가 임의로 소비주체를 재화의 소비로부터 배제할 수 있는 능력을 말한다. 문제의 MP3처럼 소비의 경합성도 있고 배제성도 있는 재화를 '사적 재화(Private Goods)'라 하고 공기와 같이 소비의 경합성도 없고 배제성도 없는 재화를 '공공재(Public Goods)'라고 한다.

057 소매기업이 소비자들에게 흔히 사용하는 커뮤니케이션 수단 중 다음의 수단들이 해당되는 커뮤니케이션 수단은?

> 신문게재용 자료, 연설, 세미나, 로비, 자선적 기부

① 광고
② 판매촉진
③ 공중관계
④ 인적판매
⑤ 직접 마케팅

정답 ③

정답해설 공중관계는 기업, 단체 또는 관공서 등의 조직체가 커뮤니케이션 활동을 통하여 스스로의 생각이나 계획·활동·업적 등을 널리 알리는 활동으로 기자회견, 제품 및 기업 홍보, 로비활동 등이 이에 속한다.

058 다음 중 통합적 마케팅에 대하여 가장 올바르게 설명하고 있는 것은?

① 마케팅을 기획하고 통제하는 조직과 마케팅 기능을 실행하는 조직을 통합함으로써 마케팅의 효과성을 높이는 것을 말한다.
② 다양한 산업분야별로 고유한 특성에 따라 차별적으로 실행되는 개별마케팅을 통합하는 것을 말한다.
③ 점차 다양하고 복잡해지는 마케팅의 다양한 도구와 기능들을 일관성 있게 통합하여 실행해 나가는 것을 말한다.
④ 생산, 인사, 재무, 회계, 연구개발 등 기업활동의 다양한 영역들을 마케팅 기능을 중심으로 통합하는 것을 말한다.
⑤ 제품의 수직적 유통단계를 전문적으로 관리하고 집중적으로 계획한 유통망을 말한다.

정답 ④

정답해설 통합적 마케팅은 전사적 마케팅이라고도 하며 이는 마케팅적 사고가 기업 전반에 확산될 때 실현될 수 있다.

059 광고 용어 중 CPM에 대한 설명에 해당하는 것은?

① 특정 기간에 적어도 한 번 이상 광고매체에 의해 노출된 사람의 숫자
② 이용자 한 사람이 동일한 광고에 노출되는 평균횟수(빈도)
③ 매체도달 범위, 어떤 광고매체가 도달될 수 있는 수용자의 수 또는 광고매체가 도달되는 지리적 범위
④ 누적 수용자, 여러 미디어를 통해 최소한 한 번 이상 광고에 접촉된 사람들의 총 숫자
⑤ 청중 1,000명에게 광고를 도달시키는 데 드는 비용을 말한다.

정답 ⑤

정답해설 CPM(Cost Per Millenium)은 광고주가 사용한 광고비의 효율성을 나타내는 지표로, 1,000회 노출이라는 점에서 Millennium 대신 Thousand를 사용해 CPT(Cost Per Thousand)라고도 한다. 광고비가 고정되어 있기 때문에 추가 비용이 들어가지 않아 비교적 저렴하게 광고를 할 수 있으며, 이용이 편하고, 과열경쟁을 피할 수 있다는 장점이 있는 반면 광고효과와 관계없이 광고비가 들어가고 기존 업체가 계속적으로 광고를 할 경우 키워드광고 리스트에 들어갈 수 없는 등 유동성을 발휘할 수 없다는 단점이 있다.

오답해설 ① 도달(Reach)에 대한 설명이다.
② 빈도(Frequency)에 대한 설명이다.
③ 커버리지(Coverage)에 대한 설명이다.
④ 누적 청중(Audience Accumulation)에 대한 설명이다.

060 다음 중 격자형(Grid) 레이아웃의 특징으로 옳은 것은?

① 곤돌라와 고객이 지나는 통로를 한 개만 배치하는 방법이다.
② 진열되는 상품이 그날마다 새롭게 바뀐다.
③ 진열기구 등의 직각의 형태를 취하고 있다.
④ 제품의 위치를 모르고 있는 소비자에게 적합한 배치방법이다.
⑤ 규모가 작은 전문매장이나 여러 개의 작은 전문매장들이 모여서 구성되는 대형쇼핑몰에서 주로 사용한다.

정답 ③

정답해설 격자형 레이아웃은 점포의 공간 효율성을 높이려는 레이아웃으로 상품들은 직선형으로 병렬 배치되며 계산대, 진열대 쇼케이스 등의 진열기구가 직각으로 연결된다.

오답해설 ① 격자형 레이아웃은 상품이 진열되어 있는 곤돌라와 고객이 지나는 통로를 반복해서 배치한다.
② 격자형 레이아웃은 많은 상품을 한꺼번에 진열할 수 있어 공간생산성을 높일 수 있다.
④ 격자형 레이아웃은 구매하고자 하는 제품의 위치를 미리 알고 있는 소비자에게 적합한 배치방법이다.
⑤ 격자형 레이아웃은 고객의 동일 제품에 대한 반복구매 빈도가 높은 소매점인 슈퍼마켓이나 할인매장에 주로 쓰인다.

061 **일반적으로 소매기관이 사용할 수 있는 가격관리전략에 대한 설명으로 옳은 것은?**

① 이익극대화 가격결정은 유통전략과 상품개발전략을 활용하여 투자이익률을 극대화시킨다.
② 경쟁적 가격결정은 경쟁업체들의 가격결정 전략에 대응하고 그들과의 가격적인 차별화를 목적으로 한다.
③ 시장점유율극대화 가격결정은 표적시장에서 다루는 모든 제품의 가격을 정책적으로 인하하여 소비자의 구매를 유도한다.
④ 촉진적 가격결정은 제품에 대한 구매보다는 이익을 조장하여 모든 가격정책의 목적을 판매수익의 극대화에 둔다.
⑤ 차별적 가격결정은 원가에서의 차이에 비례한다.

정답 ②

정답해설 경쟁적 가격결정은 경쟁업체들의 가격결정 전략에 대응하고 그들과의 가격적인 차별화를 목적으로 한다.

오답해설 ① 이익극대화 가격결정은 유통구조의 합리적 개선으로 인한 비용절감과 경쟁우위 확보 측면에서 마케팅전략 등을 활용하여 투자이익률을 극대화시킬 수 있다.
③ 시장점유율극대화 가격결정은 표적시장에서 시장점유율 향상을 목적으로 특정제품에 대한 가격을 정책적으로 인하하여 소비자의 구매를 유도한다.
④ 촉진적 가격결정은 이익보다는 제품에 대한 구매를 조장하여 시장점유율을 증대시키기 위한 목적으로 추진한다.
⑤ 차별적 가격결정은 원가에서의 차이에 비례하지 않고 2가지 이상의 가격으로 판매하는 것으로 고객세분화 가격, 상품형태별 가격 등을 포함한다.

062 **소비자의 정보탐색과 관련된 다음의 내용으로 잘못된 것은?**

① 현재 가지고 있는 정보나 신념, 태도가 부적절하다고 생각할 때 시작한다.
② 소비자의 정보탐색의 양은 탐색으로부터 얻는 이득과 탐색에 소요되는 비용을 동시에 고려하여 결정한다.
③ 일반적으로 소비자는 구매정보탐색에 있어 외부탐색보다 내부탐색을 먼저 시도한다.
④ 소매업체는 자신의 소매믹스전략을 통해 소비자에게 정보탐색의 기회를 늘려줄 수 있다.
⑤ 최고급자동차를 소유하고 있으면서 동시에 이에 상응하지 않는 할인서비스 주유소에서 주유하거나 쇼핑을 일관되지 않게 고급백화점에서의 쇼핑과 할인점에서의 쇼핑을 동시에 하는 행위를 교차쇼핑이라고 한다.

정답 ④

정답해설 소매업체는 자신의 소매믹스전략을 통해 소비자에게 정보탐색의 양을 격감시켜 줄 수 있다.

063 직접반응광고의 목적 및 관련 내용으로 옳지 않은 것은?

① 고객들의 인지도나 기업이미지 제고가 주목적이다.

② 광고주와 접촉할 수 있는 방법을 제공함으로써 잠재고객의 직접반응을 촉구하기 위한 의도로 만들어진 유료광고이다.

③ 고객의 반응을 유도하는 요소가 포함된 광고의 형태를 말한다.

④ 케이블TV의 상업광고나 홈쇼핑 사업의 번창과 관련이 있다.

⑤ TV광고를 통해 간략한 상품소개와 주문전화번호가 제공되면 이를 시청한 소비자가 무료전화를 이용하여 상품을 주문하는 방식이다.

정답 ①

정답해설 일반광고에서는 제품이 기업이미지의 제고가 주된 목표이지만 직접반응광고에서는 추상적인 이미지보다는 판매의 증진 혹은 관심 있는 잠재적 발전이라는 역할이 강조된다.

064 다음과 같은 설명에 해당하는 판매예측방법은?

특정 기술이나 제품에 대한 전문가들의 의견을 종합하고 조정하여 하나의 예측치로 도달해가는 집단적 합의의 방법

① 영업사원 예측법   ② 경영자 판단법
③ 시계열 분석   ④ 단순 예측법
⑤ 델파이 기법

정답 ⑤

정답해설 델파이 기법은 특정 기술이나 제품에 대한 전문가들의 의견을 종합하고 조정하여 하나의 예측치로 도달해가는 집단적 합의의 방법으로 이 전문가들은 패널로 참석하고 진행자는 예측치를 수집하여 평균과 예측치의 분포를 계산하여 전문가들에게 제공하고 이를 고려하여 다시 예측을 하는 방법이다.

065 서비스 갭(Gap)이란 기대가치와 실제경험가치의 차이를 의미하는데 다음 중 갭(Gap)의 발생원인에 대해서 바르게 설명한 것은?

① 이해차이 – 과도한 기대수준 형성
② 촉진차이 – 고객 욕구에 대한 오해

③ 과정차이 − 종업원의 훈련부족

④ 행동차이 − 부적절한 업무과정

⑤ 인식차이 − 고객과 기업의 인식차이

정답 ⑤

정답해설 인식차이가 일어나는 원인은 고객과 기업 간의 인식차이에서 발생하는 것으로 고객이 한 번 경험했던 안 좋은 기억을 그 기업의 서비스 수준이 올라가도 여전히 서비스가 낮다고 생각하는 경향을 보인다.

오답해설 ① 이해차이 − 고객 욕구에 대한 오해

② 촉진차이 − 과도한 기대수준 형성

③ 과정차이 − 부적절한 업무과정

④ 행동차이 − 종업원의 훈련부족

066 다음 중 저마진 − 고회전율 중심의 소매 업태에 대한 설명으로 옳지 않은 것은?

① 높은 유통서비스 수준을 유지한다.

② 비교적 분리된 상권에 위치해있다.

③ 시중보다 낮은 가격을 지향한다.

④ 조직구성이 비교적 단순하다.

⑤ 제품이 특별한 노력이 없어도 팔린다.

정답 ①

정답해설 높은 유통서비스 수준은 고마진 − 저회전율 중심의 소매 업태에서 나타나는 특성으로 저마진 − 고회전율 중심의 소매 업태는 최소한 또는 선택적 유통의 서비스 수준을 유지한다.

067 할인점의 CRM에 대한 설명으로 옳지 않은 것은?

① 긴 방문주기로 고객관계 형성의 기회가 적다.

② 비용집행의 효율성과 효과성이 중요하다.

③ 실질적인 맞춤 고객 서비스, 반품 및 환불은 할인점에서 실행한다.

④ 장바구니 분석을 통한 캠페인에 집중할 수 있다.

⑤ 단품수준의 상세분석으로 고객 라이프스타일까지 분석이 가능하다.

정답 ①

정답해설 할인점의 CRM은 짧은 방문주기로 인해 고객관계 형성의 기회가 많다.

3과목 유통마케팅

068 마케팅 시장조사에서 1차 자료를 수집하기 위한 방법 중 적절하지 않은 것은?

① 현재의 여러 현상을 관찰함으로써 정보를 수집한다.
② 여러 가지 변수의 조건화(통제)를 통한 결과의 차이를 분석한다.
③ 신속하고 경제적으로 정보를 이용하기 위해 정부의 통계나 언론매체 등의 자료를 수집한다.
④ 조사목적에 맞는 여러 가지 유형의 질문이 포함되도록 질문서를 만들어 조사한다.
⑤ 마케팅조사의 목적에 관련된 자료를 기계장치에 의해 수집한다.

정답 ③

정답해설 정부의 통계나 언론매체 등의 자료는 다른 조사를 위하여 타인이 수집한 기존의 자료이므로 2차 자료에 해당한다.

069 시장세분화의 한 형태인 밀집화전략에 대한 설명으로 옳지 않은 것은?

① 미니마케팅 전략이라고도 볼 수 있다.
② 자사의 시장점유율 확대를 위하여 타사제품과의 비차별화를 꾀하려는 전략이다.
③ 밀집화된 각 시장부문에 알맞은 제품을 고안하거나 마케팅계획을 수리하는 전략이다.
④ 밀집화의 결과 비용이 상승되고 따라서 이윤이 감소될 경우에는 이 전략의 포기가 오히려 바람직하다.
⑤ 밀집화된 시장부문에 속한 소비자들에게 해당제품과 회사의 이미지를 강화하는 데 유리한 전략이다.

정답 ②

정답해설 자사의 시장점유율 확대를 위하여 타사제품과의 차별화를 꾀하려는 전략이다.

070 진열의 유형에 대한 설명으로 올바른 것은?

① 점블 진열(Jumble Display) : 상품을 가지런히 정돈해서 진열하는 방식이다.
② 라이트업 진열(Right Up Display) : 우측보다 좌측에 진열되어 있는 상품에 시선이 머물기 쉬우므로 좌측에 고가격, 고이익, 대용량의 상품을 진열한다.
③ 더미 진열(Dummy Display) : 진열라인에 변화를 주어 고객시선을 유도함으로써 상품과 매장에 주목률을 높이고자 하는 진열이다.
④ 브레이크업 진열(Break up Display) : 진열할 때 상품을 대량으로 보이기 위해 상품 밑에 진열보조기구를 이용하는 것을 말한다.
⑤ 트레이팩 진열(Tray Pack Display) : 상품이 든 박스 아래 부분을 트레이 형태로 잘라내 그대로 진열하는 방식을 말한다.

정답 ⑤

정답해설 트레이팩 진열(Tray Pack Display)은 상품이 든 박스 아래 부분을 트레이 형태로 잘라내 그대로 진열하는 방식으로 대량진열에 적합하다.

오답해설 ① 점블 진열(Jumble Display)은 상품을 아무렇게나 뒤죽박죽 진열하는 방식이다.
② 라이트업 진열(Right Up Display)은 좌측보다 우측에 진열되어 있는 상품에 시선이 머물기 쉬우므로 우측에 고가격, 고이익, 대용량의 상품을 진열하는 방식이다.
③ 브레이크업 진열(Break up Display)에 대한 설명이다.
④ 더미 진열(Dummy Display)에 대한 설명이다.

---

071 다음 중 상표전략에 대한 설명으로 옳지 않은 것은?

① 일반적으로 유상표전략보다 무상표전략을 사용하는 경우에 원가부담이 더 낮다.
② 소형유통기관일수록 유통업자상표보다 제조업자상표를 사용하는 것이 더 유리하다.
③ 개별상품전략은 각 제품에 대한 시장의 규모가 작을수록 더 적합하다.
④ 복수상표전략은 경쟁사의 시장진입을 방해하는 한 방법이다.
⑤ 상표확장전략은 소비자가 인지하는 상품 간에 관련성이 높을 때 쓰는 전략이다.

정답 ③

정답해설 개별상표란 제품품목에 각각 다른 상표를 붙이는 것으로 각 제품에 대한 시장의 규모가 클수록 적합하다.

---

072 다음 판매가격 결정의 방식 중 가격침투정책을 시행하는 것이 적합한 제품으로 알맞은 것은?

① 경쟁이 심한 제품
② 지역에 따라 수요탄력성이 다른 제품
③ 가구, 의류 등의 선매품
④ 수요의 탄력성이 높은 제품
⑤ 단위당 생산비가 저렴한 제품

정답 ④

정답해설 수요의 탄력성이 높다는 것은 가격에 민감한 제품이라는 의미이므로 가격침투정책을 써서 가격을 낮게 설정하여야 하는데 이는 재빨리 시장에 깊숙이 침투하기 위해 최초의 가격을 고가로 정하기보다는 낮게 설정하여 많은 수의 고객을 빨리 확보하고 시장 점유율을 확대하려는 가격정책이다.

오답해설 ① 현행가격 채택정책에 적합하다.
② 차별가격정책에 적합하다.
③ 가격층화정책에 적합하다.
⑤ 침투가격정책에 적합하다.

073 촉진전략에 관한 설명으로 옳은 것은?

① 광고란 광고제작사에 의한 아이디어, 상품 및 서비스를 비인적방식에 의해 제시하는 것이다.

② 상품에 관계없이 촉진믹스의 성격은 동일하다.

③ 불황기에는 촉진활동보다 경로 및 가격설정전략이 유효하다.

④ 마케팅 커뮤니케이션은 텔레커뮤니케이션과 연계되어 있다.

⑤ 촉진의 본질은 소비자에 대한 정보의 전달이다.

정답 ⑤

정답해설 촉진전략에서 촉진믹스란 마케팅 목표 달성을 위해 사용하는 광고, 인적판매, 판매촉진, PR 등과 같은 마케팅 커뮤니케이션 도구의 조합으로 여기서 중심이 되는 촉진의 본질은 소비자에 대한 정보의 전달이라 할 수 있다.

오답해설 ① 광고란 광고주에 의한 아이디어, 상품 및 서비스를 비인적방식에 의해 제시하는 것이다.
② 촉진전략은 상품에 따라 촉진믹스의 성격에 달라진다.
③ 불황기에는 무엇보다도 촉진활동이 우선되어야 한다.
④ 마케팅 커뮤니케이션과 연계된 것은 기업커뮤니케이션이다.

074 마케팅 커뮤니케이션에 관한 다음의 설명으로 옳은 것은?

① 판매를 목적으로 휴대폰이나 인터넷을 통하여 커뮤니케이션하는 것은 간접 마케팅의 한 형태이다.

② 인적판매는 판매 프레젠테이션, 카탈로그판매, 인터넷 판매, 팩스를 통한 판매 메시지의 발송 등을 포함한다.

③ 커뮤니케이션 모델에서 잡음(Noise)이란 커뮤니케이션을 하는 쌍방 간의 의견 불일치를 의미한다.

④ 마케팅커뮤니케이션 과정은 표적고객들과 자사 및 자사 제품 간의 모든 잠재력 상호작용을 검토하는 것에서 출발해야 한다.

⑤ 촉진예산 결정기준의 하나인 지불능력기준법은 과거의 매출이나 미래의 매출 예측치를 근거로 예산을 결정하는 방법이다.

정답 ④

정답해설 마케팅커뮤니케이션은 기업이 제품이나 정보를 계획적, 의도적으로 소비자에게 전달하는 행동으로 마케팅 활동을 촉진시키는 것에 목적을 두고 있으며 그 과정은 표적고객들과 자사 및 자사 제품 간의 모든 잠재력 상호작용을 검토하는 것에서 출발해야 한다.

오답해설 ① 판매를 목적으로 휴대폰이나 인터넷을 통하여 커뮤니케이션하는 것은 직접 마케팅의 한 형태이다.
② 판매 프레젠테이션, 카탈로그판매, 인터넷 판매, 팩스를 통한 판매 메시지의 발송 등은 비인적판매의 방법에 해당한다.

③ 커뮤니케이션 모델에서 잡음(Noise)이란 계획하지 않았던 커뮤니케이션 과정상의 왜곡을 의미한다.
⑤ 지불능력기준법은 촉진이 매출에 미치는 영향을 완전히 무시하는 방법이다.

075 마케팅조사에 대한 설명으로 옳지 않은 것은?

① 할당표본이란 모집단에 포함된 조사 대상들의 명단이 기재된 리스트를 할당하는 것이다.
② 소매점들은 매출액에 따라 대형, 중형, 소형으로 나눈 다음 각 소집단으로부터 표본을 무작위로 추출하는 경우 층화표본추출에 해당한다.
③ 표본의 크기가 표본의 대표성을 보장해 주는 것은 아니다.
④ 현재 일어나고 있는 유통현상을 보다 정확하게 이해하려는 목적의 조사는 기술적 조사에 해당한다.
⑤ 인과적 조사를 위해서는 엄격한 실험설계를 하는 것이 바람직하다.

정답 ①

정답해설 ①은 표본프레임에 대한 설명으로 할당표본추출법은 미리 정해진 분류기준에 의해 전체표본을 여러 집단으로 구분하고 각 집단별로 필요한 대상을 추출하는 방법이다.

076 다음 중 최근 카테고리 매니지먼트(CM : Category Management)의 필요성이 점차 커지게 된 배경으로 가장 거리가 먼 것은?

① 매장차별화를 통한 고객유치의 필요성이 높아졌기 때문에
② 늘어나는 신제품의 출현으로 과학적 방법에 의한 공간 할당 및 제품믹스의 필요성이 높아졌기 때문에
③ 유통경로 상에서 경로구성원 사이의 카테고리 경쟁과 갈등이 심화되었기 때문에
④ 효율적인 머천다이징을 도모하면서 불필요한 과정을 제거할 필요성이 높아졌기 때문에
⑤ 시장에서의 경쟁이 심해졌기 때문에

정답 ②

정답해설 카테고리 매니지먼트의 등장배경
• 소비자 구매형태의 복잡화와 다양화
• 시장에서의 경쟁 심화
• 머천다이징 및 판촉 개선을 통한 이익 증대 방법 모색
• 급격한 신제품의 출현
• 유통업체와 제조업체 간의 관계 변화
• 정보기술의 실용화

077 점포의 레이아웃 설계의 기본원칙에 관한 설명으로 옳지 않은 것은?

① 제품을 진열하는 매장 공간, 고객서비스 공간, 창고 등과 같은 점포의 중요기능공간의 규모와 위치를 간략하게 보여주는 것을 거품계획이라고 한다.
② 페이싱이란 페이스의 수량을 뜻하는 것으로 앞으로 볼 때 하나의 단품을 옆으로 늘어놓은 개수를 말한다.
③ 매장은 진열된 상품들을 종류별로 쉽게 찾을 수 있도록 따로따로 구분해야 한다.
④ 고객의 호기심을 충분히 자극할 수 있도록 높이나 조명 및 음악 등에도 세심하게 신경 써야 한다.
⑤ 상품 이동 동선은 고객동선과 교차하지 않도록 해야 한다.

정답 ③

정답해설 매장은 고객이 매장을 구석구석 살펴볼 수 있도록 모두 연결해야 한다.

078 디스플레이의 5원칙(AIDCA)에 대한 설명 중 I와 관련이 있는 것은?

① 상점의 중점상품을 효과적으로 디스플레이해서 사람의 눈을 끌고 가격은 고객이 잘 알아볼 수 있도록 명기하여 잘 보이도록 전시한다.
② 눈에 띄기 쉬운 장소를 골라 그 상품의 세일즈 포인트를 강조해서 관심을 갖게 하고 디스플레이 상품을 설명한 표찰을 붙인다.
③ '어떻게 해서든지 사고 싶다'는 욕망을 일으키게 해서 구매의사를 일으키도록 한다.
④ 사는 것이 유익하다는 확신을 갖게 하고 고객에게 그 상품구입에 대한 안심과 만족감을 주는 동시에 우월감을 줄 수 있는 디스플레이가 되도록 연구한다.
⑤ 충동적인 구매행동을 일으키게 한다.

정답 ②

정답해설 디스플레이의 원칙(AIDCA)
- A(Attention) : 상점의 중점상품을 효과적으로 디스플레이해서 사람의 눈을 끌고 가격은 고객이 잘 알아볼 수 있도록 명기하여 잘 보이도록 전시하여야 한다.
- I(Interest) : 눈에 띄기 쉬운 장소를 골라 그 상품의 세일즈 포인트를 강조해서 관심을 갖게 하고 디스플레이 상품을 설명한 표찰을 붙인다.
- D(Desire) : '어떻게 해서든지 사고 싶다'는 욕망을 일으키게 해서 구매의사를 일으키도록 한다.
- C(Confidence) : 사는 것이 유익하다는 확신을 갖게 하고 고객에게 그 상품구입에 대한 안심과 만족감을 주는 동시에 우월감을 줄 수 있는 디스플레이가 되도록 연구한다.
- A(Action) : 충동적인 구매행동을 일으키게 한다.

079 다음 중 가격민감도에 영향을 미치는 효과에 해당하지 않는 것은?

① 독특한 가치 효과(Unique Value Effect)

② 가격-품질 효과(Price-Quality Effect)

③ 지불자 효과(Shared Cost Effect)

④ 주문방식 효과(Order-Based Effect)

⑤ 전환비용 효과(Switching Cost Effect)

정답 ④

정답해설 가격민감도에 영향을 미치는 효과

- **독특한 가치 효과** : 가격으로 산정할 수 없는 독특한 가치효과를 가지고 있다면 가격민감도는 상대적으로 낮아진다.
- **대체재 인지 효과** : 대체재가 있는 경우 가격민감도는 높아진다.
- **가격-품질 효과** : 품질이 높으면 가격에 큰 영향을 안 받고 낮은 품질의 제품은 가격에 민감하게 반응한다.
- **지불자 효과** : 지불자가 누구냐에 따라 가격민감도가 달라진다.
- **전환비용 효과** : 기존 제품에서 타 제품으로 전환하는 데 드는 비용이 높으면 가격민감도가 낮아진다.

080 고관여 소비자 제품에 대한 광고 전략과 비교하여 저관여 소비자제품에 대한 광고 전략의 내용으로 가장 거리가 먼 것은?

① 반복되는 단문메시지를 사용하여 수동적인 학습효과를 향상시키고 브랜드 친화력을 높여야 한다.

② 폭넓은 정보 제공에 집중함으로써 소비자의 관심이나 주의를 높여야 한다.

③ 점포 내 진열이나 포장과 같은 시각적 및 비시각적 구성요소를 강조해야 한다.

④ 인쇄매체보다 TV를 주요 수단으로 활용해야 한다.

⑤ 커뮤니케이션의 차별화를 해야 한다.

정답 ②

정답해설 고관여 소비자들은 제품에 대해 구체적으로 알고자 하는 의지나 노력이 강하므로 제품에 대한 자세한 설명이나 주변인의 소개나 추천을 선호하는 반면 저관여 소비자들은 제품 자체보다 광고에서의 인물, 배경, 음악 등에 더 의존하는 경향이 강하므로 고관여 소비자들에게는 제품의 차별화, 제품이 주는 가치를 강조하는 광고나 구전효과 등을 강조하는 것이 좋고 저관여 소비자들에게는 상표 이름을 반복하는 광고나 커뮤니케이션 기법을 차별화하여 호기심을 유발하는 마케팅 전략이 더 효과적이다.

081 제품수명주기의 각 단계에 대한 설명으로 옳은 것은?

① 도입기에는 제품에 대한 매출액이 일찍 상승한다.

② 성장기에는 경쟁자가 늘어나므로 가격이 낮아진다.

③ 성숙기에는 판매량의 절대적 크기가 감소하며 성장기보다 매출도 낮아진다.

④ 쇠퇴기에는 수요자의 유무에 관계없이 철수해야 피해를 최소화할 수 있다.

⑤ 도입기에는 경쟁자가 없거나 소수에 불과하다.

 정답 ⑤

정답해설 제품수명주기에서 도입기는 제품이 시장에 처음 도입되면서 판매가 완만하게 증가하는 단계이므로 경쟁자가 없거나 소수에 불과한 경우가 많다.

오답해설 ① 도입기에는 제품에 대한 매출액의 상승이 늦고 구매자의 대부분이 혁신자이다.
② 성장기에는 경쟁자가 늘어나지만 가격은 일반적으로 높아진다.
③ 성숙기에는 판매량의 절대적 크기는 증가하지만 증가율은 감소하며 가장 높은 매출을 실현하는 단계이다.
④ 쇠퇴기에는 일반적으로 철수하는 것이 맞으나 수요자가 어느 정도 남아 있는 때는 그러한 보수적 소비자를 목표시장으로 하는 전략을 수립하는 방법도 이익을 남길 수 있다.

082 다음 중 시장세분화의 목적과 가장 거리가 먼 것은?

① 마케팅노력을 사용자가 필요로 하는 것에 초점을 맞추기 위해

② 자사 제품들을 표준화하여 대량 마케팅 기회를 찾고자 할 때

③ 고객의 동질성에 따라 시장을 확인하고자 할 때

④ 선정된 세분시장(표적시장) 속에서 시장점유율을 높이기 위해

⑤ 변화하는 시장수요에 능동적으로 대처하기 위해

정답 ②

정답해설 시장세분화 전략이란 가치관의 다양화, 소비의 다양화라는 현대의 마케팅 환경에 적응하기 위하여 수요의 이질성을 존중하고 소비자·수요자의 필요와 욕구를 정확하게 충족시킴으로써 경쟁상의 우위를 획득·유지하려는 경쟁전략으로 자사제품의 표준화가 이질감을 통하여 대량 마케팅 기회를 찾고자 할 때 필요하다.

083 판매 시 상품의 사용방법이나 조리방법을 실제로 보여주며 판매하는 실연판매에 관한 설명으로 가장 적절하지 않은 것은?

① 상품의 사용 상태를 실감나게 실연하면서 고객을 주목시켜 판매하는 것이다.

② 신제품 도입 시 판촉이나 새로운 제안으로 관련구매를 증가시키는 데 효과적이다.

③ 비실연판매보다 판매수량의 증가를 기대할 수 있다.

④ 재구매를 촉진시킬 수 있다.

⑤ 실연을 할 때 보기가 쉽고 너무 복잡하지 않아야 고객의 주의를 끌 수 있다.

정답 ④

정답해설 실연판매의 경우 재구매를 촉진시키는 효과를 그다지 기대하기는 어렵다.

084 다음 중 CRM에 대한 설명으로 적절하지 않은 것은?

① 고객과 관련된 기업의 내·외부자료를 분석 및 통합하여 고객특성에 기초한 마케팅 활동을 계획하고 지원하며 평가하는 과정이다.

② CRM을 구현하기 위해서는 고객 통합 데이터베이스가 구축되어야 하며 고객 특성을 분석하기 위한 데이터마이닝 도구가 준비되어야 한다.

③ 기업들이 CRM을 도입할 때 초기에 많은 비용이 소요되는 것은 피할 수 없으므로 감수해야 한다.

④ 한 사람의 우수한 고객을 통해 기업의 수익성을 높이며 이러한 우수고객을 유지하는 것에 중점을 두고 있다.

⑤ 데이터베이스 마케팅의 일대일 마케팅, 관계 마케팅에서 진화한 요소들을 기반으로 등장하였다.

정답 ③

정답해설 기업들이 CRM을 도입할 때 초기에 많은 비용이 들지 않도록 자신의 기업에 적절한 조직, 프로세스, 시스템의 범위를 확정해야 한다.

085 다음 설명에 해당하는 고객관계 관리를 위한 마케팅은?

경쟁사 고객확보를 위한 전략, 즉 경쟁사의 고객을 빼내오는 행위로서 대상 고객에게 상당한 재화 및 서비스의 제시가 있다.

① LTV(Life Time Value) ② Cross-selling

③ Up-selling ④ Win-back

⑤ Mass Marketing

정답 ④

정답해설 윈백(Win-back)은 경쟁사의 시스템을 들어내고 자사의 시스템으로 교체하는 비즈니스로 이를 하는 업체 입장에서는 경쟁사와 비교해 자사가 우위에 있다는 점을 입증하는 사례로 마케팅 자료의 단골 메뉴다.

086 고객지향관점에서 본 소매업의 서비스 활동을 가장 잘 설명하고 있는 것은?

① 기업의 이익을 우선시하여 판매촉진을 강화한다.

② 단골고객에 대하여 특별히 10% 할인율을 적용해준다.

③ 고객이 구매한 상품을 물류비용에 대한 부담 없이 고객이 원하는 장소로 운송해준다.

④ 신규매장오픈 시 고객에게 비디오필름과 함께 초대장을 보낸다.

⑤ 고객의 요구와 관계없이 규칙적으로 운송비를 받지 않고 상품을 고객에 보낸다.

정답 ③

정답해설 고객지향 마케팅은 고객지향 사고가 시장조사에서 제품개발, 광고, 판촉, 영업에 이르기까지 모든 마케팅 활동에 반영되어 전체적으로 고객의 관점에서 통합되고 조정된 마케팅활동을 수행하는 것을 의미하며 고객이 원하는 것을 고객에게 제공하여 경쟁업체보다 높은 만족감을 안겨준다.

오답해설 ③을 제외한 나머지는 모두 판매지향적 관점이다.

087 메시지가 동일할지라도 발신자의 특성에 따라 커뮤니케이션의 효과가 다르게 나타나는 현상을 이르는 말은?

① 원천효과(Source Effect) ② 장애물(Noise)

③ 피드백(Feedback) ④ 부호화(Encoding)

⑤ 해독(Decoding)

정답 ①

정답해설 원천효과(Source Effect)는 동일한 제품정보라도 누가 전달했는가에 따라 소비자들의 메시지에 대한 반응은 다를 수 있고 같은 내용의 광고라고 하더라도 광고메시지를 전달하는 사람이 누구인가에 따라 소비자에게 미치는 영향력이 달라지는 효과로 이로 인해 기업은 광고메시지를 전달하는 사람을 선택할 때 신중해야 한다.

오답해설 ② 장애물(Noise) : 커뮤니케이션 과정에서 발생하는 예기치 못한 정보왜곡현상이나 정체현상

③ 피드백(Feedback) : 수신자의 일부 반응이 다시 발신자에게 전달되는 과정

④ 부호화(Encoding) : 메시지 제작과정

⑤ 해독(Decoding) : 메시지 해독과정

088 고객에 대한 커뮤니케이션을 효과적으로 수행하기 위해서는 커뮤니케이션 구성요소들에 대한 이해가 필요하다. 다음 중 갈등에 해당하는 설명은?

① 발신자가 부호화한 내용을 수신자가 자신의 의미로 해석하는 과정이다.

② 수신인의 발신인에 대한 반응이다.

③ 발신자가 수신자에게 전달하려고 하는 언어적 또는 비언어적 주장이나 관념이다.

④ 수신자가 받은 반응을 발신자가 다시 전달받아 순환하여 차기 커뮤니케이션의 보다 효율적인 메시지 전달에 도움이 된다.

⑤ 커뮤니케이션 과정에서 발생하는 예기치 못했던 정보왜곡현상이나 정체현상을 말한다.

정답 ④

정답해설 갈등(Conflict)은 수신자가 받은 반응을 발신자가 다시 전달받아 순환하여 차기 커뮤니케이션의 보다 효율적인 메시지 전달에 도움이 된다.

오답해설 ① 해독(Decoding)에 대한 설명이다.
② 피드백(Feedback)에 대한 설명이다.
③ 부호화(Encoding)에 대한 설명이다.
⑤ 장애물(Noise)에 대한 설명이다.

089 수요에 기초한 심리적 가격결정 기법과 그에 대한 설명으로 옳은 것은?

① 단수가격 책정은 소비자들에게 심리적으로 비싸다는 느낌을 주어 판매량을 늘리려는 심리적 가격 결정의 한 방법이다.

② 명성가격 책정은 소비자들이 가격을 품질이나 지위의 상징으로 여긴다.

③ 관습가격 책정은 소비자들이 평균보다 저렴하다고 느끼는 가격대에 가격을 설정한다.

④ 비선형 가격설정은 일반적으로 소량구매자가 대량구매자에 비해 가격 탄력적이라는 사실에 기반한다.

⑤ 상층흡수 가격정책은 신제품을 시장에 도입한 후기에 실시한다.

정답 ②

정답해설 명성가격 책정은 소비자들이 가격을 품질이나 지위의 상징으로 여기므로 명품 같은 경우 가격이 예상되는 범위 아래로 낮추어지면 오히려 수요가 감소할 수 있다는 사실에 기반을 둔 것이다.

오답해설 ① 단수가격 책정은 소비자들에게 심리적으로 값이 싸다는 느낌을 주어 판매량을 늘리려는 심리적 가격 결정의 한 방법이다.
③ 관습가격 책정은 소비자들이 관습적으로 당연하게 느끼는 가격대에 가격을 설정하는 것으로 라면, 껌 등과 같이 대량으로 소비되는 생필품의 경우 많이 적용된다.
④ 비선형 가격설정은 일반적으로 대량구매자가 소량구매자에 비해 가격 탄력적이라는 사실에 기반하여 소비자에게 대량구매에 따른 할인을 기대하도록 하여 구매량을 증가시키고자 한다.
⑤ 상층흡수 가격정책은 신제품을 시장에 도입하는 초기에 고가격을 설정함으로써 가격에 대하여 민감한 반응을 보이지 않는 고소득층을 흡수한 후 연속적으로 인하시킴으로써 저소득계층에게도 침투하고자 하는 가격정책이다.

090 서비스품질에 대한 고객평가는 다양한 기준에 의해 이루어지는데 서비스품질에 대한 다차원적인 평가에 있어 가장 보편적으로 활용되고 있는 SERVQUAL의 5가지 구성요소에 해당하지 않는 것은?

① 유형성   ② 신뢰성

③ 수익성   ④ 확신성

⑤ 공감성

정답 ③

정답해설 SERVQUAL의 5가지 구성요소는 유형성, 신뢰성, 확신성, 공감성, 대응성이다.

091 고객생애가치(Customer Lifetime Value)와 관련된 다음의 내용으로 옳은 것은?

① 한 고객이 일정 기간 동안 기업에게 제공하는 이익의 합계이다.

② 한 시점에서의 고객이 제공하는 단기적인 가치라고 할 수 있다.

③ 고객은 어떤 기업이 고객에게 이로운 기업인가를 판단할 수 있다.

④ 고객의 입장에서 보면 고객 자신이 느끼는 가치에서 고객이 지불하는 비용을 뺀 차이가 얼마인가가 선택의 척도가 된다.

⑤ 고객생애가치는 매출액이다.

정답 ④

정답해설 고객생애가치(Customer Lifetime Value)는 소비자 한 명이 하나의 상품 혹은 기업의 고객으로 남아있는 기간 동안 발생하는 수익의 총합계를 말하는 것으로 한 명의 고객이 일회적인 소비로 그치는 것이 아니라, 평생에 걸쳐 자사의 제품이나 서비스를 주기적으로 소비한다는 가정 하에 측정하며 고객의 입장에서 보면 고객 자신이 느끼는 가치에서 고객이 지불하는 비용을 뺀 차이가 얼마인가가 선택의 척도가 된다.

오답해설 ① 고객생애가치는 한 고객이 고객으로 존재하는 전체 기간 동안 기업에게 제공하는 이익의 합계이다.
② 고객생애가치는 한 시점에서의 단기적인 가치가 아니라 고객과 기업 사이에 존재하는 관계의 전체가 가지는 가치이다.
③ 고객생애가치로 기업은 어떤 고객이 기업에게 이로운 고객인가를 판단할 수 있다.
⑤ 고객생애가치는 매출액이 아닌 이익이다.

092 다음 카테고리 매니지먼트(Category Management)에 관한 설명들 중 올바르지 않은 것은?

① 매장의 상품관리대상이 물적인 특성에 기초한 단품에서 소비자의 요구에 기초한 상품카테고리로 확대되고 있다.

② 상품카테고리를 전략적 사업단위로 삼아 매장의 생산성을 체크하고 효율적으로 매출이나 수익

성 향상을 추구하는 관리기법이다.

③ 소매업체와 제조업체가 데이터를 공유하고 서로 협조하여 소비자 관점에서 성과를 높일 수 있는 매장을 구성하는 과정이다.

④ CRM의 심장이라고 할 수 있는 중심기능으로 수급의 매칭을 꾀하는 중요한 역할을 담당하고 있다.

⑤ 거래파트너 쌍방의 고유한 자원에 레버리지 효과를 제공하는 구조화되고 원칙에 따르는 비즈니스 프로세스이다.

정답 ③

정답해설 카테고리관리는 거래파트너 쌍방의 고유한 자원에 레버리지 효과를 제공하는 구조화되고 원칙에 따르는 비즈니스 프로세스이며 카테고리관리란 소비자의 가치를 창출하기 위해 유통업체와 공급업체가 비즈니스 결과를 향상시킬 수 있도록 카테고리를 전략적 비즈니스 단위로 관리하는 프로세스이다.

093 다음 중 고객별 수익기여도 분석에 관한 설명으로 옳은 것은?

① RFM(Recency Frequence Monetary) 분석은 최근성, 구매빈도 및 구매량을 이용하여 고객의 로열티를 측정하는 방법이다.

② HPM(고객실적 평가법)은 고객이 향후 기업의 수익성에 어느 정도 기여할지를 측정하는 방법이다.

③ LTV(고객생애가치)는 고객의 지금까지 수익이 어떻게 변화해왔는지를 측정하는 방법이다.

④ HPM(고객실적 평가법)방법은 우량고객이 될 가능성이 있는 고객이 누구인지를 명확하게 측정할 수 없는 반면 RFM분석기법은 이익기여도에 대한 산정기준이 불분명한 단점이 있다.

⑤ 전통적인 RFM 분석은 기업에서 고객수익성을 측정하는 데 사용할 수 없으므로 고객수익성 분석법으로 측정해야 한다.

정답 ①

정답해설 RFM(Recency Frequence Monetary) 분석은 고객의 미래 구매 행위를 예측하는데 있어 가장 중요한 것이 과거 구매내용이라고 가정하는 시장분석기법으로 RFM은 최근의(Recency) 주문 혹은 구매 시점, 특정 기간 동안 얼마나 자주(Frequency) 구매하였는가, 구매의 규모는 얼마인가(Monetary Value)를 의미하며, 각 고객에 대한 R·F·M을 계산한 후 이를 바탕으로 고객군을 정의한 뒤 각 고객군의 응답 확률과 메일 발송 비용을 고려해 이익을 주는 고객군에게만 메일을 발송하는 것이다.

오답해설 ② HPM(고객실적 평가법)은 고객이 지금까지 기업의 수익성에 어느 정도 기여해 왔는지를 측정하는 방법이다.

③ LTV(고객생애가치)는 고객이 향후 예측되는 수익이 어느 정도인지 측정하는 방법이다.

④ 이익기여도에 대한 산정기준이 불분명한 것은 LTV이다.

⑤ 기업에서 고객수익성을 측정하는 데 사용할 수 있는 측정방법은 전통기법인 RFM 분석과 새로운 측정도구인 고객수익성 분석법으로 이루어진다.

094 유통부문에서 최근 가격파괴현상이 일어나고 있을 때 가격경쟁형 마케팅 전략의 전제조건이 될 수 있는 것은?

① 제품의 수명주기 상 성숙기에 있는 경우
② 제품차별화가 이루어지고 있는 경우
③ 수요의 가격탄력성이 낮은 경우
④ 소비자의 구매행동 면에서 선택적 평가기준에 따른 구매가 이루어지고 있는 경우
⑤ 소비자의 구매행동 면에서 부가적 평가기준에 따른 구매가 이루어지고 있는 경우

정답 ①

정답해설 제품차별화가 이루어지고 있거나 수요의 가격탄력성이 낮은 경우 또는 소비자의 구매패턴이 선택적·부가적 평가기준에 의할 경우 가격정책은 실효를 거두기 힘들다.

095 제품전략과 유통관리와의 관계에 대한 다음 설명 중 옳지 않은 것은?

① 마케팅믹스전략 중 제품전략은 상품, 서비스, 포장, 디자인, 품질 등의 요소를 포함한다.
② 일반적으로 품질 및 가격과 같은 제품의 특성은 경로길이와 밀접한 관련이 있다.
③ 강력한 브랜드파워를 가진 제품의 경우 소비자의 브랜드 애호도에 의한 가격민감도가 낮다.
④ 제품의 수명주기 중 성장기에는 제품을 널리 보급하기 위해 개방적 유통전략을 활용한다.
⑤ 경쟁이 심화된 성숙기에는 차별화된 기능과 서비스를 제공하거나 시장을 세분화하여 특정 고객층을 공략하는 등 경쟁업체에 대응하는 마케팅 전략이 필요하다.

정답 ④

정답해설 제품의 수명주기 중 성장기에 제품을 널리 보급하기 위해 활용하는 유통전략은 집중적 유통전략이다.

096 서비스에 대한 다음 설명 중 옳지 않은 것은?

① 영어의 'Service'란 단어는 '노예'라는 뜻의 라틴어 '세르부스(Servus)'에서 유래하였다.
② 중세에는 서비스를 단순히 생산적인 활동의 개념으로 파악하였다.
③ 산업사회에서는 제품을 팔기 위한 부수적인 역할로 간주하였지만 경제적 가치를 인정했다.
④ 현대사회에서는 서비스산업이 제조 산업을 추월하여 서비스 없이는 하루도 생활할 수 없는 '서비스사회'에 진입하였다.
⑤ 오늘날 비즈니스를 하는 사람들은 모두가 항상 겸손하고 신중하며 고객의 니즈를 예측할 수 있어야 한다.

정답 ②

정답해설 중세에는 노동생산성을 중요시하였는데 서비스를 단순히 비생산적인 활동의 개념으로 보았으며 비물질적인 재화로 간주하여 경시하였다.

097 다음 중 다양성과 복잡성이 모두 높은 기업에서 채택하여야 할 전략은?

① 원가우위 전략
② 기술적 서비스 품질전략
③ 기능적 서비스 품질전략
④ 개별화 전략
⑤ 시장방어전략

정답 ④

정답해설 Shostack이 제안한 구조변화의 전략

다양성 높음	복잡성 높음	개별화 전략
	복잡성 낮음	기능적 서비스 품질 전략
다양성 낮음	복잡성 높음	기술적 서비스 품질 전략
	복잡성 낮음	원가우위 전략

098 다음 중 고객을 설득하기 위한 화법에 대한 설명으로 거리가 먼 것은?

① 정치적인 사상이나 종교는 신념이 기본이 되어 있어 충돌이나 논란의 근거가 되므로 이야기하지 않는 것이 좋다.
② 고객의 수준에 적합한 고객이 이해하기 쉬운 말을 사용한다.
③ 큰 소리보다는 낮은 목소리로 말하는 것이 설득효과가 있다.
④ 고객의 눈동자에 시선을 맞추되 가끔 입언저리를 바라보는 시선처리가 필요하다.
⑤ 대화의 기본은 5 : 5 원리와 4 : 5 : 6 화법에 입각한다.

정답 ⑤

정답해설 고객을 설득하는 데 사용되는 대화의 기본은 7 : 3 원리와 1 : 2 : 3 화법으로 7 : 3 원리는 고객으로 하여금 일곱 마디 말하게 하고 담당자는 세 마디 이야기한다는 것이며 1 : 2 : 3 화법은 1분 동안 말하고 2분 동안 말하게 한 다음 3분 동안 긍정하는 것이다.

099 마케팅 전략 수립에 필요한 내용에 관한 다음 설명 중 옳지 않은 것은?

① 생활용품 회사가 자사제품 기존 소비자의 사용빈도와 1회 소비량을 증가시키기 위한 마케팅전략 아이디어를 찾고 있다면 이는 Ansoff 매트릭스 중 시장침투 전략에 해당한다.

② 지각과정에서 최초의 자극이 강할수록 자극 간 차이를 인식시키기 위해서는 차별화와 변화의 폭이 충분히 커야 한다는 법칙을 베버의 법칙이라 한다.

③ 판매사원이나 유통업자에게 교육훈련을 시켜 현장에서 일상적으로 접할 수 있는 정보를 수집하려는 목적을 가진 마케팅정보시스템을 마케팅 의사결정지원시스템이라고 한다.

④ 모집단을 서로 상이한 소집단으로 분류한 후에 각 소집단으로부터 단순 무작위표본추출을 하는 방법을 층화표본추출이라 한다.

⑤ 차별화 전략에 수반되는 위험에는 차별화요소에 대한 고객인지도 하락과 차별화의 지나친 강조로 시장을 상실한 가능성 등이 있다.

정답 ③

정답해설 마케팅 의사결정지원시스템은 마케팅관련 의사결정권자를 위한 정보시스템이다.

100 제조업체가 자사 제품을 공급하는 유통업체(소매점)에 다량의 판촉물, 특히 포스터, 현수막, 간판, POP, 배너 등을 제공하는 경우가 점차 늘어나고 있음을 볼 수 있는데 이들 중 배너와 관련된 설명으로 옳지 않은 것은?

① 여러 종류보다 한 종류로 통일한 배너를 활용하는 것이 더욱 효과적이며 효율적이다.

② 종류, 높이, 간격을 각기 다르게 함으로써 다른 종류로 통일해 높이와 간격을 맞추어 간결하게 설치한 경우보다 고객의 시선을 더욱 끈다.

③ 여러 곳에 분산하여 게시하는 것보다 한 곳에 집중하여 게시하는 것이 더욱 효과적이다.

④ 도로 경계선에 게시하여 매장 앞 도로의 운전자에게 주로 보이는 판촉물로 한눈에 들어오도록 해야 주목을 끌 수 있다.

⑤ 폭이 좁은 천에 장대를 끼워 설치하는 홍보물이다.

정답 ②

정답해설 고객들의 홍보물에 대한 시선을 끌기 위해서는 높이 및 종류의 간격을 통일시키면 보는 이들로 하여금 시선을 끄는 데 있어 더욱 효과적이다.

101 다음의 특징을 포함하는 상품진열 유형은?

> • 다양한 고품질 서비스
> • 최신유행의 고급품
> • 만족스러운 가격
> • 공익적 서비스

① 윈도우 진열　　　　　　　　　② 점포 내 진열
③ 구매시점 진열　　　　　　　　④ 판매촉진 진열
⑤ 기업 이미지향상 진열

정답 ⑤

정답해설 기업 이미지향상 진열은 다양한 고품질 서비스, 최신유행의 고급품, 만족스러운 가격, 공익적 서비스 등을 고객에게 어필하기 위하여 다수·다량의 상품을 진열하는 유형이다.

오답해설 ① **윈도우 진열** : 점포 앞을 지나고 있는 소비자나 점포의 방문고객으로 하여금 주의를 끌게 하여 구매목적을 가지도록 하는 진열
② **점포 내 진열** : 고객으로 하여금 쉽게 보고 자유롭게 만져보고 비교할 수 있게 하며 연관 상품을 쉽게 찾을 수 있도록 하는 진열
③ **구매시점 진열** : 고객으로 하여금 주의를 끌게 하고 유인하여 구매의욕을 촉진하는 데 목적을 두는 진열
④ **판매촉진 진열** : 매출증대를 위하여 잘 팔리는 상품을 가격할인과 각종 할인광고와 함께 진열

102 상품 포장의 기능은 크게 상품기능, 의사전달기능, 가격기능 등으로 분류된다. 다음 중 포장의 의사전달기능에 해당하는 것은?

① 특정 상품을 다른 상품과 식별할 수 있게 하는 기능
② 상품의 내용물, 즉 일정한 수량을 정해진 단위에 알맞도록 적재하는 기능
③ 상품의 내용물을 다양한 위험으로부터 보호하는 기능
④ 소비자가 상품을 편리하게 운반하고 사용하게 하는 기능
⑤ 상품의 보호기능이란 상품이 훼손되는 것을 방지하는 것

정답 ①

정답해설 ①을 제외한 나머지는 포장의 상품기능에 해당한다.

103 소매상이 직접 소유하고 관리하는 상표전략을 이르는 말은?

① 공동상표전략

② 개별상표전략

③ 복수상표전략

④ 중간상상표전략

⑤ 기업상표전략

정답 ④

정답해설 중간상상표전략은 하청생산업체에 의해 제조된 패션제품에 유통업체가 개발한 상표명을 부착하여 유통업체가 판매에 대하여 모든 책임을 지는 상표전략을 말한다.

오답해설 ① **공동상표전략** : 하나의 상표명을 회사 내의 전 취급제품들에 적용하는 전략을 말한다.

② **개별상표전략** : 제조업체 및 유통업체 등이 생산되어진 제품에 대해 각각 개별의 상표명을 부착시키는 전략을 말한다.

③ **복수상표전략** : 동일 제품군 안에서 두 개 이상의 개별상표를 활용하는 전략을 말한다.

⑤ **기업상표전략** : 기업명을 공동상표로 활용하는 것을 말한다.

104 유통마케팅 전략 수립을 위한 기본 개념과 용어에 대한 설명으로 옳지 않은 것은?

① 유통이란 상품의 생산과 소비 사이의 거리를 제거함으로써 효용을 보다 효율적으로 발휘시켜 소비욕구를 충족시키고 가치를 높이는 경제활동을 말한다.

② 마케팅의 기능은 제품관계, 시장거래관계, 판매관계, 판매촉진관계, 종합조정관계로 대별된다.

③ STP는 Segmentation, Targeting, Positioning의 약어로 시장세분화, 목표시장의 설정, 포지셔닝의 순서를 따라 마케팅전략이 수립된다는 것을 나타낸다.

④ 판매촉진이란 소비자의 구매를 유도하고 판매원의 효율성을 높이기 위한 마케팅 활동이다.

⑤ 총마진수익률(GMROI)은 매출총이익률을 재고대비 매출비율로 나눈 것으로 나타내며 매출총이익과 평균재고를 곱한 것과 같다.

정답 ⑤

정답해설 총마진수익률(GMROI)은 매출총이익률과 재고대비 매출비율의 곱으로 나타내며 매출총이익을 평균재고로 나눈 것과 같다.

105 서비스마케팅에 관한 설명으로 적절하지 않은 것은?

① 서비스는 제품과 구별되는 여러 가지 고유의 특징을 지니고 있는데 일반적으로 무형성, 생산과 소비의 비분리성, 소멸성 및 이질성을 특성으로 한다.

② 소비자 욕구의 다양화, 급속한 기술의 발전, 평균수명의 증가, 삶의 복잡화는 서비스경제 성장에 공헌하고 있다.

③ 고객의 기대에 대한 경영자의 인식과 서비스 설계(명세) 간의 차이가 있을 때 이러한 불일치는 고객의 서비스기대와 성과 사이의 차이를 유발하는 요인이 된다.

④ 내부마케팅은 서비스 기업이 고객과의 약속을 지킬 수 있도록 종업원을 교육하고 동기부여하며 보상하는 일련의 활동을 한다.

⑤ 파라슈라만은 2차원 서비스 품질모형을 제안하였으며 두 개의 차원은 결과품질과 과정품질이다.

정답 ⑤

정답해설 2차원 서비스 품질모형을 제안한 사람은 그뢴루스로 파라슈라만은 다항목 접근법을 제안하였다.

106 다음의 상품연출 구성방법에 대한 설명으로 옳은 것은?

① 삼각구성은 상품을 짝수로 하는 것이 요령이다.

② 진선구성은 상품 하나하나의 특성을 살리면서 리드미컬하게 표현할 수 있는 방법으로 아동복의 연출에 효과적이다.

③ 부채꼴구성은 고가상품의 진열로서 쇼케이스 내부에 이용하면 좋고 벽면 연출에 많이 사용한다.

④ 곡선구성은 상하가 대칭이 되어 종합감을 연출하는 것으로 반복 배열함으로써 중앙에 시각적인 초점을 강조한다.

⑤ 원형구성의 디스플레이는 흐르는 듯한 유연함이나 실루엣을 표현할 수 있다.

정답 ③

정답해설 부채꼴구성은 고가상품의 진열로서 쇼케이스 내부에 이용하면 좋고 벽면 연출에 많이 사용된다.

오답해설 ① 삼각구성은 상품이 통합되어 보이기 쉬운 형태로 조화와 안정감을 주며 상품은 홀수로 하는 것이 요령이다.
② 직선구성은 평면으로 상품을 붙여 진열하거나 공간에 배치하여 표현할 때 이용하며 진열할 때 상품 개개의 특성을 살리면서 직선적인 아름다운 모양이 되도록 해 패턴이 단조롭다.
④ 원형구성에 대한 설명이다.
⑤ 곡선구성에 대한 설명이다.

107 POP 광고와 관련된 설명으로 옳지 않은 것은?

① 매장 내에서 고객의 관심을 끌 수 있는 상품명, 가격, 소재, 특징 등을 알려준다.

② 매스컴 광고를 그대로 POP 디스플레이에 이용하기도 한다.

③ 이성적 설득방법보다 충동구매촉진을 사용하는 것이 효과적이다.

④ 문장을 세로로 쓰고 여백이 없이 두는 것이 유리하다.

⑤ 기업을 PR하는 역할을 한다.

정답 ④

정답해설 POP 광고는 문장을 가로로 쓰고 적당한 여백을 두는 것이 유리하다.

108 특정 제품과 반드시 함께 사용되는 제품에 대해 부과되는 가격결정은?

① 사양제품 가격결정(Optional-Product Pricing)
② 제품라인 가격결정(Product Line Pricing)
③ 종속제품 가격결정(Captive-Product Pricing)
④ 부산물 가격결정(By-Product Pricing)
⑤ 묶음제품 가격결정(Product Bundle Pricing)

정답 ③

정답해설 종속제품 가격결정(Captive-Product Pricing)은 본체와 부속품 모두가 갖추어져야 제품의 기능을 사용할 수 있을 때, 본체의 가격은 낮게 책정하여 소비자의 구매를 유도한 후, 부속품의 가격은 높게 책정하는 가격정책이다.

오답해설 ① 사양제품 가격결정(Optional-Product Pricing) : 주력제품과 함께 판매되는 각종 사양제품 혹은 액세서리에 부과되는 가격결정
② 제품라인 가격결정(Product Line Pricing) : 한 제품계열을 구성하는 여러 제품들 간에 어느 정도의 가격 차이를 둘 것인가를 결정
④ 부산물 가격결정(By-Product Pricing) : 제품에서 발생하는 부산물의 가격결정
⑤ 묶음제품 가격결정(Product Bundle Pricing) : 몇 개의 제품을 결합하여 할인된 가격으로 판매하는 가격결정

109 MOT의 중요성을 말할 때 어느 한 순간만 나빠도 고객을 잃는다는 뜻을 가진 법칙은?

① 덧셈의 법칙   ② 뺄셈의 법칙
③ 곱셈의 법칙   ④ 나눗셈의 법칙
⑤ 제로섬의 법칙

정답 ③

정답해설 곱셈의 법칙은 각 서비스항목에 있어서 처음부터 점수를 우수하게 받았어도 마지막 단계의 마무리에서 0점을 받으면 결국 형편없는 서비스가 된다는 법칙으로 처음부터 끝까지 서비스 제공에 주의를 기울여야 함을 뜻한다.

110 효과적인 디스플레이(Display)에 대한 다음 내용 중에서 옳은 것은?

① 앞에는 높게, 뒤에는 낮게 진열하여 안정감을 준다.

② 내부 디스플레이는 상품의 시각성에 영향을 주며 일반적으로 바닥 가까이에 있는 상품이 잘 팔린다.

③ 윈도우 디스플레이는 보행자에게는 보이지만 자동차 운전자에게는 보이게 하지 않는다.

④ 유효진열범위란 상품을 효과적으로 팔 수 있는 진열의 높이를 말하며 일반적으로 바닥으로부터 50cm에서 100cm까지를 말한다.

⑤ 보기 쉽고 사기 쉬운 진열을 하려면 생활습관과 고객의 신체조건을 고려해서 각각의 상품진열 범위를 결정하는 것이 중요하다.

정답 ⑤

정답해설 디스플레이(Display)는 판매대의 설비 및 배치, 조명의 배려에 따라 상품을 배열하고 고객의 구매의욕을 자극하기 위한 판매술로 보기 쉽고 사기 쉬운 진열을 하려면 생활습관과 고객의 신체조건을 고려해서 각각의 상품진열 범위를 결정하는 것이 중요하다.

오답해설 ① 디스플레이에 안정감이 있으려면 앞에는 낮게, 뒤에는 높게 진열해야 한다.
② 바닥 가까이에 있는 상품은 유효진열범위에서 벗어난 곳으로 잘 팔리는 곳이 아니다.
③ 윈도우 디스플레이는 보행자뿐만 아니라 자동차 운전자에게도 보이게 한다.
④ 유효진열범위는 바닥으로부터 60cm에서 150cm까지이다.

111 다음 기업이 신제품을 개발할 때 고려할 수 있는 브랜드 전략에 관하여 기술한 것 중 적절하지 않은 것은?

① 기존의 브랜드자산이 크다고 판단되는 경우 기존의 제품범주에 속하는 신제품에 그 브랜드명을 그대로 사용하는 것을 계열확장이라 한다.

② 기존의 제품범주에 속하는 신제품에 완전히 새로운 브랜드를 사용하는 것을 신규브랜드전략이라 한다.

③ 하향 확장의 경우 기존 브랜드의 고급 이미지를 희석시켜 브랜드자산을 약화시키는 희석효과를 초래할 수 있다.

④ 기존 브랜드와 다른 제품범주에 속하는 신제품에 기존 브랜드를 사용하는 것을 라인확장이라 하며 우리가 '신상품'이라고 부르는 것의 대부분이 이 전략이 적용된 것이다.

⑤ 같은 브랜드의 상품이 서로 다른 유통경로로 판매될 경우 경로간의 갈등을 일으킬 위험이 있다.

정답 ②

정답해설 기존의 제품범주에 속하는 신제품에 완전히 새로운 브랜드를 사용하는 것은 다상표전략에 해당한다.

112 EDLP(Every Day Low Price) 가격정책의 장점으로 옳지 않은 것은?

① 고소득층 소비자를 주요 고객층으로 끌어올 수 있다.
② 안정적인 수요 예측이 가능하다.
③ 재고관리가 개선되고 품절이 감소한다.
④ 가격경쟁에서 압박이 감소한다.
⑤ 광고비를 절감할 수 있다.

정답 ①

정답해설 EDLP(Every Day Low Price) 가격정책은 소비자들에게 항상 최저가로 판매하는 전략이므로 고소득층이 아닌 저소득층 소비자를 주 타깃으로 설정한다.

113 소매촉진예산의 수립과 관련된 다음의 내용 중 옳은 것은?

① 소매촉진예산을 수립하면 곧바로 목표설정이 이루어져야 한다.
② 경쟁동가방법은 경쟁소매업체와 촉진비용 비율이나 시장점유율이 같도록 예산을 설정하는 방법이다.
③ 판매비율방법은 매출 안에 포함되어있는 과도한 촉진비용의 지출을 막아준다.
④ 한계분석방법은 촉진비용과 매출사이의 관계가 모호할 때 활용하는 것이 바람직하다.
⑤ 가능예산방법은 객관적인 자료와 조사내용을 바탕으로 결정된다.

정답 ②

정답해설 경쟁동가방법은 경쟁소매업체와 촉진비용 비율이나 시장점유율이 같도록 예산을 설정하는 방법으로 이 과정에서 경쟁사의 지출수준을 고려하여 결정한다.

오답해설 ① 소매촉진예산은 수립하기에 앞서 사전에 목표설정이 이루어져야 한다.
③ 판매비율방법은 매출과 관련이 없는 과도한 촉진비용의 지출을 막아주는 장점이 있다.
④ 한계분석방법은 촉진비용과 매출사이의 관계가 분명할 때 활용하는 것이 바람직하다.
⑤ 가능예산방법은 기업의 여유 자금에 따라 예산을 결정하는 방법으로 경영자의 주관적 판단과 경험을 근거로 하기 때문에 단순하고 용이하다.

114 CRM의 등장배경으로 적합하지 않은 것은?

① 기업 경쟁이 가속화됨에 따라 한 기업에 대한 로열티가 약화되었다.
② 다양한 인구통계적 속성에 따라 고객의 니즈가 다양해지면서 기업들은 점점 고객의 니즈에 대응하기가 어려워지고 있다.

③ 마케팅 패러다임도 불특정 다수의 고객이 아니라 기존의 수익성 있는 거래 고객들에게 마케팅을 전개하기 시작하였다.

④ 기업경영의 패러다임이 수익중심에서 매출중심으로 전환되었다.

⑤ 컴퓨터와 정보기술의 발전으로 고객정보를 과학적인 분석 기법을 활용하여 영업활동에 이용할 수 있게 되었다.

정답 ④

정답해설 CRM이 등장하게 된 배경에는 기업경영의 패러다임이 매출중심에서 수익중심으로 전환되면서 평생고객확보를 위한 고객관계 경영방식으로의 전환이 있다.

115 제품가격 의사결정에 필요한 내용에 관한 다음 설명으로 옳지 않은 것은?

① 신형모델의 제품을 구입하려는 소비자가 사용하던 구형모델을 반환할 경우 일정금액을 보상해주고 신형모델을 판매하는 할인 가격전략을 고래공제(Trade-in Allowance)라 한다.

② 어느 전자회사가 신형컴퓨터의 가격을 업계 최고 가격으로 결정했다면 일반적으로 이 기업의 가격목표는 품질선도자 위치 확보에 있다고 볼 수 있다.

③ 가격에 대해 비탄력적인 수요함수 하에서는 초기고가전략을 사용하고 탄력적인 수요함수 하에서는 침투가격전략을 사용하는 것이 이론적으로 바람직하다.

④ 학습곡선(경험곡선)의 효과로 장기적인 생산비의 하락을 가져올 수 있는 경우에는 스키밍 가격전략을 사용하는 것이 경쟁을 배제하는 데 이론적으로 바람직하다.

⑤ 원가기준 가격결정 시에 기업에서 극단적으로 최저가격을 허용할 경우 일시적으로 제조원가 이하에서 가격이 책정되기도 한다.

정답 ④

정답해설 학습곡선(경험곡선)의 효과로 장기적인 생산비의 하락을 가져올 수 있는 경우는 제품의 생산량이 올라감과 동시에 판매량도 같이 늘려야 하므로 상대적으로 제품의 가격을 낮게 설정하는 시장침투가격을 사용하는 것이 타사를 경쟁에서 배제하는 데 이론적으로 바람직하다.

116 다음 중 고객만족의 3대 핵심요소가 바르게 나열된 것은?

① 제품요소, 서비스요소, 경쟁요소

② 제품요소, 서비스요소, 기업이미지요소

③ 제품요소, 경쟁요소, 기업이미지요소

④ 서비스요소, 경쟁요소, 인간관계요소

⑤ 서비스요소, 경쟁요소, 기업이미지요소

정답 ②

정답해설 고객만족의 3대 핵심요소는 제품, 서비스, 기업이미지다.

117 다음 중 '롱테일 법칙' 또는 '역 파레토 법칙'에 대한 설명으로 적절하지 않은 것은?

① 조직의 20%가 80%의 결과물을 만들어내는 현상이다.

② 비주류 틈새시장의 규모가 기존 주류시장의 규모만큼 커지는 것이다.

③ 미국의 IT 전문지 편집장 크리스 앤더슨이 처음 정의했다.

④ 80%의 '사소한 다수'가 20%의 '핵심 소수'보다 뛰어난 가치를 창출한다는 이론이다.

⑤ 인터넷의 활성화로 상대적으로 판매량이 적은 상품의 총합이 전체의 매출에서 더 큰 비중을 차지한다.

정답 ①

정답해설 기존의 파레토 법칙이 조직의 20%가 80%의 결과물을 만들어낸다고 주장했다면 롱테일 법칙은 이와 반대로 80%의 '사소한 다수'가 20%의 '핵심 소수'보다 뛰어난 가치를 창출한다고 주장함으로써 '역 파레토 법칙'이라는 이름으로도 불린다.

118 서비스의 특성에 대한 내용으로 옳은 것은?

① 인간의 감각만으로 서비스 구매의사결정을 하기 쉽다.

② 소멸 가능성이 낮다.

③ 비분리성은 생산과 소비가 동시에 이루어지므로 서비스를 판매하거나 서비스를 수행하는 이들로부터 분리하기 어렵다는 것을 의미한다.

④ 생산 및 전달되는 과정상 계속해서 완벽한 서비스품질을 달성하는 것이 가능하다.

⑤ 서비스 공정에서 실수를 찾아내거나 시정할 수 있다.

정답 ③

정답해설 서비스의 비분리성은 생산과 소비가 동시에 이루어지므로 서비스를 판매하거나 서비스를 수행하는 이들로부터 분리하기 어렵다는 것을 의미하며 이 때문에 서비스는 공급에 직접 참여해야 한다.

오답해설 ① 서비스는 무형성 때문에 인간의 감각만으로는 서비스 구매의사결정을 하기 쉽지 않다.

② 서비스는 서비스의 생산이 시간소요에 기초하고 저장이 어렵기 때문에 소멸 가능성이 매우 높다.

④ 서비스는 이질성 때문에 생산 및 전달되는 과정상 계속해서 완벽한 서비스품질을 달성하는 것이 불가능하다.

⑤ 서비스 공정에서는 실수가 언제 어디서 어떻게 발생될지를 예측할 수 없기 때문에 이를 찾아내거나 시정하는 것이 거의 불가능하다.

119 다음 중 한꺼번에 대량으로 구매하는 고객이나 일정 기간 거래량이 많았던 고객에게 제공하는
할인을 일컫는 말은?

① 계절할인(Seasonal Discount)
② 현금할인(Cash Discount)
③ 판촉할인(Promotional Discount)
④ 수량할인(Quantity Discount)
⑤ 기능할인(Functional Discount)

정답 ④

정답해설 수량할인(Quantity Discount)은 소비업자 등이 대량 매입할 때 생산자 등이 그 수량에 따라 할인을 하는 것으로 슈퍼
마켓 등 대형소매점이 값싸게 팔 수 있는 이유가 여기에 있다.

오답해설 ① **계절할인(Seasonal Discount)** : 비수기에 제품을 구매하는 사람에게 가격을 할인해 주는 것
② **현금할인(Cash Discount)** : 일정 기간 내에 구입대금을 지불할 경우 정해진 비율만큼 지불대금에서 차감을 해주
는 방식으로 지불조건에 따라 할인액이 달라지는 방식
③ **판촉할인(Promotional Discount)** : 제조업자가 광고의 판매지원 프로그램에 참여하는 대리점에 대한 보상으로 가
격의 할인이나 일정액을 지급하는 경우
⑤ **기능할인(Functional Discount)** : 생산자가 수행해야 하는 기능 중 일부를 중간기관이 대신 수행하는 것에 대해
제공하는 할인

120 포지셔닝(Positioning)에 대한 다음 내용 중 옳지 않은 것은?

① 세분화 마케팅전략은 소비자들을 일정 기준에 따라 크게 몇 개의 세분 시장으로 나누어 각각의
시장에 차별화된 마케팅 전략을 구사하는 방법이다.
② 기업이 선택한 포지셔닝 전략을 시장에 적용하기 위해서는 경쟁사 대비 경쟁적 강점 파악, 적
절한 경쟁우위의 선택, 선택한 포지션의 전달 과정을 거쳐야 한다.
③ 경쟁에 의한 포지셔닝은 소비자의 지각 속에 자리 잡고 있는 경쟁제품과 명시적 혹은 묵시적으
로 비교함으로써 자사제품의 상대적 혜택을 강조하는 방법이다.
④ 제품군에 의한 포지셔닝은 특정 제품군의 매출량을 이용하여 자사의 제품을 그 제품군과 동일
한 것으로 포지셔닝하는 전략이다.
⑤ 리포지셔닝 전략은 기존제품이 판매침체나 감소로 인하여 매출액이 감소되었을 때 이를 분석
하여 소비자들의 마음 속으로 다시 포지셔닝시키는 전략이다.

정답 ④

정답해설 제품군에 의한 포지셔닝에서 자사의 제품을 그 제품군과 동일한 것으로 포지셔닝할 때 이용하는 것은 특정 제품군
에 대한 소비자의 우호적 태도이다.

121 다음 중 가격차별화(Price Differenation)에 대한 설명으로 옳지 않은 것은?

① 기업은 가격차별정책을 통해 가격차별정책을 사용하지 않는 경우보다 수익이 증대될 수 있다는 장점이 있다.

② 동일한 상품에 대해 시간적 · 지리적으로 서로 다른 시장에서 다른 가격을 매기는 것을 말한다.

③ 가격차별화를 적용하기 위해서는 시장세분화 작업이 가능해야 할 뿐만 아니라 선행되어야 한다.

④ 시장구조에 관계없이 효과가 동일하고 완전경쟁시장에서 특히 효과적이다.

⑤ 같은 제품에 대해 서로 다른 별개의 가격이 설정되는 이유는 명확한 구별이 가능한 몇 개의 시장에 수요의 가격탄력의 크기가 서로 다르기 때문이다.

정답 ④

정답해설 가격차별화는 시장구조에 따라 효과가 다르게 나타나지만 일반적으로 불완전경쟁시장에서 효과적이다.

122 다음 중 ABC 분석에 대한 설명으로 옳은 것은?

① 출고계획의 성과를 평가하기 위그룹으로 분류된 상품이 안전재고 수준을 가장 높게 유지한다.

② 재고자산의 품목을 일원화시키기 위해 활용된다.

③ C그룹에서 안전재고 수준이 높게 나타난다.

④ A, B그룹의 상품들이 매출에서 차지하는 비중이 C그룹의 상품들보다 낮다.

⑤ ABC 분석은 재고관리 · 품질관리나 매장의 상품관리 등 많은 분야에 활용된다.

정답 ⑤

정답해설 ABC 분석은 통계적 방법에 의해 관리대상을 A, B, C 그룹으로 나누고, 먼저 A그룹을 최중점 관리대상으로 선정하여 관리노력을 집중함으로써 관리효과를 높이려는 분석방법으로 재고관리 · 품질관리나 매장의 상품관리 등의 분야에 활용된다.

오답해설 ① ABC 분석은 상품구성계획의 성과를 평가하기 위해 활용할 수 있다.
② 재고자산의 품목이 다양할 경우 이를 효율적으로 관리하기 위하여 활용된다.
③ 안전재고 수준을 가장 높게 유지하는 그룹은 A그룹이다.
④ C그룹의 상품들이 매출에서 차지하는 비중은 A, B그룹의 상품들보다 낮다.

123 마케팅전략 수립을 위해 분석해야 하는 마케팅 환경 분석의 구성요소 중 미시적 환경 분석에 해당하지 않는 것은?

① 기업   ② 금융기관

③ 원료공급자   ④ 마케팅중간상

⑤ 소비자

정답 ②

정답해설 마케팅 환경 분석의 미시적 환경 분석에는 기업, 원료공급자, 마케팅중간상, 소비자, 대중 등이 포함되며 금융기관은 이에 포함되지 않는다.

124 다음 중 시각적 머천다이징(VMD)을 사용하는 목적이 아닌 것은?

① 상품의 가치표현을 제한하여 호기심을 유발한다.

② 현재 인기상품과 신상품을 고객에게 전달한다.

③ 매출을 촉진시킨다.

④ 상품이 잘 팔릴 수 있는 기회를 제공한다.

⑤ 매장의 특성을 구축한다.

정답 ①

정답해설 시각적 머천다이징(VMD)의 목적
   • 상품의 가치를 최대한으로 표현한다.
   • 현재 인기상품과 신상품을 고객에게 전달한다.
   • 매출을 촉진시킨다.
   • 상품이 잘 팔릴 수 있는 기회를 제공한다.
   • 매장의 특성을 구축한다.

125 불만족 고객의 응대 방법으로 가장 바람직하지 않은 것은?

① 고객이 원하는 바가 무엇인지를 정확히 파악하고 그들의 불만을 잘 경청하는 태도를 유지한다.

② 고객은 나에게 개인적인 감정이 있어 화를 내는 것이 아니라 일처리에 대한 불만으로 복잡한 규정과 제도에 대해 항의하는 것이라 생각한다.

③ 회사의 규정을 지키는 것도 중요하나 감정적이거나 논리적 대응보다는 융통성을 발휘하여야 한다.

④ 고객의 불만사항을 최대한 보완할 수 있을 정도로 이에 상응하는 물질적인 혜택을 최대한 제공한다.

⑤ 신속한 문제해결을 위해 불만고객에 응대하는 종업원은 자주 교체하지 않는 것이 좋다.

정답 ④

정답해설 고객들은 물질적인 혜택과 같은 유형의 해결책보다는 기본적으로 고객에 대한 진심 또는 고객을 어떻게 생각하는 지에 대한 무형의 해결책을 선호한다.

126 다음 중 점포 레이아웃(Store Layout)에 대한 설명으로 옳지 않은 것은?

① 고객이 여러 매장들을 손쉽게 둘러볼 수 있도록 통로를 중심으로 여러 매장 입구를 연결하여 배치한 것은 부티크형 배치이다.

② 주로 규모가 작은 전문점 매장이나 여러 개의 작은 전문점 매장이 모여 있는 다형점포에 채택하는 레이아웃 방식은 자유형 배치이다.

③ 전반적으로 제품을 진열하는 매장 공간, 고객서비스 공간, 창고 등과 같은 점포의 주요 기능공간의 규모와 위치를 간략하게 보여주는 것을 버블 계획이라 한다.

④ 구성부문의 실제 규모와 형태까지 세부적으로 결정하며 고객서비스, 상품보관 등의 기능적 필요나 크기에 따라 배치하는 것을 블록 계획이라 한다.

⑤ 기둥이 많고 기둥 간격이 좁은 상황에서도 설비비용을 절감할 수 있으며 통로 폭이 동일하기 때문에 필요 면적이 최소화되는 것은 격자형 배치이다.

정답 ①

정답해설 ①은 경주로형 배치에 대한 설명으로 전체 점포에 걸쳐 고객이동이 용이하기 때문에 쇼핑을 증대시킨다는 장점이 있다.

127 다음 중 인터넷을 이용한 시장조사과정에 대한 설명으로 옳지 않은 것은?

① 조사계획, 목표 시장 설정 등의 단계를 생략할 수 없다.

② 소비자 집단에 대한 대표성 있는 표본의 확보가 용이하며 자료의 품질도 우수하다.

③ 응답 자료의 전송 상 보안문제로 인하여 온라인 응답률이 낮아지는 경향이 있다.

④ 오프라인 조사보다 신속하고 비용이 적게 소요된다.

⑤ 시장조사의 시 · 공간 제약이 적다.

정답 ②

정답해설 인터넷을 이용한 시장조사는 확률통계학적으로 적당한 표본추출이 어렵다.

128 상품구성 계획 시 고려요소에 대한 설명으로 옳은 것은?

① 대체재관계에 있는 한 상품의 가격이 오르면 다른 제품의 수요는 정상재인 한 감소한다.
② 두 상품이 완전한 대체관계에 있는 경우라도 소비자들은 두 상품의 사용에 있어서 효용 간의 차이를 느낄 수 있다.
③ 상품구성에 있어서 완벽한 대체관계에 있는 상품으로 취급하는 것이 좋다.
④ 한 제품의 수요가 증대될 때 다른 제품의 수요가 수반되어 증가하면 두 제품 간의 사이는 보완관계에 있다고 한다.
⑤ 보완재의 대표적인 상품은 충동상품이다.

정답 ④

정답해설 보완관계에 있는 두 제품 중 한 제품의 수요가 증가하면 다른 제품의 수요도 증가하고, 한 제품의 가격이 상승하면 두 제품의 수요 모두 감소한다. 예컨대 커피-설탕, 펜-잉크, 바늘-실, 버터-빵을 들 수 있다.

오답해설 ① 대체재관계에 있는 한 상품의 가격이 오르면 다른 제품의 수요는 정상재인 한 증가한다.
② 만약 수 상품이 완전한 대체관계에 있는 경우라면 소비자들은 두 상품의 사용에 있어서 효용 간의 차이를 전혀 느끼지 못할 수 있다.
③ 상품구성에 있어서 완벽한 대체관계에 있는 상품은 가급적 취급을 하지 않는 것이 좋다.
⑤ 중립재라 하더라도 추가적인 매출량의 증가를 가져올 수 있기 때문에 상품구성의 경우 고려대상이 되며 대표적인 상품이 충동상품이다.

129 다음 중 참여관점에 따른 고객 분류가 바르게 연결된 것은?

① 법률규제자 – 소비자보호나 관련 조직의 운영에 적용되는 법률을 만드는 의회나 정부
② 간접고객 – 제공자로부터 제품 또는 서비스를 구입하는 사람
③ 의견선도고객 – 직접적으로 제품이나 서비스를 구입하거나 돈을 지불하지는 않지만 1차 고객의 선택에 커다란 영향을 미치는 개인 또는 집단
④ 직접고객 – 전략이나 고객관리 등에 중요한 인식을 심어주는 고객
⑤ 한계고객 – 최종 소비자 또는 2차 소비자

정답 ①

정답해설 법률규제자는 소비자보호나 관련 조직의 운영에 적용되는 법률을 만드는 의회나 정부를 뜻하는 말이다.

오답해설 ② 직접고객에 대한 설명이다.
③ 의사결정고객에 대한 설명이다.
④ 경쟁자에 대한 설명이다.
⑤ 간접고객에 대한 설명이다.

130 CRM 구축 및 실행에 관한 설명으로 옳은 것은?

① CRM 환경 분석은 기업중심의 환경 분석이 되어야 한다.

② 고객 분석 단계에서는 고객행동과 고객성향이 핵심이 된다.

③ 고객 분석은 자사의 현재와 과거의 고객을 모두 대상에 포함한다.

④ 활동의 주체를 결정하는 것은 CRM전략방향설정에 포함되지 않는다.

⑤ 커뮤니케이션 설계에서는 표현과 포장의 측면을 고려하여야 한다.

> **정답** ⑤
>
> **정답해설** CRM은 기업이 고객과 관련된 내외부 자료를 분석·통합해 고객 중심 자원을 극대화하고 이를 토대로 고객특성에 맞게 마케팅 활동을 계획·지원·평가하는 과정으로 고객데이터의 세분화를 실시하여 신규고객획득, 우수고객 유지, 고객가치증진, 잠재고객 활성화, 평생 고객화와 같은 사이클을 통하여 고객을 적극적으로 관리하고 유도하며 커뮤니케이션 설계에서는 표현과 포장의 측면을 고려하여야 한다.
>
> **오답해설** ① CRM 환경 분석은 그 궁극적인 목적이 고객과의 장기적인 관계를 통한 충성고객확보와 수익성전환이기 때문에 고객중심으로 분석해야 한다.
> ② 고객 분석 단계에서 핵심이 되는 것은 고객평가와 고객세분화다.
> ③ 고객 분석은 자사의 현재 고객만 대상으로 한다.
> ④ 활동의 주체를 결정하는 것도 CRM전략방향설정에 포함된다.

131 브랜드 자산에 대한 내용으로 옳지 않은 것은?

① 브랜드 인지도와 브랜드 이미지로 구성되어 있다.

② 브랜드 이미지는 호의적이고 독특하며 강력해야 한다.

③ 인지도가 높다는 것은 강력한 브랜드가 되기 위한 충분조건이다.

④ 브랜드 자산이 강력하면 더 높은 가격 프리미엄을 획득할 수 있다.

⑤ 기업이 신상품을 런칭할 경우 새로운 브랜드로 하는 것보다 이미 구축된 강력한 브랜드를 활용하는 편이 마케팅 비용을 줄이고 성공가능성을 높이는 데 도움이 된다.

> **정답** ③
>
> **정답해설** 브랜드 자산의 인지도가 높다는 것은 강력한 브랜드가 되기 위한 필요조건이지만 충분조건은 아니다.

132 가격전략에 관한 다음 설명 중 옳지 않은 것은?

① 프린터를 싸게 판 다음 잉크를 비싸게 판매하는 것은 종속제품 혹은 포획제품 가격전략이라고 한다.

② 가격차별(Price Discrimination)이란 유보가격이 높은 세분시장에서는 낮은 가격을 받고 가격 민감도가 높은 세분시장에서는 높은 가격을 받는 것을 말한다.

③ 손익분기점(Break-even Point)은 고정비용을 공헌마진(Contribution Margin)으로 나누어 계산한다.

④ 프로스펙스 이론(Prospect Theory)에 따르면 소비자들은 손실회피 경향이 강해서 가격인하(이득)보다는 가격인상(손실)에 더 민감하다.

⑤ 준거가격(Reference Price)은 구매자가 가격이 비싼지 싼지를 판단하는 기준으로 삼는 가격으로 구매자에 따라 달라질 수 있다.

정답 ②

정답해설 가격차별(Price Discrimination)이란 유보가격이 높은 세분시장에서는 높은 가격을 받고 가격민감도가 높은 세분시장에서는 낮은 가격을 받는 것을 말한다.

133 다음 마케팅 조사에서 활용되는 통계분석 기법을 설명한 내용으로 알맞은 것은?

두 개 혹은 그 이상의 모집단 사이에 한 개의 검증변수(종속변수 또는 결과변수)에 대한 통계적 유의성을 검증하는 분석기법

① 일원분산분석　　　　　② 판별분석

③ 회귀분석　　　　　　　④ 요인분석

⑤ 컨조인트분석

정답 ①

정답해설 일원분산분석은 명목척도로 구성된 독립변수와 등간척도 이상으로 구성된 종속변수의 수가 각각 하나씩 있는 경우에 사용할 수 있는 분석으로 세 개 이상의 집단평균을 비교하기 위해 비교과정에 분산을 사용하는 통계적 기법이다.

오답해설 ② **판별분석** : 집단들 간의 의미 있는 차이를 판별해주는 독립변수를 파악하기 위하여 사용되는 분석기법
③ **회귀분석** : 독립변수와 종속변수 사이의 관계를 파악하고자 하는 통계분석기법
④ **요인분석** : 다수의 변수들이 있을 때 변수 간 상관관계를 이용하여 변수의 숫자를 처리하기 쉬운 수준으로 줄이기 위하여 사용하는 분석기법
⑤ **컨조인트분석** : 독립변수(대상을 설명하는 속성)가 종속변수(대상 자체)에 어떤 영향을 주는가를 분석하는 기법

134 다음 중 POP 광고물의 작성 시 체크해야 할 사항으로 옳지 않은 것은?

① 시각적인 효과에 대한 충족 여부

② 지역의 특성 반영 여부 및 계절적인 감각

③ 소비자들에게 구매의욕(충동구매)에 대한 발생 여부

④ 정보 전달에 대한 신속성

⑤ 디자인 등에 대한 참신성

정답 ④

정답해설 POP 광고물 작성 시의 체크포인트
- 시각적인 효과에 대한 충족 여부
- 지역의 특성 반영 여부 및 계절적인 감각
- 소비자들에게 구매의욕(충동구매)에 대한 발생 여부
- 디자인 등에 대한 참신성

135 다음 제품믹스 가격결정법에 대한 설명 중 옳지 않은 것은?

① 제품계열법 가격결정법 – 특정 제품계열 내 제품 간의 원가차이, 상이한 특성에 대한 소비자들의 평가 정도 및 경쟁사 제품의 가격을 기초로 하여 여러 제품 간의 가격단계를 설정하는 것이다.

② 선택제품 가격결정법 – 주력제품에서 분리되어 판매되는 선택제품이나 액세서리에 대한 가격결정방법이다.

③ 종속제품 가격결정법 – 주요한 제품과 함께 사용하여야 하는 종속제품에 대한 가격을 결정하는 방법이다.

④ 부산물 가격결정법 – 주요 제품의 가격보다 경쟁적 우위를 차지할 수 있도록 부산물의 가격을 결정하는 방법이다.

⑤ 이분 가격결정법 – 서비스 가격을 기본 서비스에 대해 고정된 요금과 여러 가지 다양한 서비스의 사용정도에 따라 추가적으로 서비스에 대해 가격을 결정하는 방법이다.

정답 ②

정답해설 선택제품 가격결정법은 주력제품과 함께 판매되는 선택제품이나 액세서리에 대한 가격결정방법이다.

136 제품수명주기이론은 소매업체의 성장전략에도 적용될 수 있는데 다음 중 소매상의 수명주기이론에 있어서 단계별 특징과 전략에 대한 설명으로 올바르지 않은 것은?

① 도입기에는 자사의 인지도 증가와 판매량을 확대하기 위한 저가격정책이 유일한 수단이다.

② 성장기에는 충성고객의 확보와 취급 상품계열의 확대를 통해 시장점유율을 높이는 것이 강조된다.

③ 성장기에는 경쟁자가 나타나기 전까지 스키밍 가격을 유지하는 것이 좋다.

④ 성숙기에는 판매성장률의 둔화 및 경쟁이 포화상태이므로 많은 경쟁자를 누르기 위해 제품에 대한 마진을 줄이고 가격을 평균생산비 수준까지 낮추게 된다.

⑤ 쇠퇴기에는 개량품에 의해 대체되거나 제품라인으로부터 삭제된다.

정답 ①

정답해설 신제품에 대한 가격결정은 크게 두 가지로 나누어지는데 첫 번째 '초기 고가격 전략'은 진입 초기에는 경쟁제품에 비해 상대적으로 가격을 높게 책정하는 것을 말하며 두 번째 '침투가격 전략'은 진입 초기에 경쟁 제품보다 가격을 낮추어 진입하는 것을 말하므로 도입기에서의 저가격 전략만이 유일한 수단이라고 할 수는 없다.

137 소매업 가격에 영향을 미치는 제품에 대한 설명으로 적절한 것은?

① 편의품은 가격이 비싼 가게를 찾아다니는 경향이 크다.

② 편의품은 경쟁업체보다 낮은 가격을 책정하는 것이 바람직하다.

③ 선매품은 편의품보다 가격을 책정하는 범위가 좁다.

④ 선매품의 구매 시 소비자는 품질과 가격을 비교한다.

⑤ 전문품은 가격을 책정해야 하는 범위가 가장 좁다.

정답 ④

정답해설 선매품의 구매 시 소비자는 제품의 품질과 가격을 비교하기 때문에 소매업 경영자는 경쟁자의 가격을 면밀히 분석하여 전략적으로 가격을 책정할 필요가 있다.

오답해설 ① 편의품은 비교 구매하는 경향이 적고 브랜드 충성도도 약하기 때문에 가격이 비싼 가게를 찾아다니는 경향이 상대적으로 적다.

② 편의품은 경쟁업체보다 비슷한 가격을 책정하는 것이 바람직하다.

③ 선매품은 편의품보다 가격을 책정하는 범위가 넓다.

⑤ 전문품은 가격을 책정해야 하는 범위가 가장 넓다.

138 다음 중 가격판매촉진에 해당하는 것이 아닌 것은?

① 가격할인
② 쿠폰
③ 콘테스트
④ 리펀드
⑤ 리베이트

정답 ③

정답해설 가격판매촉진과 비가격판매촉진

가격판매촉진	• 가격할인	• 쿠폰	• 리펀드	• 리베이트
비가격판매촉진	• 프리미엄	• 견본품	• 콘테스트	• 시연회

139 재고관리에 대한 설명으로 옳지 않은 것은?

① EOQ모형에서의 경제적 주문량은 주문비용과 재고유지비용을 합한 연간 총비용이 최소가 되도록 하는 주문량을 말한다.
② EOQ모형에서의 경제적 주문량은 단위당 재고유지비용과 1회 주문비용은 재고수준과 주문량에 관계없이 일정하다는 전제하에서 구한다.
③ ROP모형에서는 수요가 불확실한 경우 주문기간동안의 평균수요량에 안전재고를 더하여 재주문점을 결정한다.
④ ROP모형에서는 수요가 확실한 경우 조달기간이 1일 수요량을 곱하여 재주문점을 결정한다.
⑤ 투빈(Two Bin)방식은 지속적인 재고조사를 필요로 하고 대량 품목에 적합하다.

정답 ⑤

정답해설 투빈(Two Bin)방식은 두 개의 상자 중 한 개가 바닥이 나면 발주하는 재고관리기법으로 지속적인 재고조사가 불필요하며 소량 또는 저가 품목에 적합하다.

140 패션수명주기 중 클래식에 대한 설명에 해당하는 것은?

① 짧은 기간 지속되지만 상당한 수준의 수용정도를 나타내는 패션 형태이다.
② 단시간에 광범위하게 수용되었다가 단시간에 거부되는 초단기 유행상품의 경우 주로 해당된다.
③ 대개의 소비들이 가격에 둔감하므로 이익을 많이 남길 수 있다.
④ 안정적이며 수익성도 높으므로 소매점 머천다이즈 구성상의 기본상품이라고 할 수 있다.
⑤ 상당 수준의 강렬한 느낌을 받는 패션형태이다.

정답 ④

정답해설 ④를 제외한 나머지는 모두 패즈에 대한 설명이다.

141 다음 중 제품믹스에 대한 설명으로 옳지 않은 것은?

① 제품믹스에서 폭(Width)은 서로 동일한 제품계열의 수를 의미한다.

② 제품믹스의 일관성(Consistency)이란 다양한 제품계열들이 최종용도 · 생산시설 · 유통경로 · 기타 측면에서 얼마나 민첩하게 관련되어 있는가 하는 정도를 말한다.

③ 제품믹스를 확대하는 것은 제품믹스의 폭이나 깊이 또는 이들을 함께 늘리는 것으로 제품의 다양화라고 하는데 기업의 성장과 수익을 지속적으로 유지하는 데 필요한 정책이다.

④ 제품믹스를 축소하는 것은 제품믹스의 폭과 깊이를 축소시키는 것으로 제품계열수와 각 제품계열 내의 제품항목수를 동시에 감소시키는 정책이다.

⑤ 최적의 제품믹스(Optimal Product Mix)란 제품의 추가 · 폐기 · 수정 등을 통해 마케팅 목표를 가장 효율적으로 달성하는 상태로 정적인 최적화(Product-mix Optimization)와 동적인 최적화(Dynamic Produc-mix Optimization)로 구분할 수 있다.

정답 ①

정답해설 제품믹스는 보통 폭(Width) · 깊이(Depth) · 길이(Length) · 일관성(Consistency)의 4차원에서 평가되는데 여기서 제품믹스의 폭은 서로 다른 제품계열의 수를 의미한다.

142 다음 중 NB(National Brand), PB(Private Brand)상품에 대한 설명으로 옳은 것은?

① 전체 판매상품 혹은 매장 진열상품 중에서 PB상품의 구성비가 많을수록 점포이미지에 긍정적인 영향을 미칠 수 있다.

② PB상품이란 브랜드로 정착하지 못하거나 브랜드화가 될 가능성이 거의 없는 모방 및 표절제품 등을 의미한다.

③ 유통업자들은 일반적으로 NB를 더욱 선호하는 반면, 소비자들은 PB를 더욱 선호하는 경향이 있다.

④ NB상품은 PB상품에 비해 상품 및 품질인지도 등이 떨어진다.

⑤ PB상품은 상대적으로 소비자들이 지불하는 가격 면에서 저렴하다.

정답 ⑤

정답해설 PB(Private Brand)상품은 대형 소매업자들이 독자적으로 제작한 자체브랜드로, 백화점이나 대형 슈퍼마켓 등의 대형 소매업체 측에서 각 매장의 특성과 고객의 성향을 고려하여 독자적으로 만든 자체브랜드 제품이며 전국 어디에서나 제품을 구매할 수 있는 NB(National Brand)상품과 달리 마케팅이나 유통비용이 절약되어 상대적으로 소비자들이 지불하는 가격 면에서 저렴하다.

오답해설 ① 전체 판매상품 혹은 매장 진열상품 중에서 PB상품의 구성비가 많을수록 점포이미지에 부정적인 영향을 미칠 수 있다.

② PB상품이란 자체상표 상품으로 상품 유통업체가 제조업체와의 제휴를 기반으로 특정 상품의 기획, 설계, 개발 단계에 참여해서 해당 상품이 생산, 유통되는 개념이다.

③ 소비자들은 일반적으로 NB를 더욱 선호하는 반면 유통업자들은 PB를 더욱 선호하는 경향이 있다.

④ PB상품이 NB상품에 비해 상품 및 품질인지도 등이 떨어진다.

143 점포의 혼잡성이 미치는 영향으로 적절하지 않은 것은?

① 소비자가 충동적인 구매를 하지 않아 구매가능성이 감소한다.

② 점포의 혼잡성을 겪은 소비자들은 해당 점포에 대해 좋지 않은 이미지를 가질 가능성이 크다.

③ 인식되고 처리되는 정보량이 무절제하게 늘어난다.

④ 소비자들의 만족감은 줄어들며 제품에 대한 만족도도 떨어진다.

⑤ 소비자는 내적인 정보에 주력하게 되며 외적인 정보에 대한 탐색은 회피하게 된다.

정답 ③

정답해설 혼잡한 상태의 점포 내에서는 각종 서비스 제공과 이에 관련된 각종 자료 등에 대하여 소비자가 몰입을 덜 하게 되므로 인식되고 처리되는 정보량에 제한이 있다.

144 백화점들의 일반적인 경영방식과 달리 우리나라의 대형마트들은 직매입을 주로 하고 있는데, 직매입과 관련된 다음의 내용으로 옳은 것은?

① 다점포경영에 의한 구매력이 뒷받침되고 있다.

② 거래당사자 간의 긴밀한 협력수준이 요구된다.

③ 판매는 직접 하고 재고관리는 간접적으로 한다.

④ 가격인하를 위한 원동력이 될 수 있다.

⑤ 직접적으로 유통 및 판매는 관리하지만 수익률은 높아지지 않는다.

정답 ①

정답해설 대형마트들이 직매입할 수 있는 이유는 다점포경영에 의한 구매력이 뒷받침되기 때문이다.

오답해설 ② 직매입의 경우에는 거래당사자 간의 긴밀한 협력수준이 많이 요구되지 않는 장점을 제공한다.

③ 직매입에서는 판매와 재고관리를 모두 직접 한다.

④ 직매입을 통해 다른 브랜드나 유통단계를 거치지 않고 직접 유통과 판매를 관리함으로써 수익률을 높일 수 있으나 물건을 못 팔 경우 재고를 떠안아야 하는 부담도 있다.

⑤ 직매입은 직접적으로 유통 및 판매를 관리함으로써 수익률을 높일 수 있다.

145 아래의 내용에서 설명하는 경로성과 평가기준은?

> • 경로구성원이 경로산출물을 얻기 위해 자원을 얼마나 효율적으로 사용하였는지 측정하는 것이다.
> • 소비자수요, 경쟁상황, 정부규제라는 3가지가 이를 결정하는 환경요인이다.

① 시스템의 효과성(System Effectiveness)　　② 시스템의 공평성(System Equity)

③ 시스템의 생산성(System Productivity)　　④ 시스템의 수익성(System Profitability)

⑤ 시스템의 안정성(System Security)

정답 ③

정답해설 시스템의 생산성(System Productivity)은 경로구성원이 경로산출물을 얻기 위해 자원을 얼마나 효율적으로 사용하였는지 측정하는 것으로 이를 결정하는 환경요인으로 소비자수요, 경쟁상황, 정부규제가 있다.

오답해설 ① **시스템의 효과성(System Effectiveness)** : 특정 유통경로시스템이 유통서비스에 대한 표적고객의 욕구를 충족시키는 정도

② **시스템의 공평성(System Equity)** : 사회적으로 공평한 경로정책을 수행하고 있는지 평가하는 것

④ **시스템의 수익성(System Profitability)** : 자기자본이익률, 총자본순이익률, 매출액영업이익률 등으로 평가하는 것

⑤ **시스템의 안정성(System Security)** : 유동비율과 부채비율을 이용하여 평가하는 것

146 소매업의 세분시장 전략의 유형 중 무차별 마케팅에 대한 설명으로 옳은 것은?

① 소매점이 자원의 제약을 받을 때 특히 유용하다.

② 소매점이 제품과 마케팅을 다양화하여 매출액을 늘리려는 것이다.

③ 소매점이 세분시장 간의 차이를 무시하고 단일 제품이나 서비스로 전체 시장에 진출하려는 것이다.

④ 소매점은 여러 목표 시장을 표적으로 하고 각각에 대한 서로 다른 제품과 서비스를 설계한다.

⑤ 한 기간의 매출액이 당해 기간의 총비용과 일치한다.

정답 ③

정답해설 무차별 마케팅은 소비자들 간의 공통점에 중점을 두고서 하나의 제품으로 전체시장을 공략하는 마케팅으로 소매점이 세분시장 간의 차이를 무시하고 단일 제품이나 서비스로 시장에 진출한다.

오답해설 ① 집중적 마케팅에 대한 설명이다.
②·④ 차별적 마케팅에 대한 설명이다.
⑤ 손익분기점에 대한 설명이다.

147 다음 중 로스리더 가격에 대한 설명으로 옳지 않은 것은?

① 일반적으로 미끼상품, 특매품, 유인상품, 특매상품 등으로 불린다.
② 대상상품에 복수의 가격을 표시한다.
③ 소매 기업에서 기회비용을 고려하여 가격을 낮추고 일반 물건을 판매한다.
④ 재고를 낮추고 상점에 고객을 불러들여 호객행위를 도모한다.
⑤ 주력상품을 팔기 위한 일종의 우회 전략이다.

정답 ②

정답해설 ②는 일물다가격에 대한 설명이다.

148 다음 중 소매업광고에 대한 설명으로 옳은 것은?

① 생산자광고보다 더 확장된 범위를 갖고 있다.
② 새로운 상품입하, 유통서비스의 개선, 세일기간의 가격할인 등으로 신규고객을 유치할 수 있다.
③ 소매광고의 또 다른 장기적인 목표로 신규고객에 대한 유치가 있다.
④ 장기적인 광고는 기존고객의 방문횟수를 증가시키는 데 기여한다.
⑤ 단기적인 소매광고의 목표로서 공공서비스를 들 수 있다.

정답 ②

정답해설 소매업광고는 소비자에게 직접 제품을 판매하는 소매상에 의하여 이루어지는 광고로 새로운 상품입하, 유통서비스의 개선, 세일기간의 가격할인 등으로 신규고객을 유치할 수 있다.

오답해설 ① 소매업광고는 생산자광고에 비해 제한된 범위를 갖고 있다.
③ 신규고객에 대한 유치는 소매광고의 단기적인 목표에 해당한다.
④ 장기적인 광고는 일반적인 이미지 구축과 점포의 상표위상을 알리는 데 기여한다.
⑤ 공공서비스는 소매광고의 장기적인 목표에 해당한다.

149 일용품에 대한 설명으로 옳지 않은 것은?

① 연령별·성별에 따라 구입대상 품목이 다르며 상품의 사용효과와 부가가치에 의해 선별된다.

② 메이커 브랜드가 많으나 같은 종류의 상품일 경우 사용상의 특징이 뚜렷하게 구분되는 경우가 많다.

③ 주로 슈퍼마켓, 백화점 등에서 취급한다.

④ 판매효율은 비교적 좋은 편으로 상품회전율이 연 12회 이상이다.

⑤ 선매품 및 전문품에서 취급하는 제품은 일용품과 모두 같은 제품이다.

정답 ⑤

정답해설 선매품은 고객이 상품의 가격·스타일 등을 여러 상점을 통해 비교한 후 구매하는 제품이며, 전문품은 고객이 특수한 매력을 찾으려는 상품으로 구매를 위한 노력을 아끼지 않는 제품으로 일용품과 차이가 있다.

150 가격조정 전략의 유형과 특징이 올바르게 연결되지 않은 것은?

① 세분시장별 가격결정 – 고객, 제품, 구매자에 따라 서로 다른 가격을 책정함

② 심리적 가격결정 – 심리적 효과를 얻기 위해 가격을 조정함

③ 촉진 가격결정 – 장기적인 매출 증대를 목적으로 항구적으로 가격을 할인함

④ 동태적 가격결정 – 개별고객과 상황의 특징에 맞추어 지속적으로 가격을 조정함

⑤ 지리적 가격결정 – 고객의 지리적 입지를 고려하여 가격을 조정함

정답 ③

정답해설 촉진 가격결정은 단기적인 매출 증대를 목적으로 일시적으로 가격을 할인한다.

제4과목

유통정보

001 정보의 속성에 대한 설명으로 적절하지 않은 것은?

① 정확성(Accuracy) : 정보에 실수나 오류가 없어야 한다.

② 완전성(Completion) : 중요성이 높은 자료가 충분히 내포되어 있어야 한다.

③ 경제성(Economical) : 필요한 정보를 산출하기 위한 비용이 경제적이어야 한다.

④ 신뢰성(Reliability) : 원천자료와 수집방법에 따라 정보의 신뢰성 정도가 결정된다.

⑤ 단순성(Simplicity) : 개별적인 정보는 관련 정보들의 통합으로 더 가치 있는 정보로 재생산 된다.

정답 ⑤

정답해설 개별적인 정보는 관련 정보들의 통합으로 더 가치 있는 정보로 재생산되는 것은 정보의 통합성에 해당하는 설명이다.

002 고객의 주문 상황에 대해 적기 배송체제의 확립과 최적 운송계획을 수립함으로써 운송비를 절감하는 것은 유통정보의 종류 중 무엇에 해당하는가?

① 수주정보   ② 재고정보

③ 창고정보   ④ 출하정보

⑤ 유통관리정보

정답 ④

정답해설 고객의 주문 상황에 대해 적기 배송체제의 확립과 최적 운송계획을 수립함으로써 운송비를 절감하는 것은 출하정보에 해당한다.

오답해설 ① 수주정보 : 거래활동의 출발점이며, 유통활동의 기초가 된다.

② 재고정보 : 적정 재고수준을 유지하고 판매기회의 손실을 최소화하며, 운송비를 절감한다.

③ 창고정보 : 상품별 보관위치, 상품의 입고 및 출고내용 등을 정보화하여 최적의 창고상태를 유지한다.

⑤ 유통관리정보 : 최소비용으로 목적을 달성할 수 있도록 시스템의 설계도를 개량하며, 유통 시스템의 모니터링과 실적을 평가한다.

003 의사결정의 모형 중 다음은 무엇에 해당하는가?

> 인간의 제한된 합리성에 주의를 환기시키면서 합리적 모형을 수정한 의사결정모형이며, 현실세계를 단순화한 모형으로 가치관 같은 주관적 합리성을 중시한다.

① 합리모형 ② 만족모형
③ 타협모형 ④ 점증모형
⑤ 중복탐색모형

정답 ②

정답해설 만족모형은 인간의 제한된 합리성에 주의를 환기시키면서 합리적 모형을 수정한 의사결정모형이며, 현실세계를 단순화한 모형으로 가치관 같은 주관적 합리성을 중시한다. 또한 만족스런 대안 발견을 추구하며 만족수준에 따른 대안선택의 최저기준을 설정한다.

004 두 사람 또는 그 이상의 의사결정자가 경쟁적인 이해관계 상태에 있을 경우의 의사결정은 무엇인가?

① 확실한 상황하의 의사결정 ② 위험한 상황하의 의사결정
③ 불확실한 상황하의 의사결정 ④ 상중하의 의사결정
⑤ 쌍방향의 의사결정

정답 ④

정답해설 상중하의 의사결정은 두 사람 또는 그 이상의 의사결정자가 경쟁적인 이해관계 상태에 있을 경우의 의사결정이다.

005 정형적 의사결정에 대한 설명으로 옳지 않은 것은?

① 문제와 목표가 명확해서 관련된 정보를 이용해 자명하거나 잘 알려져 있는 방안을 선택하는 유형의 의사결정이다.
② 일상적이고 반복적으로 일어난다.
③ 의사결정과정이 구조화되어 있거나 프로그램화되어 있다.
④ OR(Operations Research) 기법과 컴퓨터를 이용해 이루어지고 있다.
⑤ 비반복적이고 일회적이다.

정답 ⑤

정답해설 정형적 의사결정과 비정형적 의사결정의 비교

정형적 의사결정	비정형적 의사결정
• 반복적	• 신선함, 새로움
• 잘 정의된 목표	• 잘 정의되지 않은 목표
• 명확한 정보와 선택 대안들	• 모호한 정보와 선택 대안들
• 확실함	• 불확실함
• 운영적인 의사결정	• 전략적인 의사결정

006 소비자의 의사결정단계를 순서대로 나열한 것은?

① 욕구인식 → 정보탐색 → 대안평가 → 구매결정 → 구매 후 평가
② 정보탐색 → 욕구인식 → 대안평가 → 구매결정 → 구매 후 평가
③ 대안평가 → 욕구인식 → 정보탐색 → 구매 후 평가 → 구매결정
④ 욕구인식 → 대안평가 → 정보탐색 → 구매결정 → 구매 후 평가
⑤ 구매결정 → 욕구인식 → 정보탐색 → 구매 후 평가 → 대안평가

정답 ①

정답해설 소비자의 의사결정단계
- **욕구인식** : 소비자가 구매에 관련된 문제를 인식하고 구매과정을 일으키는 단계이다.
- **정보탐색** : 소비자의 욕구를 충족시키기 위해 제품에 관한 정보와 구매업체의 정보 등을 얻으려고 하는 단계이다.
- **대안평가** : 도출된 여러 대안을 평가하는 단계이다.
- **구매결정** : 각 대안을 종합적으로 평가하여 최선의 대안을 선택하는 단계이다.
- **구매 후 평가** : 구매만족도를 평가하게 되며, 만족하지 못했을 경우에는 다시 정보탐색 단계로 가서 새로운 대안을 탐색한다.

007 사이몬(H. A. Simon)의 의사결정단계 모형 중 다음은 단계는 무엇에 해당하는가?

> 문제의 본질을 인식하고 자료를 수집하는 단계이다.

① 인지 및 탐색단계   ② 대안설계단계
③ 선택단계   ④ 실행단계
⑤ 통제단계

정답 ①

정답해설 인지 및 탐색단계는 문제의 본질을 인식하고 자료를 수집하는 단계이다.

008 다음은 정보화 사회의 특성 중 어떤 측면에 해당하는가?

- 에너지 및 자원 집약적인 하드웨어 중심의 경제구조에서 지식 및 정보 중심의 자원절약형 소프트웨어 중심의 경제구조로 전환된다.
- 기존의 소품종 대량생산방식에서 다품종 소량생산방식으로 전환된다.
- 제품의 생산보다는 정보의 가공, 처리, 분석 등이 고부가가치를 창출한다.

① 사회적 측면에서의 특성   ② 경제적 측면에서의 특성
③ 소비자 측면에서의 특성   ④ 산업적 측면에서의 특성
⑤ 기술적 측면에서의 특성

정답 ②

정답해설 해당 내용은 정보화 사회의 경제적 측면에서의 특성이다.

009 유통혁명시대의 발전전략으로 옳지 않은 것은?

① 공급체인관리에서 개별기업관리로 전환
② 물품유통에서 정보유통 위주의 전략으로 전환
③ 개별기업 중심의 경영체제에서 통합공급체인 경영체제로 전환
④ 비용 중심의 운영전략에서 시간 중심의 운영전략으로 전환
⑤ 불특정 다수의 고객전략에서 특화된 고객전략으로 전환

정답 ①

정답해설 유통혁명 이전시대와 유통혁명시대의 특징

구분	유통혁명 이전시대	유통혁명시대
관리핵심	개별기업관리	공급체인관리
경쟁우위 요소	비용, 품질	정보, 시간
기술우위 요소	신제품 개발	정보, 네트워크
고객 · 시장	불특정 다수	특화고객
조직체계	독립적 · 폐쇄적 조직	유연하고 개방적인 팀조직
이익원천	수익제고	가치방출

010 인터넷의 특성으로 옳지 않은 것은?

① 폐쇄성   ② 직접성
③ 쌍방향성   ④ 경제성
⑤ 국제성

정답 ①

정답해설 인터넷의 특성
- 개방성
- 직접성
- 쌍방향성
- 경제성
- 국제성

011 인터넷의 기능 중 다음은 무엇에 해당하는가?

> 인터넷상에서 필요한 자료나 정보를 컴퓨터로 송·수신하는 서비스이다.

① 전자우편(E-mail)
② FTP(File Transfer Protocol)
③ 텔넷(Telnet)
④ 웨이즈(WAIS : Wide Area Information Service)
⑤ DNS

정답 ②

정답해설 FTP(File Transfer Protocol)는 인터넷상에서 필요한 자료나 정보를 컴퓨터로 송·수신하는 서비스이다.

오답해설 ① **전자우편(E-mail)** : 컴퓨터 통신망을 이용하여 컴퓨터 사용자 간에 편지나 여러 정보를 주고받는 통신 서비스이다.
③ **텔넷(Telnet)** : 원격지에 있는 컴퓨터에 접속해서 그 컴퓨터 자원을 사용하는 서비스이다.
④ **웨이즈(WAIS : Wide Area Information Service)** : 인터넷 서비스의 하나로, 핵심어를 사용해서 인터넷에 흩어져 있는 복수의 데이터베이스로부터 데이터를 찾아주는 검색도구이다.
⑤ **DNS** : IP Address를 도메인으로 변환시키거나 도메인을 IP Address로 변환시키는 시스템을 말한다.

012 시스템의 운용에 영향을 미치지만, 경계 외부에 존재하기 때문에 통제할 수 없는 변수들을 의미하는 것은 무엇인가?

① 환경(Environment)
② 경계(Boundary)
③ 투입물(Input)
④ 산출물(Output)
⑤ 시스템 내부의 구성요소(Component)

정답 ①

정답해설 환경(Environment)은 시스템의 운용에 영향을 미치지만, 경계 외부에 존재하기 때문에 통제할 수 없는 변수들을 의미한다.

013 체계화된 정보들의 집합체로 고객 · 시장 · 제품 등의 경영활동에 필수적인 기초 정보들이 수록되어 있는 정보시스템은 무엇인가?

① 하드웨어(Hardware)
② 소프트웨어(Software)
③ 데이터베이스(Database)
④ 네트워크(Network)
⑤ 절차(Procedure)

정답 ③

정답해설 데이터베이스(Database)는 체계화된 정보들의 집합체로 고객 · 시장 · 제품 등의 경영활동에 필수적인 기초 정보들이 수록되어 있다.

오답해설 ① 하드웨어(Hardware) : 물리적인 컴퓨터장비로 입력장치, 처리장치, 출력장치로 구성된다.
② 소프트웨어(Software) : 컴퓨터 작업을 통제하는 프로그램들로 컴퓨터 운영을 통제하는 시스템 소프트웨어와 특정 업무를 지원하는 응용 소프트웨어가 있다.
④ 네트워크(Network) : 시스템과 시스템, 고객과 기업을 연결해줌으로써 다양한 정보수집, 신속한 의사결정 및 전 세계 시장으로의 진출을 가능하게 한다.
⑤ 절차(Procedure) : 정보시스템을 활용하기 위한 정책과 규칙으로 언제, 무슨 일을, 어떻게 수행해야 하는지를 결정한다.

014 기업 내 정보시스템 중 다음은 무엇에 관한 설명인가?

> 인적 자원의 모집, 고용, 평가, 복지 등과 같은 종합적인 관리를 지원하는 정보시스템이다.

① 재무정보시스템
② 생산정보시스템
③ 인사정보시스템
④ 마케팅정보시스템
⑤ 회계정보시스템

정답 ③

정답해설 인사정보시스템은 인적 자원의 모집, 고용, 평가, 복지 등과 같은 종합적인 관리를 지원하는 정보시스템이다.

015 인간의 과거 경험에서 도출된 정보, 과거의 사안에 관한 자료, 시스템에 축적된 정보를 총망라 하여 목표지향적인 의사결정을 수행하는 컴퓨터 시스템은 무엇인가?

① 보고 · 조회시스템　　　　　　　　② 분석적 모델
③ 임원정보시스템　　　　　　　　　④ 그룹의사결정 지원시스템
⑤ 인공지능시스템

정답 ⑤

정답해설 인공지능시스템은 인간의 과거 경험에서 도출된 정보, 과거의 사안에 관한 자료, 시스템에 축적된 정보를 총망라하 여 목표지향적인 의사결정을 수행하는 컴퓨터 시스템이다.

016 유통정보시스템의 설계과정 중 각 유통경로 의사결정에 필요한 구체적인 마케팅 정보를 결정하 는 것은 어떤 단계에 해당하는가?

① 1단계　　　　　　　　　　　　　② 2단계
③ 3단계　　　　　　　　　　　　　④ 4단계
⑤ 5단계

정답 ③

정답해설 3단계에서는 각 유통경로 의사결정에 필요한 구체적인 마케팅 정보를 결정한다. 또한 정보의 과부하 현상을 방지해 야 하며 유통기능을 수행하기 위해 필요한 마케팅 정보의 유형을 확정해야 한다.

017 유통정보시스템의 범위에 대한 설명으로 옳지 않은 것은?

① 구매관리시스템은 원자재의 구매정보 및 구매선에 관련된 정보를 제공한다.
② 주문처리시스템은 고객의 조회, 주문입력, 재고확인, 여신체크 등 주문확정 시까지의 정보를 제공한다.

③ 출하 · 재고관리시스템은 주문을 분류하여 출하지시서를 발급하고, 출하작업을 관리하는 정보와 갱신된 재고정보를 제공한다.

④ 실적관리시스템은 판매실적과 광고 및 판촉실적 등 영업전략의 핵심정보를 제공한다.

⑤ 수요예측시스템은 효율성 제고를 위해 하위시스템 간의 연계를 돕는다.

정답 ⑤

정답해설 수요예측시스템은 수요를 예측하여 장 · 단기 판매전략에 필요한 정보를 제공한다. 효율성 제고를 위해 하위시스템 간의 연계를 돕는 것은 연계시스템이다.

018 물류시스템의 유형 중 다음은 무엇에 해당하는가?

수주에서 시작하여 배송에 이르기까지의 전 과정을 계획 · 실시 · 평가 또는 통제하는 시스템이다.

① 수주 · 출하처리시스템 ② 수 · 배송관리시스템
③ 창고(보관)관리시스템 ④ 재고관리시스템
⑤ 물류관리시스템

정답 ⑤

정답해설 물류관리시스템은 수주에서 시작하여 배송에 이르기까지의 전 과정을 계획 · 실시 · 평가 또는 통제하는 시스템이다.

019 물류정보시스템의 설계순서로 옳은 것은?

① 목표의 명확화 → 범위의 설정 → 현상의 분석 → 시스템의 평가 → 예정표의 작성
② 범위의 설정 → 목표의 명확화 → 시스템의 평가 → 현상의 분석 → 예정표의 작성
③ 현상의 분석 → 시스템의 평가 → 예정표의 작성 → 목표의 명확화 → 범위의 설정
④ 목표의 명확화 → 범위의 설정 → 시스템의 평가 → 현상의 분석 → 예정표의 작성
⑤ 예정표의 작성 → 목표의 명확화 → 범위의 설정 → 현상의 분석 → 시스템의 평가

정답 ①

정답해설 물류정보시스템의 설계순서는 목표의 명확화 → 범위의 설정 → 현상의 분석 → 시스템의 평가 → 예정표의 작성으로 이루어진다.

020 물류정보시스템의 요소 중 다음은 무엇에 대한 설명인가?

> GPS칩을 내장한 휴대폰이나 PDA단말기 이동체의 위치를 무선통신으로 위치확인서버에 제공하면 모든 이동체의 현황을 실시간으로 검색하는 데 사용될 수 있다.

① LBS(Location Based Service)
② ITS(Intelligent Transport System)
③ TRS(Trunked Radio System)
④ EOS(Electronic Ordering System)
⑤ CALS(Commerce At Light Speed)

정답 ①

정답해설 LBS(Location Based Service)은 GPS칩을 내장한 휴대폰이나 PDA단말기 이동체의 위치를 무선통신으로 위치확인 서버에 제공하면 모든 이동체의 현황을 실시간으로 검색하는 데 사용될 수 있다.

021 수치 통계, 로봇 공학, 자재관리, 공정관리 등의 제조 기능을 촉진시키기 위해 설계된 광범위한 시스템은 무엇인가?

① CAE
② CAD
③ CAM
④ CAO
⑤ CIM

정답 ③

정답해설 CAM(Computer Aided Manufacturing)은 수치 통계, 로봇 공학, 자재관리, 공정관리 등의 제조 기능을 촉진시키기 위해 설계된 광범위한 시스템이다.

오답해설 ① CAE(Computer Aided Engineering) : 컴퓨터 이용에 관한 전반적인 기술을 말하는 것으로 CAD, CAM이 속하며, 제조 및 설계 지원 시스템이라고 한다.
② CAD(Computer Aided Design) : 워크스테이션을 사용하여 설계자가 부분적인 도면 등을 만들고, 동작을 실험하고, 약간의 명세로 완벽한 설계를 추론하여 설계 도면을 그릴 수 있도록 한다.
④ CAO(Computer Assisted Ordering) : POS 데이터와 EOS를 연계하여 활용이 가능하고, 소비자의 수요에 신속한 대응이 가능하다. 주문내용은 EDI를 통해 물류센터로 전송이 가능하다.
⑤ CIM(Computer Integrated Manufacturing) : 컴퓨터 통합 생산시스템을 말하는 것으로, 구매와 회계로부터 일정 계획을 수립, 생산, 유통에 이르기까지 제조과정을 혁신, 개선하기 위해 정보 기술을 사용하는 것을 말한다.

022 바코드에 대한 설명으로 옳지 않은 것은?

① 오독률이 낮아 높은 신뢰성을 확보할 수 있다.
② 바코드에 수록된 데이터는 비접촉 판독이 가능하고 한 번의 주사로 판독이 가능하다.
③ 컨베이어상에서 직접 판독이 가능하여 신속한 데이터 수집이 가능하다.
④ 도입비용이 비싸다는 단점이 있다.
⑤ 응용범위가 다양하다.

정답 ④
정답해설 바코드는 도입비용이 저렴하다는 장점이 있다.

023 바코드의 구조 중 다음은 무엇에 관한 설명인가?

사람의 육안으로 구별 가능한 정보(숫자 · 문자 · 기호)가 있는 바코드의 윗부분 또는 아랫부분을 말한다.

① Quiet Zone
② Start/Stop Character
③ Check Digit
④ Interpretation Line
⑤ Bar/Space

정답 ④
정답해설 Interpretation Line은 사람의 육안으로 구별 가능한 정보(숫자 · 문자 · 기호)가 있는 바코드의 윗부분 또는 아랫부분을 말한다.

024 Interleaved 2 of 5에 대한 설명으로 옳지 않은 것은?

① 1개의 숫자가 5개의 바와 5개의 스페이스를 교대로 조합시킨 것으로 이루어져 있다.
② 문자 사이의 갭을 없애 Industrial 코드에 비해 약 40%, Matrix 코드에 비해 약 10% 이상 길이를 줄일 수 있다.
③ 문자의 수가 짝수여야 하므로 홀수 개의 문자가 들어왔을 경우 '0'이 맨 앞에 붙여지나 바코드 중 가장 짧다.
④ 자체 감사기능이 뛰어나고 숫자 데이터 표현 시 많은 데이터를 짧게 코드화할 수 있어 산업용 및 소매용으로 가장 많이 사용된다.
⑤ 문자집합인 선택문자, 전이문자, 기능문자가 모두 특수문자로 존재하며, 1개의 심벌 안에서 또는 1개의 코드 부분집합에서 다른 코드의 부분집합으로 변화가 가능하다.

정답 ⑤

정답해설 문자집합인 선택문자, 전이문자, 기능문자가 모두 특수문자로 존재하며, 1개의 심벌 안에서 또는 1개의 코드 부분집합에서 다른 코드의 부분집합으로 변화가 가능한 것은 Code 128에 대한 설명이다.

025 다음 중 디지털 경제의 특징으로 옳지 않은 것은?

① 구매자 우위 시장　　　　　　② 수확체감의 법칙
③ 정보 민주화 실현　　　　　　④ 협력적 경쟁
⑤ 산업영역 통합

정답 ②

정답해설 수확체증의 법칙(Increasing Returns of Scale)이란 투입된 생산요소가 늘어나면 늘어날수록 산출량이 기하급수적으로 증가한다는 디지털 경제의 특징적인 현상으로 자본과 노동 등 생산요소가 한 단위 추가될 때 이로 인해 늘어나는 한계생산량은 점차 줄어든다는 지금까지의 전통산업경제에 적용되던 수확체감의 법칙(Diminishing returns of scale)과 상반된 현상이다.

026 지식변환이 일어나는 과정의 사례 중 지식변환 형태가 다른 것은?

① 공급자와 고객이 함께 직접 체험함으로써 나름의 정보를 모으는 프로세스
② 판매 현장이나 제조현장에서 대화나 관찰을 통해 정보를 모으는 프로세스
③ 스스로 쌓은 경험을 자기 머릿속에 체계적으로 저장하는 프로세스
④ 자기 생각이나 신념 지식을 말이나 글로 표현하지 않고 행동하는 것으로 보여줌으로써 동료나 부하가 나름 체득하여 공유하는 프로세스
⑤ 아직 말이나 글로 표현되지 않은 자기의 생각, 사고, 이미지, 노하우 등을 글이나 그림과 같은 형태로 변환하여 보여주는 프로세스

정답 ⑤

정답해설 암묵지에서 형식지로 변화하는 과정으로 외부화에 해당되며 생각이나 기술을 언어나 글로 표현하는 것을 의미한다.

027 전자상거래 보안과 관련한 주요 관점 중 아래의 괄호 안에 들어갈 내용을 순서대로 올바르게 나열한 것은?

> • (가)은/는 정보를 보내오는 사람의 신원을 확인하는 것이다.
> • (나)은/는 정보교환 및 거래사실의 부인을 방지하는 것이다.

① 가 : 인증, 나 : 프라이버시
② 가 : 가용성, 나 : 기밀성
③ 가 : 인증, 나 : 부인방지
④ 가 : 무결성, 나 : 기밀성
⑤ 가 : 가용성, 나 : 프라이버시

정답 ③

정답해설
• **인증** : 전자상거래와 관련하여 시스템의 부당한 사용이나 정보의 부당한 전송 등을 방어하는 것을 목적으로 메시지, 혹은 발신자를 증명하려는 보안대책 또는 특정 범주를 가진 정보를 수신할 자격이 있는지를 검증하는 수단이다.
• **부인방지** : 메시지의 송수신이나 교환 후, 또는 통신이나 처리가 실행된 후에 그 사실을 증명함으로써 사실 부인을 방지하는 보안 기술이다.

028 데이터웨어하우스의 특징으로 가장 옳지 않은 것은?

① 주제별로 정리된 데이터베이스
② 다양한 데이터 원천으로부터의 데이터 통합
③ 과거부터 현재에 이르기까지 시계열 데이터
④ 필요에 따라 특정 시점을 기준으로 처리해 놓은 데이터
⑤ 실시간 거래처리가 반영된 최신 데이터

정답 ⑤

정답해설 데이터웨어하우스의 데이터는 일정한 시간 동안의 데이터를 대변하는 것으로 데이터 구조상에 시간이 아주 중요한 요소로서 작용하기 때문에 데이터웨어하우스의 데이터에는 수시적인 갱신이나 변경이 발생할 수 없다.

029 다음 내용의 괄호 안에 들어갈 용어로 옳은 것은?

> (   )은/는 모든 품질수준을 정량적으로 평가하고, 문제해결 과정과 전문가 양성 등의 효율적인 품질 문화를 조성하며, 품질혁신과 고객만족을 달성하기 위해 전사적으로 실행하는 21세기형 기업경영 전략이다.

① DBR
② JIT
③ QR
④ 6sigma
⑤ ECR

정답 ④

정답해설 6sigma는 백만분의 3.4를 의미하는 통계척도인 6시그마를 사용하여 품질혁신과 고객만족을 달성하고자 하는 업무 프로세스 혁신 전략으로 결함 발생률을 6시그마 수준으로 줄이는 것을 궁극적인 목표로 한다.

오답해설 ① DBR : 전체 공정의 종속성과 변동성을 관리하는 기법으로 전체 공정 중 가장 약한 것을 찾아 능력제약자원으로 두고 이 부분이 최대한 100% 가동할 수 있도록 공정 속도를 조절하여 흐름을 관리하는 기법이다.
② JIT : 필요한 부품을 필요한 때, 필요한 곳에, 필요한 양만큼 생산 또는 구매하여 공급함으로써 생산 활동에서 있을 수 있는 제공품의 재고를 아주 낮게 유지하여 재고유지비용을 최소화시키는 것이다.
③ QR : 생산, 유통관계의 거래 당사자가 협력하여 소비자에게 적절한 시기에 적절한 양을, 적절한 가격으로 제공하는 것을 목표로 하며 바코드, EDI, 상품정보 DB 등의 정보기술을 이용하여 생산 및 유통기간의 단축, 재고의 감소, 반품으로 인한 손실의 감소 등 생산, 유통의 각 단계에서 합리화를 실현하려는 전략이다.
⑤ ECR : 공급체인의 네트워크 전체를 포괄하는 관리기법으로 최종 소비자에게 유통되는 상품을 그 원천에서부터 관리함으로써 공급체인의 구성원 모두가 협력하여 소비자의 욕구를 더 만족스럽게, 더 빠르게, 더 저렴하게 채워주고자 하는 전략의 일종이다.

030 다음 중 전략정보시스템이 기업의 전략실현에 활용되는 방안이 아닌 것은?

① 기업이 네트워크 연결을 통해 공급자와의 협력을 강화시켜 준다.
② 정보시스템을 이용해 제품이나 서비스의 내용을 바꿀 수 있다.
③ 기업은 정보기술을 이용해서 고객과의 관계를 더욱 강화할 수 있다.
④ 정보기술은 공급업자와의 관계에서 전략적 우위를 확보하는 도구로 사용되기도 한다.
⑤ 효율적인 내부관리 및 통제를 가능하게 하여 전략적 목적달성을 가능하게 한다.

정답 ①

정답해설 전략정보시스템은 공급업자와의 관계에서 전략적 우위를 확보하는 도구로 사용된다.

031 유통 분야의 RFID 도입효과로 옳지 않은 것은?

① 검수 정확도가 향상된다.
② 효과적인 재고관리가 가능하다.
③ 입출고 리드타임이 늘어난다.
④ 도난 등 상품 손실비용이 절감된다.
⑤ 반품 및 불량품을 추적하고 조회할 수 있다.

정답 ③

정답해설 바코드처럼 각 제품의 개수와 검수를 위해 일일이 바코드 리더기를 가져다 댈 필요 없이 자동으로 대량 판독이 가능하기 때문에 불필요한 리드타임을 줄일 수 있다.

032 CAO(Computer Assistant Ordering)를 성공적으로 운영하기 위해서 필요한 조건으로 옳지 않은 것은?

① 유통업체와 제조업체가 규격화된 표준문서를 사용하여야 한다.
② 유통업체와 제조업체 간 데이터베이스가 다를 경우 EDI와 같은 통합 소프트웨어를 통한 데이터베이스의 변환이 요구된다.
③ 유통업체와 제조업체 간 컴퓨터 소프트웨어나 하드웨어 간 호환성이 결여될 때는 EDI 문서를 각자 따로 준비해야 한다.
④ 유통업체는 제품의 생산과 관련된 정보, 물류관리, 판매 및 재고관리 수준을 파악하고 있어야 한다.
⑤ 제조업체는 유통업체의 구매 관리, 상품 정보를 참조하여 상품 보충계획 수립을 파악하고 있어야 한다.

정답 ③

정답해설 CAO(Computer Assistant Ordering)를 운영하는 과정에서 유통업체와 제조업체 간 컴퓨터 소프트웨어나 하드웨어 간 호환성이 결여될 때는 EDI 문서를 표준화해야 한다.

033 바코드와 관련된 설명으로 옳은 것은?

① 국내에서 사용되는 표준형 KAN코드는 15자리이다.

② 국가식별, 상품품목, 제조업체, 체크디지트 순서로 구성되어 있다.

③ 효과적인 사용을 위해서는 코드번호에 따라 상품정보 등을 미리 등록해 둔다.

④ 주로 소매상에 의해 부착된다.

⑤ 생산시점에서 바코드를 인쇄하는 것을 인스토어마킹이라고 한다.

정답 ③

정답해설 바코드의 효과적인 사용을 위해서는 코드번호에 따라 상품정보 등을 미리 등록해 두는 것이 좋다.

오답해설 ① 국내에서 사용되는 표준형 KAN코드는 13자리로 바와 스페이스로 구성되어 있다.

② 국가식별, 제조업체, 상품품목, 체크디지트 순서로 구성되어 있다.

④ 주로 제조업자나 중간상에 의해 부착된다.

⑤ 생산시점에서 바코드를 인쇄하는 것은 소스마킹으로 인스토어마킹은 소매업체에서 상품 하나하나에 자체적으
로 설정한 바코드라벨을 부착하는 것이다.

034 커뮤니케이션 측면에서 볼 때 데이터 시각화의 특성에 대한 설명으로 옳지 않은 것은?

① 정보 전달에 있어서 문자보다 이해도가 높다.

② 데이터 이면에 감춰진 의미는 찾아내지 못한다.

③ 많은 데이터를 동시에 차별적으로 보여줄 수 있다.

④ 눈에 보이지 않는 구조나 원리를 시각화함으로써 이해하기 쉽다.

⑤ 인간의 정보 처리 능력을 확장시켜 정보를 직관적으로 이해할 수 있게 한다.

정답 ②

정답해설 데이터 시각화는 데이터 분석 결과를 쉽게 이해할 수 있도록 시각적으로 표현하고 전달하는 과정으로 도표라는 수
단을 통해 정보를 명확하고 효과적으로 전달하는 것뿐만 아니라 데이터 이면에 감춰진 의미까지 찾아낼 수 있도록
사람을 집중하고 참여하게 만들어야 한다.

035 SCOR모델의 성과측정요소에 대한 설명으로 가장 옳지 않은 것은?

① 성과측정 항목 중 대표적인 비용은 공급사슬관리비용, 상품판매비용 등이다.

② 내부적 관점은 고객의 측면, 외부적 관점은 기업측면에서의 성과측정 항목을 지칭한다.

③ 외부적 관점의 성과측정 항목으로는 유연성, 반응성, 신뢰성 등이 있다.

④ 공급사슬의 반응시간, 생산 유연성 등은 외부적 관점 중 유연성 측정항목의 요소이다.

⑤ 공급재고 일수, 현금순환 사이클 타임, 자산 회전 등은 자산에 대한 성과측정 항목의 요소이다.

정답 ②

정답해설 SCOR(Supply Chain Operation Reference)은 SCC(Supply Chain Council)에 의해 정립된 공급사슬 프로세스의 모든 범위와 단계를 포괄하는 참조 모델로 공급사슬의 회사 내부의 기능과 회사 간 공급사슬 파트너 사이의 의사소통을 위한 언어로서 공통의 공급사슬 파트너 사이의 의사소통을 위한 언어로서 공통의 공급사슬 경영 프로세스를 정의하고 "최상의 실행(Best Practice)", 수행 데이터 비교, 최적의 지원 IT를 적용하기 위한 표준이다. 이는 부문과 부문, 기업과 기업을 연결하는 공급사슬에 계획, 관리, 실행의 전체효과를 높이려는 사고로 실제로는 각각의 기업들이 제각기 다른 업무 프로세스나 업적·측정 지표를 갖고 있더라도 전체의 효율을 위해 SCM 공용 프로세스를 구현하는 것을 목적으로 한다.

036 기업에서 지식경영을 활성화하기 위해 학습조직을 구축할 때의 구비조건으로 가장 옳지 않은 것은?

① 학습 결과에 대한 측정이 가능해야 한다.

② 자신의 업무와 지식관리는 별도로 수행되어야 한다.

③ 아이디어 교환을 자극할 수 있도록 조직 내의 장벽을 없애야 한다.

④ 학습 목표를 명확히 하고 학습포럼 등의 프로그램이 활성화되도록 지원해야 한다.

⑤ 자율적인 환경을 만들어 창의력을 개발하고 학습에 도움이 되는 환경을 조성해야 한다.

정답 ②

정답해설 학습조직은 조직구성원들이 목표를 공유하고 역량을 강화하며 성과개선을 위한 지식과 경험을 축적하는 조직으로 자신의 업무와 지식관리가 함께 수행되어야 한다.

037 e-CRM을 기업에서 성공적으로 도입하기 위해 필요한 발전 전략으로 적합하지 않은 것은?

① 일원화된 커뮤니케이션 수단을 이용하여 고객 접촉경로의 통일화가 필요하다.

② 소비자의 유행을 따라가기보다는 온라인상에서 소비자의 행동과 성향 등 트렌드를 분석하여 고객만족을 극대화해야 한다.

③ 고객의 입장에서 꼭 필요한 콘텐츠 구성이 필요하다.

④ 개인의 특성에 맞게 맞춤 서비스로 타사와의 차별화전략이 필요하다.

⑤ 커뮤니티, 오락 등 콘텐츠의 다양화를 통한 활성화전략이 필요하다.

정답 ①

정답해설 e-CRM은 인터넷 상에서 발생하는 모든 데이터와 오프라인 데이터를 이용하여 고객정보를 구축하고, 이를 바탕으로 재구축한 고객관계관리 시스템이기 때문에 다양한 커뮤니케이션 수단을 활용하여 고객 접촉경로의 다양화가 필요하다.

038 괄호 안에 들어갈 알맞은 단어를 가장 적절하게 나열한 것은?

> • 사용자가 특정한 목적을 달성하기 위해 수집하여 분석한 사실은 (가)이다.
> • 사용자에게 특정한 목적이 부여되지 않는 사실이거나 가공되지 않은 사실은 (나)이다.
> • (다)은/는 정황적이고 어떤 행위를 가능하게 하는 실천적인 (가)이다.

① 가 : 자료, 나 : 지식, 다 : 정보
② 가 : 자료, 나 : 정보, 다 : 지식
③ 가 : 정보, 나 : 자료, 다 : 지식
④ 가 : 정보, 나 : 지식, 다 : 자료
⑤ 가 : 지식, 나 : 자료, 다 : 정보

정답 ③

정답해설 정보, 자료, 지식 간의 관계
• **정보** : 어떤 행동을 취하기 위한 의사결정을 목적으로 수집된 각종 자료를 처리하여 획득한 지식이다.
• **자료** : 어떤 특정한 목적에 대하여 평가되지 않은 상태의 단순한 여러 사실로, 유용한 형태로 처리되기 전 있는 그대로의 사실이거나 기록이다.
• **지식** : 다양한 종류의 정보가 축적되어 특정 목적에 부합하도록 일반화된 정보로서 자료가 정보로 전달되는 과정에서 활용된다.

039 사물인터넷(IoT) 시대의 특징을 인터넷 시대 및 모바일시대와 비교하여 설명한 것으로 가장 거리가 먼 것은?

① 사람과 사람, 사람과 사물, 사물과 사물 간으로 연결범위가 확대되었다.
② 정보가 제공되는 서비스방식이 정보를 밀어내는 푸시(push)방식에서 풀(pull)방식으로 전환되었다.
③ 정보 제공 방식이 온디맨드(On-demand) 방식에서 24시간 서비스(Always-on) 시대로 전환되었다.
④ 단순히 원하는 정보를 얻는 데 그치는 것이 아니라 정보를 조합해 필요한 지혜를 제공해 준다.
⑤ 내가 원하는 무언가를 주변에 있는 것들이 알아서 찾아주는 것이다.

정답 ②

정답해설 정보가 제공되는 서비스방식이 정보를 끌어당기는 풀(pull)방식에서 푸시(push)방식으로 전환되었다.

040 다음 중 메트칼프의 법칙(Metcalfe's law)에 대한 설명으로 옳지 않은 것은?

① 네트워크의 가치는 사용자 수의 제곱에 비례하지만 비용의 증가율은 일정하다는 법칙이다.

② 멀티미디어 융복합 제품, 서비스의 필요성 증가에 따른 AV와 IT 결합제품 시장의 확대가 예상된다.

③ 기반기술로서 블루투스, IEEE1394 등이 있다.

④ 인터넷 가입자 및 회원 수가 많을수록 수익도 증가한다.

⑤ 무어의 법칙과 함께 인터넷 비즈니스의 특징을 설명하는 중요한 키워드이다.

정답 ④

정답해설 메트칼프의 법칙(Metcalfe's law)은 네트워크의 규모가 커짐에 따라 그 가치는 사용자 수의 제곱에 비례하지만 비용의 증가율은 일정하다는 법칙으로 네트워크가 확장되어 갈수록 비용절감 효과는 등비급수적으로 늘어나지만 인터넷 가입자 및 회원 수가 많다고 하여 수익으로 이어지는 것은 아니며, 그보다 비즈니스모델이 더 중요한 요소로 작용한다.

041 빅데이터 분석 특성에 대한 설명으로 가장 적합하지 않은 것은?

① 정보기술의 발전으로 실시간으로 다량의 데이터를 수집할 수 있다.

② 정형 데이터 분석과 비정형 데이터 분석 모두 가능하다.

③ 거대한 규모의 디지털 정보량을 확보하고 있다.

④ 새로운 가치를 창출하기 위한 정보를 제공해준다.

⑤ 시계열적 특성을 갖고 있는 빅데이터는 경향 분석이 가능하다.

정답 ⑤

정답해설 시계열적 특성을 갖고 있는 빅데이터로 가능한 분석은 추세분석이다.

042 쿠키(Cookie)로부터 파악할 수 있는 정보가 아닌 것은?

① 회원정보
② 사용한 컴퓨터 서버
③ 사용한 컴퓨터 기종
④ 서치(search) 정보
⑤ 상품 구매정보

정답 ③

정답해설 쿠키(Cookie)는 웹브라우저에서 현재 상태를 보관하기 위해 임시로 사용하는 데이터 파일로 개인 식별 정보를 포함한 다양한 정보를 저장할 수 있다.

043 지식사회의 경쟁 및 시장변화에 대한 설명으로 가장 적절하지 않은 것은?

① 지식사회는 고객중심의 경영이 기업의 수익성과 직결된다.
② 인터넷의 발달로 인해 소비자는 신속한 구매의사결정을 많이 내리게 되었지만 이전의 신중한 구매의사결정은 줄어들었다.
③ 지식사회는 생산과 소비의 관계변화로 라이프사이클과 시간에 대한 가치의 관계가 변화하며 고객과의 지식 공유로 인해 기업과 고객의 새로운 관계가 형성된다.
④ 고객중심과 함께 고객 가치창출이 중요해지고 있는데 동일한 제품과 서비스라도 고객이 느끼는 가치가 다르기 때문에 기업의 경영목표는 고객과 가치창출에 맞추어져야 한다.
⑤ 지식 생산이 경제 체계 안에서 유형 상품의 생산보다 상대적으로 중요해진다.

정답 ②

정답해설 인터넷의 발달로 인해 소비자는 오히려 더욱 신중한 구매의사결정을 내리는 스마트소비가 보편화되고 있다.

044 국제표준 연속간행물 번호를 표기할 때에는 OCR 문자로 된 ISSN과 EAN의 바코드를 함께 쓴다. 이 때 10자리인 ISSN과 13자리인 EAN의 자릿수를 맞추기 위해 다음 중 ISSN의 앞에 들어갈 식별번호(Prefix)로 올바른 것은?

① 979
② 978
③ 977
④ 976
⑤ 975

045 M-Commerce(Mobile Commerce)는 기존의 전자상거래에 비해 다음과 같은 차별화된 특성을 갖는다. 가장 옳지 않은 것은?

① 이동통신이 갖는 이동성(Mobility)과 휴대성(Portability)이라는 특성을 지니고 있다.
② 인터페이스의 속성상 공중사용 단말기라는 성격을 갖는다.
③ 이용자의 위치를 상거래에 활용하는 위치기반 서비스가 가능하다.
④ 기존의 유선 전자상거래보다 이용 속도가 느리고 응용프로그램이 빈약하다.
⑤ 언제 어디서나 무선 단말기를 이용하여 인터넷에 접속하고 전자적 상거래를 수행할 수 있다.

046 전자상거래와 물류와의 관계에 대한 설명으로 가장 적절하지 않은 것은?

① 전자상거래가 확산됨으로써 기업과 소비자 간의 거래가 네트워크상에서 활발하게 이루어지게 됨에 따라 지역적인 한계를 벗어나 전 세계로 확대되고 있다.
② 모든 구매활동이 인터넷상에서 이루어지더라도 상품배송은 여전히 유통업체의 몫이다.
③ 소비자에게 상품을 판매하기 위해서 중간 유통업체와 긴밀하게 협력한다.
④ 전자상거래가 성공적으로 정착하기 위해서는 생산자로부터 고객에게 물품이 바로 수송되고 대금을 회수하는 일련의 과정이 하나로 연결되어 물류의 효율성과 비용 절감을 추구해야 하기 때문에 경제시스템 뿐만 아니라 물류관리시스템도 정비되어야 한다.
⑤ 전자상거래에서는 물류, 특히 택배시스템의 선택이나 구축이 마케팅의 핵심이며 전자상거래 기업의 성패를 좌우하는 요소이다.

047 QR의 개념을 요소별로 나누어 정리한 것 중 잘못된 것은?

① 고객만족도 향상 – 소비자에 대하여 상품을 적절한 장소에, 적시에, 적량을 적정한 가격으로 제공하는 것을 목표로 한다.

② 신기술 이용 – 공동상품코드에 의한 소스 마킹(Source Marking), 전자문서교환(EDI), 이것을 지원하는 바코드, 정보DB 등의 정보처리기술을 활용한다.

③ 낭비의 제거 – 생산·유통기간의 단축, 재고의 삭감, 투매, 반품 손실의 감소 등 생산유통의 각 단계에서 합리화를 실현한다.

④ 공동이익 – 성과를 생산자와 유통관계자가 나누어 가질 수 있으나 소비자에게는 별다른 이익이 없다.

⑤ 파트너십의 형성 – 생산·유통관계의 거래당사자들이 협력한다.

정답 ④

정답해설 QR은 생산·유통관계의 거래 당사자가 협력하여 소비자에게 적절한 시기에 적절한 양을 적정한 가격으로 제공하는 것이 목표이며 소비자의 개성화나 가격지향 시대에 적응하기 위해 기업의 거래선과 공동으로 실시하는 리엔지니어링의 개념이다.

048 기업의 고객충성도(Customer Loyalty) 프로그램에 대한 설명으로 옳지 않은 것은?

① 고객만족도와 고객충성도는 명확히 분리되는 개념이므로 고객만족도의 축적이 반드시 고객충성도의 상승을 불러오지는 않는다.

② 충성도의 지표는 기업이 지속적으로 고객에게 타사보다 우월한 가치를 제공함으로써 그 고객이 해당 기업의 브랜드에 호감이나 충성심을 갖게 되어 지속적인 구매 활동이 유지되는 것으로 고객의 구매 성향과 추천 의도 및 재구매 의사로 표현된다.

③ 우량 고객들을 효과적으로 관리하기 위해선 고객을 세분화하고 그룹별로 차별화된 고객충성도 전략을 실시하는 것이 바람직하다.

④ 긍정적 커뮤니케이션뿐만 아니라 문제·부정적 상황에 대한 적극적 대처와 진솔한 커뮤니케이션을 통해 '신뢰 관계'를 구축하는 것이 무엇보다 중요하다.

⑤ 고객 기여에 따라 보상을 차등화하는 로열티 프로그램에만 의존할 것이 아니라 고객이 추구하는 핵심가치의 발견과 해결에 지속적인 관심과 투자가 있어야 한다.

정답 ①

정답해설 고객만족도와 고객충성도는 명확히 분리되는 개념은 아니나 고객만족이 지속적으로 축적됨에 따라 고객충성도의 상승으로 이어진다고 보는 것이 일반적이다.

049 데이터 웨어하우스(DW)의 특징으로 옳은 것은?

① 고객, 벤더, 제품, 가격, 지역 등 기업에서 다양하게 활용할 수 있도록 주제 중심적으로 또는 비즈니스 차원으로 정렬한다.

② 데이터가 적재되었을 경우 일괄 처리(Batch) 작업에 의한 갱신 이후에도 삽입이나 삭제 등의 변경을 수행할 수 있다.

③ 데이터는 추세, 예측, 연도별 비교분석 등을 위해 다년간 회귀적으로 축적·보관된다.

④ 다른 데이터베이스로부터 추출된 데이터는 고유의 특성을 살리기 위해 표준화 등의 과정을 통한 변환이 일어나지 않도록 각각 다른 코드화 구조를 가진다.

⑤ 데이터베이스는 통상 거래를 다루므로 거래 발생 즉시 축적된 데이터를 분석하는 OLAP가 사용되고 의사결정을 지원하는 DW는 거래 발생 즉시 온라인으로 처리되는 OLTP를 사용한다.

정답 ①

정답해설 데이터 웨어하우스(DW)는 사용자의 의사 결정에 도움을 주기 위하여, 다양한 운영 시스템에서 추출, 변환, 통합되고 요약된 데이터베이스로 원시 데이터 계층, 데이터 웨어하우스 계층, 클라이언트 계층으로 구성되며 고객, 벤더, 제품, 가격, 지역 등 기업에서 다양하게 활용할 수 있도록 주제 중심적으로 또는 비즈니스 차원으로 정렬한다.

오답해설 ② 데이터 웨어하우스에 일단 데이터가 적재되면 일괄 처리(Batch) 작업에 의한 갱신 이외에는 삽입이나 삭제 등의 변경이 수행되지 않는 특징을 가진다.
③ 데이터는 추세, 예측, 연도별 비교분석 등을 위해 다년간 시계열적으로 축적·보관된다.
④ 다른 데이터베이스로부터 추출된 데이터는 데이터 웨어하우스에 들어갈 때는 일관된 코드화 구조로 변환되어야 한다.
⑤ 데이터베이스는 통상 거래를 다루므로 거래 발생 즉시 온라인으로 처리되는 OLTP가 사용되고 의사 결정을 지원하는 DW는 축적된 데이터를 분석하는 OLAP를 사용한다.

050 상황이론에 대한 설명으로 적절한 것은?

① 조직모형에 대한 보편성이 인정되고 있다.

② 과거 조직이 지향하던 단일최고방법에 대응하여 환경이라는 상황변수를 고려한다.

③ 조직에서 비즈니스 모델을 매우 훌륭하게 구축했을 경우 환경이 달라지더라도 결과는 동일하게 나올 수 있다.

④ 조직은 환경이 변화하더라도 최상의 성과를 목표로 할 경우 부득이하게 현재의 모습을 유지해야 할 필요가 있다.

⑤ 조직과 조직을 구성하고 있는 다양한 상위시스템 간의 관계를 파악하여 조직의 본질을 이해하고 특정 환경과 다양한 조건에서 조직이 어떻게 운영되는가를 설명한다.

정답 ②

정답해설 상황이론은 모든 상황에 적합한 유일·최적의 조직은 없다는 전제 하에 구체적 상황에 따른 효과적인 조직구조나 관리방법을 찾아내고자 하는 연구방법으로 경험적인 조직이론으로서 관료제 이론과 행정 원리론에서 추구한 어느 상황에서나 보편적인 조직원리가 있다는 가정을 비판하고 효과적인 조직구조나 관리방법은 환경 등의 상황요인에 따라 달라진다고 주장하기 때문에 과거 조직이 지향하던 단일최고방법에 대응하여 환경이라는 상황변수를 고려한다.

오답해설 ① 어떤 하나의 조직모형에 대한 보편성을 인정하지 않기 때문에 조직과 환경과의 동태적인 성격을 고려한 조직설계를 지향한다.

③ 조직이 아무리 훌륭한 비즈니스 모델을 구축하더라도 환경에 따라 결과가 달라질 수 밖에 없기 때문에 조직전략과 구조는 조직마다 다양하고 독특하다.

④ 조직 환경이 빠르게 변화하는 상황에서 전략은 생존을 위한 필수적인 요건이며 조직은 환경이 변화함에 따라 최상의 성과를 얻기 위해 스스로 변화해야 한다.

⑤ 상위시스템이 아니라 조직과 조직을 구성하고 있는 다양한 하위시스템 간의 관계를 파악하여 조직의 본질을 이해한다.

051 EPC(Electronic Product Code)와 관련된 내용으로 가장 적절한 것은?

① 헤더는 EPC코드의 전체 길이, 식별코드 형식 및 필터 값을 정의하며 가변 길이 값을 가지는데 현재 4비트와 16비트 값의 헤더가 정의되어 있다.

② EAN·UCC 코드와 마찬가지로 상품을 식별하는 코드지만 동일 품목의 개별상품을 식별할 수는 없다.

③ 업체코드는 24비트의 용량으로 6개의 숫자와 문자를 조합하여 약 1천 6백만 개 상품에 코드를 부여할 수 있다.

④ 위조품 방지, 유효기간 관리, 재고관리 및 상품추적 등 공급체인에서 다양한 효과를 기대할 수 있다는 특징을 가진다.

⑤ GS1 표준바코드와 달리 상품을 식별하는 코드를 말한다.

정답 ④

정답해설 EPC(Electronic Product Code)는 RFID태그에 제품정보를 나타내는 국제 표준 코드로서 기존의 바코드 대신 사용할 경우 위조품 방지, 유효기간 관리, 재고관리 및 상품추적 등 공급체인에서 다양한 효과를 기대할 수 있다는 특징을 가진다.

오답해설 ① 현재 정의되어 있는 헤더의 값은 2비트와 8비트이다.

② 바코드가 품목단위의 식별에 한정된 반면 EPC 코드는 동일 품목의 개별상품까지 원거리에서 식별할 수 있다.

③ 상품코드(Object Class)에 대한 설명이다.

⑤ GS1 표준바코드 역시 상품을 식별할 수 있는 코드이다.

052 ECR 구현전략과 목표가 가장 부적절하게 연결되어 있는 것은?

① 효율적 상품보충 – 조달시스템 운영으로 원자재 및 부품 공급의 원활화
② 효율적 상품진열 – 재고 및 소비자 접점에서의 점포 공간 최적화
③ 효율적 판매촉진 – 판매촉진시스템의 효율적 운영
④ 효율적 상품개발 – 신상품의 개발 효율성 극대화
⑤ 효율적 상품보충 – 시간 및 비용을 최소화하며 상품을 효율적으로 보충

정답 ①

정답해설 ECR 전략 도입효과 중 효율적 상품보충은 상품조달시스템 활용으로 시간과 비용을 최소화하면서 상품을 효율적으로 보충하는 것이다.

053 다음 중 RSA(Rivest Shamir Adleman)의 작동 원리로 옳지 않은 것은?

① 각 사용자는 메시지의 암호화와 복호화에 사용하기 위한 키 쌍을 생성한다.
② A가 B에게 비밀 메시지를 원한다면 A의 개인키로 암호화하고 B의 공개키로 암호화한 메시지를 전달한다.
③ B가 메시지를 받았을 때 B는 A의 개인키로 복호화한다.
④ B만 개인키를 알기 때문에 다른 수신자는 메시지를 복호화할 수 없다.
⑤ 공개키만 보고서는 개인키를 쉽게 제작할 수 없게 되어있다.

정답 ③

정답해설 RSA(Rivest Shamir Adleman)는 1977년 로널드 라이베스트(Ronerd Rivest), 야디 샤미르(Adi Shamir), 레너드 애들먼(Leonard Adleman)에 의해 체계화된 공개키 방식의 암호 알고리즘으로 소인수 분해의 난해함에 기반하여 공개키만을 가지고는 개인키를 쉽게 집작할 수 없도록 디자인되어 있으며 예를 들어 A가 B에게 비밀 메시지를 원한다면 A의 개인키로 암호화하고 B의 공개키로 암호화한 메시지를 전달하는데 B가 메시지를 받았을 때 B는 자신의 개인키로 복호화한다.

054 다음 유통정보가 갖추어야 할 조건(특성)으로 옳지 않은 것은?

① 정보의 적시성-양질의 정보라도 필요한 시간대에 사용자에게 전달되지 않으면 가치를 상실한다.

② 정보의 관련성-실수나 오류가 개입되지 않은 정보로서 데이터의 의미를 명확히 하고 정확하게 편견이나 왜곡 없이 전달해야 한다.

③ 정보의 단순성-정보는 단순해야 하고 지나치게 복잡해서는 안 되며 너무 정교하거나 상세한 정보는 경우에 따라 의사결정자에게 불필요할 수도 있다.

④ 정보의 통합성-개별적인 정보는 많은 관련 정보들과 통합됨으로써 재생산되는 등의 상승효과를 가져온다.

⑤ 정보의 정확성-기업이 필요에 의해 습득한 정보가 정확한 정보여야 기업경영 및 점포운영을 성공적으로 할 수 있다.

정답 ②

정답해설 ②는 정보의 정확성에 대한 설명이다.

055 다음 중 지적자본을 정의한 학자와 그 내용을 연결한 것으로 옳지 않은 것은?

① 에드빈슨과 설리반(Edvinsson & Sullivan)은 지적자본을 가치로 전환될 수 있는 지식이라고 정의한다.

② 울리히(Ulrich)는 지적자본을 역량 × 몰입으로 표현하였고 여기서 역량은 조직구성원의 지식·스킬·속성을 의미하며 몰입은 열심히 하고자 하는 개인의 의지력을 말한다.

③ 클라인과 프루삭(Klein & Prusak)은 보다 높은 가치의 자산을 생산하기 위해 정형화되고 확보되어 활용할 수 있는 지적물질이 지적자본이라고 정의한다.

④ 루스(Roose)는 지적자본을 전략관점과 측정관점으로 구분하였는데 전략관점은 지식개발 및 지식활용을 의미하며 측정관점은 인적자원회계 및 성과표를 의미한다.

⑤ 스튜어트(Stewart)는 시장에서 경쟁우위를 제공하는 지식, 응용경험, 조직기술, 고객관계 그리고 전문적 스킬이 곧 지적자본이라고 설명한다.

정답 ⑤

정답해설 ⑤는 에드빈슨과 멀론(Edvinsson & Malone)이 정의한 지적자본의 내용으로 스튜어트는 지적자본을 설명할 때 포괄적이고 유용한 지식이라고 정의한다.

056 다음 중 CR(Continuous Replenishment)에서 공급업자와 유통업자가 주도적으로 하는 방식을 일컫는 말은?

① EOS(Electronic Ordering System)
② CAO(Computer Assisted Ordering)
③ VMI(Vendor Managed Inventory)
④ CMI(Co-Managed Inventory)
⑤ CRP(Continuous Replenishment Planning)

> **정답** ④

> **정답해설** CR(Continuous Replenishment)은 유통과정에서 획득한 재고정보와 판매정보를 기초로 상품 보충량과 재고량을 상품 공급업체가 결정하는 방식으로 이 안에서 공급업자가 주도적으로 하는 방식을 VMI(Vendor Managed Inventory)라 하고 공급업자와 유통업자가 주도적으로 하는 방식을 CMI(Co-Managed Inventory)라고 한다.

> **오답해설** ① EOS(Electronic Ordering System) : 발주자의 컴퓨터에 입력된 주문 자료가 수신자의 컴퓨터로 직접 전송되도록 구축된 전자주문시스템 또는 자동발주시스템이다.
> ② CAO(Computer Assisted Ordering) : POS를 통해 얻어지는 상품흐름에 대한 정보와 계절적인 요인에 의해 소비자 수요에 영향을 미치는 외부요인에 대한 정보를 컴퓨터로 통합 및 분석하여 주문서를 작성하는 시스템이다.
> ⑤ CRP(Continuous Replenishment Planning) : 소비자의 수요에 근거해서 제조업체 또는 공급업체가 유통업체의 재고를 자동보충해주는 시스템이다.

057 다음 중 B2B와 B2C를 비교했을 때 B2C에 해당하는 것이 아닌 것은?

① 고객(개인)과 소매업체가 주체이다.
② 제품, 서비스 및 정보의 광고, 배달 등 제반 상거래의 업무에 적용된다.
③ 불특정 다수의 수요자 및 공급자가 이룬 시장에 형성된다.
④ 인터넷 기반의 응용기술을 사용한다.
⑤ SCM, e-Marketplace, 전자입찰 등에서 구현된다.

> **정답** ⑤

> **정답해설** B2B와 B2C의 비교

구분	B2B	B2C
주체	원자재 생산업체, 제조업체, 물류센터, 소매업체, 고객(조직)	고객(개인)과 소매업체
적용업무	원자재 생산, 제품의 기획, 설계, 생산 및 물류	제품, 서비스 및 정보의 광고, 중개, 판매, 배달 등 제반 상거래
적용범위	기업, 업종 및 사업군	시장(불특정 다수의 수요자 및 공급자)
핵심기술	정보의 공유, 시스템 간 연계 및 통합기술	인터넷 기반의 응용기술
구현형태	SCM, e-Marketplace, 전자입찰 등	전자상점, 일대일 마케팅 등

058 판매자가 전자상거래를 통해 얻을 수 있는 효과로 가장 적절하지 않은 것은?

① 물리적인 판매 공간이 필요하지 않아 저렴한 비용으로 재화 또는 서비스의 전시가 가능하다.

② 고객의 구매형태를 직접적이고도 자동적으로 분석할 수 있어 적절한 마케팅전략의 수립이 가능하다.

③ 구매자가 제품의 사양이나 품질을 판단하기 용이하므로 구매자의 신뢰성이나 충성도를 증대시킬 수 있다.

④ 한정된 국내 시장에 머무르지 않고 전 세계를 대상으로 판매 전략을 수립할 수 있다.

⑤ 고정운영비 및 간접비용이 줄어들고 효율적인 마케팅 서비스가 가능하다.

> **정답** ③
>
> **정답해설** 구매자는 인터넷의 웹상에서 상품과 A/S 등 서비스 내용을 보고 구매하지만 구매 후 불만사항이 발생할 수 있다.

059 다음 중 유통산업에서 RFID를 활용했을 때의 기대효과를 설명한 것으로 옳지 않은 것은?

① 상품 재고수준의 실시간 파악으로 판매량에 따른 최소 재고 수준 유지

② 입출고 상품 대량 판독과 무검수, 무검품의 실현에 따른 리드타임 획기적 절감

③ 상품 수량 및 위치를 실시간 파악함으로써 도난 등 상품 손실 예방

④ 고객점유율 또는 고객의 지출점유율(Wallet Share) 제고

⑤ 반품 및 불량품 추적 및 조회

> **정답** ④
>
> **정답해설** 유통시스템의 RFID 도입효과
> - 효과적인 재고관리
> - 입출고 리드타임 및 검수 정확도 향상
> - 도난 등 상품 손실 절감
> - 반품 및 불량품 추적 및 조회

060 다음 중 국제적으로 사용되고 있는 EAN/UCC 시스템에 대한 설명으로 옳지 않은 것은?

① EAN/UCC시스템의 기본원리와 설계는 사용자가 EAN/UCC 식별데이터를 자동적으로 처리할 수 있도록 체계화되어 있다.

② 북미지역에서 UCC 시스템이 성공적으로 이용되자 유럽에서도 이에 자극받아 1976년 13자리의 EAN 바코드 심벌을 채택하게 되었다.

③ EAN/UCC시스템은 상품 등의 고유식별코드 기능뿐만 아니라 바코드 내에 날짜, 일련번호, 배치번호와 같은 부가적인 정보들을 표현할 수 있다.

④ EAN/UCC시스템은 유일한 코드를 사용하여 전 세계적으로 제품, 서비스, 자산 그리고 위치를 식별할 수 있는 방안을 제공한다.

⑤ EAN시스템은 UCC시스템을 보완 및 개선하여 15자리 숫자를 상품 식별 코드로 채택하였으며 하나의 코드가 하나의 상품에 대응하여 상품을 식별하기 위한 코드로 DB를 이용할 수 있으므로 상품과 정확하게 일치하는 코드를 입력해야 한다.

정답 ⑤

정답해설 EAN시스템은 UCC시스템을 보완 및 개선하여 15자리 숫자를 상품 식별 코드로 채택하였으며 하나의 코드가 하나의 상품에 대응하여 상품을 식별하기 위한 코드로 DB를 이용할 수는 있어도 코드 자체는 아무런 의미가 없다.

061 물류정보시스템에 관한 다음 설명 중 적절한 것은?

① GIS(Geographic Information System)는 무선통신을 이용하여 이동체의 위치 및 상태를 실시간으로 파악 또는 관리하는 시스템이다.

② TRS(Trunked Based System)는 중계국에 할당된 다수의 주파수채널을 사용자들이 공유하며 사용하는 무선통신 서비스이다.

③ ITS(Intelligent Transport System)는 GPS칩을 내장한 휴대폰이나 PDA 단말기 이동체의 위치를 무선통신으로 위치확인서버에 제공하면 모든 이동체의 현황을 실시간으로 검색하는 데 사용될 수 있다.

④ LBS(Location Based Service)는 도로와 차량 등 기존 교통의 구성요소에 첨단의 전자, 정보, 통신기술을 적용시켜 교통시설을 효율적으로 운영하고 통행자에 유용한 정보를 제공한다.

⑤ SCM(Supply Chain Management)은 판매시점정보관리시스템을 말하는 것으로 판매장의 판매시점에서 발생하는 판매정보를 컴퓨터로 자동 처리하는 시스템이다.

정답 ②

정답해설 TRS(Trunked Based System)는 기존의 자가용 무전기를 발전시킨 시스템으로, 각 사용자가 하나의 주파수만 사용하던 기존 이동통신과는 달리 무선중계국의 많은 주파수를 다수의 가입자가 공동으로 사용하는 무선이동통신이다. 기존 무전기와는 달리 여러 개의 채널 중 사용하지 않는 빈 채널을 탐색해 다수의 사용자가 공용하기 때문에 매우 효율적이다.

오답해설 ① GPS에 대한 내용이다.
③ LBS에 대한 내용이다.
④ ITS에 대한 내용이다.
⑤ POS에 대한 내용이다.

062 다음 중 GLN(Global Location Number)에 대한 설명으로 옳은 것은?

① 조직의 성격이나 물리적 위치가 번호에 저장된 개별 조직을 찾을 수 있도록 도와준다.

② GS1 Korea에 가입된 회원의 경우 국가식별코드, 업체코드, 로케이션식별코드, 체크디지트 등으로 구성된 20자리 코드체계를 이용한다.

③ 개별 조직에 대한 검색트리 형성을 위한 분류코드체계로 볼 수 있다.

④ 관련 데이터베이스에서 조직의 자료를 변경하기 위한 키로 활용될 수 있다.

⑤ 거래업체간 거래 시 거래업체 및 기업 내 부서 등을 식별하는 번호로 사용된다.

정답 ⑤

정답해설 GLN(Global Location Number)은 거래업체간 거래 시 거래업체 및 기업 내 부서 등을 식별하는 번호로 사용된다.

오답해설 ① 조직의 성격이나 물리적 위치에 관계없이 개별 조직을 찾을 수 있도록 도와준다.
② GS1 Korea에 가입된 회원의 경우 구성된 코드체계는 13자리이다.
③ GLN은 국제적으로 업체를 식별하기 위한 글로버로케이션코드로 물리적 · 기능적 · 법적 실체를 식별하는 데 사용된다.
④ 관련 데이터베이스에서 조직의 자료를 변경하기 위한 키로 활용될 수 있다.

063 공급체인이벤트관리(SCEM : Supply Chain Event Management)는 물류정보를 실시간으로 획득하여 고객과 공유하고 이 정보를 바탕으로 발생할 수 있는 문제를 미리 예상하여 협력함으로써 공급체인 계획과 공급체인실행의 효과성 및 효율성을 제고하는 시스템이다. 다음 중 SCEM의 도입배경으로 보기 어려운 것은?

① 온라인 및 오프라인의 연계성 증대

② 고객의 다양한 요구사항에 대한 대응력 부족

③ 주문 이후의 고객서비스 및 사후관리 서비스의 문제점 대두

④ 관련기업 간 수작업 업무의 증가로 인한 유연성 부족

⑤ 기업과 기업 간 업무의 증가로 인한 고정비 증대

정답 ①

정답해설 공급체인이벤트관리(SCEM : Supply Chain Event Management)의 도입배경
 • 고객들로부터 예상치 못한 여러 가지의 요구에 대한 대응 부족
 • 제품판매 후의 사후관리 및 제품 주문 이후의 대고객 서비스에 대한 문제점 대두
 • 기업과 기업 간의 업무 증가로 인해 나타나는 고정비 증대 및 유연성 부족

064 바코드에 대한 설명으로 옳지 않은 것은?

① 상품식별코드(바코드번호)는 국가식별코드, 제조업체코드, 상품품목코드, 체크 디지트로 구성된다.

② GS1 DataMatrix는 다양한 추가정보를 입력하면서도 작은 크기로 인쇄가 가능하며 전 세계 의료분야에서 널리 활용되고 있다.

③ GTIN-14는 유통업체에 납품되는 박스상품 단위에 부여되는 14자리 번호로서 ITF-14에 입력되어 사용할 수 있다.

④ 표준바코드를 부착할 권리와 의무는 상품을 생산한 업체가 가지고 있다.

⑤ 수입제품에 13자리 GSI 표준바코드가 사용되었다면 해당 상품의 바코드를 그대로 국내에서 사용이 가능하다.

 정답 ④

정답해설 표준바코드를 부착할 권리와 의무는 상품의 브랜드를 보유한 업체가 가지고 있다.

065 최근 다양한 소매유통업체에서 POS데이터의 이용이 날로 증가하고 있다. POS를 활용한 정보는 크게 점포데이터와 패널데이터로 분류되는데 이 중 점포데이터에서 월 1회~2회에 걸쳐 수집하는 항목이 아닌 것은?

① 특정한 점포에서 팔린 수량, 품목, 가격

② 특정한 점포의 판매시점의 판촉여부에 대한 자료

③ 각 가정 단위로 구매한 품목의 가격 및 수량

④ 전국에서 표본이 되는 점포에서 판매된 수량, 품목, 가격

⑤ 전국에서 표본이 되는 점포의 판매시점의 판촉여부에 대한 자료

정답 ③

정답해설 ③은 패널데이터에서 수집하는 항목이다.

066 물류정보시스템에 대한 설명으로 적절하지 않은 것은?

① 생산에서 소비에 이르는 각 단계에 필요 불가결한 물류 활동을 구성하고 있는 운송, 보관, 하역, 포장 등의 전체 물류 기능을 유기적으로 결합하여 전체적인 물류 관리를 효율적으로 수행할 수 있도록 해주는 정보시스템을 의미한다.

② 컴퓨터와 정보 기술을 활용한 종합적인 물류활동을 원활하게 결합하여 기업의 물류관리 효율성을 증대하기 위한 정보제공, 효과적 주문처리, 재고관리, 성과측정, 회계관리 등의 시스템과 유기적으로 연동되는 시스템을 말한다.

③ 각 하위시스템이 각종 지원, 즉 컴퓨터설비 · 데이터베이스 · 정보네트워크 · 분석도구 등을 이용할 수 있도록 설계되어야 한다.

④ 물류정보시스템화의 목적은 물류의 제반활동에 수반하는 비능률적인 요인들을 배제하고 개선함으로써 효율적인 물류시스템의 운용을 통하여 전체적인 물류비를 절감하도록 한다.

⑤ 공급사슬 관점에서 수요와 공급의 균형을 맞추기 위한 계획을 수립하는 역할을 하며 수요계획 · 공급계획 · 주생산계획 · 공장계획 등으로 구분할 수 있다.

정답 ⑤

정답해설 ⑤는 공급사슬계획(SCP) 시스템에 대한 내용으로서 SCP 시스템은 ERP로부터 계획을 위한 기준 정보를 제공받아 통합 계획을 수립하고 이를 ERP 시스템으로 전달하는 것을 말한다.

067 유통정보시스템에 대한 다음 설명 중 옳지 않은 것은?

① 운송수단, 물류시설 등의 활용도를 높여 기업의 수익성을 향상시키기 위해 필요하다.

② 기업의 유통활동 수행에 필요한 정보의 흐름을 통합하는 기능을 통해 전사적 유통 또는 통합유통을 가능하게 한다.

③ 유통정보시스템은 경로갈등을 해결하는 데 미흡한 점이 있다.

④ 유통계획, 관리, 거래처리 등에 필요한 데이터를 처리해 유통관련 의사결정에 필요한 정보를 적시에 제공하는 시스템이다.

⑤ 유통정보시스템의 구성요소는 DB, 휴면웨어, 기업환경, H/W, S/W 등이 있다.

정답 ③

정답해설 유통정보시스템(MKIS)은 기업의 유통활동 수행에 필요한 정보의 흐름을 통합하는 기능을 통해 전사적 유통(Total Marketing) 또는 통합유통(Integrated Marketing)을 가능하게 하는 동시에 유통계획, 관리, 거래처리 등에 필요한 데이터를 처리하여 유통관련 의사결정에 필요한 정보를 적시에 제공하는 정보시스템이다.

068 사이버스쿼팅에 대한 설명으로 알맞은 것은?

① 기업이 보유하고 있는 각종 마케팅 자료를 기반으로 기대하지 못한 패턴, 새로운 법칙과 관계 등을 발견해 실제 경영 의사결정에 활용하고자 하는 것을 말한다.

② 유명한 회사 이름과 같은 인터넷 주소를 정당한 소유자(이런 행동만 아니었다면 순리에 의해 그 주소를 당연히 소유할 수 있을 사람이나 단체)에게 판매할 의도로 선점하는 행동을 말한다.

③ 기업이 고객의 수요를 의도적으로 줄이는 마케팅기법을 말한다.

④ 두 상품이 결합되어 하나의 상품으로서 새로운 가치를 창출하는 것을 말한다.

⑤ 사용자의 의사 결정에 도움을 주기 위하여 기간시스템의 데이터베이스에 축적된 데이터를 공통의 형식으로 변환해서 관리하는 데이터베이스를 말한다.

정답 ②

정답해설 사이버스쿼팅이란 주로 유명 기업이나 단체 등의 이름과 동일한 인터넷 도메인네임을 영리 목적으로 선점하는 행위를 일컫는 말로 도메인네임은 인터넷 사용자가 특정 웹사이트에 접속하기 위한 고유 명칭으로, 도메인네임은 전 세계적으로 유일해야 하며, 먼저 등록한 자만이 사용할 수 있으므로, 사용하고자 하는 도메인네임이 사용되고 있을 경우 최초 등록자가 취소 또는 사용을 허락하여야만 하는데 이러한 점을 노리고 투기나 비싼 가격에 되팔 목적으로 관련 업체보다 먼저 도메인네임을 선점하는 것이다.

오답해설 ① 데이터 마이닝에 대한 설명이다.
③ 디마케팅에 대한 설명이다.
④ 컨버전스에 대한 설명이다.
⑤ 데이터 웨어하우스에 대한 설명이다.

069 데이터 웨어하우스 기술을 이용해서 판매관리용 정보시스템이 구축된다면 이 시스템이 가질 수 있는 특성으로 거리가 먼 것은?

① 과거 매출액에 대한 자료가 풍부하게 있어서 다중 회귀 분석이 가능하다.

② 지역, 고객 등 각 주제별로 관련 자료의 분석이 가능하다.

③ 과거의 데이터도 체계적으로 유지한다.

④ 데이터마이닝 기법들의 지원이 가능해서 다양한 분석 자료를 얻을 수 있다.

⑤ 의사결정을 위한 통합적, 주제지향적, 비휘발적, 시계열적인 데이터의 모음이 데이터 웨어하우스로 적재된다.

정답 ①

정답해설 데이터 웨어하우스 기술은 과거 매출액에 대한 자료가 풍부하게 있어서 시계열 분석이 가능하다.

070 다음 중 ECR(Efficient Consumer Response)에 대한 설명으로 옳은 것은?

① JIT의 영향을 받아서 개발된 이후 QR시스템에 영향을 주었다.

② 1990년대 영국과 일본의 슈퍼마켓에서 공급사슬상의 전방구매와 전매 등의 문제를 해결하기 위한 노력의 결과로서 처음 등장하게 되었다.

③ 소비자의 만족에 초점을 두고 공급사슬의 효율을 극대화하기 위한 모델이다.

④ 영국과 일본에서 시작된 ECR 활동이 미국 및 우리나라에도 보급되어 고객가치창조를 위해서 유통업체를 중심으로 도입이 활성화되고 있다.

⑤ 식품산업의 공급사슬관리를 위한 모형으로 성과향상을 위해서는 카테고리관리, 활동기반원가 처리 등이 필요하다.

정답 ⑤

정답해설 ECR은 효율적인 소비자 대응(Efficient Consumer Response)의 약자이며 소비자에게 보다 나은 가치를 제공하기 위해 유통업체와 공급업체들이 밀접하게 협력하는 식료품 산업계의 전략으로 비식료품 업계의 QR을 응용하였으며 전체 공급사슬상의 이윤을 극대화하기 위하여 데이터, 기술, 비용, 표준화 등을 공유화함으로써 제조업자가 함께 상호 이익을 낼 수 있게 한다. EDI와 바코드를 기본으로 컴퓨터를 이용한 자동발주(CAO), 크로스도킹 통과형 물류센터, 가치사슬분석(VCA), 활동원가회계(ABC), 카테고리관리, 연속적인 제품보충(CRP), 배송상품의 순서선정(Sequencing of Parcels)의 상호 연관적인 8가지 도구가 사용된다.

071 다음 중 택배정보시스템의 설명으로 옳지 않은 것은?

① Door-to-door 서비스의 지원

② 수하물 운송을 지원

③ 예약관리, 집화, 분류, 배송 등의 서브시스템으로 구성

④ VAN을 통한 물류위치추적 서비스가 도입되는 추세

⑤ 택배정보시스템은 실시간으로 화물의 상태를 파악하여 거래처에 빠르고 정확한 배송정보를 제공하며 계획적이고 효율적인 수송 및 배송 업무를 지원할 수 있도록 설계 및 운영됨

정답 ②

정답해설 택배정보시스템은 수하물이 아닌 소화물의 운송을 지원한다.

072 노나카 이쿠지로(Nonaka Ikujiro)의 지식전환 프로세스 중 각기 다른 형식적 지식단위들을 분류, 가공, 조합, 편집해서 새로운 시스템적 지식으로 체계화하는 프로세스는?

① 내재화(Internalization)
② 결합화(Combination)
③ 외재화(Externalization)
④ 정당화(Justification)
⑤ 사회화(Socialization)

정답 ②

정답해설 노나카 이쿠지로(Nonaka Ikujiro)에 따르면 지식은 조직 내의 암묵적 지식과 명시적 지식으로 구분되며 이들은 상호 전환과정을 거치면서 개인지식에서부터 조직지식으로 발전해 나가는데 이 중 결합화(Combination)는 각기 다른 형식적 지식단위들을 분류, 가공, 조합, 편집해서 새로운 시스템적 지식으로 체계화하는 과정이다.

오답해설 ① 내재화(Internalization) : 글이나 문서 형태로 표현된 형식적 지식을 암묵적 지식으로 개인의 머리와 몸 속에 체화시키는 과정
③ 외재화(Externalization) : 개인이나 집단의 암묵적 지식이 공유되고 통합되어 새로운 형식적 지식이 만들어지는 과정
⑤ 사회화(Socialization) : 한 사람의 암묵적 지식이 다른 사람의 암묵적 지식으로 변환되는 과정

073 국내 MRO(Maintenance, Repair & Operating supplies) 사업에서 성공하기 위한 요건으로 옳지 않은 것은?

① 사무용품에서부터 공장용품에 이르기까지 다양한 MRO 자재가 거래되므로 전자카탈로그와 상품 DB 역시 다양화를 시도하여 토탈 서비스를 제공할 수 있어야 한다.
② MRO 사업자들은 공급업체들이 구매자에게 신뢰성 있는 제품정보를 제공하고 양질의 제품을 납기 내에 납품할 수 있도록 철저한 공급업체의 관리가 필요하다.
③ MRO Marketplace에서 비계획적인 구매형태를 보이는 기업들에 대해 신속하게 대응할 수 있는 관리체계가 구축되어 있어야 한다.
④ 시스템의 확장성과 통합성을 가지고 있어야 하는데 급변하는 경영 환경에 적절히 대처할 수 있도록 MRO 구매 시스템은 유연하게 설계되어야 하며 기업의 ERP 등의 정보 시스템과의 통합이 용이해야 한다.
⑤ 참여기업들의 시스템을 다양화하여 MRO 구매의 효율성을 증대시킨다.

정답 ①

정답해설 MRO 자재가 다양하게 거래될 경우 전자카탈로그와 상품 DB는 표준적으로 구축하여 토탈 서비스를 제공해야 한다.

4과목
유통정보

074 지식경영 정보기술에서 패턴매칭에 대한 설명으로 가장 적절한 것은?

① 인공지능분야에서 사용되는 응용프로그램으로서 경험이 풍부한 지식근로자의 업무를 도와준다.
② 전문가 시스템은 일반인도 전문지식을 이용할 수 있도록 하는 시스템으로 의료진단 프로세스 및 설계 시스템 등에 유용하다.
③ 네트워크상에 구성원 간의 협업을 증진시키고 지식근로자가 이동하는 데 드는 시간과 여행비용을 감소시킨다.
④ 기계학습시스템은 환경에 반응하고 적응하면서 주어진 작업을 자율적으로 수행하는 소프트웨어 프로그램으로 상업용 데이터베이스 및 인트라넷을 통해 정보를 수집한다.
⑤ 지능에이전트는 환경과의 상호작용에 기반한 경험적인 데이터로부터 스스로 성능을 향상시키는 시스템을 연구하는 것으로 신경망, 데이터 마이닝, 강화 학습 등을 포함한다.

정답 ②

정답해설 전문가 시스템이란 전문가가 지닌 전문 지식과 경험, 노하우 등을 컴퓨터에 축적하여 전문가와 동일한 또는 그 이상의 문제 해결 능력을 가질 수 있도록 만들어진 시스템이라고 정의할 수 있기 때문에 일반인도 전문지식을 이용할 수 있으며 의료진단 프로세스 및 설계 시스템 등에 유용하다.

오답해설 ① 인공지능분야에서 사용되는 응용프로그램으로서 경험이 적은 지식근로자의 의사결정을 도와준다.
③ 그룹웨어에 대한 설명이다.
④ 지능에이전트에 대한 설명이다.
⑤ 기계학습시스템에 대한 설명이다.

075 데이터 웨어하우스의 등장 배경으로 옳지 않은 것은?

① 의사결정을 위한 정보 수요의 폭증과 미래의 예측데이터의 중요성이 부각되었다.
② 의사결정을 할 때는 기업 내의 다른 부서, 다른 시스템, 다양한 방식으로 보관된 데이터에 접근하여 다양한 종류의 질적 수행이 가능한 환경의 필요성이 높아졌다.
③ 조직의 데이터베이스로부터 의사결정에 필요한 자료를 통합하여 구축하고 사용자가 요구하는 정보를 필요시점에 제공하기 위한 장기적인 데이터 관리가 필요하다.
④ 각기 구축된 데이터베이스가 운용되고 시간이 지날수록 그 크기가 커짐에 따라 이를 효과적으로 운용할 수 있는 새로운 형태의 통합된 데이터 저장소가 필요해졌다.
⑤ 고객의 다양한 요구와 환경변화에 신속하게 대응하기 위해 일상 업무뿐만 아니라 데이터 분석이나 의사결정을 지원하는 기업의 전략적 정보 기반 구축이 필요해졌다.

정답 ①

정답해설 데이터 웨어하우스는 의사결정을 위한 정보 수요의 폭증과 과거의 이력데이터의 중요성이 부각되면서 등장하였다.

076 인터넷 보안사고의 유형에 대한 설명으로 옳지 않은 것은?

① Virus : 컴퓨터 내부 프로그램에 자신을 복사했다가 그 프로그램이 수행될 때 행동을 취하며 최악의 경우 프로그램 및 PC의 작동을 방해한다.

② Back Door : 어떤 프로그램이나 시스템을 통과하기 위해 미리 여러 가지 방법과 수단 또는 조치를 취해두는 방식이다.

③ Worm : 정상 프로그램으로 가장하고 악의적인 행위를 실행하는 프로그램으로 PC 사용자의 정보를 유출한다.

④ Sniffing : 주로 침입 후 툴을 설치하거나 단일 네트워크상에서 떠돌아다니는 패킷을 분석하여 사용자의 계정과 암호를 알아내는 방식이다.

⑤ Spoofing : 어떤 프로그램이 정상적인 상태로 유지되는 것처럼 믿도록 속임수를 쓰는 방식이다.

정답 ③

정답해설 ③은 Trojan Horse에 대한 설명이다.

077 전문가 시스템(ES : Expert System)의 범주에 대한 설명으로 적절하지 않은 것은?

① 진단 시스템은 환자를 진단하거나 기계의 고장을 진단하는 것처럼 대상의 상태를 보고 원인을 찾아내는 시스템을 말한다.

② 계획 시스템은 주어진 조건하에 목적을 달성하는 데 필요한 행동의 순서를 찾아주는 시스템을 말한다.

③ 배치 시스템은 주어진 부분들을 조건에 맞게 조합하여 문제를 해결하는 시스템으로 맞춤형 개인 컴퓨터 조립이나 여러 생산 공장에서 많이 사용한다.

④ 감시 시스템은 공장이나 기계의 작동을 실시간으로 감시하여 고장이나 이상 현상을 발견해 주는 시스템으로 제철소나 정유공장 등에서 사용한다.

⑤ 충고 시스템은 건축이나 공장, 물리적 장치 등의 설계 시 각 요소들을 조건에 맞게 구성할 수 있게 하여 설계자를 도와주는 시스템이다.

정답 ⑤

정답해설 ⑤는 설계 시스템에 대한 설명으로 충고 시스템은 특정영역의 문제에 대해 전문가 수준의 상담을 해주는 시스템이다.

078 CMI(Co-Managed Inventory)에 대한 내용 중에서 옳지 않은 것은?

① 제조업체와 유통업체 상호간 제품정보를 공유하고 공동으로 재고관리를 한다.

② 제조업체가 발주 확정을 한 후 발주권고를 유통업체에게 보내어 이루어진다.

③ CR(연속재고보충)시스템이 제조업체와 유통업체에서 공동으로 운영될 경우 판매 및 재고 정보는 CR시스템이 실행될 때마다 유통업체에서 제조업체로 전송된다.

④ 제조업체는 판매 및 재고정보를 공유함으로써 수요예측을 수행하여 지나친 과잉생산을 사전에 예방할 수 있다.

⑤ 고객이 필요로 하는 정보가 POS를 통해 파악되고 공유되기 때문에 제조업체와 유통업체간에 부가가치 창출형 정보가 교환된다.

 정답 ②

정답해설 CMI(Co-Managed Inventory)는 제조업체가 발주 확정을 하기 전에 발주권고를 유통업체에게 보내어 상호 합의 후 발주확정이 이루어진다.

079 다음 중 전자화폐의 요건과 가장 거리가 먼 것은?

① 사용자가 다른 사람에게 자신의 현금을 양도할 수 있어야 한다.

② 위조가 불가능한 안정성을 지녀야 한다.

③ 개인의 사생활이 지켜져야 한다.

④ 전자화폐를 복사해 사용하는 이중사용이 방지되어야 한다.

⑤ 전자화폐의 코드 소스를 오픈해야 한다.

정답 ⑤

정답해설 코드 소스의 오픈은 전자화폐의 불법복제 위험을 가중시킨다.

080 시스템이론의 모형과 관련된 설명으로 적절하지 않은 것은?

① 환경(Environment) : 시스템의 운용에 영향을 미치고 경계 내부에 존재하여 통제할 수 있는 변수이다.

② 투입(Input) : 시스템을 가중시키기 위해 시스템 내부로 들어오는 모든 에너지를 의미한다.

③ 출력(Output) : 시스템 내부에서 처리되어 외부로 보내지는 모든 결과물을 의미한다.

④ 처리(Processing) : 주어진 조건하에서 입력 자료를 정해진 절차대로 가공하는 것을 말한다.

⑤ 피드백(Feedback) : 처리된 결과가 정확하지 않으면 결과의 일부나 오차를 다음 단계에 다시 입력하여 한 번 더 처리하는 것을 말한다.

정답 ①

정답해설 일반적인 시스템의 모형에서 환경(Environment)은 시스템의 운용에 영향을 미치지만 경계 외부에 존재하기 때문에 통제할 수 없는 변수들을 의미한다.

081 지식공유와 분배를 위한 중요한 자원은 학습이라는 사회적인 프로세스이다. 이에 대한 지식의 사회적 본질과 관련된 설명으로 적절하지 않은 것은?

① 지식경영은 사회적 환경에서 지식을 능동적으로 형성한다.
② 조직구성원은 상호작용을 통해 지식을 생산한다.
③ 생산된 지식은 그룹 메모리를 창출한다.
④ 사회네트워크는 역동적이기 때문에 지속적으로 구축한다.
⑤ 지식을 주관적이고 사회적인 것으로 여긴다.

정답 ④

정답해설 ④는 지식공유의 분배와 관련된 사회네트워크 분석을 설명하는 내용이다.

082 정보사회의 등장배경에 대한 설명으로 거리가 먼 것은?

① 서비스 자원의 효율적인 활용 필요성이 경제적 배경이 되었다.
② 과학기술의 발달로 정보와 지식의 중요성이 부각되었다.
③ 물질적 풍요로 인해 정신적, 심리적 욕구의 충족을 갈망한다.
④ 산업혁명으로 복잡해진 사회 및 경제 시스템들의 통제 필요성이 부각되었다.
⑤ 소비형 산업구조에서 에너지 절약형 산업구조로 전환되었다.

정답 ①

정답해설 정보사회가 등장한 경제적 배경으로는 1970년대의 1, 2차 석유위기 이후 석유, 석탄, 목재 등 부존자원의 고갈에 대비하여 새로운 대체 에너지의 개발을 서두르게 되었고 에너지 위기를 해결하기 위해 에너지 소비형 산업구조에서 에너지 절약형 산업구조로의 전환이 모색되었던 점을 들 수 있다. 또한 제한된 자원을 가장 효율적으로 이용하려는 생산성 향상에 대한 압력이 가중되었다.

083 정보가 일정기간 이후 소멸되는 상태나 현상을 뜻하는 말은?

① 정보의 과부하성   ② 정보의 비적시성

③ 정보의 불확실성   ④ 정보의 단순성

⑤ 정보의 휘발성

정답 ⑤

정답해설 휘발성이란 컴퓨터 메모리에서 전원이 꺼지면 저장되어 있던 정보가 없어지는 성질을 말한다.

084 다음 물류정보시스템과 관련된 용어 중 설명이 틀린 것은?

① DPS는 점포로부터 발주 자료를 센터의 상품 랙에 부착한 표시기에 부킹 수량을 디지털로 표시하게 하는 시스템으로 작업 생산성 향상을 도모한다.

② EOS는 단품 관리를 위한 자동 발주 시스템이다.

③ POS란 상품을 판매하는 시점에서 상품에 관련된 모든 정보를 신속·정확하게 수집하여 발주, 매입, 발송, 재고 관리 등의 필요한 시점에 정보를 제공하는 시스템이다.

④ DPC는 점포로부터의 발주 데이터를 센터의 상품 랙에 부착된 표시기에 피킹수량을 디지털로 표시해서, 별도의 리스트 없이 어느 누구라도 신속하고 정확하게 피킹할 수 있는 시스템이다.

⑤ ECR은 제품의 생산 단계에서부터 도소매에 이르기까지 전 과정을 하나의 프로세스로 보고 관련기업들의 긴밀한 협력을 통해 전체로서의 효율 극대화를 추구하는 고객 대응 기법이다.

정답 ④

정답해설 ④는 DPS에 대한 설명이다.

085 다음 바코드에 관한 설명 중 사실과 다른 것은?

① 바코드는 두께가 서로 다른 검은 바(Bar)와 흰 바(Space)의 조합에 의해 사람이 사용하는 숫자 또는 문자로 기계가 판독할 수 있도록 고안된 것이다.

② 바코드는 정보의 표현과 수집·해독이 가능하다.

③ 바이너리코드는 10진법을 표현하는 바코드 체계로 판독이 쉽고 라벨의 발행이 용이하며 ITF, Code 39 등에 쓰인다.

④ 멀티레벨코드는 고밀도의 정보 표현이 가능하여 Code 128 등에 쓰인다.

⑤ 데이터의 배열방법에 따라 바이너리코드와 멀티레벨코드로 구분한다.

정답 ③

정답해설 바이너리코드는 2진법을 표현하는 바코드 체계이다.

086 (가), (나), (다) 안에 들어갈 단어들이 순서대로 올바르게 짝지어진 것은?

- (가) : 소비자로부터 얻은 판매정보를 기초로 하여 상품 보충량을 공급업체가 결정하는 방법
- (나) : 제조업체가 상품보충시스템을 관리하는 경우
- (다) : 상품보충에 대해 유통업체와 공급업체가 공동으로 재고관리하는 경우

① (가) – QR   (나) – VMI   (다) – CMI
② (가) – QR   (나) – CMI   (다) – VMI
③ (가) – CR   (나) – VMI   (다) – CMI
④ (가) – CR   (나) – CMI   (다) – VMI
⑤ (가) – VMI   (나) – CAO   (다) – ECR

정답 ③

정답해설
- CR(Continuous Replenishment) : 소비자로부터 얻은 재고 및 판매정보를 기초로 하여 상품 보충량을 공급업체가 결정하는 방법으로 전통적인 상품보충프로세스를 근본적으로 변화시키는 새로운 시스템으로 제조업체와 유통업체 중 누구에게 주문 책임이 있느냐에 따라서 VMI와 CMI로 나뉜다.
- VMI(Vendor Managed Inventory) : 제조업체(또는 공급업체)가 상품보충시스템을 관리하는 경우
- CMI(Co Managed Inventory) : 제조업체와 유통업체에서 공동으로 운영될 경우

087 기업의 의사결정은 전략적 의사결정, 관리적 의사결정, 일상적 의사결정 등으로 구분하기도 하는데 다음 중 전략적 의사결정과 가장 근접하게 표현한 것은?

① A할인점이 여름철에 한시적으로 영업시간을 1시간 연장하도록 하였다.
② B할인점이 청과부문에서 오늘 하루만 오후 7시부터 수박을 투매하도록 하였다.
③ C할인점의 식품부문은 1년간 가락동 농수산물 시장에서 상품을 구입하기로 하였다.
④ D할인점은 2021년에는 시장점유율을 전년 대비 20% 증가 달성하는 목표를 설정하였다.
⑤ E할인점은 설 연휴를 맞이하여 선물코너에 판매워의 인원을 재배치하였다.

정답 ④

정답해설 전략적 의사결정은 주로 기업의 외부문제인 외부환경과의 관계에 관한 비정형적 문제를 다루는 의사결정이다. 즉 그 기업이 생산하려는 제품믹스와 판매하려는 시장의 선택 등 기업의 구조에 관련된 의사결정으로서 이는 기업의 성격을 기본적으로 좌우하는 중요한 의사결정이다.

오답해설 ① · ③ **관리적 의사결정** : 전략적 의사결정을 구체화하기 위하여 기업의 제 자원을 활용함에 있어서 그 성과가 극대화될 수 있는 방향으로 조직화하는 전술적 의사결정이다. 경영활동이 조직의 전략적 의사결정에 따라 정해진 정책과 목적에 부합되는가를 판단하는 중간관리자에 의한 의사결정이 이에 해당된다.

② · ⑤ **일상적 의사결정** : 전략적 · 관리적 의사결정을 구체화하고 동시에 일상적으로 수행되는 정형적 업무에 관한 의사결정 형태로서 주로 일선 감독층이나 실무자에 의해 이루어진다. 생산, 판매, 인사, 재무 등과 관련된 하위부문에서 이루어지는 각종 의사결정이 이에 해당된다.

088 유통정보의 필요성에 관한 설명으로 옳은 것은?

① 대량 생산으로 인한 판매가격의 인상을 위해 필요하다.

② 유통활동의 효율화와 합리화를 도모하기 위해 필요하다.

③ 유통의 모든 활동을 부분적이며 한시적으로 관리하기 위해 필요하다.

④ 장소적 · 시간적 간격을 비경제적이며 비효율적으로 사용하기 위해 필요하다.

⑤ 소비자들이 제한된 유통서비스를 제공해서 시세차익을 얻기 위해 필요하다.

정답 ②

정답해설 유통정보는 상품을 신속하고 정확하게 유통해 비용의 낭비를 막고 유통활동을 촉진시키는 중요한 역할을 하며 유통정보시스템을 유지하는 데 필수적인 역할을 한다.

089 지식경영에 대한 설명으로 가장 적절하지 않은 것은?

① 보유된 지식의 활용이나 새로운 지식의 창출을 통해 수익을 올리거나 미래에 수익을 올릴 수 있는 역량을 구축하는 모든 활동을 말한다.

② 조직의 개별구성이 가지고 있는 형식지를 발견하고 이를 조직의 지식으로 공유 · 활용할 수 있는 암묵지로 바꾸어 조직이 제공하고 있는 제품과 서비스 등의 부가가치를 창출한다.

③ 창조적 지식은 기업이 지속적으로 성장 · 발전하고 차별적인 경쟁우위를 확보하는 원천이 되고 있다.

④ 지식이 조직의 경쟁력 확보의 중요한 원동력으로 부각되면서 조직의 보유지식을 '자산'으로서 관리 · 평가해야 할 필요성을 인식하게 되었다.

⑤ 노나카의 SECI 모델은 암묵지와 형식지라는 두 종류의 지식이 사회화, 표출화, 연결화, 내면화라는 4가지 변환 과정을 거쳐 지식이 창출된다는 이론이다.

정답 ②

정답해설 조직의 개별구성이 가지고 있는 암묵지(지식 · 경험)를 발견하고, 이를 조직의 지식으로 공유 · 활용할 수 있는 형식 지로 바꾸어 조직이 제공하고 있는 제품과 서비스 등의 부가가치를 창출한다.

090 POS 데이터를 활용한 분석수법에 대한 설명으로 적절하지 않은 것은?

① 최근 구매일, 구매빈도, 구매금액을 가지고 고객가치를 판단하는 수법을 RFM분석이라고 한다.

② 상품 아이템마다 판매동향을 파악함으로써 판매를 예측할 수 있다.

③ 판촉효과를 분석하기 위해 POS 계산기에서 쿠폰을 발생할 수 있다.

④ 매장의 그룹을 매출액 기준으로 구분하여 A그룹을 최중점고객으로 계속 육성해나가고 B그룹 을 유망한 고객을 제외하고는 어프로치를 유보하거나 거래중지를 고려하는 기법을 ABC분석이 라 한다.

⑤ 영수증 데이터를 이용하여 도시구매확률이 높은 상품군을 조사하는 방법을 바스켓분석이라 한다.

정답 ④

정답해설 ABC분석은 통계적 방법에 의해 관리대상을 A, B, C 그룹으로 나누고, 먼저 A그룹을 최중점 관리대상으로 선정하 여 관리노력을 집중함으로써 관리효과를 높이려는 분석방법으로 B그룹은 고객별로 장차 A그룹으로의 승급가능성 을 분석하여 어프로치의 집중화를 추진하고 C그룹은 유망한 고객을 제외하고는 어프로치를 유보하거나 거래중지 를 고려한다.

091 POS시스템에 대한 내용으로 옳지 않은 것은?

① 판매시점정보관리시스템을 말하는 것으로 판매장의 판매시점에서 발생하는 판매정보를 컴퓨 터로 자동 처리하는 시스템이다.

② 고객이 원하는 상품을 원하는 시기에 원하는 양만큼 구매할 수 있도록 하여 고객의 상품 구매 만족도를 높이는 것이다.

③ 상품별 판매정보가 컴퓨터에 보관되고 그 정보는 발주 · 매입 · 재고 등의 정보와 결합하여 필 요한 부문에 활용된다.

④ 상품에 인쇄되어 있는 바코드를 금전 등록기에 일일이 입력해야 해서 시간이 걸린다는 단점이 있다.

⑤ 상품을 제조회사별, 상표별, 규격별로 구분하여 상품마다의 정보를 수집 · 가공 · 처리하는 과 정에서 단품관리가 가능하다.

정답 ④

정답해설 POS시스템은 상품에 인쇄되어 있는 바코드를 신속하고 정확하게 자동 판독함으로써 판매시점에서 정보를 곧바로 입력할 수 있기 때문에 금전 등록기에 일일이 자료를 입력하는 것에 비하면 시간과 노력을 절약할 수 있다.

092 분산구매방법의 장점에 해당되는 것은?

① 단위당 자재가격을 저렴하게 할 수 있다.
② 구매자재를 표준화하여 보다 유리한 구매를 할 수 있다.
③ 대량구매로 가격 및 거래조건이 유리하다.
④ 시장조사나 거래처의 조사, 구매효과 측정에 유리하다.
⑤ 신속한 구매를 할 수 있어 긴급수요에 대응할 수 있다.

정답 ⑤

정답해설 ⑤를 제외한 나머지는 모두 집중구매방법에 대한 설명이다.

093 전자상거래 고객의 특성으로 가장 옳지 않은 것은?

① 호기심이 다양한 구매집단이다.
② 인터넷 구매를 통해 불안감을 해소하였다.
③ 인터넷을 통해 자유롭게 자신의 의견을 개진한다.
④ 일반적인 오프라인 구매집단에 비해 상대적으로 구매력이 높은 집단이다.
⑤ 새로운 경향을 추구하는 편이다.

정답 ②

정답해설 전자상거래 고객은 인터넷 구매를 하면서도 구매 중 차질이나 불량물품을 배송받을 수도 있다는 등의 상당한 불안감을 갖고 있다.

094 전자상거래 비즈니스 모델에서 광고형(Advertising Model)에 대한 설명으로 가장 적절한 것은?

① 개인 고객의 정보는 다양한 방법을 통해 수집·가공되어 데이터베이스화되며 고객정보제공자를 확보하기 위해 무료인터넷접속이나 무료 하드웨어를 유인책으로 제공하기도 한다.
② 기업 간 거래는 물론 B2C, C2C에 모두 적용할 수 있으며 구매인과 판매인을 한 곳에 모아 거래를 촉진하는 역할을 하는 모델이다.
③ 웹사이트를 보는 트래픽이 크거나 매우 특화된 고객들로 이용자가 구성되어 있을 경우에 한하

여 유효하다.

④ 인터넷을 이용한 전통적인 도소매상으로서 매출은 카탈로그에 리스트 된 가격이나 경매를 통해 결정된 가격에 이루어지며 때로는 전통적인 상점에서는 불가능한 상품이나 서비스를 취급한다.

⑤ 지속적으로 사이트를 방문하는 이용자들에게 광고, 정보중개 또는 전문적인 특화된 포탈 서비스 기회를 제공하는 모델이며 때로는 이용료를 받는 경우도 있다.

정답 ③

정답해설 전자상거래에서 웹사이트를 보는 트래픽이 크거나 매우 특화된 고객들로 이용자가 구성되어 있을 경우에는 광고형(Advertising Model)이 유리하다.

오답해설 ① 정보중개형(Infomediary Model)에 대한 설명이다.
② 중개형(Brokerage Model)에 대한 설명이다.
④ 상인형(Merchant Model)에 대한 설명이다.
⑤ 커뮤니티형(Community Model)에 대한 설명이다.

095 RFID 태그 선택 시 고려사항으로 가장 옳지 않은 것은?

① 판독의 정확도를 최대한 높이려면 부착면의 소재가 판독이 가능한 것인지를 확인해야 한다.
② 업무 처리 속도와 관련하여 태그를 읽는 데 필요한 속도를 파악하여야 한다.
③ 태그를 사용할 환경 조건을 파악하여야 한다.
④ 여러 판독 지점에서 태그를 읽는 데 필요한 거리를 파악하여야 한다.
⑤ 선택한 태그로 원하는 기간 동안 데이터를 저장할 수 있는지를 확인하여야 한다.

정답 ①

정답해설 판독의 정확도를 최대한 높이려면 부착면 소재와 관계없이 이용할 수 있는 태그 제품을 선택해야 한다.

096 GS1 Data Matrix에 대한 설명으로 가장 적절한 것은?

① 6각형의 검은색 바와 흰 바의 조합을 통해 문자와 숫자를 표시하는 매트릭스형 3차원 바코드이다.
② ASCⅡ 250개 문자를 모두 표시할 수 있으며 약 3,000개의 문자 및 저장용량을 가진다.
③ 이미지 스캐너를 통해서만 판독되며 오류정정능력이 PDF417에 비해 다소 떨어지는 단점이 있다.
④ 주로 대형 전자부품의 식별과 부가 정보의 입력을 위해 사용된다.
⑤ GS1-14 코드의 입력을 기본으로 하며 종류에 따라 부가 정보의 추가 입력이 가능하다.

정답 ③

정답해설 GS1 Data Matrix는 주로 제약, 의료, 화장품 등 헬스 케어 시장 전반과 전자 제품에서 사용되는 바코드로 제품을 수출할 때 적용이 필요하고 다양한 정보를 크기에 압축해서 담을 수 있으며 최대 30%가 손상되어도 코드를 읽을 수 있고 모든 방향에서 판독이 가능하다는 장점이 있지만 이미지 스캐너를 통해서만 판독되며 오류정정능력이 PDF417에 비해 다소 떨어지는 단점이 있다.

오답해설 ① 4각형의 검은색 바와 흰 바의 조합을 통해 문자와 숫자를 표시하는 매트릭스형 2차원 바코드이다.
② ASC II 128개 문자를 표시할 수 있으며 약 2,300개의 문자 및 저장용량을 가진다.
④ 주로 대형 전자부품의 식별과 부가 정보의 입력을 위해 사용된다.
⑤ GS1 DataBar에 대한 설명이다.

097 정보 기술이 마케팅에 미치는 영향력을 저해하는 요인이 아닌 것은?

① 마케팅 관리자가 사용하는 소프트웨어들이 원래는 다른 전문분야를 위해 개발되었다는 점이다.
② 경쟁자의 가격 정보를 더 정확히 추적할 수 있고 동시에 제품의 가격 책정에 도움을 줄 수 있다.
③ 기업이 마케팅의 기본적인 철학을 정보 기술 도입 전에 이해하지 못하면 정보 기술의 도입으로 얻는 효과가 감소한다.
④ 마케팅의 성격이 질적 · 창의적인 면을 강조하게 되어 전산화 및 양적인 면이 덜 강조되는 경향이 있다.
⑤ 정보기술의 중요성이 많이 진행되지 않은 것은 어느 한 분야에만 국한된 것이 아닌 상호연관이 되어 있으므로 한 부분의 미시적인 분석으로는 전체를 이해하기 힘들기 때문이다.

정답 ②

정답해설 ②는 정보 기술이 마케팅 환경의 긍정적인 변화를 야기하는 경우이다.

098 데이터마이닝 기법 중의 하나인 의사결정나무 모형에 대한 내용으로 알맞은 것은?

① 인간이 경험으로부터 학습하는 두뇌의 신경망 활동을 모방한 것이다.
② 분류 작업에 주로 사용되는 기법으로 과거에 수집된 데이터의 레코드들을 분석하여 이들 사이에 존재하는 패턴, 즉 부류별 특성을 속성의 조합으로 나타내는 분류모형을 만드는 것이다.
③ 자신이 소유한 데이터로부터의 반복적인 학습과정을 거쳐 패턴을 찾아내고 일반화한다.
④ 입력과 출력 마디에 이산형, 연속형 변수를 모두 사용할 수 있다.
⑤ 고객의 신용평가, 불량거래의 색출, 우량고객의 선정 등 다양한 분야에 적용된다.

정답 ②

정답해설 의사결정나무 모형은 어느 대안이 선택될 것인가라는 것과 일어날 수 있는 불확실한 상황 중에서 어떤 것이 실현되는가라는 것에 의해 여러 결과가 생긴다는 상황을 나뭇가지와 같은 모양으로 도식화한 것으로 이를 구성하는 요소에는 결정나무의 골격이 되는 대안과 불확실한 상황, 결과로서의 이익 또는 손실, 불확실한 상황과 결과가 생기는 확률이 있으며 이들의 요소가 결정점과 불확실점으로 결합되어 의사결정나무를 만들게 된다.

오답해설 ②를 제외한 나머지는 모두 신경망 모형에 대한 설명이다.

099 다음 중 전자화폐와 전자지불시스템의 보안요건으로 적합하지 않은 것은?

① 상호인증 : 거래상대방의 신분을 확인할 수 있도록 하는 기능
② 기밀성 : 거래내용이 제3자에게 노출되지 않도록 하는 기능
③ 무결성 : 송신자와 수신자가 합법적인 사용자임을 증명하는 기능
④ 부인방지 : 이미 성립된 거래에 대한 부당한 번복을 방지하는 기능
⑤ 인증 : 정보를 주고받는 상대방의 신원이나 정보의 출처를 확인하는 기능

정답 ③

정답해설 무결성은 전달과정에서 정보가 변조되지 않았는지 확인하는 것이다.

100 전자상거래의 지불수단 중 전자수표에 대한 설명으로 옳지 않은 것은?

① 재래식 수표와 달리 은행에서 수표계좌 없이도 이용 가능하다.
② 전자수표 결제시스템은 거액의 상거래 또는 기업 간 거래 시 지불수단으로 적합하다.
③ 전자수표에는 카네기 멜론 대학의 Net Bill, FSTC의 E-Check 등이 대표적이다.
④ 소액 상거래보다는 규모가 큰 거래, 기업 간의 상거래 지불수단으로 효과적이다.
⑤ 기업 간(B2B) 전자상거래에 유용한 지불방식이다.

정답 ①

정답해설 전자수표도 종이수표와 마찬가지로 은행에 수표계좌를 가지고 있는 사용자들에 한해 사용이 가능하다.

2023년

유통관리사 2급 2개년 정답 및 해설

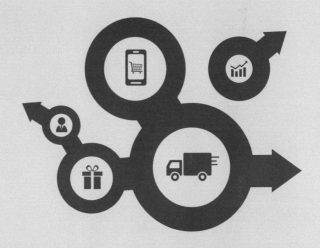

제1회 정답 및 해설 (2023년 5월 13일 시행)

제2회 정답 및 해설 (2023년 8월 26일 시행)

제3회 정답 및 해설 (2023년 11월 25일 시행)

01	②	02	①	03	⑤	04	④	05	④
06	②	07	④	08	⑤	09	③	10	④
11	④	12	⑤	13	⑤	14	③	15	③
16	⑤	17	⑤	18	⑤	19	③	20	⑤
21	③	22	③	23	③	24	②	25	④
26	③	27	④	28	②	29	②	30	⑤
31	④	32	③	33	③	34	①	35	①
36	④	37	④	38	②	39	③	40	⑤
41	④	42	③	43	②	44	③	45	⑤
46	②	47	⑤	48	⑤	49	④	50	②
51	⑤	52	④	53	①	54	②	55	③
56	⑤	57	③	58	①	59	②	60	⑤
61	④	62	⑤	63	③	64	④	65	①
66	①	67	③	68	④	69	①	70	③
71	④	72	⑤	73	③	74	⑤	75	④
76	⑤	77	③	78	③	79	④	80	②
81	⑤	82	④	83	④	84	③	85	⑤
86	④	87	③	88	②	89	①	90	④

[1과목] 유통물류일반

01 정답 ②

사치재와 같은 재화는 수요의 가격 탄력성이 크고, 편의품은 수요의 가격 탄력성이 낮다. 그러므로 소득에서 재화의 가격이 차지하는 비중과 가격탄력성은 비례한다.

02 정답 ①

유통비용을 최소화시킬 수 있는 유통시스템 설계를 위한 유통경로의 길이 결정 시 파악해야 할 상품요인은 부피, 부패성, 기술적 특성, 총마진이다.
② 고객에 대한 지식, 통제의 욕구, 재무적 능력 → 기업요인
③ 비용, 품질, 이용가능성 → 경로구성원요인
④ 지리적 분산, 고객밀집도, 고객의 수준, 평균 주문량 → 시장요인
⑤ 단위가치, 상품표준화, 비용, 품질 → 환경요인

03 정답 ⑤

갈등은 조직의 획일적 운영을 배제하고 다양성과 민주성 확보에 기여하는 순기능의 역할을 한다. 유통시스템 내의 자원을 권력 순서대로 재분배하게 해주는 것은 권력의 서열화이므로 갈등의 순기능으로 보기 어렵다.

04 정답 ④

• 무점포판매란 상시 운영되는 매장을 가진 점포를 두지 아니하고 상품을 판매하는 것으로서 (산업통상자원부령)으로 정하는 것을 말한다.
• 유통표준코드란 상품·상품포장·포장용기 또는 운반용기의 표면에 표준화된 체계에 따라 표기된 숫자와 바코드 등으로서 (산업통상자원부령)으로 정하는 것을 말한다.

05 정답 ④

6시그마 실행 단계

정의(Define) → ⓔ CTQ를 파악하고 개선 프로젝트를 선정한다.
측정(Measure) → ⓒ 현재 CTQ 충족 정도를 측정한다.
분석(Analyze) → ⓑ 핵심품질특성(CTQ)과 그에 영향을 주는 요인의 인과관계를 파악한다.
개선(Improve) → ⓓ CTQ의 충족 정도를 높이기 위한 방법과 조건을 찾는다.
관리(Control) → ⓐ 개선된 상태가 유지될 수 있도록 관리한다.

06 정답 ②

인간의 욕구를 성장, 관계, 생존의 3단계로 구분하여 설명한 것은 앨더퍼(C. Alderfer)의 ERG이론이다. 맥클리란드는 성취동기이론에서 인간의 욕구를 성취, 권력, 친교로 구분하여 설명하였다.

07 정답 ④

수량 표시(case mark)는 포장 화물 안의 내용물의 총 수량이 아니라, 화물의 개수를 표시하기 위하여 연속적으로 기입하는 일련번호이다.

08 정답 ⑤

물류여건에 대응하는 원가 절감형 포장법 개발은 기법 표준화에 해당한다. 관리표준화를 제외한 재료표준화, 강도표준화, 치수표준화, 기법표준화는 포장 표준화의 4대 요소이다.

09 정답 ③

지급형태별 물류비에는 자가 물류비와 위탁 물류비가 있다. 자가 물류비는 자사의 설비 및 인력으로 물류활동을 수행하면서 지출한 비용이고, 위탁 물류비는 물류활동의 일부 또는 전부를 제3자 물류업체나 자회사에게 위탁하여 지불한 비용이다.
① 영역별 물류비 : 조달물류비, 사내물류비, 역물류비
② 기능별 물류비 : 수송비, 보관비, 포장비
④ 세목별 물류비 : 재료비, 노무비, 경비
⑤ 조업도별 물류비 : 물류고정비, 물류변동비

10 정답 ④

기본 형태의 제품 제공은 제품수명주기 단계 중 도입기에 사용할 수 있는 마케팅믹스전략이다. 성숙기에는 다양한 소비자 요구를 충족시키기 위한 다양한 형태의 제품을 제공해야 한다.

11 정답 ④

제품이 고객에게 인도되기 전에 품질요건이 충족되지 못함으로써 발생하는 품질관리비용은 내부실패비용이다.

품질관리비용

구분		설명
통제비용	예방비용	결함 예방을 위해 지출되는 비용
	평가비용	규격을 만족하는지 확인하기 위해 제품의 품질을 측정하고 평가하는데 드는 비용
실패비용	내부실패비용	고객에게 배달되기 전에 품질 규격이 맞지 않아 수정하거나, 실패를 진단하는데 드는 비용
	외부실패비용	고객에게 배달된 뒤 제품이나 서비스를 수정하는데 드는 비용

12 정답 ⑤

근무시간은 개인 임의로 조정해서는 안 되며, 관리자와 사전에 상의하여 조율해야 한다.

13 정답 ⑤

글로벌 유통산업의 환경변화

㉠ 유통시장 개방의 가속화로 인한 글로벌 경영의 확대
㉡ 주요 소매업체들의 해외 신규출점 증대 및 M&A를 통한 규모의 경쟁력 강화
㉢ 선진국 시장의 포화에 따른 시장 잠재성이 높은 신흥시장 발굴 노력
㉣ 대형유통업체들의 해외시장 개척 및 글로벌 유통망 확대

14 정답 ③

테일러의 기능식 조직(functional organization)은 조직의 상층에서 하층까지 공통기능을 중심으로 활동이 부서화되는 조직으로, 조직 구성원들에게 정확한 과업을 부여할 수 있어 일의 성과에 따른 보수산정이 용이하다.

15 정답 ③

유통기업에 종사하는 종업원은 근무시간 이외의 시간에 자유

의사에 따라 정치활동을 포함한 외부활동을 자유롭게 할 수 있는 권리가 있다.

16 정답 ⑤

도매상의 혁신전략 중 자산가치가 높은 브랜드의 보유는 시장에서의 지속적인 경쟁력을 획득하기 위한 전략이다. 창고 자동화와 향상된 재고관리에 해당하는 도매상의 혁신전략은 유통의 새로운 기술이다.

17 정답 ⑤

유통경로의 기능
① **교환과정의 촉진** : 중간상의 개입으로 교환과정을 보다 단순화시킬 수 있으므로 보다 많은 거래를 효율적으로 이루어낼 수 있음
② **소비자와 제조업체의 연결** : 제조업자는 소수의 제품 라인을 대량생산하고 소비자는 소수의 다양한 제품을 구매함에 따라 양자의 욕구차이에서 발생하는 제품구색과 생산·구매량 간의 불일치를 유통경로가 완화시켜줌
③ **제품구색 불일치의 완화** : 제조업자는 중간상 이용을 통해 적은 비용으로 더 많은 잠재고객에 도달할 수 있고, 소비자들의 탐색비용도 절약됨
④ **고객서비스 제공** : 유통경로는 제조업자를 대신하여 소비자에게 애프터서비스의 제공과 제품의 배달, 설치, 사용방법의 교육 등의 서비스를 제공함

18 정답 ⑤

유통경영조직의 원칙 중 조정의 원칙은 조직의 공통목적을 달성하기 위하여 모든 업무는 조정되어야 한다는 원칙이다.
① **기능화의 원칙** : 조직은 사람이 아닌 직무를 중심으로 구성되어야 한다는 원칙
② **권한위양의 원칙** : 권한을 갖고 있는 상위자가 하위자에게 일정범위의 직무를 위임할 경우 그 직무를 효과적으로 수행할 수 있도록 직무에 수반되는 권한도 동시에 위양해야 한다는 원칙
③ **명령통일의 원칙** : 조직의 각 구성원은 누구나 한 사람의 직속상관에게만 보고하고 또 그로부터 명령을 받아야 한다는 원칙
④ **관리한계의 원칙** : 한 사람의 상급자가 가장 효과적으로 직접 관리할 수 있는 하급자의 수는 한정되어 있다는 원칙

19 정답 ③

기업 수준의 경영전략은 주로 최고경영층에 의해 이루어지는 전략으로 시장개발전략, 제품개발전략, 시장침투전략, 다각화 전략 등이 이에 해당한다. ③의 차별화전략은 기업 수준 경영 전략의 하위 전략인 사업부 전략에 해당한다.

20 정답 ⑤

마이클 포터가 제시한 5가지 세력(forces) 모델은 보완재가 아니라 대체재의 유무가 중요한 경쟁요소로 작용한다.

포터의 산업분석(5 forces model)
• 기존 기업 간의 경쟁 정도
• 신규 기업의 진입 위협
• 대체재의 위협
• 구매자의 협상력
• 공급자의 협상력

21 정답 ③

㉠ 출입구가 동일한 경우 입출하 빈도가 높은 상품을 출입구에서 가까운 장소에 보관하는 것은 회전대응 보관의 원칙이다.
㉡ 표준품은 랙에 보관하고 비표준품은 특수한 보관기기 및 설비를 사용하여 보관하는 것은 형상 특성의 원칙이다.

보관의 원칙
• **통로대면 보관의 원칙** : 물품의 입출고를 용이하게 하고 효율적으로 보관하기 위해 통로면에 보관하는 원칙
• **높이 쌓기의 원칙** : 팔레트 등을 이용하여 물품을 고층으로 적재함으로써 평평하게 적재하는 것보다 용적 효율을 향상시키는 원칙
• **선입선출의 원칙** : FIFO(First In First Out), 즉 먼저 보관한 물품을 먼저 출고하는 원칙
• **회전대응보관의 원칙** : 보관할 물품의 장소를 회전정도에 따라 정하는 것으로 입출하 빈도의 정도에 따라 보관장소를 결정하는 원칙
• **동일성 및 유사성의 원칙** : 동일품종은 동일장소에 보관하고, 유사품은 근처 가까운 장소에 보관하는 원칙
• **중량특성의 원칙** : 중량에 따라 보관장소나 높낮이를 결정하는 원칙
• **형상특성의 원칙** : 형상에 따라 보관방법을 변경하며 형상특성에 부응하여 보관하는 원칙

- **위치표시의 원칙** : 보관품의 장소와 선반번호 등의 위치를 표시함으로써 업무의 효율화를 증대시키는 원칙
- **명료성의 원칙** : 시각적으로 보관품을 용이하게 식별할 수 있도록 보관하는 원칙
- **네트워크보관의 원칙** : 관련 품목을 한 장소에 모아서 보관하는 원칙

---

22   정답 ③

사전 주문 수량과 일치하는 재고를 보유하면 예상치 못한 긴급 상황에 대비할 수 없으므로, 리드타임 등을 고려한 최적화된 수준의 재고를 보유하여 결품을 방지하고 서비스 수준을 높일 수 있다.

---

23   정답 ③

SWOT(Strength, Weakness, Opportunities, Threats)는 기업의 내부환경을 분석하여 강점과 약점을 발견하고, 외부환경을 분석하여 기회와 위협을 찾는 마케팅 전략 분석법이다. WT 상황에서는 기업 내부의 약점을 보완하고 원가 절감, 사업 축소 및 철수 등 위험을 회피하는 전략을 구사한다.

---

24   정답 ②

매입자는 콜옵션 또는 풋옵션을 행사할 권리만 가지고, 매도자는 매입자가 권리를 행사할 때만 그 계약을 이행할 의무를 가지는 전형적인 비대칭적 계약이다.

---

25   정답 ④

쇼루밍(Showrooming)은 오프라인 매장에서 자신이 원하는 상품을 살펴본 후 가격이 더 저렴한 온라인 쇼핑몰에서 구매하는 것을 말한다. 스마트폰을 통해 가격을 검색하고 오프라인 매장에서 실물을 보고 구매하는 것은 역쇼루밍이다.

[2과목] 상권분석

26   정답 ③

선매품이란 제품을 구매하기 전에 가격·품질·형태·욕구 등에 대한 적합성을 충분히 비교하여 선별적으로 구매하는 제품을 말한다. 구매자는 여러 점포를 통해 상품을 비교한 후 선매품을 구매하기 때문에 인접한 경쟁점포는 선매품점의 상권을 확장시킨다.

① 인접한 경쟁점포는 편의품점의 상권을 축소시킨다.
② 인접한 경쟁점포는 편의품점의 매출을 감소시킨다.
④ 산재성 점포는 분산입지하는 것이 유리한 점포 유형이므로, 산재성 점포가 인접해 있을 경우 매출증가에 불리하다.
⑤ 집재성 점포는 점포가 한 곳에 모여 입지해야 유리한 점포 유형이므로, 인접한 동일업종 점포가 있어야 유리하다.

---

27   정답 ④

비용요인에는 생산비, 운송비, 판매비용 등이 포함되며 비용이 상대적으로 저렴할수록 상권은 확대된다.

---

28   정답 ②

상권은 상업상의 거래가 행하여지고 있는 공간적 범위로, 이러한 상권의 범위는 확정적 개념이 아니라 가변적 개념이다.

---

29   정답 ②

인근점포의 보완성이 클수록 고객이 상호보완적인 다른 소매점포를 방문할 가능성도 높으므로 소매점포의 상권은 확장된다.

---

30   정답 ⑤

신규 소매점포의 개점은 상권분석 → 입지선정 → 점포계획 → 소매믹스설계의 순으로 준비하는 것이 가장 바람직하다.

---

31   정답 ④

일방통행 도로는 차량이 한 방향으로만 통행하기 때문에 가시성과 접근성 면에서 불리하다.

---

32   정답 ③

체크리스트법(Checklist method)은 상권에 영향을 주는 요소에 대한 평가표를 통해 신규상권의 잠재력을 평가한다.

그러므로 현재 영업 중인 점포의 상권범위를 파악하려는 조사기법으로는 부적절하다.

33 　　　　　　　　정답 ⑤

상권은 상업상의 거래가 행하여지고 있는 공간적 범위로 표현되고, 입지는 점포의 소재지인 주소나 좌표를 가지는 점으로 표시된다. 그러므로 가구 특성, 경쟁 강도, 소득 수준, 인구 특성 등은 상권요인에 해당하고, 점포 면적은 입지요인에 해당한다.

34 　　　　　　　　정답 ①

백화점은 (㉠)고객흡인력이 강하고, (㉢)점포주변 유동인구가 많으며, (㉣)대형 개발업체의 개발계획으로 조성된다.
② 독립입지는 다른 점포들과 지리적으로 떨어져 교외지역에 위치한 입지이므로, ㉡은 독립입지의 특성으로 옳지 않다.
③ 도심입지는 대도시나 소도시에 자연발생적으로 형성된 전통적 입지이므로, ㉣은 도심입지의 특성으로 옳지 않다.
④ 교외 대형쇼핑몰은 주로 땅값이 저렴한 도시 외곽에 조성되므로, ㉡·㉢은 교외 대형쇼핑몰의 입지 특성으로 옳지 않다.
⑤ 근린쇼핑센터는 일용품 위주의 소규모 쇼핑센터를 의미하므로, ㉠·㉡·㉣은 근린쇼핑센터의 입지 특성으로 옳지 않다.

35 　　　　　　　　정답 ①

유통산업발전법상 대규모점포를 개설하거나 전통상업보존구역에 준대규모점포를 개설하려는 자는 영업을 시작하기 전에 산업통상자원부령으로 정하는 바에 따라 상권영향평가서 및 지역협력계획서를 첨부하여 특별자치시장·시장·군수·구청장에게 등록하여야 한다. 즉, 전통상업보존구역에 준대규모점포를 개설하려고 할 때 개설등록 기한은 영업 개시 전까지이다.

36 　　　　　　　　정답 ④

A점포의 매력도 : $\frac{50,000}{4^2}=3.125$

B점포의 매력도 : $\frac{70,000}{6^2}=1.944$

C점포의 매력도 : $\frac{40,000}{3^2}=4.444$

그러므로 세 점포에 대해 소비자가 느끼는 매력도의 크기는 C > A > B순이다.

37 　　　　　　　　정답 ④

대형마트, 대형병원, 대형공연장 등 대규모 서비스업종은 독자적 입지선정이 가능하므로, 경쟁점이 몰려있으면 상호보완 효과가 낮아지고 경쟁력은 입지보다는 차별성이나 홍보 등에 의해 주로 정해진다.

38 　　　　　　　　정답 ②

크리스탈러의 중심지이론에서 중심지로부터 실제로 재화가 공급되는 범위를 재화의 도달 범위라고 하고, 중심지의 기능을 유지하기 위해 필요한 최소한의 수요인 최소 요구치보다 재화의 도달 범위가 클 때 중심지는 이익을 확보하게 되어 중심지가 성립하게 된다고 하였다. 그러므로 크리스탈러의 중심지이론은 중심지에서 먼 곳은 재화와 서비스를 제공받지 못하게 된다고 가정하지 않는다.

39 　　　　　　　　정답 ③

대형 쇼핑센터의 공간구성요소 중 결절점(node)은 교차하는 통로의 접합점 또는 교차점으로 쇼핑센터 내부의 주요 공간인 전이공간, 이벤트 장소 등이 된다.
① 지표(landmark) - 길찾기를 위한 방향성 제공
② 선큰(sunken) - 지하공간의 쾌적성과 접근성을 높임
④ 구역(district) - 공간과 공간을 분리하여 영역성을 부여
⑤ 에지(edge) - 경계선이며 건물에서 꺾이는 부분에 해당

40 　　　　　　　　정답 ⑤

공급체인관리(SCM : Supply Chain Management)는 제품이나 정보가 생산자에게에서 사용자에게로 전달되는 일련의 과정을 최적화함으로써 적기배송과 물류비용의 절감 등을 목적으로 한다. 그러므로 공급체인관리(SCM)는 상권분석의 주요 목적과는 연관성이 떨어진다.

41 　　　　　　　　정답 ④

토지의 소재, 지번, 지목, 면적 등을 확인하기 위한 공부서류는 토지대장이다.

42　정답 ②

수치지도(Digital Map)는 컴퓨터상에서 도로, 철도, 건물, 하천 등 다양한 인공지물과 자연지형을 도식(기호)과 3차원의 위치좌표로 표현한 디지털 지리정보 지도를 말한다. 즉, 수치지도와 디지털지도는 유사 개념이다.

43　정답 ②

거리감소효과(distance decay effect)는 해당 점포와 거리가 멀수록 거리 마찰에 따른 비용과 시간의 증가로 소비자 분포의 크기와 밀도가 감소하는 거리조락현상 또는 거리체감 효과를 말한다.

44　정답 ③

점포신축을 위한 부지매입은 적당한 부지 확보가 어렵고 건설 및 인허가기간이 소요되며 초기 고정투자부담이 크다. 그러나 직접 소유로 인한 자산가치 증대와 장기간 영업이 가능하고 점포형태, 진입로, 주차장 등 새로운 시설의 설계 및 구조의 유연성을 확보할 수 있다.

45　정답 ⑤

Huff모형과 MNL모형은 Luce의 선택공리를 근거로 하는 확률적 상권분석 기법들이지만, Reilly의 소매중력모형은 규범적 모형에 의한 상권분석 기법이다.

상권분석기법 유형
- **서술적 방법에 의한 상권분석기법** : 체크리스트법, 유추법, 현지조사법, 비율법 등
- **규범적 모형에 의한 상권분석기법** : 중심지이론, 소매중력모형, 컨버스모형
- **확률적 모형에 의한 상권분석기법** : Huff모델, MNL모델, MCI모델

[3과목] 유통마케팅

46　정답 ②

GRP(gross rating points)는 특정 기간 동안 한 매체나 여러 매체를 통해 노출된 총 시청률로, 도달범위와 도달빈도의 곱으로 측정한다. 즉, 시청자들의 광고인지도를 중심으로 GRP를 측정하는 것은 아니다.

47　정답 ⑤

고객들이 주 통로를 지나다니면서 다양한 각도의 시선으로 상품을 살펴볼 수 있는 매장 레이아웃은 경주로형 배치이다. 자유형 배치는 특정 쇼핑경로를 유도하지 않고 충동구매를 유발하려는 목적의 매장 레이아웃이다.

48　정답 ③

기업은 평생고객 유치를 위해 고객관계관리를 전략적 차원에서 활용하게 된다. 전략적 CRM의 적용 과정은 전략개발과정, 가치창출과정, 다채널통합과정, 정보관리과정, 성과평가과정으로 구성된다.

49　정답 ④

최종소비자를 대상으로 영업활동을 하는 소매상은 점포와 같은 물리적인 시설에 비용투자를 해야 한다.

50　정답 ②

소매업체들의 서비스 마케팅 관리를 위한 서비스 마케팅 믹스(7P)는 전통적인 마케팅 믹스인 제품(product), 가격(price), 장소(place), 촉진(promotion)의 4P에 사람(people), 과정(process), 물리적 환경(physical evidence)의 3P를 추가한 것을 말한다.

51　정답 ⑤

제품 및 제품성과에 대한 소비자들의 지각과 느낌을 상징하는 것은 브랜드 인지도이다. 머천다이징(merchandising)은 제조업자 또는 유통업자가 특정 제품의 구매와 판매방법 등을 계획하는 것으로서 상품화계획이라고도 한다.

52　정답 ④

심리묘사적 세분화는 시장을 사회 계층, 라이프 스타일, 개성 등의 기준에 따라 세분화하는 것을 말한다.
① **지리적 세분화** : 국가, 지방, 도, 도시, 군, 주거지, 기후, 입지조건 등에 의한 시장 세분화
② **인구통계적 세분화** : 연령, 성별, 직업, 소득, 교육, 종교, 인종 등에 의한 시장 세분화
③ **행동적 세분화** : 추구하는 편익, 사용량, 상표충성도 등에

2023년

제1회 정답 및 해설

의한 시장 세분화

전략적 판촉을 통해 소매점포의 이윤을 극대화시키는 작업이다. 따라서 시각적 머천다이징은 상품의 잠재적 이윤은 물론 인테리어 컨셉 및 전체적 조화 등을 고려하여 이루어진다.

---

53 정답 ①

제품라인 내 제품품목의 수는 제품믹스의 깊이(product mix depth)를 일컫는다.

> **제품믹스의 폭·깊이·길이의 구분**
> • **제품믹스의 폭(width)** : 기업이 가지고 있는 제품계열의 수
> • **제품믹스의 깊이(depth)** : 각 제품계열 안에 있는 품목의 수
> • **제품믹스의 길이(length)** : 제품믹스 내의 모든 제품품목의 수

---

54 정답 ②

㉠ **전방통합** : 제조회사가 도·소매업체를 소유하거나, 도매상이 소매업체를 소유하는 것과 같이 공급망의 상류 기업이 하류의 기능을 통합하는 것

㉡ **후방통합** : 도·소매업체가 제조기능을 수행하거나 소매업체가 도매기능을 수행하는 것과 같이 공급망의 하류에 위치한 기업이 상류의 기능까지 통합하는 것

---

55 정답 ③

㉡은 다각화전략으로 가장 위험도가 높은 전략이다. 위험이 낮고 투자가 적게 요구되는 전략이지만, 가맹계약 해지를 통해 경쟁자가 되는 위험을 가지고 있는 것은 프랜차이즈전략에 해당한다.

---

56 정답 ⑤

로열티 프로그램은 포인트나 마일리지 등과 같은 각종 보상제도를 통하여 소비자가 해당 상품이나 브랜드를 지속적으로 사용하게 만드는 마케팅 전략으로, 기업의 자선활동 및 공익프로그램과는 거리가 멀다.

---

57 정답 ⑤

시각적 머천다이징은 고객에게 알맞은 상품구색을 결정하고 구색이 갖춰진 상품에 대해 최적의 매장 이미지를 연출하는

---

58 정답 ①

제품구색이 넓은 소매업태에서 전문화된 좁은 제품구색의 소매업태로 변화되었다가 다시 넓은 제품 구색의 소매업태로 변화되는 과정을 설명한 이론은 소매아코디언 이론(retail accordion theory)이다.

② **소매수명주기 이론(retail life cycle theory)** : 소매업체가 시간의 경과에 따라 진화하는 이론으로 도입기, 초기성장기, 가속성장기, 성숙기, 쇠퇴기 단계를 거치게 된다.

③ **소매차륜 이론(the wheel of retailing theory)** : 소매기관의 진입, 성장, 쇠퇴 과정을 비용에 초점을 두어 설명한 이론으로, 초기에는 혁신적인 형태에서 출발하다 성장하면서 다른 신업태에 자리는 내주는 것을 말한다.

④ **변증법적 이론(dialetic theory)** : 소매점의 진화과정을 변증법적 유물론에 입각하여 정반합의 과정 속에 계속해서 새로운 형태의 소매점이 출현하게 된다는 이론이다.

⑤ **진공지대 이론(vacuum zone theory)** : 기존의 소매업태가 다른 유형의 소매로 변화할 때 그 빈 자리, 즉 진공지대를 새로운 형태의 소매업태가 자리를 메운다는 이론이다.

---

59 정답 ②

보다 풍요로운 생활과 즐거움을 제공하는 제품으로 스타일과 디자인을 강조하는 것은 편의품이 아니라 선매품이다. 선매품은 제품을 구매하기 전에 가격·품질·형태·욕구 등에 대한 적합성을 충분히 비교하여 선별적으로 구매하는 제품이다.

---

60 정답 ⑤

옴니채널(omni channel)이란 소비자가 온라인, 오프라인, 모바일 등 다양한 경로를 넘나들며 상품을 검색하고 구매할 수 있도록 한 서비스로, 각 유통 채널의 특성을 결합해 어떤 채널에서든 같은 매장을 이용하는 것처럼 느낄 수 있도록 한 쇼핑 환경을 말한다. 그러므로 매장별로 독특한 마케팅 프로그램을 활용하여 판매하는 것은 옴니채널의 특징이 아니다.

---

61 정답 ④

개인정보는 보유기간의 경과나 처리 목적의 달성 등으로 불

필요하게 되었을 때에는 지체 없이 파기해야 한다. 경품응모권을 통해 수집한 개인정보도 보유 및 이용기간이 끝나면 지체 없이 파기해야 한다.

62 　　　　　　　　　　　　　　　　　　　정답 ⑤

대부분의 기업에서는 데이터마이닝 등 고객행동분석에 있어 CRM과 eCRM을 통합하여 전사적으로 활용한다.

① CRM과 eCRM 모두 원투원마케팅(one-to-one marketing)과 데이터베이스마케팅 활용을 중시한다.
② CRM과 eCRM 모두 고객 개개인에 대한 차별적 서비스를 실시간으로 제공한다.
③ CRM과 eCRM 모두 고객접점과 커뮤니케이션 경로의 활용을 중시한다.
④ CRM과 eCRM 모두 고객서비스 개선 및 거래활성화를 위한 고정고객 관리에 중점을 둔다.

63 　　　　　　　　　　　　　　　　　　　정답 ③

비율척도는 가장 높은 수준의 척도로 모든 수학 연산이 가능하며 절대적 크기의 비교가 가능한 척도이다. ⓔ 소비자의 구매확률, ⓓ 충성고객의 구매액, ⓗ 매장의 시장점유율은 비율척도로 측정해야 하는 요소들이다.
㉠ 구매자의 성별 및 직업 → 명목척도
㉡ 상품 인기 순위 → 서열척도
㉢ 타겟고객의 소득구간 → 등간척도

64 　　　　　　　　　　　　　　　　　　　정답 ④

다단계 판매는 제품을 구매한 고객이 새로운 판매원이 되고, 이 판매원이 다시 소비자에게 제품을 판매하는 연쇄적인 형태로 유통망을 확대하는 무점포 판매기법이다. 따라서 다단계 판매는 매출 증가 없이도 조직을 방대하게 늘려가는 것이 가능하다.

65 　　　　　　　　　　　　　　　　　　　정답 ①

소매업체 입장에서 특정 공급자의 개별품목 혹은 재고 관리 단위(SKU : Stock Keeping Unit)를 평가하는 방법은 직접제품이익(DPP : Direct Product Profit)이다. 직접제품이익은 각 경로대안의 총 마진에서 직접제품비용을 뺀 제품수익성을 평가하여 직접제품이익이 가장 높은 경로 대안을 선택하는 기법이다.

66 　　　　　　　　　　　　　　　　　　　정답 ①

주어진 글상자의 내용은 경로구성원들 간에 이해관계의 대립이나 추구하는 목표들 간의 양립불가능성, 즉 목표 불일치에서 오는 갈등 원인이다.

> **유통경로 갈등의 원인**
> • **목표불일치** : 이해관계의 대립이나 추구하는 목표의 불일치에서 오는 갈등
> • **지각불일치** : 동일 현상을 다르게 해석하는 데서 오는 갈등
> • **영역불일치** : 상권의 범위 또는 경로구성원의 역할에 대한 견해 차이로 인한 갈등

67 　　　　　　　　　　　　　　　　　　　정답 ③

원가가산법(cost plus pricing)에 의한 가격책정은 제품의 원가와 이익률만을 이용하여 가격을 결정할 수 있기 때문에, 예상판매량이 예측 가능한 경우가 아니더라도 사용할 수 있다. 원가가산법은 재화의 가격탄력성이 크지 않고 경쟁이 치열하지 않을 경우 활용되는 가격결정법으로, 시장의 수요 상황이나 경쟁사의 가격 등을 고려하지 않는다는 한계가 있다.

68 　　　　　　　　　　　　　　　　　　　정답 ④

컨조인트 분석은 어떤 제품 또는 서비스가 갖고 있는 속성 하나하나에 고객이 부여하는 가치를 추정함으로써 그 고객이 어떤 제품을 선택할지를 예측하는 기법이다.

① t-검증 : 두 집단 또는 두 상관적인 표본의 평균치가 동일한 모집단에서 추출되었는지를 검증하는 분석기법이다.
② 분산 분석 : 두 개 이상인 대상의 평균을 비교하는 분석방법으로, 평균 간의 차이가 발견되는지 검증하기 위해 사용된다.
③ 회귀 분석 : 하나 또는 하나 이상의 독립변수의 종속변수에 대한 영향을 추정할 수 있는 분석기법이다. 체계적인 변수 고려로 점포의 매출에 미치는 영향에 대해 계량적으로 분석할 수 있다.
⑤ 군집 분석 : 서로 유사한 특성을 지니는 사례를 묶어 집단화한 후 군집들의 특성을 파악해 군집들 사이의 관계를 분석하는 방법이다.

69 　　　　　　　　　　　　　　　　　　　정답 ①

매장의 입출구와 주차시설은 매장의 외부환경요소에 해당한다.

70   정답 ③

쉘빙(shelving)은 매대나 선반에 올려서 진열하는 방법으로, 종적인 공간효율을 개선시키고 진열선반의 높이가 낮을 때는 위에서 아래로 시선을 유도하는 페이싱 방법이다.
① 페이스 아웃(face out) : 상품의 전면이 보이도록 진열하는 방법으로 디자인을 한눈에 볼 수 있다.
② 슬리브 아웃(sleeve out) : 상의의 소매나 바지, 스커트의 측면이 보이도록 행거를 이용하여 진열하는 방법이다.
④ 행깅(hanging) : 상품을 걸어서 진열하는 방법이다.
⑤ 폴디드 아웃(folded out) : 선반이나 상자를 이용하여 상품의 접은 면이 보이도록 진열하는 방법이다.

[4과목] 유통정보

71   정답 ④

QR(Quick Response) 코드는 현재 국제규격으로 규격화되어 있으며, 특허권이 없기 때문에 누구라도 다양한 목적으로 쉽게 제작하여 사용할 수 있다.

72   정답 ⑤

챗지피티는 미국의 오픈AI(Open AI)에서 개발한 GPT(Generative Pre-trained Transformer) 기반의 대화형 인공지능 서비스로, 사전에 학습한 데이터를 기반으로 실시간 대화가 가능하다.

73   정답 ③

반정형 데이터는 데이터의 형식과 구조가 변경될 수 있는 데이터로 HTML, XML, JSON 등이 이에 속한다. 문서는 비정형 데이터이다.

> **데이터의 유형**
> • **정형 데이터** : 미리 정해놓은 형식과 구조에 따라 저장된 구조화된 데이터 예 관계형 데이터베이스(RDB), 스프레드시트, CSV 데이터 등
> • **반정형 데이터** : 데이터의 형식과 구조가 변경될 수 있는 데이터로, 데이터의 구조 정보를 데이터와 함께 제공하는 파일 형식의 데이터 예 웹로그, HTML, XML, JSON 등
> • **비정형 데이터** : 정해진 구조가 없이 저장된 데이터 예 문서, 텍스트, 이미지, 비디오, PDF 문서 등

74   정답 ⑤

시스템 다운타임은 시스템이 동작 불능이거나 오프라인 상태여서 이용할 수 없는 시간이므로, CRM을 통해 성공적으로 고객을 관리하고 있음을 추적하는 지표로 사용할 수 없다.

75   정답 ④

㉠ **정보 정정권** : 개인정보가 부정확하거나 불완전한 경우 이를 수정할 권리
㉡ **정보 삭제권** : 자신의 개인정보를 삭제할 수 있는 법적 강제력이 있는 권리

76   정답 ⑤

인공지능과 사물인터넷 등의 정보기술을 이용해 비즈니스 프로세스에 혁신이 이루어진 시기는 4차 산업혁명 때이다.
① 컴퓨터와 같은 전자기기의 활용을 통해 업무 프로세스 개선을 달성한 것은 3차 산업혁명 때이다.
② 업무 프로세스에 대한 부분 자동화가 이루어지고 네트워킹 기능이 프로세스 혁신을 위해 활성화되기 시작한 것은 3차 산업혁명 때이다.
③ 노동에서 분업이 이루어지기 시작하고 전문성이 강조되기 시작한 것은 2차 산업혁명 때이다.
④ 전화, TV, 인터넷 등과 같은 의사소통 방식이 기업에서 활성화된 것은 3차 산업혁명 때이다.

> **산업혁명의 발전과정**
> • **1차 산업혁명** : 증기기관 기반의 기계화 혁명
> • **2차 산업혁명** : 전기 에너지 기반의 대량생산 혁명
> • **3차 산업혁명** : 컴퓨터와 인터넷 기반의 지식정보 혁명
> • **4차 산업혁명** : 빅데이터, AI, 사물인터넷 등 정보기술 기반의 초연결 혁명

77   정답 ④

디지털 전환(digital transformation)은 디지털 기술을 다양한 분야에 적용하여 전통적인 산업군의 디지털화를 촉진시키는 것을 말한다.
① 디지타이제이션(digitization) : 아날로그 또는 물리적 데이터에서 디지털 형식으로 이전 또는 변환하는 단순한 디지털화를 의미한다.
② 초지능화(hyper-intellectualization) : 빅데이터와 인공지능과 같은 초연결성을 기반으로 하여 유입된 다분

야·대량의 데이터를 분석하고 처리하는 과정에서 의미
있는 결과물을 통해 기계의 자가 학습에 필요한 데이터·
지식이 산업의 새로운 경쟁 원천이 되는 것을 의미한다.
③ 디지털 컨버전스(digital convergence) : 디지털 융합
이라는 뜻으로, 하나의 기기와 서비스에 모든 정보통신기
술이 융합되는 현상을 말한다.
⑤ 하이퍼인텐션(hyper-intention) : 꼭 하고 싶다는 강한
의도가 목적하는 일을 불가능하게 만든다는 심리학적 용
어이다.

78 　　　　　　　　　　　　　　　　　**정답 ②**

새로운 공장입지 선정 및 신기술 도입 등과 같은 사항은 전
략적 수준에서 다루는 정보이다. 관리적 수준의 의사결정은
기업의 목표와 전략을 실행하기 위한 구체적이고 반구조적인
의사결정으로, 인력 및 원재료의 획득, 인적 자원 개발 및 훈
련, 자본 및 설비 조달 등을 위한 의사결정이 이에 해당한다.

79 　　　　　　　　　　　　　　　　　**정답 ④**

균형성과표(BSC : balanced score card)는 기업의 비전
과 전략을 조직 내외부의 핵심성과지표(KPI)로 재구성해 전
체 조직이 목표달성을 위한 활동에 집중하도록 하는 성과관
리 기법이다.
① 경제적 부가가치(economic value added) : 기업이 벌
어들인 영업이익 가운데 세금과 자본비용을 공제한 금액
으로, 경제적 부가가치가 클수록 수익성과 안전성이 높은
기업으로 인식한다.
② 인적자원회계(human resource accounting) : 기업
의 인적자원을 대상으로 하는 회계의 한 영역으로, 조직
자원으로서 인간 가치를 측정하는 것을 말한다.
③ 총자산이익률(return on assets) : 수익성을 나타내는
대표적인 지표로, 총자산에서 당기순이익이 차지하는 비
중을 말한다.
⑤ 투자수익률(return on investment) : 가장 널리 사용
되는 경영성과 측정기준 중의 하나로, 기업의 순이익을 투
자액으로 나누어 구한다.

80 　　　　　　　　　　　　　　　　　**정답 ②**

데이터마트는 데이터의 한 부분으로서 특정 사용자가 관심
을 갖는 데이터들을 담은 비교적 작은 규모의 데이터 웨어하
우스이다. 데이터마트는 일반적인 데이터베이스 형태로 갖고
있는 다양한 정보를 사용자의 요구 항목에 따라 체계적으로
분석하여 기업의 경영 활동을 돕는다.

81 　　　　　　　　　　　　　　　　　**정답 ⑤**

메타버스는 가상, 초월 등을 뜻하는 영어 단어 메타(Meta)와
우주를 뜻하는 유니버스(Universe)의 합성어로, 현실세계
와 같은 사회·경제·문화 활동이 이뤄지는 3차원 가상세계
를 가리킨다. 메타버스는 가상현실보다 한 단계 더 진화한 개
념으로, 아바타를 활용해 단지 게임이나 가상현실을 즐기는
데 그치지 않고 실제 현실과 같은 사회·문화적 활동을 할
수 있다는 특징이 있다.

82 　　　　　　　　　　　　　　　　　**정답 ④**

UDI(Unique Device Identification)는 의료기기에 고
유 식별 번호를 부여한 의료기기 표준 코드로, 최소 명칭단위
및 포장단위별로 생성해야 하기 때문에 상위 포장인 묶음 포
장단위에도 부여해야 한다.

83 　　　　　　　　　　　　　　　　　**정답 ④**

블록체인(block chain)은 관리 대상 데이터를 블록이라고
하는 소규모 데이터들이 P2P 방식을 기반으로 생성된 체인
형태의 연결고리 기반 분산 데이터 저장 환경에 저장하여, 누
구라도 임의로 수정할 수 없고 누구나 변경의 결과를 열람할
수 있는 분산 컴퓨팅 기술 기반의 원장 관리 기술이다.
① 비트코인 : P2P 기반의 암호화폐로, 각국 중앙은행이 화
폐발행을 독점하고 자의적인 통화정책을 펴는 것에 대한
반발로 탄생한 사이버 머니이다.
② 비콘 : 블루투스 프로토콜을 기반으로 한 근거 무선통신
장치로, 모든 기기가 항상 연결되는 사물인터넷 구현에 적
합하다.
⑤ 딥러닝 : 컴퓨터가 스스로 외부 데이터를 조합·분석하여
학습하는 기술로, 컴퓨터가 인간처럼 판단하고 학습할 수
있도록 하고 이를 통해 사물이나 데이터를 군집화하거나
분류하는 데 사용한다.

84 　　　　　　　　　　　　　　　　　**정답 ③**

웹 3.0은 탈중앙화와 개인의 콘텐츠 소유가 주요 특징인 차
세대 인터넷으로, 블록체인과 분산 기술을 기반으로 지능화
된 개인맞춤형 웹을 구현한다.

85 　　　　　　　　　　　　　　　　　**정답 ⑤**

옵트 인(opt in)은 선동의 후사용으로 정보 주체의 개인정보

를 보호하기 위한 방식이고, 옵트 아웃(opt out) 선사용 후배제로 마케팅 등에 있어서 개인정보를 활용하기 위한 방식이다. 기업에서 발송하는 광고성 메일에 대해 수신거부 의사를 전달해야만 더 이상 광고성 메일을 받지 않을 수 있는 것은 옵트 아웃에 해당한다.

86 정답 ④

빅데이터는 단순히 큰 데이터가 아니라 부피(Volume)가 크고, 변화의 속도(Velocity)가 빠르며, 속성이 매우 다양(Variety)한 데이터라는 3 가지 특징을 가진 큰 데이터를 말한다.

87 정답 ③

플랫폼이란 공급자와 수요자 등 복수 그룹이 참여해 각 그룹이 얻고자 하는 가치를 공정한 거래를 통해 교환할 수 있도록 구축된 환경이다. 플랫폼 참여자들의 연결과 상호작용을 통해 진화하며, 모두에게 새로운 가치와 혜택을 제공해 줄 수 있는 상생의 생태계라고 말할 수 있다.
① 데이터베이스 : 데이터를 한곳에 모아 놓고 관리함으로써 효율성을 높이고 여러 사람에게 필요한 정보를 제공할 수 있도록 체계적으로 구성된 데이터의 집합체
② 옴니채널 : 다양한 채널이 고객의 경험관리를 중심으로 하나로 통합된 것
④ 클라우드 컴퓨팅 : 인터넷 상의 서버를 통하여 IT 관련 서비스를 한번에 사용할 수 있는 컴퓨팅 환경
⑤ m-커머스 : 스마트폰, 개인정보 단말기, 기타 이동 전화 등을 이용한 은행 업무, 지불 업무, 티켓 업무와 같은 서비스를 하는 비즈니스 모델

88 정답 ②

㉠ 디지털문서 : 어떤 사람을 특정할 수 있는 정보와 공개 키(public key), 전자서명으로 구성된 전자적 형태의 문서를 말한다.
㉡ 분산ID : 블록체인 기술 기반으로 구축한 전자신분증 시스템으로, 지갑에서 주민등록증을 꺼내듯 필요한 상황에만 블록체인 지갑에서 분산ID를 제출해 신원을 증명할 수 있다.

89 정답 ①

가상현실(VR : Virtual Reality)은 특정한 장소나 상황을 3차원 컴퓨터 그래픽으로 구현하여 간접적으로 경험할 수 있는 환경을 제공하는 기술이다.
② 증강 현실 : 가상현실(VR)의 한 분야로 실제로 존재하는 환경에 가상의 사물이나 정보를 합성하여 마치 원래의 환경에 존재하는 사물처럼 보이도록 하는 컴퓨터 그래픽 기법이다.
③ UI/UX : UI(User Interface)는 사용자와 디지털 제품 또는 서비스 간의 상호작용을 가능하게 하는 시각적 요소이고, UX(User Experience)는 사용자가 제품 또는 서비스와 상호작용을 하는 동안 느끼는 모든 경험을 말한다.
④ 사이버 물리 시스템 : 융합연구의 발전으로 새롭게 이목을 끌고 있는 시스템으로, 일반적으로는 다양한 컴퓨터 기능들이 물리세계의 일반적인 사물들과 융합된 형태인 시스템을 의미한다.
⑤ 브레인 컴퓨터 인터페이스 : 인간의 뇌파 신호를 해석하여 컴퓨터와의 상호작용을 가능하게 하는 기술이다.

90 정답 ④

㉠ 채찍효과(bullwhip effect) : 공급사슬관리에서 제품에 대한 수요정보가 공급사슬상의 참여 주체를 하나씩 거쳐 전달될 때마다 그 변동 폭이 확대·왜곡되는 현상을 말한다.
㉡ 가시성 : 공급자, 유통업자, 고객 관련 정보 등의 흐름을 효율적으로 관리하는 e-SCM을 구축하여 공급사슬의 가시성을 확보하면 채찍효과 현상을 감소시키거나 제거할 수 있다.

2023년 제2회 기출문제 정답 및 해설

01	③	02	③	03	②	04	⑤	05	④
06	②	07	④	08	⑤	09	④	10	④
11	④	12	③	13	①	14	③	15	③
16	⑤	17	③	18	④	19	⑤	20	④
21	④	22	③	23	④	24	③	25	⑤
26	④	27	⑤	28	③	29	③	30	④
31	②	32	③	33	③	34	③	35	⑤
36	⑤	37	③	38	③	39	④	40	④
41	①	42	②	43	④	44	⑤	45	③
46	①	47	③	48	⑤	49	②	50	③
51	③	52	③	53	③	54	①	55	①
56	⑤	57	③	58	③	59	⑤	60	⑤
61	③	62	③	63	③	64	⑤	65	③
66	①	67	③	68	③	69	④	70	①
71	②	72	③	73	⑤	74	②	75	⑤
76	⑤	77	⑤	78	③	79	⑤	80	⑤
81	⑤	82	①	83	④	84	④	85	③
86	④	87	④	88	②	89	④	90	③

[1과목] 유통물류일반

01 정답 ③

기업의 윤리경영은 계량적 지표 외에 기업에 대판 평판, 지역 사회의 공헌 정도, 종업원의 기업 경영에 대한 만족도 등 정성적인 지표들도 함께 활용해야 한다.

02 정답 ③

제조업자는 소수의 제품라인을 대량생산하고 소비자는 소수의 다양한 제품을 구매하려는 양자의 욕구차이에서 발생하는 제품구색과 생산·구매량 간의 불일치를 해소할 수 있기 때문에 유통경로와 중간상이 필요하다.

03 정답 ②

- ㉠ 합작투자 : 2개국 이상의 기업·개인·정부기관이 영구적인 기반 아래 특정기업체 운영에 공동으로 참여하는 국제경영방식으로 전체 참여자가 공동으로 소유권을 갖는다.
- ㉡ 위탁제조 : 주문자상표부착생산(OEM : Original Equipment Manufacturing)으로 일컬으며, 유통망을 구축하고 있는 주문업체에서 생산기술을 가진 제조업체에 주문자가 요구하는 상품을 제조하도록 위탁하여 완성된 상품을 주문자의 브랜드로 판매하는 방식이다.
- 전략적 제휴 : 다수의 기업들이 자신의 경쟁우위 요소를 바탕으로 각자의 독립성을 유지하면서 전략적으로 상호협력 관계를 형성함으로써 타 경쟁기업에 대해 경쟁우위를 확보하려는 경영 전략이다.
- 라이선싱(licensing) : 상표 등록된 재산권을 가지고 있는 개인 또는 단체가 타인에게 대가를 받고 그 재산권을 사용할 수 있도록 상업적 권리를 부여하는 계약이다.
- 해외직접투자 : FDI(Foreign Direct Investment)는 외국인이 장기적인 관점에서 타국 기업에 출자하고 경영권을 확보하여 직접 경영하거나 경영에 참여하는 형태의 외국인투자를 말한다.
- 프랜차이징(franchising) : 정부 또는 회사가 개인 또는 집단에게 특정한 활동을 할 수 있도록 하는 권한을 부여하여, 특정한 지역 안에서 회사의 상품 또는 서비스를 거래하도록 하는 것이다.

04 정답 ⑤

윤리 라운드는 윤리적 행위를 기업 경영활동에 적용하려는 국제적 시도로서 경제활동의 윤리적 환경과 조건을 세계 각국 공통으로 표준화하려는 움직임을 말한다. 비윤리적인 기업의 제품이나 서비스를 국제 거래에서 규제하자는 것이 대표적인 움직임이다.

① 우루과이 라운드 : 이전까지 세계 무역 질서를 이끌어 온 관세 및 무역에 관한 일반협정(GATT) 체제의 문제점을 해결하고 이 체제를 다자간 무역기구로 발전시키려는 국가 간 협상이다.
② 부패 라운드 : 국제무역에서 부패 관행을 퇴치할 국제적 규칙의 마련을 위한 다자간 협상을 말한다.

③ 블루 라운드 : 세계 각국의 근로조건을 국제적으로 표준화
할 목적으로 추진되는 다자간 무역협상이다.
④ 그린 라운드 : 지구 환경문제를 국제무역거래와 연계할 경
우 관세 및 무역에 관한 일반협정을 중심으로 맺어지는
협상이다.

05　　　　　　　　　　　　　　　정답 ④

경영자는 조직 공동의 목표를 명확히 설정하고, 목표 달성과
보상을 적절히 연계하여 실행해야 한다.

06　　　　　　　　　　　　　　　정답 ②

관리격자연구에 따른 리더십 유형 중 팀형(9-9)은 헌신적인
과업 활동과 구성원에 대한 신뢰와 존중을 바탕으로 목표를
달성한다.

> **관리격자이론의 리더십 유형**
> - **인기형(1-9)** : 만족스러운 관계를 위해 사람들의 욕구
>   만족에 대해 배려하고 편안하고 친절한 조직 분위기
>   를 만든다.
> - **무관심형(1-1)** : 퇴출 되지 않고 조직에 남아 있을 정
>   도로만 과업 수행의 노력을 기울인다.
> - **중도형(5-5)** : 적절한 과업 수행과 구성원 만족을 관
>   리하여 일정 수준의 성과를 추구한다.
> - **팀형(9-9)** : 헌신적인 과업 활동과 구성원에 대한 신
>   뢰와 존중을 바탕으로 목표를 달성한다.
> - **과업형(9-1)** : 인간적 요소의 개입을 최소화하여 업무
>   수행의 능률을 최대화하고 조직의 목표를 중시한다.

07　　　　　　　　　　　　　　　정답 ④

팩토링(factoring)은 금융기관들이 기업으로부터 상업어음.
외상매출증서 등 매출채권을 매입하고 이를 바탕으로 자금을
빌려주는 외상매출채권의 매입업무이다.

08　　　　　　　　　　　　　　　정답 ⑤

직계 · 참모식(line & staff) 조직은 직계조직과 참모조직의
혼합 형태로, 직계조직에 있어서의 지휘 · 명령의 일원화를
유지하고 수평적 분화에 따른 책임과 권한을 확립하는 조직
형태이다.

09　　　　　　　　　　　　　　　정답 ④

프랜차이즈 시스템은 가맹본부가 일정 조건 하에 가맹점에게
판매권을 주어 판매활동권리와 특권을 부여함과 동시에 직영
과 같이 경영지도 및 자금지원을 하는 수직적 마케팅 시스템
(vertical marketing system)이다.

10　　　　　　　　　　　　　　　정답 ④

유통경로 커버리지(channel coverage)는 특정 지역에서
자사 제품을 취급하는 점포의 수를 말한다. 즉, 특정 지역에
서 자사 제품을 취급하는 점포를 얼마나 많이 활용할 것인가
를 결정하는 것이다.
① 유통경로의 수준
② · ⑤ 유통경로의 길이
③ 전속적 유통경로(exclusive distribution)

11　　　　　　　　　　　　　　　정답 ④

우리나라 유통산업은 1990년대 후반 유통시장 개방과 자유
화 정책 이후 선진유통기법의 도입과 대형유통업체의 등장으
로 급속히 성장하였다.

12　　　　　　　　　　　　　　　정답 ③

상품의 가치 및 상태를 보호하기 위해 적절한 재료와 용기를
사용하는 것은 포장활동이다. 유통가공활동은 유통부문이 수
행하는 제품의 형태 변화 및 품질의 변경 등을 말한다.

13　　　　　　　　　　　　　　　정답 ①

조직 문화(organizational culture)는 조직 구성원의 공
유된 가치나 신념 체계이다. 즉, 구성원들이 공유하는 가치나
신념, 관습, 전통 등을 통합한 총체적인 개념이며 조직과 개
개인에게 영향을 미치는 비공식적인 분위기이다.

14　　　　　　　　　　　　　　　정답 ③

> **유통채널 구조의 변화 과정**
> ㉠ 전통시장단계 → ㉡ 제조업체 우위단계 → ㉢ 소매업
> 체 성장단계와 제조업체 국제화단계 → ㉣ 소매업체 대
> 형화단계 → ㉤ 소매업체 국제화단계

15 　　　　정답 ③

고객이 대금을 지급하거나 판매점이 생산자에게 송금하는 것은 지급 흐름이다. 지급 흐름은 물적 흐름 및 소유권 흐름과 반대로 소비자에서 생산자로 흐른다.

ⓐ **물적 흐름** : 생산자로부터 최종 소비자에 이르기까지의 제품의 이동
ⓒ **소유권 흐름** : 유통 기관으로부터 다른 기관으로의 소유권 이전
ⓔ **정보 흐름** : 유통 기관 사이의 정보의 흐름
ⓜ **촉진 흐름** : 광고, 판촉원 등 판매촉진 활동의 흐름

16 　　　　정답 ⑤

유통기업들이 물류에 높은 관심을 가지는 것은 기술혁신에 의하여 운송, 보관, 하역, 포장기술이 발전되었고 정보면에서도 그 발전 속도가 현저하게 높아졌기 때문이다.

17 　　　　정답 ③

드럭스토어는 의사의 처방전 없이 구입할 수 있는 일반의약품 및 화장품·건강보조식품·음료 등 다양한 상품을 판매하는 복합형 전문점이다.

① **상설할인매장** : 상시로 제품의 가격을 할인하여 판매하는 매장
② **재래시장** : 소상인들이 모여서 갖가지 물건을 직접 판매하는 전통적 구조의 시장
④ **대중 양판점** : 백화점과 슈퍼마켓의 장점을 살려 쾌적한 분위기로 물건을 싸게 파는 소매점
⑤ **구멍가게** : 간단한 식료품이나 공산품을 살 수 있는 시골이나 동네 골목길의 작은 가게

18 　　　　정답 ④

소매수명주기이론(retail life cycle theory)에서 소매기관의 상대적 취약성이 명백해지면서 시장점유율이 떨어지고 수익이 감소하여 경쟁에서 뒤처지게 되는 단계는 쇠퇴기이다.

① **도입기** : 판매량과 이익이 모두 낮으며 경쟁사 수도 소수이기 때문에 시장확대 전략에 초점을 두는 시기
② **성장기** : 판매량과 이익이 모두 급성장하여 경쟁자 수도 증가하기 때문에 시장침투 전략에 초점을 두는 시기
③ **성숙기** : 판매량은 저성장, 이익은 정점에 달하고 경쟁자 수도 다수이기 때문에 시장 점유율을 유지하는 전략에 초점을 두는 시기

19 　　　　정답 ⑤

공동집배송센터란 여러 유통사업자 또는 제조업자가 공동으로 사용할 수 있도록 집배송시설 및 부대업무시설이 설치되어 있는 지역 및 시설물을 말한다.

20 　　　　정답 ④

품질관련부서의 직원을 중심으로 챔피언, 마스터블랙벨트, 블랙벨트, 그린벨트의 자격이 주어지는 것은 6시그마 벨트제도에 대한 설명이다. ISO 9000 시리즈(품질경영규격)는 공급자에 대한 품질경영 및 품질보증의 국제규격으로, 9000과 9001~9004의 5가지 규격으로 구성되어 있다.

21 　　　　정답 ④

단순 이동평균법은 가장 최근의 기간 동안의 자료들의 단순 평균을 이용하여 다음 기간을 예측하는 방법이다. 이동평균 기간을 2개월로 한다고 하였으므로, 단순 이동평균법으로 예측한 4월의 판매량은 다음과 같다.

$$\frac{2월\ 판매량 + 3월\ 판매량}{2개월} = \frac{19+21}{2} = 20$$

22 　　　　정답 ③

ⓐ 감정적 갈등 / ⓒ 표출된 갈등

> **조직 내 갈등의 생성 단계**
> · **감정적 갈등** : 상대방에 대한 감정이 적대적이거나 긴장된 상태
> · **잠재적 갈등** : 갈등이 존재할 수도 있는 상태
> · **지각 갈등** : 상대방에 대해 적대적이거나 긴장된 감정을 지각하는 상태
> · **표출 갈등** : 갈등이 밖으로 드러난 상태
> · **갈등 결과** : 갈등이 해소 또는 잠정적으로 억제된 상태

23 　　　　정답 ④

집중준비의 원칙은 도매상이 유통경로에 개입하여 상품재고의 도매상 집중현상을 소매상에 분산함으로써 도매상의 대량 보관기능을 분담시키고, 사회 전체의 상품재고 총량을 감소시킨다는 원칙이다.

① **분업의 원칙** : 유통경로에서 수급조절기능, 보관기능, 위험

부담기능, 정보수집기능 등을 제조업자가 일괄적으로 수행하기보다는 중간상들이 분업의 원리로 참여하면 유통기능이 경제적·능률적으로 원활하게 수행될 수 있다는 원칙이다.

② 변동비 우위의 원칙 : 조건적으로 제조와 유통기관을 통합하여 대규모화하기보다는 각각의 유통기관이 적절한 규모로 역할분담을 하는 것이 비용면에서 훨씬 유리하다는 원칙이다.

③ 총거래수 최소의 원칙 : 생산자와 소비자가 직거래를 하는 것보다 중간상이 개입하면 거래가 보다 효율적으로 이루어져 총거래수가 줄어든다는 원칙이다.

⑤ 규모의 경제 원칙 : 기업이 생산량을 증대하여 단위당 비용의 하락을 통해 이익을 얻는다는 원칙이다.

24 　　　　　　　　　　　　　정답 ③

자신의 가맹점만이 개선할 수 있는 부분을 활용한 차별점을 검토하는 것은 가맹점이 아니라 가맹본부, 즉 본사에서 고려해야 할 점이다.

25 　　　　　　　　　　　　　정답 ⑤

물류관리의 3S 1L 원칙은 필요한 물품을 필요한 장소에 필요한 때에 적정한 가격으로 전달한다는 원칙으로 신속성(Speedy), 정확성(Surely), 안전성(Safely), 경제성(Low)이 모두 고려된 원칙이다.

[2과목] 상권분석

26 　　　　　　　　　　　　　정답 ④

접근가능성의 원칙은 지리적으로 인접하거나 교통이 편리한 입지에 점포가 위치하면 고객을 유인하는데 유리하다는 원칙으로, 점포를 방문하는 고객의 심리적·물리적 특성과 관련된 원칙이다.

① 고객차단의 원칙 : 사무실밀집지역, 쇼핑지역 등은 고객이 특정지역에서 타 지역으로 이동할 시에 점포를 유인하게 한다.

② 동반유인의 원칙 : 동종 점포가 서로 집중된 입지가 고객을 유인하는데 유리하다는 원칙이다.

③ 점포밀집의 원칙 : 유사한 점포 또는 대체가 가능한 점포가 인접할수록 고객 흡인력이 떨어진다.

⑤ 보충가능성의 원칙 : 두 개의 점포가 인접한 장소에 위치할수록 고객을 유인하는데 있어 유리하다.

27 　　　　　　　　　　　　　정답 ⑤

중심상업지역(CBD : central business district)은 대도시나 소도시의 전통적인 도시상업지역으로, 그 지역에 많은 주민이 거주하고 대중교통의 중심지역이기 때문에 도보통행량이 많다.

28 　　　　　　　　　　　　　정답 ③

수정허프(Huff)모델에 따르면 소비자가 어느 상업지에서 구매하는 확률은 그 상업 집적의 매장면적에 비례하고 그곳에 도달하는 거리의 제곱에 반비례한다고 한다. 주어진 글상자에서 이사 이후에 C의 거주지와 A 사이의 거리가 C의 거주지와 B 사이 거리의 2배가 되었다고 하였으므로, 소비자 C의 소매지출에 대한 소매단지 A의 점유율은 $\frac{1}{2^2} = \frac{1}{4}$로 감소하였다고 볼 수 있다.

29 　　　　　　　　　　　　　정답 ⑤

둥지내몰림 또는 젠트리피케이션(gentrification)은 낙후된 구도심 지역이 활성화되어 중산층 이상의 계층이 유입됨으로써 기존의 저소득층 원주민을 대체하는 현상을 말한다. 상권이 활성화되면서 자본이 유입되어 대형 프랜차이즈 점포가 입점하는 등 대규모 상업지구로 변모하면서 결국 치솟은 임대료를 감당할 수 없게 된 기존의 소규모 근린상점들이 떠나가게 된다.

30 　　　　　　　　　　　　　정답 ④

체크리스트법은 상권의 규모에 영향을 미치는 요인들을 수집·평가하여 이들에 대한 시장잠재력을 측정하는 방법으로, 특정 점포의 상대적 매력도는 파악할 수 있지만 상권의 공간적 경계를 추정하는 데는 도움을 주지 못한다.

① CST map : 점포를 이용하는 고객 인터뷰를 통해 소비자의 지리적 분포를 확인하는 방법

② 컨버스(P. D. Converse)의 분기점 분석 : 두 도시 간의 구매 영향력이 같은 분기점의 위치를 구하는 방법

③ 티센다각형(thiessen polygon) : 소비자들이 가장 가까운 소매시설을 이용한다는 가정 하에 공간독점 접근법에 기반한 일종의 상권 구획모형

⑤ 허프(Huff)모델 : 소비자의 점포선택을 결정론적 접근이 아닌 확률론적 접근으로 보며, 고객이 특정 점포를 선택할 확률은 점포의 크기에 비례하고 점포까지의 거리에 반비례한다고 추정하는 기법

31 정답 ②

중심지 이론과 소매인력법칙은 규범적 분석에 의한 상권분석 기법이다.

> **상권분석기법 유형**
> - 서술적 방법에 의한 상권분석기법 : 체크리스트법, 유추법, 현지조사법, 비율법 등
> - 규범적 모형에 의한 상권분석기법 : 중심지이론, 소매중력모형, 컨버스모형
> - 확률적 모형에 의한 상권분석기법 : Huff모델, MNL모델, MCI모델

32 정답 ②

공급측면에서의 비용요인 중 교통비가 저렴할수록 상권은 확대된다.

33 정답 ⑤

노면 독립입지는 전혀 점포가 없는 곳에 독립하여 점포를 운영하는 형태로, 고객을 지속적으로 흡인하기 위한 마케팅 비용이 많이 든다.

34 정답 ⑤

점포의 예상수요는 상권설정 시 획득가능한 매출을 추정하는 단계이므로, 점포의 상권을 설정하기 위한 지역특성 및 입지조건 관련 조사내용과는 거리가 멀다.

35 정답 ⑤

신규점포의 개점은 ⓒ 창업자 특성분석 → ⓓ 창업 아이템 선정 → ㉠ 상권분석 및 입지선정 → ⓔ 점포계획 → ⓛ 홍보 및 운영 계획의 순으로 준비하는 것이 바람직하다.

36 정답 ⑤

집심성 입지는 백화점, 고급음식점, 고급보석상, 미술품점, 영화관처럼 배후지나 도시의 중심지에 모여 입지하는 것이 유리한 입지유형이다.
① 적응형 입지 - 거리에서 통행하는 유동인구에 의해 영업이 좌우됨
② 산재성 입지 - 동일 업종끼리 모여 있으면 불리함
③ 집재성 입지 - 동일 업종끼리 한곳에 집단적으로 입지하는 것이 유리함
④ 생활형 입지 - 지역 주민들이 주로 이용함

37 정답 ③

용적률을 계산할 때 해당 건축물의 부속용도에 한하는 지상 주차장은 연면적에서 제외된다. 즉, 건축물의 부속용도가 아닌 지상층의 주차용 면적은 연면적에 포함된다.

38 정답 ⑤

어떤 지역의 소매판매액을 1인당 평균 구매액으로 나눈 값을 상업인구라 하고, 상업인구를 그 지역의 거주인구로 나눈 값을 중심성지수라 한다. 따라서 소매 판매액의 변화가 없어도 해당 지역의 인구가 감소하면 중심성지수는 상승한다.

39 정답 ④

허프(Huff)모델과 마찬가지로 수정허프(Huff)모델도 상권을 세부지역(zone)로 구분하는 절차를 거친다.

40 정답 ⑤

평면도로 볼 때 도로에 접한 정면너비가 깊이보다 큰 장방형 형태의 점포가 가시성이 좋으므로 유리한 점포 입지이다.
① 건축선의 후퇴(setback)는 해당 점포가 앞 건물에 가려질 수 있으므로 상가건물의 가시성을 떨어뜨린다.
② 점포 출입구 부근에 단차가 있으면 사람과 물품의 출입이 용이하지 않다.
③ 점포 부지와 점포의 형태는 직사각형에 가까울수록 소비자 흡인에 좋다.
④ 점포규모가 커지면 매출이 증가할 수 있으나 단위면적당 매출비율이 낮아져 효율성이 떨어질 수 있으므로, 점포면적이 무조건 클수록 좋은 것은 아니다.

41 정답 ①

임차인이 3기의 차임액에 해당하는 금액에 이르도록 차임을 연체한 사실이 있는 경우가 임대인이 임대차 계약의 갱신을 거부할 수 있는 예외 사항에 해당한다.

42 　　　　　　　　정답 ②

구매력지수(BPI : Buying Power Index)를 산출하기 위해서는 인구수, 소매매출액, 가처분소득 등 3가지 요소에 가중치를 곱하여 합산한다. 이때 가처분소득 비율의 가중치가 0.5로 가장 크다.

> **구매력지수(BPI : Buying Power Index)**
> BPI = (인구비 × 0.2) + (소매매출액비 × 0.3) + (가처분소득비 × 0.5)

43 　　　　　　　　정답 ④

컨버스(P. D. Converse)의 분기점분석은 소매점포의 예상 매출을 추정하는 분석 방법이 아니라, 두 상권의 경계를 분석하는 방법이다. 두 상권의 분기점에서의 두 점포에 대한 구매지향력은 같다고 보고, 두 도시 간의 상권경계지점을 계산한다.

44 　　　　　　　　정답 ②

소매포화지수(IRS : Index of Retail Saturation)는 특정 지역시장의 잠재수요를 총체적으로 측정할 수 있는 지표로, 다음과 같이 특정 업태의 총매장면적을 분모로 한다.

> **소매포화지수(IRS)**
> $$= \frac{지역시장의\ 총가구수 \times 가구당\ 특정\ 업태에\ 대한\ 지출액}{특정\ 업태의\ 총매장면적}$$

45 　　　　　　　　정답 ⑤

지리정보시스템(GIS)에 기반한 상권분석정보는 백화점, 대형마트 등의 대규모 점포의 입지선정뿐만 아니라 편의점, 마트 등의 소규모 점포의 입지선정에도 활용가능성이 높다.

[3과목] 유통마케팅

46 　　　　　　　　정답 ①

> **시장세분화를 위한 조건**
> ㉠ **측정가능성** : 시장세분화 후 세분시장의 특성들을 측

정할 수 있어야 한다.
> ㉡ **접근가능성** : 해당 세분시장의 소비자에게 유통경로를 통해 기업의 제품을 전달할 수 있어야 한다.
> ㉢ **실행가능성** : 각 세분시장을 공략할 수 있는 효과적인 마케팅프로그램을 개발하고 실행할 수 있어야 한다.
> ㉣ **규모의 적정성** : 세분시장은 충분한 규모를 가지고 이익을 낼 수 있어야 한다.
> ㉤ **차별화 가능성** : 세분시장 내에는 동질적인 소비자들로 구성되지만, 세분시장 간에는 이질적인 차별성이 있어야 한다.

47 　　　　　　　　정답 ②

ABC분석은 재고 항목을 중요도에 따라 A, B, C의 세 그룹으로 나누어 관리하는 전략적 분류 방법으로, 매출비중이 높더라도 수익성이 떨어지는 상품은 재고의 상당 부분을 차지하므로 미끼상품으로 활용하는 등의 전략이 필요하다.

48 　　　　　　　　정답 ⑤

소매업 수레바퀴가설은 소매기관의 진입, 성장, 쇠퇴 과정을 비용에 초점을 두어 설명한 이론으로, 초기에는 혁신적인 형태에서 출발하다 성장하면서 다른 신업태에 자리를 내주는 소매업의 순환과정을 말한다.
① **자연도태설** : 환경에 적응하는 소매상은 생존 및 발전하고, 환경에 적응하지 못한 소매상은 도태된다는 이론이다.
② **소매수명주기 이론** : 소매업체가 시간의 경과에 따라 진화하는 이론으로 도입기, 초기성장기, 가속성장기, 성숙기, 쇠퇴기 단계를 거치게 된다.
③ **소매아코디언 이론** : 소매업태의 변천은 제품구색의 변화에 따라 제품구색이 넓은 소매업태에서 제품구색이 좁은 소매업태로, 다시 넓은 제품구색의 소매업태를 되풀이하게 된다.
④ **변증법적 이론** : 소매점의 진화과정을 변증법적 유물론에 입각하여 정반합의 과정 속에 계속해서 새로운 형태의 소매점이 출현하게 된다는 이론이다.

49 　　　　　　　　정답 ②

쾌락적 편익은 소비자의 오감을 만족시키거나 혹은 소비자의 사회 · 심리적인 상징적 욕구를 충족시켜 주는 편익이므로, 소매업체가 점포를 디자인할 때 효율적으로 제품을 찾고 구입하기 위해 고려해야 하는 요소는 아니다.

50 정답 ⑤

손익분기점은 일정 기간 수익과 비용이 같아서 이익도 손실도 생기지 않는 경우의 매출액을 말한다. 따라서 손익분기 매출액 산출이 채산성을 위한 목표 매출 및 달성 가능성을 분석하기 위한 유통계량조사의 내용으로는 부적절하다.

51 정답 ③

고저가격전략(high-low pricing)은 일부 제품은 가격인하용 미끼상품으로 판매하고 일부는 정상가격으로 판매하는 전략으로, 할인이나 이벤트 등의 판매촉진을 위한 광고 및 운영비가 증가하는 단점이 있다.

52 정답 ③

경로구성원과 장기적 협력관계를 구축할 필요가 있는 경우 경제성, 통제성, 적응성 등의 기준에 따라 평가한 후 성과가 좋지 못한 중간상은 교체한다.

53 정답 ④

제시된 글상자에서 N사는 고객에게 잊지 못할 감동을 주고 있으므로, 서비스품질을 평가하는 요소 중 고객에 대한 관심과 배려의 정도를 평가하는 공감성(empathy)이다.
① 신뢰성(reliability) : 정확한 서비스를 수행하는 능력
② 확신성(assurance) : 고객에게 신뢰를 주는 능력
③ 유형성(tangibility) : 시설, 장비, 직원 등의 외적 요소
⑤ 응답성(responsiveness) : 즉각적인 서비스 능력

54 정답 ①

교차판매, 묶음판매를 통한 관계의 확대는 고객과의 관계에서 견고성과 친밀성을 강화하여 수익성이 높은 우량고객으로 진화시켜 나가는 관계강화 단계에 해당한다.

55 정답 ①

㉠ 풀전략 : 제조사가 직접 광고나 판촉 활동을 통해 소비자의 관심을 끌고, 소비자들이 유통업체에게 제품을 주문하도록 유도하는 전략
㉡ 푸시전략 : 제조사가 유통업체에 직접 접근하여 판촉 활동을 하고 유통업체가 소비자에게 적극적인 판매를 유도하는 전략

• **집중적 마케팅전략** : 큰 시장에서 작은 점유율을 추구하는 대신 하나 혹은 소수의 작은 세분시장 또는 틈새시장에서 높은 점유율을 추구하는 전략
• **차별적 마케팅전략** : 여러 세분시장을 표적시장으로 선정하고, 각 세분시장별로 서로 다른 시장제공물을 개발하는 전략

56 정답 ⑤

산업구조분석모형(5-forces model)은 마이클 포터(Michael Porter)가 발표한 산업구조분석 기법으로 다섯 가지 경쟁요인을 통해 특정 산업분야의 현황과 미래를 분석한다. 한 재화의 가격이 상승하면 다른 재화의 수요가 증가하므로 대체재가 많을수록 시장의 매력도는 낮아진다.

57 정답 ③

마케팅 성과는 통합적이고 가치 프로세스 상에서 발생하는 특성이 있으므로, 단일 마케팅성과척도보다는 통합된 마케팅 성과척도를 사용하는 것이 바람직하다.

58 정답 ③

판매촉진 예산을 결정할 때 과거의 매출액이나 예측된 미래의 매출액을 근거로 예산을 결정하는 방법은 매출비율법이다. 가용예산법(affordable method)은 기업의 여유 자금에 따라 예산을 결정하는 방법으로, 기업의 다른 필수적 경영활동에 우선적으로 자금을 책정한 후 여유자금이 허락하는 범위 내에서 판매촉진 예산을 결정하는 방법이다.

59 정답 ⑤

CRM을 성공적으로 수행하기 위해서는 다양한 채널을 고객의 경험관리를 중심으로 통합하여 운영해야 한다.

60 정답 ⑤

상품 설명, 쇼핑 상담, 배달 등과 같은 노역 기술 제공 서비스는 소매업이 상품 판매를 효과적으로 전개하기 위해 제공하는 인적 서비스에 해당한다.

61 정답 ③

제한된 지역을 순방하므로 상대적으로 영업비용을 줄일 수 있는 영업조직은 지역별 영업조직이다.

62 정답 ④

OLAP(On-Line Analytical Processing)는 사용자가 직접 데이터를 검색 및 분석해서 문제점이나 해결책을 찾는 온라인 분석 처리 기법이다.

① 데이터마이닝(data mining) : 대량의 데이터베이스에 내재되어 있는 패턴을 발견하고 규칙을 추론함으로써 유용한 정보를 추출해내는 과정

② 데이터웨어하우징(data warehousing) : 기업 내 흩어져 있는 방대한 양의 데이터에 쉽게 접근하고 이를 활용할 수 있게 하는 기술

③ OLTP(online transaction processing) : 네트워크 상의 여러 이용자가 실시간으로 데이터베이스의 데이터를 갱신하거나 조회하는 등의 단위 작업을 처리하는 방식

⑤ EDI(electronic data interchange) : 기업 간에 데이터를 효율적으로 교환하기 위해 지정한 데이터와 문서의 표준화 시스템

63 정답 ②

격자형 레이아웃은 점포의 공간 효율성을 높이는 레이아웃으로, ㉠·㉣·㉎이 장점이다. ㉡·㉢·㉤은 자유형 레이아웃의 장점에 해당한다.

64 정답 ③

고객생애가치(CLV : Customer lifetime value)는 고객이 일생동안 기업에게 구매를 통해 평균적으로 기여하는 미래수익의 현재가치이다. 따라서 기업은 고객생애가치를 높이기 위하여 경쟁자보다 더 높은 가치를 제공해 주어야 한다.

① 고객생애가치는 특정 고객으로부터 얻게 되는 이익 흐름의 현재가치를 의미한다.

② 고객 애호도가 높다고 해서 반드시 고객생애가치가 높은 것은 아니다.

④ 올바른 고객생애가치를 산출하기 위해서는 기업의 수입 흐름 외에 고객의 이용실적, 고객당 비용, 고객이탈가능성 및 거래기간 등을 고려해야 한다.

⑤ 고객생애가치는 고객과의 한 번의 거래에서 나오는 이익이 아니라, 일생동안 누적된 거래에서 나오는 이익이다.

65 정답 ④

주로 충동구매 상품을 배치하여 매출을 극대화하기 위해 활용하는 비주얼 머천다이징 구성요소는 PP이다. IP(interior presentation)는 상품을 분류 및 정리하고 행거, 선반, 테이블 등을 이용해 보기 쉽게 진열하여 고객의 구입의지를 결정하도록 하는 진열방식이다.

66 정답 ①

쿠폰은 판매촉진을 위해 사용되는 일종의 가격할인권으로, 상품의 구매동기 유발이나 촉진을 목적으로 소비자에게 여러 혜택이나 가격할인 등을 제공하는 다양한 형태의 대상물이다.

② 프리미엄 : 일정 금액 이상을 구매하면 추가 증정품을 지급하는 판매촉진 방법이다.

③ 컨테스트 : 특정 제품이나 서비스에 대한 행사 또는 경연을 통해 경품이나 상을 주어 소비자들의 관심과 인지도를 높이는 방법이다.

④ 인적 판매 : 구입을 유도하기 위해 고객 및 예상고객과 직접 접촉할 때 판매를 촉진시키기 위해 제품과 서비스를 제공하는 활동이다.

⑤ 리베이트 : 상품을 구입하거나 서비스를 이용한 소비자가 표시가격을 완전히 지불한 후, 그 지불액의 일부를 돌려주는 판매장려금 제도이다.

67 정답 ③

세그먼트 머천다이징(segment merchandising)은 세분시장 대응 머천다이징으로, 동일한 고객층을 대상으로 하되 경쟁점과는 달리 그들 고객이 가장 원하는 품종에 중점을 두거나, 가격대에 대응하는 상품이나 품질을 차별화하는 방향으로 전개하는 머천다이징이다

① 혼합식 머천다이징(scrambled merchandising) : 소매점이 상품의 구색, 즉 구성을 확대하여 가는 유형의 머천다이징

② 선별적 머천다이징(selective merchandising) : 소매업, 2차 상품 제조업자, 가공업자 및 소재 메이커가 수직적으로 연합하여 상품계획을 수립하는 머천다이징

④ 계획적 머천다이징(programed merchandising) : 대규모 소매업과 선정된 주요 상품 납품회사 사이의 계획을 조정·통합시킨 머천다이징

⑤ 상징적 머천다이징(symbol merchandising) : 자기 점포의 상징적 구색을 정하여 자기 점포의 특색을 명확히 함으로써 점포의 매력을 증대시키는 머천다이징

68 정답 ③

㉠ 선도가격(leader pricing) : 특정 제품의 가격을 미리 정해놓고 그 가격에 맞추어 다른 제품의 가격도 결정하는 방식
㉡ 단수가격(odd pricing) : 가격 자릿수를 한 단위 낮춤으로써 상품의 판매를 증진시키는 가격결정 방식

69 정답 ④

POS시스템은 소매점의 판매시점에서 발생하는 판매정보를 컴퓨터로 자동처리하는 판매시점 정보관리시스템으로, 전년도 목표 대비 판매량 또는 전월 대비 매출액 변화분석과 같은 시계열 정보를 효율적으로 수집하고 분석할 수 있다.

70 정답 ①

성숙기는 경쟁사 제품들과 치열한 경쟁이 진행되고 판매 성장률이 둔화되는 시기로, 타사 상품 사용자에 대한 상표 전환을 유도하기 위해 판촉을 증대시켜야 한다.
② 수요확대에 따라 점차적으로 판촉이 감소하는 단계는 성장기이다.
③ 매출증대를 위한 판매촉진 활동을 최저 수준으로 감소시키는 단계는 성장기이다.
④ 제품의 인지도 향상을 위한 강력한 판촉을 전개해야 하는 단계는 도입기이다.
⑤ 성장기에는 시장점유율을 방어하기 위해 제품을 다양화하고 경쟁대응가격을 실행해야 한다.

[4과목] 유통정보

71 정답 ②

상품등록은 백 오피스(back office) 요소에 해당한다.

> • 프론트 오피스(front office) : 고객이 쇼핑몰에 로그인을 하여 접속한 후 상품을 검색하여 진열된 상품을 보고 상품결제 및 상품리뷰를 작성하는 것을 말한다.
> • 백 오피스(back office) : 일련의 서비스를 제공하기 위해 상품을 등록하고 마케팅 설정, 결제, 매출, 수익 등을 관리하는 것을 말한다.

72 정답 ③

라이브 커머스(live commerce)는 온라인상에서 실시간 소통을 기반으로 한 홈쇼핑 플랫폼으로, 생방송이 진행되는 동안 소비자들은 채팅을 통해 쇼호스트 혹은 다른 소비자들과 실시간으로 대화할 수 있다.

73 정답 ⑤

4차 산업혁명 시대에는 인공 지능, 사물 인터넷, 빅데이터, 모바일 등 첨단 정보통신기술이 경제 · 사회 전반에 융합되어 혁신적인 변화가 나타나는 시대로, 노동과 자본 중심의 성장이 한계를 보이고 전통적 생산요소인 토지, 노동, 자본의 가치가 이전만큼 중요하지 않다.

74 정답 ②

QR 물류시스템은 리드타임을 감소시키는 효과가 있다. 리드타임은 물품 발주부터 납입되어 사용하기까지의 기간을 의미한다.

75 정답 ⑤

블록체인은 공급망 관리의 투명성과 효율성을 크게 향상시키며, 블록체인 기록에 모든 거래를 추적함으로써 기업은 상품의 출처, 이동 및 상태에 대한 실시간 가시성을 확보할 수 있다.

76 정답 ⑤

비즈니스 모델 캔버스는 비즈니스를 운영하는 데 필요한 9가지 요소를 문서화하기 위해 사용하는 템플릿으로, ① 고객 세분화 → ② 가치제안 → ③ 채널 → ④ 고객관계 → ⑤ 수익원 → ⑥ 핵심자원 → ⑦ 핵심 활동 → ⑧ 핵심 파트너 → ⑨ 비용구조의 순으로 작성한다.

77 정답 ⑤

연속 판매 프로그램은 순차 패턴에 해당한다. 데이터마이닝 기법 중 순차 패턴은 CRM에서 시간에 따른 고객들의 구매 형태를 분석한다.

78 정답 ⑤

그린워싱(green washing)은 기업이 실제로는 환경에 악영향을 끼치는 제품을 생산하면서도 광고 등을 통해 친환경적인 이미지를 내세우는 행위를 말한다. 즉, 실제로는 친환경적이지 않지만 마치 친환경적인 것처럼 홍보하는 위장환경주의를 가리킨다.

79 정답 ⑤

스튜어트(Stewart)의 지식 자산 특성 중 구조적 자산으로 외재적 존재 형태를 갖고 있는 지식은 형식적 지식에 해당한다.

80 정답 ⑤

마이데이터는 개인이 자신의 정보를 적극적으로 관리 · 통제하는 것은 물론 이러한 정보를 신용이나 자산관리 등에 능동적으로 활용하는 일련의 과정을 말한다.
① 데이터베이스 : 데이터를 한곳에 모아 놓고 관리함으로써 효율성을 높이고 여러 사람에게 필요한 정보를 제공할 수 있도록 체계적으로 구성된 데이터의 집합체
② 빅데이터 분석 : 소셜 빅데이터, 실시간 사물지능통신(M2M) 센서 데이터, 기업 고객관계 데이터 등 도처에 존재하는 다양한 성격의 빅데이터를 효과적으로 분석하는 것
③ 데이터 댐 : 사회, 경제, 인프라 전반에서 생성되는 빅데이터를 초연결 통신망을 이용해 수집하고 인공지능(AI)으로 분석하도록 인프라를 구축하는 국가 프로젝트
④ 데이터마이닝 : 대량의 데이터베이스에 내재되어 있는 패턴을 발견하고 규칙을 추론함으로써 유용한 정보를 추출해내는 과정

81 정답 ⑤

라스트마일은 주문한 물품이 고객에게 배송되는 마지막 단계를 의미하는 용어로, 상품을 받으면서 만족도가 결정되는 고객과의 마지막 접점을 일컫는다.
① 엔드 투 엔드 공급사슬 : 제품 설계 및 원자재 조달부터 일정 계획, 생산 및 최종 제품을 고객에게 전달하는 전체 통합 공급사슬
② 고객만족경영 : 경영의 모든 부문을 고객의 입장에서 생각하고 고객을 만족시켜 기업을 유지하고자 하는 경영기법
③ 배송 리드타임 : 발주부터 물품 배송까지 걸리는 시간
④ 스마트 로지스틱 : 인공지능(AI), 빅데이터, 블록체인 등의

최신 IT 기술을 접목시켜 물류 기능을 지능화 · 고도화시키는 것

82 정답 ①

㉠ 메트칼프의 법칙 : 네트워크의 규모가 커짐에 따라 그 비용의 증가 규모는 점차 줄어들지만 네트워크의 가치는 기하급수적으로 증가한다는 법칙을 말한다.
㉡ 티핑 포인트 : 대중의 반응이 한 순간 폭발적으로 늘어날 때, 광고 마케팅이 효과를 발하며 폭발적인 주문으로 이어질 때 등을 일컫는다.
• 팔레토의 법칙 : 상위 20%가 전체 생산의 80%를 해낸다는 법칙
• 롱테일의 법칙 : 주목받지 못하는 다수가 핵심적인 소수보다 더 큰 가치를 창출하는 현상
• 네트워크 효과 : 특정 상품에 대한 어떤 사람의 수요가 다른 사람의 수요에 의해 영향을 받는 효과
• 무어의 법칙 : 반도체 집적회로의 성능이 24개월마다 2배로 증가한다는 법칙
• 규모의 경제 : 기업이 생산량을 증대하여 단위당 비용의 하락을 통해 이익을 얻는 것
• 범위의 경제 : 하나의 기업이 2가지 이상의 제품을 함께 생산할 경우, 2가지를 각각 따로 생산하는 경우보다 생산비용이 적게 드는 현상
• 학습효과 : 지속적으로 쌓인 경험으로 기억속에 저장되는 인지 현상
• 공정가치선 : 고객이 기업의 수익창출에 기여하는 가치와 기업이 고객에게 제공하는 가치가 일치하는 경향을 갖고 있는지를 확인하기 위한 기준

83 정답 ④

다이나믹 프라이싱 전략(dynamic pricing strategy)은 제품이나 서비스의 가격을 수요 · 공급 및 경쟁 조건에 따라 탄력적으로 조정하는 동적 가격 설정 전략이다.
① 시장침투가격 전략(penetration pricing strategy) : 빠른 기간 안에 매출, 시장점유율을 확보하기 위해 신제품 출시 초기에는 낮은 가격을 책정하는 가격전략
② 초기고가 전략(skimming pricing strategy) : 시장에 신제품을 선보일 때 고가로 출시한 후 점차적으로 가격을 낮추는 전략
③ 낚시가격 전략(bait and hook pricing strategy) : 초기 제품의 가격을 낮게 설정하여 고객들의 구매를 유도한 후 추가 구매품, 교체부품 또는 소모품에 높은 가격을 설정하여 수익을 얻는 전략
⑤ 명성가격 전략(prestige pricing strategy) : 제품에

고급 이미지를 부여하기 위해 가격 결정 시 해당 제품군의 주 소비자층이 지불할 수 있는 가장 높은 가격이나 시장에서 제시된 가격 중 가장 높은 가격을 설정하는 전략

84 　　　　　　　　　　　 정답 ④

OECD 개인정보 보호 8원칙

㉠ **수집 제한의 법칙** : 개인정보는 적법하고 공정한 방법을 통해 수집되어야 한다.

㉡ **정보 정확성의 원칙** : 이용 목적상 필요한 범위 내에서 개인정보의 정확성, 완전성, 최신성이 확보되어야 한다.

㉢ **목적 명시의 원칙** : 개인정보는 수집 과정에서 수집 목적을 명시하고, 명시된 목적에 적합하게 이용되어야 한다.

㉣ **이용 제한의 원칙** : 정보 주체의 동의가 있거나, 법규정이 있는 경우를 제외하고 목적 외 이용되거나 공개될 수 없다.

㉤ **안전성 확보의 원칙** : 개인정보의 침해, 누설, 도용 등을 방지하기 위한 물리적, 조직적, 기술적 안전 조치를 확보해야 한다.

㉥ **공개의 원칙** : 개인정보의 처리 및 보호를 위한 정책 및 관리자에 대한 정보는 공개되어야 한다.

㉦ **개인 참가의 원칙** : 정보 주체의 개인정보 열람ㆍ정정ㆍ삭제 청구권은 보장되어야 한다.

㉧ **책임의 원칙** : 개인정보 관리자에게 원칙 준수 의무 및 책임을 부과해야 한다.

85 　　　　　　　　　　　 정답 ③

비즈니스 애널리틱스에 대한 분석

㉠ **기술분석(descriptive analytics)** : 과거에 발생한 일에 대한 소급 분석함

㉡ **예측분석(predictive analytics)** : 애널리틱스를 이용해 미래에 발생할 가능성이 있는 일을 예측함

㉢ **진단분석(diagnostic analytics)** : 특정한 일이 발생한 이유를 이해하는 데 도움을 제공

㉣ **처방분석(prescriptive analytics)** : 성능개선 조치에 대한 대응 방안을 제시함

86 　　　　　　　　　　　 정답 ④

NFT를 적용한 다양한 형태의 콘텐츠는 소유권 거래가 가능한 디지털 자산이자 고유성과 희소성을 가지고 있어 투자의 대상으로도 주목받고 있지만, 누구나 온라인상에서 열람할 수 있는 콘텐츠를 거액에 거래하는데다 가치 책정 또한 매우 주관적이어서 안전자산으로 인정되고 있지 않다.

87 　　　　　　　　　　　 정답 ④

GS1에서는 각국 GS1 코드관리기관의 회원업체정보 데이터베이스를 인터넷을 통해 연결하여 자국 및 타 회원국의 업체 정보를 실시간으로 검색할 수 있게 해주는 글로벌 기업정보 조회서비스(GEPIR : Global Electronic Party Information Registry)를 제공하고 있다.

① 덴소 웨이브(DENSO WAVE) : QR 코드나 IC 카드 자동인식기기, 산업용 로봇(FA기기) 등을 개발ㆍ제조하는 기업

② 코리안넷 : 유통표준코드(GTIN) 생성, 상품정보 등록 및 회원정보까지 통합하여 관리할 수 있는 유통표준코드 통합 관리 시스템

⑤ GS1(Global Standard No.1) : 유통물류를 비롯한 전 산업에 사용되는 상품 식별용 바코드, 전자문서, 전자카탈로그 등의 표준화를 주도해 온 민간 국제표준기구

88 　　　　　　　　　　　 정답 ②

㉠ **무결성** : 데이터의 정확성과 일관성을 유지하고 전달 과정에서 위변조가 없는 것

㉡ **기밀성** : 정보를 암호화하여 인가된 사용자만이 접근할 수 있게 하는 것

• **부인방지** : 메시지의 송수신이나 교환 후, 또는 통신이나 처리가 실행된 후에 그 사실을 사후에 증명함으로써 사실 부인을 방지하는 보안 기술

• **가용성** : 서버, 네트워크 등의 정보 시스템이 장애 없이 정상적으로 요청된 서비스를 수행할 수 있는 능력

89 　　　　　　　　　　　 정답 ④

구매-지불 프로세스 : ㉠ 재화 및 용역에 대한 구매요청서 발송 → ㉡ 조달 확정 → ㉢ 구매주문서 발송 → ㉫ 재화 및 용역 수령증 수취 → ㉣ 공급업체 송장 확인 → ㉤ 대금 지불

90 　　　　　　　　　　　　　정답 ③

ETL(extract, transform, load)은 다양한 소스 시스템
으로부터 필요한 데이터를 추출하여 변환작업을 거쳐 저장하
거나 분석을 담당하는 시스템으로 전송 및 적재하는 모든 과
정을 포함한다.

① OLTP(online transaction processing) : 네트워크
　상의 여러 이용자가 실시간으로 데이터베이스의 데이터를
　갱신하거나 조회하는 등의 단위 작업을 처리하는 방식

② OLAP(online analytical processing) : 사용자가
　직접 데이터를 검색 및 분석해서 문제점이나 해결책을 찾
　는 온라인 분석 처리 기법

④ 정규화(normalization) : 데이터를 일정한 규칙에 따라
　변형하여 이용하기 쉽게 만드는 것으로, 가지고 있는 데이
　터를 모델에 학습시키기 위해 스케일링(scaling) 작업을
　함

2023년
제3회 기출문제
정답 및 해설

01	④	02	①	03	④	04	④	05	⑤
06	⑤	07	③	08	②	09	②	10	⑤
11	④	12	③	13	②	14	④	15	②
16	③	17	⑤	18	⑤	19	④	20	③
21	⑤	22	①	23	③	24	⑤	25	④
26	④	27	①	28	③	29	③	30	④
31	①	32	③	33	④	34	③	35	①
36	⑤	37	③	38	⑤	39	③	40	④
41	④	42	⑤	43	⑤	44	③	45	③
46	⑤	47	⑤	48	④	49	④	50	④
51	③	52	③	53	④	54	②	55	⑤
56	④	57	③	58	①	59	②	60	④
61	④	62	⑤	63	④	64	②	65	②
66	②	67	⑤	68	④	69	②	70	⑤
71	③	72	①	73	③	74	②	75	①
76	③	77	⑤	78	⑤	79	③	80	⑤
81	③	82	④	83	⑤	84	③	85	②
86	④	87	②	88	⑤	89	③	90	②

[1과목] 유통물류일반

01　　　　　　　　　　　　　정답 ④

기능위양(functional spinoff)이론은 경로구성원들 가운데서 특정 기능을 가장 저렴한 비용으로 수행하는 구성원에게 그 기능이 위양된다는 이론이다.

① 대리인(agency)이론 : 대리인비용을 최소화하기 위해 주인과 대리인의 이해관계가 연계된 인센티브 시스템과 통제시스템 등을 개발하게 되고 이로 인해 효율적인 유통경로구조가 설계된다는 이론
② 게임(game)이론 : 수직적으로 경쟁관계에 있는 제조업체와 중간상이 각자 자신의 이익을 극대화하기 위해 자신과 상대방의 행위를 조정하는 과정에서 유통경로구조가 결정된다는 이론
③ 거래비용(transaction cost)이론 : 거래비용이 증가하는 원인과 그 해결방안을 수직적 통합으로 나타낸 이론
⑤ 연기-투기(postponement-speculation)이론 : 경로구성원들 중 누가 재고보유에 따른 위험을 감수하느냐에 따라 경로구조가 결정된다는 이론

02　　　　　　　　　　　　　정답 ①

경제적주문량(EOQ)＝200

$$EOQ = \sqrt{\frac{2 \times 주문비용 \times 연간총수요량}{단위당 \ 재고유지비용}}$$ 이므로,

$$200 = \sqrt{\frac{2 \times 200 \times 10,000}{단위당 \ 재고유지비용}}$$

$$200 = \sqrt{\frac{4,000,000}{단위당 \ 재고유지비용}}$$

$$(200)^2 = \frac{4,000,000}{단위당 \ 재고유지비용}$$

단위당 재고유지비용 $= \dfrac{4,000,000}{40,000}$

∴ 연간 단위당 재고유지비용＝100

03　　　　　　　　　　　　　정답 ④

항공운송은 고객이 원하는 지점까지의 운송을 위해 버디백(birdy back) 복합운송서비스를 활용한다. 피기백(piggy back)은 화물차량과 철도를 이용한 복합운송서비스이다.

04　　　　　　　　　　　　　정답 ④

예수금은 회사가 거래처 또는 임직원으로부터 임시로 수령한 자금, 고객이 거래의 이행을 보증하기 위해 금융기관에 거래대금의 일부를 예치하는 자금 등 거래와 관련하여 임시로 보관하는 자금으로 부채 항목에 속한다.

05   정답 ⑤

e-SCM은 공급자로부터 최종소비자에게 상품이 도달되는 모든 과정인 SCM과 관련된 기술들을 웹상에서도 수행할 수 있도록 한 것으로, 구매자의 데이터를 분석하여 그들의 개별 니즈를 충족시킬 수 있는 개별화된 고객 서비스 제공이 가능해졌다.

06   정답 ⑤

플랫폼 비즈니스 사업자는 생산자와 소비자로부터 플랫폼을 제공해주는 대가를 직접적으로 취할 수 있다. 즉, 플랫폼은 가치 창출과 이익 실현의 비즈니스 모델이다.

07   정답 ③

채찍효과(bullwhip effect)는 공급사슬관리에서 제품에 대한 수요정보가 공급사슬상의 참여 주체를 하나씩 거쳐 전달될 때마다 그 변동 폭이 확대·왜곡되는 현상을 말한다.
① 블랙 스완 효과(black swan effect) : 극단적으로 예외적이어서 발생가능성이 없어 보이지만 일단 발생하면 엄청난 충격과 파급 효과를 가져오는 사건
② 밴드 왜건 효과(band wagon effect) : 어떤 재화에 대한 수요가 많아지면 다른 사람들도 그 경향에 따라서 수요를 증가시키는 편승효과
④ 베블렌 효과(Veblen effect) : 가격이 오르는 데도 불구하고 특정 계층의 허영심 또는 과시욕으로 인해 수요가 줄어들지 않고 오히려 증가하는 현상
⑤ 디드로 효과(Diderot effect) : 하나의 물건을 구입한 후 그 물건과 어울리는 다른 제품들을 계속 구매하는 현상

08   정답 ②

시장개발전략(market development strategy)은 기존 제품을 신규 시장에 판매하는 방법을 통한 기업의 성장전략으로 지역적인 한계를 넘어서는 전략이다.
① 시장침투전략(market penetration strategy) : 같은 상품으로 같은 시장에서의 점유율을 높여 성장하는 전략으로 경쟁사 고객획득, 소비자 구매회수 및 구매량 증대를 추구한다.
③ 제품개발전략(product development strategy) : 같은 시장에서 다른 상품을 이용하여 기업을 성장시키는 전략으로 신제품 개발, 기존 제품의 개량을 통해 기존시장에서 판매 증가를 추구한다.
④ 다각화전략(diversification strategy) : 다른 상품으로 새로운 시장을 개척하여 기업을 성장시키는 전략으로 성장과 위험분산을 위한 것이며 가장 위험도가 높은 전략이다.

09   정답 ②

강제력은 영향력 있는 한 경로구성원의 요구에 구성원들이 따르지 않을 경우 이를 처벌하거나 제재를 가할 수 있는 능력으로, 강제력의 강도는 처벌이 지닌 부정적 효과의 크기에 비례한다.

10   정답 ⑤

환경오염, 자연파괴, 산업폐기물 수출입, 지구환경 관련 규정 위반 등은 공생적 관계를 가치이념으로 추구하는 환경집단의 문제들이다. 경쟁자는 공정경쟁을 가치이념으로 추구하며 카르텔, 입찰담합, 거래선제한, 거래선차별 취급, 덤핑, 지식자산침해, 기업비밀침해, 뇌물 등의 각종 불공정경쟁행위 문제들을 취급한다.

11   정답 ④

각 판매지역별로 하나 혹은 극소수의 중간상에게 독점적으로 유통할 권리를 부여하는 유통 형태는 전속적 유통이다.
①·② 집중적(개방적) 유통 : 소비자들에게 가능한 한 제품의 노출 수준을 높임으로써 소비자들이 쉽게 접근하여 구입할 수 있도록 한 유통 형태로, 자사 제품을 어떠한 도매상과 소매상이라도 취급할 수 있도록 유통 경로를 개방한다.
③ 선택적 유통 : 소비자들에게 제품의 노출 수준을 선택적으로 제한하기 위하여 어떤 기준에 의해 선택된 중간상을 통해 제품을 유통시키는 형태로, 선택된 중간상들에 대해 판매노력을 강화할 수 있고 중간상에 대한 통제도 강화할 수 있다.

12   정답 ③

유통산업이 합리화될수록 법률이나 정부의 규제는 완화된다.

13   정답 ②

②는 직무기술서, ①·③·④·⑤는 직무명세서에 대한 내용이다.

공동으로 소유하는 것을 말한다.

⑤ **간접수출(indirect exporting)** : 종합무역상사, 수출대행업자 등을 통하여 수출함으로써 수출 관련 기능을 제조업체가 스스로 수행하지 않으면서 제품을 해외에 판매하는 방식이다.

직무기술서 & 직무명세서
- **직무기술서** : 직무분석을 통해 얻어진 직무의 성격과 내용, 직무의 이행방법과 직무에서 기대되는 결과 등 과업요건을 중심으로 정리해 놓은 문서
- **직무명세서** : 직무를 만족스럽게 수행하는 데 필요한 작업자의 지식·기능·능력 및 기타 특성 등을 정리해 놓은 문서

14 　　　　　　　　　　　　　정답 ④

유통경영전략의 수립단계 : 기업의 사명 정의 → 기업의 목표 설정 → 사업포트폴리오분석 → 성장전략의 수립

15 　　　　　　　　　　　　　정답 ②

영업 창고는 물류업자가 소유·운영하며, 타인이 기탁한 물품을 보관하고 그 대가로 보관료와 기타 수수료를 받는 창고이다. 영업 창고의 창고 요금에는 하역료도 포함된다.

16 　　　　　　　　　　　　　정답 ③

아웃소싱은 업무의 일부 공정을 외부 기업 등에 위탁하여 처리하는 방식으로, 고정비용을 줄여서 비용절감 효과를 얻을 수 있다.

17 　　　　　　　　　　　　　정답 ③

라이센싱(licensing)은 한 회사가 외국에 있는 다른 회사에게 자사의 생산기술, 특허, 등록브랜드 등을 쓸 수 있는 권리를 부여하고 그 대가로 사용료를 받는 것을 말한다. 이러한 경우 라이센싱을 주는 회사는 큰 위험부담 없이 외국에 진출할 수 있다.
① **계약생산(contract manufacturing)** : 라이센싱과 직접투자의 중간적 성격을 띠고 있지만 지분 참여가 없다는 점에서는 직접투자와 확실히 구분된다. 통상 해외고객에게 자사가 제품을 직접 공급할 수 있는 생산 여력이 미치지 못하거나 현지시장이 협소하여 직접투자형태 진출이 타당하지 않는 경우에 이용된다.
② **관리계약(management contracting)** : 기업이 자본을 투자하는 외국 기업에게 자사의 관리 노하우를 제공하는 것이다. 즉 기업은 제품이 아닌 관리 서비스를 수출한다.
④ **공동소유(joint ownership)** : 여러 명이 하나의 물건을

18 　　　　　　　　　　　　　정답 ⑤

윤리적 리더십
① **변혁적 리더십(transformation leadership)** : 구성원들의 가치관, 정서, 행동규범 등을 변화시켜 개인, 집단, 조직을 바람직한 방향으로 변혁시키는 리더십
② **참여적 리더십(participative leadership)** : 부하들의 의견을 의사결정에 많이 반영시키고 정보를 공유하는 리더십
③ **지원적 리더십(supportive leadership)** : 부하의 복지와 안락에 관심을 두며 지원적 분위기 조성에 노력하는 리더십
④ **지시적 리더십(directive leadership)** : 부하 직원에게 과업지시를 내리고 그들에게 기대하는 성과기준을 명확히 알려주는 리더십

19 　　　　　　　　　　　　　정답 ④

제품에 대한 소유권을 갖고 제조업자로부터 제품을 취득하여 소매상에 바로 직송하는 도매상은 직송도매상(drop shipper)이다.
① **우편주문도매상(mail-order wholesaler)** : 우편을 통해 카탈로그와 제품주문서 등을 발송하여 주문을 접수받으면 제품을 배달하는 도매상
② **진열도매상(rack jobber)** : 소매점 내의 상품 진열 선반에 상품을 공급하는 것을 목적으로 하는 도매상
③ **트럭도매상(truck wholesaler)** : 소매상에게 트럭으로 직접 제품을 수송하며 거래하는 도매상
⑤ **현금무배달도매상(cash-and-carry wholesaler)** : 현금거래만 하며 배달 서비스는 제공하지 않는 도매상

20 　　　　　　　　　　　　　정답 ③

제조업자의 대리인은 제조업자의 시장지배력이 약한 지역에서만 활동하지만 판매대리인은 모든 지역에서 판매를 한다.

판매대리인 & 제조업자대리인
- **판매대리인(selling agent)** : 제조업자의 물건 판매에 대한 권한을 계약에 의하여 부여받은 자로, 제조업자가 판매 능력을 갖추지 못하였을 경우 실질적인 판매기능을 수행한다.
- **제조업자대리인(manufacture's agent)** : 제조업자와 계약한 대리인으로, 일반적으로 의류나 가구 또는 전자제품 등을 제조하는 제조업 중 판매원을 고용할 수 없는 소규모 제조업자나 자사의 판매원이 접근하기 어려운 판매지역으로 진출하려는 대규모 제조업자와 대리인 계약을 체결한 자를 말한다.

21 정답 ⑤

직매입 납품업체의 납품과정에서 상품에 훼손이나 하자가 발생한 경우 상품대금을 감액하는 것은 납품업체의 단순 실수로 인한 손해배상 행위일 뿐 불공정 거래행위는 아니다. 불공정 거래행위는 주로 독과점적 지위나 거래상 우월적인 지위를 이용하여 거래과정에서 거래상대방에게 불이익을 주는 행위를 말한다.

22 정답 ①

인지가치와 행위가치로 구분할 수 있는 가치관은 샤인(Schein)이 제시한 조직 문화의 세 가지 수준 중 인식적 수준에 해당한다.
② · ⑤ 가시적 수준
③ · ④ 내재적 수준

샤인(Schein)의 조직문화 수준

수준	설명
내재적 수준	신념이나 가치관 이면에 숨겨져 있는 암묵적 기본 가정
인식적 수준	그 집단이 표방하는 신념이나 가치관
가시적 수준	물리적 공간과 겉으로 드러난 행동 등의 인공물과 창조물

23 정답 ③

평가 기준의 중요성을 정확하게 판단할 수 없는 경우 평가 오류를 줄이기 위해 평가대상 항목을 최소화한 최소기준 평가방법이 유용하다.

24 정답 ⑤

국가는 물품 등의 잘못된 소비 또는 과다한 소비로 인하여 발생할 수 있는 소비자의 생명 · 신체 또는 재산에 대한 위해를 방지하기 위하여 다음의 어느 하나에 해당하는 경우에는 광고의 내용 및 방법에 관한 기준을 정하여야 한다.
- 용도 · 성분 · 성능 · 규격 또는 원산지 등을 광고하는 때에 허가 또는 공인된 내용만으로 광고를 제한할 필요가 있거나 특정내용을 소비자에게 반드시 알릴 필요가 있는 경우
- 소비자가 오해할 우려가 있는 특정용어 또는 특정표현의 사용을 제한할 필요가 있는 경우
- 광고의 매체 또는 시간대에 대하여 제한이 필요한 경우

25 정답 ④

상품을 품질수준에 따라 분류하거나 규격화함으로써 거래 및 물류를 원활하게 하는 유통의 기능은 표준화기능이다.
① **보관기능** : 상품을 생산 시점에서 소비 시점까지 저장함으로써 상품의 효용가치를 창조하는 것으로 생산 · 소비의 시간적 간격을 해소하는 기능
② **운송기능** : 상품 및 재화의 생산과 소비 사이의 공간 · 장소적 불일치를 극복하고 사회적 유통을 조성하는 기능
③ **정보제공기능** : 생산자의 의사정보를 소비자에게 전달하고, 반대로 소비자의 의사정보를 생산자에게 전달하는 기능
⑤ **위험부담기능** : 상품이 생산자에서 소비자에게 유통되는 과정에서 발생하는 물질적 위험이나 경제적 위험을 상업기관에서 부담하는 기능

[2과목] 상권분석

26 정답 ④

동일한 경계선을 가진 두 지도레이어를 겹쳐서 형상과 속성을 비교하는 지리정보시스템(GIS)의 기능은 중첩(overlay)이다.

27　정답 ⑤

포켓상권은 도로 개설이 용이하지 않은 산이나 하천을 배후로 하여 독립적으로 상권이 형성되는 경우 도로, 산, 강에 둘러싸여 독립적으로 형성되는 상권으로, 항아리 상권이라고도 한다.

28　정답 ③

부도심상권은 간선도로의 결절점이나 역세권을 중심으로 형성되며, 주도심에서 나온 소비자를 상대하기 때문에 도시 전체의 소비자를 유인하지 못하는 경우가 많다.

29　정답 ③

소매점의 상권범위는 자사점포를 중심으로 서로 다른 거리의 동심원을 그려 파악한다. 즉, 상권의 형태가 점포를 중심으로 일정한 거리 간격의 동심원 형태로 나타나는 것은 아니다.

30　정답 ④

가격조사 당시 주력상품 특매상황이라면 실제 판매가격보다는 정상 판매가격을 분석하는 것이 바람직하다.

31　정답 ①

크리스탈러의 중심지이론에서 중심지 기능의 최대 도달거리(the range of goods and services)는 중심지의 유통서비스 기능이 지역거주자에게 제공될 수 있는 최대거리, 즉 한계거리를 의미한다.

32　정답 ④

할당표본추출법(quota sampling)은 조사변수에 관련이 있다고 판단되는 특성에 대한 모집단의 구성비율이 표본에 그대로 유지되도록 하는 비확률표본추출법이다.

표본추출방법

확률 표본추출법	• 단순무작위표본추출법 • 층화표본추출법 • 군집표본추출법 • 체계적표본추출법
비확률 표본추출법	• 할당표본추출법 • 편의표본추출법 • 판단표본추출법 • 눈덩이표본추출법

33　정답 ④

일반적으로 특정 지역에 유사한 단일 목적으로 방문하는 통행객보다는 서로 다른 목적으로 방문하는 통행객이 많을수록 상권의 질은 높아진다.

34　정답 ③

도심으로부터 새로운 교통로가 발달하면 교통로를 축으로 도매, 경공업 지구가 부채꼴 모양으로 확대된다는 공간구조 이론은 호이트(H. Hoyt)의 선형이론(sector theory)이다.
① **동심원지대이론(concentric zone theory)** : 도시 공간은 도심부를 중심으로 토지 이용이 동심원상으로 분할되고, 그 외주 방향으로의 발전이 이루어진다고 하는 이론
② **다핵심이론(multiple nuclei theory)** : 도시의 발달은 하나의 핵을 중심으로 구조화되어 있지 않고, 다른 기능을 수행하는 몇 개의 핵을 중심으로 전개된다는 사실을 규명한 이론
④ **차액지대설(differential rent theory)** : 토지의 생산성의 차이로 인해 지주에게 지불하는 대가를 지대로 보고, 그 지대는 토지의 비옥도에 따라 차이가 난다는 가설
⑤ **절대지대설(absolute rent theory)** : 토지 소유 자체가 농산물의 가격을 인상시키고, 잉여가치는 평균이윤보다 높아진다는 주장

35　정답 ①

Converse의 제1법칙 공식에 따라 도시 B로부터 두 도시 간 상권분기점까지의 거리는

$$\frac{D_{ab}}{1+\sqrt{\dfrac{P_b}{P_a}}}=\frac{20}{1+\sqrt{\dfrac{90,000}{10,000}}}=\frac{20}{1+\sqrt{9}}$$

$$=\frac{20}{1+3}=\frac{20}{4}=5$$

그러므로 두 도시 간의 상권경계는 5km이다.

Converse의 제1법칙 공식

$$D_a = \frac{D_{ab}}{1 + \sqrt{\dfrac{P_b}{P_a}}}$$

D_a = A시로부터 분기점까지의 거리
D_b = B시로부터 분기점까지의 거리
D_{ab} = A, B 두 도시 간의 거리
P_a = A시의 인구
P_b = B시의 인구

36 　　　정답 ⑤

회귀분석모형은 체계적인 변수 고려로 점포의 매출에 미치는 영향에 대해 계량적으로 분석할 수 있는 방법이므로 표본의 수가 충분하게 확보되어야 한다.

37 　　　정답 ③

키오스크(kiosk)는 신문·음료 등을 파는 매점으로, 쇼핑몰 내 일반점포에 비해 임대차 계약기간이 짧다.

38 　　　정답 ⑤

특별자치시장·시장·군수·구청장은 건전한 유통질서확립과 근로자의 건강권 및 대규모점포 등과 중·소유통업의 상생발전을 위해 필요한 경우 영업시간 제한을 명할 수 있다.
① 의무휴업일은 공휴일 중에서 지정하되, 이해당사자와 합의를 거쳐 공휴일이 아닌 날을 의무휴업일로 지정할 수 있다.
② 특별자치시장·시장·군수·구청장은 의무휴업일 지정에 따라 매월 이틀을 의무휴업일로 지정하여야 한다.
③ 영업시간 제한 및 의무휴업일 지정에 필요한 사항은 해당 지방자치단체의 조례로 정한다.
④ 특별자치시장·시장·군수·구청장 등은 오전 0시부터 오전 10시까지의 범위에서 영업시간을 제한할 수 있다.

39 　　　정답 ③

경쟁업체의 수, 종류, 품질, 가격 등을 고려하여 경쟁분석을 실시하는 분석수준은 상권분석(trade area analysis)에 해당한다.

40 　　　정답 ④

전문품점은 도시 전체를 배후지로 하여 배후지의 중심부에 입지하여야 유리한 집심성 점포에 해당한다.

공간균배의 원리에 따른 점포유형

집심성 점포	배후지의 중심지에 입지하는 것이 경영상 유리한 점포 **예** 백화점, 고급음식점, 고급보석상, 미술품점, 영화관 등
집재성 점포	동일 업종의 점포가 서로 한 곳에 모여서 입지하여야 하는 유형의 점포 **예** 은행, 보험회사, 관공서, 서점, 가구점 등
산재성 점포	동일 업종의 점포가 서로 분산입지하여야 하는 유형의 점포 **예** 잡화점, 소매점포, 주방용품점, 이발소, 공중목욕탕, 세탁소 등
국부적 집중성 점포	동일 업종의 점포끼리 국부적 중심지에 입지하여야 하는 점포 **예** 농기구점, 철공소, 비료상, 종묘판매상, 기계공구점, 컴퓨터부품점 등

41 　　　정답 ④

물류요구의 크기는 취급하는 소매점 숫자에 영향을 미치지만, 물류요구의 크기만으로 취급하는 소매점 숫자를 알 수는 없다.
① 물류요구가 높을수록 집중적 유통이 이루어진다.
② 물류요구가 낮을수록 전속적 유통이 이루어진다.
③ 물류요구의 정도에 따라 효율적인 유통방식을 선택해야 한다.
⑤ 물류요구의 크기는 취급하는 소매점 숫자에 영향을 미친다.

42 　　　정답 ⑤

투자계획은 신규설비 및 시설 등의 투자에 관한 점포의 예산으로 자금조달계획, 자금운용계획, 수익계획, 비용계획 등을 포함한다. 상품계획은 판매목표를 효과적으로 실현하기 위해 소비자의 욕구와 구매력에 맞는 상품을 기획·결정하는 활동이다.

43 정답 ⑤

인구증가와 소득수준의 향상, 교통망의 발달과 소매단지의 분포 등은 도시상권의 매력도를 높이는 직접적인 요인들이다. 행정구역의 구분은 행정기관의 권한이 미치는 범위를 구분한 것으로, 상권의 범위와는 관련이 없으므로 도시상권의 매력도 측정 지표로는 부적절하다.

44 정답 ③

빅데이터 축적은 상권분석을 위해 필요한 분석 도구로, 상권분석의 수단이지 목적이 아니다.

45 정답 ③

상가건물 임대차보호법상 차임 또는 보증금의 증액청구는 청구 당시의 차임 또는 보증금의 100분의 5의 금액을 초과하지 못한다.

[3과목] 유통마케팅

46 정답 ⑤

통합적 마케팅커뮤니케이션(IMC : integrated marketing communication)은 마케팅 커뮤니케이션의 효과를 극대화하기 위하여 광고, 홍보, PR, 판매 촉진 등 다양한 커뮤니케이션 수단들의 전략적인 역할을 비교 · 검토하여 통합적인 메시지를 전달하는 전략으로, 동일한 촉진 목표를 달성하도록 하는 것은 아니다.

47 정답 ③

소비자에게 상품에 대한 정보를 전달하거나 결제를 도와주는 곳은 판매 공간이다. 판매 예비 공간은 상품을 준비하는 공간이다.

48 정답 ④

마케팅믹스 요소인 4P 중 유통(Place)을 구매자 관점인 4C로 표현한 것은 편의성(Convenience)이다.

마케팅믹스의 4P와 4C

4P		4C
제품 (Product)		소비자 (Consumer)
가격 (Price)	➡	소비자 가격 (Customer Cost)
유통 (Place)		편의성 (Convenience)
판촉 (Promotion)		의사소통 (Communication)

49 정답 ④

현재 보고 있는 창 앞에 나타나는 새로운 창에 구현되는 온라인 광고는 팝업광고이다. 리치미디어광고(rich media advertising)는 배너광고에 비디오, 오디오, 애니메이션 효과 등을 결합하여 배너광고를 보다 풍부하게 만든 멀티미디어형 광고를 말한다.

50 정답 ④

브랜드 인지도(brand awareness)는 소비자가 한 제품 범주에 속하는 특정 브랜드를 재인하거나 회상할 수 있는 능력으로, 소비자가 특정 제품이나 서비스의 이름을 얼마나 알고 있는지를 나타내는 지표로 사용된다.

51 정답 ③

판매를 빠르게 달성하는 전술적, 기술적 관점에 비해 판매기술이 고도화 되는 요즘은 전략적 관점에서 고객과의 관계를 형성하는 영업 방식이 더욱 부각되고 있다.

52 정답 ③

소매업, 2차 상품 제조업자, 가공업자 및 소재 메이커가 수직적으로 연합하여 상품계획을 수립하는 머천다이징은 선별적 머천다이징이다.
① 혼합식 머천다이징 : 소매점이 상품의 구색, 즉 구성을 확대하여 가는 유형의 머천다이징
② 세그먼트 머천다이징 : 동일한 고객층을 대상으로 하되 경

쟁점과는 달리 그들 고객이 가장 원하는 품종에 중점을 두거나, 가격대에 대응하는 상품이나 품질을 차별화하는 방향으로 전개하는 머천다이징
④ **계획적 머천다이징** : 대규모 소매업과 선정된 주요 상품 납품회사 사이의 계획을 조정·통합시킨 머천다이징
⑤ **상징적 머천다이징** : 자기 점포의 상징적 구색을 정하여 자기 점포의 특색을 명확히 함으로써 점포의 매력을 증대시키는 머천다이징

53　　　　　　　　　　　　　정답 ④

친절한 접객서비스와 쾌적한 점포분위기를 제공하는 것은 가치증진서비스에 해당한다. ①·②·③·⑤는 거래지원서비스에 해당한다.

54　　　　　　　　　　　　　정답 ②

균형점수표(BSC)는 과거의 성과에 대한 재무적 지표뿐만 아니라 미래의 성과를 창출하는 고객, 공급자, 종업원, 프로세스 및 혁신 등의 비재무적 지표도 균형적으로 적용한다. 즉, 균형점수표(BSC)의 균형은 과거 성과지표와 현재 성과지표 사이의 균형이 아니라, 과거 성과지표와 미래 성과지표 사이의 균형을 의미한다.

55　　　　　　　　　　　　　정답 ②

로저스(Rogers)는 소비자가 신제품을 수용하는 시점에 따라 5단계로 소비자층을 구분하였다. 조기 수용자(early adopter)는 혁신자 다음으로 신제품을 수용하는 소비자층으로, 제품 정보나 자신의 의견 등을 타인들에게 전파시키는 데 적극적이어서 의견 선도자 역할을 수행한다.
① 혁신자(innovator) : 제품 도입 초기에 가장 먼저 신제품을 수용하는 소비자층으로, 모험적인 성향을 가지고 있으며 신제품 수용에 따르는 위험을 기꺼이 감수한다.
③ 조기 다수자(early majority) : 조기 수용자 다음으로 신제품을 수용하는 소비자층으로, 조기 수용자의 신제품에 대한 반응 및 평가를 참고하여 신중하게 신제품을 수용한다.
④ 후기 다수자(late majority) : 조기 다수자 다음으로 신제품을 수용하는 소비자층으로, 신제품이 충분히 검증된 다음에야 신제품을 수용하는 다소 의심이 많은 소비자층이다.
⑤ 최후 수용자(laggard) : 신제품을 가장 나중에 수용하는 소비자층으로, 변화를 거부하며 전통에 집착하는 성향이 있다.

56　　　　　　　　　　　　　정답 ④

성숙기에 판매량은 저성장, 이익은 정점에 달하고 경쟁자 수도 다수이기 때문에 시장 점유율을 유지하는 전략에 초점을 두어야 한다. 그러기 위해서 표적시장을 수정하거나 제품을 수정하거나 마케팅믹스를 수정하는 마케팅전략을 수행한다.

57　　　　　　　　　　　　　정답 ③

중고품을 반납하고 신제품을 구매한 고객에게 가격을 할인해 주거나 판매촉진행사에 참여한 거래처에게 구매 대금의 일부를 깎아주는 형식의 할인은 공제(allowances)이다.
①·② 기능 할인(functional discount) 또는 중간상 할인(trade discount) : 마케팅을 위하여 생산자가 수행해야 하는 기능 중 일부를 중간상이 대신 수행할 때 제공하는 할인
④ 수량 할인(quantity discount) : 중간상이 일시에 대량 구매를 하는 경우 구매량에 따라 주어지는 현금할인
⑤ 계절 할인(seasonal discount) : 제품판매에 계절성이 있는 경우 비수기에 제품을 구매하는 중간상에게 제공되는 할인

58　　　　　　　　　　　　　정답 ①

원료공급부터 유통까지의 공급망에 대한 통합적 관리는 공급사슬관리에 대한 설명이다. 카테고리 매니지먼트(CM)는 유통업체와 제조업체가 공동으로 고객의 관점에서 상품을 카테고리 수준에서 관리하는 경영기법으로, 전체 카테고리의 효율을 올리기 위한 모든 마케팅 활동 및 세일즈를 포함한다.

59　　　　　　　　　　　　　정답 ②

㉠·㉡·㉢은 성과를 측정하는 기법에 해당하나, ㉣은 재고관리기법, ㉤은 판매예측기법에 해당한다.

60　　　　　　　　　　　　　정답 ④

매장 내 콘테스트와 경품추첨은 최종 소비자를 대상으로 하는 촉진 전략이므로 풀 전략에 해당한다.

> **풀전략 & 푸시전략**
> • 풀전략 : 제조사가 직접 광고나 판촉 활동을 통해 소비자의 관심을 끌고, 소비자들이 유통업체에게 제품을 주문하도록 유도하는 전략

- **푸시전략** : 제조사가 유통업체에 직접 접근하여 판촉 활동을 하고 유통업체가 소비자에게 적극적인 판매를 유도하는 전략

---

61 정답 ①

도입기에는 소비자들에게 상품을 알리고 브랜드 인지도를 높이는 광고가 필요하므로, ㉠ · ㉡이 도입기의 광고 목표로 적절하다.

㉢ · ㉣ : 성장기의 광고 목표
㉤ · ㉥ : 성숙기의 광고 목표
㉦ : 쇠퇴기의 광고 목표

---

62 정답 ⑤

불량고객은 고객의 성향 및 태도에 따라 분류한 고객 유형이다.

---

63 정답 ④

관습가격은 캔음료나 껌처럼 오랫동안 같은 가격을 지속적으로 유지함으로써 소비자에게 정착되어 있는 가격을 말한다.

① 균일가격 : 가격 라인을 한 가지로 설정하는 방법으로, 각종 상품에 공통된 균일가격을 설정해 판매하는 방법과 동일 상품을 지역에 불문하고 동일가격으로 판매하는 방법이 있다.
② 단수가격 : 최대한 인하된 상품 가격이라는 인상을 주어 판매량을 증가시키기 위해 가격을 990원, 1,990원처럼 설정하는 가격을 말한다.
③ 명성가격 : 제품에 고급 이미지를 부여하기 위해 가격 결정 시 해당 제품군의 주 소비자층이 지불할 수 있는 가장 높은 가격이나 시장에서 제시된 가격 중 가장 높은 가격을 설정하는 전략이다.

---

64 정답 ③

데이터웨어하우스는 기업의 의사결정 과정에 효과적으로 사용될 수 있도록 여러 시스템에 분산되어 있는 데이터를 주제별로 통합 · 축적해 놓은 데이터베이스를 말한다.

---

65 정답 ②

충동구매 성격이 높은 상품은 고객을 유인하기 위해 매장의 전면부나 입구 쪽에 배치한다.

---

66 정답 ②

양방통행은 오히려 자유로운 고객 흐름을 방해하므로, 점포 구성 시 주통로 및 부통로를 명확히 구분하여 설계한다.

---

67 정답 ⑤

고객관계관리(CRM)의 실행 순서 : 대상고객선정 → 고객니즈분석 → 가치창조 → 가치제안 → 성과평가

---

68 정답 ④

마케팅조사에서 정성조사와 정량조사 모두 필수적으로 제시되어야 하는 것이 아니며, 마케팅조사의 필요 목적에 따라 적절한 조사방법을 선택해야 한다.

---

69 정답 ②

매장 및 후방은 점포의 기본적인 구성요소에 해당한다. 비주얼 머천다이징(VMD)은 고객에게 알맞은 상품구색을 결정하고 구색이 갖춰진 상품에 대해 최적의 매장 이미지를 연출하는 전략적 판촉을 통해 소매점포의 이윤을 극대화시키는 작업이다.

---

70 정답 ⑤

신상품, 행사상품의 효율적 소구를 위해 매장의 빈 공간에 독립적으로 진열하는 방식은 섬 진열(island display)이다. 엔드진열(end cap display)은 매장 진열 시에 맨 끝에 위치하는 매대로, 전방으로 돌출되어 있어 상품의 노출도가 가장 크며, 소비자의 점내 회유 및 일반 매대로 유인하는 역할을 한다.

2023년
제3회 정답 및 해설

[4과목] 유통정보

71   정답 ③

㉠ 지도학습 / ㉡ 강화학습

기계학습은 인간의 학습 능력과 같은 기능을 컴퓨터에서 실현하고자 하는 기술 및 기법으로 지도학습, 비지도학습, 강화학습으로 구분한다.

- **지도학습(supervised learning)** : 정답이 있는 데이터를 사용하여 모델을 학습하는 방법
- **비지도학습(unsupervised learning)** : 정답이 없는 데이터를 비슷한 특징끼리 군집화 하여 모델을 학습하는 방법
- **강화학습(reinforcement learning)** : 환경과 상호작용하며 보상을 최대화하는 학습 방법

72   정답 ①

전자광학센서, 초분광센서, 적외선센서는 드론의 목적에 따라 다양한 장비를 싣는 역할을 하는 드론의 임무 장비이다. 드론의 항법센서에는 위성항법, **MEMS(Micro Electro Mechanical System)**, 임베디드 소프트웨어 기술 등이 있다.

73   정답 ③

시맨틱웹(semantic-web)은 기계가 정보의 의미를 이해하고 논리적 추론까지 할 수 있는 지능형 웹을 말한다.

① 고퍼(gopher) : 정보의 내용을 주제별이나 종류별로 구분하여 메뉴로 구성한 후 메뉴 방식으로 사용할 수 있는 인터넷 정보검색 서비스
② 냅스터(napster) : 개인의 음악파일들을 인터넷으로 공유할 수 있게 해주는 프로그램
④ 오페라(opera) : 노르웨이의 오슬로로에서 설립된 오페라소프트웨어가 개발한 웹 브라우저
⑤ 웹클리퍼(web-clipper) : 텍스트, 이미지, 링크 등을 포함해 웹페이지를 스크랩할 수 있는 기능

74   정답 ②

공급사슬의 성과지표 중 약속 기일 충족률은 고객이 요청한 기일 또는 이전에 충족된 주문의 비율을 의미하므로 고객서비스의 신뢰성 지표에 해당한다.

75   정답 ①

균형성과표는 하버드대의 로버트 캐플란 교수와 노튼 박사가 공동 개발한 것으로, 기업의 비전과 전략을 조직 내외부의 핵심성과지표(KPI)로 재구성해 전체 조직이 목표달성을 위한 활동에 집중하도록 하는 전략경영시스템이다.

76   정답 ③

매시업(mashup)은 여러 웹사이트에서 제공하는 정보를 합쳐 새로운 서비스를 제공하는 웹사이트나 애플리케이션을 말한다.

77   정답 ⑤

가격결정에 있어 신축성을 부여하기 위해서는 전국적인 평균비용의 산출에 의존하기보다는 개별시장으로의 운송에 소요되는 실제 분배비용의 산출이 필요하게 되었다.

78   정답 ⑤

CPFR은 공급측면의 SCM 응용기술로 판매정보관리 시스템인 POS와는 관련성이 없다. CPFR은 기업이 거래처와의 협력을 통해 상품 계획과 예측을 하고 상품을 보충하는 것으로 수요 예측과 재고 보충을 위한 공동 사업을 말한다.

79   정답 ③

회귀분석은 매개변수 모델을 이용하여 통계적으로 변수들 사이의 관계를 추정하는 분석 방법이다. 주로 독립변수가 종속변수에 미치는 영향을 확인하고자 사용하는 분석 방법이다.

① **감성분석** : 감정 상태 및 주관적 정보의 패턴을 체계적으로 정량화하고, 이를 활용하여 데이터에 존재하는 성향을 식별하고 분석하는 기술
② **기계학습** : 인간의 학습 능력과 같은 기능을 컴퓨터에서 실현하고자 하는 기술 및 기법
④ **텍스트 마이닝(text mining)** : 대량의 텍스트 데이터에서 의미 있는 정보를 추출하고 분석하는 과정
⑤ **오피니언 마이닝(opinion mining)** : 웹사이트와 소셜미디어에 나타난 여론과 의견을 분석하여 유용한 정보로 재가공하는 기술

80   정답 ⑤

유통부문의 전자문서 국제표준인 EANCOM은 사설표준이 아니라 공통표준이다. 사설표준은 특정 개별기업만이 활용할 수 있는 표준이고, 공통표준은 기업과 산업, 국가단위가 사용할 수 있도록 개발된 표준이다.

81   정답 ③

마케팅 개념측면에서 유통업체는 기존의 푸시(push) 마케팅에서 다이렉트(direct) 마케팅으로 변화해야 한다.

> **푸시 마케팅 & 다이렉트 마케팅**
> • **푸시(push) 마케팅** : 소비자 욕구를 무시하고 표준화와 규격화에 따라 대량 생산된 상품을 광고를 통하여 소비자에게 강제로 판매하는 마케팅 기법이다.
> • **다이렉트(direct) 마케팅** : 기존의 광고나 판촉, 홍보에서 벗어나 직접 소비자에게 다가가는 마케팅으로 오늘날 컴퓨터와 인터넷, IPTV 등 신기술이 도입되면서 한층 발전하고 있다.

82   정답 ④

기존 시스템의 정보를 추출, 변환, 저장하는 과정을 거쳐 업무 담당자 목적에 맞는 정보만을 모아 관리할 수 있도록 지원해 주는 것은 데이터웨어하우스의 개념이다.

83   정답 ⑤

지식관리시스템은 고객이 웹사이트, 챗봇, 디지털 어시스트, 휴대폰 앱 등 다양한 셀프 고객 서비스 플랫폼을 통해 이용하기도 하므로 고객서비스와도 밀접한 관련이 있다.

84   정답 ③

㉠ **생성 AI(generative AI)** : 텍스트, 오디오, 이미지 등 기존 콘텐츠를 활용해 유사한 콘텐츠를 새롭게 만들어 내는 AI
㉡ **식별 AI(discriminative AI)** : 기존 데이터를 기반으로 예측을 수행하는 AI

85   정답 ②

우리나라 의약품 및 의료기기에 사용되는 의약품표준바코드에는 GS1 Data Matrix 외에도 EAN-13, GS1-128 등이 있다.

86   정답 ④

사물인터넷(IoT : Internet of Things)의 서비스 방식은 주변의 사물이 알아서 사용자에게 조언하고 권하는 푸시(push) 방식이다.

87   정답 ②

신속대응(quick response) 시스템은 제품의 제조부터 소비자에게 전달되기까지의 제조 과정을 단축시키고, 소비자의 수요를 충족하는 제품을 공급하는 기법이다.

88   정답 ⑤

데이터 3법은 개인정보 보호법, 정보통신망법, 신용정보법 개정안을 일컫는 말로 개인과 기업이 정보를 활용할 수 있는 폭을 넓히기 위해 마련됐다. 데이터 3법은 추가 정보의 결합 없이는 개인을 식별할 수 없도록 안전하게 처리된 가명정보의 개념을 도입하는 것이 핵심이다.

89   정답 ③

비디오는 비정형 데이터이다. 반정형 데이터는 데이터의 형식과 구조가 변경될 수 있는 데이터로 HTML, XML, JSON 등이 이에 속한다.

> **데이터의 유형**
> • **정형 데이터** : 미리 정해놓은 형식과 구조에 따라 저장된 구조화된 데이터 예 관계형 데이터베이스(RDB), 스프레드시트, CSV 데이터 등
> • **반정형 데이터** : 데이터의 형식과 구조가 변경될 수 있는 데이터로, 데이터의 구조 정보를 데이터와 함께 제공하는 파일 형식의 데이터 예 웹로그, HTML, XML, JSON 등
> • **비정형 데이터** : 정해진 구조가 없이 저장된 데이터 예 문서, 텍스트, 이미지, 비디오, PDF 문서 등

| 90 | 정답 ② |

수산물 이력제의 등록표시는 이력추적관리번호 또는 수산물 이력제 업무 시스템을 통해 생성한 QR코드를 사용한다.

2022년

유통관리사 2급 2개년 정답 및 해설

제1회 정답 및 해설 (2022년 5월 14일 시행)

제2회 정답 및 해설 (2022년 8월 20일 시행)

제3회 정답 및 해설 (2022년 11월 19일 시행)

2022년 제1회 기출문제 정답 및 해설

01	⑤	02	①	03	⑤	04	③	05	①
06	⑤	07	⑤	08	④	09	②	10	③
11	①	12	①	13	②	14	④	15	③
16	②	17	③	18	⑤	19	④	20	④
21	②	22	⑤	23	④	24	②	25	④
26	⑤	27	④	28	④	29	⑤	30	③
31	③	32	①	33	③	34	⑤	35	⑤
36	③	37	⑤	38	⑤	39	⑤	40	④
41	③	42	②	43	①	44	⑤	45	⑤
46	①	47	⑤	48	⑤	49	③	50	④
51	①	52	⑤	53	①	54	①	55	①
56	③	57	⑤	58	④	59	⑤	60	②
61	③	62	①	63	③	64	⑤	65	①
66	③	67	⑤	68	②	69	③	70	④
71	③	72	②	73	⑤	74	⑤	75	①
76	①	77	①	78	③	79	③	80	⑤
81	①	82	⑤	83	④	84	⑤	85	④
86	③	87	③	88	⑤	89	⑤	90	②

[1과목] 유통물류일반

01   정답 ⑤

강제배분법(forced distribution method)은 조직구성원의 성과를 평가함에 있어서 평정 성적의 분포가 어느 한쪽에 치우치지 않도록 성적분포의 비율을 미리 정해 놓는 방법이다.

① 행동관찰척도법(BOS : behavioral observation scales) : 피평가자의 실제 행동을 평가기준으로 삼는 고과법으로, 평가항목에 대한 구체적인 행위들을 제시하고 피평가자가 그것을 수행한 빈도를 평가하는 방법

② 단순서열법(simple ranking method) : 직무평가에서 근무성적이나 능력에 대하여 순위로 서열을 매기는 방법 중 평가요소별로 서열을 정하여 이를 종합하여 평가하는 방법

③ 쌍대비교법(paired-comparison method) : 두 사람씩 쌍을 지어 비교하면서 인사고과의 서열을 정하는 평가방법

④ 행위기준고과법(BARS : behaviorally anchored rating scales) : 직무수행의 과정과 성과를 동기유발의 행동과학적 입장에서 평가하는 방법

02   정답 ①

중간상의 선별 기능
- **분류(sorting out)** : 이질적 상품을 비교적 동질적인 개별상품단위로 구분하는 것
- **수합(accumulation)** : 다수의 공급업자로부터 제공받는 상품을 모아서 동질적인 대규모 상품들로 선별하는 것
- **분배(allocation)** : 동질적 제품을 분배, 소규모 로트의 상품별로 모아서 분류하는 것
- **구색갖춤(assorting)** : 사용목적이 서로 관련성이 있는 상품별로 일정한 구색을 갖추어 함께 취급하는 것

03   정답 ⑤

조직의 일반원칙 중 조정의 원칙(principle of coordination)은 조직의 공통목적을 달성하기 위하여 모든 업무는 조정되어야 한다는 원칙이다.

① 기능화의 원칙(principle of functionalization) : 조직은 사람이 아닌 직무를 중심으로 구성되어야 한다는 원칙

② 위양의 원칙(principle of delegation) : 권한을 갖고 있는 상위자가 하위자에게 일정범위의 직무를 위임할 경우 그 직무를 효과적으로 수행할 수 있도록 직무에 수반되는 권한도 동시에 위양해야 한다는 원칙

③ 명령통일의 원칙(principle of unity of command) : 조직의 각 구성원은 누구나 한 사람의 직속상관에게만 보고하고 또 그로부터 명령을 받아야 한다는 원칙

④ 관리한계의 원칙(principle of span of control) : 한

사람의 상급자가 가장 효과적으로 직접 관리할 수 있는 하급자의 수는 한정되어 있다는 원칙

04   정답 ③

MRO(Maintenance, Repair, Operation)는 기업에서 제품 생산과 직접 관련된 원자재를 제외한 소모성 자재를 말한다. 그러므로 대형장비, 기계 등 기업에서 제품을 생산하는 데 드는 핵심적인 설비는 포함되지 않는다.

05   정답 ①

고객 서비스 품질평가요소 중 유형성(tangibles)은 물적 요소의 외형으로 물적 시설, 장비, 인력 및 의사소통자의 외양이 이에 속한다.
② 반응성(responsiveness)
③ 확신성(assurance)
④ 공감성(empathy)
⑤ 신뢰성(reliability)

고객 서비스 품질평가요소
• 유형성(tangibles) : 시설, 장비, 직원 등의 외적 요소
• 반응성(responsiveness) : 즉각적인 서비스 능력
• 확신성(assurance) : 고객에게 신뢰를 주는 능력
• 공감성(empathy) : 고객에 대한 관심과 배려
• 신뢰성(reliability) : 정확한 서비스를 수행하는 능력

06   정답 ⑤

물류원가분석은 물류업무 전반에 소요되는 비용을 체계적으로 계산하는 일련의 과정으로, 할인의 여부와 관련하여 할인 계산을 하지 않는다.

07   정답 ⑤

기업의 물류비용 절감과 고객서비스 수준은 서로 상충관계(trade-off)에 있으므로, 낮은 배송비용을 지향하는 것은 시간측면에서 고객서비스 수준의 감소를 가져온다.

08   정답 ④

유통산업발전법에 명시된 유통정보화시책은 유통정보화의 촉진 및 유통부문의 전자거래기반을 넓히기 위한 것으로, 유통산업에 종사하는 사람의 자질 향상을 위한 교육·연수 사항은 포함되어 있지 않다.

유통정보화시책(유통산업발전법 제21조)
• 유통표준코드의 보급
• 유통표준전자문서의 보급
• 판매시점정보관리시스템의 보급
• 점포관리의 효율화를 위한 재고관리시스템·매장관리시스템 등의 보급
• 상품의 전자적 거래를 위한 전자장터 등의 시스템의 구축 및 보급
• 상품의 전자적 거래를 위한 전자장터 등의 시스템의 구축 및 보급
• 다수의 유통·물류기업 간 기업정보시스템의 연동을 위한 시스템의 구축 및 보급
• 유통·물류의 효율적 관리를 위한 무선주파수인식시스템의 적용 및 실용화 촉진
• 유통정보 또는 유통정보시스템의 표준화 촉진
• 그 밖에 유통정보화의 촉진을 위하여 필요하다고 인정하는 사항

09   정답 ②

PB상품(Private Brand Goods)은 백화점, 슈퍼마켓 등 대형소매상이 자기매장의 특성과 고객의 성향에 맞추어 독자적으로 개발한 브랜드 상품으로, 편의성의 극대화, 수익성의 개선, 점포의 차별화 및 이미지 개선, 상품개발의 용이성 등을 목적으로 한다.

10   정답 ③

거래비용의 발생 원인은 기회주의, 제한된 합리성, 불확실성 등이며 교환당사자 간에 신뢰가 부족할 때 거래비용은 작아지는 것이 아니라 커진다.

11   정답 ①

유통업체의 판매, 재고데이터가 제조업체로 전달되면 제조업체가 유통업체의 물류센터로 제품을 배송하는 것은 공급자주도형 재고관리(VMI : Vender Managed Inventory)에 해당한다.
②·③·④·⑤는 가능한 한 제품의 최종 구성을 늦추고, 주문이 발생한 후에 필요한 변경사항을 반영하여 제품을 완성

하는 지연 전략(Postponement Strategy)에 해당한다.

12   정답 ①

$$현재가치(PV) = \frac{미래가치(FV)}{\{1 + 이자율(R)\}^n}$$

3년치 현금유입에 대한 현재가치

$$\frac{3,000,000}{(1+0.1)^1} + \frac{4,000,000}{(1+0.1)^2} + \frac{5,000,000}{(1+0.1)^3}$$

$$= \frac{3,000,000}{1.1} + \frac{4,000,000}{1.21} + \frac{5,000,000}{1.331}$$

$$= 2,727,272 + 3,305,785 + 3,756,574$$

$$= 9,789,631$$

최종답은 10,000원의 자리에서 버림하여 구한다고 하였으므로 약 9,700,000원이다.

13   정답 ②

유통경로 성과평가
- ⊙ **효과성(effectiveness)** : 표적시장에서 요구하는 서비스 산출을 얼마나 제공하였는가를 측정하는 목표 지향적 성과기준
- ⓒ **형평성(equity)** : 혜택이 세분시장에 얼마나 골고루 배분되었는가를 측정하는 성과기준
- ⓒ **효율성(efficiency)** : 투입한 비용에 비해 얼마나 많은 산출이 발생하였는가를 측정하는 성과기준

14   정답 ④

보험 및 사후관리 비용은 재무비용이 아니라 위험부담 관련 비용이다.

15   정답 ③

기업이 생산량을 증대하여 단위당 비용의 하락을 통해 이익을 얻는 것은 규모의 경제(Economy of scale)와 관련된 내용이다. 범위의 경제(Economy of scope)는 하나의 기업이 2가지 이상의 제품을 함께 생산할 경우, 2가지를 각각 따로 생산하는 경우보다 생산비용이 적게 드는 경우를 말한다.

16   정답 ②

유통경영의 외부환경을 분석하기 위해 포터의 산업분석을 활용할 경우 공급자의 협상능력이 클수록 기업의 원가부담이 증가하여 이윤은 감소하게 되고 따라서 시장 매력도는 낮아진다.

포터의 산업분석(5 forces model)
- 기존 기업 간의 경쟁 정도
- 신규 기업의 진입 위협
- 대체재의 위협
- 구매자의 협상력
- 공급자의 협상력

17   정답 ③

글로벌비즈니스는 사후 비판에 대응하는 반응적 윤리에서 선행적 윤리로 변화하고 있다.

18   정답 ⑤

재무, 생산소요계획, 인적자원, 주문충족 등 기업의 전반적인 업무 프로세스를 통합·관리하여 정보를 공유함으로써 효율적인 업무처리가 가능하게 하는 경영기법을 전사적자원관리(ERP)라 한다.
① **리엔지니어링** : 기업의 체질 및 구조와 경영방식을 근본적으로 재설계하여 경쟁력을 확보하는 경영혁신기법
② **식스시그마** : 품질혁신과 고객만족을 달성하기 위해 전사적으로 실행하는 21세기형 기업경영 전략
③ **아웃소싱** : 기업이나 기관이 비용 절감, 서비스 수준 향상 등의 이유로 기업에서 제공하는 일부 서비스를 외부에 위탁하는 전략
④ **벤치마킹** : 기업이 경쟁력을 높이기 위해 타사에서 배워오는 혁신 기법

19   정답 ④

6시그마 프로세스 중 개선(Improve)은 최적의 프로세스 개선안과 문제의 해결책을 도출하는 단계이다.

6시그마
- **정의(Define)** : 고객의 요구 사항 파악과 프로젝트 목표 및 정의
- **측정(Measure)** : 현 수준 파악과 잠재 원인 변수의 발굴

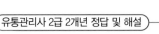

- **분석(Analyze)** : 수집된 데이터를 근거로 문제의 근본 원인인 핵심인자 확인
- **개선(Improve)** : 최적의 프로세스 개선안과 문제의 해결책 도출
- **관리(Control)** : 개선 결과의 문서화와 유지 계획 수립

① **거래적 리더십** : 지도자와 부하 간에 비용-효과의 거래관계로 수행되는 리더십
③ **상황적 리더십** : 현재 업무 환경에 대한 리더 유형의 효과성과 관련이 있는 리더십
④ **지시형 리더십** : 부하 직원에게 과업지시를 내리고 그들에게 기대하는 성과기준을 명확히 알려주는 리더십
⑤ **위임형 리더십** : 부하 직원에게 권한을 위임함으로써 의사결정을 하거나 문제를 해결하는데 리더 개인의 통찰력보다 팀의 통찰력을 존중하는 리더십

---

20 정답 ④

①·②·③·⑤는 모두 주관적 의견과 판단을 중시하는 정성적 수요예측기법에 해당하나, ④의 시계열 분석은 객관적인 데이터에 의한 정량적 수요예측기법에 해당한다.

---

25 정답 ④

장소의 편의성이 높게 요구되는 담배, 음료, 과자류 등과 같은 품목에 일반적으로 이용되는 유통채널 유형은 집중적 유통채널(intensive distribution channel)로 개방적 유통채널이라고도 한다.

---

21 정답 ②

총재고 중에서 로트(lot)의 크기에 따라 직접적으로 변하는 부분은 주기 재고이다. 리드타임재고는 생산을 준비하는 동안에 수요을 충족시키기 위하여 준비하는 재고를 말한다.

[2과목] 상권분석

26 정답 ⑤

권리금은 영업시설 및 비품, 거래처, 신용, 영업상의 노하우, 상가건물의 위치에 따른 영업상의 이점 등 유형·무형의 재산적 가치와 양도 또는 이용대가로서 보증금과 차임 이외에 지급하는 금전 등의 대가이다. 즉, 권리금은 보증금과는 별개이며 보증금의 일부가 아니다.

---

22 정답 ⑤

그로서란트(Grocerant)는 식료품점인 그로서리(Grocery)와 레스토랑(Restaurant)의 합성어로, 다양한 식재료를 판매하고 그 식재료를 이용한 음식을 맛볼 수 있는 신개념의 식문화 공간인 복합식품매장을 말한다. 그로서란트는 오프라인 매장이 온라인 쇼핑 또는 해외직구 등과의 차별화 요소로 선보이는 샤워효과 또는 분수효과 전략이다.

---

27 정답 ④

도심상권은 중심업무지구(CBD)를 포함하며 상권의 범위가 넓고 소비자들의 체류시간이 길다.
① 역세상권은 고밀도 개발이 이루어지는 경우가 많다.
② 생활밀착형 업종의 점포들이 입지하는 경향이 있는 상권은 근린상권이다.
③ 부도심상권은 도시 일부의 소비자를 유인한다.
⑤ 아파트상권은 외부고객을 유치하기가 어려워 상권확대 가능성이 높지 않다.

---

23 정답 ④

전략적 제휴는 다수의 기업들이 자신의 경쟁우위 요소를 바탕으로 각자의 독립성을 유지하면서 전략적으로 상호협력 관계를 형성함으로써 타 경쟁기업에 대해 경쟁우위를 확보하려는 경영 전략이며, 이를 유통경영에 접목시킨 것이 전략적 경로제휴전략이다.

---

24 정답 ②

변혁적 리더십은 구성원들의 가치관, 정서, 행동규범 등을 변화시켜 개인, 집단, 조직을 바람직한 방향으로 변혁시키는 리더십이다.

---

28 정답 ④

소매점의 입지 선정을 위한 공간분석은 상권의 크기에 따라 광역지역(general area)분석 > 지구상권(district area)분석 > 개별점포(site)분석 순으로 진행된다.

29   정답 ⑤

㉠ **다항로짓(MNL)모형** : 상권 내 소비자들이 점포이미지 등 다양한 점포특성을 반영한 관측 자료를 이용하여 각 점포에 대한 선택 확률의 예측은 물론 시장점유율 및 상권의 크기를 추정하는 확률적 선택 모형이다.

㉡ **Huff모형** : 소비자의 점포선택을 결정론적 접근이 아닌 확률론적 접근으로 보며, 고객이 특정 점포를 선택할 확률은 점포의 크기에 비례하고 점포까지의 거리에 반비례한다고 추정한다.

㉢ **Converse모형** : 두 상권의 분기점에서의 두 점포에 대한 구매지향력은 같다고 보고, 두 도시 간의 상권경계지점을 계산한다.

㉣ **Christaller의 중심지 이론** : 상권은 단일 중심지의 경우에는 원형이지만, 다수의 중심지가 분포하는 경우 정육각형을 이룬다.

㉤ **Reilly의 소매중력모형** : Newton의 중력모형을 수용한 초기모형으로, 두 중심지 사이에 위치하는 소비자에 대해 상권이 미치는 영향력의 크기는 상점가의 크기와 상점수, 두 중심의 크기에 비례하여 배분된다.

30   정답 ③

구매력지수(BPI : Buying Power Index)는 소매점포의 입지분석 시 해당 지역시장의 구매력을 측정하는 기준으로 사용되며, 이를 산출하기 위해서는 인구수(population), 소매 매출액(retail sales), 가처분 소득(effective buying income) 등 3가지 요소에 가중치를 곱하여 합산한다. 그러므로 소매점 면적(sales space)은 구매력지수의 계산 요소에 해당되지 않는다.

> **구매력지수(BPI : Buying Power Index)**
> BPI = (인구비 × 0.2) + (소매 매출액비 × 0.3) + (가처분 소득비 × 0.5)

31   정답 ③

아동용 장난감 소매업체가 출점할 입지를 선정하기 위해 새로운 지역의 수요를 분석할 때는 가구의 규모보다는 가구 내 아동의 수를 고려하여야 한다. 그 외 상권 내 인구수와 증감여부, 상권 내 가구의 수, 가구의 평균 구성원 수, 평균소득 등이 고려 대상이다.

32   정답 ①

직송도매상(drop shipper)은 생산자와 대량구매계약을 하고 상품은 생산자의 창고나 혹은 보관장소에 그대로 두고서 소매상이나 혹은 산업소비자로부터 주문이 올 때마다 주문받은 수량을 생산자에게 연락하여 직접 구매자 앞으로 직송하게 하고 대금만 회수하는 도매상이다. 그러므로 직송도매상은 입지를 선정할 때 취급상품의 물류비용을 고려할 필요성이 가장 낮은 도매상 유형이다.

33   정답 ③

쇼핑몰 지역센터는 일반상품과 서비스를 매우 깊고 다양하게 제공하는 쇼핑센터로, 가장 다양한 업태의 소매점포를 입주시키는 쇼핑센터 유형이다.

① **파워 쇼핑센터** : 종래의 백화점이나 양판점과 달리 할인점이나 카테고리 킬러 등 저가를 무기로 강한 집객력을 가진 염가점들을 한 곳에 종합해놓은 초대형 소매센터

② **아웃렛 쇼핑센터** : 유통업자 상표제품 및 이월상품을 할인 판매하는 쇼핑센터

④ **네이버후드 쇼핑센터** : 슈퍼마켓이 중심점포 역할을 수행하는 동네의 소형 쇼핑센터

⑤ **패션/전문품 쇼핑센터** : 선별된 패션이나 품질이 우수하고 값이 비싼 독특한 제품을 판매하는 고급의류점, 부티크, 선물점 등이 있는 쇼핑센터

34   정답 ③

도시교통정비 촉진법상 도시교통정비지역 또는 도시교통정비지역의 교통권역에서 판매시설의 사업을 하려는 자는 교통영향평가를 실시하여야 한다.

35   정답 ②

다중회귀분석은 종속 변수는 하나이고 독립 변수가 2개 이상인 회귀 모델에 대한 분석을 수행하는 방법으로, 다중회귀분석은 점포성과에 영향을 주는 요소의 상대적 중요성을 회귀계수로 나타낸다.

36   정답 ③

점포 개점을 위한 경쟁점포의 분석은 상품의 차별화를 위해 동일 업태의 점포는 물론 유사 업태의 점포에 대한 분석도 필요하다.

37 　　　　　　　　　　정답 ④

본래의 사용 목적 외로 건축물의 용도를 변경하려면 용도 변경 신청 → 신고필증 교부 → 건축물대장 변경 → 사용 승인 → 공사 착수의 순으로 행정 처리 절차를 밟아야 한다.

38 　　　　　　　　　　정답 ⑤

점포가 소재하는 위치적, 물리적인 조건은 상권이 아니라 입지에 대한 설명이다. 상권은 상업상의 거래가 행하여지고 있는 공간적 범위를 말한다.

39 　　　　　　　　　　정답 ⑤

자기가 개점하려는 점포와 유사한 기존 점포를 선정하여 상권 규모를 시각적으로 파악하는 상권분석기법은 애플바움(W. Applebaum)이 주장한 유추법이다.

40 　　　　　　　　　　정답 ④

입지의 시계성은 해당 점포가 통행인들의 눈에 얼마만큼 잘 띄는지의 정도를 나타낸다. 일반적으로 차량으로부터의 시계성은 내측(인커브) 보다 외측(아웃커브)의 경우가 더 좋다.

41 　　　　　　　　　　정답 ③

사람들이 점포가 눈앞에 보여도 간선도로를 횡단해야 하는 경우 그 점포에 접근하지 않으려는 경향은 동선의 심리법칙 중 위험하거나 잘 모르는 길을 지나지 않으려는 안전추구의 원칙 때문이다.

42 　　　　　　　　　　정답 ②

ㄱ 자석(anchor)과 자석을 연결하는 동선은 주동선이므로, 화물차 통행이 많은 도로는 주동선상에 있다고 할 수 없다.
ㄷ 복수의 자석(anchor)이 있는 경우의 동선을 복수 동선이라 한다. 부동선은 뒷골목과 같이 사람들이 통행하는 주동선 이외의 동선을 말한다.

43 　　　　　　　　　　정답 ①

백화점, 고급음식점, 고급보석상, 미술품점, 영화관 등은 도시

전체를 배후지로 하여 배후지의 중심부에 입지하여야 유리한 집심성 점포에 해당한다.

공간균배의 원리에 따른 점포유형

집심성 점포	배후지의 중심지에 입지하는 것이 경영상 유리한 점포 예 백화점, 고급음식점, 고급보석상, 미술품점, 영화관 등
집재성 점포	동일 업종의 점포가 서로 한 곳에 모여서 입지하여야 하는 유형의 점포 예 은행, 보험회사, 관공서, 서점, 가구점 등
산재성 점포	동일 업종의 점포가 서로 분산입지하여야 하는 유형의 점포 예 잡화점, 소매점포, 주방용품점, 이발소, 공중목욕탕, 세탁소 등
국부적 집중성 점포	동일 업종의 점포끼리 국부적 중심지에 입지하여야 하는 점포 예 농기구점, 철공소, 비료상, 종묘판매상, 기계공구점, 컴퓨터부품점 등

44 　　　　　　　　　　정답 ⑤

상권은 상업상의 거래가 행하여지고 있는 공간적 범위(boundary)로 표현되고, 입지는 인간이 경제 활동을 하기 위하여 선택하는 점포의 소재지인 주소나 좌표를 가지는 점(point)으로 표시된다.
① 상권 평가에는 점포의 층수, 주차장, 교통망, 주변 거주인구 등을 이용하고, 입지 평가에는 점포의 면적, 주변유동인구, 경쟁점포의 수 등의 항목을 활용한다.
② 입지를 강화한다는 것은 점포가 더 유리한 조건을 갖출 수 있도록 점포의 속성들을 개선하는 것을 의미한다.
③ 입지는 점포를 경영하기 위해 선택한 장소 또는 그 장소의 부지와 점포 주변의 위치적 조건을 의미한다.
④ 상권은 점포를 이용하는 소비자들이 분포하는 공간적 범위 또는 점포의 매출이 발생하는 지역 범위를 의미한다.

45 　　　　　　　　　　정답 ⑤

월매출액＝객단가×1일 평균 내점객 수×월간영업일 수

[3과목] 유통마케팅

46 　　　　　　　　　정답 ①

고객평생(생애)가치(CLV: Customer Lifetime Value)는 소비자가 평생에 걸쳐 구매할 것으로 예상되는 이익 흐름에 대한 현재가치로 다음과 같이 계산한다. 따라서 ①의 충성도는 고객평생가치를 추정하는데 필요한 정보로 옳지 않다.

$$CLV = \left(\frac{M-C}{1-r+i}\right) - AC$$

M : 고객 1인당 평균 매출
C : 고객 1인당 평균 비용
r : 고객 유지 비율
i : 할인율
AC : 고객 획득 비용

47 　　　　　　　　　정답 ⑤

종업원 행동의 영향을 받는 공정성 유형은 고객을 응대하는 태도 등에 대하여 지각하는 공정성인 상호작용적 공정성이다.

공정성 유형
- **분배적 공정성** : 의사결정의 결과와 자원의 배분에 대하여 지각하는 공정성
- **절차적 공정성** : 서비스 실패를 정정하기 위해 사용되는 절차에 대하여 지각하는 공정성
- **상호작용적 공정성** : 고객을 응대하는 태도 등에 대하여 지각하는 공정성

48 　　　　　　　　　정답 ③

CRM(Customer Relationship Management)의 활용 분야
- **판매 분야** : 판매자동화를 통해 콜센터를 활용한 전화판매 지원 및 제반 영업활동 지원
- **마케팅 분야** : 캠페인 관리 및 상품 관리, 고객데이터 관리, 판촉 관리, 유통경로 관리 등의 기능을 지원
- **고객서비스 분야** : 영업사원 및 A/S 사원들에게 서비스 관련 내용을 전달하며, 현장 사원들이 고객정보를 효율적으로 활용 가능하도록 지원

49 　　　　　　　　　정답 ⑤

소비자 판매 촉진(consumer sales promotion)은 제품이나 서비스의 최종 소비자를 대상으로 수요를 자극하는 활동이다. 따라서 기업과 관련된 이해관계자들을 대상으로 하지는 않는다.

50 　　　　　　　　　정답 ④

플래노그램(planogram)은 가장 최적화된 방식으로 매장 내에 상품구색을 만들고 표현하는 일종의 상품진열지도이므로, 매장외관(exterior) 관리와는 관련이 없다.

51 　　　　　　　　　정답 ①

고객지향성은 고객의 입장에서 생각하여 고객의 욕구나 가치를 효과적으로 충족시킬 수 있도록 조직을 설계하고 관리하는 것을 말한다.

52 　　　　　　　　　정답 ③

EAN(European Article Number)는 유럽상품코드로 편의점이나 마트 등의 POS 시스템에서 활용되고 있는 상품용 유통 코드이다. EAN코드의 두 번째 자리는 제조업체 코드로, 생산자가 아니라 한국유통물류진흥원에서 고유번호를 부여한다.

53 　　　　　　　　　정답 ①

프랜차이즈 가맹본부의 목표가 매출의 극대화인 반면 가맹점의 목표가 수익이기 때문에 발생하는 유통경로상의 갈등 원인은 '목표의 불일치'이다.

유통경로 갈등의 원인
- **목표불일치** : 이해관계의 대립이나 추구하는 목표의 불일치에서 오는 갈등
- **지각불일치** : 동일 현상을 다르게 해석하는 데서 오는 갈등
- **영역불일치** : 상권의 범위 또는 경로구성원의 역할에 대한 견해 차이로 인한 갈등

54 　　　　　　　　　　 정답 ①

ⓒ 여러 세분시장을 표적시장으로 선정하고, 각 세분시장별로 서로 다른 시장제공물을 개발하는 전략은 차별적 마케팅 전략이다.
ⓓ 큰 시장에서 작은 점유율을 추구하는 대신 하나 혹은 소수의 작은 세분시장 또는 틈새시장에서 높은 점유율을 추구하는 전략은 집중적 마케팅 전략이다.

55 　　　　　　　　　　 정답 ①

매장 내 농축산품 작업장 바닥높이는 매장보다 낮게 하여 매장으로 물이 흘러들어가지 않도록 해야 한다.

56 　　　　　　　　　　 정답 ③

ⓐ 내적 탐색 : 욕구가 발생하여 소비자가 기억하고 있는 관련 정보를 자연스럽게 회상하는 것
ⓑ 외적 탐색 : 소비자가 충분한 정보를 보유하고 있지 않아 외부의 정보에 자신을 노출시켜 추가 정보를 탐색하는 것

57 　　　　　　　　　　 정답 ⑤

계절할인은 특정 제품의 비수기에 가격을 일시적으로 내리는 할인 정책을 말한다.
① 수량할인
② 판매촉진지원금
③ 거래할인
④ 현금할인

58 　　　　　　　　　　 정답 ④

상품이 파손 없이 안전하게 보관되도록 하는 보관서비스는 포장(packing)이다. 진열(display)은 손님에게 보이기 위해 상품을 벌여 놓는 것을 의미한다.

59 　　　　　　　　　　 정답 ③

본체의 가격은 낮게 책정하여 소비자의 구매를 유도한 후, 부속품의 가격은 높게 책정해 이윤을 창출하는 가격정책은 종속제품 가격정책(captive product pricing)이다.
① 사양제품 가격정책(optional product pricing) : 주제품 외에 액세서리 등의 사양제품 또는 다양한 옵션을 추

가하여 판매가격을 결정하는 정책
② 제품라인 가격정책(product line pricing) : 동일 계열 제품을 함께 판매할 때 세부 특성에 따라 각 제품의 가격을 결정하는 정책
④ 부산물 가격정책(by-product pricing) : 주산물이 아닌 부수적으로 생기는 부산물의 가격을 결정하는 정책
⑤ 이중부분 가격결정(two-part pricing) : 고정 요금의 기본 서비스와 다양한 서비스의 사용 정도에 따라 부과되는 추가 요금으로 서비스 가격을 결정하는 정책

60 　　　　　　　　　　 정답 ②

집기 내 상품 배치와 진열 양의 결정은 진열의 기본 영역에 해당된다. 레이아웃은 보다 효율적인 매장 구성을 위한 일련의 배치작업을 의미한다.

61 　　　　　　　　　　 정답 ⑤

RFM은 구매 가능성이 높은 고객을 선정하기 위한 데이터 분석방법으로 최근 구매 시점(Recency), 구매빈도(Frequency), 구매금액(Monetary)의 3가지 지표를 바탕으로 계량적으로 측정된다. 제시된 글상자의 ⓐ~ⓔ 모두 RFM에 대한 옳은 설명이다.

62 　　　　　　　　　　 정답 ①

마케팅목표를 달성하기 위해 마케팅전략과 계획을 마케팅활동으로 전환시키는 과정은 마케팅실행이다. 마케팅통제는 마케팅목표에 따라 수립된 마케팅계획이 적절하게 수행되었는지를 측정하여 평가하고 그에 따라 마케팅계획을 수정하거나 보완하는 과정이다.

63 　　　　　　　　　　 정답 ③

쇼루밍(Showrooming)은 쇼룸 즉, 오프라인 매장에서 자신이 원하는 상품을 살펴본 후 가격이 더 저렴한 온라인 쇼핑몰에서 구매를 진행하는 소비자 행동을 말한다.

64 　　　　　　　　　　 정답 ②

단순 무작위 표본 추출은 가장 기본적인 확률적 표본추출 방법으로, 표본추출 대상에 대해 어떠한 조작도 하지 않고 추출하는 방법이다. ①·③·④·⑤는 모두 비확률적 표본추출

방법에 해당한다.

---

65 정답 ④

유통마케팅 달성을 위해 자금을 효율적으로 지출하는지를 확인할 수 있는 유통마케팅 성과평가 분석은 ROI 분석이다. ROI(Return On Investment)는 투자수익률로 경영성과를 종합적으로 측정하는 데 이용되는 가장 대표적인 재무비율이다.

---

66 정답 ③

소매믹스(retailing mix)는 고객의 요구를 만족시키고 고객의 구매의사 결정에 영향을 주기 위해 소매업체가 활용하는 입지, 머천다이징, 점포디자인, 판촉 및 서비스 등의 조합을 일컫는다. ③의 유통정보 관리는 소매믹스의 요소에 해당되지 않는다.

---

67 정답 ①

상품회전율은 일정기간에 상품이 몇 번 회전하였는가를 표시하는 비율로, 연간 매출액(매출원가)에 대한 상품 재고액(재고원가)의 비율이다.

$$상품회전율 = \frac{연간\ 매출액}{상품\ 재고액}$$

$$\frac{1,000,000}{1,000 \times 200} = \frac{1,000,000}{200,000} = 5(회)$$

---

68 정답 ②

유통목표는 포괄적인 유통관리를 위해 개념적으로 서술되는 것이 아니라, 세부적인 유통관리를 위해 명백하고 구체적으로 서술되어야 한다.

---

69 정답 ③

선발주자는 기술적 불확실성에 직면하지만, 나중에 진출한 후발주자는 선발주자에 의해 기술적 불확실성이 제거되므로 후발우위효과 내지 무임승차효과를 향유한다.

---

70 정답 ④

소매업자들이 특정 카테고리 내에서 특별히 선호하는 벤더는 카테고리 캡틴(category captain)이다.

> **소매점에서의 카테고리 캡틴 활용 이유**
> • 가격설정, 촉진활동 등의 위임을 통한 해당 카테고리 관리의 부담 감소
> • 고객에 대한 이해 증진에 협력함으로써 해당 카테고리 전반의 수익 증진
> • 재고품질의 방지를 통한 관련된 손해의 회피 및 서비스 수준의 향상
> • 해당 카테고리 품목의 여타 납품업체들과의 구매협상 노력을 생략한 비용 절감

[4과목] 유통정보

71 정답 ③

PBES(Private Branch Exchange Systems)는 자동으로 전화를 연결해 주는 구내 전화교환 시스템으로, 공급사슬관리를 위한 정보기술은 아니다.
① EDI(Electronic Data Interchange) : 기업 간에 데이터를 효율적으로 교환하기 위해 지정한 데이터와 문서의 표준화 시스템
② POS(Point Of Sales) : 매상금액을 정산해 줄뿐만 아니라 동시에 소매경영에 필요한 각종 정보와 자료를 수집 · 처리해 주는 판매시점 관리 시스템
④ CDS(Cross Docking Systems) : 물류센터로 입고되는 상품을 물류센터에 보관하는 것이 아니라 분류 또는 재포장의 과정을 거쳐 곧바로 재배송하는 물류 시스템
⑤ RFID(Radio-Frequency IDentification) : 반도체 칩이 내장된 태그 · 라벨 · 카드 등의 저장된 데이터를 무선 주파수를 이용하여 비접촉으로 읽어내는 무선인식 시스템

---

72 정답 ②

2차 산업혁명은 19세기 중후반부터 20세기 초까지 전기 에너지 기반의 대량생산 혁명이 이루어진 시기이다.
① 전자기기의 활용을 통한 업무생산성 개선이 이루어진 시기는 3차 산업혁명 때이다.
③ 사물인터넷과 인공지능 기술이 업무처리에 활용되기 시작한 시기는 4차 산업혁명 때이다.
④ 업무처리에 인터넷 활용이 이루어지기 시작한 시기는 3차 산업혁명 때이다.

⑤ 정보통신기술을 통한 데이터수집과 이를 분석한 업무처리가 이루어진 시기는 4차 산업혁명 때이다.

> **산업혁명의 발전과정**
> • 1차 산업혁명 : 증기기관 기반의 기계화 혁명
> • 2차 산업혁명 : 전기 에너지 기반의 대량생산 혁명
> • 3차 산업혁명 : 컴퓨터와 인터넷 기반의 지식정보 혁명
> • 4차 산업혁명 : 빅데이터, AI, 사물인터넷 등 정보기술 기반의 초연결 혁명

---

73   **정답 ⑤**

공급사슬관리는 고객이 원하는 제품을 사용하고자 하는 시점에 필요한 수량만큼 공급함으로써 고객에게 가치를 제공하는 관리 기법으로, 재고중심의 푸시(push) 관행에서 고객중심의 풀(pull) 관행으로 변화하고 있다.

---

74   **정답 ⑤**

지식관리 시스템(KMS : Knowledge Management System)은 조직 내의 인적자원들이 축적하고 있는 개별적인 지식을 체계화하여 공유함으로써 기업 경쟁력을 향상시키기 위한 기업정보 시스템으로 다음의 절차에 따라 구현된다.

> 목표설정(㉠) → 프로세스 구축(㉡) → 지식기반 창출(㉢) → 업무 프로세스 구축(㉣)

---

75   **정답 ①**

RFID 태그는 근거리 접촉으로 정보를 확보하는 QR 코드와 달리 태그에 저장된 데이터를 무선주파수를 이용하여 비접촉으로 읽어낸다.

---

76   **정답 ①**

비콘(Beacon)은 블루투스 프로토콜을 기반으로 한 근거리 무선통신 장치로, 모든 기기가 항상 연결되는 사물인터넷 구현에 적합하다.

② 와이파이(Wi-Fi) : 전자기기들을 무선랜(WLAN)에 연결할 수 있게 하는 근거리 무선망 기술
③ 지웨이브(Z-Wave) : 스마트 홈 시스템에 주로 적용되는 가정 자동화 무선 전송 표준
④ 지그비(ZigBee) : 스마트홈에 사용되는 근거리 무선통신

기술로, 허브 중심의 사물인터넷 플랫폼의 대표적인 통신 규격
⑤ 울트라와이드밴드(Ultra Wide Band) : 기존의 주파수 대역에 비해 매우 넓은 대역에 걸쳐 낮은 전력으로 대용량의 정보를 전송하는 초광대역 무선통신 기술

---

77   **정답 ①**

데이터 마이그레이션(data migration) 즉, 데이터 이송은 데이터의 사용 빈도에 따라서 데이터의 저장 공간이나 저장 형태를 조정시켜 데이터베이스의 검색 성능이 향상되도록 하는 것을 말한다. 외부로부터 유입된 데이터를 기업 표준으로 변환하는 작업은 데이터 변환에 해당한다.

---

78   **정답 ④**

공급자재고관리(VMI : Vender Managed Inventory)는 재고를 최소화하기 위해 판매자가 아닌 공급자가 직접 재고를 관리하여 재고비용 절감과 재고회전율 향상을 목적으로 한다.

---

79   **정답 ③**

RPA(Robotic Process Automation)는 사람이 반복적으로 처리해야 하는 단순 업무를 로봇 소프트웨어로 자동화하는 기술을 말한다. 유통업체에서는 상품관리를 위한 데이터나 작업 보고서의 입력과 같은 단순 · 반복적 업무에 RPA 기술을 활용하고 있다.

---

80   **정답 ⑤**

GTIN(Global Trade Item Numbers)는 국내 또는 국외로 유통되는 상품을 식별하기 위해 사용하는 유통표준코드로 배치 및 일련번호, 로트번호, 유통 및 사용기한, 포장 중량 등의 다양한 상품 정보를 제공한다.

---

81   **정답 ①**

풀필먼트는 물류 전문업체가 물건을 판매하려는 업체들의 위탁을 받아 보관, 포장, 배송, 재고관리, 교환 · 환불 서비스 등의 모든 과정을 담당하는 물류 일괄 대행 서비스를 말한다.
② 로지틱스 : 유통 합리화의 수단으로서 원료 준비, 생산, 보관, 판매에 이르기까지의 과정에서 물적 유통을 가장 효율

적으로 수행하는 종합적 시스템
③ 데이터마이닝 : 대량의 데이터베이스에 내재되어 있는 패턴을 발견하고 규칙을 추론함으로써 유용한 정보를 추출해내는 과정
⑤ 풀브라우징 : 휴대전화에서도 인터넷 상의 웹사이트를 일반 컴퓨터에서와 같이 이용할 수 있는 서비스

---

82   정답 ⑤

SWOT(Strength, Weakness, Opportunities, Threats)란 기업의 내부환경을 분석하여 강점과 약점을 발견하고 외부환경을 분석하여 기회와 위협을 찾아내어 마케팅 전략을 수립하는 분석법이다.
① PEST(Politics, Economy, Society, Technology) : 정치, 경제, 사회, 기술적 요인을 살펴보는 기업환경 분석법
② ETRIP(Economic, Trade, Raw Material, Industry, Political) : 세계경제동향, 국제무역, 원자재 수급, 산업지형, 정치지형 등을 살펴보는 글로벌 거시환경 분석법
③ STEEP(Social, Technological, Economic, Environmental / Ecological and Political) : 사회, 기술, 경제, 정치 외에 자연환경 또는 생태환경이 포함된 거시환경 분석법

---

83   정답 ④

정보시스템 구축 과정에서 사업 착수 후 분석단계에 포함되는 활동은 요구사항 정의이다. 요구사항은 소프트웨어가 어떤 문제를 해결하기 위해 제공하는 서비스에 대한 설명과 정상적으로 운영되는 데 필요한 제약조건 등을 나타내며 소프트웨어 개발이나 유지 보수 과정에서 필요한 기준과 근거를 제공한다.

---

84   정답 ⑤

POS시스템을 통해 인기상품, 비인기상품을 신속하게 파악할 수 있고 품목별 판매실적, 판매실적 구성비, 단품별 판매순위, 판매동향 등의 정보를 제공하며, 기회손실(자점취급, 비취급)에 대한 분석도 용이하다.

---

85   정답 ④

기업 간의 거래에 관한 데이터(각종 서류양식)를 표준화하여 컴퓨터통신망을 통해 거래 당사자의 컴퓨터 사이에서 직접 전송신호로 주고받도록 지원하는 기술은 전자문서교환 즉, EDI(Electronic Data Interchange)이다.
① Beacon : 블루투스 프로토콜을 기반으로 한 근거 무선통신 장치
② XML(eXtensible Markup Language) : 인터넷 웹페이지를 만드는 html을 획기적으로 개선하여 만든 언어
③ O2O(Online to Offline) : 온라인의 기술을 이용해서 오프라인의 수요와 공급을 혁신시키는 새로운 현상
⑤ SaaS(Software as a Service) : 소프트웨어의 여러 기능 중에서 사용자가 필요로 하는 서비스만 이용 가능하도록 한 소프트웨어

---

86   정답 ③

단말기의 카메라, GPS 또는 각종 프로세싱 능력을 활용한 서비스 이용 시 모바일 웹보다 앱이 훨씬 효과적이다.

---

87   정답 ③

사용자의 동의 없이 시스템에 설치되어서 무단으로 사용자의 파일을 모두 암호화하여 인질로 잡고 금전을 요구하는 악성 프로그램은 랜섬웨어이다. 에드웨어는 특정 소프트웨어를 설치 또는 실행 후 자동적으로 광고가 표시되는 프로그램을 말한다.

---

88   정답 ⑤

개인이 별도의 위·변조 방지 특수 필름 부착이나 잠금장치 설치 등의 조치를 취해야 하는 것은 고정형 QR이다.

---

89   정답 ⑤

반정형데이터는 데이터의 형식과 구조가 변경될 수 있는 데이터로 비식별화가 쉽지 않기 때문에 해당 데이터에서 개인정보를 찾아내 비식별화시켜야 한다.

---

90   정답 ②

1차 데이터는 특정한 목적을 달성하기 위해 직접적으로 고객으로부터 수집한 데이터를 의미하고, 2차 데이터는 이미 생성된 데이터를 의미한다.

2022년
제2회 기출문제
정답 및 해설

01	⑤	02	②	03	③	04	②	05	④
06	③	07	③	08	④	09	⑤	10	⑤
11	④	12	④	13	②	14	③	15	④
16	③	17	①	18	④	19	③	20	②
21	④	22	③	23	⑤	24	④	25	④
26	⑤	27	③	28	①	29	④	30	④
31	④	32	③	33	④	34	③	35	③
36	③	37	⑤	38	③	39	⑤	40	②
41	①	42	④	43	⑤	44	④	45	④
46	④	47	③	48	③	49	⑤	50	③
51	③	52	③	53	③	54	③	55	②
56	②	57	④	58	⑤	59	①	60	①
61	③	62	③	63	④	64	②	65	⑤
66	①	67	④	68	③	69	①	70	⑤
71	⑤	72	④	73	④	74	③	75	④
76	⑤	77	③	78	③	79	⑤	80	③
81	②	82	④	83	①	84	②	85	④
86	③	87	③	88	⑤	89	⑤	90	①

[1과목] 유통물류일반

01 　　　　　　　　　　　　정답 ⑤

채찍효과(bullwhip effect)는 공급사슬관리에서 제품에 대한 수요정보가 공급사슬상의 참여 주체를 하나씩 거쳐 전달될 때마다 계속 왜곡되는 것을 의미한다. 따라서 공급체인의

각 단계에서 독립적인 수요예측을 하는 것은 채찍효과를 유발시키는 원인이 된다. 채찍효과를 줄이기 위해서는 공급체인 전반에 걸쳐 수요에 대한 정보를 집중화하고 공유하는 전략이 필요하다.

02 　　　　　　　　　　　　정답 ②

맥그리거(D.McGregor)의 동기부여 이론은 인간의 행동을 지나치게 일반화 및 단순화하고 있다는 문제점이 있다.
① 위생요인은 허츠버그(Herzberg)의 2요인 이론에 해당한다.
③ 고차원 욕구와 저차원 욕구의 구분은 매슬로우의 욕구 5단계 이론에 해당한다.
④ 맥그리거는 XY이론에서 인간의 본성에 대한 부정적 관점의 X이론과 긍정적 관점의 Y이론을 제시하고 있다.
⑤ 감독, 급료, 작업조건의 개선은 허츠버그의 2요인 이론 중 위생요인에 해당한다.

03 　　　　　　　　　　　　정답 ③

물류 아웃소싱은 전문물류업체를 활용함으로써 전문화의 이점을 살릴 수 있으나 외주 물류기능에 대한 의견충돌 및 통제력 약화 등의 위험이 발생할 수 있다.

04 　　　　　　　　　　　　정답 ②

last mile은 주문한 물품이 고객에게 배송되는 마지막 단계를 의미하지만, 풀필먼트는 보관, 포장, 배송, 재고관리, 교환·환불 서비스 등의 전 과정을 의미한다.

05 　　　　　　　　　　　　정답 ④

기능식 조직(functional organization)은 조직의 상층에서 하층까지 공통기능을 중심으로 활동이 부서화되는 조직으로, 조직 구성원들에게 정확한 과업을 부여할 수 있어 일의 성과에 따른 정확한 보수를 가감할 수 있다.

06 　　　　　　　　　　　　정답 ③

ⓒ JIT가 개별적인 생산현장을 연결한 것이라면, JITⅡ는 공급체인 상의 파트너 연결과 그 프로세스를 변화시키는 시스템이다.
ⓔ JIT가 푸시(push) 형식인 MRP와 대비되는 풀(pull) 형

식의 생산방식을 의미한다면, JIT Ⅱ는 JIT와 MRP를 동시에 수용할 수 있는 기업 간의 운영체제를 말한다.

07　　　　　　　　　　정답 ③

기업이 자재나 부품, 서비스를 외부에서 구매하지 않고 자체 생산하는 이유는 대량생산을 통해 비용을 절감하고 자본투자를 정당화할 수 있기 때문이다.

08　　　　　　　　　　정답 ④

공정재고의 최소화는 생산물류 영역에서 고려할 사항이다.

09　　　　　　　　　　정답 ⑤

기업의 사회적 책임은 기업이 당연히 지켜야 할 의무를 비롯하여 기업의 이익을 사회에 공유 및 환원하는 것도 포함한다.

10　　　　　　　　　　정답 ⑤

마이클 포터가 제시한 5가지 세력(forces)모형은 산업구조 분석 기법으로 신규 진입자의 위협, 공급자의 교섭력, 구매자의 교섭력, 대체재의 위협, 기존 기업 간의 경쟁 정도 등 다섯 가지 경쟁요인을 통해 특정 산업분야의 현황과 미래를 분석한다.

11　　　　　　　　　　정답 ④

유통산업발전법에서 규정하고 있는 체인사업은 직영점형 체인사업, 프랜차이즈형 체인사업, 임의가맹점형 체인사업, 조합형 체인사업의 4가지 종류를 규정하고 있으며 해당 문제의 글상자는 직영점형 체인점에 대한 설명이다.
① 프랜차이즈형 체인사업 : 독자적인 상품 또는 판매·경영 기법을 개발한 체인본부가 상호·판매방법·매장운영 및 광고방법 등을 결정하고, 가맹점으로 하여금 그 결정과 지도에 따라 운영하도록 하는 형태의 체인사업
③ 임의가맹점형 체인사업 : 체인본부의 계속적인 경영지도 및 체인본부와 가맹점 간의 협업에 의하여 가맹점의 취급품목·영업방식 등의 표준화사업과 공동구매·공동판매·공동시설활용 등 공동사업을 수행하는 형태의 체인사업
⑤ 조합형 체인사업 : 같은 업종의 소매점들이 중소기업협동조합, 협동조합, 협동조합연합회, 사회적 협동조합 또는 사

회적 협동조합연합회를 설립하여 공동구매·공동판매·공동시설활용 등 사업을 수행하는 형태의 체인사업

12　　　　　　　　　　정답 ④

기업형 수직적 경로구조는 소유의 규모가 커질수록 융통성이 감소되어 시장이나 기술 등의 환경 변화에 신속하고 유연하게 대응하기가 어렵다.

13　　　　　　　　　　정답 ②

옴니채널(omni channel)이란 소비자가 온라인, 오프라인, 모바일 등 다양한 경로를 넘나들며 상품을 검색하고 구매할 수 있도록 한 서비스로 각 유통 채널의 특성을 결합해 어떤 채널에서든 같은 매장을 이용하는 것처럼 느낄 수 있도록 한 쇼핑 환경을 말한다.
① Cross border trade : 주로 온라인을 통한 해외 상품 직매
③ Multi channel : 서로 경쟁관계에 있는 온, 오프라인의 복수 채널
④ Mass customization : 개별고객의 다양한 요구와 기대를 충족시키면서도 값싸게 대량생산할 수 있는 대량맞춤생산
⑤ IoT(Internet of Things) : 각종 사물에 센서와 통신 기능을 내장하여 인터넷에 연결하는 기술인 사물 인터넷

14　　　　　　　　　　정답 ③

시간급제는 근로자의 근로시간을 단위로 임금을 산정하는 방법으로 근로자의 입장에서는 시간당 보상액이 일정하고, 사용자 측에서는 임금산정방식이 쉽다.
① 근로자의 성과와 무관하게 근로시간을 기준으로 보상을 지급하는 형태는 시간급제이다.
② 근로자의 성과에 따라 보상을 지급하는 형태는 성과급제이다.
④ 작업능률을 자극할 수 있고 근로자에게 소득증대 효과가 있는 것은 성과급제이다.
⑤ 근로자의 노력과 생산량과의 관계가 없을 때 효과적인 것은 시간급제이다.

15　　　　　　　　　　정답 ④

기업이 따라야 할 규범, 규제, 법 등은 거시환경에 포함된다.

16 정답 ③

• 재무상태 계정 : 자산, 부채, 소유주 지분
• 손익계산서 계정 : 수익, 매출원가, 비용

> **손익계산서 계정과목**
> 매출액, 매출원가, 매출총손익, 판매비와관리비, 영업외비용, 영업손익, 영업외수익, 법인세비용, 당기순이익

17 정답 ①

구매관리의 집중화는 구매절차가 복잡하고 많은 시간이 소요되는 단점이 있다.

18 정답 ③

후기산업사회 이후 소비자들의 욕구가 다양해지면서 정보기술의 혁신과 지속 가능한 유통의 경제적 역할이 더욱 확대되고 있다.

19 정답 ⑤

균형성과표(BSC : balanced scorecard)는 과거의 성과에 대한 재무적 지표뿐만 아니라 미래의 성과를 창출하는 고객, 공급자, 종업원, 프로세스 및 혁신 등의 비재무적 지표도 균형적으로 적용한다.

20 정답 ②

공정성이론은 특정 과업을 수행할 때 필요한 노력과 그 노력의 투입 및 결과를 타인과의 비교를 통해 본인의 동기부여에 경향을 미친다는 이론이다.
① **강화이론** : 보상이 직접적으로 주어지는 행위는 강화 및 반복되는 반면, 보상이 주어지지 않고 벌이 따르는 행위는 억제 및 약화된다는 이론
③ **기대이론** : 구성원 개인의 동기부여의 강도를 성과에 대한 기대와 성과의 유의성에 의해 설명하는 이론
④ **목표관리론** : 조직과 개인이 달성해야 할 목표를 먼저 설정하고 이를 이루기 위한 구체적인 계획을 세운 다음 실행에 옮김으로써 조직의 효율성을 증진시키고자 하는 이론
⑤ **목표설정이론** : 의식적인 목표나 의도가 동기의 기초이며 행동의 지표가 된다고 보는 이론

21 정답 ④

경제적 주문량(EOQ : Economic Order Quantity) 산출 시 입고량은 주문량과 정확히 일치하며 일시에 입고되는 것으로 가정한다.

> **경제적 주문량 산출을 위한 가정**
> • 해당 품목의 수요율이 일정하고 확실히 알려져 있다.
> • 로트의 크기에는 제한이 없다.
> • 관련된 비용은 재고유지비용과 고정비용 밖에 없다.
> • 다른 품목과 독립적으로 의사결정한다.
> • 리드타임과 공급에 불확실성이 없다.
> • 입고량은 주문량과 정확히 일치한다.

22 정답 ③

조직의 목표 달성을 위해 상사와 부하직원 간의 상호존중을 바탕으로 한 유연하고 수평적인 기업문화를 조성한다.

23 정답 ⑤

소비자기본법 상 국가는 사업자가 소비자에게 제공하는 물품 등으로 인한 소비자의 생명·신체 또는 재산에 대한 위해를 방지하기 위해 지켜야 할 기준을 정하여야 한다.

> **위해방지 기준(소비자기본법)**
> • 물품 등의 성분·함량·구조 등 안전에 관한 중요한 사항
> • 물품 등을 사용할 때의 지시사항이나 경고 등 표시할 내용과 방법
> • 그 밖에 위해방지를 위하여 필요하다고 인정되는 사항

24 정답 ④

제시된 글상자의 유통효용은 생산되는 상품의 수량을 소비지에서 요구되는 적절한 수량으로 분할·분배함으로써 창출되는 형태효용(Form Utility)이다.
① **시간효용(Time Utility)** : 재화나 서비스의 생산과 소비 간 시차를 극복하여 소비자가 재화나 서비스를 필요로 할 때 이를 소비자가 이용 가능하도록 해주는 효용
② **장소효용(Place Utility)** : 지역적으로 분산되어 생산되는 재화나 서비스가 소비자가 구매하기 용이한 장소로 전달될 때 창출되는 효용

③ **소유효용(Possession Utility)** : 재화나 서비스가 생산자로부터 소비자에게 거래되어 소유권이 이전되는 과정에서 발생하는 효용

---

25   정답 ④

시장밀도가 낮으면 중간상의 개입 가능성이 높아지고 유통경로의 길이가 길어져 한정된 유통시설을 이용해 많은 고객을 상대할 수 없다.

[2과목] 상권분석

26   정답 ⑤

한계상권(fringe trading area)은 3차 상권에 해당한다.

> **고객 흡인율별 상권의 분류**
> - **1차 상권** : 점포 매출 또는 고객 수의 60% 이상을 점유하며, 점포에 지리적으로 인접한 지역에 거주하는 소비자들이 주요 고객이다.
> - **2차 상권** : 점포 매출 또는 고객 수의 23~30%를 포함하며, 1차 상권의 외곽에 위치해 있다. 주요 고객은 밀집되어 있는 것이 아니라 지역적으로 넓게 분산되어 있다.
> - **3차 상권** : 한계상권이라고도 하며, 점포 이용고객은 5~10%를 차지한다. 상권지역의 외곽에 위치하며, 주요 고객은 점포로부터 장거리에 위치하여 고객의 수와 이들의 구매빈도가 적어 점포 매출액에서 차지하는 비중이 낮다.

---

27   정답 ③

소비자들이 점포를 선택할 때 가장 가까운 점포를 선택한다는 가정을 하며, 상권경계를 결정할 때 티센다각형(thiessen polygon)을 활용하는 방법은 근접구역법이다. 티센다각형은 한 점에 가까운 영역을 경계 짓는 다각형으로, 이분된 선분들이 직각으로 교차하여 지역을 분할하는 방법이다.

---

28   정답 ①

소비자의 점포방문동기 중 ①의 사교적 경험은 사회적 동기에 해당하며, 나머지 ② · ③ · ④ · ⑤는 개인적 동기에 해당한다.

소비자의 점포방문동기	
개인적 동기	• 사회적 역할 수행 • 기분 전환의 추구 • 욕구불만의 해소 • 신체적 활동 • 감각적인 자극 • 유행 및 새로운 경향에 대한 정보 학습
사회적 동기	• 사교적 경험 • 동호인과의 의사소통 • 동료집단과의 일체감 • 자신의 지위와 권위 추구 • 가격 흥정

---

29   정답 ④

점포를 이용하는 고객 인터뷰를 통해 소비자의 지리적 분포를 확인할 수 있는 방법은 고객점표법(CST : Customer Spotting Technique)이다.

① **컨버스(Converse)의 소매인력이론** : 두 상권의 분기점에서의 두 점포에 대한 구매지향력은 같다고 보고, 두 도시 간의 상권경계지점을 계산한다.

② **아날로그(analog) 방법** : 유추법이라고도 하며, 자기가 개점하려는 점포와 유사한 기존 점포를 선정하여 상권 규모를 시각적으로 파악하는 상권분석기법이다.

③ **허프(Huff)의 소매인력법** : 소비자의 점포선택을 결정론적 접근이 아닌 확률론적 접근으로 보며, 고객이 특정 점포를 선택할 확률은 점포의 크기에 비례하고 점포까지의 거리에 반비례한다고 추정한다.

⑤ **라일리(Reilly)의 소매인력모형법** : Newton의 중력모형을 수용한 초기모형으로, 두 중심지 사이에 위치하는 소비자에 대해 상권이 미치는 영향력의 크기는 상점가의 크기와 상점수, 두 중심의 크기에 비례하여 배분된다.

---

30   정답 ④

입지 분석에 사용되는 기준에는 점포의 가시성, 접근성, 홍보성, 인지성, 호환성, 주차편의성 등이 포함된다. ④의 확신성은 입지 분석의 기준으로 적합하지 않다.

---

31   정답 ④

Huff모델을 이용한 신규점포의 입지 분석 과정

잠재상권의 범위 결정(ⓔ) → 소규모 고객집단 지역 분할(ⓒ) → 개별점포까지의 거리 측정(ⓑ) → 민감도계수 추정(ⓐ) → 신규점포의 지역별 예상매출액 추정(ⓒ)

32　정답 ④

독점적으로 제품 및 서비스를 제공하는 점포가 아닌 경우에는 다른 점포와의 경쟁, 새로운 점포의 등장 및 경제상황 등의 다양한 변수로 인해 규모의 경제를 달성하지 못하고 비용만 증가할 수도 있다. 따라서 반드시 점포의 규모가 클수록 유리하다고 볼 수 없다.

33　정답 ④

Converse의 제1법칙 공식에 따라

$$D_a\frac{D_{ab}}{1+\sqrt{\frac{P_b}{P_a}}}=\frac{15}{1+\sqrt{\frac{50,000}{200,000}}}=\frac{15}{1+\sqrt{\frac{1}{4}}}$$

$$=\frac{15}{1+\frac{1}{2}}=\frac{15}{\frac{3}{2}}=\frac{30}{3}=10$$

그러므로 두 도시 간의 상권경계는 10km이다.

> ### Converse의 제1법칙 공식
> $$D_a=\frac{D_{ab}}{1+\sqrt{\frac{P_b}{P_a}}}$$
>
> D_a＝A시로부터 분기점까지의 거리
> D_b＝B시로부터 분기점까지의 거리
> D_{ab}＝A, B 두 도시 간의 거리
> P_a＝A시의 인구
> P_b＝B시의 인구

34　정답 ⑤

상가건물임대차보호법상 권리금은 임대차 목적물인 상가건물에서 영업을 하는 자 또는 영업을 하려는 자가 영업시설·비품, 거래처, 신용, 영업상의 노하우, 상가건물의 위치에 따른 영업상의 이점 등 유형·무형의 재산적 가치의 양도 또는 이용대가로서 임대인, 임차인에게 보증금과 차임 이외에 지급하는 금전 등의 대가를 말한다.

35　정답 ③

아파트 단지 내 상가는 아파트와 주변 세대 소비자들의 고정고객 비중이 높으나, 외부고객을 유치하기가 어려워 상권 확대 가능성이 높지 않은 단점이 있다.

36　정답 ③

건축물의 연면적은 각 층 바닥면적의 합계로, 용적률을 계산할 때 지하층의 면적과 지상층의 주차장 면적은 제외된다.
건축물의 연면적 ＝ 지상 1층(250−50) ＋ 지상 2층(250) ＋ 지상 3층(250) ＋ 지상 4층(250) ＋ 지상 5층(250) ＝ 1,200

용적률＝$\frac{건축물의연면적}{대지면적}$×100이므로,

$\frac{1,200}{300}$×100＝400(%)

37　정답 ⑤

지리정보시스템(GIS)에서 위상(topology)은 어떤 지도형상, 즉 점이나 선 혹은 면으로부터 특정한 거리 이내에 포함되는 영역으로, 개별 지도형상에 경도와 위도 좌표체계를 기반으로 다른 지도형상과 비교하여 상대적인 위치를 알 수 있는 기능을 부여한다. 한편, 면의 형태로 나타나 상권 혹은 영향권을 표현하는 것은 레이어(layer)이다.

38　정답 ③

동선의 심리법칙에는 최단거리실현의 법칙, 보증실현의 법칙, 안전중시의 법칙, 집합의 법칙이 있으며, 고차선호의 법칙은 이에 해당되지 않는다.

39　정답 ⑤

간선도로는 교외형 점포의 고객유도시설(customer generator)에 해당한다.

> ### 고객유도시설
> • **도시형 점포** : 역 개찰구, 대형 소매점, 대형 교차로
> • **교외형 점포** : 간선도로, 간선도로의 교차점, 인터체인지, 대형 레저 시설
> • **인스토어형 점포** : 주 출입구, 주차장 출입구, 에스컬레이터, 엘리베이터

40   정답 ②

화훼점은 동일 업종의 점포끼리 일정한 지역에 집중하여 입지해야 유리한 국부적 집중성 점포에 해당한다.

41   정답 ①

애플바움(W. Applebaum)의 유추법(analog method)은 신규점포와 특성이 비슷한 기존의 유사점포를 조사하여 추정한 결과를 토대로 자사점포의 신규입지에서의 매출액과 상권규모를 측정하는 예측기법으로, 동일한 방법을 적용하기보다 소비자 특성의 지역별 차이를 고려하는 것이 중요하다.

42   정답 ④

국토의 계획 및 이용에 관한 법률 상 용도지역 중 상업지역은 중심상업지역, 일반상업지역, 근린상업지역, 유통상업지역으로 구분한다.

용도지역 중 도시지역의 세분화

주거지역	전용주거지역, 일반주거지역, 준주거지역
상업지역	중심상업지역, 일반상업지역, 근린상업지역, 유통상업지역
공업지역	전용공업지역, 일반공업지역, 준공업지역
녹지지역	보전녹지지역, 생산녹지지역, 자연녹지지역

43   정답 ⑤

도심상권은 중심업무지구(CBD)를 포함하며, 상권의 범위가 넓기 때문에 소비자의 체류시간은 상대적으로 길다.

44   정답 ④

㉠ **보충가능성의 원칙** : 두 개의 점포가 인접한 장소에 위치할수록 고객을 유인하는데 있어 유리하다.
㉡ **동반유인의 원칙** : 동종 점포가 서로 집중된 입지가 고객을 유인하는데 유리하다.
• **고객차단의 원칙** : 사무실밀집지역, 쇼핑지역 등은 고객이 특정지역에서 타 지역으로 이동할 시에 점포를 유인하게

한다.
• **점포밀집의 원칙** : 유사한 점포 또는 대체가 가능한 점포가 인접할수록 고객 흡인력이 떨어진다.

45   정답 ④

빅데이터 기술은 하나의 상권을 지향하는 개별점포 소유자들의 상권분석뿐만 아니라 복수의 상권에 접근하는 체인사업자에게도 효과적이다.

[3과목] 유통마케팅

46   정답 ①

라이프스타일은 심리적 세분화 변수에 해당하고, 연령은 인구통계적 세분화 변수에 해당한다.

47   정답 ④

고객 휴게실과 화장실, 비상구는 소매점포의 공간 분류 중 고객존에 해당한다.

48   정답 ③

주문점 = (일일 예상판매량 × 리드타임) + 예비재고
     = (5 × 7) + 20 = 55(개)

49   정답 ⑤

관여도는 특정 상황에서 자극에 의하여 발생하는 개인적인 중요성이나 관심도로, 소비자 자신에게 어떤 제품이나 서비스의 구매가 얼마나 중요하게 여겨지는가를 의미한다.

50   정답 ③

비주얼 프레젠테이션은 상품의 진열이나 윈도 기타 쇼윙 디스플레이에 의해서 취급되는 상품의 콘셉트나 가치를 소비자에게 효과적이며 시각적으로 호소해서 제안하는 진열방식을 말한다.

51　　　　　　　　　　　　정답 ③

촉진예산을 결정하는 방법에는 가용예산법, 매출액 비율법, 경쟁 대항법, 목표 과업법 등이 있으며 단위당 고정비용법은 이에 해당되지 않는다.

52　　　　　　　　　　　　정답 ③

군집분석은 서로 유사한 특성을 지니는 사례를 묶어 집단화 한 후 군집들의 특성을 파악해 군집들 사이의 관계를 분석하는 방법이다.

① 분산분석 : 두 개 이상인 대상의 평균을 비교하는 분석방법으로, 평균 간의 차이가 발견되는지 검증하기 위해 사용된다.
② 회귀분석 : 하나 또는 하나 이상의 독립변수의 종속변수에 대한 영향을 추정할 수 있는 분석기법이다. 체계적인 변수고려로 점포의 매출에 미치는 영향에 대해 계량적으로 분석할 수 있다.
④ t-검증 : 두 집단 또는 두 상관적인 표본의 평균치가 동일한 모집단에서 추출되었는지를 검증하는 분석기법이다.
⑤ 컨조인트분석 : 어떤 제품 또는 서비스가 갖고 있는 속성 하나하나에 고객이 부여하는 가치를 추정함으로써 그 고객이 어떤 제품을 선택할지를 예측하는 기법이다.

53　　　　　　　　　　　　정답 ③

세분화된 시장들 중에서 매력적인 표적시장을 선정하기 위해서는 선택할 표적시장의 상대적 규모를 고려하여 무차별적 시장, 차별적 시장, 집중(틈새) 시장, 미시시장(지역시장) 등으로 구분한다.

54　　　　　　　　　　　　정답 ③

셀프서비스를 활용한 상품판매는 고객이 직접 상품을 선택하기 때문에 매장 직원이 판매하는 것보다 고객에게 전달되는 상품정보의 정확성이 떨어진다.

55　　　　　　　　　　　　정답 ②

고객생애가치(CLV : Customer lifetime value)는 고객이 일생동안 기업에게 구매를 통해 평균적으로 기여하는 미래수익의 현재가치로, 충성도가 높은 고객이 반드시 CLV가 높은 것은 아니다.

56　　　　　　　　　　　　정답 ②

프리미엄(premium)은 일정 금액 이상을 구매하면 추가 증정품을 지급하는 판매촉진 방법이다. 따라서 신규고객을 확보하는 데 추가비용이 투입되어야 하는 단점이 있다.

57　　　　　　　　　　　　정답 ④

소매점에서 제공하는 상품 관련 핵심서비스는 상품 자체와 관련된 ④의 다양한 상품 구색이다. 소매점은 다양한 상품 구색을 갖춤으로써 소비자들에게 제품 선택의 폭을 넓혀주고 상품 선택에 소요되는 시간과 비용을 절감시켜 준다.

58　　　　　　　　　　　　정답 ⑤

경로구성원의 재고투자이익률은 생산업체가 아닌 소매업체의 성과평가기준에 해당한다. 소매업체의 재고투자이익률을 분석하는 도구로 GMROI(Gross Margin Return On Investment)가 사용된다.

59　　　　　　　　　　　　정답 ①

최대한 인하된 상품 가격이라는 인상을 주어 판매량을 증가시키기 위해 가격을 990원, 1,990원처럼 설정하는 것은 단수가격설정정책(odd pricing)이다.

② 가격이 높을수록 우수한 품질이나 높은 지위를 상징하는 경우에 주로 사용되는 가격정책은 명성가격전략이다.
③ 캔음료나 껌처럼 오랫동안 같은 가격을 지속적으로 유지함으로써 소비자가 그 가격을 당연하게 받아들이는 것은 관습가격이다.
④ 같은 계열에 속하는 몇 개의 제품 가격을 품질에 따라 1만원, 3만원, 5만원 등으로 설정하는 것은 제품라인 가격정책이다.
⑤ 고객을 모으기 위해서 특정 제품을 아주 저렴한 가격으로 판매하는 방법은 유인가격정책이다.

60　　　　　　　　　　　　정답 ①

자사의 경영철학에 따라 서비스에 관한 표준을 정하고 조직을 편성하여 교육 및 훈련하는 것은 제품의 판매 전에 제공되는 사전적 고객 서비스이다. ② · ③ · ④ · ⑤는 모두 현장에서의 고객 서비스에 해당한다.

61 정답 ③

A~D사의 유통경쟁전략은 마케팅 믹스를 통해 소비자들에게 자사 제품의 정확한 위치를 인식시키는 점포 포지셔닝 강화 전략이다. 포지셔닝(positioning)은 소비자의 마음속에 자사 제품의 위상을 정립하는 과정을 말한다.

62 정답 ③

점블진열(jumble display)은 바스켓 진열이라고도 하며, 과자나 라면 등의 스낵 같은 상품들을 아무렇게나 뒤죽박죽으로 진영하는 방식이다.

① 돌출진열(extended display) : 진열용구 및 박스 등을 활용해서 일반 매대보다 통로 쪽으로 튀어나오게 돌출시켜 진열하는 방식
② 섬 진열(island display) : 점포 매장의 빈 공간에 박스 등 진열용구를 활용하여 마치 섬처럼 대량 진열하는 방식
④ 후크진열(hook display) : 소비자들의 눈에 띄지 않는 두께가 얇고 가벼운 상품을 후크를 사용하여 진열하는 방식
⑤ 골든라인진열(golden line display) : 고객이 상품을 보기에 가장 편안하고 직접 손으로 만져 보기에도 수월한 위치에 진열하는 방식

63 정답 ④

지각가치 중심 가격결정법(perceived value pricing)은 소비자가 지각한 가치를 기준으로 가격을 결정하는 소비자중심 가격결정 방법이다.

> **가격결정 방법**
> - 원가중심 가격결정법 : 원가가산법, 손익분기점 가격결정법, 목표이익 가격결정법, 이폭가산법
> - 소비자중심 가격결정법 : 직접 가격 평가법, 지각가치 중심 가격결정법, 진단 평가법
> - 경쟁중심 가격결정법 : 시장가격에 따른 가격결정법, 경쟁입찰에 따른 가격결정법

64 정답 ②

전사적 자원관리(ERP)는 재무, 생산소요계획, 인적자원, 주문충족 등 기업의 전반적인 업무 프로세스를 통합·관리하고 정보를 공유함으로써 효율적인 업무처리가 가능하게 하는 경영기법이므로 고객정보를 파악하고 분석하는 데는 용이하지 않다. 따라서 전사적 자원관리(ERP)는 고객관계관리(CRM)에 대한 접근방법으로는 부적합하다.

65 정답 ④

④의 문헌조사는 마케팅 전략수립을 위한 2차 자료 수집방법에 해당한다. 1차 자료는 조사자가 직접 수집한 자료를 의미하고, 2차 자료는 다른 조사자가 이미 수집 및 정리하여 문헌으로 보관된 기존의 모든 자료를 말한다.

66 정답 ①

포스 죠닝(POS zoning)은 POS 단말기를 이용해 상품의 바코드 판독과 계산이 이루어지는 판매 접점의 마지막 구역이므로 가급적 고객의 체류시간을 줄여야 한다.

67 정답 ④

마케팅변수의 4P는 제품(Product)변수, 가격(Price)변수, 유통(Place)변수, 촉진(Promotion)변수를 말한다. ④의 1차 포장과 2차 포장은 제품변수에 해당하고, 나머지 ①·②·③·⑤는 유통변수에 해당한다.

68 정답 ③

기존시장에서 기존제품으로 점유율을 높여 성장하려는 전략은 시장침투전략이다.

① 제품개발 전략 : 같은 시장에서 다른 상품을 이용하여 기업을 성장시키는 전략으로 신제품 개발, 기존 제품의 개량을 통해 기존시장에서 판매 증가를 추구한다.
② 시장개척 전략 : 기존제품을 신규 시장에 판매하는 방법을 통하여 기업의 성장전략, 지역적인 한계를 넘어서는 전략이다.
④ 전방통합 전략 : 유통경로상에서 기업이 현재 차지하고 있는 위치의 다음 단계를 차지하고 있는 경로구성원을 자본적으로 통합하는 전략이다.
⑤ 다각화 전략 : 다른 상품으로 새로운 시장을 개척하여 기업을 성장시키는 전략으로 성장과 위험분산을 위한 것이며 가장 위험도가 높은 전략이다.

앤소프(Ansoff, H. I.)의 제품/시장 그리드

시장/제품	기존제품	신제품
기존시장	시장침투 전략	제품개발 전략
신시장	시장개발 전략	다각화 전략

69   정답 ①

상품의 다양성(variety)은 ㉠(상품계열)의 수가 어느 정도되는 지를 의미하며, 상품의 구색(assortment)은 ㉡(상품품목)의 수를 말한다.

㉠ **상품계열** : 성능, 기능, 고객, 유통, 가격범위 등에서 서로 밀접한 관련이 있는 제품의 집합
㉡ **상품품목** : 상품계열 내에서 크기, 가격, 형태, 기타 특성에 의해서 명확히 구별될 수 있는 단위

70   정답 ⑤

① **교차판매(cross-selling)** : 이미 판매한 제품이나 서비스와 관련이 있는 제품이나 서비스를 추가로 판매하는 것
② **상향판매(up-selling)** : 소비자가 희망하는 제품보다 단가가 높은 동일 분류의 제품을 판매하는 것
③ **고객참여(customer involvement)** : DIY 제품처럼 고객이 제품 선택부터 제작까지 직접 참여하게 하는 것
④ **2차구매 유도(inducing repurchase)** : 기존 고객의 이탈을 방지하고 재구매를 유도하는 것

[4과목] 유통정보

71   정답 ⑤

RFID는 반도체 칩이 내장된 태그 · 라벨 · 카드 등의 저장된 데이터를 무선주파수를 이용하여 비접촉으로 읽어내는 무선인식 시스템이다. 일반적으로 능동형 RFID 태그는 수동형 RFID 태그에 비해 데이터를 보다 멀리까지 전송할 수 있다.

72   정답 ④

의사결정지원 시스템을 이용한 마케팅 계획 설계, 예산 수립 계획 등과 같은 업무는 관리층에서 수행한다. 운영층은 주문처리나 재고관리 등과 같은 주로 일상적이고 반복적인 업무를 수행한다.

73   정답 ④

과일이나 농산물에 주로 사용되는 것은 인스토어마킹이며, 소스마킹은 가공식품이나 잡화 등에 주로 사용된다.

> **소스마킹 & 인스토어마킹**
> • **소스마킹(source marking)** : 제조업체가 자사 상품에 바코드를 일괄적으로 인쇄하여 부착하는 것
> • **인스토어마킹(instore marking)** : 소매업체에서 상품 하나하나에 직접 라벨을 붙이는 것

74   정답 ③

바코드는 컴퓨터가 판독할 수 있도록 고안된 코드로, 흑백 색상뿐만 아니라 컬러 색상도 인식이 가능하다.

75   정답 ④

긱 이코노미(gig economy)는 기업이나 사용자가 필요에 따라 임시로 계약을 맺고 노동력을 공급하고 대가를 지불하는 경제 형태를 말한다.

① **오프쇼어링(off-shoring)** : 기업이 생산 및 서비스 제공을 위해 국내에서 해외로 업무를 이전하는 것
② **커스터마이징(customizing)** : 고객이 기호에 따라 제품을 요구하면 생산자가 요구에 따라 제품을 만들어주는 일종의 맞춤제작 서비스
③ **매스커스터마이제이션(masscustomization)** : 개별고객의 다양한 요구와 기대를 충족시키면서도 값싸게 대량 생산하는 방법
⑤ **리쇼어링(reshoring)** : 비용 등을 이유로 해외에 나간 자국 기업이 다시 국내로 돌아오는 현상

76   정답 ⑤

빅 데이터(big data)는 기존 데이터베이스 관리도구의 능력을 넘어서는 대량의 정형 또는 비정형 데이터 집합으로부터 가치를 추출하고 결과를 분석하는 기술을 말한다.

① **리포팅** : 데이터를 취합하여 체계적인 형태로 제시하는 과정
② **쿼리** : 데이터베이스 등에서 원하는 정보를 검색하기 위해 쓰이는 컴퓨터 언어
③ **스코어카드** : 다양한 데이터의 변화를 수치화하여 미래를 예측할 수 있게 한 것
④ **대시보드** : 한 화면에서 다양한 정보를 관리하는 기능

77 정답 ③

보낸 이메일을 상대가 읽었는지 알 수 있는 수신 확인 기능은 부인방지 원칙을 잘 반영한 것이다. 부인방지(Non-repudiation)는 메시지의 송수신이나 교환 후, 또는 통신이나 처리가 실행된 후에 그 사실을 사후에 증명함으로써 사실 부인을 방지하는 보안 기술이다.

① 허락받지 않은 사용자가 정보를 변경해서는 안 되는 것은 무결성이다.
② 정보의 소유자가 원치 않으면 정보를 공개할 수 없는 것은 기밀성이다.
④ 웹사이트에 접속하려고 할 때 에러 등 서비스 장애가 일어나는 것은 가용성이 떨어진다고 볼 수 있다.
⑤ 인터넷 거래에 필요한 공인인증서에 기록된 내용은 타인이 조작할 수 없도록 만들어 무결성을 유지해야 한다.

78 정답 ②

비즈니스 모델 캔버스에서 고객이 무언가를 수행하는 것을 도움으로써 가치를 창출할 수 있다고 하는 것은 가치제안이다. 고객 세분화는 인구통계학적, 심리유형적, 구매패턴적, 가치추구적 분류를 통해 고객을 그룹화하는 것이다.

비즈니스 모델 캔버스의 9가지 구성요소
① 고객 세분화(Customer Segments)
② 가치제안(Value Proposition)
③ 채널(Channels)
④ 고객관계(Customer Relationships)
⑤ 수익원(Revenue Streams)
⑥ 핵심자원(Key Resources)
⑦ 핵심 활동(Key Activities)
⑧ 핵심 파트너(Key Partners)
⑨ 비용구조(Cost Structure)

79 정답 ⑤

모바일 쇼핑의 활성화에 따라 백화점, 대형마트, 인터넷쇼핑 등과의 채널별 시장 경계가 모호해지면서 기존에 비해 가격 경쟁이 심화되고 있다.

80 정답 ⑤

EDI는 문서기반 프로세스를 전자기반 프로세스로 대체함으로써 많은 비용을 절약하고 이산화탄소 배출량을 감소시켜

궁극적으로 기업의 사회적 책임을 이행하게 한다.

81 정답 ②

비즈니스 인텔리전스(BI : Business Intelligence)는 기업 전략 수립에 필요한 데이터를 수집하고 이 데이터를 이용하여 적절한 의사결정을 내리는데 도움이 되는 일련의 소프트웨어제품군을 말한다. 그러나 BI가 사물인터넷 기술을 이용해서 새로운 데이터를 수집하는 기능을 제공하지는 않는다.

82 정답 ④

변화에 대한 융통성은 일반 상거래가 유형자산에 의존하지만 전자상거래는 프로세스에 의존한다.

83 정답 ①

㉠ 블록체인(block chain) : 관리 대상 데이터를 블록이라고 하는 소규모 데이터들이 P2P 방식을 기반으로 생성된 체인 형태의 연결고리 기반 분산 데이터 저장 환경에 저장하여 누구라도 임의로 수정할 수 없고 누구나 변경의 결과를 열람할 수 있는 분산 컴퓨팅 기술 기반의 원장 관리 기술이다.
㉡ 분산식별자(DID : Decentralized Identity) : 블록체인 기술 기반으로 구축한 전자신분증 시스템으로, 지갑에서 주민등록증을 꺼내듯 필요한 상황에만 블록체인 지갑에서 분산 식별자(DID)를 제출해 신원을 증명할 수 있다.

84 정답 ②

QR의 도입으로 기업은 리드타임의 감소, 재고비용의 감소, 판매의 증진 등의 획기적인 성과를 거둘 수 있다.

85 정답 ④

이미지는 비정형데이터 종류이다.

86 정답 ③

노나카 이쿠지로 교수가 제시한 지식변환 프로세스(knowledge conversion)는 조직에서 지식을 획득·공유·표현·결합·전달하는 창조 프로세스의 매커니즘을 말

한다. 지식변환의 4가지 유형 중 암묵적 형태로 존재하는 지식을 형식화하여 수집 가능한 데이터로 생성시켜 공유가 가능하도록 만드는 과정은 외부화(externalization)이다.

① **공동화**(socialization) : 개인의 암묵지식을 경험을 통해 타인의 암묵지식으로 전환하는 것
④ **내면화**(internalization) : 형식지식을 개인의 암묵지식으로 체득하는 것
⑤ **연결화**(combination) : 형식지식을 다른 형식지식으로 가공 · 조합 · 편집하는 것

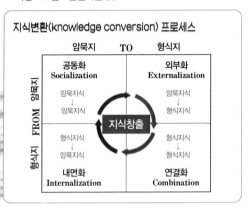

89 　　　　　　　　　　　　　　　　정답 ⑤

CRM 시스템은 기업이 기존고객에 대한 데이터를 분석해 고객이 원하는 제품 및 서비스를 지속적으로 제공하여 고객의 평생가치를 극대화하여 수익성을 높이는 고객관계관리 과정이다. 즉, 신규고객 유치보다 기존고객 유지관리에 더 비중을 둔 시스템이다.

90 　　　　　　　　　　　　　　　　정답 ①

마이데이터는 은행 계좌와 신용카드 이용내역 등 금융데이터의 주인을 금융회사가 아니라 개인으로 정의하는 패러다임을 말한다.

② BYOD(Bring Your Own Device) : 개인 소유의 노트북, 태블릿PC, 스마트폰 같은 스마트기기를 회사 업무에 활용하는 것
③ **개인 핀테크** : 모바일, SNS, 빅데이터 등 새로운 IT기술 등을 활용한 기술기반 금융서비스
④ **디지털 전환** : 디지털 기술을 다양한 분야에 적용하여 전통적인 산업군의 디지털화를 촉진시키는 것
⑤ **빅테크** : 구글, 아마존, 메타, 애플, 알파벳 같은 대형 정보기술(IT) 기업

87 　　　　　　　　　　　　　　　　정답 ⑤

고객으로부터 전화문의, 인터넷 조회, 영업소 방문 등의 내용을 바탕으로 하는 CRM시스템 활용 분석은 인바운드 고객 분석이다.

88 　　　　　　　　　　　　　　　　정답 ⑤

공급업체와 구매업체의 재고관리 영역에서 구매업체가 가진 재고 보충에 대한 책임을 공급업체에게 이전하는 전략은 VMI(vender managed inventory), 즉 공급자주도형재고관리이다.

① CPP(cost per rating point) : 시청률 1%를 올리기 위한 매체비용
② ASP(application service provider) : 인터넷을 이용해 소프트웨어를 임대 · 관리해 주는 사업자
③ CMI(co-managed inventory) : 유통업체와 제조업체의 공동 재고관리 시스템
④ ABC(activity based costing) : 제품별 활동에 기준하여 제조간접비를 배분하는 활동기준 원가계산법

2022년 제2회 정답 및 해설

01	④	02	③	03	⑤	04	②	05	②
06	④	07	⑤	08	④	09	⑤	10	⑤
11	④	12	②	13	③	14	⑤	15	③
16	⑤	17	⑤	18	③	19	⑤	20	⑤
21	③	22	③	23	③	24	③	25	②
26	②	27	④	28	④	29	답없음	30	④
31	⑤	32	③	33	④	34	⑤	35	②
36	③	37	②	38	③	39	③	40	③
41	③	42	④	43	④	44	③	45	④
46	⑤	47	④	48	②	49	답없음	50	①
51	⑤	52	⑤	53	①	54	②	55	③
56	④	57	③	58	⑤	59	⑤	60	③
61	③	62	③	63	③	64	①	65	⑤
66	②	67	④	68	①	69	③	70	⑤
71	⑤	72	③	73	③	74	⑤	75	③
76	⑤	77	④	78	③	79	④	80	⑤
81	②	82	⑤	83	⑤	84	④	85	③
86	⑤	87	⑤	88	③	89	①	90	②

[1과목] 유통물류일반

01 정답 ④

국제물류주선인은 송하인으로부터 화물을 인수하여 수하인에게 인도할 때까지의 모든 업무를 주선하므로, 안정적 물량 확보를 위해 선사는 일반화주와 직접 계약하는 것보다 국제물류주선인과 계약하는 것이 더 유리하다.

02 정답 ③

소비자기본법상 소비자의 기본적 권리
• 물품 또는 용역으로 인한 생명 · 신체 또는 재산에 대한 위해로부터 보호받을 권리
• 물품 등을 선택함에 있어서 필요한 지식 및 정보를 제공받을 권리
• 물품 등을 사용함에 있어서 거래상대방 · 구입장소 · 가격 및 거래조건 등을 자유로이 선택할 권리
• 소비생활에 영향을 주는 국가 및 지방자치단체의 정책과 사업자의 사업활동 등에 대하여 의견을 반영시킬 권리
• 물품 등의 사용으로 인하여 입은 피해에 대하여 신속 · 공정한 절차에 따라 적절한 보상을 받을 권리
• 합리적인 소비생활을 위하여 필요한 교육을 받을 권리
• 소비자 스스로의 권익을 증진시키기 위하여 단체를 조직하고 이를 통하여 활동할 수 있는 권리
• 안전하고 쾌적한 소비생활 환경에서 소비할 권리

03 정답 ⑤

재고가 적정 수준 이하가 되면 미리 결정해둔 일정 주문량을 발주하는 방법은 정량주문법이다. 정량주문법은 표준화된 부품 주문으로 품목수가 많으며, 상대적으로 값 싼 물품에 사용한다.

04 정답 ②

경로 지배를 위한 힘의 원천에는 보상적 힘, 강압적 힘, 합법적 힘, 준거적 힘, 전문적 힘 등이 있다.
① 보상적 힘 : 한 경로구성원이 다른 경로구성원에게 여러 가지 물질적 또는 심리적인 도움을 줄 수 있을 때 형성되는 영향력
③ 합법적 힘 : 다른 구성원들에게 영향력을 행사할 정당한 권리를 갖고 있고 상대방도 당연히 그렇게 해야 한다고 내재적으로 지각할 때 미치는 영향력
④ 준거적 힘 : 한 경로구성원이 여러 측면에서 장점을 갖고 있고 다른 경로구성원이 그와 일체성을 가지고 한 구성원이 되고 싶어 하며 거래관계를 계속 유지하고 싶어할 때 미치는 영향력
⑤ 전문적 힘 : 한 경로구성원이 특별한 전문지식이나 경험을

가졌다고 상대방이 인지할 때 가지게 되는 영향력

05 정답 ②

소비재와 달리 설비품(고정장비)과 같은 산업재는 소수의 대량구매자들로 이루어지기 때문에 구매결정자의 지위와 단위당 가격이 높고 비교적 장기적 거래가 많다.

06 정답 ④

JIT가 푸시(push)형인 MRP와 대비되는 풀(pull)형의 생산방식인데 비해, JIT Ⅱ는 JIT와 MRP를 동시에 수용할 수 있는 기업 간의 운영체제를 의미한다.

07 정답 ⑤

① 지연전략은 제품 생산의 마지막 단계에서 제품의 최종 구성을 늦춘 후 고객의 변경사항을 반영하여 제품을 완성하는 전략이다.
② 주문 이전에는 모든 스웨터를 하얀색으로 생산한 후 주문이 들어오면 염색을 통해 수요에 맞춰 공급하는 것은 제조 지연전략이다.
③ 지역 유통업자들에게 고객의 주문을 넘겨주거나 고객에게 직접 배송하는 것은 지리적 지연전략이다.
④ 컴퓨터의 경우, 유통센터에서 프린터, 웹캠 등의 장치를 조립하거나 포장하는 것은 결합 지연전략이다.

08 정답 ④

• 재고자산회전율 : 매출액의 재고자산에 대한 비율
• 고정자산회전율 : 매출액의 고정자산에 대한 비율
• 총자산회전율 : 매출액의 총자산에 대한 비율
• 매출채권회전율 : 매출액의 매출채권에 대한 비율

09 정답 ⑤

각 점포가 독립된 회사라는 점에서 프랜차이즈 체인방식과 같지만, 조직의 주체는 가맹점이며 전 가맹점이 경영의 의사결정에 참여하는 연쇄점은 임의형 연쇄점(voluntary chain)이다.
① 정규연쇄점(regular chain) : 동일 자본에 속하는 많은 수의 복제 점포가 각지에 분산해 중앙 본부의 통제를 받는 연쇄점 형태

② 직영점형 연쇄점(corporate chain) : 체인본부가 주로 소매점포를 직영하되, 가맹계약을 체결한 가맹점에 대해 상품공급 및 경영지도를 하는 연쇄점 형태
③ 조합형 연쇄점(cooperative chain) : 동일 업종의 소매점들이 중소기업협동조합을 설립해 공동구매, 공동판매, 공동시설활용 등을 수행하는 연쇄점 형태
④ 마스터 프랜차이즈(master franchise) : 기업이 해외로 진출할 때 해외 현지의 기업과 계약을 맺어 가맹사업 운영권을 판매하는 연쇄점 형태

10 정답 ⑤

6시그마의 도입절차 : 필요성(needs)의 구체화(㉠) → 비전의 명확화(㉡) → 계획수립(㉢) → 계획실행(㉣) → 이익평가(㉤) → 이익유지(㉥)

11 정답 ④

정량주문법과 정기주문법의 비교

항목	정량주문법	정기주문법
표준화	표준부품	전용부품
품목수	많음	적음
주문량	고정	변경 가능
리드타임	짧음	길음
주문시기	일정하지 않음	일정함

12 정답 ②

제품/시장 확장그리드에서 기존제품을 가지고 새로운 세분시장을 파악해서 진출하는 기업성장전략은 시장개발전략(market development strategy)이다.

앤소프(Ansoff, H. I.)의 제품/시장 그리드

시장/제품	기존제품	신제품
기존시장	시장침투 전략	제품개발 전략
신시장	시장개발 전략	다각화 전략

• 시장침투(market penetration) 전략 : 같은 상품으로 같은 시장에서의 점유율을 높여 성장하는 전략으로 경쟁사 고객획득, 소비자 구매회수 및 구매량 증

대를 추구한다.
- **시장개발(new market development) 전략** : 기존제품을 신규 시장에 판매하는 방법을 통한 기업의 성장전략으로 지역적인 한계를 넘어서는 전략이다.
- **제품개발(product development) 전략** : 같은 시장에서 다른 상품을 이용하여 기업을 성장시키는 전략으로 신제품 개발, 기존 제품의 개량을 통해 기존시장에서 판매 증가를 추구한다.
- **다각화(diversification) 전략** : 다른 상품으로 새로운 시장을 개척하여 기업을 성장시키는 전략으로 성장과 위험분산을 위한 것이며 가장 위험도가 높은 전략이다.

13　　　　　　　　　　　　　　정답 ③

저가격, 일관된 품질의 납품업체 선정기준은 효율적 공급사슬의 특징에 해당한다.

효율적 공급사슬과 반응적 공급사슬
- **효율적 공급사슬** : 긴 제품수명주기와 안정적이고 예측가능한 수요를 갖는 제품을 대량으로 생산하는 기업의 비용절감을 위해 효율적 운영을 강조하는 공급사슬
- **반응적 공급사슬** : 제품수명주기가 짧고 고객의 취향이 쉽게 변하는 패션제품의 경우와 같이 신제품의 도입과 시장수요의 변화에 민감하게 반응하도록 설계된 공급사슬

14　　　　　　　　　　　　　　정답 ⑤

물류채산분석은 임시적으로 계산하며, 반복적으로 계산하는 것은 물류원가계산의 특징에 해당한다.

15　　　　　　　　　　　　　　정답 ③

프로젝트 조직은 혁신적이고 비일상적인 과제의 해결을 위해 형성된 동태적 조직으로, 사업부만의 목적 달성보다는 기업 전체의 목적 달성에 더 큰 관심을 갖는다.

16　　　　　　　　　　　　　　정답 ⑤

자동차나 고급가구 등의 전문품은 판매지역별로 하나 혹은

극소수의 중간상에게 독점적으로 유통할 권리를 부여하는 전속적 유통을 사용한다.

17　　　　　　　　　　　　　　정답 ⑤

$$EOQ = \sqrt{\frac{2 \times 주문비용 \times 연간총수요량}{단위당 재고유지비용}}$$
$$= \sqrt{\frac{2 \times 150 \times 19,200}{9}}$$
$$= \sqrt{\frac{5,760,000}{9}}$$
$$= \sqrt{640,000}$$
$$= 800(개)$$

18　　　　　　　　　　　　　　정답 ③

올더슨(W. Alderson)의 구색창출과정
- **집적(accumulation)** : 생산물을 모으는 과정
- **분류(sorting out)** : 이질적인 생산물을 동질적인 단위로 나누는 과정
- **배분(allocation)** : 동질적으로 모아진 것을 나누는 과정
- **구색(assortment)** : 이질적인 것을 다시 모으는 과정

19　　　　　　　　　　　　　　정답 ⑤

인플레이션 상황에서 유통기업들은 급격한 가격인상 없이 마출과 수익의 손실을 막기 위해 절약형 상표, 보급형 상표의 비중을 늘리는 방법을 택한다.

20　　　　　　　　　　　　　　정답 ⑤

플랫폼 비즈니스 사업자는 생산자와 소비자로부터 플랫폼을 제공해주는 대가를 직접적으로 취할 수 있다. 즉, 플랫폼은 가치 창출과 이익 실현의 비즈니스 모델이다.

21　　　　　　　　　　　　　　정답 ③

수직적 통합은 조직의 슬림화가 아니라 조직의 비대화를 가져온다. 수직적 통합은 트리 구조에 기반을 둔 조직 구성으로 인해 조직의 규모가 커질 수밖에 없으며 다양화된 조직으로

인해 각종 기능을 통제하기 어렵다.

22 　　　　　정답 ③

채찍효과(bullwhip effect)는 공급사슬관리에서 제품에 대한 수요정보가 공급사슬상의 참여 주체를 하나씩 거쳐 전달될 때마다 그 변동 폭이 확대·왜곡되는 현상을 말한다.

① 블랙스완효과(black swan effect) : 극단적으로 예외적이어서 발생가능성이 없어 보이지만 일단 발생하면 엄청난 충격과 파급 효과를 가져오는 사건

② 밴드왜건효과(band wagon effect) : 어떤 재화에 대한 수요가 많아지면 다른 사람들도 그 경향에 따라서 수요를 증가시키는 편승효과

④ 베블렌효과(Veblen effect) : 가격이 오르는 데도 불구하고 특정 계층의 허영심 또는 과시욕으로 인해 수요가 줄어들지 않고 오히려 증가하는 현상

⑤ 디드로효과(Diderot effect) : 하나의 물건을 구입한 후 그 물건과 어울리는 다른 제품들을 계속 구매하는 현상

23 　　　　　정답 ③

파욜(Fayol)의 조직원리에서 마케팅, 재무, 생산 등의 전문적인 분야의 기능들은 구별된다.

> ### 파욜(Fayol)의 조직원리
> - **일관된 명령** : 각각의 종업원들은 오직 한 명의 관리자에게 보고한다.
> - **권한의 위계화** : 모든 종업원은 누구에게 보고해야 하는지 알아야 한다.
> - **개인 이익의 종속성** : 기업의 이익을 위해 개인의 이익은 종속되며, 조직의 목표는 개인 각각의 목표보다 우선시된다.
> - **분업** : 생산, 마케팅, 재무와 같은 전문적인 분야의 기능들은 구별된다.
> - **권한** : 관리자들은 명령할 수 있는 권한과 그러한 명령을 관철할 수 있는 힘을 가진다.
> - **권한 집중도** : 최고 관리자에게 부여된 의사 결정력의 크기는 상황에 따라 변화한다.
> - **분명한 의사소통 채널** : 모든 종업원은 쉽고 빠르게 기업 내 다른 이들에게 의사를 전달할 수 있어야 한다.
> - **질서** : 도구나 사람은 적절한 장소에 유지되고 위치해야 한다.
> - **공평** : 관리자는 팀원과 동료들을 존중하고 공정하게 대우해야 한다.
> - **애사심** : 기업의 종업원 사이에 자긍심과 충성심이 형성되어야 한다.

24 　　　　　정답 ③

기업의 윤리경영은 계량적 지표 외에 기업에 대판 평판, 지역 사회의 공헌 정도, 종업원의 기업 경영에 대한 만족도 등 정성적인 지표들도 함께 활용해야 한다.

25 　　　　　정답 ②

영업조직 규모(영업사원 수)

$$= 거래처 수 \times \frac{거래처별 연간방문횟수}{영업사원의 평균 방문가능 횟수}$$

$$= 100 \times \frac{12}{100} = 12(명)$$

[2과목] 상권분석

26 　　　　　정답 ②

Converse의 제1법칙 공식에 따라

$$D_a \frac{D_{ab}}{1+\sqrt{\dfrac{P_b}{P_a}}} = \frac{12}{1+\sqrt{\dfrac{200,000}{50,000}}} = \frac{12}{1+\sqrt{4}}$$

$$= \frac{12}{1+2} = \frac{12}{3} = 4$$

그러므로 두 도시 간의 상권경계는 4km이다.

> ### Converse의 제1법칙 공식
> $$D_a = \frac{D_{ab}}{1+\sqrt{\dfrac{P_b}{P_a}}}$$
> D_a = A시로부터 분기점까지의 거리
> D_b = B시로부터 분기점까지의 거리
> D_{ab} = A, B 두 도시 간의 거리
> P_a = A시의 인구
> P_b = B시의 인구

27 　　　　　정답 ④

국토의 계획 및 이용에 관한 법률에 의거한 주거 및 교육 환경 보호나 청소년 보호 등의 목적으로 오염물질 배출시설, 청소년 유해시설 등 특정시설의 입지를 제한할 필요가 있는 용도지구는 특정용도제한지구이다.

> ### 용도지구의 지정(국토의 계획 및 이용에 관한 법률)
> - **경관지구** : 경관의 보전·관리 및 형성을 위하여 필요

한 지구

- **고도지구** : 쾌적한 환경 조성 및 토지의 효율적 이용을 위하여 건축물 높이의 최고한도를 규제할 필요가 있는 지구
- **방화지구** : 화재의 위험을 예방하기 위하여 필요한 지구
- **방재지구** : 풍수해, 산사태, 지반의 붕괴, 그 밖의 재해를 예방하기 위하여 필요한 지구
- **보호지구** : 문화재, 중요 시설물 및 문화적·생태적으로 보존가치가 큰 지역의 보호와 보존을 위하여 필요한 지구
- **취락지구** : 녹지지역·관리지역·농림지역·자연환경보전지역·개발제한구역 또는 도시자연공원구역의 취락을 정비하기 위한 지구
- **개발진흥지구** : 주거기능·상업기능·공업기능·유통물류기능·관광기능·휴양기능 등을 집중적으로 개발·정비할 필요가 있는 지구
- **특정용도제한지구** : 주거 및 교육 환경 보호나 청소년 보호 등의 목적으로 오염물질 배출시설, 청소년 유해시설 등 특정시설의 입지를 제한할 필요가 있는 지구
- **복합용도지구** : 지역의 토지이용 상황, 개발 수요 및 주변 여건 등을 고려하여 효율적이고 복합적인 토지이용을 도모하기 위하여 특정시설의 입지를 완화할 필요가 있는 지구

---

28 정답 ④

점포나 부지형태는 장방형이 정방형보다 가시성이나 접근성 측면에서 유리하다.

---

29 답 없음

- **A슈퍼의 이용 확률** : P_{KA}

$$P_{KA} = \frac{\dfrac{5^3}{10^2}}{\dfrac{5^3}{10^2} + \dfrac{4^3}{2^2} + \dfrac{6^3}{10^2}} = \frac{1.25}{1.25 + 16 + 24} = 0.03 = 3\%$$

- **B슈퍼의 이용 확률** : P_{KB}

$$P_{KB} = \frac{\dfrac{4^3}{2^2}}{\dfrac{5^3}{10^2} + \dfrac{4^3}{2^2} + \dfrac{6^3}{3^2}} = \frac{16}{1.25 + 16 + 24} = 0.39 = 39\%$$

- **C슈퍼의 이용 확률** : P_{KC}

$$P_{KC} = \frac{\dfrac{6^3}{3^2}}{\dfrac{5^3}{10^2} + \dfrac{4^3}{2^2} + \dfrac{6^3}{3^2}} = \frac{24}{1.25 + 16 + 24} = 0.58 = 58\%$$

그러므로 소비자 K의 이용 확률이 가장 높은 점포는 58%의 C슈퍼이다.

---

30 정답 ④

판매활동지수(SAI : Sales Activity Index)는 다른 지역과 비교한 특정 지역 내의 1인당 소매 매출액을 측정하는 지표로, 면적이 아닌 인구를 기준으로 소매 매출액의 비율을 계산한다.

---

31 정답 ⑤

애플바움의 유추법(analog method)은 자사의 신규점포와 특성이 비슷한 기존의 유사점포를 조사하여 추정한 결과를 토대로 자사점포의 신규입지에서의 매출액과 상권 규모를 측정하는 상권분석기법으로, 반드시 2개 이상의 비교점포를 선정해야 하는 것은 아니다.

---

32 정답 ③

주변에 인접한 점포가 없는 고립 점포는 개점 초기에 소비자를 점포 내로 유인하기가 쉽지 않다.

---

33 정답 ④

환산보증금은 임차인이 임대인에게 지급한 보증금과 매달 지급하는 월세 이외에 실제로 얼마나 자금부담 능력이 있는 지를 추정하는 것으로 다음의 식으로 계산한다.

$$환산보증금 = 보증금 + (월임차료 \times 100)$$

---

34 정답 ③

가맹본부가 상권의 급격한 변화 등으로 기존 영업지역을 변경하기 위해서는 개별 가맹점과 합의하여야 하므로 가맹본부의 의사결정만으로 기존 영업지역을 변경하기는 어렵다.

---

35 정답 ②

공급측면에서 비용요인이 상대적으로 저렴할수록 상권은 확대된다.

36 　　　　　　　　　　　　정답 ③

부도심상권은 간선도로의 결절점이나 역세권을 중심으로 형성되며, 주도심에서 나온 소비자를 상대하기 때문에 도시 전체의 소비자를 유인하지 못하는 경우가 많다.

37 　　　　　　　　　　　　정답 ②

점두조사법은 상권분석에서 활용하는 소비자대상 조사기법 중 내점객조사법과 가장 유사하다. 점두조사법은 방문하는 소비자의 주소를 파악하여 자기 점포의 상권을 조사하는 방법으로, 매시간별, 요일별(평일, 주말, 휴일, 경축일 등) 등으로 구분하여 조사한다.

① **고객점표법** : 점포를 이용하는 고객 인터뷰를 통해 소비자의 지리적 분포를 확인하는 방법이다.
③ **가정방문조사법** : 조사목적에 따라 응답자 거소 등으로 직접 찾아가 면접하여 조사하는 방법을 방문조사법이라 한다.
④ **지역할당조사법** : 인구비례로 할당하는 취지의 조사법이다.
⑤ **편의추출조사법** : 정해진 크기의 표본을 추출 할 때 까지 조사자가 모집단의 일정 단위 또는 사례를 표집하며, 일정한 표집의 크기가 결정되면 그 표집을 중지하는 비확률 표본 추출 조사 방법이다.

38 　　　　　　　　　　　　정답 ③

상권의 형태가 일정한 거리 간격의 동심원 형태로 나타나는 것이 아니므로, 소매점의 상권범위는 자사점포를 중심으로 서로 다른 거리의 동심원을 그려 파악한다.

39 　　　　　　　　　　　　정답 ③

매트릭스 분석은 행렬의 여러 법칙을 이용하여 방정식으로 기술된 계통의 상태를 분석하는 것으로, 상권의 지리적 경계를 분석하는 기법과는 거리가 멀다.

① **내점객 및 거주자 대상 서베이법(survey technique)** : 점포 방문객의 인터뷰나 조사원의 설문지를 기초로 상권을 분석하는 방법
② **티센다각형(thiessen polygon)** : 소비자들이 가장 가까운 소매시설을 이용한다는 가정 하에 공간독점 접근법에 기반을 한 일종의 상권 구획모형
④ **고객점표법(CST : customer spotting technique)** : 점포를 이용하는 고객 인터뷰를 통해 소비자의 지리적 분포를 확인하는 방법

⑤ **컨버스의 분기점분석(Converse's breaking-point analysis)** : 두 도시 간의 구매 영향력이 같은 분기점의 위치를 구하는 방법

40 　　　　　　　　　　　　정답 ③

앵커점포(anchor store)는 특정 상권을 대표하거나 대형 상가의 핵심이 되는 유명 점포로, 소매단지 안으로 고객을 유인하는 역할을 담당하는 입점 점포인 핵점포가 앵커점포에 해당한다.

41 　　　　　　　　　　　　정답 ③

㉠ **누적적 흡인력** : 동일 또는 유사상품을 취급하는 소매점들이 밀집되어 있어 고객의 흡인력이 더욱 커지는 입지
㉡ **양립성** : 상호 보완 관계에 있는 점포들이 서로 양립하면서 경쟁력을 키울 수 있는 입지

42 　　　　　　　　　　　　정답 ④

체크리스트법은 상권의 규모에 영향을 미치는 요인들을 수집·평가하여 이들에 대한 시장잠재력을 측정하는 방법으로, 부지와 주변 상황에 관하여 사전에 결정된 변수 리스트에 따라 점포를 평가하는 방법이다. 따라서 소비자의 점포선택 행동을 확률론적으로 인식하는 기법이 아니다.

43 　　　　　　　　　　　　정답 ④

전문품을 취급하는 점포는 특수한 매력을 갖춘 상품을 주로 취급한다. 보통 고객이 구매를 위해 거리, 시간, 비용의 노력을 아끼지 않으며 유명 브랜드가 많다. 따라서 전문품 소매점의 경우 고객이 지역적으로 분산되어 있으며 상권의 밀도는 낮고, 범위는 넓은 것이 특징이다.

44 　　　　　　　　　　　　정답 ③

입지의 시계성은 해당 점포가 통행인들의 눈에 얼마만큼 잘 띄는지의 정도를 나타낸다. 일반적으로 곡선형 도로의 안쪽보다 바깥쪽 입지가 더 유리하다.
① 방사형 도로구조에서 분기점에 위치하는 것은 유리하다.
② 일방통행로에 위치한 점포는 시계성과 교통 접근성에 있어서 불리하다.

2022년　제3회 정답 및 해설

④ 주도로와 연결된 내리막이나 오르막 보조도로에 위치한 점포는 불리한 입지이다.

⑤ 차량 출입구는 모퉁이에 근접할수록 교차로 교통정체에 의한 방해를 피하기 어렵기 때문에 좋지 않다.

---

45   정답 ④

Huff모델과 MNL모델은 상권 범위 내 소비자들이 특정점포를 선택할 확률을 근거로 예상매출액을 추정할 수 있는 상권분석 기법이다.

> **상권분석기법 유형**
> • 서술적 방법에 의한 상권분석기법 : 체크리스트법, 유추법, 현지조사법, 비율법 등
> • 규범적 모형에 의한 상권분석기법 : 중심지이론, 소매중력모형, 컨버스모형
> • 확률적 모형에 의한 상권분석기법 : Huff모델, MNL모델, MCI모델

[3과목] 유통마케팅

46   정답 ③

고객자산(customer equity)은 어떤 회사가 가진 고객생애가치의 총합을 의미한다. 그러므로 기업내부에 축적된 고객정보를 효과적으로 활용하여 고객을 기업의 평생고객으로 전환시키려고 하는 고객관계관리(CRM : Customer Relationship Management)의 목적상 고객자산은 중요한 성과평가기준이다.

---

47   정답 ④

층화표본추출은 표본설계에서 보조 변수의 값이 유사한 추출단위를 묶어서 층을 분할하고 각 층에서 단순임의추출하는 표본추출법이다.

① 할당표본추출 : 조사변수에 관련이 있다고 판단되는 특성에 대한 모집단의 구성비율이 표본에 그대로 유지되도록하는 표본추출법이다.

② 군집표본추출 : 모집단을 기존의 지리적 구획 또는 행정구역 등으로 구분하여 집락을 수행하며, 몇 개의 집락을 선택한 후 이 집락에서만 표본을 추출하는 방법이다.

③ 판단표본추출 : 모집단의 성격에 대해 전문지식이 있는 사람이, 그가 판단하기에 가장 효과적이라고 생각하는 표본을 뽑는 비확률적 표본추출 방법이다.

⑤ 편의표본추출 : 조사자가 손쉽게 접촉할 수 있는 대상들을 표본으로 추출하는 방법이다.

---

48   정답 ②

직접제품이익(DPP : Direct Product Profit)은 각 경로대안의 총 마진에서 직접제품비용을 뺀 제품수익성을 평가하여 직접제품이익이 가장 높은 경로 대안을 선택하는 방법으로, 구매자 입장에서 특정 공급자의 개별품목 혹은 재고 관리단위(SKU : Stock Keeping Unit) 각각에 대해 평가한다.

---

49   답 없음

자기상표브랜드(PB)는 유통업체가 직접 제조하거나 제조업체에 직접 생산을 요구해 자사의 브랜드를 부착, 판매하는 제품을 말한다.

---

50   정답 ①

가격 탄력성이 1보다 클 경우 그 상품에 대한 수요는 가격 탄력적이라고 하며, 상품 수요가 가격 변화에 민감하다는 의미이다.

---

51   정답 ⑤

본부는 직영점보다 가맹점 증가를 통해 가입비, 교육비 등의 수입을 보다 적극적으로 확보할 수 있다.

---

52   정답 ⑤

잠재적 충성도(latent loyalty)는 호감도는 높지만 반복구매가 낮은 경우에 발생하는 충성도이다. 즉, 잠재적 충성도는 호감도는 높으나 환경, 물리적인 거리 등의 이유로 반복구매도가 낮기 때문에 홍보의 중요성이 부각된다.

---

53   정답 ①

판매포인트 전달과 판매유도를 목적으로 하는 것은 PP(point of presentation)이다. PP는 매장 내에서 고객의 시선이 머무르는 곳에 어떤 상품을 보여줄지를 결정하여 판매를 유도하는 역할을 한다.

54 정답 ②

고가의 전문매장 또는 가구매장 등의 전문품 매장은 고층이나 층 모서리에 배치하는 것이 바람직하다.

① 백화점 등 고급점포는 곡선적 동선 설계가 바람직하며, 그리드(grid) 방식의 고객동선 설계가 바람직한 점포는 대형마트, 슈퍼마켓, 식료품점 등이다.

③ 충동구매를 일으키는 상품은 점포 전면에 진열, 배치하는 것이 바람직하다.

④ 층수가 높은 점포는 층수가 높을수록 그 공간가치가 낮아진다.

⑤ 넓은 바닥면적이 필요한 상품은 통행량이 적은 곳에 배치하여야 한다.

55 정답 ③

산업재에 적합한 촉진수단은 인적판매이다. 인적판매는 구입을 유도하기 위해 고객 및 예상고객과 직접 접촉할 때 판매를 촉진시키기 위해 제품과 서비스를 제공하는 활동이다.

인적판매

- 고객의 반응에 맞추어 즉석에서 커뮤니케이션을 할 수 있는 유통성이 있으나 비용이 많이 듦
- 산업재를 판매하는 기업이 촉진활동을 인적판매에 주로 의존하여 촉진예산의 가장 높은 비중을 차지함
- 인적대면, 유대관계 형성, 즉각적인 반응 등의 특징이 있기 때문에 구매행동 단계에서 구매자의 선호, 확신 및 행동을 유발하는 데 가장 효과적인 수단임
- 최종 구매행동을 자극하기 때문에 시간과 비용의 낭비가 적음
- 혁신적인 신제품 도입에 효과적인 촉진수단임
- 고객 1인당 비용은 매우 많이 드나, 목표시장에 효율적으로 자원을 집중할 수 있음

56 정답 ④

유통마케팅 조사 절차

조사문제 정의 → 조사 설계 → 자료 수집 → 모집단 설정 → 조사 타당성 평가

57 정답 ④

브랜드 인지도(brand awareness)는 소비자가 한 제품 범

주에 속하는 특정 브랜드를 재인하거나 회상할 수 있는 능력으로, 소비자가 특정 제품이나 서비스의 이름을 얼마나 알고 있는지를 나타내는 지표로 사용된다.

58 정답 ⑤

핵심고객관리(key account management)는 효과적이고 수익성 높은 거래의 수단으로 구매자와 판매자 간의 지속적 협력관계를 요구한다.

59 정답 ⑤

소매점이 진행하고 있는 특정 제품 및 세일 관련 광고비용의 일부를 부담하는 것은 판매촉진지원금에 해당한다.

60 정답 ③

특정 시장, 특정 소비자 집단, 일부 제품종류, 특정 지역 등을 집중적으로 공략하는 유통마케팅전략은 집중화전략이다.

① 시장확대전략 : 제품의 경쟁력 제고와 서비스 혁신 등으로 시장에서의 점유율을 확대하는 전략

② 비차별화전략 : 세분시장 간의 차이를 무시하고 단일 제품이나 서비스로 소비자 욕구의 차이보다 공통점에 초점을 맞춘 전략

④ 차별화전략 : 차별화된 제품이나 서비스의 제공을 통해 기업이 산업 전반에서 독특하다고 인식될 수 있는 그 무엇을 창조함으로써 경쟁우위를 달성하고자 하는 전략

⑤ 원가우위전략 : 경쟁기업보다 낮은 원가로 재화 또는 용역(서비스)을 생산하여 제공함으로써 경쟁자에 대해 비교우위를 확보하려는 전략

61 정답 ③

일반적으로 전체 면적에서 차지하는 매장면적의 비율은 점포의 규모가 클수록 높아지는 것이 아니라, 점포의 종류와 특성에 따라 달라진다.

62 정답 ③

중간상이 제조업자를 대신하여 지역광고를 하거나 판촉을 실시할 경우 지급하는 보조금은 판재촉진지원금에 해당한다.

① 중간상이 제품을 현금으로 구매할 경우 제조업자가 판매대금의 일부를 할인해 주는 것은 현금할인이다.

② 중간상이 제조업자가 일반적으로 수행해야 할 업무의 일부를 수행할 경우 경비의 일부를 제조업자가 부담하는 것은 거래할인이다.
④ 중간상이 대량구매를 하는 경우에 해주는 현금할인은 수량할인이다.
⑤ 중간상이 하자있는 제품, 질이 떨어지는 제품 등을 구매할 때 지급하는 지원금은 하자보조금이다.

63　　　　　정답 ⑤

고객생애가치(CLV : Customer lifetime value)는 고객이 일생동안 기업에게 구매를 통해 평균적으로 기여하는 미래수익의 현재가치로 고객의 이용실적, 고객당 비용, 고객이 탈가능성 및 거래기간 등을 통해 추정할 수 있다.
① 업태에 따라 고객생애가치가 달라지는 것은 아니다.
② 고객생애가치는 고객과 기업 간의 관계를 정량적 가치로 수치화하여 측정할 수 있다.
③ 고객생애가치는 고객이 일생동안 구매를 통해 기업에게 기여하는 수익을 현재가치로 환산한 금액이다.
④ 고객생애가치는 고객유지율(CRR : Customer Retention Rate)에 기반하여 추정할 수 있다.

64　　　　　정답 ①

동일 상품군에 속하는 개별 상품의 품질이나 디자인을 고려하여 다양한 가격대를 설정하는 가격전략은 가격계열화전략(price lining strategy)이다. 소비자가 상품의 가격이 비쌀수록 품질이나 디자인이 더 좋으리라고 기대하도록 유인하려는 마케팅 전략이다.

65　　　　　정답 ⑤

대체재가 많을수록 시장의 매력도는 낮아진다. 마이클 포터의 5요인모델(5-Forces Model)은 신규 진입자의 위협, 공급자의 교섭력, 구매자의 교섭력, 대체재의 위협, 기존 기업 간의 경쟁 정도 등 다섯 가지 경쟁요인을 통해 특정 산업분야의 현황과 미래를 분석한다.

66　　　　　정답 ②

상품의 다양성(variety)은 취급하는 상품계열의 수가 어느 정도 되는가를 의미하며, 취급하는 상품품목의 수가 얼마나 되는가는 상품의 구색(assortment)을 의미한다.

67　　　　　정답 ④

머천다이징(merchandising)은 특정 제품의 판매방법 등을 계획하는 상품화계획으로, 편의성은 대형마트 등의 머천다이징 특징에 해당하나 백화점의 머천다이징 특징으로 볼 수 없다.

68　　　　　정답 ①

고객관계관리(CRM)는 기존고객과의 관계를 강화하기 위한 고객관리전략에 해당하나, 잠재가능고객 파악 및 차별적 프로모션 실행은 신규고객 확보를 위한 고객관리전략에 해당한다.

69　　　　　정답 ③

판매원은 일하는 장소와 판매방법에 따라 상점판매원, 방문판매원, 이동판매원 등으로 구분되므로 판매활동의 공간이 소매점만으로 제한되지는 않는다.

70　　　　　정답 ⑤

구매하지 않아도 된다는 태도를 취하는 것은 판매 결정을 촉구하는 판매원의 행동으로 타당하지 못하다. 판매원은 고객의 욕구를 파악하고 전문적인 상품지식을 통해 그에 부합된 제품을 추천함으로써 고객에게 신뢰감을 얻는다.

[4과목] 유통정보

71　　　　　정답 ⑤

검색 에이전트는 인터넷 상에서 유용한 정보를 검색하거나 추출하는 비즈니스 모델이다. 공통관심의 이용자들에게 만남의 장을 제공하는 커뮤니티 모델로는 소셜 네트워크(SNS)가 적합하다.

72　　　　　정답 ③

암묵지 : 숙련된 기술, 조직 문화, 조직의 경험
형식지 : 매뉴얼, 데이터베이스, 컴퓨터 프로그램

> **암묵지와 형식지**
> • 암묵지 : 경험과 학습을 통하여 개인에게 체화되어 있

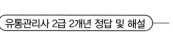

지만 명료하게 공식화되거나 언어로 표현할 수 없는 지식

- **형식지** : 문서나 매뉴얼처럼 외부로 표출되어 여러 사람이 공유할 수 있는 지식

73 정답 ③

베스트 오브 브리드(best of breed)는 특정 업체에 종속될 수 있는 통합 제품보다 기능별로 다양한 회사 제품을 사용하는 전략으로, 미들웨어를 통한 애플리케이션 통합이 필요하다.

74 정답 ③

OLAP(On-Line Analytical Processing)는 사용자가 직접 데이터를 검색 및 분석해서 문제점이나 해결책을 찾는 온라인 분석 처리 기법을 말한다. 데이터의 깊이와 분석차원을 마음대로 조정해가며 분석하는 OLAP의 기능은 드릴링(drilling)이다.

① **분해(slice & dice)** : 다양한 각도에서 자료를 조회하고 자유롭게 비교하는 기능

② **리포팅(reporting)** : 보고서의 현재 정보를 간단한 대화식 조작을 통해 원하는 형태의 보고서로 나타내는 기능

④ **피보팅(pivoting)** : 보고서의 행, 열, 페이지 차원을 무작위로 바꾸어 볼 수 있는 기능

⑤ **필터링(filtering)** : 원하는 자료만을 걸러서 추출하는 기능

75 정답 ③

절차별 모바일 결제 서비스(PG : Payment Gateway)는 인터넷상에서 금융기관과의 거래를 대행해 주는 서비스로 신용카드, 계좌이체, 휴대전화 요금결제, 자동응답서비스(ARS) 결제 등 다양한 소액결제 서비스를 제공한다.

절차	From	To
구매요청/지불 정보 전송	고객	쇼핑몰
지불 정보 전송	쇼핑몰	(㉠ 모바일PG)
고객 확인 요청/ 거래 암호 생성. 전송	(㉠ 모바일PG)	(㉡ 이동통신사)
고객 확인 후 거래 암호 전송	(㉡ 이동통신사)	고객

거래 암호 전송	고객	쇼핑몰
대금 정보 전송	쇼핑몰	모바일PG
상품 배송	쇼핑몰	고객
대금 정보 전송	모바일PG	이동통신사
대금 청구	이동통신사	고객
대금 수납	고객	(㉢ 이동통신사)
수납 정보/ 수납 금액 인도	(㉢ 이동통신사)	(㉣ 모바일PG)
상점 정산	(㉣ 모바일PG)	쇼핑몰

76 정답 ⑤

레거시 시스템(legacy system)은 과거로부터 물려 내려온 낡은 컴퓨터 시스템이나 소프트웨어로 4차 산업혁명의 기하급수기술(exponential technology)과는 거리가 멀다.

77 정답 ④

NoSQL은 전통적인 관계형 데이터베이스 관리 시스템(RDBMS)과는 다르게 설계된 비관계형(non-relational) DBMS로, 대규모 데이터를 유연하게 처리할 수 있는 강점이 있다.

78 정답 ②

데이터베이스로부터 정보를 추출하는 주요 매커니즘을 의미하는 것은 쿼리이다. 스코어카드(scorecards)는 다양한 데이터의 변화를 수치화하여 미래를 예측할 수 있게 하는 것이다.

79 정답 ④

자료·정보·지식의 비교

구분	자료	정보	지식
구조화	(㉠ 쉬움)	단위필요	(㉡ 어려움)
부가가치	(㉢ 적음)	중간	(㉣ 많음)
객관성	(㉤ 객관적)	가공필요	(㉥ 주관적)

80 　　　　　　　　　　정답 ⑤

업 셀링(up selling)이란 같은 고객이 이전에 구매한 상품보다 더 비싼 상품을 사도록 유도하는 판매 방법을 말한다.

① 클릭 앤드 모타르(click and mortar) : 인터넷에서의 비즈니스와 실물세계에서의 비즈니스를 함께 병행하는 방식

② 옴니채널(omnichannel) : 다양한 채널이 고객의 경험관리를 중심으로 하나로 통합됨

④ 크로스 셀링(cross selling) : 고객이 이미 구매한 상품 또는 서비스와 연관시켜 그와 유사하거나 보완적인 다른 상품이나 서비스를 판매하는 방법

81 　　　　　　　　　　정답 ②

그리드 컴퓨팅(Grid Computing)은 분산 병렬 컴퓨팅의 한 분야로서, 원거리 통신망으로 연결된 서로 다른 기종의 컴퓨터들을 하나로 묶어 가상의 대용량 고성능 컴퓨터를 구성하여 고도의 연산 작업 혹은 대용량 처리를 수행하는 것을 말한다.

① 클라우드 컴퓨팅 : 인터넷 상의 서버를 통하여 IT 관련 서비스를 한번에 사용할 수 있는 컴퓨팅 환경

③ 그린 컴퓨팅 : 컴퓨팅 작업에 소모되는 에너지를 절약하자는 운동

④ 클러스터 컴퓨팅 : 여러 대의 컴퓨터들이 연결되어 하나의 시스템처럼 동작하는 컴퓨터들의 집합

⑤ 가상 컴퓨팅 : 한 대의 대형 컴퓨터에 접속된 개개의 단말기에서 다른 운영체제를 가상적으로 실행할 수 있게 하는 컴퓨터 인터페이스

82 　　　　　　　　　　정답 ⑤

지식관리 시스템은 조직 내의 인적자원들이 축적하고 있는 개별적인 지식을 체계화하여 공유함으로써 기업 경쟁력을 향상시키기 위한 기업정보 시스템으로, 처음에는 소규모로 시작하였다가 성과가 나타나면 전사적으로 확장하는 것이 유용하다.

① 기업은 지식에 대한 유지관리를 위해 유용한 지식을 합리적으로 잘 보존해야 한다.

② 지식관리 시스템을 도입한다고 조직 내부의 지식관리에 대한 모든 문제를 해결할 수 있는 것은 아니다.

③ 지식관리 시스템은 직원이 보유한 업무처리 지식을 체계화하여 공유함으로써 기업의 경쟁력을 향상시킨다.

④ 지식관리 시스템은 장기적 관점에서 경쟁력을 강화하기 위해 구축하는 프로젝트이다.

83 　　　　　　　　　　정답 ⑤

회귀분석(regression analysis)은 종속변수와 독립변수의 상관관계가 아니라, 하나 또는 하나 이상의 독립변수가 종속변수에 미치는 영향을 추정하는 분석기법이다.

84 　　　　　　　　　　정답 ④

의사결정에 활용되는 시뮬레이션 절차
ⓒ 문제 규정 → ㉠ 모델 설정 → ⓒ 모형의 타당성 검토 → ㉣ 시뮬레이션 시행 → ⓜ 결과 분석 및 추론

85 　　　　　　　　　　정답 ③

시맨틱웹(semantic-Web)은 기계가 정보의 의미를 이해하고 논리적 추론까지 할 수 있는 지능형 웹을 말한다.

① 고퍼(gopher) : 정보의 내용을 주제별이나 종류별로 구분하여 메뉴로 구성한 후 메뉴 방식으로 사용할 수 있는 인터넷 정보검색 서비스

② 냅스터(napster) : 개인의 음악파일들을 인터넷으로 공유할 수 있게 해주는 프로그램

④ 오페라(opera) : 노르웨이의 오슬로에서 설립된 오페라소프트웨어가 개발한 웹 브라우저

⑤ 웹클리퍼(Web-clipper) : 텍스트, 이미지, 링크 등을 포함해 웹페이지를 스크랩할 수 있는 기능

86 　　　　　　　　　　정답 ②

상품 식별코드 자체에는 상품명, 가격, 내용물 등에 대한 정보가 포함되어 있지 않다.

87 　　　　　　　　　　정답 ⑤

QR(Quick Response) 코드는 바코드보다 훨씬 많은 정보를 담을 수 있는 격자무늬의 2차원 코드로 숫자, 영자, 한자, 한글, 바이너리(binary), 제어 코드를 포함한 모든 데이터를 처리할 수 있다.

88 　　　　　　　　　　정답 ③

균형성과표(BSC : balanced scorecard)는 기업의 비전

과 전략을 조직 내외부의 핵심성과지표(KPI)로 재구성해 전체 조직이 목표달성을 위한 활동에 집중하도록 하는 전략경영시스템이다.

89 정답 ①

전자광학센서, 초분광센서, 적외선센서는 드론의 목적에 따라 다양한 장비를 싣는 역할을 하는 드론의 임무 장비이다. 드론의 항법센서에는 위성항법, MEMS(Micro Electro Mechanical System), 임베디드 소프트웨어 기술 등이 있다.

90 정답 ②

POS 시스템은 모든 거래정보 및 영업정보를 즉시 파악할 수 있는 리얼타임방식으로 정보의 변화에 즉각 대응할 수 있다. 배치(Batch) 방식은 처리의 대상이 되는 데이터를 일 단위나 월 단위마다 모아두고 나중에 종합하여 일괄처리하는 방식이다.